Silvio Zavala

El servicio personal
de los indios en el Perú

(extractos del siglo xviii)

Tomo III

El Colegio de México

Primera edición (2 000 ejemplares) 1980

Derechos reservados conforme a la ley
© 1980, EL COLEGIO DE MÉXICO
Camino al Ajusco 20, México 20, D. F.

Impreso y hecho en México
Printed and made in Mexico

ISBN   968-12-0027-6   Obra completa
ISBN   968-12-0056-X   Tomo ID (versión original)
       978-968-120-056-5 (versión completa)

Índice general

	Advertencia	1
XIII.	Desde la iniciación del período borbónico hasta 1736	3
XIV.	Situación de la mita hasta el año 1750	37
XV.	Desde el tercer cuarto del siglo hasta 1776	51
XVI.	Desde 1777 hasta comienzos de 1790	67
XVII.	La última década del siglo XVIII	83
XVIII.	Trabajos jurídicos a fines del siglo	129
XIX.	Supresión de la mita	155

Apéndices

A.	Cuadro que por orden del virrey Conde de Superunda formó el Contador de Retasas D. José de Orellana, su fecha el 22 de junio de 1754	175
B.	El servicio personal en Venezuela	179
C.	Bibliografía sobre encomiendas y servicio personal en el Reino de Chile	184
D.	El concertaje en el Ecuador, 1860 y 1899	189

Notas	191
Abreviaturas	214
Bibliografía	215
Adiciones	222
Índice de nombres de lugares	227
Índice de nombres de personas	233
Índice de materias	244
Adición tardía	251
Erratas advertidas	251

Advertencia

El cambio de siglo coincide con la sucesión en el trono de España de los monarcas de la Casa de Austria por los Borbones. Éstos traen nuevos conceptos de administración pública e introducen reformas que harían sentir sus efectos en las materias que venimos estudiando.

Desde el primer capítulo de los incluidos en este tomo, que lleva el número XIII, se advierte que continúa la polémica sobre el mantenimiento o la supresión de la mita minera. El virrey del Perú, Príncipe de Santo Buono, se muestra adverso a la conservación de la mita; pero no obstante los fuertes ataques de que es objeto esa institución, la Corona no se resuelve a suprimirla, a diferencia de lo que determinó en cuanto a las encomiendas, por temor a las consecuencias económicas y fiscales que podía tener esa medida. Se hace presente a este respecto la cédula real dada en Sevilla, el 22 de diciembre de 1732, que permite continuar "por ahora" las mitas de Potosí y demás minerales que la tienen asignada, bajo las medidas que estipula.

Sigue su curso el servicio forzoso con las dificultades que se explican en los tres capítulos siguientes —el XIV, el XV y el XVI— hasta el año de 1790. El cumplido y efectivo entero de los indios originarios y forasteros es cada vez más difícil, y llega a ser alarmante la despoblación de las reducciones. Los papeles que extractamos muestran los tropiezos que surgen tanto en el laboreo de las minas de Guancavelica como en las de Potosí y otros minerales. Los abusos en perjuicio de los operarios y las medidas que tratan de remediarlos ocupan muchas páginas de los informes examinados. Figuran menciones de trabajadores libres o mingados junto a los de mita. En esta época cobran particular importancia las descripciones de las provincias y damos cuenta de algunas que ofrecen verdadera riqueza de informaciones. Los servicios para obrajes, agricultura y ganadería, curas, corregidores (con los repartimientos de efectos), etc., siguen siendo considerados, así como el cobro del tributo, la distribución de tierras, el trans-

porte y el comercio. Recogemos algunas noticias sobre la enseñanza del castellano a los naturales, que es promovida en esta centuria con fines religiosos, políticos y sociales. Los nombres de algunas personalidades que alcanzaron distinción en la centuria aparecen relacionados con los informes que analizamos (Antonio de Ulloa, José Baquíjano y Carrillo, José Hipólito Unánue, José Eusebio de Llano Zapata). También son de recordar algunas de las Memorias de los virreyes ilustrados, y de los visitadores, que suelen estar acompañadas de cuadros y estadísticas de población y recursos, además de los juicios que emiten sobre la política, la economía, la hacienda pública, las obras públicas y otras materias de su incumbencia. Las cuestiones de guerra cobran actualidad, ya por la amenaza de los corsarios que navegan por el Pacífico, ya por alzamientos internos como el famoso de Tupac Amaru en 1780. Se hacen notar las consecuencias de la implantación de las Intendencias hacia 1784. Antes de concluir el capítulo XVI comienzan a aparecer los documentos del Gobernador Intendente de Potosí, D. Juan del Pino Manrique, que no cree puedan subsistir las minas de ese asiento sin la mita. Tiene presentes las nuevas ordenanzas de minería dadas en 1783 para la Nueva España, conoce y hace valer las diferencias que hay entre ese reino y el del Perú, y se muestra inclinado a que se forme una nueva codificación minera alto-peruana, de la cual llegó a redactar un proyecto que envía a Madrid en 1789. En el mismo capítulo XVI ya figura el nombre del jurista Pedro Vicente Cañete y Domínguez, llamado a continuar ese proyecto de legislación. No termina este capítulo sin hacer mención de los trabajos en pro de la enseñanza que emprende el Obispo de Trujillo, Don Baltasar Jayme Martínez Compañón. También se da cuenta de la llegada de la expedición botánica de D. Hipólito Ruiz y D. José Pabón, y de la de los mineros alemanes que dirige el Barón de Nordenflicht.

Este ambiente de reforma legislativa, administrativa, científica y tecnológica, rodea a la gran polémica que vuelve a surgir en torno de la concesión de nuevas mitas y del mantenimiento o la abolición de la de Potosí, en la que toman parte por la defensiva el Gobernador Intendente de ese asiento, Francisco de Paula Sanz, y el ya citado Cañete, y por la ofensiva el ilustrado Fiscal de la Audiencia de La Plata, Victorián de Villava. De todo esto y de sus ramificaciones se ocupa nuestro capítulo XVII.

El siguiente capítulo XVIII trata de los trabajos jurídicos realizados a fines del siglo, incluyendo el Diccionario de Gobierno y Legislación de Indias y España cuyo Índice se publica en Madrid en 1792, más el Cedulario Índico que se conserva en Madrid, que resultaron de los trabajos de D. Manuel José de Ayala; y el Código Carolino redactado por D. Pedro Vicente Cañete en 1794, que no llegó a ser aprobado. Junto al valor propiamente jurídico de estas empresas es considerable el caudal de informaciones que encierran.

Una atmósfera política y legal distinta presenta el capítulo XIX. Ecos de las ideas de Villava se encuentran en los escritos del jurista criollo rioplatense Mariano Moreno, que evolucionan al ocurrir la revolución de 1810. Los grandes esfuerzos de los administradores y de los juristas españoles no habían logrado consumar la supresión de la mita; son los diputados criollos americanos y los españoles que se reúnen en las Cortes de Cádiz los que dan el paso decisivo de abolirla el 9 de noviembre de 1812, en unión de otras reformas como la supresión del tributo el 15 de marzo de 1811, que procuramos seguir no sólo en el ambiente metropolitano sino también en sus aplicaciones en ultramar. Mas dada la época y las circunstancias en que ello ocurre, pronto se hacen sentir los efectos de los movimientos de independencia. De suerte que los problemas que hemos venido estudiando llegan hasta las postrimerías de la dominación española, y sus consecuencias sociales se reflejan en la época nacional, como no dejamos de apuntarlo.

S. Z.

XIII. Desde la iniciación del periodo borbónico hasta 1736

Un padrón de Lima del año 1700 arroja un total de 37,234 habitantes, de ellos 333 en el Pueblo del Cercado.[1] Si se compara esta última cifra con las dadas anteriormente, puede concluirse que el pueblo adjunto de naturales no había conocido un crecimiento considerable; mas queda sin precisar el número de indios y mestizos estantes en la ciudad propiamente dicha.

El virrey Conde de la Monclova, por bando dado en Lima a 31 de agosto de 1704, reitera la prohibición del *comercio ilícito con Nueva España* y agrava las penas para los transgresores. Hace referencia a la cédula que S. M. despachó en Madrid, a 12 de junio de 1702, según la cual, sin embargo de estar prohibido por cédulas y leyes de la *Recopilación de Indias,* convenientes al servicio real, bien y utilidad de la causa pública, el comercio y tráfico entre ambos reinos del Perú y Nueva España, se ha entendido que se continúa con gran desorden la frecuencia de este comercio, introduciéndose ropas de China y Castilla por las costas del Sur. Ahora se manda a los virreyes del Perú y Nueva España y otros cualesquier ministros, jueces y justicias de ambos reinos, que se guarde rigurosamente la prohibición establecida por dichas leyes, y a más de la pena impuesta por la ley 69, tít. 35, del libro IX de la *Recopilación,* de perdimiento de ropas y bajeles, destierro perpetuo de las Indias y privación del oficio que del rey tuvieren, sean condenados los infractores en la pena del perdimiento de todos los bienes de los principales cómplices, auxiliares o compañeros de compañía expresa y simulada, bien que no se han de comprehender en esta prohibición los *vinos de Guatemala* y el tráfico de ellos. Esta cédula se publicaría en Perú, Nueva España y especialmente en la provincia de Guatemala.[2]

En carta fechada en Lima el 19 de noviembre de 1704, explica el Conde que, aunque en los años pasados fue mucho el desorden que se tuvo en el transporte de mercaderías del reino de Nueva España a éste, así de géneros de Castilla como de China, parece que el rigor con que se procedió para evitarlo y las repetidas aprehensiones de ellos han contenido a los transgresores.[3]

Es ilustrativa la documentación que se conserva de los años 1704 a 1735 sobre el intento de *supresión de las mitas de obrajes en el reino de Quito.*[4]

En Madrid, a 31 de diciembre de 1704, el rey dirigió cédula al Presidente de la Audiencia de San Francisco de Quito, con motivo de haberse visto en el Consejo de Indias un memorial que presentó el Duque de Uzeda, en el que incluía puntos sobre los obrajes que le estaban concedidos en los pueblos de Guano y San Andrés, jurisdicción de Riobamba. Oído el fiscal, resuelve el rey:

> que absolutamente se quite el servicio personal de los indios para los obrajes de cualquier calidad que sean, sin permitir haya mitas en ellos, ni más indios para su beneficio que aquellos *voluntarios* que espontáneamente quieran asistir, observándose en esto, lo que desde los principios del descubrimiento de esas provincias, con atención y cuidado de perspicazia (sic), se ha ordenado por los señores reyes mis antecesores, como lo manifiestan las leyes 2ª y 4ª del tít. 26, libro IV de la *Recopilación de Indias* y las del tít. 1 del libro VI.[5]

Que con esa providencia procuraron librar (a los indios) de la servidumbre del servicio personal de obrajes, que desolaba esos reinos. No obstante las justas providencias, se continuaron en esas provincias las mitas para obrajes. Se mandan guardar las referidas leyes y se ejecuten sin pretexto:

> Así en que a dichos obrajes no asistan más indios que los *voluntarios* como en que no se les permita estar más tiempo en ellos (aunque quieran) que el que les está señalado, de forma que les quede tiempo suficiente para su descanso y asistencia a sus sementeras y en que puedan cuidar de sus mujeres e hijos, (y) para que no se les permitiera acudir a obrajes distantes de sus pueblos más de dos leguas.[6]

Se castigue a los transgresores y no se consienta que haya galpones ni jaulas donde se encierren los indios precisándolos al trabajo. Se carga la conciencia al Presidente de la Audiencia y se inserta el párrafo de lo ordenado por Felipe IV en la ley final del tít. 1, libro VI de la *Recopilación,* sobre el buen tratamiento de los indios. Y se mandan cumplir las leyes del tít. 31, lib. II de dicha *Recopilación,* que mandan que un oidor de tres en tres años visite la tierra para desagraviar a los indios de obrajes y reducir a sus pueblos de origen a los que se hayan ido a chacras, trapiches u otros ingenios, lo que es en perjuicio de la Real Hacienda al faltar su contribución. En cuanto a los obrajes de la provincia, teniendo presente lo que ha pasado sobre ello en el Consejo, *se permitan perpetuamente todos los fundados con licencia real* y los que *se hayan compuesto* en virtud de la facultad que se concedió al Presidente de la Audiencia D. Lope Antonio de Munibe. De los obrajes, chorrillos públicos y secretos que haya sin esos requisitos, informen para que se apliquen las providencias que convengan.

En cuanto al litigio entre D. Francisco Ramos, que fundó un obraje en el pueblo de Guano, y el Duque de Uzeda que deseaba se demoliese porque perjudicaba a sus obrajes, se vea si el de Ramos está *compuesto,* y si así fuere, goce del beneficio como los demás. Si no lo estuviese, remítanse los autos al Consejo de Indias y entretanto no se demuela (que es lo que había resuelto la Audiencia de Lima).[7]

Por real cédula dada en San Ildefonso, el 21 de junio de 1734, se manda a la Audiencia de Quito, que cumpla la cédula de 31 de diciembre de 1704, para que *cese la mita de obrajes y sólo se usen indios voluntarios.*[8] En consecuencia, el 17 de marzo de 1735, la Audiencia, presidida por D. Dionisio de Alcedo y Herrera, acata la cédula, y en cuanto al cumplimiento manda dar vista al fiscal y al fiscal protector. Este último, el Dr. Luján, dice en 6 de mayo de ese año que la Audiencia, en 29 de julio de 1713, proveyó auto para que se cumpliese el de 14 de agosto de 1711, que de acuerdo con la real cédula había dispuesto que *se sacasen a venta y pregón en propiedad,* los obrajes cuyos arrendamientos hubiesen fenecido; que la propiedad (parece que debiera ser la mitad) se aplicase a S. M. por razón de la licencia que se da a los compradores para que los poseyesen, y la otra mitad se aplicase a las mismas comunidades (de indios) de quienes fuesen dichos obrajes, entendiéndose que el remate fuese "sin calidad de entero alguno y con la que sólo hubiese de servirse y trabajarse con *indios voluntarios".* Se mandó también que los poseedores de obrajes, chorros y galpones presentasen sus licencias dentro de 30 días a la Audiencia. Todo se suspendió porque el virrey, Obispo de Quito, D. Diego Ladrón de Guevara, pidió los autos diciendo estar comisionado por S. M. para entender en ello. El fiscal opina que ahora se vuelva a publicar bando para que se presenten las licencias en toda la jurisdicción de la Audiencia, y el que no las tuviere corrientes pague a S. M. alguna suma.[9]

De esta suerte, se mezclaba el problema de la mita con el de las licencias, ventas y arrendamientos de los obrajes con mira fiscal.

En 11 de mayo de 1735, la Audiencia provee, en vista de la real cédula de 21 de junio de 1734 y la de 31 de diciembre de 1704, y de lo actuado en el año de 1713 y de la petición del fiscal, que se repita bando en la ciudad y villa de Riobamba, asientos de Otavalo y la Tacunga y demás partes donde hubiere obrajes, chorros y galpones, para que se publique con asistencia de los protectores de partidos y curas de pueblos de indios, *"que cesen en todo punto los enteros de mitas en los obrajes y sólo se trabaje con voluntarios",* y se cumplan las leyes del buen tratamiento. Los escribanos de cámara certifiquen con relación a los remates que se han actuado en sus oficios de los *obrajes que fueron de comunidad,* los precios y aplicaciones de ellos, calidades y circunstancias con que se remataron; y se dé luego vista al fiscal protector general y por capítulo al Juez Visitador para que *lo haga cumplir* en todos los obrajes, chorros y galpones, y se exhiban los títulos y licencias. Se publicaron la real cédula y el auto en Quito, en 13 de mayo de 1735.[10]

En cumplimiento del auto de 11 de mayo de 1735, se dieron las *certificaciones de los remates,* resultando que: en 3 de septiembre de 1725 se remató el obraje de la comunidad del pueblo de Licto, jurisdicción de Riobamba, en el General D. Miguel Vallejo, en propiedad, en 2,000 pesos por la merced de labrar ropa y por lo perteneciente a S. M., y 2,788 pesos por el obraje, su sitio que comprende el batán y los utensilios. La primera suma la afianzaría ante los Oficiales Reales; la segunda (que es la que corresponde por título de dueños a la comunidad de indios) ante el fiscal protector general de los naturales. En total, valió el obraje 4,788 pesos pagaderos al año y año de por mitad, "y con la expresa condición de trabajar en dicho obraje con *indios voluntarios".* El adquirente debía obtener confirmación real dentro de 6 años a partir del día del remate. No consta que la haya traído. En 8 de noviembre de 1717, se remató el obraje de comunidad del asiento de Alausí, en D. Estevan Rodríguez Egues, en propiedad, en 3,624 pesos 7 reales: los 1,000 de contado y otros mil en un año con fianza ante los Oficiales Reales, por lo tocante a S. M., y 1,624 pesos, 7 reales, a reconocer a censo a favor de la comunidad de indios, con hipoteca del batán y obraje; sólo trabajaría con *indios voluntarios.* Siguen operaciones semejantes de obrajes de comunidad de los pueblos de San Andrés, Quimia, Achambo, Calpi, Cubijies, Gausi, Puni. En todos se expresó que trabajarían con *indios voluntarios.* Los precios variaron entre: 1,800, 950, 1,293, 632, 720 y 1,225 pesos. El fiscal pidió —el 15 de noviembre de 1735— que los rematadores exhibiesen los títulos de confirmación.[11]

La Audiencia, en 14 de diciembre de 1735, ordena que se repita el bando que se mandó publicar por auto de 11 de mayo de 1735 y la provisión sobre circulares que se mandaron para que sólo trabajasen los obrajes, chorros y galpones, con *indios voluntarios;* que se exhiban los títulos; y quienes remataron los sitios y materiales donde estaban fundados los obrajes de comunidad, presenten la confirmación de S. M. Se publicó en Quito en 14 de diciembre de 1735.[12]

Para saber si el paso de la mita de obrajes al trabajo voluntario llegó a implantarse en la provincia, habrá que prestar atención a las noticias de los años posteriores al esfuerzo oficial que describimos. Pero lo indudable es que hubo en el primer tercio del siglo XVIII un traspaso general de los obrajes de comunidades de indios a manos españolas, con participación substancial de la Real Hacienda. Quedan a favor de los pueblos de indios los censos que deben pagar los rematadores de los obrajes, y por eso se pide la intervención del protector de naturales; pero habría que seguir la historia local de esos pagos para saber si los remates no se convirtieron finalmente en un despojo. No deja de ser notable la amplitud que había alcanzado la actividad industrial de los pueblos de indios antes de realizarse los remates de los que nos informa la documentación examinada.

Por muerte del Conde de la Monclova recayó el gobierno interinamente en la Audiencia de los Reyes. El nuevo virrey Marqués de Castell dos Rius entró en Lima el 22 de mayo de 1707 y la Audiencia le presentó, algo después, la relación sobre lo acaecido entre el 22 de septiembre de 1705 y el 7 de julio de 1707.[13]

En el capítulo 15 informa que la *producción de Guancavelica* es regularmente por año de 5,000 quintales, pero en el tiempo del Conde de la Monclova sólo dio 4,300 por la falta del mineral y la disminución de los indios. El último asiento lo hizo el Duque de la Palata con el mineraje en el año 1684 y corre al presente. Fue de 620 indios de mita y por cada uno deben enterar los mineros 11 quintales al año, o sea, en total 6,820 quintales. Se tiene entendido que los corregidores de las provincias sujetas a dicha mita sólo enteran en plata y en persona de 300 a 400 indios, cuya quiebra se ha originado por diferentes rebajas que después de celebrado el asiento han conseguido las provincias por la falta de indios que ha consumido el penoso trabajo de la saca de azogue de la Real mina, sin que se haya podido reintegrar por la falta que se padece de ellos en el reino.

En el índice de la relación se indica que el capítulo 14 de ella trata de Potosí, pero falta en el texto que hemos consultado, en el cual se pasa del capítulo 13 al 15.

El nuevo virrey, a fines de 1708, logró remitir a España 1.679,310 pesos, cuando su antecesor, en 16 años, sólo pudo enviar 1.203,397 pesos. Pero para ello Castell dos Rius se apoderó de los bienes de las Cajas de Comunidad y Censos de los indios de la provincia de Charcas, ofreciendo restituir lo incautado a su debido tiempo.[14]

En su período de gobierno la producción del azogue de Huancavelica sólo llegó a los 3,000 quintales al año. Bajaron también las labores de Potosí. En Carabaya, además del oro, se descubrió en 1709 una veta rica de plata en el cerro de Ucuntaya, que llegó a dar hasta 4,700 marcos de plata por cajón.[15]

Castell dos Rius falleció en Lima el 24 de abril de 1710.[16]

Volvemos a encontrar *noticias sobre Potosí* gracias al Memorial que el gremio de azogueros de la villa presentó al Marqués de Castell dos Rius a fin de que se le conservase íntegra la mita.[17]

Comienzan los autores del texto, que no va firmado, por manifestar que la Villa y el Gremio de azogueros se hallaban conturbados con la noticia que corría públicamente de que la villa de Oruro pretendía *700 indios de mita* de los señalados y destinados a Potosí y que se hallaba en favorable estado el que se quitaran de esta villa para aquélla *400*, como se ha sabido.

Los de Potosí representan que esto traerá muchos perjuicios: 1. Para la Villa. 2. Para la Real Hacienda. 3. Para la causa pública. 4. Para la superior causa espiritual. Y pasan a demostrarlo.

1. Alegan la posesión en que están, desde el repartimiento del virrey Toledo en 1573-1575, de 4,910 indios. La confirmaron otros virreyes posteriores: D. Luis de Velasco en 30 de agosto de 1599, por 4,614 indios. El Marqués de Montesclaros en 16 de junio de 1610, por 4,413 indios. El Príncipe de Esquilache en 21 de octubre de 1618, por 4,294 indios. El Marqués de Guadalcázar no hizo repartimiento en su tiempo, procurando conservar los de sus antecesores. El Conde de Chinchón lo hizo por mano del Presidente D. Juan Carbajal en 3 de septiembre de 1633, por 4,115 indios, en ejecución de real cédula para este efecto. Gobernando el Marqués de Mancera recibió cédula en 1639 para que conservase la mita de Potosí. Carlos II, en 8 de julio de 1676, a refrendo del informe del Presidente Bartolomé González Pobeda, "ordena que la mita de Potosí se extienda a otros pueblos fuera de las 16 (provincias) afectas para su duración". En virtud de esto y de otras especiales instrucciones y encargos reales destinados al Duque de la Palata, se emprendió la numeración general del reino para la restauración y el progreso de la mita de Potosí, "cuyo repartimiento se practicó algún tiempo y no más por desgracia nuestra e infelicidad de estas provincias". Entró finalmente el Conde de la Monclova y con su último repartimiento del año de 1692 fue la última fatalidad y ruina de esta Villa y Gremio

de azogueros, la despoblación de 23 ingenios y la ordenanza del rescate de los indios en plata. Esperan que el actual virrey no quite los 400 indios a Potosí, "arruinando la más opulenta república del reino", y más "por una Villa como la de Oruro, cuya felicidad es tan temporal, falible y contingente que luego se extingue su duración como se ha visto los años atrás". Sólo hay (en ella) dos interesados con fortuna y no es comparable con lo que sacan en esta Ribera 70 cabezas de ingenios, de las que gozan repartimiento de mita las 34, y si lo tuvieran las 36 restantes aumentaría mucho la percepción de la Real Hacienda. Citan en apoyo de su punto de vista lo que en el año de 1634 representó al Consejo de Indias el Dr. Sebastián de Sandoval (en su Libro de Pretensores y defensa de Potosí, fols. 103 y 104), en el sentido de que el virrey Toledo y los demás virreyes no habían querido nunca hacer repartimiento de indios a minerales nuevos, ni lo ha conseguido Oruro, "porque no hay indios para repartir a tantos asientos", ni se podrían cuidar. La ranchería de Oruro tiene más de 7 u 8,000 indios que se mantienen hasta hoy y sobran para los azogueros que hay y es baja la ley del metal de Oruro. Concederle la mita a costa de Potosí será destruir el edificio de más de un siglo y medio y los quintos que ha dado que han pasmado la misma admiración del mundo. Tampoco están de acuerdo los autores del memorial con que Oruro deje de pedir indios de las 16 provincias afectas a Potosí y que los quiera de las 14 libres, "porque lo primero están éstas asignadas para subsidio y reparo de la mita de esta Villa, teniendo para esto fundado nuestro derecho en la mente y mandato real del Señor Carlos II en la cédula de 8 de julio de 1676", y en las instrucciones que trajo del mismo Carlos II el Duque de la Palata, en cumplimiento de las que ejecutó numeración general, "aumentando provincias a esta mita, lo cual se llegó a practicar y actuamos su posesión algún tiempo, de cuyo despojo por el Sr. Conde de la Monclova tenemos pedida ante S. M. restitución y amparo y volvemos a hacerlo ahora ante Vuestra Excelencia para que no se destine ninguna de las provincias libres a la de Oruro". No se ha confirmado por S. M. el repartimiento del Conde de la Monclova, que es perjudicial, y esperan que se reproduzca el repartimiento del Duque de la Palata.

2. El perjuicio de la Real Hacienda lo explican porque lo que el gremio de Potosí debe al rey, que son más de 200,000 pesos (ha de ser por los azogues), se garantiza con la hipoteca de los ingenios con indios de repartimiento; si se quitan éstos, se pierde la seguridad y dejará de percibir S. M. 240,000 pesos.

Señalan los quejosos, como origen de la baja de Potosí, "aquella infausta determinación del Presidente D. Juan de Carbajal", por la que se han despoblado 29 ingenios; el Gremio remitió procuradores a la Corte sobre ello. También se quejan de la ruina de 23 ingenios que en 1692 mandó despoblar el Conde de la Monclova con pérdida para el rey de las hipotecas, aparte de los quintos malogrados.

Potosí, desde 1545 en que se descubrió hasta el año de 1704, ha dado de quintos, *190 millones de pesos ensayados* de a 13 reales y cuartillo (es cuenta que ellos sacan, pero creen que coincide con la de la Real Caja), o sea, en pesos corrientes de a 8 reales son *más de 314 millones*. Resultan del principal para el común (es decir, como producto total y no de quintos) más de *1.000,570 millones* de dichos pesos, *sin contar los frutos de 1704 a 1712 en que se escribe el papel,* y no cuentan los millones extraviados sin pagar quintos y los reducidos a plata labrada sin pagarlos.

También es de considerar que en las fábricas de los 130 ingenios y obras de lagunas y necesidades para las moliendas gastaron los azogueros de Potosí más de 15 (?) millones y medio de pesos corrientes, costando las lagunas más de 4 millones. Son obras de interés común y no sólo particular, y todo se anima con los indios de mita.

La baja en los quintos en los últimos años no es por decadencia del mineral sino por las rebajas de los indios de mita y la falta de azogues.

Lo que dice la Villa de Oruro, de que en sus cajas quintan 4,000 marcos, no es así, pues tal quinto ascendería a 374,816 pesos corrientes y sólo ha producido el presente año (de 1712) *91,204 pesos ensayados,* de modo que faltan para lo que dicen 232,310 pesos.

3. El daño a la causa pública se desprende de lo anterior y de que Potosí es emporio y centro o corazón del comercio, así de este reino como de la monarquía. De él han salido templos, se han rescatado cautivos de entre los infieles, se han costeado misioneros, fortalecido las armas, soldados y otros fines, "extendiéndose sus beneficios a todos los imperios del orbe". Los reyes Felipe II, III y IV, en la ley 1, tít. 10, libro VIII (de la *Recopilación)* dicen que la riqueza y abundancia de oro y plata es el nervio principal de que resulta la de aquellos y estos reinos. Citan también al Emperador Timoteo. De ellas depende el tráfico agrícola, de mercaderías, etcétera, en el interior del reino. Citan lo que dijo el Duque de la Palata al despachar la nueva retasa, "con aquellas sus palabras de oro, hijas de su grande conocimiento y alta comprensión. Ybi. Aún están en el corazón del cerro de Potosí los espíritus vitales de todo este gran cuerpo de el Perú, socorramos al corazón que con esto se fortalecerán los miembros". Explican los azogueros al virrey que el modo de socorrerlos es mantener y aumentar la mita; que no la mude a Oruro que no vale en comparación de Potosí.

Último punto. Éste debía ser el primero, por el daño a la causa espiritual. Se han fundado 14 parroquias para los indios de cédula en Potosí. Se confundirán con la saca a Oruro y los indios con su mala inclinación se harán vagabundos sin conocer parroquia. Habrá nuevos gastos para edificar nuevas parroquias. Se despojará a los párrocos que tienen en posesión estos beneficios a los que han sido colados perpetuamente. Sólo quedarán con 4 indios criollos. Se les quitarán plantas (es decir, los indios) que han cultivado. Quedarán muy pobres las órdenes, capellanías y obras de piedad que se mantienen a cuenta de la mita y el repartimiento de indios, pues en ellos como operarios de las labores, fundan el expediente de sus rentas, limosnas y adorno de sus iglesias.

Terminan los quejosos manifestando que si se les disminuye la mita, "desde luego ponemos en sus manos (del virrey) y hacemos larga y cesión de todos estos ingenios, labores de minas y residuo de mita que quedare... sin que se nos haga cargo de los perjuicios que pudieren sobrevenir a S. M. y Real haber y causa pública universal". Y concluyen diciendo que lejos de disminuir, debe aumentarse la mita de Potosí.

Es de tener presente este apego al sistema de la mita que manifiesta aún el Gremio de los azogueros al elevar su escrito a la autoridad virreinal, porque en ocasiones posteriores, cuando se pondrá en tela de juicio la supresión o la continuación de este repartimiento de indios, se esgrimirán múltiples razones en contra de la anticuada institución; pero ella continuará vigente, a pesar de los duros ataques que sufre, a causa del interés que ponen en mantenerla los azogueros. Tal supervivencia, que parece ya anacrónica en el siglo XVIII, tiene una profunda raíz económica que se apoya en la baja costeabilidad de la explotación del cerro en estos años tardíos, como iremos viendo.

Don Diego Ladrón de Guevara, Obispo de Quito, virrey del Perú, en informe sobre Real Hacienda fechado en Lima el 19 de octubre de 1711, menciona 5,000 pesos para los indios Cotabambas y Angaraes que trabajan en la mina de Huancavelica.[18]

El propio virrey interino remite a la metrópoli 450,000 pesos hacia noviembre de 1713 por la vía de Buenos Aires.[19]

De 1710 a 1716, daba Huancavelica unos 4,000 quintales de azogue al año. De 1716 a 1720, sube el rendimiento a 6,000 quintales. Con esto aumentó la recaudación de las cajas de Potosí y Oruro.[20]

Don Diego ejerce el cargo hasta 1716, y para dar cuenta en el juicio de residencia no abandonó Lima hasta 1718. Le sucede D. Diego Morcillo, Arzobispo de Charcas, que toma posesión en agosto de 1716, pero el 5 de octubre de 1716 hace su entrada en Lima el nuevo virrey, Príncipe de Santo Buono.[21]

De estos años, en las materias que estudiamos, contamos con apreciable documentación sobre la *mita ganadera* en 1715. Proviene de una petición sobre el pago de salarios a los indios mitayos de la doctrina de Changos de la Provincia de Cajatambo.[22]

En el pueblo de la Magdalena de Caxatambo, en 7 días del mes de enero de 1715 años, ante

el General D. Baltasar de Ayesta, corregidor, justicia mayor, alcalde mayor de minas, juez de bienes de difuntos y teniente de capitán general y su jurisdicción en ella por S. M., se presentó la petición por medio de la cual D. Alonso de Graçia Cárdenas, administrador de las haciendas de Chaquamarca y Uchuguanuco, dice que en las referidas haciendas son gravísimos los daños y menoscabos que ha experimentado por la ocasión de *los malos enteros que tiene de los mitayos* por omisión de los enteradores y camachicos de la doctrina de San Francisco de Mangaz, de que se ha conocido gran disminución en los ganados, de suerte que si no se pone el remedio conveniente se perderá totalmente. Dice que se valen del pretexto de no estar pagados de su jornal, lo que no es cierto, que a costa de mucho trabajo y costa lo ha obligado a ponerse en camino así para que se pague lo que se les debiere y no tengan ese pretexto siniestro, como porque se vaya al reparo de las averías tan grandes que padecen dichas haciendas por falta de pastores, y que asimismo los que constare *deber a dichas haciendas por sus cuentas sean compelidos a pagarle*, para cuyo efecto presenta los libros para que se reconozcan dichas sus cuentas. Hechas todas las diligencias (así para que enteren puntualmente los mitayos, como de quedar pagados de su jornal), se le dé testimonio auténtico para en guarda de su derecho, pues el afectar no estar pagados es sólo por vagar y desistirse de los enteros dichos enteradores a quienes se les precisará por todo rigor, pues *los tributos de los pastores* se pagan puntualmente como lo saben los mismos cobradores que en otras ocasiones siniestramente han pretextado ese motivo y ahora se verá cuán injustamente.

El corregidor comisiona al Alférez Francisco de Salazar, teniente de alguacil mayor del juzgado de esta Provincia, para que vaya a la doctrina de Mangas a hacer las pagas generales jurídicas con asistencia del cura de dicha doctrina, llevando al escribano. Viene a continuación el *Auto de pagas,* por el que se ve que habiendo llegado Salazar a la doctrina de San Francisco de Mangas a entender en las pagas generales de los *indios de séptima* que se enteran a la estancia de San Juan de Uchuguanuco y San Miguel de Chacuamarca, estando presente el General D. Alonso de Graçia y Cárdenas, administrador, se observa que no están hechas las pagas judiciales conforme a lo dispuesto por reales ordenanzas de tiempo de ocho tercios corridos, y para que se hagan manda que, reconocidos por los libros y ajustadas sus cuentas de cada indio de séptima, se les pague lo que se les estuviere debiendo, en plata usual y corriente, de contado, en mano propia, como está prevenido en las reales ordenanzas; para lo cual pondrá de manifiesto el lunes 21 del presente enero, que es el día que señala para dichas pagas, presente el cura y notificado el gobernador, principales, enteradores, alcaldes ordinarios de los pueblos de esta doctrina, camachicos y mandones, y entendidos los indios del común. Se publique el viernes 18 después de la doctrina. Por los indios que no se hallaren presentes, se pondrá la plata de sus pagas en depósito, como también se reconozca lo que *los indios fueren alcanzados* de dichas haciendas, y *se asegurarán a su real paga.* El auto fue dado el 17 de enero de 1715 en San Francisco de Mangas.

El 20 de enero, varios indios presentan petición sobre que la gente de esta doctrina ha servido en las estancias de Chaquamarca y Uchuguanuco y de miedo de tantos agravios y malos tratamientos algunos vienen huyendo y otros sin ajustar su cuenta en que "somos engañados" y les hacen alcances de mucha plata haciéndoles cargo de mucha cantidad de ganados sin pagar demasías, como está mandado por ordenanzas, fuera de que el administrador D. Juan Carrasco, sus mayordomos y quipos *(sic,* parece que debiera ser quipocamayos) hacen crueles agravios, dando "por nuestro trabajo" en drogas y ropa que recibimos por no perder nuestra paga. Piden justicia y que se ajusten las cuentas por sus libros y "nuestros quipos" conforme fuere razón, y mande con penas no hagan agravios porque de miedo no quieren ir los indios a servir su obligación y se van ausentando a otra provincia, y los tributos por esa causa no se pueden cobrar. Si no obtienen justicia, piden testimonio para ir al real gobierno todo el común.

El comisionado nombra a Pedro Laurenzio Ruiz de Godoy para hacer el ajuste de las cuentas, por ser persona hábil en el reconocimiento de cuentas de ganados y de pastores, el cual aceptó ser el ajustador.

En 21 de enero, dicho comisionado manda a Ruiz de Godoy que ponga con toda claridad y distinción las partidas al pie de este auto, lo que pareciere según la cuenta de cada uno, *así las pagas que tuvieren dichos indios como lo que fueren alcanzados de las haciendas,* sacándolo de los libros de cuentas. Y mandó que se haga notorio dicho ajuste de cuentas para lo que el escribano mandará pregonar en la plaza pública que todos los indios que tuvieren pagas como los que fueren alcanzados comparezcan en persona con sus quipos a dar razón de sus cuentas, como también el segundo cacique, los principales, y por los que no parecieren se ajustará el cargo y descargo en presencia de su cacique, alcalde y principales. Así se pregonó.

En 22 de enero de 1715, Ruiz de Godoy pone por diligencia las cuentas de cada indio mitayo, así del alcance (contra ellos) como de sus pagas, lo que irá declarado por sus quipos de cargos y descargos, ajustadas tales cuentas en presencia de D. Juan de Rojas Callampoma, su cacique principal y segunda persona, y los demás principales y alcaldes, con la asistencia del licenciado D. Gerónimo Rico, cura en inter, y la del Alférez Francisco de Salazar, Juez de pagas, y del escribano.

Vienen a continuación los asientos individuales en la siguiente forma:

Martín de la Cruz, del pueblo de Pajas, tiene de pagas, según parece por el Marjessi cuenta del Libro y Quipo de dicho indio, rebajado el monto de sus pérdidas de su salario, 1 peso 2 reales. Juan Alonso, del pueblo de Pajas, tiene de pagas, 11 pesos 1 real. Andrés de Mendieta tiene de pagas, 3 pesos 2 reales, ajustada su cuenta conforme el Malgessi *(sic)* por el Libro, rebajadas sus pérdidas, 3 pesos 2 reales. Luis Jazinto, del pueblo de Mangas, tiene de pagas, 1 peso 3 reales. Pazchual de Auendaño, del pueblo de Nanis, tiene de pagas, 23 pesos 3 reales. Juan Lorenzo, del pueblo de Copa, 14 pesos, 7 reales, según parece ajustado del Libro por el Margessi, rebajado de sus pérdidas. Pedro Lorenzo, del pueblo de Gorgorillo, tiene de pagas, 3 pesos 6 reales, ajustada de los Libros por el Malgessi *(sic),* rebajadas sus pérdidas, socorro y tributo de su salario, con el alcance que tuvo en la primera cuenta de su pastoraje.

Los que deben son los siguientes:

Francisco Castellón, del pueblo de Poquian, debe 1 peso 3 reales y medio, según parece ajustado por el Libro, rebajadas las pérdidas de su salario conforme Margessi. Melchor Solís, del pueblo de Copa, debe, según parece ajustado por el Libro conforme Malgessi *(sic),* 10 pesos 4 reales y 1 cuartillo. Azenzio Navarro, del pueblo de Chamas, debe 28 pesos 2 reales y medio. Francisco Bautista, del pueblo de Nanis, debe 2 pesos 6 reales. Juan Andrés, del pueblo de Copa, debe 16 pesos 5 reales. Andrés de Espinosa, del pueblo de Pacllon, debe 46 pesos 7 reales y medio. Luis de Villafuerte, del pueblo de Mangas, rebajadas las pérdidas de su salario, debe 111 pesos 3 reales. Juan Marzelo, del pueblo de Pacllon, rebajadas las pérdidas de su salario, debe 26 pesos 5 reales. Melchor Encarnación, del mismo pueblo de Pacllon, debe 2 reales y medio. Juan Pazchual, también de Pacllon, rebajadas sus pérdidas, debe 38 pesos 7 reales. Francisco Lorenzo, del pueblo de Mangas, debe 30 pesos 2 reales y medio, rebajado su trabajo de tres días. Francisco Carion, debe 24 pesos 2 reales de socorro y pérdidas de ganado y tributo, rebajado de su trabajo de seis días según el Malguesi *(sic).*

Suman *las pagas de los mitayos,* 59 pesos de a 8 reales. Y *el alcance* que han hecho las estancias a los indios mitayos, 338 pesos 3 reales y 1 cuartillo.

Desde la fecha del auto antecedente no han comparecido los demás indios mitayos que han servido en las estancias. Estas cuentas se ajustaron en presencia del cacique, segunda persona mayor de esta doctrina, principales y alcaldes, con asistencia del cura y del Juez de pagas y del escribano, en 26 de enero de 1715.

Después de cerrada esta cuenta, parecieron con vales del mayordomo de tener pagas los siguientes: Antonio Morales, de Copa, tiene 11 pesos 3 reales. Pedro de la Cruz, de Patas, tiene de pagas 2 pesos. Pedro Marzelo, de Patas, 4 pesos. Pedro Pablo de Cotos, de Mangas, retuvo 18 pesos de cuenta de don Gabriel Barnachea por su vale. Son 35 pesos 7 reales, que unidos a los 59 pesos de la otra cuenta, son 94 pesos 7 reales.

En Mangas, en 26 de enero de 1715, el Juez para las pagas generales de indios mitayos que se enteran de esta doctrina de Mangas para las estancias de Uchuguanico y Chaguamarca, ante el cura y el cacique principal y segunda persona mayor del repartimiento de Caxatambo y demás principales, alcaldes ordinarios, camachicos y mandones, para lo cual, estando toda la gente junta de esta doctrina *para el efecto de hacerles las pagas,* mandó poner la plata encima de la mesa y con ella les pagaron en tabla y plata usual y corriente en mano propia *por el tiempo de ocho tercios que se les debía,* en que quedaron contentos y satisfechos a su voluntad, sin repugnancia alguna, los dichos indios, por el General don Alonso de Graçia Cárdenas, quien hizo dichas pagas cumpliendo con lo dispuesto por la nueva Recopilación de leyes del Perú, de Yndias y reales ordenanzas del reino, en cuya atención queden declaradas dichas pagas, como también de lo que los indios *están debiendo* de socorros, tributos y pérdidas de ganado.

En 26 de enero, Graçia Cárdenas, en el pueblo de Mangas, dice que, habiéndose hecho las pagas generales de los mitayos que se enteran a dichas estancias y el reconocimiento que se ha hecho de sus cuentas por el Libro de los pastores en que quedaron rubricados por el escribano de esta provincia así *el haber de sus pagas* como también *el hallarse alcanzados dichos indios,* como consta por sus cuentas de 1,364 pesos 3 reales 3 cuartillos, así por los que han parecido como por los que no han parecido, y conviene a su favor se le entreguen los autos originales para su resguardo y que se sepa el haber cumplido lo que está prevenido por reales ordenanzas y haber venido de otra provincia en persona con su mayordomo y libros a hacer dichas pagas y haberse estado en esta provincia tiempo de cincuenta días; pide también que el comisionado mande *se enteren 30 indios mitayos que están asignados a dichas estancias:* a la de Uchuguanuco 14 y a la de Chaquamarca 16, y se deben enterar de las tres pachacas: Copa, Mangas y Paxas, y solos se enteran y están enterados *15 indios* y han quitado de su autoridad los otros 15 sin despacho alguno, que aunque tuvieran se puede despreciar respecto de ser más antigua y de encomienda la merced que tienen dichas estancias; que (cuando) el Real Gobierno despacha las mercedes de los indios, comunidades y cofradías (se entiende que), es después (de haber sido) enterados (los mitayos) a las dichas estancias que tuvieren merced antigua, sin que haya perjuicio para ello en las obras si hubiere cabimento y no en perjuicio de tercero que mejor derecho tenga. Y así puede Vuestra Merced, de cualquier despacho que tuvieren dichos indios ganado con siniestra relación, despreciar y dar entero cumplimiento al entero de di-

chos *30 indios.* Y de lo contrario, mande al escribano le dé testimonio (al solicitante) para ocurrir donde se dé providencia para dicho entero.

El comisionado mandó que el escribano le dé (al hacendado) los autos originales dejando un tanto y lo ponga en su oficio para que haya razón, así para resguardo de los indios como de dichas haciendas. Por lo que toca al entero de los *15 indios* que han suspendido los principales enteradores y habérseles notificado a que exhibiesen instrumento para no poder enterar dichos 15 indios en el término que han durado dichas pagas y no haber querido hacer así ni dar razón de ello, en cuya atención manda que *se pongan presos* en la cárcel pública de este pueblo a todos los principales, camachicos y mandones, alcaldes ordinarios y demás indios a cuyo cargo están dichos enteros, y el escribano ponga al pie de este auto certificación de haberse ejecutado, notificándoles que de no dar entero cumplimiento de los mitayos a dichas estancias *irán presos a suplir la falta que hacen los pastores.*

El escribano leyó el auto *en la cárcel pública* a D. Juan de Roxas Callanpo, cacique principal y segunda persona mayor del repartimiento de Caxatambo; D. Domingo Ramos, principal del pueblo de Patas; D. Miguel Ambrosio, principal de Copa; D. Juan de la Cruz, principal de Mangas; Juan Belasques, alcalde ordinario del pueblo de Pacllon; Gonzalo Mendoza, alcalde del pueblo de Chamas; Francisco Rotas, regidor del pueblo de Nañes; y dijeron que lo oían y entendían. El escribano asienta que los halló presos.

Aquí termina el expediente sin haber noticia de otras actuaciones.

Lo hemos seguido en todas sus minucias porque deja ver cuál era el sistema de trabajo que todavía se empleaba en las estancias de ganado. Los indios son obligados a dar mita para ellas a la *séptima parte* y la resisten por atraso en las pagas y malos tratamientos. Los indios obtienen la paga de los jornales atrasados, pero también son alcanzados por sumas mayores que se les cargan por socorros que han recibido, pérdidas de ganado y paga de tributos. En la averiguación de las cuentas se utilizan los libros del hacendado y también los quipos de los indios. El hacendado insiste en pedir y logra que se le mande dar el entero completo de los 30 indios de mita, el cual se halla reducido en la práctica a la mitad. No viene ninguna averiguación que permita comprobar si ese número responde efectivamente a la séptima parte de los indios en edad de servir. Como los mandones de indios no cumplen esa orden, los vemos a todos, al fin del expediente, presos en la cárcel y amenazados de ir a servir como pastores en lugar de los que faltan.

Bajo el gobierno del virrey Príncipe de Santo Buono se vuelve a poner en cuestión el mantenimiento o la supresión de la *mita minera.* Él llega a opinar que la *mina de Huancavelica* no puede subsistir sin la mita y que ésta se ha hecho intolerable a los indios; ciérrese la mina y tráigase el azogue de España para el beneficio de la plata. Se opuso a ese dictamen D. Dionisio de Alcedo y Herrera, quien estaba en la corte, y presentó un "Informe... sobre las sólidas razones que hay para conservar la mina de azogue que hay en Huancavelica y se trataba de cegar". Santo Buono se inclinaba por la supresión general de la mita. Los Consejeros de Indias adoptaron esta opinión en informe al rey de 4 de marzo de 1718, pero Felipe V no se determinó a hacerlo, salvo en Huancavelica, pues el 5 de abril de 1720 se expidió real cédula *suprimiéndola en ese mineral*. Se opuso el mineraje y *quedó sin efecto*. El virrey entrega el mando el 26 de enero de 1720.[23]

Hemos consultado el "Extracto del memorial ajustado, formado en el Consejo de Indias sobre mita y si debe quitarse", firmado por el licenciado Manuel de Arredondo, relator, en Madrid, el 18 de febrero de 1717.[24]

Recoge las principales objeciones de los mineros contra la supresión de la mita, que son las siguientes: 1. Aunque hayan bastantes indios que trabajan voluntariamente y sin apremio en las minas, *éstos llevan a 7 pesos cada semana y los mitayos a 20 reales*, y con éstos se pueden mantener los mineros por ser el precio más acomodado; con aquéllos de ninguna manera, por ser muy caro. 2. Siendo como es el natural de los indios tan flojo y ocioso, dejándoles libres de la mita no querrán trabajar ni aun en los minerales. 3. En descaeciendo la mita de Potosí, faltando la saca de plata de aquel mineral, descaecería el reino y peligraría Potosí y la plata que se saca de aquel cerro, qué es la que mantiene las provincias, los presidios y comercios.

La respuesta del Fiscal (de la Audiencia de Lima, D. Mathías) Lagúnez fue: que de aquí se conoce que los mineros pretenden con tanto empeño los indios de mita *no porque falten voluntarios* sino por la conveniencia de los jornales. Hay cédulas que dicen se les pague a los indios bien, y sobre todo obligan a ello las leyes divinas y humanas, y no que por no poder pagar 7 pesos semanales, se les pague 20 reales y con la descomodidad de ir de 200 leguas. No se debe estimar, pues, la primera réplica del mineraje. A la segunda dice el Fiscal que el fruto de la plata y el oro que produce todo el reino del Perú, un año con otro, son 6 millones de pesos en plata y 1 millón en oro cada año. Los reales quintos importan (los de todo el reino) 1.100,953 pesos. Les toca pagar en Potosí, de quintos, 282,617 pesos; y lo restante, o sea, 728,336 pesos, pertenece a los demás mineros del reino (es decir, es cubierto por los quintos de ellos). Según esta cuenta de quintos, importa la plata de Potosí (el cerro), cada año, 1.333,102 pesos, y la de los demás minerales 4.666,898 pesos. De modo que no están tan ociosos los indios cuando en el resto del reino se saca tanta plata y oro con *indios voluntarios*,

que excede la plata sola 4 veces más a la que produce Potosí con tanto número de indios mitayos. Asimismo se saca no depender el comercio y el reino, etc., de la plata de Potosí, como siempre se ha informado por los mineros, y que cesando la mita y la saca de plata, sería la ruina, etc. Pues aun faltando, quedaban de los demás minerales 4.600,000 pesos en plata y 1 millón en oro, cantidad bien considerable. Además que siempre, aun quitando la mita, con tanto voluntario como hay, lo que pasaría es que se beneficiarían sólo *los metales ricos* y perdería el minero en todo y sobre perderían un esclavo por cada indio, pero el reino, comercio y S. M., poca o ninguna plata perdería. (Cita a Solórzano, lib. 2, cap. 18 y al n. 82). Opina el Fiscal que va bien corroborado el medio de Solórzano, de las cédulas y leyes citadas, de que vaya estrechándose y quitándose la mita forzada de Potosí, pues no se hallará de otro modo remedio a los agravios que se hacen a los indios, que tanto padecen en viajes, y como libres trabajarán donde mejor les paguen y traten. El virrey Conde de la Monclova remitió al Consejo varios papeles e informes contra la mita y dijo en el suyo: que el Conde de Lemus no sólo dio ya el parecer a S. M. de que se minorase la mita sino de que *se quitase de raíz*; pero que luego que murió en Lima, solicitó la malicia de muchos de aquella ciudad y en España obscurecer su gran celo; y porque el Fiscal discurre largo sobre esto sólo se cita, porque siempre se está en tiempo de hacer esta gracia tan de justicia a aquellos desvalidos indios, no pudiendo dejar de decir al Consejo, que es del mismo dictamen que fue el Conde de Lemus en cuanto a que *se quite la mita forzada de Potosí*; pero no de que se aplicase a otros minerales de metales ricos por ser pobres los de Potosí (como dicho Conde de Lemus propuso), porque, aunque ahora subsisten las mismas razones, no tiene por conveniente el trueque, por considerar que, llevando a los indios *contra su voluntad* a cualquiera mineral, en ninguno serán menos maltratados que en Potosí, por muchas circunstancias que no pueden concurrir en otro mineral del reino. Para estorbar que S. M. tome esta piadosa resolución siempre se dice que no sólo se perderá la gran saca de plata de aquel cerro sino todo el Perú y el resto de la monarquía: proposición que, por desvanecerla matemáticamente el Fiscal, no se alarga a ella. Concluye que S. M. se sirva, sin hacer caso de su parecer, de mandar se pregunte reservadamente a los arzobispos, obispos y religiosos virtuosos de aquel reino *si es justo o no quitar la mita forzada de Potosí*, y si dijeren ser justo y conveniente se conserve, quedará la Real conciencia sin escrúpulo y la de los virreyes. En el año de 1698 llegó real cédula mandando que los azogueros *pagaran a los mitayos el mismo jornal que a los voluntarios, de 8 reales diarios;* que el leguaje fuera desde su salida a razón de 4 leguas diarias, que no se libertasen por plata, etc., a cuyos puntos hicieron resistencia los azogueros diciendo que era lo mismo que quitar la mita; por lo que el mismo virrey volvió a consultar a S. M., y, reproduciendo lo que tenía dicho, acabó proponiendo *tres puntos:* 1. Conformarse con los pareceres que ha habido en todos tiempos y se resumen en el auto reservado que incluye de que *se quite la mita forzada de Potosí.* 2. Que en el caso que no se mande quitar del todo, se conserve en el estado en que se halla en las provincias contiguas: Pacages, Omasuyos, Sicasica, Paria, Cochabamba, Porco, Chayanta, Tarifa y Carangas; y que *se quite en el todo en las siete provincias remotas,* que son: Chucuito, Paucarcolla, Lampa, Azangaro, Cauca, Chauches y Quispicanche, que la que menos dista de Potosí 120 leguas y algunas, 200. 3. Que en el caso que no se resuelva lo propuesto en el primero o segundo punto, se manden ejecutar sin interpretación alguna *las nuevas órdenes,* pues, aunque se descomponga la mita en el todo o en parte con la ejecución de ellas, se logrará a proporción que los indios se libren de la esclavitud que han tenido ha más de un siglo, tanto más penosa por haber recaído en tan corto número de indios. Diose vista al Fiscal del Consejo, Ríos, el cual dijo: que a los tres puntos referidos con cuya proposición concluye el virrey su informe, elige el primero sobre que *del todo se quite la mita forzada de Potosí y todas las demás que se hallen concedidas, consentidas o toleradas en aquellos reinos,* por ser el punto más cristiano, más conforme a las leyes naturales, menos ofensivo a la libertad de los indios y más adecuado a las ordenanzas que hay para alivio de los naturales y porque es lo que únicamente puede aquietar las conciencias de S. M. y ministros más inmediatos. El informe que con más circunstancias y expresiones ha venido al Consejo para este fin de que se quite la mita, es el que hizo el virrey Conde de Lemus cuando gobernó el Perú, que se halla entre los papeles que remitió el Conde de la Monclova sobre la numeración general del reino, y mitas de Potosí, y que motivaron la citada cédula de *nuevas providencias;* el cual se remitió al Arzobispo Virrey Don Melchor de Liñán con cédula de 13 de diciembre de 1678 para que, informándose de su contenido, consultase al Consejo lo que le pareciere. En ese informe se expresa con toda individualidad la diversidad de injurias y agravios que han padecido los indios desde que se impuso la mita y que es imposible remediarlos no quitándose del todo la mita. Dice que tiene por cierto que las piedras de Potosí, y sus minerales, están bañadas con sangre de indios; y que si se exprimiera el dinero que de ello se saca, había de brotar más sangre que plata. Que si no se toma resolución de quitar esta mita forzada donde tantos inconvenientes ha mostrado la experiencia, se vendrán a acabar y aniquilar totalmente las provincias, con grave cargo de la conciencia del rey, y que para descargo de la suya así lo siente, afirma y juzga. Refiere que Fray Gregorio de

Loaysa, primer arzobispo de Lima, fue uno de los que dieron su dictamen al virrey Toledo, de que los indios podían ser compelidos a la mita, y después, a la hora de la muerte, se retractó pidiendo en su testamento se representase así a S. M., y lo mismo sucedió con Fray Miguel de Agia, religioso de San Francisco. Llevó el informe el Conde, antes de remitirlo, a una Junta de desagravios de indios en 3 de junio de 1673, y todos fueron de parecer que S. M. *quitase la mita,* como se proponía por el virrey. Componían la Junta D. Álvaro de Ibarra, oidor decano y visitador; D. Diego Cristóbal Mesía y D. Juan de Padilla, oidores; D. Diego de Baeza, fiscal; y D. Diego de León Pinelo, Protector General de Indios. Lo mismo informaron casi todos los religiosos y el Arzobispo Virrey Liñán en respuesta a la cédula de 13 de diciembre de 1678, en carta de 3 de octubre de 1692. En tiempos del Conde de Santisteban hizo otro informe D. Pedro Vázquez, Presidente de la Audiencia de Charcas. Antes hubo otro, en tiempo del virrey Conde de Alba, que hizo D. Francisco de la Cruz, Obispo electo de Santa Marta. El mismo virrey Conde de Alba de Liste hizo otro el año de 1658. Todos para que *quitasen la mita.* Parece que el Corregidor de Potosí informó, en 24 de enero de 1682, haber sido inciertas las noticias que tuvo el virrey Lemus de los agravios de los indios y que los ministros que le habían dado su parecer e informado lo habían hecho a contemplación del Conde, como lo había informado el virrey Conde de Castellar, sucesor del Conde de Lemus. A esto contestó el ministro D. Matías Lagúnez, quien demuestra ser todo esto falso y defiende a Lemus. Todos los informes se fundan en los agravios y vejaciones de los indios desde que se fundó la mita: pueblos distantes, no les dan nada para el viaje, no les guardan sus descansos, pónenlos en la cárcel para notificarles la mita si no tienen bienes raíces con qué responder y mandándoles dar fianzas con que se obliguen a no huir, cóbranles los tributos antes de salir por temor de que se mueran, no les pagan leguaje por más que las leyes lo mandan, prenden mujeres y parientes de los que se huyen apremiándolos a que los hagan comparecer y tal vez poniendo la horca en el pueblo para intimidarlos. Pinta la tristeza de la salida, del viaje y de la llegada. El jornal que se les da *a la semana de trabajo* es de *20 reales,* siendo el de los voluntarios de *7 pesos por semana;* y como los mitayos trabajan una semana sí y otra no, apenas les sale *a real y medio por día.* Menciona la hondura de las minas, el agua, el trabajo de noche, así de los barreteros como de los apiris. Los barreteros son dos que trabajan en un frontón alternándose, mascando la coca que llaman *acuchicar,* mientras el otro baja. El apire es el que se destina a los dos barreteros para que saque los metales que los otros derriban del frontón; éste no tiene más descanso que el que le puede hurtar al sueño hasta que el mayordomo o caporal lo despierta a palos o azotes. Se hace trabajar a los indios, así a los que acaban la semana como a los de descanso, el sábado toda la noche hasta el domingo por la mañana *que se llama dobla*, sin que se les pague su trabajo. Les hacen trabajar durante la semana de descanso para que ayuden a los otros a acabar sus tareas, y luego que están allí en todo lo que se les ocurre, sin pagarles. Las velas que les dan son tan pequeñas que se les acaban y tienen que gastar ellos de su dinero cada día medio real. De la comida que les entran, les hurtan los mayordomos y delincuentes que se acogen a las minas. A los 50 estados de entrar en el cerro hay una imagen de la Virgen, y los pongos, que son los caporales indios ladinos vaqueyanos, y los soberbios mayordomos les compelen a que hagan ofrenda de la comida y coca, haciéndoles bailar al uso de su tierra y otras burlas. Cuando los azotan por falta de cumplir la tarea (que hacen contra ley), los obligan a que paguen al indio que los azota *2 reales*, y también pagan al que los llama para el ajuste de cuentas y tareas. A los indios que trabajan en los ingenios les dan 3 *pesos de jornal por semana*, pero les descuentan 2 por el vino, chicha y coca, dándoseles a crecidísimos precios y en muy corto peso. Pagan de sus jornales a sus capitanes chicos *2 reales* para la fianza que dan los dichos capitanes de que los indios serán seguros; y se costean los costales para sacar metal; a cada mayordomo dan *un real*, que se llama el derecho de Fiaua; alquilan los sábados una bandera cada indio, que pagan por ella *2 reales* cuando menos, pues hay bandera que cuesta 1, 6 y 8 pesos; se obligan al servicio de los enteradores y otras personas de justicia y curas, sin rebajarlos del entero de la mita, y los compelen a que sirvan de pongos en las semanas de descanso. Para el aderezo de las lagunas dan en tiempo de agua, de cada pueblo, un indio de mita sin que se rebaje del servicio de minas. Para la fiesta del Corpus paga cada capitán enterador *4 pesos*, y tiene otros gastos de parroquia, fiesta, alferazgos, misas, mayordomías, cuando van a la Imagen del Cerro. En lo referido consumen los indios sus jornales y no pueden volver a Potosí por no tener allí nada tampoco y por miedo de que los vuelvan a mitar, y otros porque se mueren, haciéndoselos pagar a los capitanes enteradores, lo que llaman *rezagos*. En vista de los agravios e informes citados, *pide el Fiscal* que se sobrecarte la real cédula para *la total extinción de la mita*.

En este estado pidieron los mineros que se les comunicasen los autos y volvieron a alegar con documentos, sobre que se volvieron a pedir varios informes, con lo que se pasaron varios años, y en el de 1716 se volvieron al señor Fiscal, que entonces era el Sr. Mirabal, quien expuso lo siguiente: que ha visto los memoriales, informes, etc.; que está desde 1701 en estado de resolverse este pleito; él es de parecer que inmediatamente, sin más informes, *se quite la mita del todo*, como opinan el Conde de la Monclova, **el Fiscal del Consejo de 1701**, el Sr. Fiscal Lagúnez, el Sr. Solórzano. Y *se trabajen las minas con indios voluntarios como en Nueva España*, o

con españoles voluntarios o forzados en pena de sus delitos o con esclavos y negros. O si por la infelicidad de aquellos miserables no se llega a quitar del todo, *se minore*, y se cumpla en todas sus partes la cédula de 18 de febrero de 1697 en favor de los indios; y que *también se quite la mita de las provincias distantes* y remotas de Potosí. Hace referencias a Solórzano, *Política Indiana*, caps. 15, 16, 17, libro 2, y cap. 3, libro 2. En consecuencia de este dictamen, es claro que también deben despreciarse las demás pretensiones de los mineros: privar a los indios del alivio de sus descansos, poderse redimir por 3 ó 5 pesos para tiranizarlos con mayores precios y evitar las visitas para que, a pesar del número de indios que consumen con su mal trato, se conserve entero el número de mitayos; que se rebaje el quinto. Habiendo dado cuenta el Relator de este expediente, *acordó el Consejo*, en 14 de noviembre de 1716, que se imprimiese relación para que, repartiéndose copia a los señores ministros, se señalase día fijo para su votación. El Relator termina diciendo que es el último estado del expediente.

Como se ha visto, se guardaba memoria en el Consejo de Indias de los antecedentes que favorecían la supresión de la mita. Y es notable el número y la importancia de los funcionarios que se inclinaban por esa medida, tanto en las últimas décadas del siglo XVII como en estos comienzos de la centuria siguiente. Continuaba, sin embargo, la resistencia de los azogueros de Potosí que defendían la mita por ser un sistema de explotación para ellos más barato. Y la corona no se decidía a ponerle fin, acaso en razón de sus intereses fiscales y de las repercusiones económicas perjudiciales que podía ocasionar esa drástica medida.

Parece pertenecer al mismo grupo de papeles que entonces se examinaron el "Informe del Marqués de Ribas sobre las minas del Potosí en Perú".[26]

Los mineros de ese asiento habían pedido la reducción del quinto al décimoquinto, que se les perdonara 1% por el derecho de Cobos, que se prohibiera el rescate de indios de mita en plata para que sirvieran por sí mismos, que el segundo descanso concedido a los indios se les suspendiera para que, sin él, trabajasen las minas, y que se evitaran las revisitas de indios asignados a la mita, salvo en casos notorios de disminución.

El Marqués de Ribas estima que el venir mezclada con peticiones la difícil cuestión de la mita ha hecho retardar la resolución. Defienden a los indios la conciencia y las leyes dadas y le parece que hasta resolver esto, que es lo principal, deben quedar pendientes las demás peticiones. Por ello pasa a analizar la cuestión de los mitayos. Tiene presente que ha ajustado el extracto y la relación sobre ellos el Relator (del Consejo de Indias), D. Manuel de Arredondo.

Comienza su exposición el Marqués de Ribas con una relación histórica. El virrey Toledo logró reunir 614 repartimientos de indios, les fijó tributos y los distribuyó por haciendas de campo, plazas en las ciudades, otros ministerios y para las minas. Fijó el jornal en *4 reales diarios* a los indios de minas y asignó a éstas 95,000 indios de 17 provincias. En el transcurso de más de 144 años ha variado "esta admirable disposición"; hay gran disminución en las minas, en la Real Hacienda y en los indios. Intentó restablecer la mita el Duque de la Palata, y luego el fiscal de la Audiencia de Lima, D. Mathías Lagúnez, propuso diferentes puntos para la determinación del Consejo. Con posterioridad a 1701 pidió resolución el fiscal del Consejo, D. Martín de Mirabal.

El Marqués de Ribas estima que el punto no se halla suficientemente informado para emitir seguro dictamen. Da a continuación algunos datos descriptivos sobre Potosí y Porco, el antiguo asiento de los Incas. La calidad de estos tesoros pondera *la importancia de su conservación.* Es necesario para ello el trabajo de hombres y, habiendo de ser de los que allí son vasallos de S. M., parece que *deben ser los indios,* pero con justicia y equidad. Aconseja que el rey elija en las Indias el ministro que sea de más conformidad y agrado para que, pasándole todos los escritos dados y lo prevenido por el Consejo, pase a dar acertada disposición. No propone al virrey del Perú por sus ocupaciones y estar a 400 leguas de Potosí, pero sí se le debe prevenir el nombramiento del ministro para que coadyuve.

Claramente se desprende de este "Informe...", que el Marqués de Ribas se inclinaba más al partido de los azogueros que al de los indios. Debía tener presente que el virrey del Perú, Príncipe de Santo Buono, se mostraba adverso a la conservación de la mita, y probablemente por ello trataba de ponerlo al margen de la continuación del trámite. Ya sabemos que ese virrey fue sustituido en el mando a principios de 1720; le sucede D. Diego Morcillo, Arzobispo de Charcas y de Lima, cuyo gobierno dura hasta 1724. El 14 de mayo de este año entra en Lima el nuevo virrey D. José de Armendáriz, Marqués de Castelfuerte, quien desempeñaría sus funciones hasta 1736.[26]

Pero antes de llegar al examen de su gobierno, mencionemos un extracto de órdenes para el Perú, dadas en 1718, del que no conservo anotaciones,[27] y un nuevo parecer sobre la mita de Potosí y de Huancavelica, del año de 1724, que a continuación explicaremos.

Su autor es el P. Manuel de Toledo y Leiva, Rector del Colegio de la Compañía de Jesús en Huancavelica, quien fecha su escrito en ese Colegio, el 30 de agosto de 1724, y lo dirige al Gobernador de dicho asiento, D. José Santiago Concha, con motivo de la Real cédula expedida en Madrid el 6 de diciembre de 1719, que mandaba consultar *si sería conveniente o no continuar la mita* de indios forzados así en Potosí como en Huancavelica.[28]

El autor opina, en primer término, por *la supresión de la mita forzada,* y luego dice que, en caso de proseguirla, se quiten a los indios *otros gravámenes.* Divide su parecer en tres capítulos, que tratan: 1° Fundamentos para que *no miten.* 2° Razones para *que miten.* 3° Su *juicio propio.*

1. En Oruro no hay mita de indios y salen ríos de plata. Tampoco la hay en los minerales de México, Chile, Popayán y otros lugares. En años inmediatos a éste (de 1724) llegaron dos millones de quintos de Potosí cada año, y de los demás minerales (peruanos) seis millones de quintos de oro y plata. Fuera de Potosí se trabaja sin mitas. Se halla deteriorada de metales la villa de Potosí y más da Oruro con indios voluntarios. Explica el autor que nació en la ciudad de La Paz y sabe las lenguas quichua y aymara (p. 170). Los indios no son lo que tanto se pondera de ellos. Se trata de hombres sin cultivo, abatidos, humildes, mas no le parece que haya entre ellos idolatría ni que sean enemigos de la Iglesia. En todo el reino los indios son de todo el trabajo, sacadas las poblaciones principales de las costas del mar, donde sirven muchos negros, mulatos, zambos, cuarterones y mestizos (p. 172). En Lima, los indios son los pescadores. Ellos llevan a las ciudades, villas y pueblos las comidas; ellos cultivan las chacras; acarrean el trigo, el vino, el aceite, las carnes; ellos son pastores y guardas de innumerables estancias que hay en el reino; repechan cordilleras para servirnos; penetran en valles muy ardientes para nuestros alivios; viven como austerísimos ermitaños en unos desiertos inhabitables, sin sueño, sin más alimento que unas raíces y un poco de maíz, sin probar carne casi en todo un año, expuestos al hielo, al sol y a las aguas, rayos y fríos, sin más defensa que un pellejo por colchón y una frazada raída por cubierta, padeciendo todos estos rigores por darnos de comer. Los oficiales de oficios mecánicos son casi todos indios, y éstos nos visten y proveen de lo necesario para la decencia. En el Cuzco pasan de 12,000 los oficiales, estando casi todos esos oficios en poder de indios. Han fabricado ciudades, villas y pueblos de la sierra; asimismo, los suntuosos templos del Cuzco, La Plata, Potosí, La Paz, Juli y aun de Lima y los muchos que hay en el Perú; componen puentes, caminos; allanan los montes y rompen las selvas. No son, pues, ociosos. Tienen a su cargo la labor de las minas y los oficios mecánicos de peso y fatiga. La fama de que son flojos nace de verlos débiles y sin aliento para cosas pesadas y de sumo trabajo; pero faltaran los indios del Perú y vieran los españoles cómo padecían y carecían de todo. Díganlo estos años en que han muerto con la peste tantos millares de indios, qué penuria ha habido de todo: están sin cultivo las haciendas; los ganados sin pastores; las fábricas y los oficios sin artífices; las plazas sin comidas; los animales sin servicio y cuidado. Al español que los favorece lo regalan y sirven. No todos los indios mienten ni son ladrones; lo son los mestizos, zambos, negros y, a veces, los más preciados de hidalgos. La embriaguez es el vicio más común entre los indios, mas puede quitarla la

•

vigilancia de los curas y corregidores. No se debe condenar a los indios a pena tan horrenda como es la mita. Muchos de los curas no saben el idioma de los indios.

El rey Felipe V renuncia a la corona en la flor de sus años, y desde el Monasterio de San Ildefonso escribe a su hijo Don Luis Fernando, príncipe entonces de Asturias y hoy monarca, que mire mucho por los indios (p. 174). Muchos corregidores del Perú tienen sojuzgados a los indios para la tiranía. No hay justicia para estos miserables. Para un corregidor toda la justicia se endereza a que paguen los indios lo que le deben.

En el capítulo 2, p. 178, resume el autor del parecer las razones en favor de la mita. Guancavelica es el único mineral de azogues que hay en las Indias; si se quita la mita, es quitar toda la riqueza del Perú.

En el capítulo 3, p. 180, emite su propia opinión y concede que es bien que *prosiga la mita,* pero no le carguen a los indios otras pensiones: no paguen tributo a S. M. el año que miten; los corregidores no los ocupen, v. g., en sus obrajes; los curas no los graven tanto por derechos. Haya cuidado en el hospital y se guarden las ordenanzas sobre el bien de los indios. Esto lo razona incluyendo el servicio que los indios dan a Guancavelica.

Como ya lo comentó Vargas Ugarte, resulta que este parecer es más enérgico y preciso en su crítica de la mita que en sus conclusiones, que muestran cierta debilidad hacia ella, aunque acompaña sus concesiones con la esperanza de que se otorguen a los indios otros alivios en su dura condición. Se percibe en el autor del escrito el sentimiento del criollo que lo inclina a compadecer la suerte de los naturales y a reconocer los servicios que prestan a la sociedad peruana en múltiples y vitales ocupaciones.

El 26 de junio de 1726, en Guancavelica, queda concluida la "Relación del estado que ha tenido y tiene la Real mina de Guancavelica... que hace el Marqués de Casa Concha al S. D. Álvaro Cabero y Céspedes, oidor de la Real Audiencia de Lima, su sucesor en los cargos de Gobernador de Guancavelica y Superintendente de la Real mina y Caja".[29] Ofrece datos minuciosos y valiosos sobre el estado de la mina, como el título lo indica, y también sobre su historia y forma de trabajo.

La descubrió Amador de Cabrera en 1564, durante el gobierno del licenciado Lope García de Castro; vendió la mina a S. M. en 150,000 ducados y después puso demanda por lesión; esta cuestión la zanjó el Duque de la Palata (núm. 610 de su Relación); ahora es del todo de S. M. Desde 1571 hasta hoy ha dado esta Real mina, según los libros, *755,889 quintales, 9 libras, 13 onzas de azogue.*

Se trabajó a tajo abierto hasta 1605, año en que el Conde de Monterrey mandó que se empezase a trabajar por el interior; ordenó la obra del *socavón real* y le corrió 50 varas (sigue en esto a Escalona, aunque Solórzano atribuye el comienzo a su época, en 1617). El Conde de Chinchón ajustó el socavón con Juan de Vielza, quien lo acabó y comunicó con la mina el martes santo, 15 de abril de 1642. En total tiene 619 y media varas; las últimas 123 y tres cuartas varas se hicieron en el gobierno del Marqués de Mancera. El socavón tiene 3 varas y media de ancho y 5 de alto; comunica con la veta a más de 500 varas de las 800 que tiene de profundidad, "que fue obra de mucho arte y acierto"; facilitó respirar a la mina y la saca de metales; costó más de un millón de pesos, que pagó el mineraje.

El capítulo 2 de la Relación trata de *los reparos.* Explica (núm. 24, fol. 6) que en la mina hay dos especies de gastos: uno en picar y sacar los metales, que los paga cada minero; otro, en reparos y seguridad de la mina y busca de labores, limpieza y comodidad de sus calles, que debe costear el mineraje, pero se pactó (en el cap. 32 del asiento) que para estos gastos anticipara la Real Hacienda 47,500 pesos cada año en los 125,000 que ofreció anticipar cada año; los 77,500 pesos restantes son para la paga de cinco mitas de 620 indios a *25 pesos cada uno.* En diversos gastos que estas obras causaban procuró reducir mucho el autor de la Relación, Marqués de Casa Concha. Informa sobre los trabajadores que en esto se empleaban (núm. 41, fol. 8v): se calculaba que eran necesarios 100 jornaleros cada día, que se reclutan de las partes siguientes: Provincia de Cotabambas, 23. Oropezas de la de Aymaraes, 5. Provincia de Angaraes, 48 (de los que vienen regularmente 40). De las Parroquias de la villa y del Cerro, 35. Son en total 135, pero con las fallas, etc., se calculan en 100. De ellos se sacan 10 para alcaldes de los barrios de la mina (5 de día y 5 de noche); los que restan, acompañados de oficiales carpinteros y albañiles van a los reparos, que vigilan dos veedores y tres sobrestantes (dice que en esto hay descuidos y cree que es mejor fijar el trabajo a destajo). Los domingos se pagan los jornales en la plaza pública de la villa, en presencia del Gobernador de Guancavelica. A los indios de Angaraes y Parroquias se les pagan *4 reales* de jornal por cada jornada; a los Cotabambas y Oropesas a *3 y medio,* porque se les cubre el viaje si cumplen su mita (cap. 18 del asiento), en tanto que a los otros no se les paga. En el núm. 45 de la Relación dice su autor que para sacar la tierra implantó el uso de borricos, que resulta más uno que seis indios que la sacaban a hombros; para 12 borricos van 3 indios, que deben hacer 14 viajes diarios.

En el cap. 3, núm. 48, fol. 11, explica que para sacar 3,500 quintales de azogue al año se necesitan 70,000 cargas de metal bruto extraído, o sea, por cada 100 cargas 5 quintales; así que por semana deben bajar 1,350 cargas de metal; para esto (núm. 49, fol. 11) es necesario que los mineros tengan en la mina 80 piqueros de día y otros 80 de noche; que en tiempo de D.

•

Juan Luis López (en el margen se aclara que es el número de mitayos hacia 1685) consta que hubo 206 piqueros de día y otros tantos de noche; en el tiempo del autor de la Relación ha sido difícil suministrarlos, porque no había piqueros voluntarios a ningún precio y los de mita acostumbraban redimirse en plata; él procuró que vinesen efectivamente, como lo logró con ayuda del virrey Marqués de Castelfuerte.

El Marqués de Casa Concha mandó que trabajasen delincuentes en la mina, conforme a orden de S. M., e hizo cárcel para ellos (fol. 12v). Estima que por el embarazo que sufrió la veta principal hace 80 años, hoy no es posible que se saquen 11 quintales por cada indio, como dice el asiento.

En el cap. 4, fol. 12v, trata de los "Mitayos señalados a esta Real mina, su paga y necesidad de que vengan en persona y no en plata". Según el asiento del Marqués de Mancera, de 1645, y el siguiente (del Duque de la Palata) que hoy corre, se ofreció dar al mineraje *620 indios de mita* que comprenderían los de labor y los que se aplican a desmontes, limpias y reparos y barrenos de Hoyo Negro. Nunca se han podido enterar, por lo que los mineros han hecho diversas representaciones al gobierno. Hoy se enteran *447 y medio indios efectivos mitayos,* en esta forma (núm. 60, fol. 13):

De la provincia de	Chumbivilcas,	100	
" " " "	Cotabamba,	43	
Oropezas de Aymaraes,		5	
De la provincia de	Guanta,	80	
" " " "	Lucanas,	30	
" " " "	Vilcas,	18	
" " " "	Jauja,	34	y medio
" " " "	Parinacochas,	5	y un cuarto
" " " "	Andaguaylas,	14	
" " " "	Tarama,	14	
" " " "	Yauyos,	4	
" " " "	Aymaraes,	16	y tres cuartos
" " " "	Angaraes (para reparos de minas),	40	más o menos
" " " "	Parroquias y cerro de Guancavelica (mismo ministerio),	35	
En total,		*447 y medio indios.*	

Por la peste han hecho rebaja los corregidores en Guanta y Jauja, pero revisitó Francisco López de Ezeyza y será completo el entero de la mita, pues en cuatro provincias que ha visto, de Lucana, Parinacochas, Cotabambas y Chumbivilcas, halló más de 2,000 indios de aumento sobre las visitas anteriores a la peste.

El autor de la Relación (núm. 62, fol. 13v) puntualiza que los mitayos deben trabajar por jornal y no a destajo, a *3 y medio reales* por día, y por la venida y vuelta a *2 reales* diarios a razón de 5 leguas por día; la jornada es de sol a sol con dos horas de descanso; así lo previno la ordenanza 18 del arancel de jornales que hizo el Duque de la Palata por provisión de 16 de octubre de 1687

Los mineros quieren que los mitayos trabajen por tarea, enterando 40 cargas de metal en los dos meses de su mita (núm. 63); pero no accedió el Marqués de Casa Concha, como lo mandan las ordenanzas generales del servicio personal y el cap. 18 del asiento (núm. 64). Lo inclinó a esa decisión también el ver que en seis días sólo se abonaba al mitayo por el mayordomo alrededor de una carga (la mita duraría así, de ser por tareas, más de seis meses); y la culpa era del mayordomo por no dar al mitayo calzados los picos, las velas y demás herramientas necesarias, contra lo dispuesto en el cap. 36 del asiento (el que hizo el Duque de la Palata).

También remedió, por auto de 28 de junio de 1723, el fraude que se hacía a indios voluntarios y mitayos en que los mayordomos les tomaban tres colmas, que se componían de tres montones de metal, por una carga, siendo dos: él estableció medidas seguras (núm. 67, fol. 14).

Para regular justos repartimientos formó libros donde asentaba los mitayos que efectivamente venían y los que se asignaban a cada minero; el recuento se hacía cada tres meses (calculando a 50 pesos por cada indio para hacer la prorrata más matemática) (núm. 69, fol. 14v). Ordenó para más segura vigilancia que un veedor le trajera todos los sábados memorias de los mitayos que cada minero tuviese en el trabajo y los días que cada uno había trabajado en la semana: así sabía si los indios estaban efectivamente en la labor y evitaba que los mineros soltasen por dinero al mitayo antes de cumplir la mita, lo que era frecuente por preferir los mineros el dinero al trabajo del mitayo. Así se puede resolver también cuando surgen diferencias entre los indios y los mitayos, si han acabado o no sus jornales (núm. 70, fol. 15).

En la materia de mitas lo que dio más cuidado fue el Real Despacho enviado al Marqués de Casa Concha el 5 de abril de 1720, y también se expidió otro en igual sentido al Príncipe de Santo Buono, virrey del Perú, en el que se resolvía absolutamente que *cesase la mita forzada en esta mina* y se trabajase en ella con voluntarios, y que el virrey pasase a Guancavelica en persona para la ejecución; pero también mandó al Marqués de Casa Concha que si hallase dificultad insuperable avisase (núm. 71, fol. 15). Despacio reflexionó y contestó al Rey desde Guancavelica, el 25 de octubre de 1725, en los términos siguientes (núms. 73 a 91 de la Relación, fols. 15v-19v):

Que al tomar posesión de su cargo en 25 de abril de 1723 fue impracticable la ejecución de la orden por la peste que consumió muchos indios en el Perú; no halló los necesarios ni de mita ni voluntarios; los de mita no venían en persona sino en plata. Disimuló algún tiempo para ver si habiendo dinero pronto en la mina se conseguían trabajadores voluntarios; en año y medio se convenció de que no era posible sacar los azogues necesarios con la gente voluntaria que trabajaba y que por ningún dinero aumentaba. Aparte 80 piqueros de día y otros de noche, se necesitaban carguiches, que son los indios que extraen lo picado y otros que reparan las herramientas. En ese año y medio no logró que pasaran los piqueros de 40 de día y 40 de noche. Con ayuda del virrey consiguió que viniesen en persona los mitayos (el virrey actual no dispensa en esto) y llegaron a ser 60 los piqueros de día y otros tantos los de noche; sacan cada semana hasta 1,500 cargas de metal, lo que le parece al autor de la comunicación suficiente. Por esta experiencia dice que sin mita será difícil sostener la mina y no se hallarán voluntarios, aunque los mineros pudiesen costear el jornal de *7 y 8 reales* que el Rey manda dar a los voluntarios en sus despachos. Los indios son inclinados al ocio y por ningún interés lo dejan si no se les fuerza; gastan muy poco en vestir, comer y beber. En este punto no quiere formar juicio por razones, autoridades, noticias ni erudición, sino sólo por experiencia; lleva dos años y medio en la mina y halla que los indios forzados de mita padecen menos que los voluntarios, pues si se cumple que el mitayo no trabaje por tareas sino por jornal en los días de trabajo que hay en los dos meses de su mita, de sol a sol con dos horas de descanso, y el jornal a *3 y medio reales* y a *dos reales* por día de cinco leguas de ida y vuelta, que llaman *purina*, y acabado ese tiempo vuelvan a su provincia, que se curen en el Hospital y los mineros no les puedan fiar nada, que así lo ha practicado el informante, *es muy tolerable esta mita*. Él había leído ser duro el trabajo en Guancavelica, pero eso sería antes cuando existían huecos en la mina que producían ruinas, pero hoy no hay huecos ni ruinas; cree que son más estrechas y penosas las minas de plata. Juzga (fol. 18) que el indio mitayo que por redimirse de la mita da *60 u 80 pesos,* queda por ello en más servidumbre, porque no lo paga el indio sino el corregidor, obrajero, labrador, estanciero u otro hacen-

dado que necesita de su trabajo y es suma de que nunca se redime, pues aumenta con los vestidos y demás que le dan. En cambio, el que sirve en la mina dos meses, queda libre por espacio de seis partes más de tiempo que descansa. Los que trabajan en la mina con nombre de voluntarios padecen más que los mitayos, porque se enganchan por pagar el minero lo que el indio debe a otros y que le tenían apremiado en la cárcel; el minero dice entonces: "compré un indio por tanta cantidad"; y es cierto, pues con este empeño queda en esclavitud perpetua y *la deuda aumenta siempre* y sólo se redime con la fuga o la muerte. El alivio de los indios no consiste tanto en que se quite la mita forzada cuanto en que el que manda inmediatamente *cuide se ejecute lo que mandan las leyes*, sin contemplación a los mineros. Le parece que los indios son de *naturaleza distinta* en todo de cuantos hombres trató y por noticia sabe que habitan en Europa; su inclinación al ocio hizo necesario al principio de la conquista la mita forzada y *la razón subsiste*. Estima que es justa la nueva provisión para que trabajen en la mina los delincuentes, aunque no se ha ejecutado hasta aquí. Él ha hecho cárcel para ello, que han costeado los mineros y no la Real Hacienda. No ha habido tiempo para que el Rey conteste y entretanto se enteran las mitas en persona. El Arzobispo virrey lo auxilió para eso, aunque no se han conseguido los 80 piqueros. El virrey actual no dispensa para que vengan en plata y se ha suplido con delincuentes.

En el cap. 5 de la Relación, núm. 91, fol. 21, añade que la cédula real que autorizó el uso de delincuentes en Guancavelica fue dirigida, el 5 de abril de 1720, al Marqués de Casa Concha y al virrey Príncipe de Santo Buono. Al autor le parece que fue buena medida y por experiencia vio que facilitaba la labor; pero fue necesario hacer cárcel, como existe en Almadén. Ofrece detalles de la construcción (fol. 19v). Opina que mejor será repartir los delincuentes a los mineros y que cada uno sustente y vista los delincuentes que se le aplicaren y que se destinen a ser piqueros, pues para los reparos no faltan alquilados (núm. 106, fol. 23). Se ha dirigido a los corregidores de 15 provincias que expresa (fol. 23: son los de Tarama, Jauja, Guanta, Guamanga, Vilcas huaman, Andaguaylas, Abancay, Cuzco, Castrovirreina, Lucanas, Parinacochas, Aymaraes, Cotabambas y Chumbivilcas), pidiéndoles reos.

En el cap. 9, núm. 163, fol. 35, menciona que la incorporación de las minas de Guancavelica a la Corona se hizo por provisión de 15 de diciembre de 1568. El virrey Toledo ajustó tres asientos: en 1573, 1574 (con 6 mineros) y 1577 (éste con 29 mineros). El asiento del virrey Conde de Chinchón, en 1630, fue con 31 mineros. El del Marqués de Mancera, en 1645, con 36. El que corre, del Duque de la Palata, del año 1683, con 38 mineros. Se ha prohibido a los mineros ausentarse; si el virrey concede licencia a alguno para hacerlo, se mandó (cap. 9 del asiento) que se agregasen sus indios al común de los mineros para que se los repartiesen entre sí, dando el usufructo al minero propietario ausente, a razón de 50 pesos al año por cada indio; mas esto lo modificó el Duque de la Palata en 4 de febrero de 1686, mandando que el minero ausente con licencia encomiende al que eligiere (no ya al común) la administración de su hacienda, pero siempre sea este administrador minero propietario. El Marqués de Casa Concha añade (núm. 168) que hay ahora 21 mineros presentes a quienes corresponden, de los 620 mitayos del asiento, 316 y medio, y los 303 y medio restantes son de ausentes y los administran los presentes pagando por el usufructo 25 pesos al año (no 50, y esto se ha introducido sólo por uso y concierto y no por orden alguna). Hay 8 mineros pobres y faltos de crédito, por lo que quedan 13 mineros útiles para la saca (núm. 169). El autor de la Relación cree que es necesaria la asistencia de los propietarios y que a los ausentes por mucho tiempo y a los presentes que no trabajaren con los indios que tienen, se les quiten y den a otros que cumplan. En casos de sucesión en hembras y en que se han concedido indios por servicios y méritos y no por oficio, debieran ponerse administradores, pero no mineros propietarios en estos casos. Los mineros procuran recibir plata en vez de mitayos y debe evitarse (núm. 178). Los indios de las parroquias tienen costumbre de limpiar la acequia principal que pasa por lo alto de la villa, a principios del año, socorriéndolos el Procurador de la villa (núm. 249).

En el cap. 6, núm. 107, fol. 23v, hace notar el autor de la Relación que por el capítulo 28 del asiento que corre se pactó pagar a los mineros 74 pesos y 2 reales por cada quintal de azogue, en que se incluía el quinto, 2% del buscón y medio por ciento de seguro. Este precio con poca diferencia tuvo el azogue desde que se descubrió la mina (46 pesos ensayados corresponden a este precio). En 1610, valió 47 pesos ensayados, que son 74 pesos y 2 centavos y medio de a 8 reales el peso; deducido el quinto, quedaban a los mineros 59 pesos y 2 reales. Desde el año de 1642 se aumentó 2% del buscón, por lo que quedan al minero 58 pesos menos 8 y medio centavos en cada quintal. En tiempo de Solórzano el precio fue de 47 pesos ensayados según los libros (fol. 24), por lo que el precio de 40 que da en su *Política*, cap. 2, lib. 6, fojas 941, es equivocado o se trata de un error de imprenta. El Marqués de Mancera bajó 10 pesos del precio por quintal, pero el Conde de Salvatierra lo volvió a elevar. Fue gran novedad que la cédula de 13 de febrero de 1722 mandara pagar el quintal a 40 pesos (fol. 24v). El Marqués de Casa Concha representó en contra y no se ha respondido, pero tampoco ejecutado entretanto.

No cabe duda acerca de que el autor de la Relación tenía un conocimiento directo y detallado del funcionamiento del mineral de Huancavelica. Muestra realismo en su apreciación de las cuestiones que se debatían y su parecer debió influir en el mantenimiento de la mita, a pesar de la orden real de supresión dada en 1720. El espíritu renovador que se hizo presente en la etapa borbónica (con las órdenes para suprimir las encomiendas y para transformar los corregimientos bajo el sistema de las intendencias), también llegó al dominio del servicio forzoso de los indios con ese despacho de supresión de la mita de Guancavelica. Pero no pudo ser puesto en práctica, porque funcionarios responsables y dedicados a la gestión pública, como el Marqués de Casa Concha, hicieron presentes los inconvenientes. Es de notar asimismo en la Relación examinada la seriedad con la que su autor trató de aplicar la medida que disponía el empleo de delincuentes en las labores del mineral de azogue. En todo el escrito se percibe el empeño que el Gobernador saliente ponía en que el mineral de Huancavelica siguiera produciendo. El factor del trabajo indígena es apreciado en función de ese objetivo, con el menor daño posible para los mitayos, que se lograría mediante la aplicación estricta de las ordenanzas existentes. La falta de esa fuerza de trabajo le parecía irreparable en las circunstancias existentes en el lugar y época en que escribía la Relación.

El arraigo de que gozaba aún en esta época avanzada el uso de las mitas en el virreinato peruano se pone de manifiesto en otras disposiciones del período de gobierno del Marqués de Castelfuerte.

Un decreto dado por él en Lima, el 30 de junio de 1726, hace merced de *150 indios de mita* de la provincia de Larecaja para el mineral de San Antonio de Sunchuly. Se explica en dicha orden que D. Pedro de Orive Salazar habilitó la mina de oro de ese lugar, desaguándola por un socavón. Había pueblos de la provincia de Laricaja *(sic)* reservados de la mita de Potosí por el Conde de la Monclova. Y se resuelve que, sin distinción de originarios y forasteros, se asigne para dicho mineral *la mita de 150 indios de continuo trabajo*, que es la misma que el Duque de la Palata había asignado a Potosí. Por los nuevos padrones de revisita se hallaron *1,771 indios* de ambas clases sin los yanaconas, que sacando de esta gruesa 358 para el servicio de las iglesias y oficios de la república como antiguamente se sacaron, quedan para dicha mita *1,413* excepto los caciques, mandones y segundas (personas). El corregidor enviará la remuda sucesivamente por las tandas que parezcan más favorables a los indios; unos no se detengan más que el debido tiempo de su obligación y otros estén al determinado de su turno sin que pueda cesar la necesaria continuación de las labores, el avío de las bombas, saca de metales y la obra del contrasocavón.[80]

El mismo virrey del Perú, don Joseph de Almendaris, Marqués de Castelfuerte, dice que habiendo consultado con el Real Acuerdo varios puntos sobre poner *medios para el aumento de la plata y el oro y adelantamiento de los minerales,* se proveyó un auto en la ciudad de Los Reyes, a 29 de julio de 1726, en que se dan reglas que han de cumplir los Oficiales Reales y Corregidores del reino. Las reglas para los corregidores en los distritos mineros son las siguientes: observen las reales ordenanzas de minas y las leyes de la materia; se prohíbe que los corregidores tengan interés en las minas, y las pierdan si las adquirieron durante sus oficios; visiten los minerales y velen por que haya iglesia o capilla para que recen los indios y oigan misa; no permitan que los indios en días festivos ni en domingos trabajen ni se dediquen a la cultura de los campos, chácaras ni heredades, pues para esto deben prevenir que, en los tiempos acostumbrados, los dueños de las haciendas les concedan las licencias dispuestas por la ordenanza; se cumpla la ley que prohíbe a los vagabundos y jugadores estar en los minerales, y los destierren; a cualquiera persona que *descubriese veta nueva y pidiese indios para trabajar, le darán sin excusa los que previene la ordenanza* con las condiciones que en ella se expresan para su paga y buen tratamiento; si los dueños de las minas no tuviesen recuas suficientes para bajar sus metales y por su dinero ocurriesen a pedirlas a los corregidores, éstos *compelan a los arrieros* de los pueblos más inmediatos a que, pagándoles el regular precio, se ocupen en ello sin permitirles otro trajín, ni han de sacar violentamente a los que se ocupan en éste con ningún motivo. Por la gente y labores que cada dueño de minas tuviese han de hacer formal regulación de los cajones de metal que en cada mes puede sacar a sus canchas cada minero y esa noticia la pasen a los Oficiales Reales de las Cajas del Partido; por el cálculo antecedente han de examinar los corregidores en las visitas de los ingenios si los cajones de metal beneficiados corresponden a los que pueden rendir las labores del mineral perteneciente a aquella hacienda, y si hay baja lo averigüen y remedien; decomisen la plata de piña, por ser comercio contrario a los quintos reales. Luego siguen las reglas que han de observar los Oficiales Reales, que no conciernen directamente a la materia de nuestro estudio.[81]

En Lima, el 25 de noviembre de 1726, dice el Marqués de Castelfuerte, virrey del Perú, que sin el corriente *beneficio del azogue* no tuvieran uso los minerales de plata y oro que por su corta ley no sufren los costos de la fundición, y para que este metal no llegue a faltar con los accidentes del tiempo y prevenir el remedio, además de las órdenes que tiene expedidas para la manutención del Cerro de Guancavelica, ha resuelto que en todas las provincias de este reino *se soliciten y descubran las minas y vetas de azogue* que hubiese a diligencia de los cateadores que suelen ocuparse en este ministerio, bajo de la oferta de la recompensa y premio que corresponda al mérito de lo que cada uno descubriere, *sin exceptuar a los indios,* pues a éstos se les atenderá conforme a su naturaleza en los alivios que apetecen. Manda al Corregidor de Guamanga, D. Gerónimo de Villavicencio, que dé las disposiciones necesarias a semejantes descubrimientos; envíe piedras o metales para los exámenes. Pero no se pase a trabajar sin orden del Superior Gobierno, pena de la vida. Esta providencia no se da para que se trabaje en ellas, sino para precaver con nuevos descubrimientos las faltas en el futuro caso de acabarse Guancavelica, que no se espera suceda en muchos años.[82]

El debate en torno del mantenimiento o la supresión de la mita, lejos de amainar, cobró nuevo impulso en los años inmediatamente siguientes, como vamos a verlo a través de una nutrida serie de pareceres, comenzando por el de D. Gregorio Núñez de Rojas, oidor de la Audiencia de Charcas, quien decía que había cerca de 27 años que servía a S. M. en estos parajes.[83]

Estimaba que a dos puntos se reducía el presente argumento: si es justa la mita de indios involuntarios para que trabajen en el Cerro de *Potosí;* y si será conveniente la permanencia o aplicación de ellos para las labores e ingenios de aquel asiento. El primero tiene por objeto la real conciencia. El segundo, la razón de estado y buen gobierno de estos reinos. Sobre ambos se ha discurrido tanto que difícilmente se podrá decir cosa que no esté ya tocada, pero el Rey lo manda.

En cuanto a la primera proposición, halla que en este reino *se ha controvertido en siete ocasiones antes de ahora.* Al entablarla el virrey Toledo, bajo los gobiernos de los virreyes Velasco, Montesclaros, Conde de Chinchón, Conde de Lemus, Duque de la Palata y Conde de la Monclova. El autor se inclina *en favor de la mita.* Trae una relación de autoridades en pro y en contra. Luego pasa al examen de los argumentos. De paso dice que la mita de Potosí se compone ahora de *1,360 indios,* cuando el virrey Toledo asignó 13,500 de gruesa cada año (séptima de 95,000 que empadronó en 16 provincias). Entre los partidarios de *la licitud de compeler a los indios a la mita del cerro e ingenios de los minerales* de este reino, cita a: la Comunidad del Colegio Real de San Felipe de la ciudad de Lima, el Arzobispo de Lima, fray Gerónimo de Loaisa (que se retractó después), D. Juan de Matienzo, oidor que fue de Charcas, D. Pedro Múñiz, catedrático de Escritura y Deán de la Iglesia de Lima, Dr. Carlos Marcelo, catedrático de Vísperas y después obispo de Truxillo, fray Gerónimo de Valza [¿Valera?] de la Orden de San Francisco, Dr. D. Francisco de Sosa, catedrático de prima de Cánones en Lima y después oidor de esta Audiencia de la Plata, D. Feliciano de Vega, catedrático de Vísperas y Prima (tan docto como lo publican sus escritos), obispo de la Paz y arzobispo de México, fray Buenaventura de Salinas en su memorial de la historia del Nuevo Mundo, fray Miguel de Agia en sus tres pareceres sobre el servicio personal, Josef de Acosta en *De Procuranda Indorum Salute*, lib. 3, cap. 18, D. Nicolás Mathías del Campo y de la Rinaga, oidor que después fue de esta Audiencia en papel que imprimió hallándose en Madrid el año de 1671, D. Miguel de Luna y Arellano del Orden de Santiago, oidor de la Audiencia de Sevilla, en su Tratado de *Iur. Nat.*, lib. 3, cap. 12, núm. final, el Obispo Montenegro en su *Párocho de Indios*, lib. 2, tract. 9, sec. 1ª. Además de las opiniones mencionadas, recuerda el oidor Núñez de Rojas los documentos reales que han permitido la mita. Cita entre ellos el capítulo de carta de 17 de octubre de 1575 en que el Rey dice a D. Francisco de Toledo:

> Para la claridad que pedís se haga de lo que habéis proveído en la ocupación de los indios en las minas por ser contra lo que por Nos está mandado, y a que se os respondió habíades proveído bien, se ha hecho por las cédulas que os mando enviar por ésta, que es en conformidad de lo que tenemos proveído para la Nueva España y otras partes de las nuestras Indias, haréis que se guarde como cosa que ha parecido acá ser justificada y de que no se seguirá daño a los indios.

También hace referencia a la cédula de 20 de noviembre de 1584 dirigida al virrey Conde de Villar:

> e porque habiéndose platicado sobre esto ha parecido que, sin embargo de lo proveído por cédulas antiguas cerca de que no fuesen compelidos a este trabajo (los indios en las minas) *contra su voluntad*, se les podría mandar que vayan a ellas, lo haréis de aquí adelante.

Más expresiva aún es la de 18 de febrero de 1631, en la que en respuesta a una consulta del Conde de Chinchón le dice el Rey que consultó a su Consejo y otras personas y resuelve se continúen los repartimientos para Guancavelica y aun permite extenderlos a provincias circunvecinas, pues así será menor la carga para los indios que acuden. (Esta cédula la inserta Escalona, *Gazophilacio*, lib. 1, cap. 16, nn. 9 y 10.)

El oidor también recuerda que la cédula prohibitiva de la mita de minas de 1601 no llegó a efectuarse y se revocó en 1609.

Entre los virreyes que formaron juicio contrario al repartimiento cita al Conde de Lemus y al de la Monclova (ya por su piedad, ya porque en éste influyó el estilo de México, de donde venía de ser virrey, olvidándose de que cada reino y aun cada provincia tiene tan diversas reglas y medidas para su gobierno, como lo son sus climas y naturales). La *opinión contraria a la mita* tiene a su favor las personalidades siguientes: Padre Francisco Coello, de la Compañía de Jesús, en una como Apología manuscrita contra los pareceres de Agia, según dice Solórzano, *Polit.*, lib. 2, cap. 16 in princ., fray Miguel de Aguayo, franciscano conocido por el incógnito en papel que imprimió contra Agia, que dice Antonio de León en su *Biblioteca Indiana*, fol. 118, que es muy docto, P. Juan de Silva, franciscano, en tres memoriales que dio a la estampa en 1621 sobre advertencias importantes para el gobierno de las Indias, que dice D. Nicolás Mathías del Campo en el referido papel, artíc. 2, fol. 44, que se debe leer con algún recato, porque se fundó en muchas siniestras relaciones que le hicieron algunas personas. Otro religioso, cuyo nombre no se expresa, que dio motivo al papel que imprimió D. Nicolás Mathías del Campo. Y el rígido y austero P. Diego de Avendaño en su *Thesauro Yndico*, tomo 1, tít. 1, cap. 12, siguiendo a Solórzano. El autor del parecer trata de sortear las retractaciones de Loaisa y Agia.

Los argumentos que él expone *en favor de la mita* son: por el bien común y la causa pública se puede y debe pasar sobre los mayores inconvenientes y precisar a particulares y vasallos a perjudiciales tareas y servicios. La riqueza y abundancia de plata y oro es el nervio principal de que resulta la de aquellos y estos reinos. Cita a Agia en el Parecer, fol. 63. La sujeción política no repugna ni es contraria a la libertad cristiana. Recuerda la opinión de Nicolás Mathías del Campo sobre que, por haber sucedido los Reyes de Castilla en los derechos de los Yncas, pueden compeler a los indios a la labor de minas y beneficio de metales, pues los Yncas de inmemorial tiempo tuvieron esta regalía, con diferencia de que antes sólo recibían los indios el necesario alimento, y los Reyes les mandan pagar *4 reales por cada día*, que es lo que regularmente gana otro cualquier hombre en estas provincias. La mita de minas en que se paga el justo jornal no perjudica a la libertad. Una cosa es servir y otra ser siervos. Puede compadecerse la cualidad de libres con la pensión de asistir al trabajo de minas en que se ocupan los indios, no como esclavos, sino como libres, por necesitar de su industria y aplicación a este ejercicio la utilidad pública, causa común y conveniencia y propio bien de los mismos indios. Cita a Santo Tomás, q. 96, a. 4: el que dirige al siervo lo hace en provecho propio y el que gobierna a libre lo dirige al bien de éste o al bien común. Cita la ley 2, tít. 11, libro VIII de la *Recopilación de Castilla* sobre compeler a los vagamundos a que trabajen. Los indios son tan ventajosos en la minería que no hay nación que pueda igualar su industria y conocimiento en ello. En su vida de servicio el indio sólo mita 18 meses, "pues empezando este (trabajo) desde los 18 años de su edad, y quedando reservados de él a los 50 conforme a ordenanzas, y estando dispuesto asimismo por ellas que miten a la séptima, o cada siete años, y en cada uno de ellos sólo 4 meses (porque los 8 restantes se les da de descanso), resulta tocarles este turno, tanda o mita, solamente 4 veces y media o 4 años y medio, y en cada uno de ellos sólo 4 meses de trabajo, que son los 18 meses, con que (como se ha dicho) cumplen en toda su vida con esta pensión". Cita en apoyo de esto a D. Nicolás Mathías del Campo, artíc. 2, fol. 21, y a D. Sebastián de Sandoval y Guzmán, en su Memorial por la Villa de Potosí, fol. 41.

La condición de los indios adscripticios, que por acá llaman *yanaconas*, es más áspera, pues es precisión perpetua de residir y cultivar los fundos o glebas a que están aplicados sin otra satisfacción que una moderada ración, vestuario y paga de sus tasas a que están obligados los dueños, que es la mitad menos que la que contribuyen los demás indios taseros, pasando esta dureza a sus hijos, nietos y demás descendientes. Cita al licenciado Pedro Ruiz de Bejarano, oidor que fue de esta Audiencia, en peculiar tratado sobre el servicio de los yanaconas.

El trabajo de los indios de mita es grande, pero igual o poco menor afán les ocasionan los demás trabajos en que por lo regular se ocupan. Por mitas se dan y reparten forzados para el servicio y cultivo de las chácaras, para la fábrica de las iglesias y edificios públicos, para la guarda y crianza de los ganados mayores y menores, para los obrajes, para los trajines, cargas y servicios de los tambos y para el avío y curso de los chasquis o correos:

> La perfecta libertad consiste en que todos hagamos lo justo y honesto y en que seamos esclavos de las leyes... porque si a todos se diese facultad para vivir a su antojo y gusto perecería la libertad en manos de la misma libertad y no se diferenciaran las Repúblicas de los hombres de las fieras...

En Potosí muchas minas se trabajan por socavones, por lo que, aunque su profundidad sea mucha, se acorta; se tasa la cantidad del metal que cada indio *apiri* (que es el que lo saca de la mina) debe poner en la cancha o boca, la cual no pasa de 16 y baja hasta 10 ó 12 *cotamas* o montones de 2 arrobas cada uno. Los indios pueden quejarse de los excesos. Los *auquis* o barreteros (que son los de mayor trabajo) son en lo regular *mingas*, porque como más habituados en este ejercicio son los hábiles en él. Unos y otros, aunque trabajen día y noche, no es continuado su afán, pues trabajan 2 ó 3 horas según ellos mismos lo disponen y luego entran otros que llaman *compañas* a remudarlos, en cuyo tiempo salen los primeros al crucero (que es el sitio más acomodado) y en él duermen, o comen o *acullican* (que es mascar coca), hasta que vuelven a su tarea, y los otros al reposo, y es lo que llaman vulgarmente dos por uno. Es costumbre inmemorial. Cita un informe del Conde de la Granja sobre esto.

Los más indios *cédulas* o de mita se aplican a los ingenios, donde el ejercicio de repasar los cuerpos de metal que están puestos en beneficio, el del mortero, cedazos y otros en que se ocupan, es más suave que los que se han referido. La paga de jornales se hace *en plata*, los lunes, en Potosí en la cancha de Guaina, con asistencia de las autoridades; a diferencia, en otros minerales del contorno se satisface *en géneros* con aumento de 100 y 200 por ciento en el precio. Se visita el cerro por un ministro que por turno pasa a la villa a cerrar la carta cuenta. Hay puentes y arquerías *(pircas)* que se usan para prevenir derrumbes que llaman *aisamientos*. Hay también lumbreras y cañones para que circule el aire, ardan las luces y se exhale el vapor. Las exhalaciones no son tan nocivas como las del azogue, aunque en éstas también se templa ahora con hornillos. Ya no se cree en que haya fantasmas, aunque cuando escribió Solórzano pudiese haber alguna tradición de semejantes visiones. Hay muchos indios *mingas* o voluntarios, aunque no los suficientes, que espontáneamente se conducen para este trabajo. En 24 de enero de 1682, el Conde de Canillas, siendo corregidor de Potosí, informó al rey que exhortó a los curas de las 14 parroquias para que, con reconocimiento de libros, certificasen el número de indios que murieron y nacieron, con distinción de sexos, en los cinco años antecedentes. Resultó que, desde 1677 hasta 1681, murieron 1,534 indios y nacieron 3,545 varones. De las mujeres fallecieron 1,226 y nacieron 2,958. Luego las minas no consumen a los indios. Cita a favor de la compulsión a Montenegro, *Párocho de Indios*, lib. 2, tract. 11, secs. 1, n. 6 in fine. Menciona la epidemia de 1719 y 1720. Habla de un papel que Juan Estévanes de Azevedo imprimió en Lima, por 1650, con el título de "Práctica de repartición y buen uso de indios y azogues", dedicado al virrey Conde de Salvatierra, en el que proponía que se empadronaran las 14 parroquias de Potosí, nombrándose dos gobernadores, y que los indios que en ellas se hallaren fuesen los que mitasen. Pero el autor del presente parecer no cree que haya los necesarios. Menciona a los indios *Hucos* o *Cacchas*, que es lo mismo que ladrones, los cuales suben al Cerro desde el sábado al mediodía en que se retiran los trabajadores por cuenta de los azogueros hasta el lunes en que vuelven a entrar, y roban el metal que pueden. En este (nuevo) mundo, "por natural influencia de él, los españoles conciben una elevación de ánimos tan dominante que no les permite dedicarse a tan bajos ministerios, rindiendo sólo su inclinación a aquellos que les ofrecen más vanidad y no menor utilidad y conveniencia". "Y por lo que hace a los mestizos, negros, sambos y mulatos libres (que de los esclavos es excusado tratar, porque a todos es notorio lo imposible de este medio y se perdiera el tiempo si se gastase en fundarlo) corre lo mismo en cuanto a su número... Además de que éstos, por su naturaleza fría opuesta por su propia conformidad a la cualidad y labor de las minas, y por sus inclinaciones en lo regular torcidas y de sobrada malicia, no son a propósito para este ministerio...". Tampoco aprueba la idea de emplear delincuentes y que, no siendo suficientes los del Perú, se trajesen de los que abunda la Nueva España, porque no conviene al reino: "bástale a cada tierra su propia milicia sin que se les añada la de los extraños y forasteros". Se asegura que lo que pagaban los *indios de plata o faltriquera* y que se embolsaban los azogueros, por redimir la obligación de su ministerio, pasaba de 700,000 pesos, cuando los reales quintos sólo producían 400,000 pesos. Replica que siendo Corregidor de Potosí el Conde de la Granja, por 1670, cuando mitaban *2,118 indios* de efectivo trabajo, sólo llegaba el importe (de los pagos por redención del servicio) a 83,295 pesos. Ahora mitan *1,360 indios,* luego debe ser menos. Además, se puede ordenar que no se rediman los indios por plata. Piensa que "es grande la diferencia que hay entre el servicio personal que se tributaba a los Encomenderos y el que hoy se practica en el repartimiento de la mita, aquél sumamente odioso, tirano y perjudicial a los indios, por cuya razón justísimamente se prohibió; y éste, suave, lícito y de poco o ningún daño para ellos, por cuyo motivo está permitido. Porque aquél se hacía *sin paga,* perpetuo, sin descanso, sin discreción de sexos, ni edades, introducido por fuerza y autoridad privada, de utilidad particular del encomendero; por el contrario, éste con satisfacción del trabajo, temporal, alternado, con excempción de las mugeres, muchachos, viejos y enfermos, con potestad en nuestro Rey para ordenarlo, de común bien y pública utilidad, con otras muchas disparidades...". Tratar a los indios como a brutos, cargando a sus espaldas lo que deben reportar las de las bestias, le parece "pesado e indigno trajín de cristianos" (fol. 16v).

En relación con la inmutabilidad de la ley, comenta que "esto de ser inmutable sólo es privilegio de la ley natural, porque el Supremo Autor de ella pudo con su eterna sabiduría, comensurarla a todos tiempos. Repugnando esta cualidad a todo otro Príncipe, que por humano, le es negada la comprehensión de las contingencias en lo futuro...". Pero hace notar que la mita cuenta con más de 150 años de edad (a partir de 1572 y 73, en que la instauró Toledo).

Ofrece a continuación algunas cifras interesantes de los años 1728 y 1729. El rey percibió por derecho de reales quintos en la cuenta (de Potosí) que se cerró a fines de abril de 1728, 292,217 pesos 5 reales. El derecho de Cobos y quinto de él importó 17,532 pesos. El real del señoreaje, 24,913 pesos. Las alcabalas que hoy corren por administración producen de 20 a 24,000. El autor las alcanzó arrendadas en 37,000 pesos cada año. El quinto de los azogues que se consumen, siendo regularmente 2,000 quintales, importa 40,000 pesos más o menos cada año. Hay también ingresos de papel sellado, medias anatas, arrendamientos de oficios y ventas de los vendibles y renunciables. Antonio de León los calcula en 38,000 ducados al año *(Confirmaciones Reales,* f. 2, cap. 2, n. 35). En 1728 el todo de la cuenta produjo al Real erario, 613,075 pesos 7 reales. Y este año de 1729 importó 722,832 pesos 4 y medio reales. De esto

el aumento en quintos es de 42,061 pesos, 3 y medio reales.

Respecto al comercio de Potosí, explica que a esta villa conducen Lima y Buenos Aires (ésta cuando hay permisos) sus ropas. Guamanga, Andaguailas y el Cuzco, sus azúcares y tejidos. Lampa y Azangaro, sus carneros. Todo el Collado, sus costales y vestuarios de indios. Charcas, Porco y Cochabamba, sus comidas. La Frontera, sus harinas y maderas. Santa Cruz, sus ceras. Senti, sus vinos. Chichas y Tarija, sus sebos y efectos de matanza. El Tucumán, sus ganados. El Paraguay, sus hierbas y antes. Chile, mucha parte de sus cobres, cordobanes y más géneros.

Habiéndose reducido la ley de los metales, no pueden los azogueros costear el mayor estipendio de los *mingas* o alquilados, porque sería mayor el gasto que el provecho, y sólo pueden lograr menos fatigas en el justo y moderado que se da a los *mitaios.* Los más indios mingas son los mismos mitaios que en las semanas que tienen de descanso libres se alquilan.

La villa tuvo 156 cabezas de ingenio corrientes en su ribera, en la de Tarapaia y en la de Tabaco Nuño, al tiempo que por 1578 hizo el último repartimiento el virrey Toledo. De éstos quedaron sin mita cerca de 50, porque no fue suficiente el número de 4,710 indios de efectivo trabajo y 14,130 de gruesa que aplicó en 16 provincias. Esas 50 cabezas se fueron despoblando al bajar la ley de los metales (sólo siendo crecida pudieron beneficiar con indios *mingas).* El repartimiento de Toledo permaneció hasta que, en 1593, el Marqués de Cañete hizo nueva numeración y rebajó a 4,434 indios de trabajo y 13,302 de gruesa. D. Luis de Velasco repuso la mita en 4,634 indios y 13,902 de gruesa. En 1610 el Marqués de Montesclaros disminuyó a 4,240 indios y 12,720 de gruesa. El Príncipe de Esquilache y el Conde de Chinchón destinaron con corta diferencia el mismo número. Por comisión que tuvo del Conde de Alva de Liste, el obispo de Santa Marta, fray Francisco de la Cruz, redujo a 2,118 indios y los correspondientes de gruesa. Y empezó Potosí a sentir sus atrasos. De más de 100 cabezas de ingenio vinieron a quedar en 66 por el año de 1668 y poco después sólo en 57. El Duque de la Palata, por 1689, aplicó a la mita 2,850 indios cada semana, pero duró poco este aumento, pues el Conde de la Monclova, en 1692, dejó la mita en 1,360 indios de efectivo trabajo; después se han rebajado más de un tercio por repetidas visitas. Quedaron totalmente sin mita 23 ingenios de la ribera de Potosí y 32 (34 según el ms. de la Biblioteca Nacional de Madrid) con ella regulados a 40 indios por cabeza. Por fin, los 23 dichos, al cabo de diez años, se despoblaron y apenas han quedado vestigios. El autor opina que para la manutención de la villa es necesaria la asignación de indios de mita. Subsisten 34 ingenios con auxilio de ella. El repartimiento empezó a declinar reparablemente desde 1620 (1640 según el ms. de la B. N. de Madrid). Debe mantenerse y fomentarse la mita de indios involuntarios para la labor de las minas en el cerro de Potosí y para el beneficio de sus metales en los ingenios de su ribera.

Es cierto que las reglas establecidas por el virrey Toledo, el Marqués de Cañete y D. Luis de Velasco en sus ordenanzas, con las adiciones del licenciado Juan Días de Lupidana, oidor de esta Audiencia (de Charcas), son buenas. Pero porque algunas se hallan olvidadas y otras necesitan de temperamento por el cambio del tiempo, va a dar su opinión. Se haga revisita o numeración en las 16 provincias afectas a la mita. Si no alcanza el número a los 1,360 indios de efectivo trabajo, *se extienda a otras provincias* hasta cubrir esa cantidad, por ser la menor con que puede mantenerse el trabajo. En la visita se empadronen los *indios forasteros* igualmente que a los *originarios,* porque el defecto de tierras que parece sirvió de motivo al Conde de la Monclova para librarlos es de poca entidad, pues con 6 u 8 pesos de arrendamiento que pagan al año y menos, remedian la falta. El indio sólo pueda redimirse dando otro indio en su pueblo, *sin que se admita plata para mingarlo en Potosí.* Se pague *el leguaje* de ida y vuelta, la mitad antes de salir de sus pueblos para que dejen socorridas sus casas, y la otra mitad al volverse, y no se permita la retención ni la compensación con los faltos o de rezagos, porque éste es cargo de los capitanes enteradores y el leguaje se debe a los particulares que sirven, y sería pagar éstos por aquéllos. Se les satisfaga *el lunes* de cada semana, pues aunque en él no trabajan lo consumen en subir el cerro (ya que se reúnen en el sitio llamado de Guaina). El rey les *remita la tasa del año* que sirvieren la mita. El motivo de quedarse en Potosí es, en la mayor parte, por excusar extorsiones de caciques y corregidores para la cobranza del tributo, no siendo ellos capaces de reservar algo de lo que ganan para esta satisfacción. No se venda *vino* en Guaina, sino sólo *chicha,* que en cierto modo les sirve de sustento. Tampoco se consientan demandas o limosnas. En cuanto a trabajar de día y de noche no se haga novedad. Habría dificultad para restituir indios al cerro una vez fuera de las minas, reduciéndose todos los días a lo mismo que el lunes, y desamparadas las labores todas las noches las arruinarían los *cacchas Hucos* o ladrones. Los corregidores ni sus escribientes no lleven cosa a los indios al hacer los padrones de mita, ni permitan que los gobernadores (indios) les hagan hospicio (o sea, tenerlos por huéspedes) ni den de comer en los pueblos o parajes. Los corregidores no carguen a los indios los 12 pesos que dan al escribano de cabildo de la villa de Potosí por la certificación del entero de la mita, y el escribano de la villa de Potosí no cobre nada de los indios por pasar las listas, recibir y entablar la mita. Tampoco lo cobre el capitán mayor de la mita que reside en la villa, y menos por razón de pongaje, camachis, esteras ni ricuchicos ni regalos. Tampoco lo haga

su *cañari* o alcalde. Los indios sean presos, caso dado, no en la casa sino en la cárcel pública y no les lleven carcelaje. Los curas de la villa no cobren en personas ni en plata el importe de los pongos, camachis y aguadores; sólo se les debe servicio de tres muchachos de 10 a 11 años y dos indias viejas de reducidos a sus parroquias, conforme la ordenanza 33, tít. 10, lib. III de las de este reino. No compelan los curas a que los indios sirvan de mayordomos, priostes, alfereces, ni les precisen a que hagan honras, renovaciones, quillamisas, aguinaldos y fiestas, sobre todo con mitayos, aunque sea de su voluntad, por el gasto y las borracheras y porque los más entran apremiados o por emulación. El corregidor de Potosí vele a fin de que se eviten los excesos. Y no se confiera este cargo por beneficio sino que se provea en sujetos convenientes de aquel o de este reino.

Así como un oidor de Lima pasa por su turno a servir al gobierno de Guancavelica, convendría que fuese uno de ésta (Audiencia de Charcas) por su orden y antigüedad a ocuparse en el empleo de Corregidor de Potosí. Este pensamiento puede padecer el reparo de interesado, "por ser yo uno de los Ministros de esta Audiencia"; pero el autor del informe alega su carácter y años en prueba de desinterés. Y termina con las palabras con las que concluye Acosta su cap. 18, lib. 3 de *Proc. Ind. salut.*

No hay en este parecer, como lo anticipa el autor al comienzo del mismo, mucha novedad. En cambio, sí es útil por sus nutridas referencias a los informes anteriores en pro o en contra de la mita. Además, la experiencia del funcionario cercano a la región minera de que se trata se trasluce en la abundancia de los detalles, en el empleo de la terminología autóctona y en la descripción de las prácticas usuales en Potosí. Cifra bien la decadencia gradual del número de los mitayos y el estado de las cuentas de la Hacienda Real en 1728 y 29, a las que por su cargo debió de tener acceso.

Además del escrito de este veterano oidor, que debió influir en el ánimo del monarca Felipe V para hacerlo desistir del propósito de suprimir la mita, se conservan los de otros dos oidores de la Audiencia de Charcas, que a continuación examinaremos.

En el "Dictamen práctico, político, moral y prudencial formado por el Dr. D. Francisco Sagardía y Palencia, oidor de la Real Audiencia de Charcas, sobre la forzada mita de indios para el beneficio de las minas en el famoso cerro de la villa imperial de Potosí",[84] se menciona que el Rey mandó por carta de su Secretario D. Joseph Rodrigo, de 1º de junio de 1718 (la cual remitió a Charcas el virrey actual con consulta del Consejo de Indias y dictamen del Ministro revisor), que los ministros de la Audiencia diesen su dictamen sobre la prohibición o subsistencia de las mitas forzadas de indios para el trabajo de las minas de Potosí, a fin de remitir sus votos al Rey.

El oidor Sagardía confiesa que, en negocio de tales circunstancias, no ha conocido distancia alguna entre ponerse a discurrir y empezar a temer. Su discurso va plagado de citas y de retórica. Los tres puntos que trata son: 1. Justificación o injusticia de la mita forzada de los indios. 2. Conveniencia o no de su continuación. 3. Temperamento y más fácil disposición para la práctica. Cree que los dos primeros puntos, más que jurídicos, son morales y políticos, y pertenecen a la Ética más que a la Jurisprudencia. Expone las razones en pro y en contra y su propio parecer. Por la afirmativa le parece que el caso es similar al de la guerra, que autoriza la compulsión. Pero trae daños que, en tanto tiempo, no se han podido remediar. Subir el jornal sería excluir la mita. Cuando pasa a tratar si se ha de continuar o no (fol. 81v), queda el papel incompleto. Mas creemos que se inclinaba por la continuación de ella, porque había prometido decir, en el tercer punto, su sentimiento acerca de la cantidad de indios que han de mitar, provincias que los han de dar, jornales, etc.

El "Parecer de D. Ignacio Antonio del Castillo, oidor de la Audiencia de la Plata, sobre la mita de Potosí, 1728", ofrece datos interesantes sobre la decadencia del Cerro.[35] Lo da también en respuesta a la orden del Rey.

Las razones encontradas han sido, de una parte, el servicio que la mita rinde al bien público de ambos reinos; y de otra, la restricción que impone a la libertad de los indios.

Aunque el mineral de Potosí no es de ley de excesiva riqueza, especialmente en estos 60 años últimos, su valor reside en la extensión y la facilidad de la plata que contiene. Ha producido en la época de su decadencia 137.084,855 pesos. Dio al Erario, 27.056,971 pesos; para el común, 116.027,884 pesos. En este año de 1728 ha producido 1.548,738 pesos 2 reales, cantidad que no producen juntos los demás minerales del reino. De esa suma tocan para la Caja Real 309,747 pesos 5 reales, por razón de quintos. La disminución en los indios mitayos produce ahora la disminución en la explotación, que es la verdadera causa de la decadencia del Cerro. Antes rendía más porque había 4,300 indios en los 150 ingenios que trabajaban continuamente. Hoy sólo hay 34 ingenios con alrededor de 700 indios. Si por la escasez de los mitayos se han arruinado 116 ingenios, se desolaría Potosí al quitar del todo la mita. No cree que por eso se perdería el reino; pero sí se despoblarían muchas provincias importantes si el Cerro se acabase. Al faltar la plata sufren el comercio, los obrajes del Cuzco, los ganaderos de Tucumán, Chichas y el Collado, la coca de la Paz, Sicasica y los Andes, los trigos y maíces de los labradores de Cochabamba, Zampara y la Frontera, y los vinos, aceites y otros frutos de Sintimisque y de los valles de las costas de Arica. También se afectarían, aunque están más lejanos, los grandes comercios de Lima que regulan los más

distantes del reino y surten de ropas de Castilla a los españoles, y de allí van millones a Europa. Las Cajas Reales de Potosí soportan gastos y socorros estimables, que incluyen la Presidencia de Chile y el puerto de Buenos Aires, cuyas milicias se pagan de Potosí.

Los partidarios de la total extinción de la mita han propuesto algunos medios para que no acabe la explotación, por ejemplo, que se trabajen las minas de Potosí con negros esclavos o con delincuentes indultados de último suplicio o con jornaleros indios que, sin compulsión, quisieren ir por interés. El oidor opina que redimir a los indios para oprimir a los negros (aunque aquéllos sean libres y éstos siervos), no es en realidad una solución muy justa ni de cristiana política. Los negros llevarán mal ese trabajo, que sería peor que el de cuatro meses en siete años que tocan al mitayo; el sitio es muy frío; los negros que hay sólo se emplean en ministerios domésticos. En cuanto a los delincuentes, no son tantos como para suplir a los mitayos, ni aun trayendo a Potosí, desde México, "los muchos que abundan en aquel Reino". Sería esto costoso, pues saldrían a 1,000 pesos cada uno puestos en Potosí; si se reemplazan 700 indios mitayos, son 700,000 pesos. Sería incosteable la explotación, ya que Potosí no puede sostenerse ni con la paga de jornales, que costarían menos. En cuanto a los operarios libres, "como se ejecuta en los demás minerales del reino", señala el oidor la propensión de los indios a la ociosidad y su falta de necesidades y de esfuerzo para mejorar. Sólo acuden a los minerales ricos por los hurtos que hacen, lo que se disimula por la necesidad, pues si esos hurtos se quitasen no irían a trabajar, y no hay otros operarios ni gente para el trabajo. Llegan los mineros a comprar sus propios metales rescatando las *achuras* o piedras más ricas, pero en Potosí faltan ahora y no irán los trabajadores. Los obreros voluntarios de Potosí y de otras minas se reclutan en los descansos de los propios mitayos, y al no venir éstos faltarán los *mingas*.

Desechados por experiencia esos medios radicales, pasa a ver si hay remedios de razón a los daños de la mita, que él reconoce son innumerables: los mitayos son agraviados por corregidores, curas, caciques, males incurables por la naturaleza de los indios y las distancias. Expone la dificultad que encuentran las autoridades superiores para actuar y las costas del envío de visitadores. Censura los repartimientos de artículos que hacen los corregidores. Y los excesos de curas y caciques indios. Concluye (fol. 100v): "Éstos son, señor, y no los de la mita los verdaderos agravios que tienen destruidos, aniquilados y consumidos a los desdichados indios"; por esto huyen de sus pueblos. Ése es el remedio que se necesita, para todo el reino y no sólo para 16 provincias y 700 indios. La mita también es dañosa, pero tiene noble y superior objeto; sus males se compensan con el beneficio que reporta. En la república, que necesita variedad de estados, profesiones y calidades, los indios sirven al todo de ese modo. No es tan horrible el trabajo, al cual están acostumbrados desde su gentilidad y algunos van voluntarios. Para regular la mita se han dado en diversos tiempos cédulas e instrucciones, pero de su inobservancia resulta el daño. Para el remedio propone que la villa de Potosí se gobierne por un corregidor versado en los derechos, que conozca las ordenanzas y leyes de estas provincias, que podría ser un ministro de la Audiencia de los Reyes o de Charcas. Habría mejor administración en las minas, en la paga de jornales, vigilancia en lo de los pagos en plata, en evitar látigos y el peligro en el trabajo. Para librarlos de corregidores y caciques, quede en cuanto a la mita todo sujeto más estrechamente a aquel ministro. Que a los indios se les releve de la tasa mientras sirvan la mita, y no se les cargue ésta antes de los 18 años si contraen matrimonio. Se les exima de contribuciones de tantas parroquias de Potosí que se mantienen excediendo la necesidad de los feligreses, pues las 14 necesarias para 13,000 mitayos están todas pobres. Es también de considerar la distancia que recorren para venir a Potosí *los de 8 provincias que de nuevo están agregadas a las 16 que mitan;* es preferible sustituirlos por vagos y forasteros que se acogen a las provincias que mitan y se cree que son muchos. Con estos auxilios y el cumplimiento de las providencias podrá por ahora navegar la nave de la conservación de estas provincias entre tantas borrascas con alguna seguridad. Firme el parecer en La Plata, el 19 de septiembre de 1728.

Viene asimismo un "Juicio que sobre el aumento, conservación o extinción del servicio personal de la mita que envían las provincias de Cochabamba, Chaianta, Paria, Carangas, Tarija, Lampa, Paucarcolla, Azangaro, Asillo, Quipicanches, Sicasica, Tinta, Cangas, Pacajes, Chucuito y Omasuyo, para la labor del mineral de Potosí y sus riberas, hace el licenciado D. Joseph Casimiro Gómez García, fiscal de la Audiencia de las Charcas", firmado en La Plata el 30 de julio de 1730.[86] Trae datos históricos y doctrinales y concluye en pro de la mita, sugiriendo también que el Corregidor de Potosí sea un ministro togado.

Es otra respuesta a la carta Real de 18 de junio de 1718 escrita por D. Joseph Rodrigo al virrey del Perú, Príncipe de Santo Buono, que entonces era, a fin de que recogiera la opinión de los ministros de Charcas, reconociendo el extracto de los papeles que tuvo presentes el Consejo de Indias para su consulta de 4 de mayo de 1718, en que aconsejaba al Rey que *se prohibiesen las mitas forzadas de indios* que para beneficio de las minas de Potosí envían las 16 provincias afectas. Que instruida también la Audiencia de Lima, se enviasen (a España) los pareceres cerrados a fin de determinar lo que sintiera el mayor número de votos.

El escrito del fiscal Gómez García abunda también en citas para ostentar erudición. Dice que el asunto es grave y resume así la dificultad: "unos todos entregados a la piedad, acusan por cruel y tiránica la continuación coacta del servicio personal a los minerales; y otros, aunque no olvidados ni desnudos de ella, teniendo presentes las urgencias de la monarquía, la estabilidad de los comercios y universal conservación del reyno, la defienden por necesaria". El fiscal no se siente inclinado a recomendar la innovación radical (fol. 110): "variar repentinamente lo que tanta fatiga costó establecer a los que a documentos de la experiencia formaron las vazas sobre que podrá construirse su duración, no es sino exponerlo a una repentina ruina". Los indios "no teniendo corazón para acometer a cosas heroicas, le tienen sólo para atrocidades y delitos enormes a que los induce la sensualidad y embriaguez"; prefieren vivir en las breñas de los frutos que se dan sin cultivo. Esto y el no poderlos reducir voluntariamente al trabajo de minas, inclinó al virrey Toledo a consultar a personas graves, que concluyeron (cita a Acosta, De *Procur. Indor. Salut.*, lib. 3, cap. 18, y a Solórzano, *Política*, lib. 2, cap. 15 y *De Jure Indiar.*, t. 2, lib. 1, cap. 13, n. 2): "Que lícitamente y sin injuria de los indios podía S. M. y en su Real nombre el virrey compelerlos en número determinado a la labor de las minas de Potosí y demás del Perú, con algunas calidades tocantes a su buen tratamiento, segura y bastante paga y trabajo moderado, según se expresaba en la instrucción". El Consejo confirmó el repartimiento y las ordenanzas publicadas en La Plata en 13 de febrero de 1574. Siguió bien todo hasta 1582, en que, consumidos los desmontes, que en la mezcla del azogue hicieron hasta entonces suave el trabajo, comenzaron los indios a huir a otros minerales nuevos o haciendas de españoles. Aunque debilitada, la mita corrió sin contradicción hasta 1601 (cita aquí a Agia), año en que se expidió la cédula prohibitiva, pero se remitió orden secreta al virrey Velasco para que suspendiese la ejecución si era difícil. Éste consultó a varias personas (en esta época de Velasco sitúa el escrito de D. Nicolás Matías del Campo, *Memorial Apologético, histórico, jurídico, político en respuesta a otro que publicó un religioso contra el repartimiento de indios que introdujo en Potosí la común necesidad y causa pública para el beneficio de las minas.* También cita a Escalona, *Gazophilacium*, cap. 16, nn. 5 y 6). Como resultado se expidió la cédula de 1609, que corrigió la de 1601. En su cumplimiento trabajó el virrey Marqués de Montesclaros y trató de reducir a los indios a sus lares; reconoció la decadencia de los minerales de Oruro, Verenguela y otras provincias, cuyos indios aplicó a Potosí; se le agradeció por cédula de 1612, así como se reprendió en 1618 al Príncipe de Esquilache por alterarlo (cita a Solórzano, lib. 2, cap. 18). La mita siguió en tiempo del Marqués de Guadalcázar, en el que hubo quejas por la falta de azogues. En 1629, el Conde (de Chinchón) discurrió, para alivio de Potosí y Guancavelica, extender el servicio a las provincias inmediatas y se volvió a discutir su justificación; se enviaron a S. M. pareceres en pro y en contra. El Consejo se inclinó por la continuación de los repartimientos, por despacho de 18 de febrero de 1631. En Conde procuró el cumplimiento, pero capituló con los mineros dar *un real más de salario* a los indios (cita a fray Buenaventura Salinas, disc. 2, cap. 13) y así continuó bajo los virreyes sucesivos. Explica que Agia no se retractó de sus pareceres en general, como se dice, sino que únicamente trató al final de ellos que no convenía echar (a los indios) al socavón grande de Guancavelica, comúnmente llamado San Jacinto y Mina Nueva, cuya visita en compañía del licenciado Pedro García, clérigo, y de Marcos García, su hermano, mineros antiguos, le horrorizó. Estima el fiscal que parte de estos horrores descritos por Agia cesaron por medio del socavón que se dio desde la falda del monte de la Trinidad rematado en la llanura del cerro de San Jacinto (que tenía 735 varas y más de 3 de ancho) y por la invención de Lope de Saavedra del hornillo que emplea 3 en vez de 78 indios que se necesitaban antes, con el cual el humo no daña (cita a Escalona, *Gazophil.*, lib. 1, cap. 14, cas. 11, n. 46). Los contradictores de Potosí impresionaron al Conde de Lemus, quien dictó providencias que resistió D. Luis de Oviedo, corregidor entonces de Potosí. Entre esas providencias se hallaba la de 4 de noviembre de 1669 para que no se obligase a los capitanes enteradores a dar mayor número de indios que los que les entregasen sus corregidores, salvo los que se les ausentasen si no constare fraude. También la de 3 de febrero de 1670, a fin de que no se les apremiase con pena pecuniaria por los rezagos sin que primero se probase el daño que los mineros recibían por los indios que faltaban, en cuyo lugar se subrogaban otros. Y la repetida de 26 de agosto de 1668, sobre que el trabajo no fuese mayor que de sol a sol, según se disponía en la ordenanza que se mandaba cumplir. La resistencia del corregidor al cumplimiento motivó que se ordenase a D. Pedro Vázquez de Velasco, Presidente de la Audiencia de La Plata, que bajase a Potosí e hiciese pesquisa secreta para proceder contra el corregidor y enviarlo preso a Lima (cita aquí el informe que el propio D. Luis Antonio Oviedo, después Conde de la Granja, siendo por segunda vez corregidor de Potosí, envió al Conde de la Monclova). La visita levantó las protestas de los mineros e incluso perjudicó a los indios que no soportaban la jornada de diez horas continuas que el virrey mandó cumplir conforme a ordenanza. (Según el citado informe, f. 9, la ordenanza 11 que repitió D. Luis de Velasco nunca fue practicada por la imposibilidad que se reconoce en su ejecución; por eso no mandó en ello el Presidente D. Diego de Portugal en su visita del año 1624; ni D. Juan de Carbajal y Sandi en la de 1633. Tal orde-

nanza 11 es contraria a la 12 que manda que los mineros suban el lunes con los indios al cerro y bajen el sábado; y no conforme con la 24 del Marqués de Cañete sobre las velas que se les han de dar, y la adición del licenciado Lopidana siendo corregidor y visitador de Potosí en la ordenanza 33). El fiscal Gómez García cree que los indios preferían la forma anterior de trabajo por ser la de su costumbre y rechazaban la novedad, aunque fuera en su alivio. Y advierte que, según el papel del citado Oviedo, f. 16, el Presidente visitador Vázquez de Velasco, después de informarse, se convenció de la imposibilidad de ejecutar las medidas de Lemus, y así lo participó, en contrario de lo que tal Presidente informó al Conde de Santisteban y al Consejo de Indias, en que se muestra adverso a la mita. En la cuenta de 1670 se advirtió gran disminución en los quintos y en el número de indios de cédula y mingas, como resultado de todo lo anterior. A consecuencia de esto se tomó, desde Lima, una resolución grave contra el Corregidor, en el sentido de que D. Juan Jiménez de Lobatón, oidor de Charcas, bajase a Potosí y se hiciese cargo de su gobierno y aquél saliere dentro de seis horas y se presentase en Lima; que se le secuestrasen sus bienes y papeles, y se le multase en 1,000 pesos que se aplicasen como ayuda de costa al dicho oidor. Cuando sustituyó a éste D. Diego de Ulloa en el gobierno de Potosí, se tuvo que reformar la medida relativa a los capitanes enteradores de acuerdo con la costumbre anterior, de suerte que enterasen indistintamente conforme a la última revisita o asignación. El fiscal Gómez García comenta que así se vio la razón que tenía Oviedo cuando avisó al Consejo por carta del año de 1671. (Es notorio que, al relatar la controversia entre el Conde de Lemus y el corregidor Oviedo, el fiscal de Charcas toma el partido de éste.) Agrega que en la cuenta de julio de 1671 se logró algún aumento, que fue de 61,313 pesos 7 reales conforme a la cuenta oficial, y de 59,686 pesos 1 real según el papel de Oviedo, f. 18. El fiscal se extiende en citas sobre la necesidad de la experiencia para lograr el acierto. El Conde de Lemus no accedió a visitar Potosí cuando se le pidió, estando en el asiento de Puno, provincia de Paucarcolla, a 150 leguas de la villa. Por eso es falso que su informe al Consejo contra la mita fuera sólido prácticamente. Sigue en esto al Conde de la Granja.

El fiscal se ocupa después de los pareceres de D. Melchor de Liñán, arzobispo de Lima, a quien califica solapadamente de servil y versátil. En respuesta a cédula de 13 de diciembre de 1678, por la que se le pidió informase sobre la actuación del Conde de Lemus, escribió el arzobispo en carta de 13 de octubre de 1692 que *se debía quitar la mita,* siendo del mismo parecer que el Conde de Lemus, y refería los agravios que no se podían remediar sino con la supresión de la mita. El fiscal cita el párrafo en que Liñán tenía por cierto el dicho de Lemus, "que las piedras de Potosí y sus minerales están bañadas en sangre de indios". Pero en contra de esto se halla lo que el propio Liñán dijo al Duque de la Palata, según escribía éste en el papel a su sucesor, acerca de que en su visita a Potosí halló que los indios mitayos pecaban menos que los libres de mita. Así Liñán (según el fiscal) en Charcas informa lo que ve; durante su gobierno muda de parecer en contra de la mita; y en tiempo del Duque de la Palata vuelve a pensar en pro de ella y ayuda a la numeración general de los indios.

Al Duque de la Palata sucedió el Conde de la Monclova, quien varió lo dispuesto por aquél, y en despacho de 27 de abril de 1692 exceptuó y redimió de la mita a las provincias de Arecapa, Zamparaes, Tomina, Pilaia, Misque, parroquia de San Pedro de la ciudad de La Paz y los 16 curatos y 18 pueblos nuevamente designados en las antiguas provincias mitayas. Y mandó que el indio que no asistiese personalmente pagase 3 *pesos*, y no lo establecido, que eran 7 *pesos*. De esta reforma, dejando a los forasteros libres de la obligación de acudir a estos servicios gozando el beneficio de pagar menos cantidad en los tributos, resultó minorarse el número de indios, y así, de 57 ingenios con 50 indios cada uno, quedaron en el nuevo repartimiento 34 con 40 operarios, y los 23 restantes por inútiles. Quedó como número de los indios que debían concurrir a Potosí *1,392 indios*, con los dos descansos prevenidos en las ordenanzas, que esto se cuidó durante su gobierno, pero luego se ha ido alterando y se enteran hoy *720 indios* en persona y plata, siendo 672 los que se restan al número asignado. Con esto ha habido disminución en el reino, no obstante el auxilio de otros minerales ricos, pero pronto consumidos o anegados, como Porco, Lipes, Calloma, Oruro, Puno y los demás (cita aquí a fray Benito de Peñalosa de la Orden de San Benito en el libro intitulado "Las cinco excelencias del español", excel. 5, cap. 6, circa fin). Recordando lo que decía el virrey Marqués de Montesclaros en la relación a su sucesor, concluye el fiscal:

> soy de sentir, que en tanto que no se encuentren otros medios que afiancen esta (conservación de estos reinos) debe agravárseles (a los indios) por el beneficio público, en la *continuación de este servicio*, y extenderse por la misma causa a las demás provincias inmediatas que no varíen el temperamento.

Recuerda la cédula de 18 de febrero de 1631 al Conde de Chinchón (citada por Solórazno, cap. 15 in fin) que permite el repartimiento de mita en Guancavelica y aun extenderlo a nuevas provincias.

Entre las opiniones que han existido *en pro de la mita*, cita las de D. Gerónimo de Loayza, Arzobispo de Lima; D. Pedro Múñiz, Deán de ella; D. Juan Matienzo, oidor de Charcas y que asistió a la visita general (del virrey Toledo); el P. José de Acosta, S. J., provincial que fue de la del Perú, visitador de ella y de la de Nueva España, catedrático de Vísperas de la Universidad de Lima, que se afirmó en su parecer aun sabiendo la retractación del arzobispo Loayza; en época del virrey Velasco, fray Miguel Agia, franciscano, con cuyo juicio se conformaron los hombres más doctos de la Universidad de Lima, el Colegio Mayor de San Felipe, el Dr. Carlos Marzelo, catedrático de Vísperas de Teología, después obispo de Trujillo, el maestro fray Gerónimo de Valera, franciscano, el Dr. Francisco de Sosa, catedrático de Prima de Cánones y oidor de la Audiencia de Charcas (se lee al margen: "De estos cinco varones hace honorífica mención fray Buenaventura de Salinas, en el *memorial histórico*, disc. 2, cap. 4 en varias partes, y de los Sres. obispos el Mro. fr. Gil González de Ávila en el *theatro Eccles. del Perú*, en las Iglesias de Santiago de Chile, la Paz y Truxillo, y la *Chrónica de la Provincia de los Doce Apóstoles del Perú* (de) fray Gerónimo de Valera"). Prosigue la relación de opinantes en favor de la mita: Escalona y Agüero, oidor de Chile, en *Gazophil. Reg. Peruv.*, lib. 1, cap. 16, c. 32, n. 9, f. 62. D. Miguel de Luna y Arellano, oidor de la de Sevilla, en *De juris ration.*, lib. 3, cap. 12, in fin. D. Feliciano de Vega, catedrático de Prima, arzobispo de México, y el Dr. D. Diego de León Pinelo, catedrático de Prima de Cánones de la Universidad de Lima, asesor general de gobierno en el del Conde de Alva de Aliste y protector general de indios de este reino (en el escrito que hizo sobre la carta que escribió al rey D. Juan de Padilla, alcalde del crimen más antiguo de la Audiencia de Lima, sobre que se mandó formar junta por cédula de 21 de septiembre de 1669, al n. 17v).

En cuanto a opinantes *en contra de la mita*, cita a: fray Miguel de Aguayo, franciscano (según Antonio de León, *Bibl. Indic.*, f. 118 in princip.). Fray Antonio Martínez. Fray Juan de Silva (en las *Advertencias*, desde el fol. 69). El P. Francisco Coello, S. J., en la *Apología* M. S. contra Agiam. Estas citas las toma del P. Diego de Avendaño, *Thesaur. Indic.*, lib. 1, cap. 12, precipue adn. 114, tít. 10, cap. 1, n. 3v.

El fiscal pasa a considerar las razones en pro de la mita y cita entre ellas: la causa de la pública utilidad. Según el papel del Conde de la Granja, no se puede mantener la labor sin los indios de mita, porque los operarios se fugan con los jornales adelantados y se van a minerales comarcanos; sólo trabajan por extrema necesidad. Vuelve a citar los 29 ingenios que se perdieron en 1633 en el repartimiento que, por mano de D. Juan de Carbajal, mandó el Conde de Chinchón; y los 23 perdidos en tiempo del Conde de la Monclova. En virtud de esto bajaron los quintos reales. Lo explica en detalle con base en un papel que escribió el Contador D. Matías de Asthoraica, Oficial Real en las Cajas de Potosí, a D. Agustín Carrillo, Regente del Tribunal de Cuentas del reino; y también vuelve a tener presente, en esta parte, el informe del

Conde de la Granja. En doce años anteriores a la despoblación (parece ser la del tiempo del Conde de la Monclova) importó el quinto, 7.872,833 pesos 6 reales, o sea, cada año 656,669 pesos y 4 reales. En los 20 años siguientes a la despoblación sólo importó 8.530,445 pesos y 5 reales, o sea, una pérdida de 253,392 pesos. Al margen va el dato del año 1728: eran 720 indios de mita e importó el quinto de 1,118 barras, 309,749 pesos 5 reales. También explica que, en relación con otros ingresos de la Hacienda Real en el Perú, es Potosí una fuente importante y más en época como la del virrey de Castelfuerte, quien por carta de 28 de octubre de 1728 representó las dificultades que padecía el erario del virreinato.

La compulsión civil o política no destruye la libertad; evita el ocio; los indios están acostumbrados a soportarla desde su gentilidad; la labor de minas no es horrorosa. Atribuir a Potosí la baja en la población del Perú no es aceptable, pues ya se experimentó al principio cuando no existía aún ese mineral. En la visita del virrey Toledo sólo se empadronaron en todo el reino 1.080,000 indios. La despoblación se debe a varios accidentes y también la ha habido en otras regiones que no son mineras. Cita los efectos de las reducciones, de los excesos de los corregidores, etc. (fol. 137 del tomo y 15 del papel).

A juicio del fiscal, el reparo de la mita estriba en la *revisita general* de las provincias desde Quito hasta Santa Cruz, o a lo menos de las 30 que hubieren de quedar afectas, pues los indios se pasan a las exentas, como lo advirtió el Duque de la Palata. Si sólo se cuentan las 16 antiguas y ha de cumplirse la extracción a la séptima parte con dos descansos, es acabar la mita por el corto número que vendría. Las 14 circunvecinas añadidas son las del mismo temple.

Deben reducirse las exacciones de los curas de Potosí con motivo de fiestas, bautizos, entierros, honras, misas; conviene que se ajusten las parroquias a la situación y al número de los mitayos que resulte.

El fiscal recuerda los puntos tratados en la junta formada por el Conde de la Monclova (fol. 139v). Opina en general que conviene restablecer lo dispuesto por el Duque de la Palata y que no subsistan las modificaciones que introdujo el referido Conde. Por ejemplo, en los puntos 2 y 3, al recontar el Duque de la Palata las 16 provincias antiguas se hallaron 33,433 indios originarios, que incluían 3,131 yanaconas y forasteros. El Conde de la Monclova eximió de la mita a estos 3,131. Según el fiscal, deberían volverse a incluir. Cita el parecer de fray Miguel de Monsalve sobre la importación de 300 ó 400,000 negros a costa de la Real Hacienda para dedicarlos a la labor de los campos y reducir a los indios al trabajo de los minerales, pero le parece una solución extravagante. El fiscal no duda que debe sacrificarse el número de los indios cultivadores para lograr la conservación de las minas. En el punto 4, el Conde de la Monclova excluyó de la mita a las 14 provincias añadidas y a la parroquia de San Pedro de La Paz y a 18 curatos y 16 pueblos que se habían obligado nuevamente. El fiscal estima que se deben agregar si no varía el clima, sin importar la distancia. En el punto 5, el Conde de la Monclova permitió que a los indios forasteros se les minorasen las tasas de los tributos por la falta de tierras y de medios para la paga y que se les rebajase del servicio de la mita, como lo estaban antes. El fiscal es de opinión contraria a esas exenciones. En el punto 6, el Conde de la Monclova dispuso que se conservase la ley de enterar la mita a la *séptima parte* según lo dispuso el virrey Toledo. El fiscal está conforme con ello y no aprueba la innovación del Duque de la Palata en este punto. En el 7, el Conde de la Monclova ordenó que los indios de mita de Potosí guardasen las dos semanas de descanso según lo dispuesto por Toledo. El fiscal opina, como lo hizo el Duque de la Palata, que será suficiente un descanso. 8. El Conde de la Monclova dispuso que se señalasen 40 indios de continuo trabajo a cada ingenio, y que se excluyesen de los 57 contenidos en el repartimiento hecho por orden del Duque de la Palata, 23 por estériles y por no alcanzar para ellos el número de indios repartidos de las 16 provincias. El fiscal cree que se debe esperar el resultado de la revisita que aconseja y entonces hacer el repartimiento. 9. El Conde de la Monclova mandó que no se hiciese por entonces la revisita de las provincias afectas a la mita y que ésta corriese a cargo de los originarios según la numeración general; que cuando se necesitase hacer el recuento de algún pueblo, dentro o fuera de esas provincias, se proveyese visitador (para hacer las nuevas listas de tributo y mita). El fiscal estima que es necesario hacer la revisita (general) a fin de tener siempre la cuenta de los indios, pues no se puede estar a padroncillos de corregidores. 10. El Conde de la Monclova ordenó que el jornal que se pagaba a cada indio a razón de *4 reales por día* excluyendo el lunes, se aumentase a *5 reales* incluyendo éste. Que se revocase la ordenanza del Duque de la Palata en cuanto a que los indios no pagaran tributo al año siguiente al que mitaran, mandando que se cobrara. Y que el indio de faltriquera se redimiera a razón de *3 pesos*. El fiscal se opone al aumento del jornal, que, según la ordenanza 16, tít. 10, libro III, era de *3 y medio reales* y se extendió a 4 por la ley 18 del mismo tít. y libro. Este de *4 reales* es el que debe conservarse. Cuando el Conde de Canillas les hizo saber a los mineros el aumento del jornal, dichos mineros resistieron recibir los indios, y se convino entonces pagar el lunes y que fuesen *3 pesos* los que ganase cada mitayo, que es suficiente. Según cédula de 2 de diciembre de 1563, se mandó a las Audiencias que fijaran los jornales, y a la vista de la de Charcas y la de Lima ha subsistido tantos años el de *4 reales*, y los mantenimientos no son hoy más caros sino al contrario.

El pago de 3 *pesos* por el indio que falte es poco; el minga gana más; el fiscal opina que, en vez de plata, den al sustituto en persona. 11. El Conde de la Monclova mandó que se pagase *el leguaje de ida y vuelta*. El fiscal recuerda que ya se había mandado en 1601 y 1609. En este punto ha habido variedad de dictámenes. Algunos ministros de la Audiencia de Lima opinaron por el cumplimiento, pero en Charcas no estimaron conveniente que se mandase a los corregidores que anticipasen el leguaje. El fiscal opina, de acuerdo con el parecer del fiscal D. Matías Lagúnez, que sería mejor hacer listas para que no vengan los indios antes de cumplir su descanso. No le parece bien que vigilen esto los curas. Lagúnez había propuesto que se formara un libro de entero de la mita, y esto lo encuentra bien el fiscal. Dos padres en unión de los Oficiales Reales reciban la mita de Chucuito y vean que se pague el leguaje. Y los doctrinen en la marcha.

Las leyes del virrey Toledo prevén todo y no son leyes las que faltan sino su observancia. Es difícil gobernar regiones tan alejadas del centro del gobierno. Potosí pide mano que, ilustrada de literatura y prudencia, sepa regir. El corregidor sea un ministro togado, que es tan necesario o más en Potosí que en Guancavelica.

Este largo parecer confirma que ya en esta época había un cauce para la explicación histórica de la mita de Potosí y cierto hábito de citar fuentes similares y conocidas. Los razonamientos de los miembros de la Audiencia de Charcas coinciden en varios de los pareceres examinados y también en la conclusión favorable al mantenimiento de la mita con ciertas precauciones para el mejor cumplimiento de las disposiciones concretas que debían regularla, encargando de la administración general de ella a un ministro togado que desempeñaría el corregimiento de Potosí.

Además de los pareceres de los altos funcionarios de la Audiencia de Charcas, se conservan dos de miembros de la Audiencia de Lima, que analizaremos a continuación.

D. Gaspar Pérez Buelta, fiscal de la Audiencia de Lima, electo oidor de ella, emite su parecer sobre la mita de Potosí, en esa ciudad, el 10 de junio de 1730, en respuesta a la consulta sobre si dicha mita es conforme a la libertad natural de los indios o grava la conciencia Real, y si será conveniente quitarla, teniendo presentes las representaciones del Real Consejo de Indias, el extracto y autos del Conde de la Monclova y el parecer del ministro del Rey.[87]

Comienza por recordar que los reyes Yncas del Perú y demás caciques labraron por muchos siglos las minas del reino repartiendo indios en ellas con coacción (según Solórzano, *Polit.*, lib. 2, cap. 15). Cuando ocurrió la conquista se beneficiaban tales minas en Charcas, en el mineral antiguo y rico de Porco (conforme lo trae Acosta, *Hist.*, lib. 4, cap. 6), cuyas labores continuaron los españoles hasta 1545 en que se descubrió Potosí, "aplicando los encomenderos a su beneficio sus indios, por consistir entonces el útil de las encomiendas en *el servicio personal de los encomenderos*, para que pudiesen aplicarlos a las minas y otras ocupaciones, en cuyo beneficio se conservaron dichos indios, hasta el año de 1566, que descaeció la riqueza de dichas minas (potosinas), y fue causa para que los indios se despidiesen de aquella asistencia y se esparciesen por otros nuevos minerales más ricos que se habían descubierto, sin que el ruego de los encomenderos los pudiese detener". Si no se hubiera descubierto en 1571 el beneficio del azogue por Pedro Fernández de Velasco, minero que había sido de Nueva España, se hubiera consumado la despoblación (de Potosí) (cita a Solórzano, lib. 6, cap. 2). El autor del parecer llama al virrey Toledo, "héroe digno de ser alabado de todos". Según la instrucción Real que tenía ese virrey, trató de reducir a los indios voluntariamente a las minas, pero como no pudo conseguirlo (según Escalona, *Gazoph.*, lib. 1, cap. 16, n. 2), procedió a consultar el empleo de la coacción en las juntas que reunió (así Solórzano, lib. 2, cap. 15). Continúa el relato claramente pero sin ofrecer mayor novedad. En 1601 se envió al virrey Velasco cédula secreta para suspender la pública relativa al servicio personal si viera que paralizaría la labor de las minas. Entonces Velasco consultó a: Agia, D. Feliciano de Vega, Dr. Marcelo, D. Francisco de Sosa. En 1630, con motivo de la gran quiebra a que habían llegado los pueblos que mitaban a Guancabelica, intentaron los mineros la numeración de nuevas provincias; se opusieron los indios, que ofrecieron dar en plata el valor de todo el azogue que podían sacar de Guancabelica para que el Rey costease otro tanto del de Almadén. Así se resolvió en favor de los indios, y durante cuatro años siguientes se envió el azogue de España a razón de 4,500 quintales en cada año; pero al venir el Conde de Chinchón, trajo en la armada sólo 543 quintales, por lo que hubo falta. El virrey reunió una junta, que aprobó la *continuación del repartimiento de indios involuntarios a dicha mina* y remitió esos pareceres a S. M. Se vio el caso en el Consejo y se libró la cédula de 18 de febrero de 1631 para que continuara esa mita, la cual sigue hasta el tiempo presente por ley (lib. VI, tít. 12 de la *Recopilación de Indias*), en minas, haciendas y obras.

En cuanto a las razones *en pro de la mita* menciona la de utilidad pública; se hace por sujeción política y civil, que no es contraria a la libertad cristiana. Los reyes Yngas tuvieron esa regalía de compeler a los súbditos a ir a las minas.

El Conde de Lemus y el de Santisteban recogieron opiniones en contra de la mita, pero no las aprobaron ni S. M. ni el Consejo. En la *Recopilación* se acepta la coacción. Lemus no demostró que era posible el trabajo con voluntarios, que sería lo único que, dada la razón de utilidad pública, podría hacer que se suprimiera el servicio involuntario. Además, no visitó Potosí sino Puno y se arrepintió de la sentencia que dio contra el minero Salcedo y se disgustó con el oidor Ovalle, que fue asesor en ella. Es prueba de que no procedió con cabal información al opinar. En cuanto al Conde de la Monclova, no se atrevió a ejecutar la cédula de 18 de febrero de 1697, pues no le parecía posible aún quitar la mita o ponerla (es decir, reformarla) conforme a la cédula mandaba. La despoblación no se debe tanto a Potosí y Guancabelica, como a los corregidores, curas y caciques, que lesionan a los indios por sí y no cumplen las leyes para la mita con daño de éstos. En ambos asientos mineros hay trabajadores voluntarios. El repartimiento injusto (de géneros) por los corregidores despuebla más que la mita minera; para evitarlo se dieron ordenanzas por el marqués de Cañete y el licenciado Lope García de Castro en 1594, que aprobó S. M. en 3 de diciembre de 1595 (cita a Solórzano, lib. 5, cap. 2). Los mestizos, negros y mulatos dañan a los indios. También los agobian otros servicios personales de encomenderos, estancias, tambos, plazas de las ciudades, tratantes y obrajes. Ha embarazado las reducciones de los indios a pueblos la orden Real de 27 de mayo de 1631, dirigida al Conde de Chinchón, para que vendiese las tierras vacantes de los indios ausentes. El Conde replicó a esta cédula, pero se le mandó que la ejecutase por carta de 1634 (como lo refiere Escalona, parte 1, cap. 25, nn. 26 y 28; y part. 2, cap. 20, nn. 12 y 13). Entre las dificultades que se oponen a la reducción, el autor del parecer menciona las siguientes: ella requiere ministros de gran satisfacción; reducidos los indios de las haciendas a sus pueblos faltarían los mantenimientos y vituallas (los virreyes Toledo y Velasco conservaron los *yanaconas* en las haciendas); los indios volverían a huir por las exacciones de los caciques que les cobran tasas para los encomenderos o instados por los corregidores, y los echan a minas sin guardar la ley; costará tiempo y dinero la reducción; carecerían de tierras al volver a los pueblos, pues las tienen ya los españoles por composición con la corona; los indios faltarían también por dolo u ocultación. El autor no estima suficientes las razones que alegan los indios para suprimir los repartimientos (de servicios), que contribuyen a la utilidad pública; los indios destinados a cualquier otro trabajo sufrirían lo mismo; y no aliviaría a todos la supresión de la mita de Potosí. No le parece posible el trabajo con voluntarios porque los indios son ociosos y sólo irían a las minas ricas, y este medio sería de mucha costa. En cuanto a que en España y otros reinos no se compelen los hombres libres, replica que cada reino tiene sus necesidades y leyes. El medio que propuso fray Miguel de Monsalve, O. P. (en su "Aviso para la conservación de las Indias", p. 17, nn. 2 y 4 y p. 21, n. 4), de que los indios del Perú sólo se ocupasen en las minas, y para los demás servicios de que quedarían

libres S. M. comprase en Portugal 200 ó 400,000 negros, es costosísimo, pero en él se pondera la necesidad de contar con los indios para laborar las minas. Traer el azogue de España cuesta por quintal hasta ponerlo en Cádiz, 35 pesos, y sería gravoso al rey y a los mineros, pues se consumen en el Perú, en la época en que se escribe este parecer, 3,000 ó 3,500 quintales (al año).

En cuanto a los puntos que se trataron en la junta a la que convocó el Conde de la Monclova y a lo resuelto en la cédula de 18 de febrero de 1697, opina el fiscal lo siguiente: 1. Miten las 16 provincias afectas con 4,101 indios que están asignados y se averigüe el rendimiento de cada ingenio para los efectos de la justicia distributiva. 2. Es justa la prohibición de la remisión del mitayo en plata y sólo se autorice que dé un sustituto en su lugar. 3. Es inconveniente dejar libres de mita a los forasteros. El actual virrey Marqués de Castelfuerte ha dispuesto que a los numerados como forasteros se les den tierras al igual de los originarios y se numeren por igual para la obligación de la mita de sus pueblos. Así se ha hecho en las provincias que mandó revisitar por causa de la epidemia. 4. Dejar libres de la mita de Potosí a las provincias de Larecaxa, Amparaes y demás que se refieren en este punto es justo, pues éstas no son de las asignadas y se encuentran muy distantes. Sin ellas es bastante el número de las 16 provincias de las que son aplicados *4,101 indios*, el tercio de ellos, o sea, *1,367*, para continuo trabajo, que se reparten a 34 ingenios, a 40 por cada uno, y los 7 indios restantes al Lagunero para el cuidado de las acequias de la Villa. 5. Que a los indios forasteros se les minore la tasa de los tributos y del servicio personal por la falta de tierras y de medios para su paga, no le parece necesario ni conveniente, pues es darles causa para que se ausenten de las provincias de donde son originarios. El tributo es moderado y puede pagarlo el indio forastero. Señala que los mestizos, mulatos y negros libres no pagan tributo, sin embargo de hallarse prevenido por ordenanzas reales que lo paguen. De eximir del pago del tributo a los indios forasteros sólo se aprovecharían los curas, corregidores y caciques, hacendados, dueños de trapiches, estancias, ingenios, chacras y obrajes, pues eso les pagarían de menos y se perjudicaría la Real Hacienda, que está muy quebrantada en el reino. 6. Opina que el repartimiento de la mita se debe hacer al respecto de la *séptima parte*. 7. Le parece bien que se deje el descanso de dos semanas, como en tiempo de Toledo. 8. En lo que toca a dar a cada ingenio 40 indios y excluir los inútiles, piensa que se deben reconocer dichos ingenios por el Corregidor y los Oficiales Reales de Potosí y algún ministro de la Audiencia de Charcas, y según los quintos que hayan dado y los azogues consumidos en un quinquenio, se forme juicio seguro sobre los indios que necesitan. 9. En cuanto a que se hagan nuevas revisitas y numeración de indios cuando le pareciere al virrey o lo pidieren los indios por causa de la minoración que en ellos hubiere, se debe ejecutar así, pues es un modo de vigilar que no vayan más de la séptima parte y también de no cobrarles más tributos de los debidos por los muertos y ausentes; pero se haga pasados tres años para evitar los daños de la continua repetición. 10. Sobre el *jornal de los mitayos*, le parece que se paguen 3 *pesos cada semana*, incluso el lunes; que no trabajen más horas de las fijadas por los virreyes Toledo, Palata y Monclova, *ni se les detenga por deudas*; hace ver que el mitayo no trabaja a destajo y sí lo hace el voluntario, por eso se le paga más a éste según lo que trabaja; tiene presente que Potosí aún da por concepto de quintos a la Real Hacienda más de *300,000 pesos al año*, y por todos los ramos *550,000 pesos* poco más o menos:

> cuyas razones no militan fuera de Potosí y Guancabelica en los demás minerales del Reino, *a quienes también se aplican indios de mita* para su beneficio, porque en éstos no se interesa tanto la causa pública y el bien universal que concurre en Potosí y Guancabelica, y también porque regularmente son los otros más ricos en sus metales.

Por eso cree que, en ellos, se puede ejecutar la providencia de que se les pague a los mitayos el mismo jornal que a los voluntarios en el caso de precisar a los indios a ir a tales mitas,

> que no parece hay tampoco necesidad para ello por la facilidad de adquirir los que voluntariamente se apliquen a su beneficio por razón del mayor jornal que lograrán... la mayor ley y riqueza de los metales no debe producir a los indios el mismo daño que la escasez y menos ley que en ellos se experimenta en Potosí.

Le parece bien *no dar tareas* a los indios mitayos y que trabajen de sol a sol o del anochecer al amanecer con dos horas de descanso; estas comodidades son las que justifican, a su juicio, la paga menor que se hace al mitayo en relación con la que reciben los voluntarios que trabajan más.

Las órdenes para no retener a los indios después de cumplida la mita, por *deudas o anticipos*, se cumplan. Y rijan también para los voluntarios (a éstos se les declare libres al mes de trabajo).

11. El pago de *leguajes de ida y vuelta* con anticipación a su salida para el mineral y al respecto de la mitad del jornal que ganan, le parece bien para los demás minerales ricos; pero para Potosí y Guancabelica estima que bastaría pagar el *tercio del jornal*, y que no se compela a los indios a partir hasta recibir el pago de mano del capitán o capataz que conduce la mita, en presencia de la justicia o del cura del pueblo, y que la jornada sea de 4 leguas. No le parece bien el medio que propone algún ministro de

que se encarguen de la conducción de la mita los curas y sus tenientes.

12. Que se repartan a cada ingenio los indios de una misma provincia para que trabajen con más gusto, le parece bien y que no es peligroso.

Es partidario de que se dé por turno a los ministros de la Audiencia de Charcas el corregimiento de Potosí, como se da a los de la Audiencia de Lima el de Guancabelica.

El rey mande también que el virrey y la Audiencia de Lima se congreguen un día de cada mes, con asistencia del fiscal y del protector de indios, para tratar de los remedios a los indios de cada provincia de los daños que les causen los corregidores, curas, hacendados, obrajeros, dueños de trapiches y estancias, caciques, bebidas, mineros y guarda de ganados.

La petición de los mineros de Potosí para que se les conmute el quinto que pagan en el quinceavo le parece intento escandaloso que merece castigo. Ya el Marqués de Montesclaros lo denegó en su tiempo, y Potosí se encuentra en el mismo estado en que se hallaba entonces. Por el derecho de Castilla, según las leyes 3 y 4 del tít. 13, del libro VI de la *Recopilación* de ese reino, se deja a los mineros sólo un tercio de lo que sacan; luego, por la ley 9, *ibid.*, caps. 6 y 7, se les concedió la mitad. Incidentalmente dice que un quintal de azogue sirve para la saca de 150 marcos de plata. En 1682, gobernando el Duque de la Palata, se denegó a los mineros su petición de rebaja, según la real cédula que se envió al Presidente Poveda de la Real Audiencia de Charcas.

Como se ve, el funcionario de la Corona que defiende la mita por motivos de utilidad pública tiene presentes los intereses de los mineros particulares, mas también las recaudaciones de la Real Hacienda; cuando las peticiones de dichos mineros lesionan a éstas, concede la preferencia a la causa del fisco. El rendimiento para el Estado no se confunde con las ventajas que proporciona a los beneficiarios de la explotación minera el sistema del trabajo compulsivo de los indios.

El último documento de esta serie es el "Dictamen de D. Álvaro Cabero, oidor de Lima, sobre la mita del Potosí", firmado en Lima el 21 de junio de 1730; se trata del único de los pareceres de los magistrados de Charcas y Lima que hemos examinado que se pronuncia por la *supresión de la mita*.[88]

Dice que el virrey, por decreto de 1º de mayo de éste año, indicó a los miembros de la Audiencia de Lima que diesen su parecer separadamente sobre la continuación de la mita de Potosí o que se trabajase ese mineral con indios voluntarios. El virrey les remitió copia de la consulta del Consejo de Indias al Rey de 4 de mayo de 1718 y un informe y extracto de papeles que obran en el Consejo concernientes a este punto.

Aunque es así que todos convienen en que la

mita forzada es causa de que los mitayos padezcan diferentes agravios y trabajos, no todos son de sentir de que, por esta razón, se quite; y pasan a dar algunos arbitrios y medios por donde ésos daños se eviten.

El autor del parecer distingue tres opiniones principales: 1. Que se deben trabajar estas minas con mitayos; la cual se funda en que, al no haber voluntarios, se seguiría daño a la Real Hacienda y al bien espiritual de los indios. 2. Que se quite la mita forzada, pero no por ahora sino a medida que haya voluntarios. Estos opinantes proponen que se libre de tributos a los que se apliquen a trabajar en las minas por el tiempo que lo hicieren, o que se empleen delincuentes del Perú y trayendo los de Nueva España. 3. Que desde luego se mande quitar la mita porque destruye la libertad de los indios.

Al oidor le parece que, si la mita produce perniciosos efectos, en los que se funda la última opinión, es la que se debe seguir, conforme a la mente de S. M., que es la de relevar a los indios. La dificultad consiste, pues, en averiguar si la mita causa ciertamente esos daños.

Relata los perjuicios que resultan de la violencia inferida al sacar a los mitayos, el desamparo en el camino, el rigor en el trato, etc. La mita es contraria a la conservación de los indios, que han disminuido mucho y se pasan a los infieles, como pudo comprobarlo el opinante, siendo Gobernador en la Villa de Guancabelica, con los indios de Jauja, Tarma, Guanta, etc. Así debe suceder también en Potosí, que a juzgar por el extracto es mita más dura que la del azogue; los indios huyen y enferman; salvo en la costa, donde hay cultivos que se hacen con negros, en el resto del Perú sólo trabajan indios; el daño de su disminución se debe atajar con tiempo.

La mita es, pues, contraria a la libertad, a la conservación de los indios y al bien del reino, por lo que *se debe quitar* y se trabajen las minas de Potosí *con voluntarios*. Al seguir este parecer va el opinante de acuerdo con la consulta del Consejo de Indias de 1718, en la que se pide la supresión, y con la opinión de Gerónimo de Loayza, quien en el codicilo que hizo el 25 de octubre de 1575 se retractó de su parecer anterior y pidió la supresión. En Potosí hay mineros que sólo lo son en el nombre, pues cobran en plata y ceden en alquiler sus mitayos para otros efectos; otros sí benefician por ser mejores sus minas, pero pueden hacerlo y lo harían con voluntarios, como sucede en las minas de las demás provincias. Al quitarse la mita tendrían más obreros voluntarios éstas que las de Potosí, pues son hoy más ricas; se asienta en el extracto que en la Provincia de San Antonio de Esquilache, Caylloma y otras hay minas de 18 a 40 marcos por cajón, y otras de 100, y en Potosí la más rica es de 30 y la general de 5 ó 6 marcos. No cree, pues, el autor del parecer que habría baja en la Real Hacienda por los quintos.

En cuanto al supuesto daño espiritual que se causaría a los indios si se quitara la mita, debiera entonces ser ésta permanente y no de un año, y esto nadie lo sostiene. Los indios se aplican a diversos trabajos. La mita ocasiona pecados de mineros, mayordomos, ayudantes, caciques, capitanes y enteradores, y son más que los que podría traer la ociosidad de los indios. Concluye que, si por evitar los pecados de la ociosidad se debe mantener la mita en atención al bien espiritual de los indios, "por atender al de los mineros, mayordomos, ayudantes, caciques, capitanes, enteradores, parece se debiera quitar".

No cree que por la remisión del tributo, que es corto, habría voluntarios sin quitar la mita; no vendrían de provincias lejanas; y nunca dirían los mineros tener suficientes voluntarios. Tampoco le parece acertada la solución de emplear criminales.

Por la supresión de la mita opinaron el Conde de la Monclova, el Conde de Lemus, el Conde de Alva de Liste en informe al Consejo en 1658, y el Arzobispo D. Melchor de Liñán en informe de 1692. Como no es posible el remedio de los abusos de la mita, es necesario quitarla.

En cédula de 18 de febrero de 1697 se mandó todo lo remediable y no pudo ejecutarlo el Conde de la Monclova y, con informes del Real Acuerdo, fue de opinión que se quitase la mita. El indio voluntario trabaja en mejores condiciones que el mitayo que viene de tan lejos, etc.

Ahora bien, este tenaz opositor de la mita no es partidario de quitarla en Guancabelica, porque faltarían del todo los azogues, ya que ni en la Villa ni en sus cercanías hay gente que pueda ir voluntariamente. En el caso de Potosí hay otras minas de plata. Además, en Guancabelica se les paga a los mitayos todos los domingos y la mita está mejor vigilada: sólo van *518 indios de mita,* por uno, dos, cuatro y los más distantes seis meses, y vuelven a sus provincias infaliblemente. El asiento está a cargo de un ministro de la Audiencia de Lima (recuérdese que el opinante había sido uno de esos Gobernadores, lo que debió influir para que admitiera esta excepción; pero, no obstante lo anterior, opina que todas las veces que se pueda traer azogue de España, como ocurre en México, se haga y se releven los mitayos y, asegurados los envíos, *se extinga la mita.*

Una vez que el virrey del Perú, Marqués de Castelfuerte, recabó los pareceres examinados, informó al rey por carta de 10 de diciembre de 1730 que, de conformidad con las reales órdenes de 16 de febrero de 1727 y 21 de junio de 1728, había remitido los votos de los oidores de Lima y Charcas sobre la conveniencia de suprimir la mita, nueve de los cuales estaban concordes en que *no se suprimiese.* El virrey había escrito a la Audiencia de Charcas que le hiciese saber los inconvenientes que se habían observado en la práctica. El propio virrey representó al monarca el cuidado con que debía procederse en la elección de Corregidor de Potosí; pero, apartándose de los votos que ya conocemos de los miembros de la Audiencia de Charcas, no era de opinión que fuese ministro togado, porque, de serlo, esa Audiencia no tendría libertad para juzgarle en caso de apelar a ella los agraviados.[89]

Cuando los papeles llegaron a España, trató el asunto el Consejo de Indias en mayo de 1732, y la mayoría de sus miembros se inclinó por que *no se forzase a los indios a trabajar en las minas;* sin embargo, el rey dispuso que no se hiciese novedad, que se guardase lo dispuesto por el virrey Toledo y lo que propuso en voto particular D. Diego de Zúñiga; y que, conforme a la proposición de D. Antonio Álvarez de Abreu, los mineros fuesen ayudados por la Caja Real.

El voto de Zúñiga, además de insistir en el cumplimiento de las disposiciones del virrey Toledo sobre las provincias obligadas a dar la mita, el número de los mitayos y el tiempo de su turno, pedía que se cumpliese con pagarles la ida y vuelta a razón de cuatro leguas por día, adelantándoles la mitad de la paga al salir de sus pueblos; pagarles en mano propia el salario de *4 reales por día,* en presencia de un escribano y un oficial real; no hacerlos trabajar más horas de las señaladas; no detener al mitayo una vez cumplida la mita; no admitir su rescate por dinero; a los indios, negros o mulatos voluntarios, exonerarlos de tributos, porque si su número fuese competente, *se podría suprimir la mita.*

Abreu deducía la licitud de la mita de la necesidad de extraer la plata de Potosí. Pero también se preguntaba: "¿Cómo se podrá esperar que en lo sucesivo se haga tolerable la mita, poniendo en práctica los medios señalados, cuando en 156 años no se ha logrado?"[40]

Corresponde también a este grupo de documentos, si bien desde otro punto de vista que representa el interés de los indígenas, el escrito de Vicente Mora Chimo Capac, que lleva por título: "Manifiesto de los agravios, bexaciones, y molestias, que padecen los Indios del Reyno del Perú... Por el Procurador, y Diputado General de dichos indios", impreso en Madrid en 1732. No he tenido la ocasión de leerlo.

Sobre la base de este conjunto de antecedentes se dicta la real cédula fechada en Sevilla el 22 de octubre de 1732, en la que se avisa al virrey del Perú y también a los Oficiales Reales de Potosí que el rey ha resuelto *se continúen por ahora las mitas de Potosí y demás minerales que la tienen asignada,* bajo la precisa condición, que no sólo se observe en ellas lo dispuesto por las ordenanzas del virrey D. Francisco de Toledo, mas también las medidas siguientes: 1. Que la dicha mita corra solamente en las 16 provincias que antes estaban afectas a ella, y no en las demás que después se agregaron, relevando a éstas de acudir obligatoriamente al Cerro de Potosí. 2. Que en el repartimiento de los indios de mita en las dichas 16 provincias, se observe puntualmente *la séptima,*

entrando en esta cuenta, no sólo los naturales de las dichas provincias, mas también los forasteros que se hallan avecindados en ellas. 3. Que los indios de mita gocen de las dos semanas de descanso que dispuso Toledo. 4. Que el viaje de los mitayos de ida y vuelta se regule por cuatro leguas cada día, y que se les pague por este tiempo *la mitad del jornal* que deben percibir trabajando en la mina, y satisfaciendo a cada uno en propias manos y en dinero efectivo, *la mitad de lo que montare el total del leguaje,* hasta llegar a la mina, para que dejen algún socorro a sus familias. 5. Que no se haga novedad en la paga del jornal de *cuatro reales en plata efectiva por cada día* de los que trabajen en la mina. 6. Que si los indios se redujesen a trabajar el lunes, se les pague también éste a *4 reales de plata.* 7. Que la paga de los jornales a los mitayos se les haga en mano propia, en presencia del Gobernador, y con asistencia del escribano, quienes darán cuenta al Consejo de estas pagas. 8. Que por ningún caso se haga trabajar a los indios mitayos más horas que las dispuestas por ordenanza, y que faltando a lo referido, se ponga luego el indio en libertad y se despache a su tierra, pagándole lo que se le debiere hasta llegar a su casa, y se castigue al contraventor. 9. Que a ningún indio mitayo se le pueda detener, cumplido el tiempo de su mita, con ningún pretexto de que debe u otro, y que precisamente se haga volver a su tierra. 10. Que solamente cuando lo pidiere la necesidad, se despachen provisiones de revisitas a los pueblos, no sólo de mita, mas también a los demás del reino, pidiéndolas el Fiscal de la Audiencia, u otros que sean interesados; y en ellas han de ser comprendidos también los indios forasteros avecindados en ellos. 11. Que los indios mitayos no se puedan rescatar por dinero indispensablemente; y sólo se podrá admitir enviar otro indio en su lugar, que sea útil para el trabajo de las minas. 12. Que para evitar los fraudes que los mineros hacen a los indios por la imposibilidad que alegan, los oficiales reales pagarán los jornales que el minero deba a los mitayos, de las platas que lleven a quintar. 13. Que el virrey cele el cumplimiento de todo esto, y para ello nombre un sujeto de su satisfacción entre los ministros de las Audiencias por turno, con 4,000 pesos anuales de ayuda de costas sobre el sueldo que gozare por su empleo, con calidad que a los dos años se ha de mudar, dando cuenta de lo obrado en el bienio y dar residencia de su comisión, castigando el virrey cualquier disimulo en lo mandado aquí con penas corporales y aun capital.[41]

Este texto, si bien mantiene el sistema de la mita, lo rodea de precauciones que responden a varias de las cuestiones y dudas planteadas en los documentos de la consulta que sirvieron de base a la resolución real.

Después de este largo y sustancial debate en la historia de la mita minera, hallamos que el virrey del Perú, Marqués de Castelfuerte, manda en Lima, el 26 de agosto de 1734, que el Contador de Retasas, en la formación de las *cuentas de tributos y mitas,* se arregle a lo que se ha practicado en dicha Contaduría desde el tiempo en que D. Francisco de Toledo ordenó en este reino tales materias. El Fiscal Protector General de los Indios había planteado el caso de los originarios que no tenían tierras y de los forasteros sin ellas. El virrey dispone que se guarden en las cuentas las decisiones del Duque de la Palata y del Conde de la Monclova, no siendo contrarias, como no lo son, a las del virrey Toledo, cargándose a los indios originarios sin tierras (inter que se les reparten) el tributo que pagan en especies al precio de la tasa del virrey Toledo sin crecimiento alguno. El Contador de Retasas pasará a formar las cuentas de las provincias de Guanta, Chancay, Misque y de Aymaraez y Abancay, que tanto tiempo hace se hallan detenidas. El Fiscal y el Fiscal Protector General apliquen el celo de su obligación a procurar que se repartan tierras, en particular y en común, a los indios, pues se les proveerá en este Superior Gobierno de las más eficaces providencias que pidieren, como que se considera el principal medio en beneficio de los indios que se hallan desposeídos de ellas, por los perjuicios que les han causado los desórdenes y la codicia de los jueces medidores de tierras que ha habido en este reino, sobre cuya reintegración se han librado varias órdenes por este Superior Gobierno. Este mandamiento se notificó al Protector de los Naturales, D. Pedro de la Concha, y al Fiscal de lo Civil.[42] En el expediente se hace mención de la cédula real dada en Sevilla, el 17 de abril de 1733, en que se manda que los indios forasteros de las 13 provincias afectas a la mita de Guancavelica sirvan dicha mita como los originarios (fol. 48v). Y se recuerda también la cláusula de la real cédula expedida en Sevilla, el 22 de octubre de 1732, sobre que los indios forasteros de las 16 provincias afectas a la mita de Potosí, miten *a la séptima* como los originarios. El Protector de la Provincia de Chucuito había alegado los inconvenientes que se ofrecían al obligar a la mita de Potosí a los forasteros de la provincia, por no tener tierras y por otras razones (mismo fol. 48v).

Un importante complemento del análisis acerca de las doctrinas de juristas que figura en nuestro tomo II, relativo al siglo XVII, cap. IX, p. 121 y ss., nos ofrecen las notas e ilustraciones del licenciado Francisco Ramiro de Valenzuela, Relator del Consejo de Indias, a la *Política* de Solórzano Pereira, t. I, lib. II, cap. XVIII, edición C. I. A. P., Madrid, 1930, pp. 308-314, desde el párrafo 59 hasta el 146, que se refieren a la historia de la mita minera hasta 1735. Explica en ese párrafo 59, que antes de salir de la materia de mitas, le ha parecido conveniente decir, aunque con brevedad, lo que ha pasado después que Solórzano escribió. La edición original de la *Política* es de Madrid, 1648, y su autor falleció en 1655, de suerte que las notas de Valenzuela cubren casi un siglo más, puesto que llegan a 1735, como se ha dicho.

Comienza el anotador su relato (párrafo 60) mencionando el descubrimiento del Cerro de Potosí en 1545 y el arreglo de la mita por D. Francisco de Toledo en 1575, que resume así: asignó 95,000 indios en 17 provincias, que la *séptima parte* de ellos servirían un año, y volverían libres por seis años a sus tierras. Como entraban en el servicio los indios de 18 a 50 años, les tocaba la mita en su vida cuatro años y medio, y de éstos sólo trabajaban año y medio. Porque los mitayos trabajaban una semana, menos el lunes que se empleaba en hacer el repartimiento, y descansaban dos semanas (en las que podían también alquilarse libremente). La jornada era de sol a sol. De modo que todos los días trabajaban 4,500 indios y descansaban 900 (sic) o se alquilaban voluntariamente. Los sábados se les pagaba a razón de *20 reales cada semana,* en presencia de personas diputadas para esto, por evitar los fraudes que podía haber. En el párrafo 65 dice que el número de indios mitayos fue disminuyendo: había 25,000 indios solamente en 1633; en el año de 1678 no había más que 1,674, y en el año de 1685 se aumentaron hasta 2,829 los indios mitayos. En los párrafos 66 y 67 añade que en el año de 1688, siendo virrey del Perú el Duque de la Palata, tiene lugar nueva numeración general, contándose en las provincias asignadas y en otras que de nuevo asignó 33,423 indios y 57 cabezas de minas útiles, a cada una de las cuales destinó 50 indios; no sólo hizo la novedad de aumentar otras provincias a la mita, sino que incluyó a los indios forasteros y yanaconas, y mandó que el indio que salía de la mita no pagase tributo al año siguiente. En el párrafo 68 da cuenta de que en 1692, siendo virrey del Perú el Conde de la Monclova, redujo las cabezas de minas corrientes a 34, y a cada una repartió 40 indios porque no alcanzaban a más, y dejó 6 minas con opción a entrar en el repartimiento de indios luego que los hubiese, y dejó excluidas las demás, o por desamparadas o por pobres de metales, y dio otras providencias contrarias a las dadas por el Duque de la Palata: 69. Y fueron: que al indio mitayo se le pagasen *cada día 5 reales,* incluyendo el lunes. 70. Que el indio que no fuese a la mita pagase cada semana 3 *pesos* al Capitán Entregador, para que buscase otro alquilado. 71. Que se pagasen a los indios los días de camino de ida y vuelta al tiempo de la muestra de la mita en Potosí. 72. Esta resolución no fue admitida por algunos de los mineros, otros se sujetaron a ella involuntariamente, y antes de ponerse en ejecución, llegó el tiempo en que venía la nueva mita para el año de 1693, y los capitanes entregadores y los mineros se convinieron en que se pagase al indio *24 reales por la semana,* incluso el lunes, y así quedaron gustosos indios y mineros. En el párrafo 73 abre el autor un paréntesis para explicar que había decaído mucho la riqueza de Potosí y se vale para mostrarlo de la tabla de los quintos reales:

Años	Quintos pagados
De 1545 a 1564	76 millones de pesos ensayados de a 13 reales y cuartillo de plata. Es decir, en 19 años, 4 millones por cada uno.
De 1564 a 1624	35 millones en 60 años, o sea, poco más de medio millón por año.
De 1624 a 1633	6 millones en 9 años.
De 1633 a 1704	21 millones en 71 años, o sea, 265,774 pesos ensayados por cada año.

La suma total de quintos del Cerro desde su descubrimiento hasta 1704 es de *190 millones de pesos ensayados*, o sea, 314 millones en pesos corrientes, que corresponden de principal a un cuento (o millón) quinientos y setenta millones (1,570 millones de pesos corrientes).

El descenso en el rendimiento del Cerro proviene (párrafo 78) de que antes un cajón de metal que tuviera 50 quintales de piedra, producía de 200 a 400 pesos corrientes; hoy sólo da de 100 a 150 pesos corrientes, y cuesta sacarlo, molerlo, azogarlo y fundirlo, 100 de esos pesos.

En el párrafo 79 refiere que el Conde de la Monclova y el fiscal de la Audiencia de Lima, D. Matías Lagúnez, dieron cuenta al Consejo, y Lagúnez pidió que se determinasen algunos puntos: 1. Que no se guardaba el turno de los siete años, y que esto se remediaría haciendo padroncillos de mitas y entregándolos a los corregidores, y que las listas de los nombrados para las mitas las reviera el párroco. 2. Qué no se pagaban los días de camino de ida y vuelta, porque los primeros se compensaban con la falta de indios de mita, y los de la vuelta con los empeños contraídos por los indios en el discurso del año, y así no volvían a sus pueblos, y que se remediaría anticipando los mineros dineros para el viaje (se anota entre paréntesis que es medio impracticable y sólo podrá el capitán valerse de los reales que se pagan por los indios que se excusan de ir y pagan 3 *pesos cada semana*, y en esto no tiene riesgo el capitán, pues se cobrará de las dietas o leguaje). 3. Que se quite la mita de los indios de la provincia de la Laguna de Chucuyto y Cuzco, por la gran distancia (entre paréntesis, parece que es conveniente que se quite, porque hay desde 100 hasta 200 leguas de distancia). 4. Que se vaya estrechando y quitando la mita, porque hay indios voluntarios (entre paréntesis, que todo el fundamento de Lagúnez estriba en que son pobres las minas y a fuerza de extorsiones que hacen a los indios se pueden mantener, y que los indios voluntarios, que los hay, suplirán para el trabajo. Y parece que la razón en que se funda, destruye

su proposición: pues si con indios de mita no se pueden costear, con voluntarios será imposible, y si hoy hay tantos indios en Potosí y su comarca, es por los que se van quedando de las mitas, y quitadas éstas, serán menos, y se alquilarán a más precio, y si se quitaren las mitas del cerro, las más de las cabezas de las minas se perderán, y los mineros que las labran, porque al indio voluntario se pagan 7 *pesos cada semana*, y *al mitayo 3*). El gremio de azogueros propuso que se mantuviese lo resuelto por el Duque de la Palata (párrafo 88). Los caciques de las provincias de mita pidieron que se ejecutase lo resuelto por el Conde de la Monclova (párrafo 89). En 1696, por parte del Fisco se pidió que se confirmase todo lo ejecutado por el Conde de la Monclova: que los tributos de los indios mitayos se minorasen, que los jornales se les aumentasen en caso de no quitarse la mita, que se remidiesen las tierras donadas y vendidas, y lo que se hallare de demasías se les diese a los indios, que todos exhibiesen en el Consejo las mercedes originales de las tierras, y las que no tuvieren merced se entregasen a los indios, que los mineros exhibiesen los títulos de sus minas, y que en ellas hubiese ministro que cuidase de los indios para que no se les molestase (párrafo 90). En 18 de febrero de 1697 se expidió cédula aprobando lo ejecutado por Monclova (la cual resume en el párrafo 91). En 1698 llegaron a Lima estos despachos y Monclova los comunicó al Acuerdo y se halló inconveniente en su ejecución y pidió informe al Obispo, sobre nueve puntos contenidos en la cédula: 1. Sobre pagar a los mitayos lo mismo que a los voluntarios, le respondieron que era impracticable, porque el indio voluntario gana conforme trabaja y se le descuenta lo que deja de trabajar. 2. Todos convinieron en que era conveniente que no hubiese indios de plata. 3. Sobre que al sustituto se pagara lo mismo que al mitayo, variaron por decir que el sustituto sería indio de menos utilidad, y que no era justo pagarle lo mismo. 4. Que las dietas (del camino) fuesen a 4 leguas, y se pagase cada día a *2 reales*, no se conformaron por la dificultad en los mineros de anticipar este caudal. 5. No convinieron en que se anticipara la mitad del leguaje, por ser impracticable. 6. Convinieron en que se hiciera la paga (del jornal) en mano propia, etc. 7. También en que se hiciera lista con reseñas de los indios al tiempo de la paga. 8. Que por el aumento de jornal no se le aumentara el trabajo al indio, lo cual quedaba excluido en el punto primero. 9. Que al indio mitayo no se le detuviera por deudas que debiera al minero, convinieron y así se practicaba.

Después de varias consultas, hubo variedad de opiniones; razona Valenzuela que los oidores conocieron la dificultad, pues de una parte pesa la conservación de los indios por sus tributos y utilidad que dan al común, y por otra la pérdida de tanto mineral, tanto molino y tanto caudal gastado; el autor cree que el mismo tiempo tomará esta resolución, pues si las minas empobrecen, se irán cerrando, y si se enriquecen, darán para indios voluntarios, y el minero trabaja más gustoso con gente voluntaria, y si busca la mita es por la pobreza de la mina. El virrey, con gran juicio, informó en mayo de 1700 que el poner en ejecución la real cédula era aventurar en el todo o en parte las minas de Potosí (párrafo 110). Agregaba que su dictamen era que *se quitase la mita* aunque se perdiesen las minas (párrafo 115). Que en el caso que no se mandara quitar, se conservase en las 10 provincias (Pacage, Omuzugo, Curiaca, Paria, Chocubamba, Porco, Chayanta, Tarifa y Carangas) y que se quitase de las provincias de Chucuyto, Paucarcoias, Laempa, Asangaro, Canas, Changras y Quispichanche (párrafo 116).

En 1701 se vieron en el Consejo estos papeles, y se dio por el Fisco un pedimento, insistiendo en que se quitase la mita, y no se tomó resolución (párrafo 117). En 1710, el gremio de mineros de Potosí pidió al Consejo que se minorasen los quintos, y en 1714 representaron que un cajón de *metal de negrillos*, que se compone de 50 quintales, tiene de costa 100 pesos y salen 14 marcos, que valen 91 (párrafos 118 y 119). Que de los 4,000 indios que Monclova asignó cada año, los 1,333 trabajan y los 2,666 descansan (párrafo 122). En 1735 está tomada resolución que el quinto de la plata del Perú sea el diezmo, como en Nueva España (párrafo 125). La parte del Fisco insistió en que se quitase totalmente la mita, y en esto se pasó hasta 1716 y no se tomó más resolución que se formase una Junta en el Perú, de que no se sabe lo que ha resultado (párrafo 126). Entretanto los mineros de Caylloma pidieron que, en atención a la opulencia de aquella mina, se aumentase el número de *mil indios de mita* que tenía, y se resolvió en 1710 que el virrey agregase a esta mina los indios que pudiese, sin perjuicio de las otras minas y sus asignaciones (párrafo 128).

En cuanto a Guancavelica, de la que fue Superintendente el autor (de la *Política*, es decir, Solórzano, párrafo 135), explica Valenzuela que el minero vende a S. M. cada quintal de azogue a 58 pesos (párrafo 138). Por los años de 1720, en 39 semanas se habían fundido 5,648 quintales y 56 libras (párrafo 143). Para el avío necesita el Superintendente cada año de 240,000 pesos, que los consume en suplimientos a los mineros y otros gastos, y los dan las Cajas de Potosí, Chucuyto, Oruro y otras cercanas (párrafo 144). Se ha intentado por S. M. que se pague el azogue al minero a 40 pesos, lo que es duro en la práctica, aunque el Marqués de Casaconcha lo comenzó a practicar en 1723 (párrafo 145). En 1735 está nombrado un Superintendente que lleva sujetos prácticos de la mina en Almadén para que adelanten, si pudieren, el beneficio del azogue de aquella mina (párrafo 146).

Mencionemos que Bartolomé Martínez y Vela,

natural y autor de unos *Anales de la Villa Imperial de Potosí*, fallece en 1736, y su hijo Diego continúa la narración hasta 1738, y muere en 1755.[43]

Para concluir este capítulo, veamos los datos que ofrece la Relación del Marqués de Castelfuerte a su sucesor, D. Antonio Josef de Mendoza Camaño y Sotomayor, Marqués de Villagarcía, que cubre del 14 de mayo de 1724 al 26 de enero de 1736.[44]

El virrey saliente recalca que es preciso velar por el entero de las mitas de Guancabelica y Potosí, y a tal efecto ha tenido señalado y asistente a un ministro de S. M., que a veces ha sido el Contador Mayor de este Tribunal y otras un Oidor de Chuquisaca. Actualmente lo es D. Salvador de Rivera. El virrey ha proveído revisitas de indios, que han señalado el aumento de ellos; los tributos han subido 250,000 pesos anuales.

La real cédula de 18 de febrero de 1697 mandaba: 1. Que los mineros paguen a los indios mitayos el mismo jornal que a los voluntarios. 2. Que se les pague el leguaje, que es jornal de *dos reales y medio por cada legua* de ida y vuelta. 3. Que se les pague el trabajo en plata y en mano propia en presencia del Corregidor y los Oficiales Reales. 4. Que los mineros asistan a las muestras de los indios que entran a trabajar. 5. Que el trabajo sea a jornal y no por tarea. 6. Que acabada la tanda de cada mita se vuelvan a sus provincias sin ser detenidos por pretexto alguno. El Corregidor que gobernaba en Potosí en 1728 solicitó que se ejecutase la cédula. Los mineros hicieron dejación de los indios repartidos y de sus ingenios, y dieron orden para que saliese toda la gente de las minas, y cesaron en su labor tres días. (Fue, pues, un temprano ejemplo de paro o cierre patronal que llegó a ejecutarse, cuando en tiempo del virrey Toledo sólo fue una amenaza).

Se convocó a una Junta, en la que se mandó que no se hiciese novedad y *se guardase la costumbre* en tanto se daba cuenta al virrey. Los mineros recusaron al Corregidor. La Audiencia de Chuquisaca mandó no hacer novedad entretanto resolvía el virrey.

Éste dice en su Relación que lo que más sentían los mineros era igualar el jornal entre los voluntarios y los mitayos, pues el de los primeros duplicaba al de éstos. También les pesaba la paga del leguaje y la prohibición de las tareas, porque eran metales que no podían compensar la escasez de la ley sino con la abundancia de la saca.

El Marqués de Castelfuerte resolvió, con parecer del Real Acuerdo, que se cumpliese la cédula, *excepto en esos tres puntos*, entretanto que Su Majestad mandase lo que a bien tuviese. Que en su conformidad continuasen los mineros en la paga del jornal a los indios mitayos y en la excusación de la del leguaje *según la costumbre que habían tenido*. Que asimismo se les mantuviese ésta en cuanto al *señalamiento de las tareas,* con las calidades de verlas proporcionar a las que asignaban a los voluntarios y dar las herramientas necesarias y que no se les prorrogase a los indios el tiempo de la mita.

Otro aspecto subraya esta Relación del virrey de acuerdo con las inclinaciones del siglo ilustrado. Comenta que cuando en la Academia de las Ciencias de París debaten los más grandes ingenios sobre el análisis o extracto de una leve yerba, se omite acá la indagación de la mayor riqueza. Piensa que deben enviarse personas doctas en la mecánica, en la química y en la botánica (p. 182).

En general, cree que las riquezas del Perú son las minas, y, faltando los indios, las minas no se trabajan. Se lisonjea de haber realizado la *numeración de los indios* para evitar la ocultación de los mitayos y para la más exacta recaudación de los tributos.

La revisita hecha por orden de este virrey permitió enviar a Potosí *3,199 indios mitayos.* Como se había urgido la prohibición de los rescates por dinero, este aumento facilitaba el cumplimiento de tal orden, pero no se extinguió el uso de *los indios de faltriquera.*

Fue a Potosí, por orden del virrey, el Oidor de Charcas, D. Pedro Vásquez de Velasco, quien convocó a la junta antes mencionada que resolvió no hacer mudanza y dejar que corriese la costumbre. La Audiencia de Charcas fue del mismo parecer. Y el Real Acuerdo de Lima confirmó lo acordado.

En la mita de Guancavelica se obtuvo que creciese el número de los indios destinados a ella, de las 13 provincias señaladas, el cual había sido de *447 indios,* con que se juzgó que había bastante para la extracción de 3,500 quintales de azogue al año, que era lo que se necesitaba para el laboreo en todo el virreinato; se calculaban 11 quintales por indio mitayo. En 1722 y 1725, se mandó que se pagase el quintal de azogue a 40 pesos (no a 46 ó 47 como antes); se opusieron los mineros y *quedó como hasta entonces.*

Concluido el largo período de gobierno del Marqués de Castelfuerte, entra en Lima, el 6 de enero de 1736, el nuevo virrey Marqués de Villagarcía, y su recibimiento se postergó por unos días. Tomó por asesor al que lo había sido de Castelfuerte, el limeño D. Pedro José Brabo de Lagunas y Castilla.

En este período los quintos de la minería se redujeron al diezmo, de acuerdo con la real cédula de 28 de enero de 1735, que se dio a conocer en Lima por bando el 3 de junio de 1736.[45] El nuevo virrey había mandado que se cumpliese esa orden y se diese a la prensa por mandamiento de 28 de abril de 1736. Además del pregón hecho en Lima el 3 de junio y de la publicación en esa ciudad el día 5, se publicó en Guamanga el 22 de julio del mismo año.

La cédula fechada en El Pardo a 28 de enero de 1735, a la que hacemos referencia, se había expedido a petición del Diputado del comercio de estos reinos, y por ella S. M. había concedido que el derecho de sacar plata fuese del diezmo en lugar del quinto que hasta entonces había establecido, a ejemplo de lo que concedió a la Nueva España. El texto del real despacho habla de la abundancia pasada en que hubo año en que se distribuyeron 9 ó 10,000 quintales de azogue, y ha bajado hasta poco más de 3,000 quintales con que ha sido suficiente para el beneficio de las platas; y se ha seguido de este descenso la ruina del comercio entre España y el Perú. D. Juan de Berrio, Diputado del comercio del Perú, ponderó el lastimoso estado de las minas y pidió que para su restablecimiento se rebajara el derecho al diezmo, a ejemplar de la Nueva España donde sólo en Zacatecas se observó con ello el aumento en la recaudación de los derechos en más de 800,000 pesos en dos quinquenios con respecto a los dos anteriores en que se cobró el quinto, por lo que se extendió la gracia a toda la Nueva España. Con esta rebaja se labran minas de inferior calidad.

El rey lo manda para el Perú, por decreto de 20 de diciembre de 1734, revocando las cédulas en contrario y la ley 1, tít. 10, libro VIII de la *Recopilación* de Indias en que se previene el pago del quinto. Y manda que se publique. La orden fue reiterada, como hemos dicho, en El Pardo, a 28 de enero de 1735.[46]

De suerte que el tenso período que venimos estudiando terminó con algunas concesiones para los mineros, que habían visto seriamente amenazados sus intereses, ya por el proyecto de suspensión total de la mita, ya por la continuación de ella bajo nuevas y exigentes condiciones que tendían a hacer menos opresiva la condición de los indios mitayos.

XIV. Situación de la mita hasta el año 1750

Ya bajo el gobierno de D. Antonio José Mendoza Caamaño y Sotomayor, Marqués de Villagarcía, virrey del Perú, por auto de Real Acuerdo de 13 de septiembre de 1742, se vio la carta escrita a Su Excelencia por el Sr. D. Pedro Vázquez de Velasco, oidor de la Audiencia de La Plata y Superintendente de la Real Mita de Potosí, su fecha de 24 de mayo de dicho año, en que expresa la decadencia de los mineros y azogueros de aquella Ribera por no dar cumplimiento a los enteros de los indios los corregidores cuyas provincias están afectas a aquel mineraje, por lo que a pedimento de D. José Ramírez, minero y azoguero, había dado comisión a Juan José Dávalos contra D. Juan de Landaeta, corregidor de la provincia de Omazuyo, para la paga de rezagos de indios que debía y para que los enterase cumplidamente; y que sin embargo de los autos que sobre la materia había obrado dicho juez comisionario, no se había podido conseguir, antes se había manifestado la inobediencia con que había procedido dicho corregidor en la ciudad de La Paz, donde el alcalde ordinario había preso en la cárcel a dicho comisionario; y que, en vista de los autos y de lo respondido por el Defensor de Real Hacienda, había mandado aprobar las diligencias hechas por dicho juez y la multa de 500 pesos que le había hecho, como también el que cumpliese el expresado corregidor en los enteros de los indios, pena de 4,000 pesos a la disposición de S. E., y que los oficiales reales no pasasen las cuentas a los corregidores sin que primero justificasen los enteros de los indios, con lo demás que contiene dicha carta. Y vistas asimismo las cartas de los ministros y azogueros de dicha Ribera a 25 de mayo y 6 de junio de este presente año, escritas a S. E. ponderando sus atrasos y que todos se derivan de faltar los corregidores a los enteros de su obligación, lo que asimismo expusieron por el memorial que presentaron a S. E. quejándose de todos los corregidores cuyos indios son afectos a aquel mineraje por no dar cumpli-

miento a la obligación de sus cargos, y que todo se remediaría sirviéndose S. E. de aprobar lo mandado por el enunciado Sr. D. Pedro Vázquez y que en conformidad de sus facultades procediese contra todos los corregidores al puntual entero de mitas sin que se les pasesen cuentas no calificando los enteros de indios; y visto lo que sobre la materia respondió el Sr. Fiscal a la vista que se le dio: pareció que siendo S. E. servido podrá aprobar lo mandado por el Sr. D. Pedro Vázquez, quien, en conformidad de las facultades que se le tienen conferidas por este Superior Gobierno, hará que el Corregidor de Omasuyo exhiba la multa de los 5,000 pesos (sic) y los 1,792 pesos causados de rezagos de mitas al azoguero D. José Ramírez, y hecho se oirá sobre lo que representa, haciendo asimismo que el Alcalde Ordinario de La Paz, que prendió en la cárcel al comisario Juan José Dávalos, le remita la causa y en su vista resolverá lo que hallare en justicia. Y en conformidad de las mismas facultades, procederá el Sr. D. Pedro contra todos los corregidores cuyas provincias están afectas a la Mita de Potosí *al cumplido y efectivo entero de los indios originales y forasteros* de su repartimiento y obligación a aquel mineraje, como que de éste pende la mayor parte de la conservación de este reino. Y por la omisión, descuido o defecto con que obraren en los enteros, los suspenderá de sus oficios, nombrando personas que administren justicia y recauden los reales tributos por cuenta de los mismos corregidores y de sus fiadores ínterin que da cuenta a este Superior Gobierno para que dé providencia. Y que los oficiales reales a cuyo distrito tocan los corregidores, no les pasen las cuentas que dieren de tributos sin que también las den de los enteros de mitas de sus provincias a proporción de sus repartimientos con recibos de los mismos azogueros u otros instrumentos jurídicos equivalentes, con apercibimiento que por el menor descuido serán responsables. Y así lo rubricaron S. E. y dichos señores. D. José Agüero,

Escribano Teniente del Mayor de Gobierno. Lo certifica Lenzo.[47]

Es, por lo tanto, un ejemplo más de la insistencia con la que los azogueros reclamaban el entero de la mita que caía bajo la responsabilidad de los corregidores de las provincias afectas a ella; y esto se extendía a indios originarios y forasteros. Pero el documento muestra asimismo que no era fácil obtener ese cumplimiento de los corregidores, a pesar de las medidas puestas en ejecución por el Superintendente de la Mita de Potosí, que aprobó el Real Acuerdo de Lima. Se observa también que subsistía el cobro de rezagos de mitas de los indios no enterados. Falta en este expediente la declaración de las razones que invocaba el corregidor de Omasuyo para dejar de cumplir el entero de los indios mitayos de su provincia.

La *veta real perdida en Huancavelica*, como ya sabemos, no fue encontrada de nuevo sino en julio de 1743, por D. Gerónimo de Sola, gobernador, del cual tendremos otras noticias adelante.[48]

Cierto esfuerzo abortado de *recopilación de datos sobre la mita de Potosí* deja un al parecer consejero o colaborador del Consejo de Indias, que si bien ya se ocupa de ello en 1736 (fol. 2), no firma sino siete años más tarde la nota que sirve de prólogo al tomo de los documentos que logró reunir, en la cual dice: "Materiales que yo iba juntando para formar el extracto de la mita del Potosí en que cesé por haberme excusado de este trabajo viendo que, hecho y publicado el extracto de Filipinas, en vez de gracias (que me dio el Consejo) experimenté, en cada uno de los togados, aquella natural emulación que causan los aplausos del concolega. El Consejo oyó bien mi excusa, me dio gracias por el extracto de Filipinas que imprimí y cometió al Sr. D. Joseph de la Ysequilla, ministro togado del mismo Consejo, el arreglar el de la mita; pero este Ministro nada hizo y volvió a la Secretaría del Perú todos los papeles, quedándose este negocio sin efecto hasta hoy 1 de agosto 1743". Regalía (rúbrica). (Fol. 2). En el lomo del manuscrito, que consta de 315 folios, se lee: "Abreu: Sobre la mita del Potosí y expulsión de sangleyes de Filipinas." Esto se debe a que el tomo procede de la Biblioteca de D. Antonio Álvarez de Abreu, del Supremo Consejo de Indias. El título del tratado que se proponía componer Regalía era el siguiente: "Curso histórico cronológico legal de el origen, progresos y estado de las minas del Cerro del Potosí y mitas o tandas de indios que por repartimiento y servicio personal involuntario se sacan en cada un año de las provincias más vecinas a Potosí para su labor y beneficio." Es el primer papel del tomo y ocupa los folios del 3 al 10. El segundo papel es copia de los capítulos 15, 16, 17 y 18 de la *Política* de Solórzano Pereira; obra por la que, según se ve en el fol. 11, sentía Regalía gran respeto y la consideraba la mejor fuente hasta 1646, tanto más cuanto antes de ese año en que

decía se publicó, la Secretaría de Perú del Consejo de Indias no había suministrado a nuestro compilador papel alguno tocante a la mita de Potosí.[49]

Pasando al examen del apunte de Regalía que figura como papel primero del tomo (en los folios 3 a 10), se encuentra que el mismo autor presenta el contenido así: "Hácese una sucinta descripción de lo que fue al principio y es al presente la Villa Imperial del Potosí, en el Reino del Perú, descubrimiento de sus minas y lo que han producido: ingenios para moler metales que se fundaron en tiempo del virrey D. Francisco de Toledo (con el fundamento de las mitas que éste ...ordenó) y los que presentemente existen con otras noticias útiles" (párrafo 1, fol. 3). Regalía se proponía suministrar datos y conocimiento a los Ministros del Consejo. En nota marginal (que figura en el fol. 3v) se advierte que tomó a su cargo ajustar los hechos con exactitud el Padre Juan de Zamora de la Compañía de Jesús; se utilizan también los datos de los oficiales reales de las cajas de Potosí.

Explícase con mucho detalle (en los fols. 3v y 4) cómo dos indios llamados Guanquillo y Chanquillo, que iban en el año de 1544 del valle de Cochabamba a Porco, descubrieron la riqueza del cerro de Potosí y después de algún tiempo la comunicaron a sus amos en la ciudad de La Plata: a Don H. de Villarroel, español natural de Medina del Campo, y a otro de nombre Quixada; salieron entonces 65 personas de La Plata a poblar Potosí. La primera cortadura se llamó de Centeno en honor del capitán Diego Centeno, entonces Gobernador y Justicia Mayor de la ciudad de La Plata, a quien se le adjudicó. Siguió la explotación, habiendo años en que se fundieron en la Caja de Potosí más de 9,000 barras de plata fina de a 150 marcos cada una, y se abrieron más de 4,000 bocas de minas. La Villa Imperial de Potosí se fundó el 19 de abril de 1545, gobernando Blasco Núñez Vela en el Perú. Por su clima frío y la sequedad de los vientos la habitan pocos españoles y se malogran las criaturas de los españoles. Los primeros 16 años estuvo la Villa subordinada al Gobernador o Corregidor de la ciudad de La Plata, pero siendo virrey el Conde de Niebla, por servicio de 112,000 pesos, eximió a la villa de la subordinación dicha en 21 de noviembre de 1561, creándose el cabildo y regimiento para ella, lo que aprobó Felipe II; pero al corregidor se le nombra de La Plata y Potosí. El asiento dista de La Plata 24 leguas. Ese funcionario reside en Potosí y su jurisdicción hacia la ciudad de La Plata es sólo de 5 leguas, pues se encuentran otros dos corregimientos, que son los de Porco y Amparaes. En Potosí se fabricaron Casas Reales, de Cabildo, cárcel, iglesia matriz. Se crearon las 15 parroquias de San Benito, Santa Bárbara, Santiago, Nuestra Señora de Copacabana, San Pedro, San Sebastián, San Pablo, Nuestra Señora de la Concepción, San Francisco el Chico, San Christóbal, San Juan, San Martín, San Roque,

San Lorenzo y San Bernardo. Hay 5 conventos y 2 hospitales. Y 2 conventos de monjas.

En los primeros 27 años los españoles trabajaban con gran penalidad las minas por falta de indios y porque molían en batanes de dos piedras (fol. 8).

Fue nombrado el virrey Toledo y tomó posesión en 26 de noviembre de 1569. Visitó todo el reino, excepto Chile, Buenos Aires, Tucumán y Quito. Contó 1.067,697 indios varones de 18 a 50 años y los redujo a 614 aillos o repartimientos. Implantó los servicios para Potosí y en menos de tres años se pusieron corrientes 132 ingenios de una y dos cabezas; les repartió en 1573, 4,733 indios de trabajo efectivo con sus remudas (tres por una), que corresponden a *14,199 indios de mita anual*. Tocó ésta a 16 provincias más cercanas a Potosí, que fueron: Tarija, Porco, Chayanta, Paria, Carangas, Cochabamba, Caracollo o Cicacica, Berenguela de Pacajes, Chucuito, Paucarcalla o Puno, Lampa, Asangaro y Asillo, Canas y Canchas, Omasuyos, Caravaya y Quispicanchi. Toledo dispuso ordenanzas (fol. 10). Hasta aquí llegan los apuntes de Regalía y siguen en el tomo los materiales que iba reuniendo, formando un total de 315 folios, como hemos indicado.

Dado el detalle con el que procedía el autor, es de lamentar que no haya continuado su obra, pues ofrecería hoy una relación del desarrollo de la mita en Potosí hasta los años del siglo XVIII en que abordó la materia.

La "Relación que hizo de su gobierno D. Antonio Josef de Mendoza, Marqués de Villagarcía, a don Josef Antonio Manso de Velasco, su sucesor en el virreinato del Perú", fechada en Lima a 24 de julio de 1745, se conserva; pero, no obstante su extensión, no guardo anotaciones de ella con datos de interés para la historia de la mita.[50] El nuevo virrey, Conde de Superunda, que había sido gobernador de Chile durante siete años, hizo su entrada en Lima el 12 de julio de 1745.

Una de sus medidas estuvo relacionada con el temblor de tierra que sufrió Lima el 28 de octubre de 1746. El 17 de enero del año siguiente se publicó un bando para que los corregidores de indios remitieran cuantos *peones voluntarios* fuese posible; el jornal sería para dichos peones de *5 reales al día*, el de los oficiales, de *un peso hasta 10 reales*, el de los maestros alarifes, de *12 reales hasta 3 pesos*. Poco después se fijaron los salarios de los peones a *6 reales*, los de los oficiales de albañilería y carpinteros, a *10 reales*, y los de los maestros, a *2 pesos*.[51]

Don Jerónimo de Sola y Fuente, Consejero de Indias, es nombrado *gobernador superintendente de Huancavelica*, y redacta una valiosa "Relación e informe... al señor D. Gaspar de la Cerda y Leyva", que se imprime en Lima en 1748. Explica el aumento de la producción desde 1736 hasta mayo de 1748 en que fue relevado del cargo. De 1725 a 1736 se produjeron 30,331 quintales, gobernando Huancavelica: el Conde de Casa Concha, D. Álvaro Cavero, el Conde de las Torres y D. Gaspar Pérez Buelta. De 16 de junio de 1736 a 4 de mayo de 1748, se produjeron 65,424 quintales.

El autor del informe procuró ensanchar y fortalecer las galerías de los socavones; se redescubrió la veta principal.

La *mita* subsistió, aunque en número reducido, tanto porque muchos indios se redimían con dinero, como por los que desertaban.

Sola y Fuente fue absuelto en el juicio de residencia que se le siguió.[52]

Parece corresponder al mismo documento una copia en 10 capítulos, con fecha de 16 de febrero de 1748, en la que autoriza el testimonio Francisco de Vergara, escribano de S. M. y Cabildo. En el cap. 3, fol. 11, trata el autor "Del modo con que hallé se trabajaba esta Real Mina". En el cap. 4, fol. 13, de la "Forma en que hoy se trabaja la Real Mina". El cap. 8, fol. 59, habla sobre "Derechos de S. M. en el azogue, suplementos a los mineros, *mitas* y otros puntos tocados todos con la posible brevedad". En el cap. 9, fol. 71, "Del modo de administrar hoy los indios de *mita* por aquellos a quienes están asignados y también se toca de extravíos". Todo esto se refiere a la *Mina de Azogue de Guancavelica*.[53]

Veamos con algún detenimiento, por ser lo que toca directamente a la materia de nuestro estudio, lo que el autor del informe expone en el cap. VIII, fol. 59 y ss. Comienza por declarar que *el punto de mitas* es un laberinto muy difícil de salir de él por lo mucho que se ha dicho por una y otra parte, asegurando los más que deben venir los indios en persona y no en plata, aunque con ella alquilan otros los mineros, sobre lo que se dilató bastante en su Relación el señor Casa Concha, expresando los auxilios que pidió y se le dieron por el virrey que entonces gobernaba el reino. Pero se remedió poco o nada con estas providencias, según el autor que seguimos, pues los indios se resisten a la venida en persona y no basta para vencer su resistencia el desengaño de la firmeza en que se halla la mina, la seguridad con que se trabaja y anda por ella y lo efectivo y crecido de la satisfacción de sus jornales. No se extiende en esta materia por parecerle irremediable esta solicitud y porque los muchos más años de residencia en este manejo que ninguno de los antecesores le han hecho conocer que, a reserva de algunas provincias en que son sumamente necesarias las mitas en personas, por estar dedicados sus indios a los reparos y limpia de la mina y a la fundición de los metales, en todo lo que la continuación los ha hecho sumamente prácticos, de las demás apetecen mejor los mineros que vengan en plata para socorrerse a fuerza de su diligencia con otros alquilados; no porque si se lograran efectivamente y bajaran en la debida conformidad no fuera más apreciable, pero lo que se reconoce es que parte por la mala disposición de los corregidores que por culpables causas no envían a los que rigurosamente les toca y parte por lo mal que llevan los indios el dejar sus tristes casas, apenas se detienen (en la mina) por lo general dos o tres días y muchos en el mismo que cogen el primer socorro (es) cuando se vuelven, y aunque es de la obligación de las provincias su reintegro, ésta es una cuenta eterna que, si rara vez se liquida, nunca se logra la satisfacción completa. Por cuyo motivo, aunque al principio insistió el autor del informe en que todos habían de venir efectivamente, no sacó otro fruto que el de conocer era cansarse en balde, por no faltar a la materia el más que suficiente abrigo a los corregidores, enemigos capitales, no de la mita sino de que ésta sea personal, teniendo ellos sus notoriamente sabidos intereses. Y así cree el informante que será en vano cualquier trabajo que en el asunto se quiera emprender por razones que no sin algún riesgo se pueden trasladar al papel. Lo que no se puede ocultar es que por los motivos referidos, *la mita se halla para este mineral en suma decadencia*, no pudiendo asegurar si esta falta recae en alivio de los miserables indios o de quienes los gobiernan en sus pueblos; y sólo es cierto que si por el asiento deben ser *620 indios* los obligados a enterarse, y en tiempo del señor Casa Concha por su Relación sólo llegaba su número *a 447*, hoy consta tasadamente *de 366*, sin que haga fuerza alguna a los que tienen el cuidado de su reemplazo la mejor entablada forma de sacar el metal, en que se hallan tan aliviados los naturales, por la mayor felicidad de completar sus jornales, por la total seguridad de su paga; y lo que es más apreciable por lo nada perjudicial que les es a la salud el modo con que ahora evacúan su obligación. Los jornales que se pagaban a estos indios, según el informe citado en el N? 84, se reducían a 3 1/2 *reales por día* o *Punchao* y además se practicaba darles la *Purina* por la que se les debían enterar *2 reales por cada 5 leguas* de ida y vuelta de sus provincias. Pero sin negar que éste fuese el ánimo de dicho señor, lo cierto es no haber hallado el informante tal costumbre de esta última satisfacción, ni entre los más viejos encontró otra memoria de *Purina* que la de estar puesta por tratado en el anterior asiento, mas nunca en infinitos tiempos practicado en esta parte. Y considerando que el repetir el mandato serviría sólo para olvidarle con igual presteza tuvo por mejor que, desterrado el nombre de *Purina*, se les pagase el jornal por regla general a *4 reales* en que quedaba bastantemente contrapesado el trabajo de ida y vuelta. Impuestos ya los indios en esta costumbre, no es fácil se les rebaje nada del adelantamiento por la fuerza que en ellos tiene cualquiera en que se aposesionan.

La disposición de aplicar al trabajo de la mina *los delincuentes* que merecieren esta pena, como se acostumbra en el Almadén y lo propuso el Sr. Casa-Concha en su informe asegurando tenerla ya planteada con cárcel segura que había fabricado por cuenta de este mineraje, debe creer el informante por cierto la imaginó proporcionada y que se ejecutó esta obra a tanta costa que aún hoy, cuando se habla de este punto, se oyen bastantes suspiros de los que ayudaron a su gasto; pero igualmente lo es que nunca pudo tener efecto cumplido tan elevado pensamiento por público y notorio que, aunque se edificó la cárcel, se escribió a las provincias para que sus respectivos jueces impusiesen esta pena y vinieron algunos malhechores condenados, no hubo uno que pasase su detención aquí de 15 días o, a lo más, un mes, por ser distinta toda la situación de esta mina de la del Almadén; pues ésta tiene su cárcel en los confines del lugar y están a la vista en días de fiesta y de trabajo los sujetos asalariados que la cuidan; y acá (en Huancavelica) se halla (la cárcel) a una legua de la villa, a la que se bajan las vísperas de los feriados todos los ministros, con que tienen en ella sus casas, y queda toda su custodia al cuidado de un desdichado indio alcalde que o hacen burla de él o se convienen con él y los acompaña en la fuga. A que se agrega que, aun en los días de trabajo en que asisten todos en el cerro, como la mina es de dos puertas, con mucha distancia la una de la otra, se trabaja de día y de noche y con indios diferentes por lo común, pues las mitas se mudan a sus tiempos, de forma que ni aun los veedores pueden conocer a todos, los mismos compatriotas les dan suelta con gran facilidad o por alguna paguilla que les hagan o por amor de sus naturales, con que sólo llegaba a conseguir que el que había incurrido en delitos de gravedad quedase sin el castigo que tan merecido tenía. Otro inconveniente para que haya forzados de delito grave es que no hay aquí forma de curarlos si enfermaren. Sólo hay el Hospital de San Juan de Dios de la Villa adonde bajan y de donde no volverían al grillete. No se le encontraría, se refugiaría en la iglesia donde los religiosos los defienden con violencia y ni en el Hospital ni fuera se le podría coger. Si alguno de esta clase se le ha remitido al informante en los principios de su gobierno, le ha devuelto a las mismas justicias que le despachan, previniendo se le aplicase otra proporcionada pena, que a él le sirviese de castigo y a los demás del conveniente ejemplo. Y sólo ha practicado este destino con vagamundos de la villa o delincuentes de raterías u otros delitos de menor cuantía en que si se huyesen se consigue lo mismo que se solicita con un perpetuo destierro. Y de los que se han destinado a este trabajo, se han separado pocos por haber tomado el medio de que se les rapara hasta las cejas, poniéndoles saco colorado y grillete para que se conozcan por todas partes, y, sin embargo, nunca se ha determinado a dar esta pena por delito de alguna consecuencia, porque ni con todas estas cuidadosas prevenciones han dejado de irse algunos en su tiempo, sin haberse podido recoger por más eficaces interpuestas diligencias; siendo infinitos los que persuaden por acto de caridad el prestarles los auxilios necesarios para el escape.

Son también pertinentes a nuestro estudio las informaciones que el autor proporciona en el capítulo IX, sobre el modo de administrarse hoy los indios de mita por aquellos a quienes están asignados, y los extravíos, fols. 71 y ss. Censura el notable perjudicial desorden de *arrendarse los indios* por los que se llaman mineros propietarios, cogiendo el alquiler (a que daban título de usufructo) de aquellos a quienes se los alargaban para trabajar con ellos, y se nominaban Administradores, a los principios por *50 pesos por indio en cada un año, y después por 25.* Es tan antiguo que nació con el mismo establecimiento del asiento que celebró con este Real Gremio el virrey Duque de la Palata en el año pasado de 1683. Y, aunque en todos tiempos se reconoció la gravísima injusticia que causaba esta introducción, pues los indios de mita que se concedieron por la Real Benignidad para el preciso laboreo de esta Real mina se habían hecho mayorazgo de varios distinguidos sujetos, que ya por dedignarse de ser efectivamente mineros como lo fueron sus antecesores, ya por huir de la notoria intemperie de esta villa entablando su residencia en el agradable suave temperamento de Lima, habían logrado aquí un beneficio tan simple que sin otra diligencia que ocurrir a los muchos que regularmente sobran en este Reino, deseosos de introducirse en algún ejercicio en que se pueda pasar la vida, hallaban a porfía quien se los arrendase con tan eficaces condiciones, que, aunque el minero saliese totalmente perdido de la fundición, nunca faltaba al propietario modo para cobrar su contingente, por ser en lo común personas poderosas de aquella Corte, que siempre se creían con derecho de ser atendidos en primer lugar. Y en esta forma el que tiene 25 indios lograba 625 pesos de renta anual, llegando este extraño modo de dirigirse a tal estado de corrupción que aun los que no habían puesto sus pies en Guancavelica ni la conocían si no es por mapas, con saber que había muerto algún minero de los que no tenían sucesión, si se hallaban con empeño en Palacio o se sabían ingeniar por los muchos medios que solía meditar el deseo del logro, se hallaban en un instante *mineros de este Gremio* confirmados por el Superior Gobierno y consiguientemente tan señores de la renta anual correspondiente al número de indios de que se les había hecho merced como se puede contemplar el heredero ex testamento de la más pingüe cantidad, pasando desde luego por sus apoderados a buscar arrendatarios, siendo de éstos el mejor el que con mayor seguridad o anticipación ofrecía el tributo. Y a este maldito empleo aun los que estaban en la villa y toda su vida criados en el ejercicio de mineros, si se les antojaba mudarse o dejar de serlo efectivamente, ejecutaban lo mismo que los ausentes. Y por esta regla de tan mal gobierno, hallé en mi ingreso, se pagaban a estos usufructos *9,000 y 500 pesos* por grande alivio de los que los gozaban y total inopia de los que por sólo tener el nombre de

ocupados los satisfacían, aun quedándose sin camisa. Desde el principio del asiento celebrado por el Duque de la Palata se reconoció la disonancia de esta permisión, por ser en la sustancia una nueva fundición (¿fundación?) de encomiendas, sin carga alguna y sin mérito proporcionado para lograrlas; y en esta inteligencia representó el Sr. Don Juan Luis López, Alcalde de Corte de la Audiencia de Lima y Gobernador de esta Villa, nombrado por el señor virrey, los inconvenientes de la subsistencia de este capítulo del contrato y los perjuicios que de él precisamente se seguían, pues, aunque se puso el aditamento de que habían de conseguir para no residir en el ministerio *licencia del Gobierno Superior* en quien se hallaba por entonces esta Intendencia, en los principios se lograba con suma facilidad y después se fue olvidando hasta el pedirla. Cada uno lo dejaba cuando quería y *vendía sus indios,* que era lo más común como cualquier pieza de paño, y si no hallaba pronto comprador, había siempre el recurso al *arrendamiento,* para el cual nunca faltaban contrayentes. Pero ni el Duque ni el Sr. Casa-Concha, con todo lo que en su Relación se explaya sobre tan pernicioso abuso, aun con haber real cédula del año pasado de 1705 en que S. M. mandó no tuviesen indios de mita los que efectivamente no fuesen mineros, parece no tuvieron aliento para romper una tan tan declarada guerra con las primeras casas de Lima, con las que acaso tendrían las relaciones de parentesco, o al menos recelarían una sublevación de estas personas poderosas. Y aunque para evadirse en cierto modo de la instante dificultad, manifestó el último en un Informe que algunos de dichos poseedores gozaban los indios por Real merced, y no para trabajar con ellos, esta afirmativa se ha falsificado enteramente con las judiciales diligencias practicadas en el principio del nuevo asiento celebrado por el informante, pues despachando requisitoria para que se hiciese saber a todos los que se decían propietarios manifestasen los instrumentos por donde constase esta exención, no ha habido uno que tal haya presentado. El informante no dudó aplicar instantáneamente el remedio mandando *no se pagasen los ya mencionados usufructos* hasta que S. M., a quien consultaba sobre ello, diese la providencia que fuera de su Real agrado. Pero aun siendo este orden en tanta conveniencia de los mineros que se nominaban *Administradores* y eran en la realidad unos *nuevos arrendatarios de los indios de mita,* se hallaban tan sobrecogidos del susto por el poder y valimiento de los Propietarios, que llegó el informante a dudar con sobrado fundamento si algunos pagaban secretamente los pactados usufructos, hasta que por la Real Cédula de 14 de febrero del año pasado de 1742, en respuesta de su citada consulta, S. M. mandó los extinguiese del todo, y así se está haciendo, no conociéndose otros mineros propietarios que los que actualmente están trabajando y a quienes —precisa el informante— "yo les asigné indios en el nuevo capítulo de asiento"; agrega que hay que tener cuidado para no recaer en el antiguo exceso. En *la forma de dividir los indios de mita a los mineros* hay poco en qué detenerse, por hacerse arreglado a los Padrones que tienen ya establecidos dichos Procuradores Generales, corriendo éstos con igualdad para unas y otras mitas, repartiéndose proporcionalmente a los indios que cada uno tiene destinados por el informante para el trabajo, procediéndose en ello con ajustada regla, por saber todos los que les tocan. Y así en este asunto ni hay queja ni habrá qué remediar.

Todavía la *cuestión del azogue* vuelve a ser tratada en 1748 cuando el Marqués de la Ensenada escribe al virrey Superunda que se había resuelto proveer al Perú de azogue desde España y suspender las labores de Huancavelica. El virrey remitió su dictamen el 16 de mayo de 1749 con los pareceres de dos oidores y del Arcediano de Lima, D. Andrés de Munive. El virrey no tenía por conveniente el cierre de la mina de Huancavelica, aunque fuese más costoso el azogue que de ella procedía, pues podía dejar de venir el de Almadén. El Superintendente de Potosí, D. Ventura de Santelices, se inclinaba por traerlo vía Buenos Aires, y se habían conducido por allá hasta 1,300 quintales que fueron vendidos en Potosí a 79 pesos, que era precio inferior al de Huancavelica. El virrey advertía que, en concepto de los mineros, el azogue de Huancavelica era mejor que el de Almadén. El proyecto anunciado por Ensenada no siguió adelante a causa de haber ocurrido un hundimiento en Almadén. El virrey Superunda autorizó el pago de 35 pesos en lugar de 30 por quintal fundido de azogue a los mineros de Huancavelica.[54]

Encontramos desde este año de 1748 dos nombres que van a adquirir fama en la información relativa al Perú; se trata de los de Jorge Juan y Antonio de Ulloa, que publican en Madrid, en ese año, en 4 tomos, su *Relación histórica del viaje a la América Meridional...*[55] Tal viaje se emprendió por orden de Felipe V. En el examen de la amplia "Relación" vamos a detenernos solamente en los lugares que conciernen a la historia del trabajo.

Los autores tenían inclinación a fijarse en esta materia, como nos lo indica la observación que hacen en Cartagena de Indias, donde se venden negros a los que van por ellos de las provincias interiores por necesitarlos para sus haciendas, pues es general el trabajarlas todas con ellos (I, 113). También advierten al hablar del comercio de Panamá en las cosas que se traen del Perú, que las voluminosas y delicadas se llevan desde el sitio llamado Cruces en negros, porque lo áspero y difícil del camino obliga a no emplear mulas (I, 170). La pesquería de perlas en las inmediaciones de las islas del Rey y de Taboaga y otras hasta el número de 43, se hace con negros esclavos que se zambullen hasta que tienen completo su trabajo o hasta que se

cansan; cada negro buzo tiene obligación de entregar a su amo diariamente un número de perlas establecido y uniforme, recibiéndoseles en cuenta hasta las pequeñas o imperfectas con tal que esté cuajada la perla; las demás son para el negro, aunque sean grandes, y el amo no tiene derecho sobre ellas mas que el de comprárselas, no queriendo venderlas a otra persona; lo regular es dejarlas al amo por un precio muy moderado. No todos los días pueden estos negros completar el todo de su jornal, porque a veces sacan perlas no cuajadas o no las hay o el ostión estaba muerto; éstas no se les descuentan y es menester que las completen con perlas de recibo; arrancar los ostrales es trabajo fuerte y hay el peligro de tiburones, tintoreras, mantas, etcétera; cada negro lleva un cuchillo para su defensa y también se les advierte el peligro tirando el caporal de la cuerda que llevan atada desde la barca; se han intentado algunas máquinas artificiosas para hacer los buceos sin tanto peligro, pero sin resultado; la mayor parte de las perlas se llevan a Lima y pocas a Europa (I, 172-176).

Rinden poco las minas de oro de Veragua y Panamá; las de Darién eran mejores, mas desde la sublevación de los indios no se trabajan (I, 176).

En la jurisdicción de Machala, corregimiento de Guayaquil, los indios pagan el tributo por medio del corte anual de un número de mangles (para obtener maderas), que sirven para las obras (I, 248).

Los españoles y franceses de la expedición científica (que estaban midiendo la Meridiana para saber la figura y magnitud de la tierra) pagaban a los indios cuatro veces el jornal ordinario y les daban mantenimiento, pero el sitio del trabajo era frío y molesto. Los indios huyeron sin avisar y sólo quedó uno, dejando en aprieto a los sabios. El Corregidor de Quito envió otros, pero también huyeron. Entonces ese funcionario mandó un alcalde al cuidado de cada cuatro indios y que éstos se remudaran de cuatro en cuatro días, con lo que estuvieron los científicos de la expedición mejor asistidos (I, 311).

Hay un fiscal protector de los indios en la Audiencia de Quito (I, 358) y el Cabildo nombra un Alcalde Mayor de Indios, designándolo de entre los gobernadores de los pueblos de naturales situados dentro de cinco leguas de la ciudad, y otros alcaldes inferiores a éste se ocupan de su gobierno económico. Pero el Alcalde Mayor y los otros vienen a ser como alguaciles del Corregidor y de los Alcaldes Ordinarios españoles (o criollos), no obstante que su primera institución fue más autorizada de lo que al presente lo está. Hay además otros indios alcaldes de arrieros, que tienen la incumbencia de proveer bagajes a los que viajan. Deben estar sujetos al Alcalde Mayor de indios, pero es una sujeción nula en la realidad (I, 359). Son en general los indios los que se emplean en el cultivo de la tierra y demás ejercicios del campo (I, 363). Los oficios de menor lucimiento en la ciudad de Quito están a cargo de los indios (zapateros, albañiles, tejedores, barberos).

El Tomo II trae la descripción de la provincia de Quito. Los autores señalan los numerosos y opulentos obrajes del Corregimiento de Otabalo (II, 414 y ss). Además de los productos que se fabrican en las oficinas, hacen los indios sueltos o no mitayos muchas telas por su cuenta, como son lienzos de la tierra o tucuyos, alfombras, pabellones para cama, colchas adamascadas, todo de algodón, en blanco o azul y blanco. También alrededor de cinco leguas de la ciudad de Quito hay haciendas con obrajes donde, a más de los ganados y siembras, se fabrican paños de la tierra, estameñas, bayetas y jergas (II, 416 y ss.). Los indios habitan en los pueblos cuando no están de mita (II, 419). Hay también muchos obrajes de paños, bayetas y tucuyos en el Corregimiento de Latacunga (II, 419) y ss.). En el de Riobamba (II, 423), las haciendas de obraje son cuantiosas y en mayor número que en ninguna otra parte de la provincia; los indios por naturaleza son inclinados a tejer, especialmente en el pueblo de Guano, en el que se hacen famosas medias de lana, y es el único lugar en la provincia donde se fabrican. Las muchas haciendas de ovejas proveen de lana para los obrajes (II, 426). En el pueblo de Quero, jurisdicción de Hambato, los indios trabajan bien la madera (II, 428). Del Corregimiento de Chimbo salen recuas de mulas para el comercio de Quito con las provincias del Perú por medio de la de Guayaquil; conducen de la provincia de Quito la fardería de paños, harinas y simientes, y traen vino, aguardiente de uva, sal, algodón, pescado, aceite (II, 429). En el Corregimiento de Cuenca, las mujeres hilan lanas y tejen bayetas de buena calidad, y ellas son las que intervienen con los mercaderes (II, 434). En esta jurisdicción de Cuenca hay minerales de plata y oro (II, 436). El Corregimiento de Loja produce quina y cochinilla para el consumo de allí y teñidos en la jurisdicción de Cuenca; se estiman las bayetas de Cuenca y las alfombras de Loja, y es mayor la destreza que en Quito (II, 439). En Zaruma hay minas de oro, en decadencia (II, 450). Los autores extienden sus explicaciones a los gobiernos de Popayán y Atacames, que también pertenecen a la provincia de Quito (II, 452 y ss.). Aclaran que de Popayán lo que cae al sur y al occidente es de la Audiencia de Quito, y lo que cae al norte y al oriente toca a la Audiencia de Santa Fe. A diferencia de Quito y de las poblaciones de sus corregimientos, en Popayán hay más castas de negros que de indios para el servicio de las haciendas y minas, y en los ministerios de la ciudad todos tienen negros esclavos (II, 460). Los indios son pocos respecto de la provincia de Quito, pero hay pueblos grandes de indios. Es en las ciudades de españoles donde son menos los indios que los negros. En la jurisdicción de Po-

payán abundan los minerales de oro (II, 461). No seguimos a los autores en esta parte de sus explicaciones y volvemos a tomar el hilo de su narración en lo que nos toca al pasar al tomo III, que contiene ya el viaje al Perú; pero antes señalemos que se halla en el cap. VI, lib. VI (II, 541 y ss.), una explicación general sobre el "Genio, costumbres y propiedades de los indios o naturales de la provincia de Quito", que el autor (en singular) dice que descansa en una experiencia de más de diez años que lleva con ellos (II, 542). No apetecen nada más de lo poco que tienen, no se mueven por interés; son pausados y se dedican a obras prolijas; tardan mucho en hacer alfombras, colgaduras y colchas, dos o más años; son ágiles para obras de mano, pero les faltan el artificio y las luces. Son perezosos (II, 545), y lo dejan todo al cuidado de las indias; éstas hilan y labran camisetas y calzones de los maridos, hacen la chicha, muelen, etc. Los indios aran la chacarita, pero la siembra y demás del cultivo lo hace la mujer e hijuelos. Los amos necesitan continua vigilancia para que los indios trabajen (II, 546). Mucha parte de la rusticidad de sus entendimientos proviene de su poca cultura, pues los que alcanzan alguna se hallan racionales como los demás hombres (cita el ejemplo de las Misiones de la Compañía de Jesús en el Paraguay, donde les enseñan el castellano y hasta a varios el latín y tienen escuelas para leer, escribir y el manejo de las artes mecánicas) (II, 559). Convendría enseñarles el castellano, como lo mandan las Leyes de Indias, y que tengan más frecuente trato con los españoles (II, 561). En cuanto a sus ocupaciones (II, 565-566), aparte los de las ciudades o villas con oficio o arte mecánico, los demás se ocupan en obrajes, haciendas de labor, de hatos u ovejerías: "Para ello deben por obligación contribuir los pueblos anualmente a las (haciendas) de su jurisdicción un número de Yndios, a los cuales paga el dueño de la Hacienda un tanto, según está arreglado por la piedad de los Reyes; y concluido el año vuelven aquéllos a sus pueblos, y van otros en su lugar; a cuyo repartimiento llaman *Mita*; y, aunque en los obrajes se debía observar lo mismo, no se mudan; porque como el ejercicio de éstos no es común para todos, y necesitan haberlo aprendido, se establecen en ellos las familias de indios, y van heredando los hijos el ejercicio de tejedores. Éstos son los que ganan más entre todos; porque se emplean en cosa de más artificio y habilidad: además del salario anual, que les pagan aquellos a quienes sirven, les dan por obligación tierras y bueyes para que las beneficien, a fin de que hagan en ellas chácaras de sembrados, las cuales les ayudan para el sustento y manutención de sus familias, que viven también allí en chozas, fabricadas alrededor de la hacienda, y así cada una forma un pueblo; habiendo muchas que pasan de 150 sus indios de asignación, y siendo éstas otras tantas familias en su vecindario". Viene una noticia breve de los minerales de plata y oro de la provincia de Quito (II, 599 y ss.). El trabajo se hace en todos los minerales de Popayán con negros esclavos (II, 605).

La región de Túmbez a Lima, que se extiende desde las faldas de los Andes hasta el mar, es la llamada de Valles (III, 9). Las mujeres son trabajadoras y tejen servilletas y otras cosas de algodón. Son indios más racionales y despiertos. Los que viajan han de llevar agua, leña y comida de un pueblo a otro y vasijas propias y demás adminículos para aderezarla. En los pueblos no se halla quien haga la comida sino por sí o criados que se lleven; en los grandes sí hay, pues lo ejecutan los mismos a cuyo cargo están los tambos.

Los viajeros vieron la ciudad de Lima antes del terremoto destructor de 1746 (III, 36). El corregidor tiene jurisdicción sobre los indios de la ciudad y del contorno en cinco leguas. Los indios están disminuidos en este valle de Lima y no se conocen ahora más que dos caciques: el de Miraflores y el de Surco, tan míseros que para vivir ejercen el oficio de enseñar en Lima a tocar algunos instrumentos (III, 54). El vecindario de Lima cuenta con 16 a 18,000 personas blancas (III, 67); los negros, mulatos y los procedidos de éstos hacen el mayor número de aquella gente y son los que mantienen todo el trabajo de los artes mecánicos, dedicándose a ellos igualmente los europeos sin los reparos que se les previenen en Quito (III, 70-71). Nace esto de que siendo el conato de todos el hacer caudal, como éste en Lima se adquiera por varios modos, no les sirve de obstáculo el que haya en el mismo Oficio otros maestros que sean mulatos, porque el interés está sobre todas las demás consideraciones. Los indios y mestizos son pocos en proporción al tamaño de la ciudad y al número de los negros y mulatos (III, 71); trabajan en algunas chacaritas o sembrados, hacen objetos de barro y llevan a vender los comestibles a la plaza. En las casas se hace todo el servicio con negros y mulatos, esclavos o libres, aunque lo más común es lo primero.

Los Yngas dispusieron acequias, obra que se conserva en el mismo orden en que ellos la dispusieron; así se riegan las haciendas de trigo y cebada, los alfalfales, caña, olivares, viñas y huertas (III, 121). Antes del terremoto de 1687, eran cuantiosas las cosechas de trigo y cebada, pero después las tierras se indispusieron y venía el trigo de Chile; después de 40 años se va recobrando, pero se sigue con más generalidad el cultivo de caña y alfalfa. Todas estas haciendas las cultivan los negros esclavos; lo mismo en las de Valles de alguna opulencia (III, 123). La uva de Lima se consume para comer, no para vino; para esto la hay en Yca, Pisco, Nasca y otros sitios como Lucumba y Chile. Para el abono usan el guano en la jurisdicción de Chancay y otras partes costeras (III, 127).

La idea que los autores pueden dar del virreinato no es de vista, porque no tuvieron ocasión de internarse, sino que las noticias fueron obtenidas desde Lima (III, 148 y ss.).

En Caxatambo los indios tejen bayetas. En Tarma se ocupan los indios en hacer bayetas y pañetes. En Conchucos hay muchos telares y la principal ocupación de los indios es tejer pañetes y otras telas de lana. En Guamalies los indios son aplicados al telar y hacen bayetas, pañetes de lana, etc.

En el Obispado de Truxillo (III, 159 y ss.), los indios de Caxamarca hacen tejidos de algodón, como lonas para velas de navíos, colchas, etcétera. En Chachapoyas, tejidos de algodón.

En el Obispado de Guamanga (III, 161 y ss.), la plata en Guanta está en decadencia. En Vilcas Guaman los indios hacen bayetas, cordellates y otras ropas de lana. En Andaguaylas hay caña de azúcar. Explican los autores las diversas versiones que corren sobre el descubrimiento de la mina de azogue de Guancabelica (III, 166): unos lo atribuyen al portugués Enrique Garcés en 1566; otros al indio Navincopa, dependiente de Amador Cabrera; en 1735, Felipe V nombró gobernador que pasó al Perú instruido del sistema en uso en Almadén; la mina no ha decaído. En Castro-Virreina se comercia la lana de vicuñas. En Parina-Cocha hay plata y oro. En Lucanas hay buenas minas de plata.

En el Obispado del Cuzco (III, 169 y ss.), hay obrajes en Quispicanchi en que se fabrican bayetas y pañetes de lana; en la parte confinante con indios bravos se produce mucha coca. En Avancay hay caña de azúcar. Paucartambo fue en tiempo de los Yngas la región del principal cultivo de la coca, pero al presente ha decaído, pues se cultiva en otras provincias que le han usurpado el comercio. En Calcaylares, en el sitio llamado los Lares, hubo haciendas de azúcar importantes, pero por la falta de gente las tiene aniquiladas y sólo se cogen ahora como 30,000 arrobas de azúcar, y antes se cogían hasta 80,000. En Chilques y Masques los indios tejen lana. En Cotabamba la plata y el oro andan decaídos. En Canas hay pastos y en Canches o Tinta, frutos; en Canas se apacientan de 25 a 30,000 mulas que van allí anualmente del Tucumán, y se celebra la feria. La mina de Condonoma, de plata, es célebre. La plata y el oro en los Aymaraes han decaído por la falta de gente que padece la provincia. En Chumbi-Vilcas hay plata y oro. En Lampa, que es la principal de las provincias comprehendidas en el nombre de Collao, se saca mucha plata. Caravaya, en las partes bajas, da coca y mucho oro, así en los lavaderos de San Juan del Oro y Pablo Coya y el de Monte de Ananea cerca del asiento de Poto donde hay cajas reales para cobrar los quintos. En un río van los indios a cogerlo para la paga de los tributos, a cuya junta llaman *chichina*. También ha dado plata. Es importante el mineral de oro de Aporoma. Asángaro y Asillo dan poca plata.

Del Obispado de Arequipa (III, 180 y ss.), dicen los autores que en tiempo del cuarto Ynca se conquistó la región y pasaron a poblar de otras provincias hasta 3,000 familias. En Camaná se da poca plata. En Condesuyos de Arequipa hay oro y plata, aunque no como antes. En Caylloma hay abundancia de plata. En Moquegua, grandes haciendas de viñas para vino. En Arica se produce agí o pimiento colorado y se venden anualmente más de 600,000 pesos. Hay buenos olivos.

En el Arzobispado de la Audiencia de Charcas o Chuquisaca o La Plata (III, 190), este último nombre lo dieron los españoles aludiendo al cerro de Porco explotado por los Yncas. La ciudad de La Plata tiene 14,000 almas entre indios y españoles de ambos sexos. En relación con el Corregimiento de La Plata y villa de Potosí (III, 194), explican la fábula del descubrimiento del Cerro por los indios Gualca y Guauca y el primer registro del mineral por Villarroel, vecino de Porco, el 21 de abril de 1545. Sobre la producción del Cerro citan (III, 197), al licenciado Álvaro Alonso Barba, cura que fue de Potosí y autor que escribió de metales en 1637, según el cual, de 1574 a 1637 se llevaron a Potosí 204,700 y más quintales de azogue. Conforme a Escalona, en 1638 iban sacados 395.619,000 pesos. Ya no es tan cuantioso, pero se mantiene en buen pie. El Corregimiento de Tomina sufre correrías de los indios chiriguanos. Porco fue antiguo cerro de plata. Tarija o Chichas da plata y oro y es famoso el mineral de Chocayas. Lipes tiene ganados, especialmente vicuñas, alpacas y llamas; el oro existe, pero no se trabaja; el cerro de San Cristóbal de Acochala fue rico en plata, pero le falta gente para trabajar. En Oruro hay vicuñas, guanos y llamas. Tiene oro, pero es poco trabajado; dio mucha plata, mas ahora están aguadas las minas; la principal es la de Popó. Pilaya y Paspaya o Cinti producen muchos vinos. Cochabamba da alguna plata. En Chayanta hay oro que no se trabaja y la plata es abundante. En Paria hay alguna plata. En Carangas están las minas de Turco de rica plata y otras de menor rango y tienen la particularidad de hallarse suelta en la arena sin formar mina; se dicen "papas" por la semejanza que tiene el cogerlas con el cosechar éstas. Cicacica da coca que provee a los asientos de minas de Charcas hasta Potosí; se pone en cestillas de 18 libras y vale en el intermedio de las cosechas en Oruro, Potosí, etc., de 9 a 10 pesos y más. Da poca plata.

En el Obispado de la Paz (III, 210), el valle de la Paz da en partes caña de azúcar y coca; el río arrastra algún oro. Junto a la Paz está el cerro de Yllimani, que dio oro, mas por un derrumbe ahora no se trabaja. En Pacajes hubo plata, en la mina de Verenguela y Cerros de Santa Juana y Tampaya, pero se trabaja poco; hay minerales de talcos que llaman jaspes blancos de Verenguela, para hacer vidrios de ventana, como el tecali en Nueva España; hay mármoles y un mineral de esmeraldas que no se trabaja. En Larecaxa hay oro de buena ley, así en el monte de Sunchuli. En Chucuito la plata se halla en decadencia.

Sobre el Desaguadero, río que sale de la laguna (de Titicaca), el V Ynca Capac Yupangui tendió un puente (de 80 a 100 varas), que tiene de ancho unas 5 varas y se eleva del agua, una y media; se conserva con repararlo o hacerlo de nuevo cada seis meses, pues es de maromas de paja y haces de juncia y totora seca, "para lo cual tienen obligación de concurrir aquellas provincias comarcanas por ley que el mismo Ynga dejó entablada desde entonces, y fue después confirmada por los Reyes de España" (III, 217).

En Paucarcolla, cuya capital es Puno, los indios tejen costales de lana. Hay plata en la mina de Laycacota, pero las minas se trabajan poco, como en general sucede en el Arzobispado de Charcas y Obispado de La Paz.

Los autores continúan su descripción abarcando el Obispado de Santa Cruz de la Sierra (III, 218); el del Tucumán (III, 221 y ss.) (que empieza pasados los pueblos de Chichas que dan indios al Potosí), en el cual obispado se hacen lienzos de algodón y ropas de lana, y lo principal es que se llevan mulas a todo el Perú, pues son muy fuertes; tratan luego (III, 224 y ss.), de los Gobiernos de Paraguay y Buenos Aires y Misiones de la Compañía que hay en ellos con el método de su gobierno y economía; los pueblos de misiones exportan tabaco, lienzos de algodón, azúcar y sobre todo la yerba del Paraguay.

El Reino de Chile (III, 302 y ss.), fue visto personalmente por los autores, aunque no la capital de Santiago, fijándose en la existencia de cobre y lavaderos y depósitos superficiales de oro que se lleva a sellar a Lima (anualmente unos 600,000 pesos, si bien se dice que el que se extravía por la Cordillera pasa de 400,000) (III, 350-351); observan que los indios de Arauco, cuando están de paz, salen muchos de sus tierras a las de los españoles y se conciertan por un año, seis meses, o más tiempo, para trabajar en las haciendas, y cumplido el término, o cuando les parece, se restituyen a ellas, llevando el equivalente de lo que han ganado empleado en mercerías que necesitan para su uso (III, 361-362).

En el tomo IV va una cronología y breve historia de la dinastía Ynca (en distinta numeración romana a continuación de la p. 603), donde se sigue principalmente al Ynca Garcilaso; y luego otro resumen sobre la época española, en el que se incluyen noticias sobre el repartimiento de encomiendas hecho por Gasca en 1548 (p. XC); el envío por el virrey Mendoza de la relación del reino (p. XCIII); la sublevación, por lo del servicio personal que quita la Audiencia, encabezada por D. Sebastián de Castilla en Charcas, y después la de Francisco Hernández Girón, vecino del Cuzco (p. XCIII y ss.); y acontecimientos que ocurren en sucesivos gobiernos, notando que el virrey Toledo mandó dar muerte a Tupac-Amaru, por lo que cree Ulloa que lo trató mal Felipe II; y que por informes del Marqués de Montesclaros, virrey desde 1607, se mandó totalmente prohibir el servicio personal de los indios a vista de que en gran parte procedía de él su disminución (pp. CXX-CXXI); que la mina de Laycacota, cerca de Puno, se aguó y en 1740 emprendió desaguarla D. Diego de Baena (p. CXXX); y que en tiempo del virrey Marqués de Castelfuerte, en 1724 y años siguientes, se alentó el laboreo de las minas, y se hizo socavón para desaguar la de Sunchuli, pero se erró su dirección y se perdió todo lo gastado, por lo que Ulloa repara en el inconveniente de hacer esto por tanteos y no por medidas exactas de personas inteligentes (p. CXLIX).

Es de advertir que nuestro extracto no incorpora todas las noticias sobre producciones agrícolas y ganaderas de los distintos lugares, y el comercio de las provincias, que figuran en la "Relación" tan extensa.

Por otra parte, como ya se ha advertido, los autores no cuentan siempre con información personal y directa.[56]

La real cédula dada en Buen Retiro, el 15 de julio de 1750, manda que se revisiten las provincias afectas a la mita de Potosí, con otras providencias concernientes al trabajo de aquellas minas, cuyo cumplimiento se encarga al Sr. D. Bentura Santelizes.[57]

Se cuenta con el Dictamen, firmado en Madrid el 25 de noviembre de 1750, por D. Pedro León Escandón sobre el estado en que se hallan las comunidades de indios del Perú, y en particular los mitayos. Medios que propone para su restablecimiento a beneficio de los minerales, y alivio de la opresión que padecen. Se incluye carta de la misma fecha al Marqués de la Ensenada.[58]

En la misiva introductoria fechada en Madrid el 25 de noviembre de 1750, León Escandón explica de dónde procede el decadente estado en que se hallan los indios, agravios que experimentan y el perjuicio que sufre S. M. en el atraso de la labor de los minerales. Añade que estuvo 26 años de Ministro Togado en la Audiencia de Lima, atendiendo a la defensa y protección general de los naturales.

Cita las providencias de Felipe V dadas en 1722, 1723 y 1735 relativas al buen tratamiento de los indios en minas, obrajes, estancias, y al dado por los corregidores y curas doctrineros.

Siendo de 4,000 la primera asignación de indios para el servicio diario del mineral de Potosí, hoy está reducido a *poco más de 900*. Propone como remedios: contener los tratos de los corregidores, poniéndose en práctica la cédula de Felipe V de 19 de febrero de 1735 al Marqués de Villa García para que, aun subsistiendo el trato y contrato, no reciban agravio los indios. Dar providencia contra el abuso en las residencias de los corregidores y jueces. Que se arreglen los procedimientos de los obrajeros, estancieros y curas, previniendo a los Prelados para que de acuerdo con el Virrey provean los remedios que convengan. En cumplimiento de la ley 1,

tít. 31, lib. II de las Leyes de Indias, salga el Ministro Togado al que le toque en turno o el que nombrare el Virrey a ejecutar la visita de la tierra. Que los mineros se arreglen en el trabajo y tratamiento de los indios a lo literal de las ordenanzas de minas y se procure que los capitanes de la mita sean indios. Que *se añadan a las 16 provincias de mita* las que parecieren para el aumento de la *séptima*, como está mandado en 19 de mayo y 8 de junio de 1676 y en 25 de octubre de 1680 a los Virreyes del Perú. Que se haga *revisita general del reino* a fin de que, reconocido el aumento de indios originarios, se adelante todo el que cupiere en la séptima para las labores de los minerales y se señalen todas las provincias que hubieren de contribuir al servicio de mitas. Que supuesto el preciso aumento de mitayos, mediante la revisita y nueva agregación de provincias, se fomenten los minerales que hoy no se trabajan por faltar gente en las cercanías de Potosí, Chayanta y otras minas del reino. Que a los *indios forasteros* se les señalen las mismas tierras que a los originarios para que se sujeten a todas sus obligaciones y servicios personales y principalmente al de las mitas de que hoy están exceptuados. Que se suspendan todas las mercedes de indios mitayos a los que no tuvieren labores corrientes, precisando a los poseedores de minas a que las trabajen por sí o por tercera persona dentro de un término asignado, y, no ejecutándolo, se den por comunes y se repartan o vendan en nombre de S. M. Que se provea lo conveniente sobre ingenios que han recaído en viudas, clérigos o regulares, por cuya razón van en decadencia. Que se habiliten las lagunas de agua dispuestas para la labor de los ingenios en Potosí, de las cuales está la mayor parte perdida y las existentes mal reparadas. Que se prohíba el aguardiente a los indios, permitiéndoles sólo el uso de la coca. Que se ruegue nuevamente al Arzobispo de Charcas que castigue los excesos que practican contra los indios *los 13 curas de las Parroquias de Potosí* y los haga arreglar al Arancel eclesiástico para que no se continúen las extorsiones que están experimentando. Que el corregimiento de la ciudad del Cuzco se sirva en calidad de Gobierno por un Ministro Togado de Lima con los mismos sueldos que tuviere y del mismo modo que en los años pasados se sirvió el de Guancavelica y sin otra ayuda de costa, por que no se siga gravamen a la Real Hacienda.

Como se ve, muchos años después del gobierno del Duque de la Palata, el autor del Dictamen vuelve a proponer las medidas principales que puso en práctica ese virrey y que luego quedaron sin efecto por haber tenido distinta opinión su sucesor.

El informante explica que los corregidores son los que principalmente abusan de los indios con el trato y contrato.

El gremio de mineros de Potosí concurre a los agravios de los indios que por sus turnos pasan de las 16 provincias afectas al despacho de la mita para el servicio de aquel mineral, y éstos se empiezan a experimentar desde que se señala cada año la séptima que debe conducirse. Porque siendo la primera condición que los mineros hayan de despachar con anticipación el dinero efectivo para que a cada indio, conforme a lo dispuesto por leyes y ordenanzas y despacho de 1732, *se le pague según la tasa el importe de los leguajes* para que pueda prevenir su mantenimiento y lo necesario para su viaje, no se practica y se precisa al indio a ponerse en camino conforme se hallare, sin excusa, no teniendo con qué rescatarse, que es peor daño en general. Este daño lo experimentan los más desvalidos, porque la práctica es que, deducida la séptima que ha de ir a servir la mita, los que tienen algún posible *se componen* para quedarse en sus pueblos *dando en plata* la cantidad correspondiente a su trabajo a los capitanes de la mita y éstos contentan con el dinero a los interesados que no tienen minerales corrientes, de que se sigue que, siendo menor el número de indios que efectivamente ha de hacer el trabajo, se les doblan los turnos y las semanas y no tienen de descanso las que les corresponderían, lo cual es contrario a las leyes y ordenanzas (leyes 4ª, 6ª, 7ª, tít. 15, lib. VI. Ord. 16, tít. 18, lib. II, y 4ª, tít. 12, lib. III), a que se agrega que los mineros se ajustan con dichos capitanes de la mita para que precisen a los indios a *otros distintos servicios personales*, igualmente gravosos, en sus casas, haciendas, procediendo contra leyes y ordenanzas que lo prohíben (leyes 5 y 15, tít. 15, lib. VI. Ord. 17, tít. 18, lib. II, y 31, tít. 10, lib. III). No siendo de menor consideración el daño que reciben de los mismos mineros en su trabajo, pues no arreglándose a la ley ni ordenanzas los precisan (ley 26, tít. 12, lib. VI, y ords. 11 y 16, tít. 18, lib. II) con el mayor rigor por los mayordomos de las labores a que *trabajen día y noche con crecidas tareas*, excediéndose de las horas que les están señaladas, sin permitirles el descanso de las *dos semanas* que tienen asignado por ordenanza confirmada por el citado Real Despacho del año de 1732, y después de este tan crecido trabajo *no les pagan sus jornales en dinero por semanas*, como está mandado por las mismas legales disposiciones y ordenamientos con las calidades que en ellas se expresan, y si acaso los socorren con alguna cantidad en especies, se las cargan por tan subidos precios que no pueden pagarlos, contra lo mandado (leyes 26, tít. 1, lib. VI y 28, tít. 12, mismo libro), a que se agrega los empeños que les hacen contraer *los curas* por los derechos crecidos de entierros y demás gastos... sin arreglarse a Arancel, con lo que se acaban de arruinar, de modo que, aunque se haya finalizado su turno y venga otra mita a remudarlos, *no pueden volver a sus pueblos*, lo primero porque, por estar empeñados, no se atreven a pedir a los mineros sus leguajes para la ida, sin cuyo socorro no se pueden poner en camino, y lo segundo porque, debiendo enterar su tributo como S. M. lo tiene mandado, aunque sea con la moderación que está prevenida (ley 9,

tít. 5, lib. VI, leyes 12 y 13 *ibid.*), no teniendo con qué satisfacer lo que deben, se fugan y pasan a otras provincias, de que se sigue el principal perjuicio a S. M., porque en las provincias donde se acogen, son recibidos como forasteros y, si no les señalan tierras, cumplen con pagar el tributo como forasteros, que, por lo general, es un tercio menos que los originarios, y en algunas provincias más corto. Se evitaría esta pérdida de tributo si estos indios se redujesen a sus orígenes (ley 24, tít. 12, lib. VI).

Los *dueños de los obrajes* ocasionan a los indios también perjuicios. Se conchaban con los corregidores y curas y quedan los indios esclavizados entre ellos para que trabajen por turno, v. g., dos semanas en los obrajes del corregidor, otras tantas en el del obrajero o el cura, constituyéndose dueños del trabajo personal del indio y de su libertad.

Lo mismo abusan de los indios *los dueños de las estancias y ganados*, pues, además de dar a los pastores cortos jornales, deben pagar lo que pierden y quedan esclavizados sirviéndose de ellos de balde.

Los curas abusan también en entierros, servicios personales, guarda de ganado, etc. Experimentan los indios muchísimas vejaciones de los curas, como en ninguna otra parte, excepto en la provincia de Chucuito, y pueblos del Cercado dentro de Lima y Juli, que están a cargo de jesuitas.

A pesar de todas las provisiones reales para el buen tratamiento de estos vasallos, padecen todo lo referido.

En el principio del señalamiento de la mita para el *mineral de Potosí*, de solas las 16 provincias afectas a este servicio que componen 139 pueblos o repartimientos, rebajados los que se aplican al servicio de las iglesias y oficios de república, se numeraron 84,000 indios, de cuya gruesa era la séptima 12,000 y 4,000 su tercia parte para el trabajo diario de cada semana, y hoy en día toda la *séptima* de las 16 provincias sólo llega a *2,800*, cuya tercera parte para el diario trabajo de cada semana son *933 indios*. Viene una larga explicación del repartimiento de los corregidores. Las residencias bien hechas, observándose lo mandado por los reyes, serían un remedio para todo, pero no con la corruptela que ahora se hace. Si todos cumplieran lo que S. M. tiene mandado, *no habría agravios ningunos*, porque efectuándose la visita por el ministro que oyera las quejas de los indios y haciéndose cumplir las leyes y castigar a los transgresores, bastaría para remediarlos. Lo mismo para las minas, y además puede hacerse para el mayor aumento de los indios en el servicio de los minerales y su conservación. Los metales ya no son tan ricos como al principio y por esto se empezó a sentir la falta de indios de mita, porque cuando los metales eran ricos, *sobraban indios voluntarios* que por su jornal y la piedra que escondían para sí asistiesen al trabajo, y acudían tantos que, aunque faltasen muchos de los asignados en las mitas, no se echaban de menos. Pero no pudiendo ya los mineros costear el gran gasto de los jornales de indios alquilados, que llaman de *minga,* empezaron a sentir la falta de los indios de mita que en determinado número les dejó asignados el virrey Toledo, cuyo entero ha sido el principal cuidado de todos los virreyes en virtud de los Reales encargos, especialmente desde el año 1633 hasta el de 1688, aunque tomado siempre con horror y dejado como imposible. El que más adelantó este asunto después de nueve virreyes sus antecesores que le pensaron sin acercarse a él, fue *el virrey Duque de la Palata,* el cual, en conformidad de la Real cédula de 25 de octubre de 1680 que se le despachó cuando pasó a ejercer su empleo y demás papeles que se le entregaron por el Consejo de Indias sobre *el aumento de la mita de Potosí,* por las instancias que en el término de más de 50 años habían continuado los mineros de aquel Asiento desde el ya citado de 1633, en que el virrey Conde de Chinchón hizo el último repartimiento de indios por mano de D. Juan de Carvajal, Presidente de La Plata, que no se aprobó por S. M., habiendo entrado en conocimiento de que para enterar la mita de indios completa no bastaban las 16 provincias que dejó asignadas Toledo, poniendo en ejecución los Reales despachos de 19 de mayo y 8 de junio de 1676 dirigidos al virrey Conde de Castelar, resolvió que había llegado el caso de *agregar otras,* como S. M. lo prevenía, y *numerarlas todas,* cuyas diligencias dejó dispuestas con buen acuerdo al ingreso de su sucesor el Conde de Monclova, de que informó a S. M. Esta *numeración general es el capital remedio para el aumento de la mita de Potosí,* y el que sea general la numeración es preciso porque si sólo se agregan unas provincias a las 16 y se numeran para deducir la séptima, aunque de momento se aumente el número de indios, luego por las hostilidades que reciben se pasarían a las provincias que quedasen no sujetas a mita, donde vivirían como forasteros libres de servicios personales, lo mismo que hacen hoy, y no se adelantaría nada. En la práctica de esta revisita, tomando las precauciones que practicó para ello el Duque de la Palata, se logrará la general numeración, como él mismo la consiguió. En primer lugar se valió de los Obispos del reino y, sin revelarles el motivo, por una carta de confianza, les pidió hiciesen que todos los curas de su jurisdicción, con reconocimiento de los apuntamientos de confesiones, bautismos, etc., les enviasen un padrón de todos los indios de su doctrina, expresando el número de originarios, forasteros, muchachos y viejos reservados; y que, juntos todos, cada uno de los Obispos se lo enviase con el mayor sigilo, como lo ejecutaron, cuya diligencia practicó a fin de que cuando llegase el caso de la revisita, llevase cada uno de los visitadores un traslado de los padrones de cada pueblo, con lo que sería más dificultosa la ocultación de los indios que se acostumbra hacer con título de piedad por los curas y caciques,

los primeros para ocuparlos en sus granjerías, y los segundos para aprovecharse de sus tributos en perjuicio de la Real Hacienda. Hecho esto, hizo publicar un bando general en todas las provincias a un mismo tiempo y en el día en que se publicó la revisita, manifestando que el motivo de hacerse era, no para cargar a los indios más tributos sino para saber el número de tributarios y favorecerlos, haciendo que todas las provincias sean iguales, aliviándoles sus cargas, distribuyendo entre todos el servicio personal, a fin de que no estuviesen unas provincias gravadas y otras no, etc. Y se añadió que a los indios originarios de unas provincias que se hallasen viviendo en otras, si se quisiesen reducir a sus pueblos, se les repartirían tierras si no las tuviesen, respecto de que en cualquier parte serían numerados y lograrían el beneficio de restituirse a sus orígenes. Considerando también que estas diligencias serían costosas a la Real Hacienda, las cometió a los corregidores para que, sin salario, cada uno practicase la numeración en su provincia y les prometió premios. Lo mismo hizo con obispos y curas. En otro bando ofreció premio a todos los que descubriesen indios ocultos, aplicándoles la séptima por encomienda, y advirtió las penas que haría por ocultación de indios. Y para evitar que mientras en unas provincias se hacía la numeración, se pasasen los indios a otras, expidió orden a todos los corregidores para que en un mismo día que les señaló publicasen la revisita y empezasen a numerar los indios, habiéndoles remitido antes la instrucción que debían practicar y los padrones que los curas habían enviado para que hiciesen el cotejo, *se logró la numeración general* con bastante exactitud, y hecho el señalamiento de indios a los mineros, con respecto a los que se habían aumentado en las nuevas provincias revisitadas, *se aumentó la séptima de indios mitayos* para el servicio de los minerales en más de otros tantos de los que antes se repartían, y se despacharon a todas las provincias las provisiones de retasas y de mitas arregladas al número existente de tributarios que constó en la revisita. Pero como esto no convenía a corregidores, curas y caciques, alentaron a los indios que fingieron entender de la novedad la completa ruina para ellos, y hubo que hacer otro papel impreso que, publicándose por todo el reino, sirviese de satisfacción y de que los indios quedasen más bien enterados en su propio beneficio, y se remitió a los corregidores para que lo publicasen. Pero como al mismo tiempo se había de incluir en las provisiones de retasas, no alcanzó el tiempo para que el contador las despachase antes de que se acabase el gobierno de aquel virrey y entrase el del Conde de Monclova, quedando así todo. Hay provincias muy largas y no podrían venir todos los indios al Cerro, pero pueden ir a otros minerales más cercanos, ya que en algunos sitios hay también minerales y no tienen operarios que los trabajen. La dificultad principal es que los mineros *no cumplan con los indios de mita* ni en la paga de sus jornales ni en su buen tratamiento, y esta es la causa porque tanto huyen de este trabajo. Las ordenanzas previenen, lo primero, que al indio se le den seis años de descanso y uno vaya a servir al mineral; que mientras esté fuera de su pueblo, se le dejen tierras para que su mujer e hijos puedan trabajar y mantenerse; que se les pague el jornal asignado en plata por semanas y sólo trabajen una y tengan dos de descanso en las cuales puedan trabajar voluntarios por mayor estipendio; que se arregle su trabajo a las obras destinadas, y que sean atendidos, teniendo mandado que a cada indio en el año que sirve su mita *se le rebaje la tercera parte de su tributo*. Pero todo esto *se hace al revés*. S. M. manda cumplir las ordenanzas al pie de la letra sin dar oído a representaciones en contrario. Que *los capitanes de la mita* sean indios, eligiendo entre los nobles el que pareciere para esta obligación mejor, y así se evitan los malos tratos que reciben cuando son españoles o mestizos. Hecha la visita general del reino y aumentada la séptima como es preciso para el servicio de los minerales, todavía puede adelantarse algún medio por donde pueda crecer el aumento; éste consiste en que siendo muy natural el que después de cerrada la revisita, algunos indios de los que quedaren numerados por originarios en una provincia, se muden a otra por sus propias utilidades, donde se tienen por forasteros, libres de servicios personales, en tal caso cuiden los corregidores y caciques de ver si hay *algunas tierras que señalarles*, porque teniendo tierras, se sujetan a los mismos servicios que los originarios y, por consiguiente, al de la mita, y·por este medio, lo primero, tendrán cuidado de no desamparar sus orígenes y, lo segundo, se logrará el que trabajen en beneficio de los minerales. Otro de los caminos por donde ha venido el atraso y decaimiento del mineral de Potosí es por el abuso de *mantener existentes las mercedes de indios*, aun habiendo recaído en sujetos que no tienen labores corrientes, porque éstos reciben los indios que les corresponden cuando llega el entero de la mita y las más veces no los traspasan a otros mineros de actual trabajo, y lo que practican es recibir el importe de su trabajo en dinero (si tiene con qué pagarle), y si no, vendérselo a otro hacendado para que se aproveche de su servicio personal *en otros ejercicios que no sean del mineral*, y con esta extracción es preciso que la mita se minore y, por consiguiente, las labores; por lo cual, siendo contra lo establecido por ordenanzas y cesando la principal causa para la concesión de estas mercedes, que fue la del mayor aumento de las labores, siempre que no subsistan, no está obligado S. M. a mantenerlas así en perjuicio de los demás mineros. El remedio es que mande S. M. que *los dueños de minas a quienes estuviesen repartidos indios de mita, las trabajen*, señalándoles para su habilitación el término que pareciere conveniente. Y no ejecutándolo, les suspenda dichas mercedes, declarando las minas por comunes, para que en su Real nombre se repartan o vendan o a lo más se les permita arrendarlas para que las trabajen, que es el objeto. Supuesto el aumento que debe considerarse en la séptima de indios, tendrán los mineros del Cerro los necesarios, y creciendo la gruesa podrán alcanzar al socorro de *otros minerales* que hay en las cercanías de la Villa, provincia de Chayanta y otras, y como en los primeros años dan más las minas (como ocurrió en el Cerro), se compensará la decadencia de éste con las nuevas minas. El señalamiento lo podrá efectuar el virrey a proporción de los sujetos y de los indios de aumento. Creciendo la saca de metales, se aumentarán los ingenios y es preciso que *se habiliten las lagunas* que, para que las labores no paren por falta de agua, está mandado que hubiese, hasta el número de 18, y no llegan a 6 las existentes, porque no asegurándose el que los ingenios de moler estén corrientes, no servirá la abundancia de metales ni las providencias antecedentes para el mayor aumento de los minerales. Igualmente conviene tome providencia S. M. sobre los ingenios que han recaído en viudas, clérigos y regulares, porque éstos, por lo general, los arriendan a personas que no los trabajan sino se aprovechan de los indios mitayos del mismo modo que dejo expuesto de los que reciben indios de merced sin tener minas corrientes, porque en uno y otro caso se sigue el atraso de las labores, cuyo perjuicio es el que S. M. desea evitar.

El autor habla del perjuicio que hace el aguardiente a los indios. Propone que se les dé coca y no echarán de menos el aguardiente, pues la coca no les hace tanto daño.

Se hagan cumplir las ordenanzas a los mineros y a los curas y a todo el mundo, y los indios estarán tranquilos.

Por último, pide que el corregimiento del Cuzco se sirva en calidad de gobierno, como el de Guancavelica, por un Ministro Togado de las Audiencias de Lima o Charcas, a elección del virrey, y explica las condiciones en que puede hacerse esto para el mejor gobierno de aquellas provincias.

Es evidente que los 26 años que el autor dice haber pasado en el Perú lo habían familiarizado con muchos detalles relativos al tratamiento de los indios y, en particular, de los mitayos de las minas. Pero su parecer no innova propiamente, ya que se limita a pedir el cumplimiento de las múltiples disposiciones que trataban de prevenir los abusos, y, hecho esto, no sólo era partidario del mantenimiento del sistema compulsivo de la mita sino que pedía su ampliación, como se intentó efectuar bajo el gobierno del Duque de la Palata. El paso de tantos años y las nuevas ideas del siglo XVIII no habían logrado cambiar la mentalidad de este funcionario apegado al pasado y que ponía excesiva confianza en la posibilidad de que se cumplieran las ordenanzas que durante tantos años habían sido violadas y mostrado por ello que no bastaban para corregir los vicios del sistema.

XV. Desde el tercer cuarto del siglo hasta 1776

El rey avisa desde Buen Retiro, el 26 de marzo de 1751, que envía (es una forma impresa general) la dispensa que ha pedido al Papa Benedicto XIV para que en sus dominios de América se pueda, guardando el precepto de oír la misa, trabajar en los días festivos que el breve indica.[59]

Esta materia del trabajo en días festivos aparece de cuando en cuando en los documentos que venimos examinando; y, como se recordará, en las minas de Potosí se había llegado a distinguir entre los días feriados para españoles y para indios.

Con indicación de que corresponde al año de 1752, sin mayor detalle de fecha, conservo la referencia de un documento que lleva por título: "Manifestación de causas a que atribuye D. Pedro Flores de Silva el horror y tedio de los indios a los españoles, y propone reglas acertadísimas para destruir esta perniciosa enemistad, ya que desde la conquista erraron el modo de reducirlos."[60]

El autor propone que se casen indios y españoles, tratándolos en paz como a compañeros y amigos, no como a esclavos y jumentos. Reserve S. M. de tributos a los indios casados con españoles, y sus hijos sean aptos para cualquier empleo. Así se arreglará todo.

Es, por lo tanto, un alegato en favor del mestizaje, con la esperanza de que sus efectos destruirían también las barreras sociales.

Ideas avanzadas en favor de los indios y, en general, de la cultura en el Nuevo Mundo, se hallan en los escritos del limeño José Eusebio de Llano Zapata.[61]

La "Relación que hizo D. José Antonio Manso de Velasco, primer Conde de Superunda, virrey del Perú y Chile, al Excelentísimo S. D. Manuel de Amat y Junient, su sucesor", abarca desde el 12 de julio de 1745 hasta el 12 de octubre de 1761.[62]

El autor estima que los indios:

son los vasallos más recomendables de estas provincias, y los más útiles al Rey y al público, porque su trabajo es el que extrae de las minas el oro y la plata, y el que hace producir a los campos mediante el cultivo, los mantenimientos con que se sustentan sus habitadores, pues, a excepción de las haciendas de la costa, que se trabajan *con negros,* todo lo interior del Reino, no tiene otros labradores que los indios: y los vasallos no podrían pasar sin los frutos que bajan de la Sierra (fol. 99v).

Que se han dictado muchas leyes en su favor, así en el libro VI de la *Recopilación de Indias,* en las Ordenanzas de virreyes impresas en un volumen en 1683 (que estaban consumidas y el virrey Superunda autorizó una nueva edición en 1752 y mandó que todos los Corregidores las tuviesen) y cita también a Solórzano acerca de los privilegios de los indios. Aunque los indios se conquistaron por los españoles, se prohibió su esclavitud y el servicio personal, como consta del título 2, del libro VI de la *Recopilación.* Añade el informante que percibe plenamente que *primero se decretó la libertad y luego se autorizó la fuerza:*

El servicio personal de los indios debía ser, según lo pedía su misma libertad, *voluntario y no forzado;* pero la pública utilidad obligó a no dejar en su arbitrio aquel trabajo sin el cual no se podían mantener las Indias ,y aunque sobre esto sintieron diversamente muchos hombres doctos, *se declaró últimamente la forma y modo con que se les podría precisar a algunos servicios,* de que se formó el título 12 del citado libro, sin que esto se oponga a su entera libertad, pues debe ser correspondido el trabajo que impendieren, con el jornal que deberían percibir siendo voluntarios, porque cualquiera República bien gobernada puede precisar a sus habitadores a que se apliquen al cultivo de los campos, y a otras ocupaciones necesarias a su conservación, y como los indios son naturalmente flojos, si no los obligaran estaría el Reino falto de lo más preciso (fol. 101),

Gozan de la mita, a la *séptima*, Potosí y Guancavelica y otros minerales de menor entidad (fol. 101v).

La *mita de Potosí* ha dado mucho qué hacer y se ha dudado si será mejor extinguirla (fol. 102). Ha disminuido así: el Conde de la Monclova repartió 4,122 indios; hoy en la séptima caben *2,919* y desde el año 1692 faltan a Potosí 1,220. En vista de esto el Rey pidió dictámenes a los ministros de La Plata y los dieron y se resolvió, por cédula de 12 de octubre de 1732, que por ahora no se haga novedad en esta mita y continúe deduciéndose la séptima, no sólo de los originarios sino también de los forasteros, y mandando asimismo que se les pague a los indios *4 reales por día*, como hasta entonces, y que la mitad de este jornal se les dé el tiempo que tardaren de ida y vuelta a sus pueblos, regulándoles el viaje a *4 leguas por día*, entregándoles antes de salir de sus casas la mitad de lo correspondiente a todo el viaje. Que para el cumplimiento de lo referido y lo concerniente al gobierno de esta mita se ordenó al virrey (en dicha cédula) que nombre un ministro de la Audiencia de Lima o Charcas u otro de acreditada conducta que por dos años *asista en Potosí*, asignándole 4,000 pesos de sueldo demás del que tuviere por su empleo y que dé residencia y sea responsable a penas aun corporales o capitales. Al llegar la cédula se encomendó el cuidado de su importancia a los ministros de la Audiencia de La Plata, pero hoy está a cargo de D. Bentura Santelizes, Oidor de la Contratación de Cádiz, nombrado por el Rey corregidor de Potosí.

Comenta Superunda que la resolución de que mitasen los forasteros fue novedad cuya ejecución pedía tiento, pues era contraria a la costumbre; al entrar él al gobierno no se había despachado la ejecución; los mineros de Potosí persuadieron al corregidor Santelizes a que instase el cumplimiento y se declaró que *los indios forasteros avecindados y con tierras* debían mitar igual que los originarios, pero los mineros no conformes repitieron el recurso. Substanciado con el Contador de Retasas, Fiscal, Promotor y Fiscal del rey, el virrey Superunda remitió al Acuerdo (de la Audiencia) el expediente y, con su parecer, resolvió el 26 de agosto de 1752:

> que en las provincias afectas a la mita de Potosí se formasen por los corregidores de ellas, con asistencia de los curas y gobernadores indios de los pueblos y repartimientos, los padroncillos que pidió el Gremio de Azogueros *incluyéndose los indios forasteros que no tenían tierras* por sí ni por sus mujeres y se hallaban advenedizos, a diferencia de los forasteros vagantes; y que igualmente procediesen a la más exacta y prolija averiguación de las tierras vacas que hubiese en cada pueblo, para que se repartan a los indios forasteros avecindados, y que a todo concurra un diputado del Gremio.

Se despacharon órdenes al efecto, pero Sante-

lices las detuvo tres años y ha pocos días se dirigió al fin a los corregidores; esto hace creer a Superunda que en Potosí se ha pensado que poco se adelantará en este sentido de los forasteros y que los mineros anhelan aumentar la mita aunque los indios repitan sus viajes sin cumplir los años de descanso.

Además de la mita de los minerales, la hay también *en las haciendas para su cultivo y en las estancias para la cría de los ganados*, además de otro servicio que hacen los indios que llaman *yanaconas*, principalmente en la provincia de las Charcas, de que trata el título 10, libro II de las Ordenanzas. Explica que:

> Estos *yanaconas* se reducen a ciertas familias asignadas a varias haciendas, donde se ocupan en la labor de sus campos, y *no pueden mudarse*, formando allí su pueblo y establecimiento; de suerte que todos los descendientes son yanaconas como sus padres, pero no les es permitido a los dueños sacarlos de las haciendas a que están destinados, enviarlos a trabajar a otra parte, ni en las ventas que hicieren traerlos a consideración para aumentarles el precio, porque no siendo este destino en beneficio particular de las personas, sino por pública utilidad, cuando ésta lo pidiese, tomará el Rey otra resolución, y lo contrario se opondría a *su libertad*, como lo tiene insinuado la Ordenanza 13 del referido título (fol. 104).

Entre los folios 106 y 107 va el cuadro que por orden de Superunda formó el Contador de Retasas D. José de Orellana, su fecha el 22 de junio de 1754. En 74 provincias que se hallan en los dos Arzobispados de Lima y Charcas, y en seis Obispados de Trujillo, Guamanga, Cuzco, Arequipa, La Paz y Santa Cruz, *hay 612,780 indios*; faltan las noticias de los Obispados de Tucumán, Buenos Aires, Paraguay y Reino de Chile.

En el Apéndice A de este volumen III se recoge el cuadro, que permite conocer el número de caciques, distinguir los indios originarios de los forasteros, con lo cual se ponen en evidencia las direcciones de la activa emigración interna que hubo entre las provincias peruanas en la época colonial; y, por fin, se pueden observar las variaciones de la población tributaria con respecto a la existente en los tiempos de los virreyes Toledo y Marqués de Cañete.

Prosiguiendo el examen de la "Relación" del Conde de Superunda, nos detenemos donde dice que el último *asiento de Guancavelica* se debe a D. Gerónimo de Sola, del Consejo de Indias, su gobernador por comisión de S. M. Ese convenio fue finalizado en 1744 e impreso en 1745 (fol. 181v). Explica el virrey que la responsabilidad de los mineros en el contrato con el Rey *es mancomunada* y aunque da fianza cada minero, no se exime por eso de la mancomunidad; todos los que entran de nuevo quedan obligados por lo que debe el gremio al Rey:

> al modo que lo está una comunidad cuando es

la deudora, aunque los individuos que la componen de presente no sean los mismos que se obligaron, que es una de las principales condiciones del asiento (fol. 182).

Éste fija *620 indios para la mita*, pero no caben en la séptima de las provincias afectas, y la de Tarma está al presente exonerada de él, porque estando acosada de indios rebeldes, se estimó conveniente darles ese privilegio para hacerlos más animosos en su defensa y por otras razones (fol. 182).

Se usaba arrendar los indios a 25 pesos por indio al año, y así el que tenía 25 indios lograba una pensión de 725 pesos al año, y

una especie de encomienda muy contraria a la mente del Rey y al establecimiento de la mita (fol. 182v).

Don Gerónimo de Sola restringió esa práctica, pero con equidad, pues nombró por mineros a los herederos y sucesores de los que tenían la asignación con los mismos indios que poseían; y por menor edad de los más de esos herederos, que los indios se depositasen sin cargo de usufructo; sólo se toleró a algunas viudas el usufructo de los 25 pesos; se prohibió toda sucesión en esta materia y el asignar indios a quien no trabajase con ellos.

El rey compra todo el azogue a 74 pesos 2 reales el quintal, y pagado el quinto, el 2% para Hospital y el ½ % que se contribuye por merma del azogue, quedan al minero 58 pesos libres; se prohíbe a los mineros venderlo a nadie.

En cuanto a la forma del trabajo, está consignada en el asiento impreso en 1745 y en la relación que Sola dejó a su sucesor D. Gaspar de la Zerda y Leyva, impresa en 1748 (fol. 184v).

Por cédula de 22 de mayo de 1748, se pidió al virrey Superunda que informase si la mina de azogue de Almadén podía abastecer ambas Américas si no fuese más caro que el de Guancavelica, y quedando esta mina en disposición de poder servir en caso de faltar azogues de España (fol. 185v). La orden real se fundaba en ser más caro el azogue de Guancavelica y en el consumo de indios que ocasiona su saca y que se sospecha hay muchos extravíos (es decir, ventas ilícitas del azogue fuera del asiento real) (fol. 186v). El virrey envió los informes que obtuvo y opinó el 16 de mayo de 1749 que sería difícil conservar en disposición la mina y hallar de nuevo la veta y podrían faltar los envíos de España. En 1750 se le avisó que iba a intentarse la introducción de azogue de España por Buenos Aires a Potosí; que se había encargado ese envío al vecino de Potosí D. Miguel Antonio de Escurrechea, y se condujeron 1,300 quintales. Se discutió si eran iguales en calidad o inferiores a los de Guancavelica, y protegía esa idea D. Bentura Santelices. El proyecto se desvaneció poco tiempo después, ya que en 5 de junio de 1752 escribió el Marqués de la Ensenada que

hubo en 1751 un hundimiento de consideración en Almadén y amenazaba otro; que no podría surtirse a Nueva España que consumiría más de 10,000 quintales y antes sólo consumía 6,000. El rey ordenaba que se llevase de Guancavelica a Nueva España el más azogue posible que no faltase para el Perú, y en 16 de septiembre de 1752 se le mandó al virrey que remitiera 1,000 quintales a Guatemala. También se habían mandado cortar los abusos de los mineros con los mitayos (fol. 193).

El virrey Superunda contestó en 2 de mayo de 1753 que se disponía a enviar 5,000 quintales a la Nueva España, y de ellos 1,000 para Guatemala, y

a los corregidores de las provincias afectas a la mita de la mina de Guancavelica he dado las más ejecutivas órdenes a fin de que la enteren con la debida puntualidad (fol. 194v).

Cree que es conveniente seguir el régimen del contrato con los mineros y no trabajar la mina por cuenta de la Real Hacienda; cuida que el aumento de las fundiciones no perjudique a la mina. Y:

sobre la justificación con que se debe practicar el servicio personal de los indios puede S. M. estar cierto que tiene *mucho de ponderación* la tiranía de su establecimiento, principalmente en cuanto al número, y excepción de los mitayos, pues éste no excede de la *séptima parte*, según la Ordenanza, y no comprehende a los que tienen edad o título para reserva (fol. 196v).

Que los inconvenientes están prevenidos en las cédulas sobre el servicio personal, y el Gobierno da providencias para el cumplimiento; los mineros claman porque se descubran indios en las provincias afectas y que se entere la mita en personas y no en dinero, como se procura. En la paga, horas de trabajo y asistencia de los mitayos, está atento el Gobernador, que es siempre un ministro de carácter.

En lo que respecta a la *Villa de Potosí*, se dan a cada cabeza de ingenio 40 indios (fol. 203). Son turnos a la *séptima*. Aunque han descendido las vetas, es el asiento que más produce del Perú. La superintendencia de la mita estaba a cargo del Corregidor de La Plata, que lo era también de Potosí, hasta que por la cédula de 12 de octubre de 1732 se mandó que el virrey designase un ministro para ello. El Alcalde Mayor es provisto por el Rey. Llegó comisionado de España D. Bentura Santelices, el cual ha procedido con muchas quejas.

El capitán mayor de la mita de Potosí tiene hoy título del rey (fol. 209).

Con una junta que se reunió, determinó el virrey Superunda, en 14 de octubre de 1754, *reducir a siete las catorce parroquias de Potosí*, lo cual se cumplimentó en 1756 (fol. 213v). Se prohibió a los curas pedir a los indios contribuciones y gravámenes con cualquier nombre (fol.

215v). También se previno que ya no se sacarían de los indios de mita los pongos ni demás que, según Ordenanza, se destinan al servicio de iglesias y curas, sino de los que residen en la Villa (fol. 216). Esto se modificó para las siete parroquias y no se daría el número de antes. En esta época seguían siendo 16 las provincias afectas a la mita (fol. 216v). A cada cura se pagaría de la Caja de Potosí, 1,250 pesos, y los corregidores de esas 16 provincias que mitan enterarían en las cajas respectivas lo que en ellas se abonaba antes a los curas de Potosí por razón de la doctrina forastera. Y ha sido mucho alivio, pues pagándose antes a 14 curas por sínodos, 16,734 pesos, ahora se dan 7,984 pesos de la Real Hacienda, a razón de 1,250 a cada uno de los siete (fol. 220).

También procuró el virrey Superunda que el capitán de la mita no oprimiera a los indios ni llevara derechos (fol. 220).

El *mineral de Oruro* no tiene mita, pero está poblado de bastantes indios que trabajan a jornal (fol. 220v). El descubrimiento de la mina de Poopó compensó la falta de algunas vetas que dieron en agua.

Cochabamba es provincia en jurisdicción de Charcas, muy poblada de indios y mestizos; de éstos hay más que en otra parte del Perú; es tierra fértil y provee de trigo y maíz a muchos minerales (fol. 224v).

Siguen en la "Relación" del virrey Superunda las descripciones que ofrece de diversas regiones.

En la Adición a su informe explica (fol. 357) que, hecha la última remisión de azogues a México, recibió la Real orden de 10 de octubre de 1754 para que se suspendiese en adelante ese envío, por estar la mina de Almadén reparada, lo que fue de no poco desahogo por la baja ley de los metales de Guancavelica; pero en mayo de 1758 llegó nueva Real orden disponiendo otra remisión de 5 a 6,000 quintales y que procurase estuviesen en Acapulco en 1759, por otro hundimiento que hubo en Almadén. El virrey envió 4,000.[63] Los mineros de Guancavelica clamaban que no podían costear los gastos de la fundición. En 1760 vino orden de suspender las remisiones a Nueva España, por haber azogue en Almadén; a pesar de esto no se sosegó el Gremio y representó que no podía continuar la producción si no se le aumentaba el precio del azogue o exoneraba del quinto. El virrey Superunda hizo reunir una junta y se reconoció la razón que tenían los mineros, pues la baja en la ley de los metales era tal que las funciones les resultaban con pérdida, y se recomendó que se les exonerara del pago del derecho del quinto en la presente fundición, y también en la próxima si los metales no mejoraban de ley; así habría tiempo suficiente para esperar la resolución real. Superunda se conformó con ese dictamen y avisó a España.

También se giró orden circular a las provincias ofreciendo ventajas a los descubridores de nuevas minas de azogue (fol. 359). Hubo avisos de varias, pero no han dado fruto. D. Antonio de Ulloa, actual Gobernador de Guancavelica, avisa el 16 de marzo de 1761 de cierto nuevo descubrimiento en esta mina, que quizá sea de bastante cuerpo.

Da cuenta el virrey de una oposición violenta de los indios a una numeración para incluirlos como tributarios (fol. 365). Ocurrió que Superunda había designado como revisitador a D. Simón de la Valle y Quadra, oficial real de Trujillo, para numerar a los tributarios; se hallaba en la provincia de Caxamarca, que incluía tres regiones: Caxamarca, Guambos y Guamachuco; comenzó por esta última, y en el pueblo de Otusco, "algunos de sus habitadores, porque los intentaba numerar como tributarios o quinteros, le insultaron e hirieron y maltrataron gravemente a sus familiares y oficiales"; se trató de aprehender a los culpables, pero pudieron huir. (Es de notar que, en su "Relación", avisa Superunda de otros motines y rebeliones de indios.)[64]

El virrey opina que a los indios:

> si el rigor los exaspera, el cariño los engríe. No olvidan sus antiguos Soberanos, y miran a los españoles como usurpadores. Toda la benignidad conque los he manejado no fue bastante para que depusiesen el intento de sublevarse en esta ciudad, cuyo grave asunto pide capítulo separable, como también el estado de la montaña de Tarma (fol. 107).

Por último, anota que D. Manuel Pérez Bustamante manifestó una mina de azogue en el cerro nombrado Chonta de la provincia de Guamalíes; se hizo la prueba en Lima y resulta de buena ley; está pendiente de prueba en Guancavelica, donde hay más expertos fundidores (fol. 388).

Por real cédula de 26 de agosto de 1766 se ordena lo que ha de ejecutarse para el remedio de *los excesos* que cometen los gobernadores, corregidores y alcaldes mayores contra los indios.[65]

En el mismo año de 1766, el virrey D. Manuel de Amat encomienda a D. Mariano Maruri *la visita de los obrajes* del distrito del Cuzco. El 2 de abril de 1767 el referido virrey responde a carta del visitador de 24 de febrero, que en cuanto a los infelices detenidos en los obrajes, examine los motivos, y constando que sin razón se les ha condenado a esa pena, los ponga en libertad, condenando al dueño o administrador a que les pague 12 pesos por cada año que hubiesen estado detenidos, y caso de no pagarlo al contado, se le rematará la ropa que posea al precio que allí corra; la comisión que se le ha dado al visitador, se ha de extender a los chorrillos (o pequeños obrajes).[66]

En Lima, el 25 de agosto de 1768, el virrey Amat expide un decreto del Superior Gobierno sobre *la paga de leguajes* (en mano propia y en dos mitades) a los indios mitayos y restitución de éstos a los pueblos de su origen y que no queden en Potosí y Guancavelica. Se manda guardar la ley 24, título 12, libro VI de la *Recopilación*, sobre que no permanezcan los indios acabada la mita, sino que vuelvan a sus pueblos. Esa ley recopilada, que proviene de Felipe III en Madrid, a 16 de abril de 1618, ordena en efecto que, acabado el tiempo de la mita, vuelvan los indios a sus pueblos.[67]

Es también del virrey Manuel de Amat, fechada en Lima a 24 de julio de 1770, la "Instrucción sobre *el método de la actuación de matrículas en las provincias*", impresa en 28 capítulos.[68] Fue aprobada por Real cédula dada en San Lorenzo el Real, a 16 de noviembre de 1774.[69]

En Real cédula dada en El Pardo, a 26 de febrero de 1771, se dice que el fiscal Moreno (de la Audiencia de Santa Fe del Nuevo Reino de Granada) expuso las extorsiones que sufren los indios por *la ambición de los curas*, que les exigen cantidades para cofradías y fiestas, derechos por bautismos, casamientos y entierros, y los obligan a que los sirvan sin pagarles, tratándolos con desprecio, contra las leyes. Ese fiscal pidió al virrey (del Nuevo Reino) que expidiese circulares con inserción de la provisión del virrey del Perú, Duque de la Palata, que comprende estos casos, y así se mandó. El Rey desaprueba la generalidad con que pidió el Protector y mandó el virrey (del Nuevo Reino) que se observase la ordenanza de Palata. Manda que en los casos que ocurran y sean precisas las informaciones de puro hecho sobre los excesos de los curas con los indios, el virrey nombre un ministro de carácter que las reciba o sujeto de probidad para que, en vista de las diligencias, tome el virrey la resolución que convenga, conforme a derecho.[70]

Aunque en rigor corresponde este mandato real al Nuevo Reino de Granada, lo mencionamos aquí porque se apoya en una ordenanza dada originalmente para el Perú por el Duque de la Palata. Y lo dispuesto por el Rey toca a un problema general que existe en los varios virreinatos.

En 1771, Manuel Huamán, indio de Moho que hacía tres años había ido a Potosí como *capitán del turno de mita* y entregado al capitán mayor los mitayos y dado por los que faltaban a D. Joaquín de Otondo, dueño de ingenio, 104 pesos en plata, presenta quejas acerca de que el azoguero Juan Peñarrubia señalaba a los indios *tareas* tan difíciles que algunos huían antes de terminar su turno de dos años (sic) y entonces le querían obligar al quejoso a pagar en plata el tiempo que faltaba; a su mujer la retenían en Potosí como fianza. El corregidor de Paucarcolla abrió la información, en abril de 1771, y los indios declararon que les exigían entregar 160 costales de mineral pallaqueado por semana o 30 botas de metal al día y, que de no enterar esa cantidad, se les maltrataba o no se les pagaba su salario, que era unas semanas de *4 pesos* y otra de *6 reales*.

No se les abonaba el *leguaje*, diciendo que se lo pagarían al fin de su turno. Al dueño de la mina se le daban *52 pesos* por cada indio que faltaba, esto cada año.[71]

Ya mencionamos los primeros informes que redactó D. Antonio de Ulloa, uno publicado en 1748, y otro secreto concluido en 1749 pero que no vio la luz pública sino en 1826 en condiciones que no excluyen la posibilidad de que haya sido objeto de algunas alteraciones (que se creen leves en espera del cotejo definitivo). Ambos los escribió cuando sólo había visitado el Reino de Quito y parte del Virreinato peruano, como miembro de una expedición científica. Ahora veremos sus informes de 1763 y 1771, que tienen distinto carácter, puesto que los da en calidad de Administrador que había sido de la *mina de Guancavelica* por nombramiento hecho en 1757.

El primero de estos informes administrativos lleva por título: "Relación de Gobierno del Capitán D. Antonio de Ulloa en la villa de Guancavelica... desde el día 4 de Noviembre de 1758 que tomé el mando hasta el 10 de febrero de 1763." [72]

El segundo de ellos es de fecha 4 de noviembre de 1771.[73]

Las noticias que Ulloa proporciona sobre la mina, la organización del trabajo y la situación social y económica de los obreros en estos sus dos informes al rey, han sido objeto del estudio que a continuación citamos.[74]

Los mayordomos llegaron a ganar 14 y 16 pesos diarios; pero Ulloa, por auto de 18 de enero de 1759, fijó la remuneración de 8 a 12 pesos.

Los piqueros cobraban 6 reales por cada barreno.

Los acarreadores o "carguiches" recibían 1 real por cajón. La medida de éste, en tiempo de Ulloa, debía ser de medio metro cúbico de tierra.

El informante dice que en todo el tiempo de su mando no recordaba ningún caso de azogamiento.

Los oficios dichos los desempeñaban obreros voluntarios, que no siempre eran indios.

El trabajo forzoso se empleaba en obras de acceso a la mina, drenajes, sostenimiento, acarreo de materiales, etc., para hacer la mina transitable.

Había tres clases de trabajadores forzosos: los mitayos que venían de las provincias de Cotabambas y Oropezas, en número de 64, por seis meses, al cabo de los cuales se remudaban por otras cuadrillas. El jornal era de *4 reales*, "dobla al que perciben los demás obreros" (no parece referirse al jornal de barreteros y acarreadores para hacer esta comparación, sino al que gana el peón común en la generalidad de los trabajos, que en esa época sería de 2 reales).

De la provincia de Angaraes llegaban indios

"rozas", que eran 84, y debían aumentarse todo lo que fuera necesario según las obras, y servían un mes y se remudaban al cabo del mismo.

Otros indios "parrochias" procedían de las de Huancavelica y anexos; se mudaban cada semana y daban 32 indios.

Los mitayos, rozas y parrochias ganaban a 4 reales.

A veces se contrataban para ayudar en las obras 20 o 30 indios "faenas", con la mitad del jornal usual de los mitayos, o sea el equivalente al de un peón o gañán en trabajos que no fueren de mina. Pero Ulloa les subió la remuneración a 4 reales, por ser su trabajo igual al de los indios "rozas".

El acarreo de cal se pagaba también a 4 reales. Lo hacían generalmente indios yanaconas de Palca, aldea situada a cuatro leguas de Huancavelica. Ulloa daba esta definición de los yanaconas: "indios sueltos de varias provincias, que se han juntado y formado pueblos en tierras agenas" (p. 90).

Terminaba señalando las irregularidades que cometían los administradores del azogue.[75]

La información debida a D. Antonio de Ulloa todavía se encuentra en otra obra suya publicada en Madrid en 1772, en cuyo título y contenido reaparecen sus inclinaciones científicas: *Noticias Americanas. Entretenimientos Phisicos históricos, sobre la América Meridional y la Septentrional Oriental. Comparación general de los territorios, climas y producciones en las tres especies vegetales, animales y minerales: con relación particular de las petrificaciones de cuerpos marinos: de los Indios naturales de aquellos países, sus costumbres y usos: de las antigüedades: discurso sobre la lengua y sobre el modo con que pasaron los primeros pobladores.*[76]

Explica sobre el régimen del trabajo minero (capítulo XIV, párrafo 37, pág. 265):

El trabajo (en las minas del Perú) se hace con indios y mestizos, unos voluntarios y otros de obligación, estos últimos *son los Mitayos:* la diferencia que hay en estas dos clases es, que los primeros son contingentes, y los otros seguros, pues en cuanto a *los jornales son iguales,* siendo muy competente el que se les da, y en arreglado a Arancel, por cuya regla nunca es menos de *4 reales* de aquella moneda, aunque hay minas, como sucede en Potosí (en) que ganan *un peso* los días que trabajan. Es vulgaridad muy errada la de que el trabajo de las Minas es recio, y que aniquila estas gentes, porque ni uno, ni otro sucede: siendo buena prueba la de acudir los mestizos y otros indios, a quienes no toca la Mita, *a ofrecerse voluntariamente,* y que los mismos mitayos, concluidas las horas de su trabajo, se convidan a doblarlo, que es trabajar noche y día, para ganar más, o todos los días seguidos. Los trabajos que allí se ofrecen, unos son subterráneos, y otros fuera, que consisten en acarreos de metales, y de materiales en las varias manipulaciones para el beneficio, sin que se reconozca que por causa de ellos enfermen, ni les sobrevenga mal de consideración.

En este destino logran *la mejor y más puntual paga* de cuantas pueden tener en las otras ocupaciones; y así, al ejemplo de los voluntarios, se quedan varios de la otra clase después que concluyen el tiempo preciso de la Mita".

En el párrafo 38 agrega:

Los Mitas duran *seis meses,* y concluidos se cambian, haciéndose así para que se restituyan a sus pueblos, y cultiven las tierras que les pertenecen: después tienen dos, tres, o más años libres, sin volverles a tocar turno, según son más o menos crecidos de vecindario los pueblos. Además de los mitayos siempre necesitan de *gente libre* las minas, pues la que goza 6 u 8 de aquéllos, ocupará 15, 20, o mayor número, a proporción de las vetas que se trabajan. Por razón de la mucha frialdad de aquellos parajes *no se acomodan a ellos los Negros,* que luego mueren, lo que no sucede con los indios, cuyas naturalezas son propias para tales climas, y así los resisten sin pensión.

Lo transcrito deja ver que Ulloa no adopta una actitud condenatoria del trabajo minero en general, ni del forzoso en particular. Le parece que los operarios indios, voluntarios o compelidos, se adaptan a él y ganan jornales mayores que en otras ocupaciones. Pone énfasis también en el paso, que le parece fácil y frecuente, del mitayo a la condición de trabajador voluntario. Recuérdese asimismo que decía anteriormente no haber visto en Guancavelica que los indios quedaran azogados.

Al hablar en general de *los indios* (capítulo XVII, párrafo 7, pág. 311), hace notar Ulloa que la propensión al ocio y a la desidia es la misma en los de la Luisiana y el Canadá que en los del Perú y partes meridionales de América, civilizados o gentiles. Los considera generalmente inhumanos (p. 312) y que para cualquier crueldad se hallan siempre dispuestos y sienten alegría en ella; la cometen a sangre fría, sin cólera. Son desaseados (p. 316) y dados a la embriaguez (p. 318). En Guancavelica, adonde acuden muchos por las minas, y en Potosí y en otros minerales grandes, se usa pagarles los domingos todo lo de la semana a los que no son mitayos, y a estos últimos darles a cuenta la mitad, quedando el resto para el momento de concluir la mita. Se termina el pagamento a las cuatro o cinco de la tarde. En Guancavelica importa cosa de 10,000 pesos, y se beben unos 4,000 en aguardiente en el resto de la tarde y en la noche, de modo que los lunes hasta la noche se trabaja poco por no estar los indios en condición para ello, y no les queda dinero para el gasto de la semana, y el domingo siguiente pagan lo poco que consumen de alimento en el curso de ella. Indio hay que bebe en esas horas los 7 *pesos,* que es lo que cabe en 12 o 13 limetas. La bebida le es perjudicial a la raza y causa alborotos (p. 319).

No le parece que los indios sean temibles por su valor, como lo son por sus alevosías y astucias (cap. XVIII, p. 322). Son crueles cuando vencen por sorpresa y pusilánimes si pierden. Rechaza el atribuirse las propiedades del carácter indio en los reducidos del Perú, a mudanza de dueño, dominación de una nación extraña, sujeción en que están (p. 323); pues como no han mudado de lengua, usos, propensiones ni costumbres, no es regular que mudasen de carácter, mayormente cuando se ve no haber entrado después de los años que van pasados de la conquista en las de la nación dominante. Además, estima que:

> la sujeción no es tal como se suele figurar la idea, porque ellos *viven en sus pueblos* con entera libertad, siendo gobernados por sus Curacas y Caciques, al modo que lo estaban antes de ser conquistados; y lo que en este asunto se advierte de particular es la igualdad que hay en los reducidos con los que nunca lo han sido, tanto de aquella misma parte, como de las más distantes de ellas.

Concluye que es prudente medida la de los españoles de *no darles armas y precisarlos a que trabajen, en mitas de minas y de haciendas de labor;* es manera de mantenerlos en obediencia (p. 319).

Libres y reducidos demuestran torpeza para los conocimientos, numeración, etc. (p. 322). Los negros esclavos traídos de África aprenden mejor y, a pesar de su condición legal de esclavos, miran como inferiores a los indios por incapaces y sin discernimiento de racionalidad.

La policía en tiempo de los Incas pudo ser la de una raza superior que dominara a los indios comunes y de ella no se percibe conservarse (p. 323).

Observa la longevidad de los indios (p. 323).

No le parece posible apartar a los indios, después de tantos años de haber sido reducidos, de sus antiguos usos y costumbres, y si se intentase resultarían inconvenientes (p. 329).

Ya dijo que *las mitas mineras no son perjudiciales* a la subsistencia de los indios y el ir con poca voluntad es por la repugnancia natural que sienten por todo trabajo, y si se dejase a su arbitrio nunca hicieran más que los pequeños sembrados, como lo hacen los no sujetos (p. 329).

Fuera de las minas opina de *los otros trabajos* (p. 329, párrafo 25):

> Las Mitas, o servicios de las Haciendas, y guardería de ganados *tampoco los disminuye* cuando en el trato hay regularidad. La de *los obrajes* sería lo mismo si en éstos hubiese menos rigor, y más consideración para el régimen de las tareas, y el jornal que se les hubiese de pagar, proporcionado a que pudiesen subsistir; pero mirando los dueños a su propia utilidad, y no al bien de los obreros, los tratan con *poca humanidad,* y de ello resulta la disminución de los que entran: el remedio sería absolutamente *quitárselas del todo,* y que sus dueños empleasen *gente libre* de la mucha que abunda sin oficio, ni ocupación, mestizos y de otras castas, prohibiendo el *perpetuo encierro* para los que no estuviesen por orden de las Justicias, y juntamente que en ellos no se pudiese *castigar corporalmente,* como se hace al arbitrio de los que los tienen a su cuidado, sino que en todo se gobernasen al modo que lo están *las manufacturas en Europa.*

Los castigos no han de imponerlos los amos, que no deben tener facultad despótica para los que les sirven, siendo los instrumentos por donde aumentan sus riquezas, sino la justicia. Mas admite que ciertos castigos moderados son necesarios a los indios para que cumplan.

Hasta en obras que son en beneficio suyo, como los sembrados comunes y vestirse, los indios muestran resistencia al trabajo, ni se mueven por razón, pues es mayor su *inclinación al ocio.* Por lo que opina el autor (p. 331):

> y por esto se hace preciso que *se les apremie* con el castigo, y que se les den destinos a las Mitas, donde por necesidad vivan ocupados; pero aun en este modo la obra que hacen en el discurso de un día, apenas corresponderá a la que un hombre regular acabará en la mitad del tiempo a lo sumo: esto nace, no de faltarles fuerzas, sino de aquella natural propensión que los hace tardíos en las operaciones, y lentos en lo que es trabajo.

Los que no están sujetos se dedican a la caza y la pesca.

Los conquistados (p. 331, párrafo 26) hacen un *sembrado común* para lo que se juntan hombres, mujeres y muchachos de la parroquia, a lo que llaman *chaco;* y la obra que entre 6 u 8 hombres pudieran descansadamente acabar en el día, la hacen ellos entre 60 o 70 de todas edades y sexos (se refiere al Perú); llevan bebidas, tamborillos, flautas, y son uno o dos días de diversión. También cuando recogen la cosecha, y queda la mayor parte de su producto consumido en estos días; sin bebida y baile no irían (en esta descripción se advierte la subsistencia de usos prehispánicos).

Siguiendo el hilo de su discurso, Ulloa llega al planteamiento siguiente (párrafo 27, página 332):

> Las personas que no tienen experiencia propia del carácter, propensiones, genios y inclinación de los indios, se persuaden a que el *obligarles a que trabajen,* el destinarlos a las Minas y darles otras ocupaciones tienen *visos de tiranía;* y no es así, porque cada Nación y Raza de gentes tiene sus leyes propias para gobernarse, dispuestas con conocimiento, que miran al fin de mantenerse bajo de un buen orden, como lo pide el bien común de la sociedad: las de los indios es preciso que sean muy diversas de todas las otras, así como sus inclinaciones y propiedades lo son.

Lo que le parece que debe remediarse es la embriaguez, que destruye más indios en un año que las minas en cincuenta, y los obrajes que los aniquilan por la inhumanidad con que los tratan, sin que lo hayan remediado las visitas que se hacen de tiempo en tiempo, pues al cabo de tantos años no se reconoce enmienda. Estas reformas convienen *por humanidad* y por conveniencia propia para conservación de los indios, que, pese a sus vicios y desidia, es por lo que se mantienen aquellos vastos dominios.

Ulloa reconoce que ha habido disminución de los indios en Norteamérica y el Perú (en la tierra baja: Valles de Copillas, Tapara, Luna Guana, etc.), en Cuba, Santo Domingo y Jamaica, e islas de la costa de Panamá. En la parte alta del Perú también la ha habido, aunque no ha sido tan considerable (p. 345). Como al mismo tiempo esas tierras se pueblan de europeos y negros, cree que en el futuro habrá una *raza mestiza* (p. 346). Hay zambos y negros en la costa del Perú (p. 347). Los mestizos provienen los más de blancos e indias y se hallan exentos de tributo; la mezcla de indios y blancas no es frecuente, y los hijos pagan tributo como los padres. Estas mezclas disminuyen a los indios puros, y el autor cree que, pese a la política española de conservación de los indios, no basta para impedir la disminución; no le parece mal mantenerlos ya que no aumentarlos; pero cree que convendría *no limitar a los indios* los trabajos de tierras, minas, manufacturas y oficios mecánicos, sino también extenderlos a los blancos; comenta que éstos trabajan en la Nueva Inglaterra, y que sólo en países poseídos por los españoles miran los blancos con desprecio tales trabajos; sería el remedio para los vagamundos que abundan en las colonias españolas y ayudaría a la producción de las minas (p. 348). En las obras de los indios hay que distinguir entre las de entendimiento (en que son torpes, pues la religión, la razón, etc., no la perciben ni impresiona su creencia y voluntad) y las de manipulación (en que son hábiles) (p. 336). Tienen sentidos, pero poca razón, y argumenta que también los animales hacen nidos artificiosos, etcétera.

De suerte que en esta obra de Ulloa hay informaciones y comentarios sobre las cuestiones del trabajo (que ya hemos resumido) y otras consideraciones más amplias sobre la naturaleza y el carácter de los indios, que extiende a varias partes de América. En este análisis introduce ya el concepto de "raza" y algunas observaciones de índole psicológica. Se habrá advertido que, al tratar de las mejoras que le parecen necesarias en el régimen de los obrajes, usa el término de "humanidad". Ahora bien, transige, como se ha visto, con las mitas en minas y otros empleos y, desde este punto de vista, su examen de la situación laboral en las posesiones españolas no difiere del de otros tratadistas de la época borbónica, que eran partidarios del incremento de la producción y de la riqueza mediante el uso racional, pero en caso necesario compulsivo, de la mano de obra indígena. Es de interés la atención que presta a otros posibles trabajadores de distintos grupos de la población.

Siempre dentro del ambiente de esta época, pero con enfoque diverso porque no es el de un científico al corriente de las ideas generales europeas sino el de un sacerdote que tiene a su cargo la doctrina de una comunidad indígena del altiplano andino, se halla un papel que recoge noticias de cierta amplitud y lleva por título: "Estado del Catolicismo, Política y Economías de los Naturales del Perú que se dicen indios y medios simplísimos de corregir", por D. Juan Josef del Hoyo, cura párroco de la doctrina de Tarma. Lleva fecha de 1772, pero (en el n. 181, p. 203), dice el autor que, concluido este papel, ha venido a sus manos el *Mercurio Histórico y Político* de noviembre de 1775 con noticias de Berlín, a que hace referencia (en el n. 182, pp. 203-204).[77]

Esas noticias le interesan porque tratan de que el Rey de Prusia parece haber adoptado el sistema de establecer la mayor uniformidad en la administración de todas sus provincias y quiere, en consecuencia, introducir la uniformidad del idioma (alemán) como medio único de facilitar la de las ideas. Ha establecido maestros de lengua alemana en todos los lugares y aldeas Esclabonas para hacer olvidar el dialecto y los antiguos usos y concedido a los que hablan alemán varias gracias de que no participarán los que conserven sus antiguos usos y dialecto. (Se trata de habitantes de Silesia de la parte de allá del Oder que hablan casi todos la lengua polaca). Se ofrecen a los nobles empleos civiles y militares, y a los plebeyos otros empleos correspondientes a su clase y talentos. El rey ha mandado pasar varias familias alemanas a las provincias en que quiere introducir esta lengua, para que la práctica ayude y facilite más la teórica. Del Hoyo ve en ello una confirmación de sus designios, pues considera a los naturales de estos países —del Perú— situados en igual constitución que aquéllos, y vasallos de un rey sin comparación más piadoso y religioso que el de Prusia.

Dejando esta digresión, habla (en el n. 48, p. 163), de juntas o *camachicos* de indios en que con la bebida, "arde el odio contra la Nación dominante (española), y nada se desea más que perjudicar a sus individuos". En esas juntas se forjan las acusaciones contra los corregidores, curas, hacendados y otros. Es continua la desconfianza de los indios hacia los españoles.

También dice (en el n. 52, p. 165), que viven los indios en común, gozan en sus pueblos, tierras, solares y pastos comunes. Se reparten cada año (como está mandado) o se heredan de padres a hijos, según lo introdujo el abuso en algunos lugares, y entran en parte de esta distribución los mestizos que residen en el pueblo, a quienes graciosamente dan los naturales las necesarias para su subsistencia.

Nota (en los ns. 54 y 56), que se sustentan los indios con increíble escasez, pero se crían robustísimos, aptos a todo trabajo e incansables en caminar a pie, y resisten a toda intemperie.

Agrega (en el n. 60), que crían en sus habitaciones *cuyes*, animalillos fastidiosos por sus chillidos y travesuras.

Observa (en el n. 63), que los indios andan regularmente descalzos o con abarcas de cuero, y raro es el que usa zapatos. El *ocio es su Dios* y repugnan de adquirir bienes y abominan de la que llaman codicia en los españoles.

Explica (en el n. 66, p. 169), que:

> De dos modos se proveen de operarios las Haciendas y Minas, o por asignación y merced que S. M. o el Superior Gobierno les ha hecho de cierto número de hombres para sus labores *(que se dicen Mitayos)*, o por una agregación voluntaria de familias que cada dueño procura con la mayor solicitud y suelen llamarse *Yanaconas*.

El número de mitayos (n. 67) es cortísimo e insuficiente y los indios cada día intentan disminuirlo y muchas veces lo consiguen (esto por sus artificios, la estrechez de las reglas dadas para esa mita y la conmiseración de los superiores). El jornal (n. 68) se sacrifica a sus vicios, especialmente *la embriaguez*. En orden al segundo modo (n. 69), se acogen a una hacienda (si por delito, lo protege el hacendado por adquirir aquel operario que siempre ha menester; si por deuda, se la paga). El autor sostiene (n. 72, p. 170) que en todos tiempos comen y beben los indios y sus familias, pagan sus tributos y las deudas que les han hecho contraer sus vicios, a costa del Minero, quien se llena de créditos, y ha de satisfacerlos con crecidos intereses, para contentar a esos holgazanes que lo disipan insensiblemente. Y agrega (en el n. 73, pp. 170-171):

> De modo que si un Minero que tiene Mita y está arreglado el trabajo de los indios, como el de Potosí, se aprovecha el Minero (aun con profundísimas labores) beneficiando *cuatro marcos de plata por cajón;* en los que no hay este orden, aunque (las minas) sean someras, ni con *ocho marcos se costea*, por estar al arbitrio de sus operarios, que cuanto es de su parte desean inutilizarle sus esfuerzos.

Por eso se ha hecho casi despreciable este ejercicio de Minero. En el mineral de Lauricocha (n. 70), en la provincia de Tarma, uno de los más ricos en el Perú, pues abastece más de 100 ingenios y proveería otros muchos si tuviese operarios, el Minero obtiene de *10 a 40 marcos por cajón*, pero tienen deudas de 50 a 300,000 pesos. Esto (n. 75) se debe al desorden en el trabajo de *los indios voluntarios* de que se sirven, *por no haber mita*. Los mineros (n. 77) procuran compensarse pagando mal el jornal acostumbrado en efectos a precios exorbitantes, y algunos, por no pagarlo, les hacen cargos injustos. Para que no fácilmente se les ausenten, obligan a sus mujeres y a sus hijos a sus dependencias, aun en caso de muerte. Los indios se compensan (n. 78), si les es posible, por su mano, y si no, escasean de su trabajo. Es continuo el *mutuo empeño* de quién a quién se engaña; hay mal concepto entre una y otra nación; los indios lo atribuyen a inicua característica codicia de los españoles, y éstos a perversidad natural de aquéllos. Hay falta de orden y buen gobierno en el trabajo de estos naturales (n. 79), lo que es perjudicial a la industria en general, al crédito de nuestra nación y a los mismos indios entregados al cómputo arbitrario de algunos malos hacendados y mineros. Se les debe dar un regular y preciso método, y se arregle su jornal y su trabajo.

No obstante la tendencia patronal y españolista que prevalece en el informe del cura de Tarma, logra en los párrafos transcritos una descripción bastante fiel de las dificultades y tensiones que se hacen presentes en el trabajo minero. Señala particularmente la relación que existe entre el rendimiento de la mina y el género de trabajo compulsivo o voluntario que emplea, pues el segundo es más caro y está a merced de la incierta voluntad del operario. Por eso aparecen esas "dependencias" que indica el autor y que tratan de extenderse a los familiares del trabajador.

Trata (en el n. 80) del repartimiento de los corregimientos (en géneros o mulas a pagar en cinco años), piedra de escándalo de estos reinos. Recomienda (n. 95, p. 177) que los niños de uno y otro sexo de estos naturales *sean enseñados a leer y escribir*, en escuelas de maestros españoles y maestras en cada pueblo, con salarios suficientes, y ellos *sean obligados a enviar a sus hijos e hijas a que aprendan*. En breve tiempo (n. 97) se harán de nuestro idioma, que es el más estrecho lazo de amistad, y podrá *prohibírseles el suyo*, que en proporción inversa es fortísimo motivo de desunión la diversidad de éste. Los Incas (n. 99), sin tener escritura, esparcieron el suyo en muchas provincias sin necesitar para eso mucho tiempo. Varias leyes (n. 100) tratan de establecer el castellano entre los indios, pero no se han observado; se ha hecho creer que por la rudeza de los indios era imposible instruirlos sino en su lengua. En este errado concepto (n. 101) se ordenó que la aprendiera el cura para doctrinarlos, y en la que se dice General, que muchísimos indios no perciben enteramente, fueran traducidas las oraciones. (Todo esto explica por qué interesaron al autor las noticias prusianas a que hacía referencia al comienzo de su escrito.) Propone (n. 104) que se nombren indios meseros que atiendan las sementeras en común y pastores, con lo que restaría el tiempo libre a los muchachos y muchachas (para ir a las escuelas). El autor (n. 105) hace tres años que a su costa estableció una escuela en cada pueblo de los que componen su curato, que son siete, con las que logra que aprendan la doctrina y a leer y escribir y contar con admirable brevedad los niños de ambos sexos, sus feligreses. Para perpetuar éstas escuelas (n. 106) ha destinado algunos ramos en cuyos productos puedan sostenerse en lo sucesivo. Por dirección del autor (n. 107, p. 180), don Domingo Artete, cura de Reyes en la provincia de Tarma, destinó una crecida cantidad de pesos al tiempo de su fallecimiento para que se fijasen escuelas en los pueblos de este curato; cree el autor del papel que están entabladas por esta dotación. Es muy crecido el número de pueblos en estas provincias (n. 108) y serían necesarios exorbitantes sinodales para salarios de los maestros y maestras; sin gravar el real haber, ni presionar a los indios, no faltan ramos de que se enteren (pero no los explica). Los indios quedarían doctrinados en 25 o 30 años, lo que no se ha conseguido en más de 200.

En estas propuestas, el cura de Tarma se muestra compenetrado de las corrientes culturales y lingüísticas de su siglo, y sigue ideas que tuvieron altos promotores en la Iglesia y el Estado, tanto en la Península como en los círculos dirigentes de las Indias. Sus dotaciones y las del cura Artete muestran asimismo que se trataba de programas que pasaban a la acción.

En el orden eclesiástico sugiere (n. 109) que los que hubieren de ser curas sirvan de "Interes o Tenientes" con sus regulares salarios por dos años en curatos a su arbitrio. No puedan obtener nóminas sin que primero presenten certificación del cura a quien ayudaron o del vicario del Partido, de haber cumplido su término y satisfecho bien a su cargo. Así se proveerá a la escasez que hay de sujetos aptos para "Interes" (n. 110); éstos se habilitarían en el conocimiento y manejo práctico de los indios con que pudieran mejor dirigirlos cuando fuesen propios párrocos, y ya menos rústicos ellos no se acordarían más de sus bárbaras políticas, que serán sin dificultad corregidas por el medio que propondrá.

El capítulo 6 del papel trata, en efecto, del: "Modo de corregir las políticas bárbaras de los indios." Reitera (en el n. 111, p. 181) que son perniciosas las juntas de la plebe. Se deben prohibir las de indios, aunque éstos siempre serán "serbilmente serviles" (n. 112). Recomienda añadir en sus cabildos (n. 115) un español o mestizo como alguacil con jurisdicción sobre los de esta casta. Propone libertar al mestizo de la dependencia que hoy tiene de los indios (n. 116, pp. 182-183); porque éstos les dan chácaras, pastos y solares de su comunidad y se sujetan a sus extravagancias, se acomodan a sus modos de vida y dictámenes y resultan peores que ellos, "porque a la altivez de los españoles que les da la mezcla, se unen los resabios y malos hábitos de los indios con quienes a precisión se parcializan contra su inclinación natural que los induce a dominarlos". Las tierras se repartan a los mestizos a nombre de S. M.

(n. 117), y así quedarían libres de sujeción de indios, y ya no inverso el orden de superioridad se tratarán como dominantes, que es lo que debe ser y a lo que aspiran, se españolizarían del todo y se excitaría su gratitud hacia la Majestad y esto contribuiría a la seguridad. El mestizo en el cabildo de los indios (n. 118) sería un testigo de sus resoluciones.

Vuelve a marcarse en estos párrafos la tendencia españolista del autor y su concepto jerárquico de la sociedad colonial, no careciendo de agudeza su análisis de la situación intermedia del mestizo.

El capítulo 7 trata de los: "Medios de inducir a los indios a una regular economía". Señala la dependencia de ellos con respecto a los corregidores (n. 120), y la sujeción o afección con que se entregan a sí y a sus familias por sus interminables cuentas a los hacendados, que "visos tienen de casi esclavitud". Es decir, en el campo como en las minas el trabajador y los miembros de su familia sufren dependencias a consecuencia de las deudas "interminables". El autor recomienda que se precise a los indios al *uso de los géneros de Europa* (n. 126) y con ellos al traje español moderno. Tengan opción (n. 127) de comprar donde más cuenta les hubiere, y, si no, se los reparta el Gobierno o el Corregidor de su provincia. Con esto (n. 128) se hará menos su ocio, porque serían necesariamente excitados al trabajo para solicitar el valor del vestido. (En esta propuesta, el cura de Tarma se inclina por remedios que conocieron cierta difusión en las varias provincias de las Indias: los vasallos útiles y laboriosos de la Monarquía debían consumir géneros que estimularían la actividad de la industria y del comercio de la metrópoli.) Tiene presente el autor (n. 130) que los indios ganan a lo menos *4 reales cada día* en un regular trabajo. Al que rehúse comprar (n. 134) le obliguen a destino útil, especialmente *a minas,* a las que pudieran *dirigirlos por mitas,* arreglando antes su trabajo y jornal conforme al de Potosí o como mejor pareciere, del que debería separarse un tanto para el valor del vestido y vigilar que sean menos sus borracheras. Como en Potosí se costean los mineros si benefician por *4 marcos* (n. 138), otras vetas de esta ley podrían beneficiarse. Piensa (n. 144) que pudieran establecerse entre estos naturales dos órdenes, una de plebeyos y otra que equivaliese a caballeros o hijosdalgos libres de tributos para los que hiciesen algún servicio al soberano o a la república.

De esta suerte, el aumento del consumo de géneros europeos obligaría a los indios a un trabajo más activo y a procurar su remuneración; pero, en último término, el autor vuelve al razonamiento que ya había hecho al tratar de las minas, que incluye la ampliación de las mitas.

Dice (n. 147) que ha notado los defectos de estos naturales, pero no pueden ser atribuidos a sola su malicia, genio o temperamento. Admite que:

Son ellos racionales, como los que componen las Repúblicas más cultas, y capaces por lo general de todas las virtudes y bellas prendas que ilustran a los hombres de bien (quizá con exceso a muchos europeos); si debidamente se reflexiona, son por sí mismos sumamente advertidos, reservados, activos, dóciles y complacientes, lo que se observa en los niños de hasta 12 años que obran de mero impulso antes de haber contraído los resabios de sus mayores.

Exceden a los españoles (n. 148), a lo menos a los que habitan estos países, en agilidad, robustez y resistencia a intemperies, hambre y sed, y en lo sano de sus complexiones. Son hábiles a todo trabajo y negociación si se aplican. La falta, pues, de educación y los malos hábitos que, supuesta la calidad de conquistados, y nuestras diferencias, ésta les engendró, los han inducido a estos defectos (n. 149). Las erradas preocupaciones que los españoles han tenido en orden a su rudeza, debilidad y miseria, han contribuido por la mayor parte a esos mismos defectos. Siguiendo a Montenegro (n. 164), tilda de exageración al Obispo de Chiapa cuando condena la tiranía de los españoles. Y le preocupan al autor las censuras de los escritores extranjeros y de los nacionales contra los conquistadores, que difaman a la nación española.

En todos estos aspectos, el escrito del cura de Tarma es representativo de la atmósfera del siglo borbónico español, que ya enfocaba el estado de los indios y la política que debía seguirse con respecto a ellos de acuerdo con fines y métodos distintos de los que caracterizaron a la etapa de la tutela religiosa y civil de la Casa de Austria.

Volviendo a los papeles administrativos, nos toca ahora dar cuenta de la "Relación que hace don Manuel Amat, virrey del Perú, a su sucesor don Manuel de Guirior, comprehensiva desde 12 de octubre de 1761 hasta 17 de julio de 1776".[78]

El virrey Amat explica que, por distintas revisitas, ha incluido mayor número de indios que su antecesor y presenta un cuadro resumido de este aumento en la siguiente forma (fols. 122-123, pp. 236-237 de la *Memoria* impresa). [Ver página siguiente].

Reténgase que de un total de 104,785 originarios y 67,417 forasteros, es decir, 172,202 hombres útiles, con un número total de 358,522 mujeres, y 761,696 personas, se pagan 1.154,790 pesos de tributo anual antes de mediados de julio de 1776. El virrey Amat subraya que hay la diferencia de 148,916 personas con respecto a los anteriores tiempos, y se ha conseguido el acrecentamiento de más de 100,000 pesos que contribuyen los indios que deben tributar a S. M. Recuérdese (*supra*, p. 52), que el cuadro de 1754 daba en 74 provincias de 2 arzobispados y 6 obispados, 143,363 tributarios, con 289,771 mujeres y 612,780 personas. Si bien la comprehensión geográfica era distinta, se puede recordar asimismo que, en 1561 (*supra*, I, 28), se

contaron 2.850,000 personas de todas edades, 396,866 tributarios, y 1.226,676 pesos como valor del tributo. A su vez, en 1591 (*supra*, I, 185), se computaron 325,899 indios tributarios, que pagaban de tributo anual 1.506,290 pesos. Más que los totales que tienen que variar de acuerdo con las provincias distintas que en cada caso se incluían, podrían efectuarse comparaciones en el interior de las regiones cuando aparecen en los recuentos de los varios años citados.

En los capítulos 5 y 6 (fols. 88 y 91, pp. 181 y 186 de la *Memoria* impresa), trata el virrey Amat de los corregidores y sus granjerías. Le parece que los corregimientos en el Perú: "son unos diptongos de mercaderes y jueces, de suerte que en ellos se junta la vara del comercio, con la de la justicia" (fol. 91). Hace la historia de este abuso que llegó a ser tolerado y cree que es la médula del desgobierno del Perú:

> Los excesos que juntamente cometen los obrajeros, cañabereros, dueños de coca, mineros y demás hacendados (y aun la irreligiosidad de los curas doctrineros) cuyas desarregladas operaciones son públicas y notorias, no penden sino del perverso proceder de los corregidores (fol. 96).

Éstos venden ropa, hierro, tienen mulas para el transporte, etc. Y vaticina:

> Del modo que hoy corre el Reino en breve tiempo llegará a su total desolación, se acabarán los indios y se extinguirán los pueblos buscando refugio y asilo en las ciudades como lo están practicando (o se irán a las naciones de infieles)... cesará el cultivo de los campos, y lo que es más no habrá quien se dedique a la labor de las minas de oro y plata. Lo cierto es que si los indios son perseguidos, puestos en cárceles o vendidos en los obrajes o cañaverales para la cobranza de *las deudas contraídas*, no es posible (que) haya reglamento en los pueblos... (fol. 96).

Y todo cesará si faltan los indios.

En el capítulo 7 (fol. 99, p. 198 de la *Memoria* impresa), dirige también duras censuras a los curas que sólo procuran su interés, como en detalle lo explica.

En el fol. 125 comienza a tratar de *Guancavelica*. En tiempos de los virreyes Montesclaros y Esquilache dio cuidado por su disminución y la falta de reparos. Bajo el Marqués de Mancera, en 1639, llegó a cerrarse del todo la mina, por no tener respiración y morirse los trabajadores; por eso procuró continuar el socavón, que se concluyó en 15 de abril de 1642, y

ha sido la felicidad de estas provincias y el que posteriormente no se hayan experimentado las varias contingencias que se causaron por entonces.

Al llegar el virrey Amat al Perú, se le co-

Departamentos	Provincias	Repartimientos	Caciques y cobradores	Indios originarios	Forasteros	Reservados	Muchachos	Mujeres	Núm. de personas	Importe anual del tributo
Lima	15	87	226	18,548	4,912	4,618	23,170	49,297	100,771	127,271.4
Chuquisaca	13	123	489	12,524	17,568	9,725	31,817	65,742	137,865	231,630.7
Misque	3	9	23	3,094	727	971	4,377	8,214	17,406	10,386.4 1/2
Paz	7	67	187	14,619	20,298	8,613	40,353	66,400	150,470	282,961.3
Cuzco	14	155	700	23,882	14,623	11,664	39,612	79,793	170,274	260,424.3 1/2
Arequipa	8	39	180	7,865	1,518	1,994	10,887	22,617	45,061	67,142.6 1/2
Huamanga	8	43	221	8,323	3,370	5,017	10,218	24,487	51,636	64,276.6 3/4
Trujillo	7	62	272	15,930	4,401	4,203	21,435	41,972	88,213	11,696.3
Totales:	75	585	2,298	104,785	67,417	46,805	181,869	358,522	761,696	1.154,790 pesos 6 1/4 reales

municó que la mina amenazaba ruina por faltar los estribos, y nombró al oidor D. Cristóbal Mesía y Munive para que pasase a ella con instrucciones secretas. El virrey creía que los informes se debían a particulares fines de los mineros. Resultó, en efecto, estar la mina firme y reparada; había 72 labores útiles y 32 prohibidas y 158 despreciadas por su corta ley. Las prohibidas lo estaban por las acumulaciones de vapor maligno. Como la ley del metal es corta, no se ha exigido a los mineros el pago del quinto, según antes se les concedió. Esa condonación, en un quintal que vale 72 pesos 40/100 de real, importa 14 pesos 48/100 de real (fol. 126v). El estado de Guancavelica es que no puede ahora suministrar los azogues que necesita el reino. El quintal cuesta a S. M., 79 pesos 3 reales, conforme al asiento con los mineros; se les dan de auxilio 50 pesos por cada quintal vendido; 22 pesos 40/100 quedan reservados en las Reales Cajas para ratas y desmontes; y 6 pesos 97 1/2/100 para sínodos, salarios y otros gastos. Por el aumento en el gasto de la conducción llega a valer el quintal en Potosí, 99 pesos 1 real. El precio del quintal de Almadén hasta el puerto del Callao es de 17 (diecisiete) pesos.

En los folios 133v-136 pone el virrey los cuadros comparativos del azogue recibido de Almadén y Guancavelica (figuran en la *Memoria* impresa, p. 251, los de Almadén, "Razón general de los azogues venidos... desde el año de 1766 hasta 29 de agosto de 1775...", con un total neto de 18,511 quintales, 91 libras, 15 onzas; y pp. 254-255, los de Guancavelica, que se han sacado desde el año de 1761 hasta el de 1775, ambos inclusive, con un total distribuido de 74,939 quintales, 94 libras, de los que fueron a Potosí 25,603.60, a Oruro 15,880, a La Paz 650, a Chucuito 6,517.50, a Carangas 2,740, a Caylloma 5,039.96, al Cuzco 205, a Pasco 8,310, a Jauxa 5,390, a Lima 1,500 y a Guancavelica 3,103.88). Amat es partidario de que abunden los azogues de Almadén y se minoren los de Guancavelica.

Desde el tiempo del Marqués de Cañete el Mozo (que entró a gobernar en 8 de enero de 1590), tiene *mitayos* la mina de Guancavelica (fol. 131). Se recogen de 13 provincias inmediatas, conforme al número de los indios que resultan de las revisitas, a la *séptima* al año. El cuadro actual es el siguiente (fol. 131v, p. 249 de la *Memoria* impresa):

Provincias que mitan a Guancavelica	*Repartimientos*	*Gruesa*	*Séptima*	*De continuo trabajo*
Guanta	5	3,097	251 3/7	62 3/4
Parinacochas	4	331	46 3/7	11 5/8
Vilcashuaman	10	1,190	108 2/7	26 1/2
Jauja	3	1,268	181 1/7	44 3/4
Castrovirreina	3	1,440	170 5/7	42 1/4
Aymaraes	8	3,013	289 3/7	71 1/4
Andahuaylas	2	196	28	6 3/4
Yauyos	1	204	24 5/7	6 1/8
Chumvivilcas	9	984	140	34 3/4
Cotabambas	5	1,235	175 4/7	43 3/4
Angaraes	4	2,614	351 1/7	87 1/2
Tarma	10	729	104 1/7	25 1/2
Lucanas	3	784	112 1/7	28
Totales:	67	17,085	1,983 1/7	491 1/2

Nótese que este cuadro aclara por qué hay fracción de indios mitayos: ello se debe a que se divide la gruesa entre siete y no siempre arroja un submúltiplo.

Explica Amat que de la *gruesa de 17,085 indios*, rebajados los que según Ordenanzas están exentos de este trabajo por sus clases, servicios de iglesias y de república, caben de séptima, *1,983 indios y 1/7 de otro*, que se han de enviar cada año; de éstos, *491 y 1/2 son de continuo trabajo*, quedando los restantes de descanso conforme a lo dispuesto.

Comenta que, aunque las minas de plata consumen mucho a los indios, las de azogue son sin comparación más perjudiciales a la naturaleza y así es muy manifiesta la ruina de estas provincias (fol. 132, p. 250 de la *Memoria* impre-

sa). Por eso cree conveniente que, si no del todo, sí en la mayor parte venga el azogue de Almadén, como fue el pensamiento que inspiró la Real cédula de 6 de enero de 1767. (Es de notar que en este planteamiento difiere Amat de la opinión de Superunda examinada *supra*, p. 53).

Con respecto a las *minas de oro y plata* del reino del Perú (cap. 13, fol. 137, p. 256 de la *Memoria* impresa), recuerda que existe legislación municipal en los títulos 1 a 16 de las Ordenanzas, y que las principales minas son ahora: las de Oruro, Chuquito, Puno, Caylloma, Huantajaya, Carangas, Lucanas, Huaraochiri, Yauyos, Pasco y Chota, pero la más abundante ha sido y es Potosí.

Ofrece el siguiente cuadro de sus producciones (fol. 137v, p. 257 de la *Memoria* impresa):

En la Caja de Oruro se funden marcos de plata	114,000
En la de Carangas	20,000
„ „ „ Chucuito	44,000
„ „ „ La Paz	2,000
„ „ „ Potosí	325,000
	505,000
„ „ „ Huancavelica	5,000
„ „ „ Arequipa	10,000
„ „ „ Caylloma	35,000
„ „ „ Jauja	13,000
„ „ „ Pasco	100,000
„ „ „ Trujillo	60,000
„ „ „ Lima	72,000
	800,000

Los marcos regularmente son de 17 dineros 22 granos, que, reducidos a la ley que tiene la moneda de 11 dineros, ascienden generalmente a más de 1 millón; y rebajando lo que se convierte en plata labrada, lo que se oculta y las barras que pasan en registro a España, quedan para acuñarse en las Reales Casas de Moneda más de 700,000 marcos.

Potosí viene decayendo desde el siglo pasado y ahora más (fol. 138). Los mineros, por lo regular, sólo benefician los desmontes y no trabajan a cuerpo del cerro por la profundidad de las minas y la escasez de la ley. En tiempo del virrey Esquilache aún consumía el Cerro 5,000 quintales de azogue, y ahora no llega a 2,000.

El virrey explica las medidas necesarias para dar un socavón (fol. 139), que aún no se realizaba porque el Rey no quería que fuese a costa de la Real Hacienda, ni del Banco de la Compañía de mineros, sino a costa de éstos.

Gobernando Potosí D. Buenaventura Santelices, se limpiaron las lagunas, con costo de 50,000 pesos, que fue obra útil para asegurar el agua a los ingenios (fol. 140).

En el mineral de Potosí hay una especie de indios y mestizos que llaman *capchas*, los cuales se ocupan en robar metales casi desde los principios del mineral, beneficiándolos por su cuenta con disimulo y permiso de los mineros (fol. 140); pero el comercio de Potosí se quejó al rey de los daños que ocasionaban a las labores, destruyendo puentes, etc. Amat informó a S. M. y, por real cédula dada en El Pardo, a 17 de enero de 1767, se ordenó que puesto que. era el comercio el que protestaba y no los mineros (los cuales eran los perjudicados, pero no habían querido destruir el gremio de los *trapicheros*, pues tales mineros confesaban la utilidad que experimentaba la Real Hacienda, el público y la villa con semejante disimulo), que únicamente para evitar cualquiera inquietud se procurase separar poco a poco de aquel distrito con algún pretexto a los que fuesen cabezas de las cuadrillas. Amat escribió al Gobernador de Potosí, mas da a entender que no se hizo nada contra los *capchas* y *trapicheros*, lo cual fue por no tener razón los que promovieron su destrucción.

La opinión particular del virrey era la siguiente (fol. 141, p. 262 de la *Memoria* impresa):

> Verdaderamente los dichos *capchas* son unos disimulados ladrones, pero es un mal necesario, pues el mineral (como llevo referido) casi lo tienen abandonado los mineros, siendo esta especie de gentes, la que hoy día ofrece al rescate más marcos que todo el Gremio, pues reconocidas las cuentas del Banco de los años 1773 y 1774, hallará V. Exa. mayor número de marcos vendidos por los *capchas* y minerales del distrito que por los azogueros.

Y pone al margen este cuadro:

Año de 1773:

Azogueros	152,085
Capchas	163,419.4
Exceso	10,334.4

Año de 1774:

Azogueros	155,973.2
Capchas	170,494.4
Exceso	14,521.2

(No deja de ser digno de señalarse que la explotación de Potosí comenzó a manos de los indios cuando el beneficio era por medio de las *guayras;* y ahora, al acercarse el fin de la colonización, volvía a quedar el grueso de la extracción en manos de indígenas y mestizos por la intervención de los *capchas.*)

El virrey cree que perjudicaría a la producción el alejamiento de los *capchas*, pues éstos tienen conocimiento del buen metal y se arriesgan a entrar en las profundidades de la mina una vez cada semana, según el antiguo permiso.

En lo referente a *la mita de Potosí* (fol. 141v), informa que, en 25 de agosto de 1768, mandó al Gobernador de Potosí que no permitiese, finalizado el tiempo de los indios mitayos, que éstos se quedasen; y ordenó que los mineros les satisfaciesen la mitad del leguaje sin excusa; esto también se entendió con los indios de mita de Guancavelica; el capitán que los extraía debía ser compelido a restituirlos.

El estado actual de *la mita de Potosí* es el que refleja el cuadro siguiente (fol. 142 r y v, p. 264 de la *Memoria* impresa). [Ver página siguiente].

Nótese que son 15 provincias, si bien una incluye a Canas y Tinta. De la gruesa de *59,446 indios*, rebajados los que según Ordenanzas están exentos por sus clases, servicio de iglesias y de república, *caben de séptima 3,637 4/7,* que se han de enviar cada año. Los de continuo trabajo resultan ser *1,185,* gozando los otros de dos semanas de descanso. Amat señala la gran rebaja que hay en comparación con la época del virrey Toledo, en la que se destinaban *13,500 de séptima,* y cree que ha habido disminución de los indios en unos dos tercios.

Antes hubo un juez en Potosí, que solía ser un oidor, para cuidar el entero de la mita; pero

Provincias destinadas para mita de Potosí	*Repartimiento*	*Gruesa*	*Séptima parte*	*De continuo trabajo*
Quispicanche	6	735	44	14
Canas y Tinta	19	3,681	269	87
Lampa	19	6,383	363	105 1/3
Azangaro	12	3,430	149 1/7	48 2/3
Paucarcolla	5	1,700	73 3/7	24 2/3
Chucuito	7	7,638	473 5/7	155 1/3
Pacages	12	6,247	398 5/7	131 1/3
Omasuyos	8	8,307	66 1/7	21 1/3
Sicasica	5	3,599	239	79
Paria	8	3,500	412 4/7	136 1/3
Carangas	10	2,073	185 5/7	60 1/3
Cochabamba	5	1,580	131 3/7	43
Chayanta	9	5,156	342	113
Porco	11	3,440	383 3/7	130 2/3
Tarija	3	1,977	105 6/7	35
Totales:	139	59,446	3,637 4/7	1,185

hoy esto es anejo al cargo del Gobernador (fols. 142v-143).

El virrey Amat ha procurado evitar el uso de los indios de plata y los traspasos, pero la distancia no le asegura que haya habido cumplido efecto (fol. 143).

Comenta que (fol. 143v, p. 266 de la *Memoria* impresa):

> Los demás minerales del Reino *no tienen asignación de mitayos*, trabajándose con *peones voluntarios.*

Pasco está hoy en decadencia. Prometen buen rendimiento las minas de Chota, en la provincia de Cajamarca, demarcación de Trujillo.

No hay tanto oro (fol. 144). Se coge ahora en las provincias de la ciudad de La Paz principalmente. Estima que se producen en el Perú de 6 a 7,000 marcos de oro. Este metal lo buscan sujetos pobres en partes remotas, en las vertientes de los ríos. No hay una gran explotación centralizada.

En Oruro se saca cobre (fol. 145).

Hay también minas de estaño (fol. 145).

Cita ejemplos de rebelión popular contra los corregidores (fol. 160). Y movimientos de mestizos y de indios descontentos con el gobierno (fol. 163).

Referido principalmente a la minería, pero con mayor amplitud en el enfoque de los capítulos comparativos que abarca, se cuenta con el estudio de David A. Brading y Harry E. Cross, "Colonial Silver Mining: Mexico and Peru", publicado en *The Hispanic American Historical Review*, LII-4 (noviembre 1972), 545-579. Ha sido reproducido por el Center for Latin American Studies. Institute of International Studies. University of California, Berkeley, California, 94720. Reprint Nº 438. Latin American Series. Y, en lengua española, bajo el título "Las minas de plata en el Perú y México colonial. Un estudio comparativo", en *Desarrollo Económico*, XI-41 (Buenos Aires, 1971), 101-112. Los autores explican en la edición en inglés: "The aim of this article is to review the state of existing knowledge about colonial silver mining" (p. 546). En materia de trabajo comentan que: "In Mexico forced labor ceased to be an important element among mine workers as early as the middle seventeenth century. In Peru by contrast the *mita* continued until its legal abolition in 1812" (p. 557). Refiriéndose al siglo XVIII, observan que: "all Peruvian camps, with the exceptions of Potosí and, to a much lesser extent, Huancavelica, had followed the Mexican pattern. They all relied on free labor. By then the *mita*, much reduced to no more than *3,280 men*, acted chiefly as a subsidy to maintain Potosí in existence. Without this source of cheap labor the *cerro rico*, with all its rich ores long since exhausted, could not have continued to work minerals which on average yielded no more than 3/4 ounce of silver per hundredweight (quintal)" (p. 560). En lo que respecta a la producción metálica, prestan atención particular a la disponibilidad de azogue procedente ya sea de Huancavelica o de Almadén o Idria. Después de 1700, Almadén llega a producir al año más de 18,000 quintales; y el precio en México, en 1767 y 1776, baja de 82 1/2 pesos a 41 pesos, lo que favorece el auge de la minería de plata (p. 564). Señalan los autores que las minas de México y del Perú habían continuado produciendo grandes cantidades de plata a lo largo del siglo XVII (p. 576). Luego: "Potosí and Huancavelica, after a parallel depression in the years 1680-1724, both picked up after 1730. Huancavelica augmented production from 2,500 hundredweight c. 1710 to an average 6,000 during the 1760s, then collapsed after 1780, never again to yield more than 4,000 hundredweight... Potosí, and, to a much lesser extent, Huancavelica, still continued to rely upon the dwindling and inefficient *mita* for cheap labor. Other camps hired free wage-earners, a class about whom, however, little information is available" (p. 578). Viene al final, p. 579, una tabla estimativa de la producción de plata y oro en Hispanoamérica, de 1571 a 1700.

XVI. Desde 1777 hasta comienzos de 1790

En 1777, D. Felipe Haedo envió de Potosí al virrey Ceballos en Buenos Aires una memoria sobre *Tributos y Synodos*. Distingue desde el punto de vista fiscal los casos siguientes: 1. Originarios, reunidos con pueblos subordinados al comando de caciques gobernadores, con tierras adjudicadas para sementeras y pastos, y pagan al rey de tributo de *9 a 11 pesos por año*. 2. Yanaconas del rey, pagan *7 pesos* porque no disfrutan de tierras. 3. Forasteros o indios vagos, *misma suma*. 4. Yanaconas de particulares, que se adjudican a pobladores o dueños de estancias en premio de sus servicios y sólo pagan *3 pesos al año*.[79]

Una petición, de 8 de diciembre de 1777, que dirige José Gabriel Tupac Amaru al virrey del Perú, trata de los *abusos de la mita*, la disminución de la población india y la imposibilidad en que se encuentra de llenar la cuota mitaria en su provincia.[80]

Antes de proseguir el estudio de los documentos de esta época, abramos un paréntesis para mencionar algunos trabajos de nuestros días que se ocupan del último cuarto del siglo XVIII.

John R. Fisher ofrece un cuadro de la plata amonedada en el Perú de 1776 a 1839. En el Bajo Perú, después de la separación de Potosí en 1776 para incorporarlo al nuevo virreinato del Río de la Plata, aumentó en general *la producción minera* en los otros centros, en particular en Hualgayoc, en la provincia de Trujillo (descubierto a partir de 1771), y en el Cerro de Pasco, en la provincia de Tarma. Aquí se abrió el socavón de Santa Rosa en la década de 1780 y se desaguaron las vetas, continuando este esfuerzo con ayuda económica posterior del Tribunal de Minería de Lima (que se estableció en 1786). La misión de expertos alemanes, encabezada por Nordenflicht, llegó en 1790. Con excepción de uno o dos casos locales, la mita no funcionó en este período. En el Cerro de Pasco el trabajador de mina llegó a ganar *3 pesos al día* en vez de los tradicionales *4 reales*. Acerca del trabajo compulsivo en dicho Cerro de Pasco en los años 1796-1806, el autor señala el documento conservado en el Archivo Nacional del Perú, Minería 57. Huancavelica sólo temporalmente repuntó en la década de 1780; al fin de la centuria producía como la mitad de los 6,000 quintales requeridos anualmente en el Perú, y el resto procedía de Almadén. En esta época Potosí decaía y el Banco Real, en 1799, compró plata en ese asiento por 3.251,574 pesos, mientras que la Moneda de Lima procesaba en el mismo año 6.000,000 de pesos. En dicho año la producción de plata en el Bajo Perú fue de 612,908 marcos registrados, que era la más alta en esa década. El Cerro de Pasco llegó a producir, en 1803, 320,000 marcos, cuando en 1784 su producción fue de 68,208 marcos. Al fin de la década de 1790, las minas de Hualgayoc permitieron registrar en Trujillo 103,032 marcos. En esa década del 90, la amonedación total en el Bajo Perú osciló entre 412,124 marcos y 2 onzas en 1790, y 612,908 marcos y 4 onzas en 1799; cada marco daba alrededor de 8 1/2 pesos al ser amonedado. Aunque hubo esfuerzos para fomentar otras exportaciones, "la economía virreinal permaneció casi enteramente dependiente de la exportación de plata, y la minería argentífera siguió dominando todos los demás sectores de la actividad económica".[81]

Aunque no trata propiamente de la producción minera alto-peruana, sí aborda un tema que se encuentra relacionado con ella, la contribución de Nicolás Sánchez Albornoz, *et al*, sobre el *envío de mulas* de Salta al Perú en los años de 1778 a 1808. Ofrece un cuadro de 54 internadores de 2,000 a 10,000 mulas en ese lapso con las cifras correspondientes a cada cual. Asimismo otro cuadro en los mismos años de 18 internadores de más de 10,000 mulas. Cita 90 de entre 500 y 2,000, y 219 de entre 1 a 500. De 1778 a 1809 va de Salta al Perú un total de 808,761 mulas. La sisa produce en ese período 605,167 pesos. Entre 1795 y 1808, la saca anual es de más de 31,000 mulas. Entre 1780 y 1794, de 18,000. Entre 1765 y 1779, de 33,000.[82]

Volviendo a nuestros extractos de documentos coetáneos, nos toca prestar atención a la "Relación de D. Manuel de Guirior, virrey del Perú, a su sucesor D. Agustín de Jáuregui y Aldecoa, del 17 de julio de 1776 a 20 de julio de 1780".[83]

Habla de la necesidad de comprar negros para la agricultura y se lamenta de los retardos en su introducción (n. 43). Antes ha señalado el descenso que existe en la agricultura peruana y la necesidad de importar trigo de Chile, lo cual atribuye a la rebaja de censos que acordó el Real Acuerdo y aprobó el Rey (n. 42).

Estaba en proyecto abrir un socavón en el cerro de Lauricocha (n. 52).

También se hacían obras a cargo de D. Mariano Maruri para restablecer el mineral de Vilcabamba; entre lo que ese encargado ha pedido se ordenó a las Justicias del contorno que le apronten los indios que necesite para el trabajo, bajo expresa orden de que los retribuya justamente (n. 53). El virrey se interesaba en el adelanto de los métodos de fundición y había pedido al Rey que se enviasen dos técnicos de Sajonia, aún sin resultado.

Se inclinaba a la introducción de azogue de Almadén para suplir el mal estado de la mina de Guancavelica (n. 57).

Dice que una sola gracia ha negado constantemente a los mineros y es concederles *mitayos* que asistiesen a sus labores, aunque le representaban la falta de peones voluntarios. Tenía presente la disminución de los indios (n. 60).

Le parece que los indios están en triste condición y critica los repartimientos (de mercancías) que hacen los corregidores, con permiso (n. 61).

Este virrey no cree en la pereza de los naturales, porque ve que los de Lima se aplican y cumplen en sus artes y oficios, son limpios, etc. Atribuye esto a mayor contacto con los españoles y a que no sufren despojos del fruto de su trabajo, lo que no es así en los de las provincias. Y reflexiona: "Para qué han de solicitar con viveza cualquier logro que no ha de serles útil." Tampoco se han introducido en ellos otras necesidades sobre las primitivas. No tienen distintos oficios que los de arrieros o labradores (n. 67). También ve en mala situación a los mestizos (n. 68).

Habla extensamente de los tumultos (ns. 78 a 95).

La oficina de retasas ha pasado a la nueva Contaduría de Tributos (n. 145).

El virrey muestra interés por que haya escuelas públicas para indios (n. 149).

No faltan, pues, en esta "Relación" algunas muestras de espíritu "ilustrado", tanto en lo que ve a la atención del comercio (por ejemplo, en el n. 48 trata de la Real orden sobre el expendio de géneros ingleses a consecuencia de la guerra), el fomento de la agricultura (aunque

con incremento del comercio negrero), el perfeccionamiento de la fundición minera (con expertos que se traerían de Sajonia), el mejor tratamiento de las clases laboriosas indígenas y mestizas y el adelanto de la instrucción pública.[84]

Según los *libros de los Oficiales Reales*, entre 1556 y 1783 se sacaron de Potosí, 820.513,893 pesos y 6 reales. Y los derechos reales fueron de 151.722,647 pesos, sin incluir la plata no registrada.[85]

Del propio año de 1783 es un "Informe reservado del Gobernador Intendente de Potosí, D. Juan del Pino Manrique, sobre la Nueva Real Ordenanza de Intendentes del Virreinato del Río de la Plata".[86] En ese documento señala que los mineros de Potosí no tenían el necesario conocimiento técnico, tanto para el trabajo de la mina como para el refinamiento de los metales. Como no había los adecuados libros o cursos, proponía que se impusiera un gravamen en todo el azogue usado en Potosí, para traer de Europa tres profesores competentes. Hallaba que los precios eran muy altos en Potosí.[87]

Jorge de Escobedo y Alarcón, que fue visitador general de los Tribunales de Justicia y Real Hacienda del Perú, publicó en Lima, en 1784, una obra sobre *El trabajo de minas, beneficio de metales y medios de fomentarlo*, que no he logrado consultar.[88]

Entre las fuentes administrativas, se cuenta con la "Relación de D. Agustín de Jáuregui, virrey del Perú, a D. Teodoro Francisco de Croix, su sucesor, del 20 de julio de 1780 al 4 de abril de 1784".[89]

En los números 17, 71 y ss., ofrece datos sobre los levantamientos de indios (Tupac Amaru, etc.). En los números 101-103, refiere la invasión de la villa de Puno y su despueble. En los números 134-144, las causas verosímiles del origen de la rebelión y observaciones acerca de ella, con algunas consideraciones generales.

Informa que en alivio de los indios no sólo procuró la extinción del repartimiento (de mercancías) de los corregidores,[90] e instituyó la Sala de Desagravios, sino que contribuyó a reprimir otro abuso en las haciendas de minas, que era *retener en ellas a los indios operarios* como esclavos, con el pretexto de ser deudores de los dueños por efectos que les venden a precios excesivos. Recibió la queja de la provincia de Guarochiri y mandó en ella, y por punto general, que el corregidor cuidase que pagando los indios lo que justamente debieran, quedasen en libertad para servir en cualquier destino que más les acomodase, puesto que aun con los mitayos que caben dentro de la *séptima parte* está mandado por las leyes del Reino que no se les detenga por más de seis meses, aunque digan que lo quieren, porque esa voluntad nunca es verdadera (n. 173). (Esto indica que en las minas que carecían de mitayos se venía desarrollando el abuso de la retención por deudas de los operarios voluntarios, que este virrey deseaba atajar.)

Las encomiendas de Chiloe subsistían y dictó medidas para suprimirlas (n. 174).

Informa sobre las tierras y agregaciones de indios (ns. 176 y ss.).

En el núm. 134 sintetiza así sus observaciones:

Los excesos de los repartimientos (de los corregidores) los daños advertidos en los indios mitayos de las estancias, obrajes y minas, las vejaciones de los arrendatarios de diezmos, curas y subalternos de rentas, han influido desde luego como causas parciales, siendo la instrumental e impulsiva aquella reprehensible maquinación de que hizo uso el pérfido José Gabriel (Tupac Amaru) para consumar el impío designio que tenía muy anticipadamente meditado, como de sus mismas confesiones se colige.

Cree que los *principales remedios* para lograr la fidelidad y obediencia de los indios serían (n. 136):

El frecuente trato y comunicación con los españoles, *el exterminio de su patrio idioma*, la sólida instrucción en las materias de nuestra santa fe católica, el buen ejemplo de sus párrocos doctrineros, el *fácil acceso para redimir sus veiaciones*, el reglar su trabajo en las *Mitas* con precisa sujeción a *lo dispuesto en las Leyes*, y hacerles efectivos los privilegios que les franquea una legislación tan benigna de que no ha gozado jamás ningún vasallo de otro Monarca.

El centro de la rebelión de Tupac Amaru fue la provincia de Tinta, y parece que llegó a reunir 40,000 hombres.

No obstante la gravedad de los acontecimientos por los que acababa de pasar el Perú, se encuentra en la conclusión del virrey que no pensaba en la necesidad de introducir reformas profundas en el sistema de la administración de los indios sino en mantener las mitas con sujeción a las leyes existentes y en quebrantar la identidad cultural de los naturales mediante la desaparición de su idioma, procurando una mayor comunicación civil y religiosa con la población de origen español.[91] Si no se tratara de un período de crisis tan notoria, podría también reconocerse que el virrey tendía a facilitar la recepción de las quejas de los indios, a eliminar los excesos debidos a los repartimientos (de mercancías) de los corregidores, así como la retención por deudas en las haciendas de minas y otros daños que decía se cometían en estancias y obrajes, más los ocasionados por los eclesiásticos.[92]

Ahora bien, la rebelión no dejó de tener efectos más profundos en la administración española, como veremos en otros documentos.

El sucesor del virrey Jáuregui, D. Teodoro de Croix, llegó al Callao el 4 de abril de 1784. Venía de gobernar Sonora y Sinaloa en el norte de México. El 6 de abril entró en Lima y recibió el mando. Su "Relación de Gobierno" figura entre las más prolijas y concretas, comenta R. Vargas Ugarte.[93]

El 7 de julio de 1784, Croix pone el cúmplase a la división del virreinato peruano en *siete intendencias*, que fueron las de: Trujillo, Tarma, Lima, Huancavelica, Huamanga, Cuzco y Arequipa. Más tarde, al reincorporarse Puno al virreinato, fue la octava. Los subdelegados en los partidos sustituirían a los corregidores.

El visitador D. Jorge de Escobedo formó una "Institución para los subdelegados sobre la cobranza de tributos", y otra sobre las "Revisitas o matrículas de los Tributarios". Hizo imprimir en Lima, en 1786, las Ordenanzas del Cuerpo de Minería que habían sido dadas para la Nueva España, y la Real Orden de 8 de diciembre de 1785 en que se hacían algunas declaraciones sobre la aplicación de las mismas en el Perú. Se erigió el Tribunal de Minería en 1787.

Escobedo visitó *Huancavelica* y redactó una instrucción práctica que remitió al Intendente de ese lugar con carta de 15 de noviembre de 1784. Al fin, el Gobierno asumió la responsabilidad de las labores. Se producían unos 2,000 quintales. La mina de Santa Bárbara se hundió el 25 de septiembre de 1786. El 16 de octubre de 1787 se anuncia a Croix el envío por Buenos Aires de 400 quintales de azogue de Almadén e Idria, a 73 pesos el quintal, que luego se acordó pagar a 71 pesos. El de Huancavelica, y aun el de Almadén, se pagaba a 60 pesos. Según los datos del Contador de la Real Mina, Juan Gregorio de Eizaguirre, del año de 1790, la producción de azogue de Huancavelica fue:

Año	Quintales
1785	4,493
1786	3,648
1787	2,400
1788	2,668
1789	1,619

Croix entrega el mando el 25 de marzo de 1790 al bailío Frey Francisco Gil de Taboada y Lemos, que gobernaba antes en Santa Fe del Nuevo Reino de Granada.[94]

Veamos ahora algunos aspectos de la situación del virreinato peruano en esos años del gobierno de Croix.

Comenzando con papeles de 29 de noviembre y 7 de diciembre de 1784, se tiene conocimiento de un "Informe sobre arreglo del servicio y trabajo personal de los indios de la reducción de San Juan Bautista de Porongo, del pueblo e Intendencia de Cochabamba". En él se explica que se han perdido los documentos de la fundación de este pueblo y sólo se le ha informado (al autor cuyo nombre no se consigna) que hace más de 60 años que se fundó, sin que nadie sepa dar razón del origen que tuvo el *servicio personal* que se impuso a los indios de trabajar cuatro mañanas cada semana para la subsistencia de su Misionero y de la Iglesia. Se continúa por ahora este servicio hasta que la Real Audiencia diga lo que ha de hacerse. Entre tanto manda (parece ser el Intendente) les paguen este servicio los curas conforme a lo que se acostumbra en este país, *2 reales por día;* que los viernes y sábados no los ocupen porque hay que dejarles término para sus sementeras y chácaras.[95]

Por razón cronológica citamos a continuación el documento de 17 de febrero de 1785, que lleva por título: "Reglamento de la Reducción anterior sobre el trabajo personal de los indios, hecho por el Obispo Ochoa". Se trata de la misma reducción de San Juan Bautista de Porongo, y lo mandado es que se le debe quitar el servicio al cura y poner que los indios paguen tributo de *7 pesos 4 reales.*[96]

El 17 de agosto de 1787, D. Francisco de Viedma, Gobernador Intendente de Cochabamba, expide providencia en Santa Cruz de la Sierra para quitar de la esclavitud a los indios llamados *piezas sueltas,* mejorando a los indios de encomienda y arreglando su servicio. Manda que se pongan en libertad, declarándolos libres, que paguen tributo, y estos indios se apliquen al servicio personal de los diezmos de chacras y estancias, satisfaciéndoles el jornal que se acostumbra o se regule descontando de él el tributo; esta distribución se haga cada año. A los amos se les obligue al pago y doctrina.[97]

Viene luego el "Informe del Intendente de Cochabamba acerca del dictamen de la Contaduría de Retasas sobre encomiendas de Santa Cruz, sus indios, sus tributos, *piezas sueltas* si convendría hacerlos yanaconas o indios forasteros para el tributo"; al fin del documento se indica: Cochabamba, 13 de mayo de 1792, Exmo. Sr. Francisco de Biedma.[98]

Dice en el primer punto que los indios de las encomiendas de Santa Cruz, aunque se empadronaron, fue dejando a los dueños *en la posesión del servicio de ellos,* sin que pagasen tributo; que las encomiendas de la ciudad de Santa Cruz, ninguna se halla provista con la debida autoridad y formalidad que prescriben las leyes. (Recuerda que en 1592 gobernaba D. García Hurtado de Mendoza, Marqués de Cañete, virrey del Perú.) No tuvieron origen estas encomiendas en los primeros pobladores. Los gobernadores, cuando hacían entradas en la cordillera de indios chiriguanaes, los que apresaban en la guerra, los ponían en *venta pública* en la plaza de la ciudad de Santa Cruz, como si fueran sus esclavos, y según sus edades y robustez así eran sus precios; de aquí en realidad de verdad han resultado estas encomiendas y la esclavitud con que han tenido los Cruceños a los indios denominados *piezas sueltas,* pues como los más de ellos los adquirieron por compra a ellos y a sus hijos, los han tenido y tratado *como esclavos suyos.* Yo bien tuve presente estas circunstancias (añade el autor del informe) para declarar por nulas dichas encomiendas, pero como la ley 45, título 8, libro VI (de la *Recopilación*) previene que ningún encomendero sea removido ni quitados los indios hasta ser oído y vencido conforme a derecho; y, por otra parte, había

de exasperar a aquellas gentes semejante novedad, me pareció prudente *dejar las cosas como estaban* hasta que resolviese la Junta Superior este delicado asunto. Segundo punto: sería muy útil formar una población con los *piezas sueltas.* Cuando hice la visita (sigue diciendo el autor del informe), esto se propuso y ofrecieron pagar el tributo por *salir de la esclavitud;* pero se tropezó con el problema de la privación de estos brazos a los hacendados, por lo que elegí el medio de diferir en parte a su solicitud por el modo que va referido. Sería útil repartirlos de *yanaconas* a los hacendados de aquella ciudad, según se propuso por la Contaduría de Lima, pero lo mismo fuera adquirir este dominio en ellos que empezar a oprimirlos; si se observaran religiosamente las Ordenanzas de Toledo, entonces sí. ¿Si será mejor continuarlos en la clase de *forasteros sin tierras?* Éstos están obligados al servicio personal en clase de forasteros, gozando del salario que se acostumbra cada año, eligen amo, y les descuentan el tributo de los *7 pesos 2 reales,* que es la tasa que pagan a S. M. El jornal de estos infelices es de *25 pesos al año* y *la comida;* rebajados los 7 pesos 2 reales, les quedan *17 pesos 6 reales,* y si se los pagaran estaría bien, pero les hacen trampas, muchos se huyen y dan en ladrones de ganado. Que de estos tres medios elijan. A mí me parece (dice el autor del informe) el más adoptado por ahora este último y luego quizá se podrá establecer una población con los expresados indios *piezas sueltas,* que es el objeto que más interesa a estos naturales.

De suerte que el expediente examinado trata de dos puntos: el servicio que prestan los indios al cura de una Misión y el estado social de los sujetos a los pobladores de origen español de la provincia de Santa Cruz. Es un caso geográficamente limitado, que tiene semejanzas con lo que ocurría en el Paraguay; pero en época tan tardía muestra la persistencia de usos que coartan la libertad de los indios y que el Intendente no se muestra en aptitud de reformar de raíz.

El gobernador de Potosí, D. Juan del Pino Manrique, escribe al Superintendente Subdelegado en Buenos Aires, D. Francisco de Paula Sanz, que con oficio de Su Señoría de 17 de marzo de este año (de 1786) ha recibido un impreso de las *Reales Ordenanzas* expedidas por S. M. en 22 de mayo de 1783 *para la dirección, régimen y gobierno del importante Cuerpo de Minería de Nueva España,* y copia certificada de la Real Orden de 8 de diciembre del año anterior con que el Exmo. Sr. Marqués de Sonora las acompañó a Su Señoría (es decir, a Paula Sanz) al intento de que inmediatamente procediese a *adaptar su contenido,* según las circunstancias locales de estas provincias mineras). Del Pino Manrique dice que México y Potosí son muy distintos y los efectos de una ordenanza misma serían diversos en cada uno de los dos sitios.[99]

Acompañan al escrito citado las "Representaciones del Gobernador de Potosí, Pino Manrique, sobre la Ordenanza de Minería", fechadas el 19 de mayo y el 16 de junio de 1786.[100]

Opina que lo tocante a la *mita* es gubernativo. Las minas de Potosí *no pueden subsistir sin la mita*. Para evitar *ventas y enajenaciones de los indios mitayos*, estrechamente prohibidas en las Ordenanzas 1ª y 2ª, tít. 11, y la 1ª, 2ª, 3ª, 11ª, tít. 13 del Perú, ley 30, tít. 12, ley 18, tít. 13, leyes 5ª y 7ª, tít. 15, libro VI de Indias, se halla prevenido por las Ordenanzas 4ª, 5ª, 6ª, tít. 12, Ord. 15, tít. 13, ns. 2 y 27, que para verificar ventas o arrendamientos de minas e ingenios preceda *licencia del Gobernador* como especial comisionado por el Superior Gobierno.

Estima que los *capchas* hacen mucho daño en las minas por su desordenado trabajo; a causa de lo ambiciosos que son rompen todo lo que encuentran por delante.

Este desorden ha introducido tanta confusión en las pertenencias de los mineros, que cada uno trabaja donde puede siguiendo la labor en que se metió, sin saber de quién es ni dónde se halla. Todos convienen en este usufructo común porque esperan que la industria laboriosa de los otros vencerá la dureza en que corre la veta o encontrará la riqueza que el dueño no puede buscar, y en cualquiera de los dos casos, bien sea de facilitar la saca de metales por haber dado en blandura o de mejorar fortuna en alguna razonable boya de ellos, entonces son los pleitos y las discordias.

En Potosí ya no se encuentra hoy en ninguna veta *metal que pase de 8 marcos por cajón*, siendo el más rico. Esto, la profundidad de las labores, los hundimientos, las pestes formidables de los años 1614 y 1719 y las deserciones de los indios, ya sea a los valles más retirados o a otras provincias que no están afectas al repartimiento, han minorado en tanto extremo el número de los mitayos que, habiendo empadronado el Sr. D. Francisco de Toledo, por agosto de 1578 y por diciembre de 1580, catorce mil doscientos cuarenta y ocho indios con la mita ordinaria de *4,624 de efectivo trabajo* en cada tercio del año, fue tan sucesiva su disminución en los posteriores repartimientos de los virreyes Conde del Villar, Marqués de Montesclaros, Príncipe de Esquilache, Duque de la Palata y Conde de la Monclova, que en el último que se practicó, a 8 de mayo de 1692, apenas se señalaron *4,101 indios* para el trabajo de las minas e ingenios de la Rivera de Potosí, por más que se estrechó la séptima y el cómputo de los anteriores repartimientos, y aun ha decrecido después hasta reducirse *el entero total de la mita a 2,879 indios* por una razón que se formó el año de 1780, según las relaciones que dio cada azoguero; porque ha sido tan grave el descuido en que se ha vivido, que no se encuentran dos que tengan instrumento que acredite sus respectivas asignaciones, ni en estos Archivos se halla el repartimiento que rige en el día; pues habiéndose pedido en años pasados a la Contaduría de Retasas de Lima, no tuvo efecto por el crecido interés que se exigió por su saca. De esto procede que algunas parcialidades trabajan en dos puntas y poquísimas en tres, como era debido para que tuviesen dos descansos, y lo peor es que correspondiendo remudarse la mita *cada cuatro meses*, conforme a su establecimiento, vienen los indios *por un año*, otros, por menos, y algunos, *por dos*, y así sucede que se mueren o imposibilitan o se quedan bien hallados en la Villa sin pensar volver a su domicilio, temiendo que al cabo les llegará la tanda del servicio.

Sobre ser éste forzado y ahora más aflictivo que antes por el mayor tiempo que trabajan y por tener menos descansos, se halla también más regravado por las *tareas*, sin embargo de estar prohibidas por Toledo, y así mandaron (Toledo y Cañete) que cada indio sacare aquello que buenamente pudiere en las horas asignadas para el trabajo y no más, sin que se les pueda aumentar ni quitarles cosa alguna de sus jornales, bajo de graves penas. No obstante esto, se sabe que el indio mitayo ocupa toda la noche entrando y saliendo de la mina, cargado de un costal que llama bota, de 3 cuartas de largo y media vara de ancho, lleno de *4 y más arrobas* de metal, arrastrándose con este peso por los suelos, pasando estrechas angosturas y grandes precipicios hasta enterar *25 costales* al amanecer, que es lo que llaman *Palla*, sin ganar más salario que *4 reales* por esta excesiva tarea y una vela que se le da para cada noche, cuando los indios Brociris o los barreteros, que siempre son mingados, ganan, los primeros, *5 reales*, y los últimos, *6*. De suerte que por 125 botas o costales de metal que entregan de 5 pallas o en otras tantas noches que trabajan a la semana, vienen a ganar estos infelices apenas *20 reales*, que cuando más les alcanza para gastarlos en chicha el domingo y lunes. Estos quebrantamientos que ahora son frecuentes contra el rigor de la Ordenanza que los prohíbe, se harían con el tiempo otro tanto más criminales si el azoguero tuviese *la libertad de imponer tareas al indio mitayo*, conforme al artículo 10, tít. 12 de los operarios de minas (en la Ordenanza de México). Si sería fácil reformar en los indios otro género de trabajo contra una costumbre de más de 240 años, que ellos observan como la ley natural. Castigando en el azoguero esta culpa como hija de su ambición, no podrá descubrirse *un ápice de injusticia en la economía de la mita y paga de sus jornales*, como se verá en la siguiente práctica. A los indios que trabajan efectivamente en sus respectivos repartimientos se pagaban antes sus jornales con las solemnidades y en el lugar que disponen las Ordenanzas 19, 20 y 21, tít. 10, libro III del Perú, saliendo a este efecto a las dos y tres de la mañana cuatro Alcaldes cañaris con clarín y caja por todas las rancherías, avisando a los Capitanes enteradores que acudiesen con los indios cédulas que hubiesen trabajado la semana anterior para ser pagados y desagraviados. Ahora se acostumbra hacer las pagas *los lunes de cada semana* en una casería llamada *Guaina*, situada al pie del Cerro Rico: deben concurrir el Gobernador, Escribano de Minas y uno de los Oficiales Reales para que este último forme relaciones de las pagas para remitirlas al Consejo, y dé fe el Escribano de haberse verificado en mano propia a los indios mitayos a razón de *4 reales diarios*, según se declaró en Real Cédula de Sevilla a 22 de octubre de 1732, caps. 5 y 6. Asisten también el Capitán Mayor, Alcaldes Veedores y Azogueros que tienen repartimiento, o sus Apoderados, para que a presencia de todos se formalice este equivalente Juicio de Visita para oír agravios. A este fin dispone la Ordenanza del Perú que se pregunte en general a todos y a cada uno en particular, *en su lengua*, qué días o noches han trabajado, si les dieron tareas y en qué forma, si para cumplirlas han doblado el tiempo y trabajo; si les han dado velas suficientes o si ellos han puesto algunas de su casa, y qué daños, agravios o malos tratamientos se les ha dado contra Ordenanzas; para que, justificada la culpa sumariamente, allí mismo se proceda contra los culpados, castigando allí mismo, a vista de todos (parece faltar atado) a un carnero de la tierra al indio que fuere convencido (de) haber faltado a su obligación,[101] y al azoguero pena pecuniaria. En todo se procede con la mayor justificación, teniendo a la vista para los pagamentos la lista y numeración de los indios mitayos que despacha cada corregidor o subdelegado con expresión de su Ahillo. El Capitán Mayor de la Mita pasa muestra de todos ellos por este documento en las puertas del Oficio de Minas, en presencia de los Alcaldes Veedores, previniendo a los Capitanes Enteradores concurran con sus indios al servicio de las minas e ingenios de sus respectivos repartimientos; dan cuenta al Superintendente (de) estar conformes las listas y padrones.

Antiguamente, después de recibida la *mita*, daba cada pueblo sus fianzas ante el Escribano de ella, en presencia del Superintendente Capitán Mayor, y de los Interesados o sus Mayordomos, de reponer el indio cédula que faltase al trabajo. Ahora no se observa esta formalidad, pero el azoguero tiene buen cuidado de hacer cargo al Capitán enterador de los rezagos de cada indio falto después de pasada lista, a razón de 3 *pesos por semana*, conforme a una provisión del señor Conde de la Monclova, su fecha 27 de abril de 1692, que es lo mismo que importan los seis días de la semana a razón de los *4 reales diarios* que tasó la Real Cédula citada del año de 1732, en el cap. 5. Y si la falla está de parte de los corregidores o subdelegados por omisión en el despacho de la mita, tiene el gobernador de Potosí facultad de proceder contra ellos hasta suspenderlos de sus oficios y nombrar personas que administren justicia y recauden los reales tributos por cuenta de ellos mismos y de sus fiadores ínterin se da cuenta al virrey, según lo prevenido por el Marqués de Villagracia en auto de

13 de septiembre de 1742, con la prevención expresa que los Oficiales Reales del Departamento ante quien dan las cuentas de tributos no se las pasen sin que también las den de los enteros de mitas de sus provincias a proporción de los repartimientos, con recibo de los Azogueros y con otros documentos jurídicos equivalentes.

Está introducido que los Alcaldes Veedores, según el estado de las minas, de su profundidad, dureza o blandura, *señalen en cada labor las Pallas o Votas de metal que deben enterar o chasquear por cada noche los indios cédulas de su repartimiento*: porque de lo contrario los más indios enterarían apenas tres o cuatro votas de metal; siendo escasa la saca sería igual la molienda, habría pocos rescates, se minoraría la labor de la Casa de Moneda, bajarían los reales derechos y quedaría perjudicado notablemente el giro del comercio.

Así, pues, sin revocar la Ordenanza conviene mantener este disimulo con los mitayos, observando desde luego con *los mingados* que llaman a todos los que se alquilan o conchavan voluntariamente, lo dispuesto en todo el tít. 12 de la Ordenanza de México, no sólo en la Rivera de Potosí, sino también en los demás asientos de Minas, como por adición, o el título 18, lib. II del Perú, que trata del servicio personal, y de otros títulos del lib. III. Siendo por otra parte inverificable el artículo 14, tít. 12, que habla de *Repartimiento de Indios de Quatequil o Mita* al respecto de 4 por 100 (como se observa en México, con arreglo a la ley 22, tít. 12, lib. VI de Indias), respecto de hallarse ajustada a la séptima las asignaciones de mita en el Perú, según la ley 21 del mismo tít. y lib. y otras cédulas recopiladas en el tít. 18, lib. II de las Ordenanzas de Minas de este Reino, *es preciso buscar medios de restablecer las cuadrillas o asignaciones que faltan sin alterar las leyes fundamentales de la mita* para no incurrir en las funestas consecuencias que traería una innovación tan contraria al alivio de los indios, y a las providencias que lo han amparado por tantos siglos.

Ya se deja entender que no es oportuno el remedio de reducir aquí la mita a 4 por ciento: en este supuesto sólo restan dos recursos: 1º *Aumentar el repartimiento a otras provincias más*, fuera de las 16 señaladas "por el Sr. Toledo y numeradas por nuestro Solórzano". 2º *Recoger los indios* que teniendo su domicilio en ellas han pasado a avecindarse en los Valles u otras provincias que no son afectas a mita.

En cuanto a lo primero, el señor Toledo, considerando los climas, estableció la mita para Potosí, Porco, ..., que entonces necesitaban repartimientos, reduciendo a este gravamen las provincias cuyos temperamentos no fuesen contrarios por que no fuera más penoso y duro el servicio forzado de las minas. Asunto escrupuloso y grave que si en el día de hoy se tratase alterarlo sería lo mismo que conducir al sepulcro a estos infelices que harto tienen que penar en los abismos de las cavernas subterráneas de estos cerros.

No queda más arbitrio que *reducir los indios desertores y fugitivos a los pueblos de su naturaleza.* En cuanto a los ausentes en los Valles, será difícil la ejecución, por ser desconocidos como porque los Hacendados los esconden, etc., siendo lo peor que concurran los subdelegados o corregidores por el lucro que prescriben en los tributos que cobran a estos indios forasteros que, estando fuera de los padroncillos, se acogen en sus provincias.

Ahora sí puede remediarse este último daño con la *Revisita General* donde habiendo de constar precisamente la clase de originarios y forasteros, es justo que por ella misma sean restituidos estos últimos a sus domicilios, que conjeturándose lo sean las más provincias afectas a mita, podrá crecer la séptima y enterarse a lo menos el repartimiento del Sr. Monclova. Esto es si la mayor parte de los faltos no consistiese en los muertos por epidemia y en los transformados en mestizos por la alianza de los españoles y mulatos.

De la mita dependen las minas, que es la única riqueza de toda la Sierra, y se debe atender a ella y siempre que de estas operaciones no resulte ventaja, se habrá de ocurrir a más no poder al arbitrio permitido en la ley 21 citada, tít. 12, libro VI de Indias, de aumentar a cada vecindad el número necesario para el repartimiento de todas las minas e ingenios de Potosí, precediendo Real permiso para arreglar este cómputo y ponerlo desde luego en observancia, cuando no sea en el pie de 40 indios por cada cabeza de minas e ingenios, como señaló el Sr. Monclova a 34 Haciendas de esta Rivera, siquiera en *el de 20* a que mandó reducir una Cédula Real despachada en Buen Retiro a 15 de julio de 1750, con la libertad de alquilar cuantos más indios se pudiese de los expuestos a la minga en que regularmente se emplean los descansos de la mita por una costumbre inalterable, que sin duda tuvo su principio en la disposición de la Ordenanza 34, tít. 10, lib. III del Perú; cuya observancia debe mantenerse con todos los que comprehende el artículo 56 de la Ordenanza de Intendentes; y el 13 y 14 del tít. 12 de la de México, para *suplir de algún modo la decadencia de operarios,* que siempre va creciendo con el tiempo, al paso que los indios libres huyen de trabajar en minas que no sean notoriamente ricas, por no correrles el interés del robo, que es un indefectible accesorio en todas las faenas de esta gente.

Verificado el entero de la mita a cada azoguero sería más dificultosa la práctica del abuso *de vender, trocar, cobrar y recibir en plata o cualquiera otra especie* el trabajo de los indios señalados a las minas e ingenios, que con tanto rigor se halla prohibido en muchas ordenanzas de los títulos 11 y 13, lib. III del Perú y en varias leyes de los títulos 12, 13 y 15, lib. VI de Indias, porque recibiendo el Azoguero los

3 pesos semanales de rezago por 4, 6 o 10 indios, que les faltan, sin costo alguno, y sin necesidad de llevar cuenta, fácilmente entran en el detall de hacer con los demás el mismo comercio, ganando en cada indio semanalmente 4 reales más de lo que había de gastar en él trabajándole, y como ve por otra parte que después de pagar con estos rezagos el arrendamiento del Ingenio embolsa el sobrante para llevar las trampas adelante, *prefieren este negocio al de labrar las minas,* perjudicando la causa pública y el Estado. De modo que muchos hombres quebrados que no tienen crédito en el comercio para un fiado de 100 pesos, toman el asilo de la azoguería arrendando un ingenio por cualquier precio sin otro objeto que llamarse azoguero para gozar de sus privilegios, hacer negocio con los indios y recibir los auxilios del Banco, sin que sepa de minas más que el nombre y tal vez ignore el lugar donde están las que arrendó.

No paga el hacendado *los leguajes* como debe.

Los *capchas* rescataban 1,000 marcos semanales y ahora la mitad. Los azogueros sacan de 7 a 8 marcos por cajón. (Por ello decae el Banco.) Y esto consiste en que las tres partes de la azoguería trabajan sólo en Pallacos o Desmontes, dejando intactas las minas.

Como la Barreta es quien descubre las vetas cuando se lleva en ellas labor (como en tiempo del Sr. Santelices), entonces tenían los *capchas* mayores oportunidades de saber mejor metal y más plata y por consiguiente conseguía el Banco las duplicadas utilidades que se han manifestado.

Hace un resumen el autor de lo que pide y expone en el papel: que no conviene en Potosí el Tribunal de Minería sino una Diputación y demás cosas de orden administrativo y de justicia, etc. Que para verificar estos puntos es indispensable *refundir en un propio cuerpo* las Ordenanzas del Banco, las de Toledo para el Perú y las nuevamente dispuestas para Nueva España, tomando de cada una lo conveniente y aquello que, *atendidas las circunstancias territoriales,* puede verificarse sin ocasionar perjuicios *ni alterar del todo el sistema que hasta aquí se ha seguido.*

A este papel firmado por D. Juan del Pino Manrique sigue una "Representación de azogueros" (de los Diputados del Gremio) sobre cosas de azogues que les interesan.

En el informe de Del Pino Manrique conviene observar, de una parte, la distinción que establece entre la práctica de Potosí y lo mandado para la Nueva España; de otra parte, la resistencia que opone a la introducción de cambios drásticos en el sistema de trabajo que se sigue en Potosí, partiendo de la afirmación rotunda de que "las minas de Potosí no pueden subsistir sin la Mita". Para mantenerla, opta porque se recojan los forasteros de las provincias a las que se han ausentado. La propuesta de que se formara una nueva codificación minera alto-peruana no se perdió en el vacío, como señalaremos adelante.[102] Ya se ha visto que sus citas de las leyes existentes son copiosas, y no han de pasar inadvertidas sus menciones de Toledo y de "nuestro Solórzano".[103]

Volvemos a tener noticias de la agricultura, y en particular del cultivo de la *coca*, en 1786.[104] En Chulumani se cultiva la coca contando con una población de 29,000 Aymaraes, predominantemente en las haciendas. Pacajes era zona de agricultura tradicional y de ganadería de alpaca y llama, contando con una población de 40,000 Aymaraes, predominantemente en los pueblos. Como ausentes se numeraban 1,209 tributarios en Pacajes y 7,421 residentes (faltaba el 16%). En Chulumani, los ausentes eran 74 y los residentes, 8,150 (faltaban menos del 1%). En esta región, en once pueblos, el tributo era de 15 pesos 3 reales a 20 pesos 2 reales; pero en otros cuatro pueblos bajaba a 9 pesos 1 1/2 reales. En el altiplano, el tributario originario pagaba de 9 pesos 3 reales a 10 pesos 1 real en Pacajes; de 8 pesos 2 reales a 10 pesos 3 reales en Omasuyos; de 9 pesos 1 1/2 reales a 10 pesos en Sicasica. El promedio era de 9.67. En Chulumani, el promedio llegaba a 13.67, variando de 8 pesos 1 1/2 reales a 20 pesos 2 reales. Las 341 haciendas de Chulumani pertenecían a 253 hacendados. La producción de coca en 1796 fue de 199,424 cestos en 10 distritos de los 15, de los cuales cestos 160,247 eran producidos en las haciendas (que venía a ser el 88.4%), y de éstos unos 50,183 correspondían a las parcelas de los yanaconas.

La población india de Chulumani, en 1786, queda registrada así:

Yanaconas en haciendas	Originarios en ayllus	Agregados en ayllus	Totales
Total, 19,093 (cifra que incluye mujeres y niños, siendo los hombres 10,231).	4,001 (de ellos 2,072 hombres)	6,672 (de ellos 3,537 hombres)	29,766 (de ellos 15,840 hombres)
La población india en Pacajes: Id.	Id.	Id.	Id.
Total, 7,860 (de ellos 3,695 hombres).	18,607 (de ellos 8,893 hombres)	12,818 (de ellos 5,860 hombres)	39,231 (de ellos 18,448 hombres)

Un estado general de los valores que tuvieron los Ramos de Real Hacienda en el virreinato de Lima, en 1787, recoge las cifras siguientes:

	Cobrado	Por cobrar
Venta y composición de tierras	4,700. 3 1/2	1,207.
Reales tributos	747,174. 1 1/2	106,483. 2 1/2
Azogue de Guancavelica	45,577. 7 1/2	87,766. 4
Contribución de mitas para la mina de Guancavelica	31,410. 5 1/2	
1 1/2 de Cobos y diezmo de barras de plata	335,947. 2 1/2	
Total:	2.669,745. 5	829,140. 3 1/2

En otro Estado, núm. 3, figuran:

	Cobrado	Por cobrar
Tomín de Hospital	18,510. 1 1/2	5,734. 1
Bienes de Comunidad de indios	2,246. 2	

Gastos de Real Hacienda, núm. 4:

	Cobrado
Contaduría de Tributos	8,500.
Encomiendas situadas en Tributos	39,276. 3 1/2
Pensiones situadas en el Ramo de Novenos	16,388. 3
Id. situadas en Real Hacienda	27,446.
Gastos del Laborío, fletes y conducciones de azogues de la mina de Guancavelica	309,264. 3

Lima, 18 de febrero de 1789.[105]

Vamos a continuación a recordar la documentación sobre Potosí que deja Pedro Vicente Cañete y Domínguez, en 1787 y 1789.

La primera de las obras de Cañete y Domínguez lleva por título: *Guía histórico, geográfico, físico, político, civil y legal del Govierno e In-*

tendencia de la Provincia de Potosí. Dividida en dos partes. En las quales con distinción de Capítulos y noticias se describe la Villa de Potosí, su Cerro Rico y los seis Partidos de Porco, Chichas, Lipez, Chayanta, Tarifa y Atacama, con la historia del descubrimiento de este mineral imponderable, etc. etc. Escrita por D. Pedro Vicente Cañete y Domínguez, Doctor en Theología, etc. Potosí, octubre 1, 1787. Folio. 2 vols., 500 hojas.[106]

El capítulo 6 trata de la *mita* (fols. 63r-87r). El capítulo 9 está dedicado al Partido de Porco, mita para su cerro (fols. 167r-170v). En el Apéndice de la Primera Parte hay un capítulo de las Provincias Mitarias y número de indios destinados a las minas e ingenios de Potosí (fol. 205r). En el capítulo 10, noticia 4ª, hay dos páginas más sobre la mita (fol. 174r y v). La Segunda Parte de la obra, que no tiene índice, no parece contener noticias sobre la mita.

El relato histórico de Cañete sobre la mita descansa en Solórzano, la *Recopilación*, Escalona. Cita diversas cifras de indios asignados y dice que por los libros Reales y otros monumentos encuentra que el virrey Toledo, por agosto de 1578, hizo en Lima el repartimiento de los indios de mita para Potosí en 14,248 indios, cuya mita ordinaria era de 4,724 mitarios por cada tercio del año o cada cuatro meses; y en otro repartimiento de 20 de diciembre de 1580 no innovó. Para el Hospital de los indios mitarios, fundado en 1555, se impuso gravamen a los indios de pagar al año un tomín o medio peso ensayado en lugar de lo que antes pagaban de doctrina. Luego, en 18 de enero de 1575, se fundó la Caja de granos, a la que cada indio de mita ordinaria contribuía medio real a la semana. Cañete ofrece otras cifras sobre el número de los mitarios en varias épocas.

La segunda obra de Vicente Cañete y Domínguez tiene por título: *Descripción Geográfica, Histórica, Física y Natural de la Villa Imperial y Cerro Rico de Potosí ... con un discurso preliminar donde se manifiesta el estado político de esta Villa desde su Fundación (1789).*[107]

Siguiendo el extracto de Basadre, por no tener copia del ms. de la *Descripción* a la vista, resulta que repartidos los indios en Potosí, subían al cerro con sus botas, que eran costales de cuero de tres cuartas de largo y media vara de ancho, y llevaban las herramientas, pólvora y velas. El metal se sacaba de noche. El barretero no era mitayo sino alquilado o mingado, laboraba con otro compañero que mientras uno daba un tiro, el otro mascaba coca. Cada noche debían rendir ambos cuatro tiros. Ganaban por noche *seis reales* (cada uno). El cédula o mitayo recogía el metal y lo llevaba a la brozeana, que era el lugar donde se escogía y reducía a pedazos por otros indios mingas llamados *brociris* o *pallires*, que ganaban *5 reales por noche*. El costal que cargaba el mitayo llevaba cuatro o más arrobas de metal. En la noche completaba 25 costales más o menos, que es lo que llamaban

palla, y recibía *4 reales de salario y una vela*. Así, por 125 botas que entregaban en cinco pallas o noches, ganaban *veinte reales*. Por la mañana chazqueaban lo que habían sacado de la mina por la noche, o sea enteraban la tarea de 20 o 30 botas de metal. De su salario costeaban los indios un compañero llamado *yanapaco*, que les ayudaba. Si en las cinco noches de trabajo semanal sólo enteraban cien botas, o sea cuatro pallas, no les pagaban más que *2 reales* (sic), rebajándoles 4 reales de la quinta palla como castigo sin justificación legal. Debían trabajar los mitayos una semana, menos el lunes, y descansar catorce días o alquilarse en ellos voluntariamente. En cuanto al pago por *leguaje*, o días de camino, era de *1 real o medio real por legua*, y hasta *1 cuartillo de real* en otros casos, y se computaba generalmente a razón de cinco leguas por cada jornada.

Complementa estas noticias un informe del Gobernador Intendente de Potosí, dando cuenta de la visita de minas e ingenios del Cerro y Ribera de aquella Villa, *correspondiente al año de 1789.* Lo firma en Potosí, el 30 de julio de 1790, el Exmo. Sr. Francisco de Paula Sanz. Y va dirigido al Exmo. Sr. Baylio Fr. Dn. Aº Valdés.[108]

Las minas quedan en peligro después del domingo en que, por tolerancia forzada, entran a trabajar los *capchas*, con el desorden que se puede concebir en el trabajo de unos ladrones.

A pesar de todas las recomendaciones de buen tratamiento, prohibiciones de fatigar al mitario con excesivo trabajo o con tareas y mucho más el descontarles un maravedí del corto salario de *4 reales diarios* que señala la última tarifa aprobada por S. M. en Real cédula de 22 de octubre de 1732, se mira con dolor el *abuso de las tareas en los indios mitarios*, obligándolos a entrar en cada noche un número determinado con título de *Palla*, pero excesivo de botas de metal con el peso de 2 *arrobas* y algo más cada una, y al que no verifica el entero establecido se le descuenta sin recurso la parte de salario que corresponde a la falla. A más de esta pena, queda sujeto el indio a otras dos extorsiones. La primera, que de aquel corto jornal que ha ganado con el trabajo de la semana, se le desfalcan *4 reales* con el nombre de *poqueo* y se le declara desde luego condenado a perderlos si en la semana siguiente que toca de descanso no vuelve al cerro a completar las Pallas que no enteró en la antecedente, sufriendo el infeliz en un solo acto dos atropellos, el uno contra justicia con quitársele el salario que tenía ya ganado y el otro contra su libertad con precisarlo a trabajar en tiempo de su descanso. Todavía es más duro que, ganando el mitario *4 reales* y el indio libre o minga *6 reales*, tiene aquél la obligación de enterar una tercia parte más de tarea en medio de ganar un tercio menos de salario, sin que estos mineros den para semejante procedimiento otra razón que ser preciso para encontrar peones libres el enviarlos con estas indulgencias. No se puede negar la escasez de peones voluntarios ocasionada no tanto por falta de gente cuanto por su natural ociosidad, pero lo cierto es que se fuerza al mitario más que al libre. Casi todos los azogueros actuales son *arrendatarios* y pagan mucho (por ese arrendamiento) que, sin los mitarios, no podrían seguir con las minas, y con ellos apenas pueden cubrir los gastos. En las *Nuevas Ordenanzas*, de cuya formación —dice el informante— *estoy encargado* por el Exmo. actual virrey de Buenos Aires, se remediará esto. No obstante la prohibición de la ordenanza para que los azogueros no trabajen en desmontes o pallacos, se disimula este punto en Potosí. La ordenanza de Toledo pide reforma. Va diciendo las cosas que le faltaron a estas ordenanzas. En cuanto a la mita, le parece que es insuficiente lo que Toledo dispuso. Enumera las cosas de que se ocupó. El virrey Marqués de Cañete añadió después que cada cuatro meses se hiciera *reseña del total de la mita*, para reconocer si los capitanes enteradores tenían toda la cantidad de gente que debe asistir en Potosí y que por los faltos enviase el Corregidor de esta Villa a costa de los culpados. Ordenó también que los domingos de cada semana se pagara a los mitarios en presencia del Corregidor, de su Teniente y Alcaldes Veedores, destinando para esta operación los pórticos de la iglesia matriz, la Compañía, Santo Domingo y la Merced, con obligación precisa de concurrir los dueños o sus mayordomos, principalmente los domingos primeros de cada mes en que debía abrirse *juicio de visita*, para averiguar los agravios tocantes al buen tratamiento y paga de los indios. La ley 9, tít. 15, lib. VI de Indias, recopilada de las cédulas de 1601 y 1608, varió el día de las pagas y determinó que se verificasen los sábados en la tarde en mano propia para que huelguen y descansen el domingo, o cada día, como quisieren los indios.[109] Para remediar todo, el informante hará las *Ordenanzas Nuevas*. Las de Toledo se han quedado antiguas y no pueden aplicarse a los nuevos problemas que entonces no había. Enumera de lo que hace falta ocuparse en la Nueva Ordenanza..., porque estos negociantes abrigados de la distancia en que vive el único juez que tiene cada Partido, reparten sus avíos en azogue y otros efectos con algunas cortas cantidades de plata entre aquellos que, sin tener ingenios ni minas registradas, van picando los cerros de los despoblados para sacar la plata que pueden en pequeñas cantidades, cuyo ejercicio llaman *uqueo* en estos países, vendiendo estos auxilios a precios tan excesivos que es muy raro el que los puede pagar íntegramente, por cuya causa, lejos de poder adelantar estos infelices, *viven siempre adeudados*, huyendo de unos lugares a otros para escapar de la persecución de sus acreedores y, destituidos de medios para trabajar la mayor parte del año, perjudican la causa pública con la suspensión de las labores. Los hacendados que trabajan ingenios y minas propias

en los minerales de afuera, ejecutan también iguales o peores extorsiones *en sus sirvientes y operarios*, porque después que los enganchan en los pueblos con anticiparles 10 o 12 pesos (que para ellos es riqueza), los encierran en lo interior de sus casas a pretexto de contener su fuga, permitiendo la entrada de los conocidos y conocidas que quieren verlos para que con esta ocasión, influidos por los otros a gastar el dinero, pidan sin límite la bebida y otras mil cosas que les sugiere la grosera presunción de su estado, de suerte que antes de salir de poblado *deben ya el salario de medio año*. El modo de sacar los mingas, antes de amanecer, es acollarados unos a otros. En las minas siguen dándoles fiado con un 50% por lo menos de ganancias, y como el amo no les da jamás un peso en plata, malbaratan los efectos por una mitad o dos tercias partes menos en cambio de dinero para comprar el aguardiente u otras menudencias que no pueden adquirir sino de contado con plata. Luego, esclavizados, sin esperanza de salir de sus empeños, lo primero que se les ocurre es huir, y conociéndoles los amos esta intención, se ven precisados a mantenerlos encerrados por la noche o a consentirles otros divertimientos paliados conque no es difícil sujetarlos. El origen de estos abusos procede de no tener mano el Gobernador en esos *conchavos o conciertos* que los dueños de minas hacen en los pueblos con la gente libre de servicio y también de la falta de jueces en los despoblados de la campaña. Si los sucesos de prosperidad de esta azoguería llegasen a igualar los deseos del informante, no dude S. E. que, aumentándose materia a la esperanza de estas gentes, se duplicará en breve *el número de los 2,106 sirvientes inferiores* que trabajan diariamente en este Cerro, con el nombre de apires, barreteros, brociris, palliris, pongos y mineros, sin contar los dependientes de los ingenios, que son muchísimos, porque al ruido de las riquezas y del buen orden, correrán a Potosí los moradores de los pueblos vecinos en busca de fortuna.

Nunca se podrá lograr adelantamiento alguno sin *un nuevo repartimiento general de mita* en que se hagan participantes con una justa igualdad todos los dueños de minas e ingenios en quienes cupiere la séptima de las 16 provincias mitarias, pues habiéndose considerado preciso el establecimiento del servicio personal para conservación del mineral de Potosí desde los primeros tiempos de su mayor riqueza, se debe colegir demostrativamente que de ningún modo podrá subsistir sin este recurso ahora que es el período de su mayor decadencia.

De suerte que Paula Sanz, si bien no es parco en reconocer los defectos y los abusos que existen en el trabajo minero, se muestra finalmente partidario del mantenimiento de la mita en este período en que la riqueza del Cerro ha disminuido.

Las consecuencias de la división de las provincias mitarias entre los virreinatos antiguo del Perú y nuevo del Río de la Plata fueron expuestas con claridad por el Caballero de Croix, virrey del Perú, en la representación que envía al Rey el 16 de mayo de 1789, en los términos siguientes:

Las minas del Cerro de Potosí se trabajan con *indios de mita*. Ésta se extiende a diversas provincias de este Virreinato; y es bien notorio, cuántas dificultades se han ofrecido para que los corregidores respectivos la completasen. ¿Cuántas, pues, serán las que hoy se presenten con la División y con la pertenencia de los Subdelegados, o bien sean Corregidores, a diferentes virreinatos? ¿Con qué pereza, o menos actividad, no cumplirá el Intendente del Cuzco, por ejemplo, las insinuaciones del de Potosí, al ver que se despuebla su territorio sin esperanzas de que sus reconvenciones para el regreso de los indios, sean atendidas, con la dificultad de hacer recursos sobre el particular a toda la distancia de Buenos Aires, y serle inútil el recurso a este gobierno (del Perú) para el remedio? A semejanza de este rico mineral, todas las demás poderosas minas, serán expuestas a iguales resultas y alteraciones en su laboreo. Y siendo éste el principal nervio del Reino, que desvela a este gobierno para el adelantamiento de ellas y reparar la de Guancavelica del ruinoso estado en que se halla: ¿cómo no se hará sensible cualquiera novedad que con motivo de la División, pueda hacer inútiles los oficios de este gobierno? ¿Cómo podrá éste extender a todas ellas sus miras y distribuir según la mayor necesidad y utilidad, los azogues de la expresada mina de Guancavelica, y los que promete la comenzada a trabajar en la Provincia de Guarochiri, que hace todo el desvelo de este Gobierno, por el interés tan grande que ofrece a la Real Corona? [110]

El espíritu reformista dieciochesco se hace presente en el *Nuevo sistema económico para la América*, de José de Campillo y Cosío, obra que se publica en Madrid, en 1789, pero que había sido escrita poco antes de la muerte del autor, ocurrida en 1743.

Propone el modo de establecer un nuevo gobierno en la América que haga feliz el Estado y más útil al Rey aquel Imperio, nombrando Intendentes que moderen los abusos, civilicen a los indios, y dándoles tierras, y maestros que les enseñen su cultivo, se les deje gozar libremente el fruto de sus trabajos. Se fomente y perfeccione el laborío de las minas. Se abra el comercio libre de España con aquellas provincias, las de la Asia y Naciones de Indios bravos bajo los medios que propone para que depongan el horror que les infunde el nombre español.

De las minas dice que no saben trabajarlas y sacan poco o nada de ellas los mineros. Que los enseñen y producirán más y así podrá S. M. exigir el quinto en lugar de la décima parte que se exige ahora, aumentando el producto del azogue de paso que la plata, etc.[111]

Todavía corresponde al período de gobierno de D. Teodoro de Croix, virrey del Perú, el documento que firma en Lima, el 12 de enero de 1790, en 22 capítulos, sobre que la *Real fábrica de puros y cigarros* de esta capital (Lima) necesita reglas escritas para su más fácil administración, y redacta las instrucciones siguientes, que extractamos en lo que tocan a puntos del trabajo industrial.[112]

3. El Administrador no consentirá que en las oficinas se haga elección o separación de manejos y que se prefiera con los que aparezcan mejores a alguno de los Operarios, pues siendo el material que allí entra útil para las labores e igual el derecho de los trabajadores, debe entre todos repartirse indistintamente y con igualdad y evitarse entre ellos este motivo de envidia y de disgusto y del tedio que toman con este motivo a sus oficinas y respectivos empleados que las gobiernan.

4. Sólo se distribuyan las tareas a los operarios que se hallen presentes, al tiempo de pasar lista, en las oficinas de labor de puros y de cigarrillos de papel. Esto se manda para evitar abuso de fieles y sobrestantes, que después de concluido el reparto quieren hacer comercio, repartiendo el papel destinado afectadamente para los no presentes a otros miserables operarios que por necesidad aceptan este reparto, haciendo rebaja del valor de la manufactura y cediendo este injusto provecho al fiel o sobrestante.

5. Las horas de asistencia a las labores sean desde las siete de la mañana hasta que finalizan todas las operaciones (de suerte que es trabajo por tareas y no por horario fijo).

6. El Administrador visite con frecuencia las salas de labor y la obra que tienen entre manos los operarios para enmendar defectos que notare.

7. El Administrador asista alternativamente al despacho de la obra y su recibo en las oficinas, para que *las tareas* se entreguen únicamente a los operarios matriculados y bajo las asignaciones dispuestas por la Dirección General, y para reconocer si están trabajadas con número, tamaño y peso. Cuando a algún operario se note defecto, se le obligue a rehacer la labor sin nuevo costo de la renta.

8. No se permitan tertulias en las oficinas de labor. Los fieles y sobrestantes excusen el concurrir a conversar en otras oficinas distintas, especialmente en la del encajonado.

9. Las capas y los sombreros de los empleados queden en la oficina principal.

10. No haya tratos o negociación en la fábrica, especialmente entre fieles y sobrestantes con los operarios, para evitar motivos de preferencia o disimulos de defectos.

11. Al acabar el trabajo en una oficina, pasen los fieles y sobrestantes a otras en que no se haya terminado.

12. El Administrador mantenga el número de operarios que se fija a cada labor por la matrícula. Para ello haga pasar lista frecuentemente y avise a la Dirección de las vacantes.

13. Al fiel o sobrestante que no asista a las horas señaladas, se le multe en el sueldo del día; lo mismo al empleado que absolutamente faltare algún día no estando enfermo o con otro impedimento justo. A la tercera falta se pedirá la suspensión.

14. El operario que robe, además de cubrir la pena de 10 pesos, se excluya de la labor.

15. Del registro diario (se entiende de la persona) a mañana y tarde no se eximen los fieles, sobrestantes y demás empleados, salvo el Administrador, Interventor y Escribientes.

16. Los fieles y sobrestantes deben mudarse cada cierto tiempo de oficina para obviar conexiones con los operarios.

17. Siendo imposible contar cigarro por cigarro a cada operario su tarea, para evitar fraudes, todas las tardes a las horas de entrega de la obra labrada, se diezmen los operarios, y se cuente hasta lo ínfimo lo que toque al diezmado, sin que por esto se omita pesar la obra labrada.

18. Se repongan a los operarios las cedulillas de papel que se rompen al envolver los cigarros, para evitar que el público sufra el desfalco en el número de cigarros señalados en la renta por medio real.

19. Se eviten hurtos que se hacen por las acequias de la fábrica (los operarios echan a ellas envoltorios de tabaco). Se habían puesto compuertas de agujeros menudos.

20. Las mezclas de los tabacos para el laboreo de puros, cigarrillos y limpiones sean arregladas cuanto se necesitan para atraer el agrado público y la afición de los consumidores.

21. Hay quejas de Administradores y Estanqueros por faltas de cigarros en los cajones, lo cual se debe a descuido en la oficina del encajonado. Cuando falten atadillos o ruedas de cigarros en los cajones, sea de cuenta del fiel del encajonado, pues recibe la obra labrada contada a su satisfacción.

Además de estas instrucciones, viene otra disposición del virrey Croix impresa en tres hojas, con 9 párrafos, fechada en Lima el mismo 12 de enero de 1790, para el Oficial Interventor de las Reales Fábricas.[113] En el punto 4, se ordena que éste supla al Administrador en sus ausencias y enfermedades. En el 6, que lleve un libro diario de la obra labrada. En el 8, que maneje los papeles y documentos de la fábrica.

Como se ha visto, el recelo ante los posibles desfalcos prevalece en estas reglas para la Fábrica Real de Tabacos.

Ya hemos mencionado (supra, en la p. 69, notas 93 y 94) que del 4 de abril de 1784 al 25 de marzo de 1790 gobernó el Perú D. Teodoro de Croix, dejando una amplia Relación de Gobierno a su sucesor, fechada en Lima el mismo 25 de marzo de 1790, bajo la firma de El Cavallero de Croix. Resumamos algunas de las páginas que dedica a los temas de interés para nuestro estudio.[114]

Recuerda que el Obispo de Trujillo, D. Baltasar Jayme Martínez Compañón, ascendido ya cuando se escribe la Memoria al arzobispado de Santa Fe (p. 63), arbitró establecer en el pueblo de Guamachuco una *casa de enseñanza*, donde se educasen desde la puericia las niñas españolas, mestizas e indias de aquel vecindario y sus inmediatos pueblos. Asimismo en la villa de Cajamarca, *dos Seminarios para Indios*, uno de mujeres y otro de hombres, donde después de educados en las primeras letras y principios de la religión, se les cultivase a cada uno, o en aquella arte liberal para que descubriesen talento, o en los oficios mecánicos a que se inclinasen. Para reunir fondos confirió su pensamiento con los comunes de los pueblos, con los curas y vecinos principales de ellos, y varios ofrecieron hacer algunas imposiciones de cortos principales, cuyos réditos se destinasen al beneficio de dichos establecimientos, y los indios ofrecieron contribuir cada uno por familia *dos reales* cada año. Se pidió informe al Intendente Gobernador de aquella provincia, que por no haberlo verificado hasta ahora, se halla el expediente en su primer estado.

Por Real Orden de 26 de febrero de 1787 y Real Cédula de 3 de mayo del mismo año se dispuso el establecimiento de *Real Audiencia* en la ciudad del Cuzco (p. 75). Comenta Croix que con este Tribunal se restablece el decoro de una ciudad que fue en otros tiempos la capital del Imperio de sus Incas. El 3 de noviembre de 1788 se publicó en el Cuzco el Real despacho y el 4 se celebró una solemne Misa de gracias y el Tribunal quedó practicando las tareas de su ministerio.[115]

El autor trata de la suspensión de la *remensura general de tierras* (p. 91), señalando el abuso que se hacía de la Real orden de 15 de octubre de 1754 sobre esa remensura. Consideraba que, habiéndose efectuado desde 1640 tantas mensuras y composiciones de tierras por respetables magistrados, como fueron D. Francisco Saabedra, D. Gonzalo Ramírez Baquedano, el Marqués de Casa Concha y el Conde de las Torres, serían muy pocas o ningunas las tierras que se debían remensurar y componer. El 12 de agosto de 1788, por oficios circulares a los Intendentes y a los Comisionados de la Intendencia de Lima, previno que publicasen por bando la suspensión de la general remensura, permitiendo que se feneciesen las incoadas, sin que alguna se hiciese de nuevo. Y caso que hubiese necesidad de hacerla a beneficio del Real Erario, de la comunidad de algún pueblo, o de otro individuo agraviado, no se procediese a ella sin un previo informe de su naturaleza y circunstancias. Croix menciona a título de ejemplos dos recursos por despojo de tierras que interpusieron unos indios de la Intendencia de Trujillo y Partido de la villa de Cajamarca, Guarangas de Guambo y Saña. Y tiene presente que semejantes excesos se cometen de ordinario contra los miserables indios, porque o no se saben defender o no tienen con qué costear su recurso a esta capital, y en ella su defensa. El Rey aprobó en Aranjuez, a 29 de abril de 1789, la resolución del virrey; pero también por Real orden de 30 de enero de 1788 se pidió informe de los buenos o malos efectos que hubieran producido las Comisiones relativas a la Real Instrucción de 15 de octubre de 1754, las cantidades que por ella haya atesorado S. M. regulándolas por un decenio, y las quejas que por la actuación de dichas Comisiones puedan haber resultado, así de parte de los indios como de los demás hacendados, para que, instruido el Rey de todo, tome la deliberación que fuese de su soberano agrado. El expediente no se ha concluido.

En la parte relativa a la Real Hacienda, pone de relieve Croix la importancia de la *Renta del tabaco* (p. 267). Las ordenanzas de Nueva España regían provisionalmente esta Renta, pero no eran adaptables en todo por la diversidad de circunstancias territoriales. El virrey arbitró que el Director Don Miguel de Otermin formase otras, y éste compuso un crecido volumen para el manejo de la Renta, que se encuentra bajo de la prensa con parecer del Fiscal y un prolijo reconocimiento de dicha obra. El último aumento que se le ha dado a esta Real negociación —que se halla rindiendo poco más o menos medio millón de pesos— consiste en la fábrica que se ha resuelto de una casa propia del Rey, donde cómodamente se establezcan las oficinas, las piezas de labor de cigarros, y haya almacenes bastantes para la custodia del ramo. El presupuesto de la obra es de 448,112 pesos. Ya están acabadas las oficinas de la Dirección y la gran pieza de labor para las mujeres; en igual perfección se hallan ya los doce almacenes.

Por Real orden dada en Aranjuez a 30 de abril (no es claro si se trata de 1784 u 85), ha resuelto S. M. que inviolablemente se recoja dentro del plazo de dos años en sus casas de Moneda toda la *plata macuquina* para que se refunda y convierta (p. 271). Se dio otra Real orden de 15 de septiembre de 1784 para el mismo efecto. El virrey hizo publicar el bando el 16 de diciembre.

Menciona (p. 292), que por los años pasados vinieron al Reyno, de orden de S. M., Don Hipólito Ruiz y Don José Pabón en calidad de *profesores botánicos*, a hacer especulaciones sobre la naturaleza de los vegetales, haciendo por cuenta del Rey acopio de lo más precioso que hallaban, o bien conduciéndolo en la misma especie disecada, o dibujándola, o de uno y otro modo. En un incendio en la hacienda de Macora perdieron su equipaje y los utensilios de la Real expedición, los diarios de ella desde el año de 1782 a 1785, copia de yerbas y plantas disecadas, diferentes manuscritos de sus especulaciones, los de sus dibujos, y otros que contenían noticias de los animales, aves, pejes, frutos, semillas, yerbas y raíces que producen las diferentes provincias por donde hasta entonces había girado la expedición, y que se cultivan en ellas para varios usos económicos y medicinales.

Hubo pleito ante la Intendencia de Tarma entre los botánicos y el arrendatario de la hacienda como presunto causante del daño, acusándolo cuando menos de imprudente. Se absolvió a éste.

En virtud de Real Orden de 20 de abril de 1785, se dio principio en las oficinas de Real Hacienda de este Reino, el año pasado de 1787, al nuevo método de Cuenta y Razón por *Partida Doble* con arreglo a los modelos e instrucción formada por la Contaduría General de Indias que se acompañaron en dicha orden (p. 305). Al virrey le parece que tiene ventajas sobre el antiguo método de Cargo y Data, según la instrucción práctica de 3 de septiembre de 1767. Sin embargo, por Real Orden de 25 de octubre de 1787 se mandó suspender la innovación por la dificultad que podría haber para que se comprendiese por los diferentes Ministros de las Cajas del Reyno. Mas la Real Junta resolvió la continuación del método ya empezado en el año de 1789 y dar cuenta a S. M. hasta su última resolución.

En relación con el artículo 72 de la Ordenanza de Intendentes, resolvió la Junta Superior de Real Hacienda, en 3 de octubre de 1788, que los Intendentes cuidasen de expedir las providencias para el efectivo cobro de los ramos de Real Hacienda. Esto se dispuso porque había considerable rezago en la cobranza del *Ramo de Tributos*, que se atribuía a los efectos de un decreto del Superintendente que fue de Real Hacienda, Don Jorge Escobedo, en 1º de junio de 1786, en que declaraba que a los Ministros de Real Hacienda, Administradores y demás empleados en ellas sólo les quedaba por virtud de dicho artículo 72 de la Ordenanza de Intendentes, la facultad económica y coactiva para la cobranza, cesando en la jurisdicción contenciosa que pertenece a los Intendentes (pp. 312-313).

El Superintendente Don Jorge Escobedo decretó, en 10 de diciembre de 1787, que continuase el Real Tribunal de Cuentas glosando y feneciendo la *cuenta de Guancavelica* (p. 315). Se tuvo presente el enlace que tiene la Caja de Guamanga y sus productos con el ramo de azogue de Guancavelica, en atención a que se remiten éstos a la Contaduría de dicho ramo para que sirvan de auxilio a la labor de la mina.

Explica el difícil manejo de las *Temporalidades* de los Regulares (de la Compañía de Jesús) expatriados (p. 346 y ss.). Dice que las haciendas son en crecido número, y sus cuentas anuales, multiplicadas por los años que corrieron desde el secuestro hasta su remate, hacen una suma de las que hay que ordenar, digna de consideración; mayormente si se ha de ejecutar con las de otros Partidos, como parece indispensable, no habiendo más oficina del ramo que ésta.

En cuanto a la erección del *Tribunal de Minería* (p. 361 y ss.), expone que la minería es un ramo que directamente contribuye a la felicidad y riqueza de los reinos, y en el del Perú debe ser un objeto que lleve las principales atenciones de su Gobierno. Este ramo de industria hace el principal fondo del comercio activo con la península de España. Las partes que ocupan en el Código de Leyes de Indias las minas, mineros, fundidores, ensayadores, etc., dejan ver con evidencia cuánta atención ha debido a los Reyes la minería de las Américas. Menciona también los privilegios, mercedes y exenciones concedidas a los mineros. Bajo los reinados de Don Felipe V y Carlos III, se redujo por la piedad del primero la contribución de la plata al diezmo, y por la del segundo, los derechos del oro al 3%. Este mismo Soberano, que con inimitable celo promovía por medio de los Ministros más sabios que florecieron en su reinado la felicidad de su Corona, no perdió de vista la minería de sus dominios de América. En la Nueva España erigió el gremio de mineros a Tribunal y cuerpo semejante al Consulado, formalizado con las sabias Ordenanzas que para su régimen y gobierno tuvo a bien promulgar. Considerando necesaria la habilitación de mineros para la labor de las minas, y precaviendo que no la hubiesen a costa de pagar unas usuras que los empobreciese, mandó que se estableciese un Banco, cuyo fondo fuese las dos tercias partes del señoreaje que se le pagaba, y de que hizo generosa renuncia al gremio para que, contribuyéndolo al Banco, sirviese a sus auxilios. Instituyó Colegio de metalurgia para que se adelantase más el arte de laborear las minas y beneficiar sus metales. Y, en fin, hizo tanto con sólo esto, que puso aquella América en el colmo de riqueza y felicidad que apenas se puede comprender, por el inmenso número de marcos que se funden hoy en la Real Casa de Moneda de aquel Reino.

En cuanto al Perú (rico a la par del otro, pero más pobre del arte y reglas de laborear las minas y beneficiar sus metales; pues casi del todo se ignoraba el beneficio por fundición; y apenas se sabía imperfectamente el del beneficio por azogue) (pp. 362 y ss.), mandó por Real Orden de 8 de diciembre de 1785, guardada y cumplida en 1º de agosto de 1786, que se extendiesen a este reino aquellas ordenanzas y que se guardase la misma práctica que en Nueva España. Se matriculó al gremio, se crearon las Diputaciones territoriales, y en diciembre de 1787 se erigió el Tribunal y se empezó a recaudar el *un real* por marco de cuantos se funden, que S. M. tenía por su legítimo señoreaje, y que cedió con igual generosidad que en Méjico para fondo con que puedan ser habilitados oportunamente los mineros. El Colegio metalúrgico aún no está fundado, pero en el presente reinado (de Carlos IV) ya se nos presentan esperanzas nada equívocas de que se podrá fundar de los aumentos del fondo del Tribunal, con los que promete la nueva labor y beneficio que han empezado a enseñar los sabios mineralogistas alemanes, enviados por solicitud del informante al Reino con este objeto, y a quienes preside en jefe el Barón de Nordenflich. Aún no han llegado a este virreinato (del Bajo Perú), porque, aunque se destinaron para él, "yo menos avaro de mi propia gloria, y atento sólo a la de nuestro Rey y al bien en general de sus Dominios, consentí que demorasen en el Potosí (parte del Alto Perú dependiente ya del virreinato del Río de la Plata) para que enseñasen allí el beneficio".

Agrega Croix que hanlo practicado según las relaciones (p. 363), con asombroso provecho de aquel gremio de mineros, dando a los metales de aquel cerro más del duplo de su antigua rendición. Han reducido la labor del beneficio a unas operaciones breves y fáciles, en que entran por capital de provecho el ahorro de azogues, de tiempo y de jornales. Con sola la simple e imperfecta noticia de la máquina con que laborean los metales, ya se benefician en las riberas inmediatas a esta capital, con mucho ahorro y con el crecido aumento que manifiesta el plan y estado del año de 1788, comparado con el de 1787, en que se ha observado un aumento de 62,499 marcos y 3 onzas, y que se espera sea mayor en el año próximo pasado de 1789. No se duda que cuando lleguen a esta capital (de Lima) se perfeccionará el arte metalúrgico, las minas corrientes tomarán incremento, las paradas o suspensas se pondrán en labor, las aguadas se habilitarán, los tajos y socavones se dirigirán por reglas, y no por poco firmes golpes de ojo, y finalmente se descubrirán innumerables minas de que abunda el Reino, y que se menosprecian, por la dificultad, ignorancia y gastos de sus labores. Tan persuadido está el público de estas ventajas, que no hay viviente que no quiera ser minero, y casi es preciso contener este ardor, para que no se abandonen otros ramos de industria, y con especialidad la agricultura, por los frutos de primera necesidad que produce y son auxiliares de la misma minería. Si los minerales de oro y plata tomaran este incremento, también los de azogue se podrán adelantar, ya porque se descubran algunas (minas), ya porque las descubiertas sean bien dirigidas en la labor de sus vetas. La vacilante mina de Guancavelica ofrece mucho campo para el ejercicio de estos sabios profesores, así para el reparo de sus arruinadas antiguas labores, como para empezar otras de que dan firme esperanza las diversas ramificaciones de su veta. El virrey ha ordenado que el Barón dirija su ruta por Guancavelica, y antes de bajar a Lima, satisfaga a las dudas y consulta que le tiene preparadas Don Pedro Tagle, comisionado para aquella Intendencia, y que espera descubran tantos metales que no sólo abastezcan al Perú sino aun a la otra América.

Por la misma ruta el virrey tiene dispuesto que en la Provincia de Guarochiri (p. 364), el Barón examine la mina de azogue descubierta por un tal Iriarte, y que dirija sus labores; porque cuando la de Guancavelica no se reparase de sus ruinas, esta otra podrá servir de asilo. También lo podrán ser otras que en diferentes provincias hay descubiertas, y cuya entidad podrán reconocer estos profesores. Esto lo juzga necesario aun cuando la mina de Guancavelica se restablezca a todo el auge que promete el señor Tagle. El virrey espera que esas minas abastecerán a las dos Américas, ahorrando las crecidas sumas que cuestan al Rey los azogues de Almadén y los que hace venir de Alemania, cuyos valores quedan confundidos en este exhausto y empeñado erario.

(Esta parte de la Relación de Croix, tocante a la expedición de los mineros alemanes, pone en evidencia la fe dieciochesca del virrey en el progreso científico y tecnológico, la satisfacción por considerarse iniciador del proyecto y las noticias favorables que venía recibiendo acerca de los primeros resultados de esos trabajos. Pero luego se verá que semejante optimismo fue decayendo y ni entonces ni después se ha estimado de manera tan positiva el rendimiento de la expedición.)

Recomienda el mérito de los dos directores del Tribunal de Minería, Don José Coquet de Gallardo y Don Santiago Pérez de Urquizu, que contribuyeron al establecimiento de dicho Tribunal, debiendo contarse con la experiencia, ciencia y conocimiento de ambos para la erección del Colegio que se previene en las Reales Ordenanzas (p. 365).

Menciona el ruinoso estado de la Real Mina de Santa Bárbara (de azogue) y las diligencias sobre el cateo y labor que promovía desde 1778 Don Manuel de la Mata y Aguilar, del Gremio de Mineros de Guancavelica, en la mina de Botija Punco, también de azogue, del pueblo de Chacataclana (p. 366).

Está pendiente de cumplimiento la Real Orden de 3 de septiembre de 1788, por la que S. M. manda se le remitan muestras de todos los metales de oro, plata y semimetales, noticiando la entidad de todas las minas que los producen, su situación, su ley, etc. (p. 369).

El virrey pondera la importancia de la *Real Mina de Guancavelica,* que con razón se ha llamado siempre y la nombran nuestros Soberanos "la preciosa alhaja de su Corona" (p. 369). Pero explica que el 25 de septiembre de 1786 se experimentó un terrible hundimiento o derrumbe de una bien considerable parte de ella, hallándose en visita de la provincia el Juez privativo y Superintendente subdelegado de aquella villa y real mina Don Fernando Márquez de la Plata, y dentro del lugar el Teniente asesor de dicha Superintendencia. Primero se trató de disimular la entidad de los daños y, en cuanto a la causa del derrumbe, se figuró haber sido la de un recio temblor de tierra (pp. 370-371). Pero luego se advirtió que en los años antecedentes se habían extraído copia de metales de los estribos, arcos, puentes y cielos que sostenían la mina, con cuya falta se había derrumbado. Por auto de 26 de junio de 1787, el Superintendente subdelegado mandó separar de la Dirección de labores a dos Directores con otros funcionarios. Se hizo un reconocimiento de los daños —que la Relación detalla— a partir del 10 de julio de 1787 hasta el día 19. Se puso en prisión a los funcionarios destituidos, con embargo de bienes. Siguen prolijas noticias sobre el desarrollo del pleito.

En los documentos finales (p. 4), puede verse que, en 1787, el valor entero de los *Reales Tributos* era de 853,657.4. El uno y medio por ciento de Cobos y Diezmo de barras de plata alcanzó el valor entero de 335,947.2 1/2. En el año de 1788 (p. 11), los Tributos llegan al valor entero de 869,982.4 1/2, y los Cobos y Diezmos a 358,596 1/2.

XVII. La última década del siglo XVIII

La abundancia de los papeles correspondientes a estos años nos lleva a formar capítulo aparte con ellos, quedando para el capítulo siguiente el análisis de los trabajos de índole jurídica.

Ya sabemos que desde el 25 de marzo de 1790 gobierna en el Perú D. Francisco Gil de Taboada y Lemos. Se levanta el censo que este virrey envía al Conde de Aranda el 5 de noviembre de 1792, el cual cubre *siete intendencias,* sin la de Puno que se reincorporó más tarde. Había 54 partidos con 483 doctrinas y 977 anexos. El total de la población del Perú fue de 1.076,122 habitantes (de ellos, 136,031 españoles; 244,437 mestizos; 41,398 mulatos y negros libres; 608,912 indios). Lima tenía 52,627 habitantes y con los alrededores esta población alcanzaba la cifra de 62,910 personas. Como la adscripción de las provincias del Alto Perú al virreinato del Río de la Plata había tenido lugar desde 1776, las estadísticas de ellas no figuran en este censo.

El virrey se vanagloriaba de haber remitido a la metrópoli, de 1790 a 1795, *6.645,294 pesos,* de los cuales 2.061,155 pertenecían a la Real Hacienda. El monto del oro y la plata amonedados era de 27.967,566 pesos, con diferencia de casi 6 millones de pesos en más sobre el período antecedente. La minería había progresado, el Tribunal cobraba a los mineros un real por cada marco que extrajesen. El Banco Minero, creado desde 1752, se incorporó a la Corona en 1779.

Los mineros alemanes encabezados por el Barón de Nordenflicht, que habían estado en Potosí desde 1788, llegan a Lima el 7 de diciembre de 1790. El informe del Barón fue fechado en Lima el 29 de noviembre de 1791. El regresó a Cádiz en abril de 1813.

Gil y Lemos entregó el mando el 7 de junio de 1796 al nuevo virrey Don Ambrosio O'Higgins.[116]

En carta que éste escribe al Príncipe de la Paz, el 26 de julio de 1797, y en el Informe que envía al Ministro del Despacho Universal en junio de 1799, trata del estado político del virreinato. Las minas han venido a menos y sólo se explotan con ventaja las del Cerro de Pasco y las de Chota o Hualgayoc. Se inclina a que se cumpla todo lo dispuesto sobre los naturales, se extirpen los repartimientos (de mercancías) y no se deje impune cualquier transgresión.

El 1º de febrero de 1796 se ordenó devolver al Perú el territorio de Puno. El 22 de agosto mandó la Audiencia de Charcas dar cumplimiento a lo ordenado.

El virrey O'Higgins informaba al Ministerio de Indias, el 26 de junio de 1799, que el número de los negros que habitaban las cercanías de Lima era de 30,000. Estimaba que el trato que les daban sus amos era benigno.

O'Higgins fue removido por decreto de 19 de junio de 1800 y falleció el 18 de marzo de 1801.[117]

Las cuentas del virreinato del Río de la Plata señalan como ingreso para la corona, por concepto de tributos de indios, *562,528 pesos,* sobre una recaudación total de rentas de ese virreinato de 3.691,369 pesos, en el año de 1790.[118] Por regiones, las cifras de los tributos de indios eran las siguientes:

Buenos Aires (en 1791),	3,675	pesos
Potosí,	154,890	,,
La Paz,	200,654	,,
La Plata,	41,563	,,
Oruro,	36,406	,,
Cochabamba,	85,748	,,
Salta,	12,039	,,
Paraguay,	4,054	,,
Carangas (en 1791),	21,874	,,
Córdoba,	1,625	,,

Los diezmos y derechos de cobos de barras de plata por Potosí eran de 359,800 pesos sobre un total de 429,659 (con 47,128 de Oruro, 21,435 de Carangas (en 1791), y 1,296 de Buenos

Aires). La Real Casa de Moneda de Potosí dejó un total de 261,660 ps. Y el Real Banco de San Carlos (también de Potosí), 228,151. El producto de los azogues fue, en total, de 166,793 pesos (incluyendo Buenos Aires, con 110,688. La Paz, con 531. Oruro, con 49,222. Cochabamba con 655. Potosí, en blanco. Carangas (en 1791) con 5,697 ps.).

Los gastos de la corona en el virreinato del Río de la Plata, en 1790, ascendieron a 4.844,353 pesos.

El ingreso, con lo trasladado de años anteriores, fue de 5.204,598 pesos (de éstos, 3.550,642 del año 1790 y 1.653,956 de años anteriores). De suerte que el remanente fue solamente de 360,045 pesos.

Bajo la dependencia del virreinato del Río de la Plata se formaron en la década que ahora estudiamos nutridos expedientes relativos a la *mita de Potosí*, que coleccionó D. Benito de la Mata Linares, interesado en ello como Intendente que había sido del Cuzco en 1784.[119] A esos documentos agregaremos algunos de distinta procedencia, que complementan los reunidos en la colección citada.

El 22 de febrero de 1790, rinden un informe los ministros principales de Real Hacienda de Potosí sobre la nueva gracia de mita a D. Nicolás Urzánigui.[120] Lo que pueden informar se reduce a que la instancia que hizo el contenido dio lugar a que S. M. ordenara que, sin perjuicio del número de mitayos que hoy laborean en el Cerro Rico de Potosí, ni del cuerpo de azogueros, se le atendiera y oyera en justicia de acuerdo de los dos virreyes de Lima y Buenos Aires. El asunto —dicen los informantes— es de los más interesantes a la Corona y al Estado siempre que se trate con este motivo del arreglo de la mita, esto es, que vengan a estos trabajos la *séptima* dispuesta por ordenanza y que los indios desempeñen las tareas que conforme a ella están obligados. Por defecto de lo primero, y por no observarse lo segundo, consta que los azogueros llevan un tercio menos de corriente del que llevarían, cuyo perjuicio padecen los diezmos de la Soberanía. Se conseguirán obligando a los indios al cumplimiento de esas tareas y estrechando a los subdelegados de los 15 partidos que contienen la pensión de las tandas a la remisión de la séptima parte de los tributarios de origen y forasteros de tierras. Los informantes asienten a la solicitud de Urzánigui en vista de las revisitas que extractan de 1786 y 1792. Si se hiciera un repartimiento general, no hay duda de que si hoy vienen 3,000 indios a la tanda, subirán hasta 5,000, y estos obreros harán acrecer los diezmos reales a proporción del mayor trabajo; pero como esta operación pide otros más dilatados conocimientos y substanciaciones entre los dos virreyes por lo que hace a los dos partidos de Quispicancha y Tinta, sujetos al de Lima, son de sentir estos ministros que se puede recomendar al Superior Gobierno de estos reinos la instancia de Urzánigui, por pretender éste que se le adjudiquen de los pertenecientes a este virreinato (del Río de la Plata), de que es privativo el Virrey de Buenos Aires, sin que obste ni se espere el indicado arreglo general para que se le haga la aplicación que pide, en cuya supotesis se le deberá aumentar o disminuir el número de mitayos que legítimamente le correspondan respecto de que por Real Cédula de 18 de febrero de 1697 está determinado el de 40 indios por punta a cada cabeza de ingenio de moler metales de esta Rivera.

En el mismo tomo 37 viene otro informe del Capitán Mayor de la Real Mita, fechado en Potosí el 1º de marzo de 1790, que coincide con el anterior y conviene en que se le dé la mita a Urzánigui. Razona que, según el repartimiento de 8 de mayo de 1692 hecho por el virrey Conde de la Monclova, deben venir al servicio de la mita del Cerro e ingenios, *627 indios de gruesa* del Partido de Chayanta y *426 de Porco*, y ahora no vienen al año más que *533* del primero y *318* del segundo, resultando la falla de *202 indios*. Le parece que es interesante el arreglo de la mita. Hay necesidad de indios en el Cerro e ingenios. Se le debe hacer el repartimiento a Urzánigui de los *210 indios* que pide. Del estado formado por los ministros de la Real Hacienda se manifiesta haber *796 y 3 séptimos indios* sobrantes en la séptima sin ingenio, dueño, ni destino en el trabajo de la mita.

Viene también en el tomo 37 un informe (de 1790) de los diputados del Gremio de Azogueros, apoyando los anteriores informes y la solicitud de Urzánigui para sus ingenios; su petición de los 210 indios no perjudica a nadie; conviene un arreglo general de la mita cuanto antes; la séptima se debe hacer efectiva.

El 29 de abril de 1790, desde Puna, informa el Subdelegado del Partido de Porco sobre la mita de Urzánigui (mismo tomo 37). Dice que en la práctica nunca los forasteros sin tierras han ido a la mita, aunque no encuentra las leyes en que se han amparado. Los ministros de Hacienda se han equivocado al deducir la séptima de ambas clases, no en el cálculo sino en haber caracterizado en la octava columnilla de forasteros con tierras a los que en realidad *se hallan privados de ellas*. Los Diputados del Gremio dicen que los Azogueros de Potosí reciben indiferentemente a la fatiga orginarios y forasteros, proposición con que dan a entender hallarse comprendidas ambas clases en la consignación; mas proceden equivocados. Lo que pasa es que, rehusando los originarios de turno ir a hacerlo, solicitan y pagan personeros que lo desempeñen, cuyo arbitrio se les ha permitido por humanidad. Por lo que mira a los originarios y forasteros con tierras que para el caso son una misma cosa, observa la práctica dos reglas: Primera, que en la alternativa de dos semanas de trabajo y dos de descanso con que absuelven el período de un año, *la manutención de los mitayos* sólo corra en las primeras de cuenta del minero o azoguero, quedando a cargo de los mismos mitayos hacerla en las segundas a sus propias expensas, con cuyo objeto transportan a Potosí víveres y ganados. Si el mitayo es pobre y con familia, como suele suceder, tiene que trabajar sin discontinuación *todo el año* y no goza del descanso que las leyes le dan o se ampara en la fuga para consultar con menos afán su subsistencia; por esto los caciques solicitan dentro de la misma gente originaria los más acomodados. Segunda regla: que en atención al servicio que los indios de Yocolla, viceparroquia de la Doctrina de Tinguipaya, franquean al público por turno con sus caballerías y personas en el transporte de los comercios, correos y pasajeros que cruzan el camino de Lima y Buenos Aires, están exentos de tanda de mita; y que por el propio desempeño que está a cargo de los mismos indios de Tinquipaya en la otra Posta de la Leña sea menor respectivamente a su población el número de mita y de que contribuyen a Potosí, como puede advertirse del repartimiento hecho por el Conde de la Monclova en 1692; donde se ve que, en medio de haber sido Tinquipaya en todos tiempos uno de los curatos más populosos de este Partido, sólo le pensiona en 18 indios por gruesa; no pudiéndose dudar sean acreedores de esta gracia de minoración en la séptima los pueblos de Caiza y Tropalca, con concepto a las tres postas nuevamente establecidas que sostienen en el mismo Caiza, Sarapalca y Chaquilla. Éstos son los esclarecimientos que parece desea adquirir de los Subdelegados el Protector de Naturales en su juiciosa vista de fojas 28, pues, por lo demás, siendo constantes el mérito de Urzánigui y los provechos que resultan de las mitas, y la Potestad Suprema para compeler a los vasallos que tiene S. M., hará este Subdelegado lo que manden en este asunto.

Por su parte, el Subdelegado de Chayanta informa desde Potosí, el 10 de mayo de 1790 (mismo tomo 37), que, según el estado que tiene enviado del número de indios originarios y forasteros con tierras que existen en los pueblos del Partido de Chayanta a su cargo, que se citan sujetos al servicio de la Real Mita del Cerro y Rivera de esta Villa, resulta sólo haber en la clase de originarios 1,705 indios, y no los 1,803 que se suman en f. 8, casilla 7, por el equívoco que ha encontrado según los padroncillos de la revisita efectuada el año de 1786 que se le franquearon por los ministros principales de Real Hacienda de estas Cajas para deducir dicho estado, y especialmente en el padroncillo Nº 17 del pueblo de San Pedro de Macha, y 4,763 forasteros con algunas tierras, que ambas partidas ascienden a 6,468 indios, deducida la séptima resulta haber sólo 936, y no los 1,056 porque se rebajan 103 indios por el expresado equívoco. A los 924 indios forasteros y agregados sin tierras que se notan en dicho Estado no se les debe obligar a mita, sólo sí a la contribución del tributo de *20 reales* por tercio; y los 1,900 indios

originarios y forasteros con tierras y sin tierras que residen en Moro Moro y Pitantara gozan del privilegio de no venir a la mita de esta Villa, porque los de Moro Moro tienen la obligación de hacer las trincheras en la plaza de la ciudad de La Plata por las fiestas de Guadalupe, y los segundos no ha podido averiguar el informante por qué. Se huyen de la mita los indios por falta de tierras para mantenerse y por malos tratos y grandes tareas. Se le podrá dar a Urzánigui, del Partido de cargo del informante, el número que se pueda adquirir del sobrante de la séptima que parece del Estado que tiene formado, con la condición que, cuando se le conceda la gracia de adjudicársele el número de mitarios de Chayanta, sea obligado a retener a cada uno de los originarios *2 reales por semana* de los propios salarios que les pagare, y a los forasteros *1 real*, para que al año que sirvan su mita y en el que salen debiendo a sus caciques 2 y 3 tercios de sus tributos, lo puedan satisfacer en atención a la corruptela o abuso de que están poseídos de no querer pagar sus tributos el año de su servicio, que va en perjuicio de los caciques y del informante que lo tienen de pagar de su propio peculio.

D. Francisco de Paula Sanz, Intendente Gobernador de Potosí, informa a su vez sobre dar la mita a Urzánigui, el 16 de noviembre de 1790 (mismo tomo 37). Los *mingas* son generalmente los indios ausentes de otras provincias acostumbrados a la ociosidad, borrachera, etc. Ninguno de éstos concierta servicio sin que se le anticipe *1 peso*, que se llama *Alanoca*, con título de avío para poder subir al Cerro el lunes de la semana que se conchava, y, como son tantos los que buscan esta gente libre, se contratan con muchos por la *Alanoca*, pero luego, o engañan a todos y no suben el lunes, o aceptan al primero o al que prefieren, pensando que podrán abonar a los demás quejosos los fraudes que experimentaron por su culpa. El que consigue esta preferencia, se reputa afortunado, aunque tiene que pagar un 50 por ciento de más salario del que gana un indio de mita, trabajando mucho menos, y si quiere el indio se va a otro mineral por pillar de contado *10 o 12 pesos* con que los avían de ordinario para facilitar los conciertos. El informante explica las ventajas de los de mita que todos prefieren. El repartimiento de 1578 de Toledo señaló para 150 dueños de minas a ingenios en Potosí 14,248 indios de gruesa, con la mita ordinaria de 4,724 que debían estar en continuo trabajo para cada tercio de año. En el último repartimiento general ejecutado por el Conde de la Monclova en 8 de mayo de 1692, apenas se hallaron de séptima en los originarios, 4,101 indios; por cuya causa no alcanzó la séptima para más que 34 ingenios, quedando sin repartimiento 23. En las adjudicaciones se tuvo siempre cuidado que los indios fueran para los que tuvieran en qué ocuparlos. Ha oído respecto a lo de Urzánigui a todo el Gremio en persona de sus Diputados, y quieren que se le conceda la gracia. Juzga conveniente el informante que se adjudiquen a Urzánigui *no 210 sino 170 de gruesa*, a saber: 120 para el Cerro con 40 por punta, 50 para dos cabezas de ingenios (a 25 por cabeza) en 4 puntas de a 5 cada una, para que no trabajen arriba de 12 horas, y no 24 seguidas que el informante piensa reformar en la Nueva Ordenanza que está formando por comisión de S. E. Los 5 indios que parecen sobrantes en el número de los 20 aplicados para cada cabeza, van como supernumerarios para que los caciques reemplacen con ellos los ausentes, enfermos o muertos en cada mita, y para que los cansados se remuden, aunque ganen sólo lo correspondiente a las 12 horas que trabajan en vez de 24. Los 170 indios se. le pueden aplicar del Partido de Chayanta en Sacaca, Acacio, Pocoata, Moscari, Panacachi, San Pedro de Buenavista y Aymaya, por haber resultado en ellos el sobrante líquido de 295 indios de séptima. Está reducido en el día el número de todos los indios que vienen a mitar de Chayanta a 533, con falla de 99 tributarios para completar el pie de la primera asignación. El sobrante son 295 indios sin asignación ni repartimiento por ahora; antes que se le conceda a Urzánigui esto, será menester prevenirle que haga constar a esta Superioridad las minas donde haya de destinar a esta gente, para que, reconocida su utilidad, se le permita el uso de dicho mandamiento, porque las leyes defienden tales mandamientos a minas pobres para evitar el abuso de los trueques, ventas, etc.

Antes de continuar el examen de los documentos sobre Potosí, que dan cuenta de muchas complicaciones y controversias, mencionemos los que se refieren a *Huancavelica.*

En el *Mercurio Peruano* del 30 de enero de 1791 (folios 65-68), se publicó una "Historia de la mina de Huancavelica", que puede ser debida a José Hipólito Unánue, de quien trataremos adelante.

Se recurrió al extenso uso del *pallaqueo* abierto a españoles y trabajadores indios libres en las minas de azogue de Huancavelica en 1793, y más generalmente desde 1795, cuando el sistema de operación directa por el Gobierno fue abandonado.[121]

Uno de los colaboradores del Barón de Nordenflicht, el minero Anton Zacharias Helms (1751-1803), estuvo en Huancavelica en 1790 tratando de reformar los hornos al modo de los de Idria; regresó a Europa en 1793, dejando un diario de su viaje, que fue publicado después.[122]

José Hipólito Unánue publica en Lima, en 1793, su *Guía política, eclesiástica y militar del Virreinato del Perú,* para ese año.[123] Luego dedicó volúmenes similares a los años de 1794, 1795 y 1796. En el primero de ellos aparece (en la p. 178), el siguiente *Cuadro de la Población del Perú:*

Intendencias	*Españoles*	*Indios*	*Mestizos*	*Pardos libres*	*Esclavos*	*Total*
Lima	22,370	63,181	13,747	17,864	29,763	149,112
Cuzco	31,828	159,105	23,104	993	284	216,382
Arequipa	39,357	66,609	17,797	7,003	5,258	136,801
Truxillo	19,098	115,647	76,949	13,757	4,725	230,967
Huamanga	5,378	75,284	29,621	943	30	11,559
Huancavelica	2,431	23,899	4,537	......	41	30,917
Totales:	136,311	608,912	244,437	41,404	40,337	1.076,997
Hombres	67,325	293,061	115,581	19,906	21,592	521,700
Mujeres	68,986	315,851	128,856	21,498	18,745	555,297 [124]

Unánue explica (p. I), que en 1718 se separaron del Perú, por el norte, las provincias del Reino de Quito con el designio de erigir en virreinato la Presidencia de Santa Fe. Y en 1778, por el sur, se le desmembraron todas las provincias interiores de la Sierra, desde la Cordillera de Vilcanota, para formar el de Buenos Aires. Quedó reducido el Perú a 365 leguas N. S. desde los 3 gr. 35 min. hasta los 21 y 48 de lat. merid. y de 126 E. O. por la parte que más entre los 63 gr. 56 min. y 70 gr. 18 min. de longitud, fijando por primer punto al Meridiano de Cádiz. Acompaña un plano del Perú hecho en 1792 por Andrés Baleato.

Los productos de metales de la Sierra ascienden anualmente a 4.500,000 pesos (p. III).

Después de las desmembraciones, quedaron al Perú 77 corregimientos, y se redujeron a 7 Intendencias con 51 partidos (p. IV).

La capital, Lima, tenía 52,627 habitantes (17,215 españoles, 3,912 indios y 8,960 negros (p. 1).

El autor ofrece en cada Intendencia las cifras de población, por Partidos, de españoles, indios, mestizos, pardos libres y esclavos.

En el tomo I de esta serie incluimos una Adición documental (pp. 292-307) que recoge datos sobre la historia del trabajo entresacados de la amplia colección de documentos publicada por el padre mercedario Víctor M. Barriga, en la ciudad de Arequipa. Ahora vamos a extraer los que aparecen en las *Memorias para la Historia de Arequipa. Relaciones de la Visita al*

Partido de Arequipa por el Gobernador-Intendente Don Antonio Álvarez y Jiménez, 1786-1791. Tomo I. Arequipa, Editorial La Colmena, 1941, publicación que se debe al mismo diligente y capaz investigador.

El Intendente Álvarez tomó posesión del gobierno de la provincia el 10 de noviembre de 1785 (p. 2). Comenzó la visita el 1º de diciembre de 1786 por el pueblo de Chiguata, distante cinco leguas de la capital de la provincia. Entre las medidas del visitador figuraba reconocer si había o era posible fundar en las poblaciones casa de recogimiento y enseñanza para las indias, y escuelas de indios, conforme a la ley 19, tít. 3, lib. I de Indias (que se refiere a las casas de recogimiento), y si había hospitales para esta casta según el tenor de la ley 7, tít. 4, del mismo libro (p. 24). También indagaba por los padrones y tasas de tributarios, si por la última matrícula habían quedado algunos ocultos sin pagar esta justa contribución, o si otros que por su avanzada edad debían estar exceptuados la satisfacían, y si era posible poner la cuota bajo de un pie a todos (p. 26). En las costas de la provincia había varias islas guaneras que poseían distintas comunidades y particulares, y se averiguaba si pertenecían a S. M. o las disfrutaban con bastante título, practicando lo mismo en las composiciones y repartimientos de tierras realengas (p. 26). En cuanto a las lagunas de sal, cuyo producto poseían los indios de las parcialidades y otros moradores, se averiguaba si se podía ejecutar lo mandado en la ley 13, tít. 23, libro VIII de la *Recopilación* y en el artículo 137 de la Real Ordenanza de Intendentes (p. 26). El importante cuerpo de minería era uno de los objetos de esta visita, inquiriéndose si tenía *mita* de indios para el trabajo concedida por la Superioridad, o si las trabajaban indios espontáneos, si se les pagaba el jornal en plata o en efectos, y si estaban bien mantenidos y abrigados con los víveres y vestuarios que acostumbraban, si se les trataba bien como encargaba S. M., y si los trabajadores se curaban a costa de los patrones (p. 27). Si por el laboreo de minas dejaban los indios y demás operarios de estar bien impuestos en la doctrina cristiana, se prevenía a los dueños de minas cuidasen que sus trabajadores cumpliesen con los preceptos divinos (p. 29). El visitador se informaba si los curas doctrineros de los pueblos eran idóneos en las facultades necesarias para este ministerio, sabiendo la lengua índica, o si enseñaban la doctrina en la española, si prendían a los indios, les repartían efectos, se introducían en las últimas disposiciones de sus bienes, si los cargaban, si los curas hacían ausencia de sus doctrinas y si se les acudía con lo que les tocaba de diezmos (p. 31). Por los padrones y libros de bautismos y entierros se formaba cómputo del número de feligreses con separación de sexos, castas y edades, para ajustar en su oportuno tiempo los repartimientos de tierras, los enteros de tributos y otros asuntos (p. 31). Después de la visita del pueblo de Chiguata, hizo el Intendente la del pueblo de Characato (p. 32). Estas dos primeras visitas las utilizó a fin de darse cuenta de lo que convenía para ajustar las de los demás pueblos de la provincia. Prosiguió la visita a partir del 2 de junio de 1788 en otros pueblos que enumera, sin haber podido seguir en los demás partidos y pueblos por las forzosas atenciones de este gobierno (pp. 35, 37). El informe del Intendente incluye noticias sobre los bienes de comunidad de varios pueblos de naturales (pp. 45 y ss.).

Al dar cuenta de los propios y arbitrios que anualmente goza la ciudad de Arequipa, aparece que se asignan 225 pesos a un maestro de escuela para niños pobres, y señaladamente para los hijos de naturales, con obligación de dar a unos y otros las cartillas, catones, papel y plumas en sus respectivos tiempos, y con el punto de su ingreso ha de inspirarles el amor y fidelidad al Soberano, esmerándose en perfeccionarlos en el idioma castellano, precediendo el examen no sólo de su habilidad sino de su vida y costumbres, con sujeción a pasar por las visitas del Diputado, que dos veces en cada mes a lo menos ha de hacerlas (p. 41). Se señalan 125 pesos a una maestra de escuela para niñas pobres y también de hijas de naturales, con iguales obligaciones y sujeción, para por este medio evitar las malas resultas y excesos que la mezcla de ambos sexos ocasiona, y aun los que por experiencia se han advertido en los mismos maestros, con pretexto de su trato, cariño y subordinación (p. 42). Se dan 300 pesos a un público preceptor de latinidad para semejantes niños, así de españoles como de naturales, con cargo de proveerles de artes, cuadernos y libros de primera traducción, supuesto el prolijo examen que a su nombramiento ha de preceder (p. 42). Luego se hace mención de que el coronel D. Manuel Santos de San Pedro, caballero del orden de Calatraba, por su testamento otorgado en la ciudad del Cuzco, legó el principal de 12.000 pesos con sus réditos a beneficio de las niñas pobres de la ciudad de Arequipa (p. 121). Una gestión que apoyó el Intendente para variar el destino de este legado no fue aprobada por el virrey.

El Intendente recalca que no ha sido uno de sus menores cuidados la erección de escuelas para la instrucción de los jóvenes españoles y naturales de ambos sexos, y que las ha establecido en los lugares que ha visitado, para enseñanza de la religión, lengua castellana y demás preceptos que hacen el plantel de buenos vasallos, dotándolas las unas sobre los propios y arbitrios de esta ciudad, y las otras sobre los bienes de las comunidades, a proporción de sus fondos, de modo que sean perpetuas (p. 48). Luego reitera que en las escuelas se enseñaría la lengua castellana, encargando a los párrocos y doctrineros celasen este importante objeto (p. 63). También comenta adelante que habiéndole hecho conocer la práctica experiencia del tiempo que ha gobernado esta provincia y la visita que ha verificado en algunos de sus partidos, lo conveniente al servicio de Dios, del rey y civilización (sic) de estos lugares, la extirpación de la lengua índica en sus naturales, ha conseguido que en algunos, mediante el establecimiento de escuelas, vayan aprendiendo la castellana, no siendo fácil la total abolición en muchos pueblos de los partidos de Condesuyos, Caylloma, Tarapacá y Arequipa que hablan la Quichua, en el de Moquegua la Coli y Aymará, en el de Arica la Aymará sola, y en el de Camaná, que es corto el número de indios que tiene, aunque hablan la Quichua, cortan el castellano por estar sus poblaciones inmediatas a la costa, sucediendo lo mismo en los pueblos de los anteriores partidos que están situados al margen de la mar (p. 75).

Tiene este Obispado 62 doctrinas o curatos (p. 50). La Relación procura demostrar con exactitud la totalidad de las gentes de cada doctrina (españoles, indios e indias, negros y negras libres, los de la misma casta y sexo que son esclavos, los mulatos, zambos y mujeres de estas castas libres, y los de igual naturaleza esclavos), con el monto de las que incluye toda esta provincia (p. 51, estos datos debían figurar en un anexo que no se incluye en la publicación como adelante se indica). También individualiza el temperamento y la cultura de los lugares (p. 51).

Señala la presencia en los arrabales de Arequipa de 68 telares que fabrican un lienzo burdo de algodón que los naturales llaman Tocuyo, en que se emplean 62 operarios, ganando al día *3 reales*, tejiéndose al cabo del año por un cálculo prudencial 124,000 varas, que se venden a real y medio cada una en esta ciudad, y se llevan a expender en todos los partidos de este Departamento. Los telares son rústicos y groseros. El algodón se trae del Valle de Tambo, y algún poco de los Valles de Mages, Vítor y otros lugares, comprándose en mota a 2 pesos arroba, no por los fabriqueros, sino por porción de indias que se ejercitan en hilarlo, unas con la Pusca, que en Castilla llaman Huso, y otras con un Tornito compuesto de Cucharas, que heridas por el agua en las márgenes del río dan vueltas, y con destreza avanzan el hilado hasta media libra al día, que después puestas en ovillos llevan a las Tucuyerías y venden a 4 y medio reales la libra, de modo que gana cada una de estas hilanderas *1 real y medio al día* poco más o menos, según el valor que por tiempos adquiere el algodón (p. 53).

Los maestros dan por tarea a cada uno de sus oficiales 15 varas de tejido, pagándoles como se ha dicho *3 reales diarios,* y sacada escrupulosa cuenta de la utilidad que les resulta sólo les quedan libres 3 reales en las 15 varas (p. 54). También suelen tejer tocuyos listados de color azul, blanco y colorado, que venden a 2 reales, cuyo aumento de precio apenas reporta el costo de los tintes, que los preparan, el azul de añil enjebando con una tierra llamada Cachina, y el colorado de Brazil con la misma operación. En los tocuyos blancos hacen otra labor 38 mujeres plebes, que los compran en la plaza al va-

reo, y llevándolos a sus casas para prepararlos con lavarlos en el río los estiran de suerte que hacen aumentar 3 varas cada 10, y después los pintan, remedando a las Angaripolas, con diversos colores, que los hacen el amarillo de azafrán limi traído de Chile, el azul de palo de Jara, el colorado de Brazil, dando a todos los tintes el punto con la tierra Cachina para refinar en parte el color, y al azul con cardenillo y vitriolo. Para imprimir el floreo extienden el género y con moldes de madera del tamaño de un palmo y menores sopados en los tintes lo aprietan con la mano sobre el género, y así con suma paciencia y trabajo consiguen el efecto, y lo venden a 2 reales, habiéndoles costado en blanco a real y medio, no resultando otra utilidad a la operación que las tres varas en cada diez en el estirado del río. Hácense también frezadas ordinarias de lana de oveja de dos varas y media de largo y dos de ancho, que venden de 10 a 12 reales en esta ciudad y se llevan a todos los lugares de la provincia; téjenlas un corto número de indios en sus casas sin más telares ni máquinas para hilar la lana que el que usan para los tocuyos, con la diferencia de ser más anchos y los peines más toscos. La lana la compran por vellones, a 2 reales cada uno, de los matanzeros de carneros abastecedores del público, y el hilado les cuesta 4 reales, de manera que vendiéndolas al precio indicado resulta de utilidad al trabajador *4 reales* por la tarea de día y medio en que concluye la obra (p. 54). Igualmente tejen pellones y alfombritas de todos colores los indios en un telar a manera de horca, poniendo la trama de arriba para abajo, en la cual comienzan la obra por la cabeza y los pies para finalizarla en medio, sin más instrumento añadido a la máquina que un peine a forma de mano con el cual al paso que van urdiendo van apretando la lana, la que es de alpaca, y se trae del partido de Condesuyos del Cuzco y del de Condesuyos de Arequipa, costándoles en esta ciudad a 7 reales libra, teñida y escamenada. En cada uno de los pellones gasta el operario 3 libras y media de ella, tardándose en acabarlo para venderlo cuatro días, en conformidad que con las lanas, bayetas y badana de su forro les tiene de costo 3 pesos, 6 y medio reales, y lo venden por 5 pesos, resultando el logro por el trabajo de cuatro días de *10 reales* poco más o menos; bien entendido, que al respective suelen abundar la lana, y por consecuencia suben de precio (p. 55).

Continuando esta detallada relación industrial, agrega que de las provincias del Collao y Tinta se conducen a la ciudad 24,559 varas poco más o menos al año de bayeta blanca en jerga, las que se compran en ella a 1 real la vara por el gremio de tintoreros, indios e indias, quienes las pelchan, labran y ponen en tinte de añil, preparado con legías, y en amarillo que componen de las hojas de Molle hervido, usando para esta maniobra de unas cortas calderas y tinajas en que hacen la operación, que concluída enrollan la bayeta y la llevan a la plaza donde la venden para el gasto del público y los partidos de la provincia a 2 reales la vara de la azul, y a 1 real y medio la de la amarilla, ganando en la primera *medio real,* y en la segunda *un cuartillo,* empleándose en este ejercicio 49 personas de ambos sexos (p. 55).

Todos estos manufacturadores son de cortos posibles, pues apenas les reditúan sus trabajos la diaria subsistencia, y así se ve no haber fábrica formal, porque el operario más desahogado apenas tiene dos telares en sus habitaciones o ranchos (p. 55).

En la ciudad como en los suburbios tejen las mujeres medias de lana y algodón, labradas de colores para las que usan las personas de su sexo; las compra la gente pobre y de servicio a 10 reales, y las blancas de algodón para hombre a 2 pesos. También hacen calcetas, guantes, gorros, pañuelos y otras cortas manufacturas de lana de vicuña, y se venden a precios equitativos, sin que de todo les reporte mayor ganancia (pp. 55-56).

En el partido de Condesuyos, donde corresponden los pueblos de Andagua y Salamanca, labran los indios pellones de lana corta y larga como los de Arequipa, aunque tienen mayor estimación y precio los de dichos pueblos, pero es corta la cantidad que tejen, y se llevan para su venta a Lima y a los lugares de esta provincia. Igualmente tejen alfombritas y unos géneros de lana burda que nominan los naturales Chuzes, y sirven de alfombras a la gente pobre, vendiéndose a 2 pesos (p. 56).

En los pueblos de Chincha, Veringa y Quechoalla, anexos de la doctrina de Salamanca de dicho partido, se cría porción de tunales de cortas pencas, las cuales producen un gusanito que los indios extraen, y martajados los revuelven con harinas formando unos pequeños canesitos que llaman Magnos, con lo que hacen tintes granas muy finos en las lanas y algodón, siendo esto la manufactura que tienen, vendiendo uno y otro efecto no sólo a los tejedores de los dos anteriores pueblos, sino trayéndolo a esta ciudad, donde tiene expendio para todo género de tejidos y tintes. El corto alcance de los habitantes les tiene oculto el valor del tinte magno por no saberlo beneficiar, pero si lo cosechasen y prepararasen bajo de las reglas de los Mexicanos, sería un equivalente de la cochinilla o lo mismo que la grana. Anualmente se recogen tres mitas o cosechas en los meses de abril, agosto y diciembre (pasadas estas estaciones vuelan los gusanillos o entran otros a manera de polilla que los aniquilan) (p. 56). En las demás doctrinas de este partido de Condesuyos se tejen con más delicadeza y gusto las medias y especies citadas, a cuya obra se aplican las mujeres; las usan éstas en todo su territorio, con que suplen las traídas de Europa, y aun se remiten a varios parajes de este Departamento con plena satisfacción de su venta, acaeciendo lo propio con las que hacen para hombres (p. 57).

En el pueblo de Caylloma, escaso de materias por su frigidez, únicamente se dedican sus moradores, casi todos indios, al tejido de Chuzes y al de un burdo tejido de lana a especie de Cordellate de color musgo con que se visten; no echan menos los efectos de Europa, valiéndose para sus obras de telares que se componen de cuatro estacas clavadas en el suelo, y en sus extremidades dos palos de donde pende la trama que suben y bajan con unos cordeles a mano, sirviendo los mismos de peine para apretar el tejido, el que ejecutan con el fin de consumirlo en sus familias, y las materias consiguen de los cortos rebaños de llamas que mantienen y trasquilan (p. 57).

El partido de Moquegua y el de Arica tienen varios pueblos altos de serranos, cuyos naturales usan del mismo tejido y obras para su vestuario que los de Caylloma, pero los de la costa, más civilizados, no gastan de ellos ni tienen manufactura alguna (p. 57).

Los de Camaná y Tarapacá no tienen manufactura, dedicándose los del primero a la agricultura y los del segundo a la minería (p. 57).

Reflexiona el Intendente que los indios de las serranías son por naturaleza torpes, pero los que habitan en pueblos de españoles y los cholos, aunque no tienen inventiva, son hábiles para remendar (sic, al parecer por remedar) con perfección cualesquiera manufactura, y así se ve que en los oficios que ejercen hacen obras perfectas, aun sin embargo de carecer de los instrumentos propios del arte, labrándolas y trabajándolas con incomodidad y con grande paciencia (p. 57). Todos estos obreros han ido en aumento con sus tejidos y ventas de diez años a esta parte, siendo la causa la escasez y excesivos precios que tomaron los efectos de Europa por la guerra del año 1779, obligando a la gente pobre a usar en sus vestuarios de los géneros propios del país, motivando a los que los tejen a duplicar sus telares para poder abastecer la demanda (p. 58).

A continuación el Intendente da a conocer las producciones agrícolas de la provincia, que extractamos en lo más saliente (pp. 58 y ss.). El partido de la capital se compone de diez pueblos y tres valles, que producen buen trigo y maíz. En hacer la bebida chicha se entretienen 3,620 indios con suma ganancia. Las papas y chauchas no son escasas. Las haciendas del valle de Vítor son de viñas y cosechan regularmente 110,000 botijas de vino, de las cuales reducen las tres partes a aguardiente; el vino se lleva en cantidades considerables a las provincias de Potosí, La Paz, Lampa, Puno y algún tanto a la del Cuzco. El valle de Tambo produce azúcar y ají, el primero se consume en el partido, y el segundo se lleva en cantidades a los lugares de la sierra. El tercer valle es el de Uchumayo y produce iguales sementeras que las de esta ciudad donde se conducen para venderlas. El valle de Moquegua tiene haciendas de viñas que producen 300,000 botijas al año, expendiéndose la décima parte en la propia especie a 3 pesos botija por ser el más generoso del reino, y las dos novenas partes se reducen a aguardientes que se venden de 8 a 12 pesos y a veces a más, y condúcense a las provincias de Potosí, Chuquibamba, Oruro, La Paz, Chucuito o Puno, donde se prefieren a todo lo de los otros valles. El partido de Arica tiene en el valle de Asapa y en el de Ilo buenas cosechas de aceite, en los de Chaca y Locumba vinos; ambos efectos se llevan a las provincias de Lampa y Puno del virreinato de Buenos Aires, y parte del aceite a Lima. En el valle de Sama se cosechan anualmente 7,000 arrobas de algodón de que se surte el partido. El valle famoso de Tacna da abundante cosecha de ají y se lleva a lugares de la sierra. Los moradores de este partido tienen recuas para sacar los aguardientes y vinos y llevar los efectos que se internan por el puerto de Arica a las provincias de la sierra.

El partido de Tarapacá fuera abundante si no careciera de agua y sólo se cultivan unas cortas viñas, cuyos vinos no tienen semejantes en el reino. Abunda de ricas vetas de plata y sus moradores no tienen otro trabajo que el laboreo de ellas (p. 60).

El de Caylloma tiene, en los altos, carneros de la tierra, que se ocupan en cargar los metales de las minas de su real asiento. Los vecinos llevan el aguardiente del valle de Siguas a la provincia del Cuzco y Collado a venderlo (p. 61). Los pueblos de este partido son de indios y se hallan entre ellos muy pocos españoles, a excepción de los dueños de minas del Real Asiento, y los del Valle de Siguas. Los indios se emplean en las labores de las minas y en el cultivo de las viñas y en bajar al valle de Vítor a la coba, poda y cosechas, con lo que logran el poder contribuir el real tributo en plata, cuando antes lo verificaban en efectos (p. 61).

La mayor parte de los vecinos del partido de Condesuyos se aplican a la arriería para sacar los aguardientes que produce el valle de Majes del partido de Camaná (p. 61).

El de Camaná tiene en los valles de Chala, Atico, Ocoña y Camaná abundantes cosechas de aceite, conduciéndose la mayor parte de él a Lima con arrieros del mismo partido. En tres haciendas de cañaveral que tiene el valle de la Villa de Camaná se producen más de 16,000 arrobas de azúcar y se expenden en esta ciudad, partido de Moquegua, Arica y aun el de Tarapacá (p. 61).

El valle de Acarí produce el famoso ají que se lleva a todos los lugares de la sierra, y el azúcar que da la hacienda de Choavento perteneciente al convento de Predicadores de Lima (p. 62).

El valle de Majes produce 139,000 botijas de viñaterías, que reducen sus haciendas a aguardientes, y los llevan los moradores del partido de Condesuyos a las provincias de La Paz, Cuzco, Puno y Lampa (p. 62). La mitad del valle de Siguas corresponde a este partido.

El valle de Cháparra se compone de algunas cortas haciendas de viñas que dan generoso vino que se consume en su territorio. El de Quilca da ají y verduras y sus habitantes se dedican a la pesca (p. 62).

El pueblo de Caravelí, cercano de la sierra, da semillas con que se surten los minerales de oro que en sus inmediaciones se trabajan (p. 62).

Todos los caminos y tránsitos de esta provincia son quebrados y el Intendente sólo ha conseguido que se refaccionen algunos malos pasos y se allanen otros, pero en particular ha propendido al establecimiento de tambos y mesones en los despoblados y forzosas paradas de los caminos. Dispuso que en la pampa de Apo y en la de Pati, camino real para las provincias del Cuzco y demás interiores del reino, se erigiesen tambos, surtiéndose los transitantes de los comestibles a precios justos. En el lugar de Cañagua hay otro igual, por ser indispensable ruta para el partido de Caylloma y otras provincias. En el de Jaguey, forzoso pasaje para los de Moquegua, Tacna y Tarapacá, se puso otro tambo (p. 63).

Se reparó el puente de la ciudad de Arequipa, haciéndose una derrama entre los vecinos que se acordó en cabildo público (p. 64).

El único hospital de la ciudad corre al cargo de los padres de San Juan de Dios. El Intendente mandó levantar en él una pieza de baños (p. 66).

El puerto de Iquique es de pescadores (p. 68).

Le parece a este Intendente que es palpable que la población índica ha ido y va en aumento comparada con la que había en tiempo de los corregidores en el que se hacían repartimientos (de efectos), como lo manifestará con exactitud en la causa de Real Hacienda en el plan de los contribuyentes al real tributo que se hallaron en el último quinquenio de corregidores y los que en el nuevo gobierno de esta Intendencia se han empadronado o matriculado. También expondrá lo relativo a la felicidad de los naturales, socorro de sus necesidades y proporción para que trabajando convalezca esta provincia, poniéndose con la brillantez que facilita su ventajoso terreno (p. 75).

Con motivo de las diligencias que practica el Intendente para que haya propios en la villa de Moquegua, se consulta el documento de la Masa decimal y resulta que ascienden las botijas cosechadas a 249,724 en el año (en que se visita la villa, pero no hallo indicación de cuál sea) (p. 80).

En la exposición relativa a las Rentas Reales, recuerda el Intendente que las salinas pertenecen a la Real Corona, según la ley 13, tít. 23, libro VIII de la *Recopilación*. En 11 de diciembre de 1786 visitó la inmediata a la doctrina de Chiguata, a 14 o 15 leguas de esta ciudad, que se consideraba la mejor del reino. Se indagó que el rey, mirando a las indigencias de los naturales y al beneficio de la minería, permitía que corriesen sus sales libres y realengas, pero la cosechaban sin derecho ni propiedad alguna. Palpó con esto y las noticias adquiridas de que en el Partido de Arica, y especialmente en el de Tarapacá, se producían porción de sales aun formándose cerros de ellas, la imposibilidad de poderlas estancar según corren en la Europa, por ser general y tan común que son pocos los lugares en donde no las hay, hallando infructuosas cualesquiera providencias para su arreglo (pp. 85-86). También las pescas son francas en las costas de estos mares, pareciendo al Intendente que solamente se puede cargar derecho sobre las Islas Guaneras, que a corta distancia de aquéllas y en varios parajes se hallan, de las que se extrae por varios barqueros el huano de pájaro, que con estimación conducen y venden a los labradores, como agente preciso para animar, fomentar y cultivar sus tierras. De estas islas suelen disfrutar muchas parcialidades y comunidades de indios, unos por antigua costumbre, y otros por declaratoria de la Superioridad del Reino, repartiéndose su material proporcionalmente entre los naturales, siendo las que éstos gozan las próximas y aun situadas a las márgenes del mar; pero las que se hallan afuera son comunes a todo barquero, de donde sacan considerable cantidad, y la gozan sin título alguno, lo que se hace presente para si fuese del Superior agrado que se establezca alguna pensión moderada sobre ellas (pp. 86-87). Se han puesto en los parajes más cómodos y tránsitos frecuentes, oroyas y balseros con licencia de este gobierno y la pensión de pagar en arcas reales, el río de Vítor 12 pesos anuales, y los dos del Valle de Majes cada uno igual cantidad, y con la condición de pasar libremente todo lo perteneciente a Real Hacienda y las tropas de S. M. (p. 87).

En relación con los datos minuciosos que el Intendente proporciona sobre el comercio, comenta que las gentes de esta provincia, en ambos sexos, son generalmente lujosas y afectas a la gala y composición, por lo que sin distinción de calidades sus vestuarios son costosos y de ricos tejidos, causa que hace el comercio de este Departamento más pujante y florido que lo que correspondería a sus caudales y particulares circunstancias (pp. 105-106).

En cuanto al aumento o disminución de la población índica, señala el incremento en esta provincia de *640 tributarios* entre el último quinquenio y los que en el presente se han matriculado (antes ha dicho que compara los quinquenios de 1780-1784 y de 1785-1789, p. 88), p. 106. El monto del tributo se satisface generalmente en este Departamento en plata, aunque en tiempos pasados lo ejecutaban en algunos lugares, como era en el partido de Caylloma, en costales y chuzes que tejían sus naturales, y en que la Real Hacienda tenía pérdida por estar expuestos a que se apolillasen (p. 106). La contribución no es bajo de una misma tasa aun en los originarios, y los forasteros pagan menos que los primeros, en cuyas cantidades va embebido el tomín de hospitales que se separa en las Cajas Matrices para entregarse a aquéllos (p. 106). Recáudase este derecho por los subdelegados de cada partido, y en el de esta capital por el alcalde de primer voto, y aunque la exacción se dice que es por tercios no se verifica su recaudación sino cada seis meses, por el cual trabajo y responsabilidad tienen de señalamiento los arriba enunciados el cuatro por ciento sobre la masa que cada uno exige, siendo de su cargo dar el uno por ciento a los cobradores particulares de cada doctrina o ayllo, de modo que les queda únicamente el 3% (p. 106). Débense algunas cantidades de este ramo, pero se cancelan por los deudores, y el cobro se asegura con fianzas (p. 107).

El ocio y desidia de los naturales obliga al pronto remedio y sólo se puede desterrar *compeliéndolos al trabajo,* pues con motivo de que su naturaleza se mantiene con rústicos y groseros alimentos, que sus vestuarios son burdos y de poco valor, y que la piedad del Soberano para la contribución de tributos les señala tierras, que aunque no las cultiven sino arrienden, les reditúan lo suficiente para aquella paga y aun para su diaria y anual subsistencia, siguen adelante la negligencia (p. 107).

Desde que el monarca tuvo por conveniente extinguir los repartos (de efectos) por los abusos y tiranías con que se ejecutaban en tiempo de los corregidores, y poner el gobierno de este reino reformado en el nuevo Plan de Intendencias, ha llegado a más la inacción de los indios, y para evitar este daño le parece oportuno al informante que se les diese, no en calidad de reparto ni con las estrecheces que lo hicieron odioso en tiempos pasados, sino con el título de *habilitación o socorros,* mulas, fierro y ropa de la tierra a los precios proporcionados a todos sus costos, bien suplidos por la Real Hacienda o por el Real Tribunal del Consulado, según el proyecto de D. Jorge Escobedo siendo Superintendente General de Real Hacienda o la declaración séptima de la Real Instrucción, y más en los pueblos de esta provincia donde la industria se compone de arriería y labranza, para cuyo fomento necesitan los indios de cada partido lo siguiente: el de Arequipa 3,000 mulas, 100 quintales de fierro y 3,000 varas de ropa de la tierra surtida; el de Caylloma 1,200 mulas, 150 quintales de fierro, 2,000 varas de ropa de la tierra surtida; el de Condesuyos 1,600 mulas, 50 quintales de fierro, 1,500 varas de ropa de la tierra; el de Camaná 1,500 mulas, 50 quintales de fierro y 1,000 varas de ropa de la tierra; el de Moquegua 1,800 mulas, 100 quintales de fierro y 1,500 varas de ropa de la tierra; el de Arica, 1,400 mulas, 60 quintales de fierro y 1,100 varas de ropa de la tierra; y el de Tarapacá 600 mulas, 100 quintales de fierro y 700 varas de ropa de la tierra, con lo que se verían obligados a trabajar para la paga, bien en las labores de industrias o en las de las minas que hoy carecen de los operarios necesarios. Explica las precauciones con que se haría el reparto a cada individuo para evitar agravios (p. 108).

Los sínodos de los curas doctrineros de indios se pagan en las Cajas Reales de la ciudad como pensión que sufre el ramo de tributos, según la ley 16, tít. 7, y la 18, tít. 13 del libro I, a excepción del de la villa de Camaná que tiene cuatro novenos en la masa decimal que rinde el partido de su nombre, y el del Valle de Vítor que goza 200 botijas de vino en el diezmo que contribuyen sus hacendados. Los demás curas de pueblos de españoles no tienen sínodo alguno (p. 109).

El Intendente explica la atención que ha dispensado al *ramo de la minería* (p. 109 y ss.) y trata en particular de los dos reales asientos que tiene esta provincia, que son el de Guantajaya y el de Caylloma.

Dice que no puede puntualizarse el número de operarios que se ocupan en cada una de las minas de Guantajaya, porque como las producciones son contingentes, los dueños de ellas aumentan los trabajadores o los disminuyen a proporción de la boya o decadencia de sus metales. Hay dos clases de trabajadores: unos que se llaman barreteros y se emplean en oraclar las minas, pagándoseles a *8 reales por día,* y otros con el nombre de apires que se dedican a cargar los ripios y desmontes de la mina para desahogarla de los fragmentos inútiles, ganando *6 reales diarios.* Además hay otros que no ganan jornal y entran de aventureros con la denominación de Pallaquires y Zanapacos a buscar metal en las tierras y labores que no están en corrientes, pero con la calidad de partir con el dueño de la mina de todos aquellos metales que en el rebusco encuentran y sacan. La gente que generalmente se dedica a todos estos trabajos son mestizos, cholos, indios, mulatos y zambos, todos libres y voluntarios a quienes semanalmente se les satisface su asignación, a excepción de los que parten del metal, que esto se verifica al tiempo de salir de la mina. Este asiento lleva las labores de sus minas con la gente nativa en él, la cual es aparente por su robustez, en cuyo ejercicio se emplean *más de 400 hombres,* sin necesitar de más gente que la que le proporcionan los lugares del partido de Tarapacá (pp. 110-111). Las vetas de este asiento vienen encajonadas o cercadas de durezas y al impulso de barrenos y tiros consiguen el seguimiento de sus labores, en las cuales es de consideración el número de quintales de pólvora que se gasta (pp. 109, 112-113). Los víveres se traen de Chile a través del puerto de Iquique (p. 111). También se reciben algunos bastimentos de los lugares de la sierra, y de Lima el arroz y efectos de Castilla; el asiento carece de agua y se conduce de distancia de 18 leguas a un precio considerable (p. 111). Hace diez años poco más o menos que se experimenta decadencia en estas minas, pero los due-

ños continúan en trabajarlas atendiendo sólo a las labores fáciles (p. 111). Para reducir a moneda sus piñas y obtener el azogue tienen que ocurrir a las Cajas de Tacna, distantes más de 90 leguas (p. 111). La costa de la mar en que se halla este mineral está llena de labores de oro y plata descubiertas a trechos en el espacio de 60 leguas que se cuentan desde Guantajaya a Loa, teniendo en el intermedio la famosa veta de Chanabaya, que produce el oro amasado y revuelto con la plata (p. 112).

El real asiento de Caylloma ha sido uno de los minerales memorables del reino, pero hoy está en decadencia por haber dado sus mineros muchos cortes a las vetas, con los cuales se han aguado y derrumbado muchas de ellas, y porque los azogues se hallan retirados en esta capital de donde los solicitan. Hace 30 o 40 años producía dicho mineral de 60 a 70 marcos y ahora diez años de 29 a 30 y hoy no llegan a 20 los que se funden. El mineral se fundó a principios del siglo xvii, y el virrey Marqués de Mancera le asignó en el año de 1640, *800 indios de mita,* y ésta siguió hasta el año de 1720 que sucedió la peste general y murieron los más indios del reino, quedando las provincias casi desoladas de sus naturales y obligados a nueva retasa que se ejecutó en la forma siguiente: al partido de Collahuas se le señalaron 41 y medio indios; al pueblo de Caylloma 36; al partido de Condesuyos de Arequipa 29; a la Quebrada de Alca y Cotaguasi 19; cuya asignación siguió sin interrupción hasta el año de 1780 en que sobrevino la sublevación y fue motivo para que se suspendiese dicha mita hasta el año de 1787, en que por orden del virrey Caballero de Croix han vuelto a contribuir con el propio número de indios los parajes expresados, a excepción de la Quebrada de Alca y Cotaguasi (pp. 113-114).

En 1640 se estableció en ese asiento la Caja Real en que se reducían las piñas a barras y se proveía del magistral de azogue. En 1780, por el alboroto del reino, se retiraron esas Cajas a las de Arequipa, por cuya causa se ha conocido en estos diez años una casi total ruina del mineral, pues los mineros pobres no pueden ocurrir a la ciudad por dichos azogues. Se quejan también de no tener fundición y quien les reduzca a plata sellada sus marcos. El Intendente opina que convendría poner una Tenencia de Oficiales Reales para comprarles las piñas y venderles el azogue, ahorrando casi la mitad del flete de la conducción desde Guancavelica a Arequipa, por hallarse aquel mineral en la mitad del forzoso camino de los conductores (p. 114).

Los operarios que trabajan en 21 trapiches y 36 minas que hay corrientes en este asiento ascenderán al *número de mil,* pagándoseles a los de trapiches por cada día *2 reales en plata* y *2 en coca,* en tan buena orden que el domingo, a las cinco de la tarde, ni el minero debe al trabajador ni éste a aquél (p. 115).

En Orcopampa y Arcata hay seis trapiches

y ocho minas registradas, cuyos marcos se funden en las Cajas de Arequipa. Si se estableciese la tenencia en Caylloma les sería más cómodo acudir a ella por la inmediación a aquel real asiento. Se conceptúa *pasarán de 300 los peones* que se emplean, a quienes se les paga casi en igualdad que en Caylloma (p. 115).

En el partido de Condesuyos se hallan varios indios aficionados a trabajar las vetas de oro que hay en él, pero sólo lo ejecutan después de concluidas las faenas de sus chácaras, por lo que son de poco momento sus labores, y únicamente se distingue entre ellas la de D. José Lucas Villena (p. 115).

El partido de Camaná tiene en Posco, Caraveli, Cháparra y Guanoguano minas de oro, pero sólo se encuentran de 8 a 10 sujetos que sigan con dedicación el laboreo de sus vetas, pues los demás se dedican después que han concluido el trabajo de sus chácaras y se avienen sus dueños a que sean partibles en ellos y los trabajadores las utilidades que rinden los metales (p. 115).

El abastecimiento para el asiento de Caylloma, por lo que hace a carnes, proviene del partido de Tinta, y de los pueblos de su territorio nombrados S. Pedro de Tisco y S. Antonio de Callalli; y el gran consumo de la coca le viene del Valle de Paucartambo de la provincia del Cuzco y de Guanta de la de Guamando. Los demás cortos minerales que se han expresado se abastecen de los partidos confinantes, pero en poca cantidad, porque en los de su situación se producen los más de los bastimentos (p. 115).

El Intendente estima que los moradores de esta provincia son desidiosos y poco afectos a los descubrimientos, contentándose con trabajar las vetas que la naturaleza ha puesto visibles.

En el año de 1786 se formalizó el mineral de oro de Palca y Saucio, con el nombre de Nuestra Señora del Carmen, dentro del territorio del partido de esta capital; hoy se hallan nueve minas con diez trapiches y nueve quinvales para moler los metales, en cuya saca se emplean *más de 70 laboreadores*, a quienes se les satisface a *4 reales en plata*, y viendo el buen éxito con que siguen sus vetas, se matricularon al real asiento de Caylloma, trayendo sus producciones a quintar en las Reales Cajas de Arequipa (p. 116).

La Memoria del Intendente es firmada en Arequipa, el primero de marzo de 1792 (p. 123). Entre los anexos que la acompañaban figuraba un estado demostrativo del aumento o disminución que han tenido las castas tributarias de la provincia de Arequipa, y el plan demostrativo de la gruesa decimal que ha producido en un quinquenio el obispado de Arequipa; pero no vienen estos documentos en el volumen publicado (conservándose en AGI, leg. 806, misma p. 123, nota 1).

En cambio, se publican las relaciones de las visitas efectuadas por el Intendente a diversos lugares de la provincia de Arequipa, que complementan con noticias particulares las que hemos extractado de la relación general (p. 131 y ss.). Por ejemplo, en la de Chiguata se describen las rentas que tiene la iglesia en varios topos de tierra (p. 134); el párroco sabe la lengua de los indios pero enseña la doctrina en idioma español (p. 136); no se le acude con nada del ramo de diezmos, no hace vejaciones a los indios (p. 137). El alcalde de españoles solía en veces ocupar a los naturales por parcialidades, en que por modo de faenas acudiesen al fomento y reparo de sus sembríos, dándoles buen tratamiento y cuidadosa asistencia de comidas, pero el Intendente deja ordenado que se extirpe este abuso (p. 138). Provee la práctica de la enseñanza pública y nombra preceptor en la persona de D. Josef Lino Barreda, español (p. 145). Por equivocacin o mala inteligencia se había exigido a los indios originarios un real y medio más en cada año, de manera que siendo su tasa de tributos la de 8 pesos, 1 real y medio, se les cobraban 8 pesos y 3 reales. Queda proveído que el cobrador reponga a los indios aquel exceso. En esta doctrina se denominan forasteros los indios que son originarios de ella sólo porque habitan en los altos y serranías, y se les señala cuota de 7 pesos, 1 real y medio anuales, a distinción de los originarios que pagan la de 8 pesos, 1 real y medio. Consiste la diferencia en que unos tienen tierras y otros no, de suerte que los originarios habitan donde pueden sembrarlas, y los de la serranía sólo viven de sus ganados; por eso los últimos se lamentan y contemplan excesiva su cuota. El Intendente opina que, siendo del agrado de la Superioridad, podría esa cuota en alguna parte limitarse con atención a la notoria miseria que experimentan (p. 147).

En relación con la visita de Characato, anota el P. Barriga que Pedro Godínez, uno de los fundadores de Arequipa, tenía en encomienda los indios de este pueblo. Fue denunciado por el corregidor Manuel de Anaya, porque empleaba a los indios en el trabajo de las casas de su vivienda; se le siguió proceso y se vio obligado a entrar en arreglo con ellos, pagándoles 800 pesos; la escritura de convenio se firmó con los caciques, en 1561, ante García Muñoz, y con intervención de Juan de la Torre, alcalde ordinario (p. 155). Cuando hace su visita el Intendente, encuentra que los naturales son ladinos por su frecuente comunicación con la ciudad; el párroco sabe el idioma índico general, pero enseña la doctrina en castellano conforme a la ley real que lo previene (p. 163). Algunos tributarios se quejan de pagar el tributo sin tener tierras; el Intendente averigua que muchos indios y viudas poseían indebidamente y con exceso más tierras de las que debían tener; efectúa una redistribución entre ellos y destina ocho topos sobrantes a la Caja de Comunidad (p. 167). Quedó averiguado que ni los alcaldes, ni el cacique, ni otro alguno, se sirven de pongos o mitanes, ni se compelen a concurrir en faenas u otros trabajos por pensión de abuso; antes se había observado esta perjudicial costumbre y desde la última revisita quedó abolida (p. 168). Las mujeres de todas castas, desde la edad de diez años en adelante, concurren con sus padres, maridos, etc., al ejercicio de la agricultura; a excepción de llevar el arado, regularmente asisten a las siembras, riegos y demás funciones propias de esta ocupación; cuando las estaciones del tiempo no demandan su asistencia, viven ocupadas en tejer medias, guantes, botas de algodón, vicuña y lana y pañuelos de vicuña, todo con abundancia y regular finura, señaladamente en las medias y guantes de algodón que labran con unas espinas largas que los naturales llaman Pinzanas (p. 171). Los naturales se quejan de la penuria de riegos porque los españoles hacendados se apropian las aguas y han logrado cultivar tierras antes incultas y eriazas. Haciendo los cargos y reconvenciones al Teniente de Alcalde de Aguas de esta doctrina, queda con los debidos apercibimientos reencargado de estar a la mira de semejantes excesos (p. 173). Los hijos de los vecinos de este pueblo casi todos son ladinos. El Intendente deja nombrado un preceptor español para que enseñe a los hijos de naturales sin premio alguno por compensársele el trabajo con un topo de tierra de las sobrantes al común, con un solar y habitación proporcionada. Sin embargo de no haber ramo alguno de que aprovechar prontamente la referida escuela, se han costeado dos docenas de cartillas ya entregadas al alcalde ordinario de españoles para que, a principios de 1787, las distribuya (p. 175). Se tiene entendido que la elección de alcaldes de naturales es libre y se ha encargado al de españoles que cuide así sea (p. 175). La recaudación de tributos está a cargo del cacique principal y gobernador; el padrón de tributarios que ha presentado el párroco coincide con el Malgeci de dicho cacique (p. 176). En esta doctrina se halla que por envejecido abuso ha corrido la extraña costumbre de que falleciendo los tributarios, no contentas sus viudas con la posesión del topo de tierras y solar que como a tales les concede la piedad del Soberano, y por interés de mantenerse en el goce de las que sus difuntos maridos tenían, elegían antes constituirse tributarias pagando la tasa de aquéllos, como si viviesen, que deshacerse de dichas tierras. Y que no sólo se verificaba esto con dichas viudas, sino a falta de ellas con solteras (hijas, sobrinas o parientes del tributario que moría), sin que los caciques cuidasen de evitarlo. De este desorden venía otro que consistía en que muchos remotos o próximos a la contribución la hiciesen antes de los 18 años. Se apercibió al cacique que no hubiese reincidencia en semejantes abusos, prohibiendo que tornase a exigir de las mujeres, menores o próximos, un maravedí, haciéndolo sólo de los que conforme al Malgeci que tiene son propios y verdaderos contribuyentes. También se determinó que pues habían varios tributarios que en edad y justicia debían serlo y no tenían tie-

rras ni solares, se socorriesen provisionalmente. A las viudas y solteras se les dejaría únicamente la posesión de los terrenos para mantenerse (p. 177). En el pueblo de Socabaya corría igual abuso en la contribución de las viudas y quedó provisionalmente reparado. En una y otra doctrina había tributarios que se denominaban forasteros y se tenía como cacique de ellos a don Pedro Tinta; se le despachó título de cobrador (pp. 177-178). En consideración a las quejas presentadas sobre tierras y aguas, el Intendente era de opinión que esta doctrina clamaba por una remensura (p. 180).

El pueblo de Sabandia no es de indios y no ha habido que reparar sobre el servicio de Pongos y Mitanes y el de faenas, bien que en este particular se ha recomendado a los alcaldes celen con vigilancia sobre que el servicio personal de los jornaleros sea pagado exactamente y sin retardo por los hacendados en sus tierras, o cualesquiera obras que emprendan, sin permitir que a estos miserables se les dé ocasión de recursos y querellas por ello (p. 186). El Intendente hace notar que no había fondos para el establecimiento de escuelas, hallando en dolorosa ignorancia a los niños en este distrito, no sólo por lo tocante a las primeras letras sino aun a los rudimentos de la doctrina cristiana. Hubo ofrecimiento de donativos y se libró título de maestro de escuela a favor de un español; para Socabaya quedó a cargo del alcalde encontrar al más apto; para el pago de Yumina se dio nombramiento a Marcos Prado, que de su propio arbitrio se ha dedicado por más de veinte años a este ejercicio (p. 190). En nota figura que el alcalde de Socabaya propuso para maestro de escuela de aquel pago a un español de completa instrucción y virtuosa vida, y se le libró título para que empezase la pública enseñanza luego que se hubiese aprontado la pieza de habitación que ha de servir a ella (p. 191). Es de señalar que en la orden que da el Intendente al alcalde de españoles de Sabandia para que con la cooperación de los vecinos ejecute la construcción de la cárcel y de la escuela, le encarga que no omita estimular a todos sus súbditos a que por medio de faenas voluntarias, y en el modo que les sea más fácil y menos gravoso, cooperen a obras tan importantes, que si redundan en beneficio común, también interesan al de cada particular (p. 198). Asimismo incita al cura y a su teniente para que promuevan, de acuerdo con el alcalde, el que sin retardo se pongan en ejecución dichas obras (p. 200).

En el pago de Socabaya se encuentra que una india soltera poseía indebidamente tres topos de tierra, una viuda sólo medio topo, el cacique de Characato cuatro topos que arrendaba a españoles, y un tributario dejando de cultivar por sí mismo sus tierras arrendaba la mitad de ellas a españoles, y que el dicho cacique arrendaba igualmente a españoles tres topos de tierras que por fallecimiento de su hermano habían vacado. Se mandó que de los topos que poseía la india soltera se dejase el uno que por ordenanza correspondía a su madre viuda y se separasen los dos y con el medio topo de ellos se completase el que debía tener la otra viuda antes referida, para que unido el uno y medio sobrante a los cuatro que el cacique arrendaba a españoles y a los dos que debían extraerse de los que fincaron por muerte del hermano de dicho cacique, reservando el uno para sus hijos huérfanos, se aplicasen los siete y medio topos líquidos a beneficio de la caja de comunidad de aquella doctrina, arrendándose con la mayor ventaja que se pudiese por el alcalde ordinario de españoles de Characato, y se pusiesen sus productos en dicha Caja conforme al artículo 38 (de la Ordenanza de Intendentes) (pp. 193, 201-202).

En el pueblo y doctrina de Paucarpata, el Intendente advierte que el cacique propietario en esa doctrina, don Lorenzo Cusirramos, que es buen servidor del rey y acaba de obtener la patente de Teniente Coronel de Milicias, para el cultivo de sus tierras y otras que posee por particulares arrendamientos, suele hacer algunas faenas en que concurriendo el común de indios a practicarlas por inveterada costumbre, trata de contentarlos con darles de comer en el día que las hacen y luego satisfacerles *un real* a cada uno por modo de jornal. Y aunque también se asegura que esto es ejecutado así por un solo día y que en los restantes que ocurren de trabajo satisface los jornales debidos y de estilo, con todo se le ha amonestado seriamente en el particular para que en manera alguna deje ir adelante tan perjudicial abuso, por más que parezca que los indios lo solicitan o se allanan a sobrellevarlo, y que en todo evento en que sea necesario echar mano de sus fuerzas y trabajo sea como corresponde a justa compensación de su debido haber por jornales (p. 207). No se ha descubierto que el cacique ni otros mandones de naturales tengan servicio con perjuicio de éstos, ni que les maltraten y ocupen sin justa remuneración (p. 208). El sexo débil ocurre a la labor de chacras y, fuera de ella, al tejido de medias y calcetas de algodón y lana ordinarias y las indias al de algunas mantas que vulgarmente denominan *Llicllas,* no obstante que el mayor número de aquéllas está ya dado al traje de los vecinos españoles de quienes en poco se diferencian, de manera que algunos se identifican y muchos usan el vestuario medio entre España e índico, igualmente que el idioma, por que sólo usan del nativo con los de su casta, y el español lo versan interpolado, a distinción de algunos pero muy raros que por haber tenido desde su tierna edad alguna más instrucción o frecuencia de la ciudad se explican sin aquella interpolación (p. 209). En relación con obras de utilidad pública, se menciona la costumbre de concurrir a ellas voluntariamente los vecinos por faenas (pp. 210, 211). Al público preceptor de primeras letras se le hará una habitación y se le asignan dos topos de tierras con encargo

de que a los hijos de naturales les enseñe sin exigirles paga alguna, y se le manda acudir con un topo más con la obligación de que a los mencionados hijos de naturales ha de costearles cartillas, papel y plumas (pp. 211-212). Queda encargado al cacique el mayor aseo, provisión y subsistencia del nuevo *tambo* establecido en Apo (p. 212). Por el padrón de esta doctrina resulta haber 60 contribuyentes líquidos, siendo la tasa de cada uno 8 pesos, 5 y medio reales, de suerte que debe enterar anualmente el cacique que la recauda 521 pesos 2 reales (p. 213). El número de los indios originarios de este pueblo, de la serranía de Huancuni y forasteros, es de 233 feligreses, repartidos en 92 casas y familias (p. 213). Hay de españoles y mestizos de todas edades 430 individuos en 102 casas y familias repartidas en las chacras y pagos (p. 213). En materia de tierras encuentra el Intendente algunas irregularidades, como seguir cobrando a las viudas los tributos dejándoles las tierras de sus difuntos maridos o asignándoles a otras uno o medio topo para cobrarles lo correspondiente; y tener algunos tributarios sentados en la matrícula como tales y con tierras, mas desposeídos de ellas, por cultivarlas el cacique de su cuenta dispensándoles la contribución; que solteros de edad capaz han dejado de contribuir con el pretexto de no encontrarse tierras en que acomodarlos, al paso que otros tributarios y viudas las poseían con exceso; y que el cacique, a más de la asignación de sus doce topos, poseía otros indebidamente. Se amonestó al cacique, se hizo entender a las viudas la libertad que deben tener en el goce de sus asignaciones y la prohibición de que las mujeres tributen, y se dispuso el establecimiento de la caja de comunidad con el disfrute de 24 y medio topos que resultaron sobrantes y se han de dar en arrendamiento (pp. 214-215, 220-221).

En la visita de la parroquia de Santa Marta, situada a distancia de cinco y media cuadras de la plaza principal de la ciudad de Arequipa, se recibe una queja del cacique del ayllo Santa Isabel de Chichas sobre que en los días de Fundición de Barras era compelido por el Balanzario de estas Cajas a presenciar la fundición y perdía esos días de su trabajo sin remuneración, añadiendo que los cuatro indios concurrentes a dicha fundición eran pagados con *un real por cada barra,* después de asistir a los fuelles, fraguas, piso de barro y formación de la callana. Oído el Balanzario, se puso al arbitrio de los indios que se les pagara el jornal diario o el real por barra, y convinieron en que lo segundo era más útil, porque fundiéndose por ejemplo al día ocho o diez barras, otros tantos reales percibían. Así quedó mandado guardar, y que el cacique, cumpliendo con aprontar los indios para la fundición, no debía quedar permanente durante dicha operación. Los mismos indios representaron que llamados a fundir acontecía perder el día por no parecer los dueños de las pastas que habían de fundirse. Se previno al Balanzario cuide de no llamarlos a fundición sin que dichas pastas se hayan aprontado, y que los dueños paguen de vacío el jornal que les corresponda del uno o medio día que perdiesen (p. 230). Entre las obras que habían de hacerse —luego se menciona que es por medio de faenas voluntarias y demás arbitrios prudentes, p. 268— se incluía la escuela para los hijos de los naturales, y se despachó nombramiento de preceptor a un español al que se le acudiría con los arrendamientos de dos topos de tierra de ocho que poseía indebidamente el que se titulaba cacique principal, y esa enseñanza de hijos de naturales sería sin otro premio, quedando a obligación y cargo del preceptor proveerles de cartillas, papel y plumas (p. 236). Para la recaudación de reales tributos la parroquia ha tenido tres cobradores con la denominación de caciques, uno para los indios originarios del pago de Santa Isabel de Chichas, otro para los de San Lázaro y el tercero para todos los forasteros que residen en la ciudad y términos a que se extiende la comprehensión de esta doctrina. El primero sólo tiene en su pago 15 indios originarios sin tierras y por ellos entera al año el monto de su tasa que es de 7 pesos, 1 real y medio, por cada uno. En el pago hay 17 topos tres cuartos de tierras, asignados ocho de éstos a los cuatro indios que sirven a las fundiciones de barras en la Real Caja, y a otros cuatro músicos y sacristanes que asisten a la iglesia de la parroquia, y no basta el sobrante de 9 topos y 3 cuartos a completar los 12 que por muy antigua costumbre han gozado siempre los caciques propietarios. El segundo tiene el número líquido de 39 (tributarios con tierras) y la recaudación debe ser de 331 pesos, 4 reales al año, y 165 pesos, 6 reales por tercio, siendo la cuota de 8 pesos, 4 reales al año, por cada uno. El cacique no merece otro título que el de cobrador, que se le ha despachado. Ese cacique poseía bajo el errado concepto de propietario ocho topos de tierras, de que se le han rebajado dos para la dotación del preceptor de hijos de naturales (pp. 236-237). Este caso presenta una complicación debida a los derechos de sementera o encomienda con remates de tierras, en favor de doña Teresa Olazábal, viuda del coronel de caballería don Ramón de Origüela. El Intendente recoge en su informe varios elementos importantes de esta documentación (pp. 237-241), mas habría que recurrir a las piezas originales de ella para poder deslindar completamente esta historia territorial que no carece de interés. El cacique representa que la encomendera, por fallecimiento de algún tributario, acostumbraba tomar para sí la mitad del topo que a cada uno se señala, reservando la otra mitad para la india viuda si quedaba, y también tomaba topos de los ausentes empadronados. El cacique manifestaba que en semejantes ocurrencias era él quien debía poseer las tierras vacantes para completar con sus productos los enteros que debía hacer (p. 237). Las declaraciones que se tomaron resul-

taron confusas, como el Intendente lo reconoce, expresando unos que la encomienda sólo constaba de 18 o 20 topos, y que la encomendera poseía 120; otros dijeron que los tributarios tenían la pensión de concurrir al cultivo de las tierras anexas a la encomienda, y se asignaba a cada indio, fuera del topo que tenía por tributario, uno y medio topos en premio de su trabajo, siendo costeadas por la encomendera las semillas y bueyes para dicho cultivo; otros dicen que la encomendera pedía una gallina por San Juan y otra por Navidad a los tributarios (pp. 237-238). De los autos que el Intendente consultó resultaba que el protector de naturales había representado, en diciembre de 1785, como abusivos, los procedimientos de la viuda encomendera en todo lo que pedía y obraba con los tributarios. La encomendera exhibió sus títulos, alegando que lejos de haber procedido con abuso perjudicial a los indios, era ella quien por éstos se sentía perjudicada. Sostenía que los tributos que por medio del cacique entraban en poder del alcalde ordinario para enterarse en la Caja (Real) debían entrar en el suyo por ser quien los enteraba en cantidad de 303 pesos cada año; que los indios de la encomienda debían prestarle el trabajo y servicios propios de ella con el cargo de repartirles tierras, según el establecimiento y cuotas de la encomienda misma. Los documentos exhibidos mostraron que la encomienda de San Lázaro, con las tierras de ella, fue una de las que obtuvo la Marquesa de Oropeza; por haber pasado muchos años sin cubrir el tercio que al rey correspondía, se embargó la encomienda y vino a incorporarse en la corona y los ministros de Real Hacienda la daban en arrendamiento a varias personas por 313 pesos anuales, y éstas disfrutaban los tributos de los indios encomendados, el cultivo activo de éstos en 18 o 20 topos que hacían la sementera de la encomienda, y cierto número de aves, con cargo de dar a los indios sobre los 313 pesos anuales un topo de tierras a cada uno para el tributo que pagaban a los arrendatarios, topo y medio por el cultivo que prestaban a los 18 o 20 topos de la encomienda, y solar para habitación en compensación de las aves. Que este repartimiento y el que montaban los topos adjudicados a las indias (sic, debiera ser indios) de encargo en la encomienda salían de él 75 topos y varas agregados para estos fines a los 20 de la sementera desde el origen y primera substancia de la encomienda, con la calidad de que el repartimiento lo hiciesen los encomenderos y de que las vacantes habían de consolidarse en su poder por cuenta de los tributos que pagaban por los muertos, ausentes y no entrantes en el número de los tributarios comprehendidos en los 313 pesos del anual entero (pp. 238-239). Para que no faltase en los arrendatarios un principio esencial de la encomienda, se repartían los 313 pesos en 148 al cura de la parroquia, en 125 al protector de naturales y en 40 pesos al rey por el dominio directo y señorío de la encomienda. Por descuido de los arrendatarios, iba éste cada día en disminución, y en descubierto el rey, el cura y el protector, hasta que don Pedro Barrientos propuso al Superior Gobierno que se le rematase en venta por vidas o a censo perpetuo con los mismos cargos y calidades que tenían los arrendatarios y antes de ellos los encomenderos, ofreciendo los 303 pesos anuales para que se repartiesen como antes. Se decretó que la encomienda con su sementera se pregonase en venta por vidas o a censo perpetuo y se remató en Barrientos la encomienda con sus tierras y se hizo a censo perpetuo con el rédito de los 313 pesos anuales, con el cultivo activo de los indios en los 18 o 20 topos, con el derecho de percibir los tributos y haber de esos indios, con el de repartirles los 75 topos varas y solares en la forma de arriba, y con el de consolidarse las vacantes en los casos expresados como se habían consolidado en los encomenderos y arrendatarios (p. 239). Entonces no había en la encomienda más de 6 indios tributarios, 3 viudas y un cacique (pp. 239-240). La encomienda con sus tierras pasó al verdadero adjudicatario que lo era el cura don Esteban de Bernedo. Éste cedió y traspasó la encomienda con sus tierras en doña Petronila Santisteban, que fertilizó en los pedregales 25 topos más que pidió por sobras y demasías y se remataron en su favor con declaración de no entrar en la pensión anual de los 313 pesos de la encomienda y sus tierras sino de deberse tener por propios de doña Petronila, con absoluto dominio. Doña Petronila instituyó su universal heredera a su sobrina doña Teresa de Olazábal (p. 241). El Intendente advirtió al protector de naturales que continuara la causa hasta la definitiva sentencia que declarase el derecho que en todo correspondía a doña Teresa o a los indios, y entonces podría ser que hubiese arbitrio para la Caja de Comunidad (p. 241).

En lo que toca al tercer cacique recaudador de tributos de forasteros contribuyentes, se hizo junta de los contribuyentes por la matrícula hasta el número de 198 que hace su total y que deben contribuir por tasa la cuota de 7 pesos. De los matriculados se habían ausentado 52 sin esperanza de su regreso; de los mismos matriculados habían muerto 20. Unos y otros hacían en la matrícula la considerable baja de 72 contribuyentes por quienes el cobrador enteraba su tasa sin tierras ni otro compensativo que el uno por ciento de lo cobrado, y sin más que doce próximos contribuyentes (por edad) señalados en dicha matrícula. Otros concurrentes mostraron recibos de pagos efectuados por 4 pesos, algunos de a 7, los más de a 5 y pocos de a 4 y 6 reales por tercio. En total el cobrador había exigido de 294 indios no matriculados hasta la cantidad de 1,000 y cerca de 800 pesos en cinco tercios. Se puso en guarda la persona del cobrador y se ordenó hacer nueva revisita (pp. 241-244). El párroco advirtió verbalmente que muchos indios por lo accidental del color y el

traje que a proporción de sus comodidades suelen variar, les hace equivocarse con los españoles, contarse entre ellos y confundirse mucho más si se enlazan con mestizas y españolas o al contrario (p. 244). Algunos naturales habían prestado servicios de guerra y se les dejaron los nombramientos militares que tenían (pp. 245-246).

El Intendente visita después la doctrina de San Juan Bautista de la Chimba y pueblo de Yanahuara. La iglesia había experimentado alguna ruina con ocasión del último terremoto de 1784, pero fue reparada a expensas del párroco y con voluntarias faenas de la feligresía (p. 248). Esta iglesia tiene una corta renta que no excede de 150 pesos, producto de ocho topos y un cuarto de tierras que para ella había comprado en el siglo pasado Bartolomé Hastoguaman, indio originario y mayordomo que entonces era de su fábrica (p. 248). El párroco no sabe el idioma índico que parecía propio de esta feligresía; pero toda indistintamente en ambos sexos y desde la infancia está versada en el castellano a causa de la inmediación a la ciudad y del recíproco trato y comercio con ella (p. 249). El teniente de párroco sabe perfectamente el idioma Quechua (p. 249). La doctrina se enseña conforme a las leyes en lengua castellana (p. 249). No hay Pongos y Mitanes, nombres con que se distinguen los indios e indias que destinados al servicio de los curas y caciques vivían pensionados en los diversos modos que en muchas partes ha introducido el abuso (p. 252). La ocupación de los naturales y demás vecinos es el cultivo de sus tierras, a que las mujeres concurren con igual valor que los hombres, sin perjuicio de las horas o días que destinan los primeros al comercio de ganados vacunos y ovejunos para el abasto de la ciudad, y las segundas al ejercicio de regatonería e hilar lanas toscas y algodón que sirven a los tejidos de mantas o *Llicllas*, tocuyos y fábrica de frazadas o cobertores y para medias, calcetas, etc. Dichas mujeres se entretienen también en teñidos. Y los forasteros o naturales originarios que carecen de tierras están divertidos en gremios de zapateros, sastres, sombrereros y herreros (pp. 253-254). Se fabrica la pieza destinada al maestro de escuela para los hijos de naturales y se ha nombrado preceptor provisionalmente a un español (p. 254). Desde octubre de 1787 se empezaron a meditar los medios y arbitrios para establecer un mesón en la Pascana nombrada Cañagua. El actual cacique interino propuso fabricar el mesón y una capilla, poniendo por condiciones que, haciéndolo todo a su costa y con sola la ayuda de algunas voluntarias faenas de los indios de aquel ayllo, se le adjudicasen dos leguas en contorno de pastos y ayjaderos (sic) para ganados y caballerías que hiciesen el socorro de los viajeros. Lo aprobó la Junta Superior de Real Hacienda y están levantadas ya las habitaciones en aquel desierto y situados cuatro indios en ellas que sirven a los caminantes acudiéndoles con algunas providencias de que dicho cacique les ha surtido. Se ha providenciado darle posesión de los pastos. E intimado a los naturales residentes en aquel ayllo que coope-ren a la subsistencia y socorro del mesón y fá-brica de la capilla para la que dicho cacique tiene aprontadas las maderas y otros materiales necesarios (pp. 255-256). El Intendente procura investigar el paradero de los fondos de la Caja de Comunidad que hubo en esta doctrina Yana-huara, Chilques y Chumbibilcas sus ayllos, man-da hacer arca de tres llaves y que se pongan en mano del protector de naturales los expedientes para el logro del cobro de lo que resulte adeu-dado (p. 260). Por los padrones del párroco se viene en conocimiento de que esta doctrina en las parcialidades y ayllos que comprehende bajo los nombres de Yanahuara, Chumbivilcas, Ca-llada, Ranchería, Chacras, Cañagua y Llapa, tiene en total 1,518 almas en 443 casas y fami-lias. Conforme a la última matrícula del año de 1785, satisfacen el real tributo, bajo la acos-tumbrada cuota de 8 pesos, 5 y medio reales, en las parcialidades de Yanahuara, Cañagua, Llapa y Tiabaya en Anansaya, 186 pagadores líquidos, por quienes entera el cobrador cada año 1,615 pesos, 7 reales, y por tercio 807 pesos, 7 reales, 6 granos. En la parcialidad de Cañagua y Chum-bivilcas hay 55 pagadores líquidos por quienes anualmente entera 477 pesos, 6 y medio reales, y en cada semestre 238 pesos, 7 reales, 3 gra-nos, fuera de 41 próximos que en uno y otro padroncillo se apuntaron (p. 261). El abuso que se encuentra es que tributarios que por su edad debían estar reservados rehusan hacerlo qué-riendo antes continuar pagando que deshacerse de las tierras. Esto es perjudicial porque las tierras escasean atenta la larga vida que por lo regular gozan los indios, al tiempo que por otra parte abundan y crecen (los próximos tri-butarios) (p. 261). La visita no incluye la re-formación de las matrículas practicadas en di-cho año (el editor señala en nota, p. 262, que en 1812 se dictó la "Instrucción provisional del método con que deben repartirse a los indios de los partidos del virreinato del Perú, las tie-rras que en particular y en común les corres-ponden de asignación a consecuencia de la de-claración hecha por las Cortes de 1811, relativa a la extinción del tributo a que estaban obli-gados". (AGI, Audiencia de Lima, leg. 744.) En la matrícula de indios forasteros que residen en esta doctrina y sus ayllos, se numeraron lí-quidos pagadores 193 a razón de 7 pesos, 1 y medio reales, y se apuntaron 18 próximos (p. 262). Los principales naturales de esta doctrina, como los de Santa Marta, se denominan milita-res y se les han expedido nombramientos. El Intendente les reencarga la perseverancia (p. 264).

En la doctrina y pueblo de San Miguel de Cayma, el templo había sido arruinado por el te-rremoto del 13 de mayo de 1784; el párroco, que lo es el Bachiller D. Juan Domingo de Za-mácola y Jáuregui, logró reconstruirlo, exhor-tando a los feligreses a las faenas, y les costeaba en ellas el alimento a satisfacción, fuera del medio jornal que les daba en dinero, cuidando de que se alternasen en el trabajo para que no faltaran al de sus tierras y atención de sus fami-lias (p. 275). El único fondo con que cuenta esta iglesia es el de 6 topos de tierras que ha más de un siglo que goza sin interrupción bajo el nombre de la Chacarilla de la Virgen, y el arriendo no excede de 25 pesos por topo que componen 150 pesos anuales (p. 275). El pá-rroco no sabe el idioma índico, pero todos los naturales desde muy tierna edad están instruidos perfectamente en el castellano, por el trato con la ciudad, tanto que por rareza y con ocasión de presentarse algún forastero usan el idioma natu-ral (p. 278). El teniente de cura sabe y usa perfectamente esa lengua (p. 279). La doctrina cristiana se explica en lengua castellana confor-me a las leyes que lo disponen (p. 279). Esta doctrina fue desde su principio de religiosos do-minicos hasta el presente párroco que ha sido el primero de los clérigos en ella; se ha sabido que en tiempo de aquéllos prevalecía el abuso de tener Pongos y Mitanes de familiares sirvien-tes, y siendo corregidor de este partido D. To-más de Irigoyen y Mayora (1760-1765) lo dejó abolido sin que se haya suscitado más (p. 279). El párroco no percibe parte alguna de Diezmos y no tiene más sínodo que el de Cajas Reales, pagándosele 483 pesos y reales, pues aunque an-tes gozaba este beneficio la asignación de 633 pesos, 1 y medio reales, se rebajó en tiempos del corregidor Irigoyen (p. 280). El párroco esti-maba que se cometió un yerro al quitar los re-partimientos (de efectos), con aumento de la ociosidad del vecindario (p. 316). El padrón presentado por el párroco manifiesta que en este pueblo de Cayma hay 90 familias de natu-rales con 323 personas; en el pago de la Ace-quia Alta hay 72 familias con 227 personas; y en los de Sachaca, Thío y Capistaca hay 99 fa-milias con 272 personas que tocan a esta doc-trina. Son en total 822 almas (p. 280). Se ha solicitado saber si el alcalde de españoles, los de naturales, o el cacique, mantienen el abuso antiguamente practicado de servirse de los indios con pretexto de Pongos o Mitanes, y está segu-ramente averiguado que en esta doctrina no se ejecuta semejante extorsión y menos el que los indios se lleven a faenas y otras ocupaciones de interés de los mandones (pp. 283-284). En esta doctrina están mezclados los españoles y natu-rales (p. 284). El cura proponía que a los mes-tizos españoles se les vendieran de cuenta del Rey algunos solares en el pueblo, para que los indios con el trato de éstos se acostumbraran a perder la natural aversión que tienen a los es-pañoles (p. 320).

[En la descripción del pueblo de Cayma, de 1804, a la que después hacemos referencia, ya se dice que los indios de este pueblo apenas se distinguen de los españoles; son muy ladinos y racionales; y así ellos como ellas visten el mismo traje que los españoles (p. 333). Las españolas y mestizas, especialmente las de la Calle de los Arces, son muy buenas hilanderas de algodón y lana y tejen medias finas, calcetas, birretes y otras cosas, con cuyas manufacturas hallan su subsistencia. Las indias cultivan y comercian flores (p. 333) y generalmente se dedican todas a la fábrica de la chicha, cuya bebida es el néctar y el ídolo de indios y españoles. Los indios de Cayma siempre serán pobres y desdichados a causa de su continua embriaguez y ociosidad para cuyo mal no alcanzan ningunos remedios humanos (p. 334)].

Volviendo a la Relación del Intendente, dice que la labranza es la casi total ocupación en los hombres, y ayudan mucho las mujeres, que también hacen la bebida que llaman chicha con que comercian, y tejen medias y calcetas de algodón y lana, fina o toscamente, para vender o para su propio uso y el de sus maridos (p. 285). Los riegos que gozan los campos cultivados a esta parte de la ciudad no tienen otro origen que el río de ella, de donde se extraen por la acequia que es obra a la verdad maravillosa, y las reparticiones de dichos riegos se hacen con ajustada no menos que armoniosa distribución (p. 285). Se ha destinado el solar correspondiente a la escuela que ha de fabricarse con la capacidad necesaria para que habilitándola el público preceptor de niños tengan éstos el desahogo que necesitan; se ha estimulado a todo el común de naturales para que como hasta aquí concurran con sus faenas voluntarias y gustosamente lo han ofrecido ejecutar. Y no se ha omitido estimular a los vecinos españoles puesto que en beneficio de todos resulta la conclusión de las fábricas de Casa Capitular y escuela (p. 288). Se nombra a un español de sobrada instrucción aun en latinidad y estudios mayores como preceptor, al cual se le había asignado provisionalmente un topo de tierras de las del Común, con el solar de habitación, y cargo de enseñar a los hijos de naturales sin otro compensativo; el Intendente le asigna otro topo más de dichas tierras con la condición de dicha enseñanza a los hijos de naturales y de proveerles de papel y cartillas (p. 288). En oficio que el Intendente dirige al alcalde de españoles, cacique y cabildo de naturales, les pide que estimulen a los padres, tutores y albaceas a que diariamente despachen sus hijos, pupilos y dependientes Naturales a la escuela; se lea en el día de mayor concurso el nombramiento del preceptor; y continúen hasta su entera perfección la fábrica de la escuela (pp. 310-311). [En la descripción del pueblo de Cayma, en 1804, por el Arcediano Dr. D. Francisco Javier de Echeverría, se indica que no se habla otra lengua que la castellana. Hay una escuela de primeras letras dotada por el Rey, en donde se enseña gratis a leer, escribir y doctrina cristiana a todos los indios (p. 333)]. El cura Zamácola y Jáuregui opina que el único medio para que se

civilicen estos vecinos es reducirlos a población formal (p. 318). El Intendente encarga al alcalde de españoles, cacique y cabildo de naturales el especial cuidado de que los indios fabriquen y tengan sus casas dentro del mismo pueblo, así por estar más prontos al cumplimiento de sus cristianos deberes, como para civilizarse, y reportar aquellas utilidades de que les priva el envejecido abuso heredado de sus mayores de vivir remontados y expuestos a la barbarie y perjudiciales consecuencias que necesariamente se producen (p. 289). A sugestión del párroco —que desea evitar la ociosidad— resuelve el Intendente que no se permita que indio alguno soltero, viudo o casado, arriende sus tierras a español ni a indio como él, sino que indispensablemente haya de cultivarlas; si alguno contraviniere a este mandato, sin muy justa causa como de enfermedad notoria u otra semejante, y dejase de cultivar el terreno que le corresponde, haya de hacerlo el cacique gobernador de acuerdo con el alcalde de españoles y regidor más antiguo, y de los productos, deducido el gasto del cultivo, se satisfaga el tributo en toda su cuota, y el sobrante entre en la Caja de Comunidad; y los españoles que hagan dicho contrato con los indios pierdan lo cultivado en las tierras y lo que a cuenta del arrendamiento hubiesen dado, con otras penas que se reserva imponerles cuando se haya justificado su inobediencia (pp. 289, 309-310). Esta medida se extendió al pueblo de Yanahuara (p. 289). El Intendente trata de averiguar los censos que debían corresponder a la Caja de Comunidad y comenta que los fondos no pudieron tener otro principio que la asignación de tierras para ellos, mas la antigüedad de los abusos y desórdenes que en esta parte se experimentan casi generalmente en todo este Reino imposibilita el descubrimiento de dichos fondos, contentándose con que al menos hayan podido asegurarse y fijarse los censos, que a continuación especifica, y que estaban a peligro de perderse enteramente (p. 291). Hay en este pueblo 77 tributarios y 9 próximos; en el pago de Callapa, hay 30 de los primeros y 5 de los segundos; en Tiabaya, por lo que pertenece a esta doctrina, 38 tributarios y 7 próximos. El total en la primera clase es de 145 y en la segunda de 21, de que rebajados 3 de dichos originarios que hacen de alcaldes ordinarios, quedan líquidos pagadores 142, cuya tasa es de 8 pesos, 5 y medio reales, con el aumento de un real y medio que en la revisita de 1785 se hizo a los 8 pesos, 4 reales, que antiguamente pagaban; son al año en total 1,233 pesos, 5 reales, que se enteran por tercios en 616 pesos, 6 y medio reales, por cada uno; desde la fecha de la revisita han fallecido algunos contribuyentes que se han compensado conforme a la Real Ordenanza con los próximos que han entrado a tributar (p. 296). Se examinó si había excesos en la cuota de tributarios, si pagaban tributos los que aún no tenían 18 años y si dejaban de reservarse los que pasaban de 50, si las viudas eran en alguna manera gravadas con servicios personales, parte de tributos y algunas otras forzadas contribuciones, y se encontró que todo estaba en su regularidad conforme a las disposiciones de las leyes y que semejantes abusos se hallaban enteramente abolidos mucho tiempo hacía y que si en algo concurrían con pretexto de devoción o sin ella, ya en servicio de la iglesia y su párroco, o ya en los intereses del cacique que eran muy cortos, todo lo hacían voluntaria y gustosaménte, con especial respecto del cacique por el reconocimiento que le debían por el amor con que les trataba, defendía y patrocinaba (pp. 296-297). Este pueblo igualaba a los de Yanahuara y Santa Marta en la posesión que gozaban los naturales de formar sus regimientos militares; se les alentó y estimuló al amor y fidelidad del Soberano (p. 298). Prestaron servicios durante la alteración fomentada por el fanático Josef Gabriel Condorcanqui, fingido Tupac Amaru; el actual Cacique Gobernador que los comanda ha obtenido la Real Patente de Teniente Coronel de Milicias (p. 298, y p. 245 para los servicios que prestaron a la causa del Rey los naturales de la parroquia de Santa Marta al ocurrir la sublevación de Condorcanqui).

Otra Relación que merece recordarse es la del Cuzco, redactada por el presbítero tacneño Ignacio de Castro, que se publica en Madrid, por la Imprenta de la Viuda de Ibarra, en 1795. En las materias de nuestro estudio cabe mencionar que establece un paralelo entre los vastos imperios indígenas de México y el Perú. Cita a fray Bartolomé de las Casas, que le parece cayó en notorias exageraciones llevado de su caridad, pues encareciendo lo que padecían los indios, cuidó menos de la verdad que de la ponderación. En el antiguo Cusco estaban representadas todas las regiones del Tawantinsuyu. En el período español, la creación de Lima fue la depresión del Cusco y el debilitamiento de su antiguo esplendor. Estima en 40,000 el número de sus habitantes, siendo los indios más del 50 por ciento del total. El idioma quechua era el más usado por los cusqueños. Cree que ha perdido su nativa elegancia y el castellano se ha visto obligado a aceptar vocablos indígenas. El predominio indio determinó que los eclesiásticos cultivasen la lengua y efectuasen en quechua la mayor parte de sus prédicas. En las escuelas se enseñaba a los niños mestizos e indios a leer y escribir en castellano, aunque el trato de estos niños con el maestro y entre sí, allí en las mismas escuelas, no era sino en lengua índica. También esto era notorio en los hogares, por influjo de la servidumbre. Opina que el mestizo y el indio no deben tener impedimentos para seguir la carrera eclesiástica cuando sus antecedentes sean buenos, como lo ordena la *Recopilación* y lo manifiesta Solórzano en su *Política Indiana*. En la Catedral había dos curas para españoles y mestizos y uno para indios, negros y mulatos. Los indios gozan el privilegio de no pagar diezmos ni primicias. En el convento de Santa Catalina de Siena se daba educación a muchas niñas. El Hospital de Naturales contaba con 200 camas. El autor ofrece datos sobre el Colegio del Príncipe para hijos de Caciques con derechos a sucesión. Había un Juez de Naturales. En el Cusco y sus provincias existían 133 curatos, recibiendo del Estado más de 90,000 pesos anuales. Los principales artículos de comercio eran el azúcar, siendo famosa la que venía de Abancay, y las telas de sus obrajes, aunque los obrajillos o chorrillos les hacían una competencia ruinosa. Las principales materias primas estaban representadas por el algodón, para los pobres, y la lana. Existiendo abundancia y trabajo, proliferaba la mendicidad. Recalca la tendencia de las gentes por la pintura y la escultura. Destaca la creación de la nueva Audiencia por Real Cédula fechada en Aranjuez el 3 de mayo de 1787 y la recepción del sello el 3 de noviembre de 1788; el Presidente José de la Portilla tomó posesión de su cargo el 23 de junio de ese año. El autor describe con minuciosidad las fiestas que se celebraban en la ciudad y las corridas de toros. Como era Rector del Colegio Real de San Bernardo, también trata de esa institución y de un lucido acto académico.[125]

Volviendo a los papeles relativos a Potosí, vamos a dar cuenta de la famosa polémica entre Victorián de Villava y Francisco de Paula Sanz, en 1793-1797, sobre la suspensión o la continuación de la *mita*, y la concesión de nuevas mitas. Paula Sanz, Gobernador Intendente de Potosí, toma la defensa de la mita existente y de algunas nuevas, como las concedidas en 1794 a los mineros Luis de Orueta y Juan B. Jáuregui, y en 1797 en favor de Nicolás Urzánigui. El ataque a la institución en general, y más concretamente a las nuevas mitas que al fin fueron suspendidas por orden del virrey de Buenos Aires, Melo de Portugal, en 1797, y luego por mandato de la Corona, estuvo a cargo de Villava, nombrado fiscal de la Audiencia de Charcas en 1789, quien trae a la contienda la filosofía ilustrada de un celoso defensor de los derechos humanos, que aplica a las condiciones de vida de los indios y también de los negros.[126]

Presentaré primero los escritos fundamentales de la polémica y luego algunos relativos a los desarrollos conexos.

En el "Discurso sobre la mita de Potosí", fechado en La Plata el 9 de marzo de 1793, sostiene el Fiscal Victorián de Villava los cuatro puntos siguientes: 1. Que el trabajo de las minas de Potosí no es público. 2. Que aun siendo público, no da derecho a forzar a los indios. 3. Que el indio no es tan indolente como se pinta. 4. Que aun siendo el indio indolente en sumo grado, no debe obligársele a este trabajo con coacción.[127] Es, por lo tanto, un alegato radical contra la existencia de la mita.

En el punto 1 define que el trabajo público es aquel cuyos productos son "inmediatamente de la Nación o del Soberano, como cabeza suprema de ella, para que los invierta en utilidad de la misma". La parte que los Reyes toman no es más que un tributo en reconocimiento del supremo dominio territorial, pero no hace mudar de naturaleza la posesión particular de los mineros. Los defensores de la mita ponderan la necesidad de la saca de metales en el Perú, pero el autor cree que tienen poco influjo las minas en las felicidades de un reino. Potosí es una villa sin edificios públicos, sin templos de mediana arquitectura. En los países de minas no se ve sino la opulencia de unos pocos con la miseria de infinitos. El dinero no puede ser otra cosa que una mercadería universal que se cambia con las mercaderías particulares, y donde se carece de éstas es imposible que se mantenga aquélla. El aumento de los metales preciosos, no siendo correspondiente el de los frutos de la Agricultura y de la Industria, es una verdadera enfermedad que estorba la circulación. Potosí emplea (en 1790-1791), *3,326 indios de mita,* y los marcos vendidos al Banco por los azogueros ascienden a 200,000 cuando más. Los marcos traídos al Banco de fuera de Potosí suben a 180,000 más o menos, y en ellos no se emplean indios de mita forzados. Esto último basta para la circulación del virreinato y su comercio; si destruida la mita faltaran los 200,000 marcos de Potosí (que reducidos a pesos hacen alrededor de millón y medio), ¿qué falta harían en España para no sacrificarlos por el beneficio de libertar a más de 3,000 hombres de una esclavitud? En otras ocupaciones ganarían a *medio peso,* que es el menor jornal de América, unos 1,500 pesos diarios, o sea, más de medio millón al año. El millón restante es de los azogueros, esto es, de los particulares. No debe el minero ser de mejor condición que el labrador y el fabricante. Y si éstos no logran ni necesitan de indios forzados para el fomento de sus productos más esenciales que la plata y el oro, tampoco el trabajador de las minas debe ni puede exigir indios que no sean voluntarios. Las demás minas del virreinato, excepto las de Potosí, se trabajan sin mita ni esclavitud alguna.

En el punto segundo examina las contribuciones de los hombres en el estado de sociedad. Las primeras fueron los servicios personales; luego se pensó en tener hombres ya expertos en las armas y en las leyes, y que convendría más contribuir con un fondo para la manutención de los dedicados al gobierno. Hace un parangón entre las quintas para la guerra y la mita de este continente, "estos dos borrones de la humanidad del siglo XVIII". A pesar de las mejores ordenanzas del virrey Toledo, los azogueros hacen un tráfico vergonzoso de las personas de los indios. La mita resta los mejores brazos a la agricultura. La mita es la peste de los indios, así por la variación de clima y trabajo como por los vapores mefíticos de los metales. Acompañan a los mitayos todos los parientes, todos los paisanos y todos los del contorno con tantas lágrimas que más parece que hacen las exequias de un muerto que la despedida de un vivo.

En el punto tercero razona que todo hombre trabaja para satisfacer a sus necesidades o sus caprichos, y su laboriosidad crece en razón directa de la confianza en las leyes y en la inversa de la fertilidad del país. El indio apenas conoce más necesidades que las físicas, tiene una desconfianza absoluta en el Gobierno y sus tierras producen casi sin trabajar. En toda América el indio siempre contesta con recelo. El Código de Indias se formó con ilustración y amor de los soberanos a los vasallos, pero la distancia de la Metrópoli, la codicia de los que pasan el mar para el Gobierno (sobre todo en los empleos subalternos), el despotismo de los jefes, han formado en el indio un carácter de timidez, desconfianza, terror y, por consiguiente, de inacción, estupidez y venganza. No cree que fuera mejor bajo los Incas por el bárbaro gobierno de éstos. Pero mira con lástima a los historiadores que, faltos de filosofía y de política, han tenido la debilidad de dudar de la racionalidad de estos infelices; y aun en el día son infinitos los que miran a los indios como máquinas o niños. La educación hace del hombre lo que quiere. Un indio trasplantado a Londres podría ser un constante y elocuente miembro del partido de la oposición, como criado en Roma un defensor sagaz de las preeminencias de la Curia. Las misiones establecidas por los jesuitas presentan unas comunidades sencillas, trabajadoras, industriosas, libres del trato y, por consiguiente, de la corrupción europea; en fin, un modelo de perfección en la Política, que tal vez será el pasmo de los pensadores de los siglos venideros, los cuales puede ser que se inclinen a no creer estos establecimientos, porque ya no quedarán vestigios de ellos, pues a pesar de las más eficaces y bien meditadas providencias de esta Superioridad, es casi un imposible que haya una seguida de Gobernadores y Curas que piensen como los jesuitas, ni sigan el sistema político "adabtado" por el Gobierno (en esta exposición se hace sentir cierto aire de discreta censura al cambio introducido por el extrañamiento de los miembros de la Compañía de Jesús). Nadie podrá negar que el indio es codicioso, es sufrido y es voraz cuando no come de lo suyo; estas inclinaciones naturales son las más a propósito para formar hombres trabajadores. El deseo del dinero, la constancia en la fatiga y el afán por comer podían hacer del indio el hombre industrioso y firme en sus tareas y emprendedor en nuevas adquisiciones; trabajar para otros haría soñoliento al europeo; el indio se hace indolente no tanto por su naturaleza cuanto por la casi inevitable constitución moral de la América.

En el punto cuarto discurre que para persuadir al salvaje o al rústico de las ventajas de la vida civil es preciso introducirle en necesidades y comodidades de ella, y para su satisfacción irá trabajando más y más. Querer hacerlo trabajar por fuerza "sería lo mismo que querer forzar al salvaje a que se ponga calzones: coacción que siempre lleva consigo la injusticia". El castellano deja sus siegas al gallego y el andaluz sus cargas de fardos al asturiano, y no sería justo forzarlos, como tampoco al indio. El destinado a trabajar por fuerza es siervo de la pena y ésta supone delito; a los vagos en las ciudades se les compele a trabajar porque se mantienen viciosamente; la indolencia del indio es rústica, desinteresada, inocente efecto de escasísimas necesidades. Hubo cédulas antiguas que prohibían el trabajo forzado de los indios en las minas (en 1526, 28, 29, 49, 51, 68, 71 y 80).

En este parecer, el nuevo enfoque filosófico europeo se proyecta sobre la vida social ultramarina. Antes hubo defensores cristianos del indio que lo alabaron y trataron de protegerlo frente a quienes lo menospreciaron o manejaron con dureza. Ahora se propone un nuevo método que, confiado en las virtudes de la educación, aspira a corregir al nativo americano y convertirlo en un hombre distinto que, para satisfacer mayores necesidades, se ajustará mejor a los ideales del trabajo y de la convivencia civil.

La "Contestación al Discurso", que redacta el Gobernador Intendente de Potosí, Paula Sanz, el 19 de noviembre de 1794, va a defender cuatro puntos: [128] 1. Que el trabajo de las minas de Potosí no debe considerarse como los demás trabajos particulares privados de la República, sino que es y debe llamarse justa y propiamente público. 2. Que el indio es aún más indolente de lo que pinta el autor del discurso. 3. Que en supuesto de esta indolencia, sea cual se quiera la causa de ella, el servicio de la mita es útil y ventajoso al indio. 4. Que lo es también al Estado y, por consiguiente, puede justamente forzarse al indio a él.

Es, como se ve, el punto de vista tradicional acerca del trabajo compulsivo en la minería del reino. Precede a la "Contestación" este lema: "El bien del Estado debe ser la primera y principal ley" (Cicerón, Lib. 3 *de Legibus,* nº 8). El Intendente tacha de ligereza en la materia a Villava, y dice que "al paso que me admira la erudición, energía y celo por la humanidad de su digno Autor, no ha podido menos de compadecerme el que la ignorancia tal vez, más que la mala fe, y las erradas y equivocadas noticias de sus informantes, le hayan obligado a emplear sus brillantes talentos en la formación de un discurso que al que lo lea, sin unos positivos conocimientos de este Reino del Perú, le hará creer que la mita es un servicio el más bárbaro e inhumano...". De paso informa Sanz que se acaba de redactar una nueva Ordenanza de Minería que ha sido remitida al virrey de Buenos Aires.

En el primer punto le sorprende, en un jurisconsulto, que iguale el derecho de los Soberanos sobre las minas con el que tiene sobre las demás tierras, porque en las minas es una regalía y el Soberano dispone sobre ella; es un trabajo propiamente público y el minero necesita cumplir con la condición de trabajarlas en la medida legal, etc. En América el Rey sólo ha concedido la posesión, no la propiedad. (En este punto el razonamiento de Paula Sanz se apega más que el de Villava a la tradición jurídica minera española, pues el segundo, para atacar el fundamento del interés público en la mita, atribuía a la explotación minera un carácter de empresa particular. Anteriormente, un jurista reputado como Solórzano había admitido la función pública de la minería. Villava, en el siglo de la filosofía de los derechos individuales, pretende introducir una distinción más tajante entre lo público y lo privado. Es el aspecto débil que encuentra su oponente en esta parte de su razonamiento.)

En el segundo punto, Paula Sanz reconoce que los indios son como el resto de los hombres y que, educados de otro modo, no cederían en aptitud para artes, gobierno, etc.; pero dice también ser en ellos general el abandono y aun la estupidez, por lo que hoy se les ve poco o nada mejorados con respecto al tiempo de la conquista. Podría atribuirse la inercia y estupidez del indio y su indiferencia a que desde los principios no se cuidó de cultivarlo y a que los informes de los primeros conquistadores obligaron a formar las leyes de América sobre la base de su ineptitud y necesidad de tutela. Hubo abusos de los corregidores y sus repartos (de mercancías). Después de la pasada sublevación (de Tupac Amaru), se quitaron (esos corregidores) y se erigieron intendencias en las que los indios se hallan con libertad; pero no por ello se han aplicado al trabajo, y hace ya diez años del cambio. El indio no anhela las comodidades que ve en el español; a pesar de no tener que gastar en los repartos (antiguos de los corregidores), ni come, ni viste, ni habita mejor. El Intendente describe su sencillo instrumental de vida y dice que conoce india rica que no difiere de sus criadas. Los patagones llevados a Buenos Aires sí desean vestidos, etc., como él lo ha visto, aunque regresan a sus pampas por deseo de libertad; pero el indio del Perú, en vista de españoles y europeos y demás castas, no muda física ni moralmente, ni se halla medio de que hable español, ni se afana ni desea otras cosas. Junto a esta indiferencia, descubre en el indio gran apego por sus pocos bienes: el carnero, la gallina, la vaca; muere de hambre y no los mata, como en casos que él presenció; no los venden tampoco al caminante, especialmente en sitios apartados. Concluye el autor que el indio es *indefinible* y que su carácter no es fácil de comprender y, por consiguiente, ni de remediar. En cuanto a los indios indigentes (pues hasta aquí se ha referido a los que tienen algo), cree que si el autor del Discurso hubiese corrido como él 6,000 leguas en el Perú, conocería lo que va a decir: las haciendas del campo, todas las que no tienen *yanaconas,* están casi incapaces de cultivo por falta de jornaleros; las que cuentan con yanaconas apenas producen al dueño para mantener la posesión de ellas. (Explica que al yanacona se le da vestido anual y a sus familias, se le paga el tributo, y se le suministra ración de una arroba de charque, que es carne seca, y una carga de maíz o cebada o de chuño al mes; también goza de un pedazo de tierra, de bueyes y arado con que labra en un día que tiene franco cada semana; en cambio de esto, cultiva las tierras del amo y sirve en lo que le ocupa.) Esto es, en viñas, tierras de pan llevar y de ganados; sólo dos familias tienen suficiente por tierras y yanaconas y a costa de vivir apartados. En cuanto a las haciendas de *coca,* en el partido de los Yungas, en la Provincia de la Paz, es semejante: si tienen yanaconas, apenas viven; y ha bajado mucho el valor con los plantíos hechos en Carabaya y Larecaja y los de Yuracarú, provincia de Cochabamba. En cuanto a las minas fuera de Potosí, todos los que las explotan desde Uvina van a Potosí a buscar trabajadores y jamás logran los necesarios; a los que consiguen han de darles antes todo el dinero que piden, y para esto los encierran en su casa hasta tener el número suficiente; los tienen que sacar atados como a presidiarios antes de amanecer, pues de otro modo escaparían. En el ingenio o mina es necesario encerrarlos en la cancha donde duermen; para que subsistan, el dueño tiene que darles víveres, ropa, etc., de lo cual han surgido abusos, y al verse muy endeudados, huyen. En esos minerales sólo puede contarse con los que, acompañados de sus mancebas, procuran alejarse de las poblaciones para estar a más cubierto de sus maldades, que se les toleran para no parar la explotación. No es el método de paga el que los retrae sino su holgazanería; en asientos mineros en que hay poblaciones y tiendas y el jornal en dinero, tampoco acuden; los que hay son cholos y mestizos. En Oruro no hay un indio entre diez trabajadores; en Guantajaya, ni uno; en Aullagas, que es asiento rico, faltan manos y sólo acuden cuando se descubre un clavo rico por el robo; lo mismo en Chichas, en Puno y demás partidos: la paga no es razón suficiente para atraerlos. También en Potosí es difícil hallar mingas, que reciben *alanoca* y defraudan. El Conde de Casa Real, en Porco, a 9 leguas de Potosí, necesitó para una mina diez peones y llegó a ofrecer a *peso diario;* no los halló y fue a Potosí donde pudo haberlos anticipando dinero, y luego se le escaparon. Paula Sanz cree que por estas pruebas no puede sostenerse que el indio trabaja cuando ve segura la ganancia; no tiene en esto el carácter común de los demás hombres.

En cuanto a otros ramos, no hay manos para plateros, sastres, herreros, zapateros, carpintero, albañil ni sombrerero; entre los menestrales, ni la quinta, ni la sexta parte son indios; los más son mestizos, zambos y mulatos.

En todo se ve al indio huir de las ocupaciones. (Este cuadro de Paula Sanz pretende ser realista y estar fundado en la experiencia, pero no concuerda con otras descripciones y situaciones que aparecen en los documentos que venimos extractando, sin llegar a la presentación idealista y polémica de Villava. Una de las noticias del Intendente que merece atención es la relativa a la participación de cholos y mestizos en el trabajo minero voluntario.)

El caso de las misiones de los ex jesuitas (n. 82), le parece a Paula Sanz especial; son indios de Mojos y demás que no se manejan como los del Perú sino en un régimen comunal que describe así: forman como una sola familia, todo es de todos, trabajan para todos, y a cada uno se le suministra lo que necesita del Almacén o Despensa General del pueblo por el Administrador de él. A cada hombre se le destina su ocupación de tejido, de sembradío, de custodia de ganados, o de otras atenciones, y a cada mujer se le da su tarea diaria de hilado, y a toque de campana acuden todas las familias a los actos de religión, de repartimiento de trabajo y de raciones para su sustento (no es de olvidar que Paula Sanz había residido en Buenos Aires, donde debió alcanzar noticias sobre las misiones. También dice haber visitado algunas de ellas, *infra,* en esta p.). Todo lo que trabajan estos indios (n. 83), lo llevan al Administrador que coteja la entrega con los materiales dados para la obra; y depositado todo, se mande para su expedición, de cuenta del pueblo, por su Administrador particular, al General que reside en capital inmediata. Añade (n. 84), que viven separados del resto del Continente y no se permite a español estar entre ellos más de tres días; pero afirma que reina entre estas misiones (del Paraná, Uruguay, Apolobamba, Chiquitos y Mojos) brutalidad e ignorancia. A los Mojos los van remediando sus Gobernadores, primero D. Lázaro de Rivera y ahora D. Miguel de Zamora. Explica Paula Sanz que había recorrido esas misiones (sin indicar cuáles) y hallado vicios, robo y embriaguez. No acepta que este ejemplo comunal pruebe la capacidad económica particular o personal del indio: "Sepárense estos indios de sus pueblos, no tengan el miedo del castigo a que están sujetos cuando no cumplen sus tareas, póngaseles en toda libertad para adquirir por sí, y los veremos los mayores ladrones y haraganes de la República." Los que de las misiones quedan en los puertos no trabajan en el oficio que saben. Insiste en que al indio "es difícil definirlo (en las misiones y fuera de ellas) y no se puede juzgar de él por la generalidad de los demás hombres, en su actual constitución". Cita en apoyo de este aserto la carta pastoral impresa en Buenos Aires en 1791 por el Arzobispo de la Plata, fr. Josef Antonio de San Alberto (pp. 365 a 433), en que compara desfavorablemente al indio del Perú con el de la Nueva España, siguiendo en la descripción de éstos la opinión de Palafox. ¿Cuáles son las causas de ese carácter del indio? (n. 94). Paula Sanz acepta lo que dice Villava acerca de la influencia que pueden ejercer la confianza en las leyes y la fertilidad del país, la educación, la constitución del Gobierno, el clima. Las leyes españolas (y aun la naturaleza que les niega barbas), lo han creído incapaz de manejarse y lo tratan como menor tutelado. Paula Sanz atribuye también gran efecto al uso de la *coca*, pues afecta en modo semejante al español o casta o negro que se entrega a ella. El indio que no la toma se cría vivo, alegre y apto. La coca embrutece: "raro indio se verá reír y rara vez: el llanto es su primera expresión, aun en las cosas más indiferentes", aun por una cuerda o cualquier friolera.

En el tercer punto, sostiene el Gobernador Intendente que, dada esa naturaleza del indio, la mita lo beneficia. Hace una descripción de la situación del reino, la división de intendentes, doctrinas, pueblos, la dispersión en que viven los indios y el difícil gobierno y doctrina de ellos. En las provincias de arriba y hacia el Collao es enorme la aridez y despoblación, pero si se quiere coger un carnero o una gallina, saldrán indios a defenderlo. Señala (n. 113) el deseo de soledad, paz y sencillo pasar con un poco de cebada, coca, sus ganados para vestir y alguna pequeña tierra, que siente hondamente el indio y que lo aparta de la vida civil; es un montaraz. No le parece que esté bien informado Villava sobre la supuesta fertilidad de las tierras del Perú (n. 114). Es reino cuya constitución hace pocas tierras capaces de cultivo; en ningún partido hay las suficientes para ocupar sus indios, ni aun los originarios; el país tiene minas desde Chichas a Carabaya (más de 300 leguas); el terreno frío de punas produce papas, quinua, cañagua y oca, y necesita guano para tener calor, que se trae de la isla frente al puerto de Yquique, donde el autor ha estado, y hay muchos pájaros que llaman alcatraces; ese guano se vende en tierras del Collao. En los partidos de Chayanta y Porco hay tierras de cultivo en los valles. En las partes fértiles del reino no viven bien los hacendados: en Cochabamba y algunas quebradas de Chayanta se da trigo, etc., con fertilidad, y la fanega no se vende ni en Potosí a más de 3 o 4 pesos, y en los años de abundancia baja a 20 reales; en el Cuzco hay 7 u 8 quebradas fértiles y su maíz no les produce más de 2 reales por arroba. Si se pasan a la agricultura las manos de la minería, ¿quién compraría esos frutos? En cuanto a la industria, carece el reino de materias primas como lino, cáñamo, y el algodón sólo se da en Mojos; hay lana de alpaca, vicuña y carnero, pero en punas distantes,

por eso no se mandan a España. Cree que, sin las minas, el Perú no se sostendría (así combate la tendencia que aparece en el escrito de Villava de disminuir la importancia de la minería y fortalecer la de la agricultura y la industria. En esto guarda similitud la posición de Paula Sanz con la que defendería Fausto de Elhuyar en la Nueva España; ambos hicieron valer la significación económica y social de la producción minera en el Nuevo Mundo frente a las nuevas corrientes fisiocráticas, las del adelanto de la industria y las de liberalización del comercio).

La *mita* no fue novedad española (n. 133). El décimo Emperador del Perú, Guayna Capac, la implantó en los minerales de Charcas y Chichas, siendo el más rico entonces el Cerro de Porco (cita a Antonio de Herrera). Paula Sanz describe con admiración el sistema del Inca (n. 134), que ya vimos era considerado por Villava como gobierno bárbaro. Cree que la mita acerca al indio a la sociedad y a la doctrina (n. 146), ya que hay siete parroquias en Potosí, hospital, el salario es de *4 reales diarios,* que se paga cada lunes en Guayna, y no en efectos; el mitayo sólo se emplea en sacar botas de metal de *2 arrobas,* pues las demás cosas las hacen los voluntarios: pongos, apiri-pongos, barreteros y palliris (los cuales aseguran las labores, rompen el metal, separan el bueno del malo en la boca mina). En los ingenios (n. 151) sólo se ocupan en el morterado y cedazo 4 o 5 indios cuando más; las otras ocupaciones de separar los cuerpos de metal en el Buitrón para que se incorpore el azogue y para Labas están a cargo de repasiris y labadores, que son indios o cholos voluntarios. El mitayo (n. 152), en sus dos semanas de descanso puede alquilarse por jornal de 4, 5, 6 y 8 reales diarios. El jornal de 4 reales es mayor que en el resto del reino. No es real por eso el cómputo que hace Villava de los 1,500 pesos diarios (quien suponía, como hemos visto, que medio peso era el menor jornal de América en otras ocupaciones).

En cuanto a los abusos (n. 156 y ss.), sostiene Paula Sanz que la práctica llamada de *faltriquera* no beneficia hoy al azoguero por las condiciones del Cerro: las labores más hondas requieren más gente, cuando antes bastaba la mitad de los indios de su asignación; fue posible también ese uso cuando las minas hondas pararon y se practicó recoger pallacos y desmontes; pero ahora, escaseando éstos, si el azoguero no tiene *apiris* carece de producción y no le tiene cuenta recibir en dinero el rezago; así (n. 163), abundan en la Superintendencia las peticiones sobre obligar a los indios faltos a ir personalmente; más ahora que casi todos en Potosí son arrendatarios y no dueños y necesitan mayor producción para cubrir sus gastos; raro es el que no excede de 500 pesos de gasto semanal en el Cerro y de 800 o 400 en ingenio entre repasiris, mayordomos, azogue, etc., de suerte que no le tiene cuenta el rezago en diñero. Hace la historia de las cuotas pagadas por rezagos: en 1608 se quejaron los caciques de los Asanaques al virrey Montes Claros de que en Potosí se les exigía, por 24 indios faltos, 12,000 pesos al año, lo que corresponde a *9 pesos por cada uno en la semana;* alegaban que, conforme a la disposición del virrey Toledo, no debían pagar más que *5 pesos por rezago,* lo que mandó observar también el virrey Velasco. Montesclaros mandó, el 15 de junio de 1608, que no pagaran más de *5 pesos.* Después parece usarse *7 pesos semanales,* pues el Conde de Monclova, en Lima, el 8 de mayo de 1692, cap. 6, lo dice, aunque poco antes el Conde de Canillas, Corregidor de Potosí, fijó *4 y medio.* Ahora, que sólo se pagase *3 pesos* y es lo que subsiste en el día (cantidad proporcional a la ganancia del mitayo falto en una semana); por eso también es menor ahora el interés del azoguero en el cobro de faltriquera. Paula Sanz (n. 170) estima exagerado el cálculo del Obispo de Santa Marta que habló de 800,000 pesos cobrados al año; pues no viniendo ningún mitayo de las provincias afectas, sus rezagos no llegarían a la cuarta parte de tal suma. También apunta Paula Sanz la necesidad actual de contar con más operarios: antes con 4 apiris y 2 barreteros se obtenían a la semana 8 o 10 cajones; hoy, con 15 o 20 barreteros y 50 apiris, apenas se llega a eso. En el tiempo de la producción a base de pallacos, sin necesidad de apiris se reunían 25, 30 y 35 cajones de gruesa semanal; hoy, con mucha gente, se obtienen 18 o 20 cajones cuando más. En la Ribera de Potosí hay ahora 89 cabezas de ingenio, o sea, 44 de a dos cabezas; si dan 18 cajones semanales cada uno, son 800 semanales, y al año, 41,652 cajones, más lo que se desperdicia, 48,594. Para esto el Cerro ha de dar 55,466, por los desperdicios que hay en la palla, que es la separación del buen metal en la boca de la mina. Para sacar esta cantidad de las minas se necesitan los apiris siguientes: cada uno saca medio cajón de a 25 quintales regularmente en la semana. Para sacar 26 cajones en 52 semanas del año son necesarios 6,927 indios en tres puntas, y 1,157 (13 por cabeza) para servir de a 4 por punta para mortiris. Así los apiris más los mortiris, que es en lo que se ocupan los de mita, montan 8,084; pero ahora no vienen *ni 3,000.* El barretero desprende el metal, el brociri lo parte en pequeños trozos, el apiri lo saca, el palliri lo separa fuera.

Otros abusos que se achacan a la mita (n. 183), le parecen exageraciones como las del Obispo de Chiapa, que han zaherido el crédito de España. El apiri saca botas de *2 arrobas;* si la distancia es de 200 varas, la tarea es de 21; si de 500 varas, de 18; si de más distancia, de 16. Es labor razonable y los apiris se quejan si se excede y son raras sus quejas. En cuanto a los ingenios, si por descuidos de los operarios en el cernido los azota el mayordomo, se quejan en el Gobierno y está muy limitado ya. No sabe el Intendente que se diga más de abuso de los azogueros.

En cuanto a excesos de otro orden, v. g., que no se guarda la tanda cada siete años ni se avía de comunidad a los pobres; que los caciques abusan y el indio acomodado que desea librarse da al Gobernador 75 pesos cuando menos, otros 80 o 100, y así excede de los 53 y medio pesos que corresponden de rezago por lo que había de ganar el mitayo falto en 17 semanas y 5 días de trabajo al año de mita, y el cacique suple con otro pobre a quien sólo da 25 pesos, y así lucra 40 pesos, y obliga a los no debidos fuera de tanda, y éstos poco duran en Potosí, pues desertan; responde Paula Sanz que tales abusos se han ido viendo al necesitar mitayos realmente los azogueros y no la plata como antes. La Nueva Ordenanza remedia en lo sucesivo estos desórdenes.

Otros servicios (n. 203) oprimen a los indios: fiestas de alferazgos y trabajos sin lucro (para los curas).

También alega Paula Sanz la mejoría habida en el arte de explotar las minas; no es como en tiempo de Roma un castigo. Lleva seis años de mando en Potosí y sólo han ocurrido dos desgracias por imprevisión de los indios. No cree que se les causen enfermedades; sólo en el morterado perjudica el polvo y se toman precauciones en la Ordenanza y ha mandado que haya ventilación y que las parcialidades de Moscari, Aymaya y Chulpas, estos últimos de la doctrina de Laymes (por instancia del Subdelegado de Chayanta), cesen por algunos años —piensa que sean diez— a dar contribución de la mita, y los de Auqui-Marcas, pertenecientes a la doctrina de San Pedro. No por esto se crea al Padre Calancha que dice que cada peso que se saca de Potosí cuesta al rey diez vasallos; pues, según el anexo 1 que el Intendente pone al fin del papel, resulta que las provincias mitarias han *acrecido su población* en una mitad en estos 14 años, y pasa de 45% el incremento en el cobro del ramo de tributos, y la única provincia que ha decaído es Atacama, que no mita. Rebate la especie de que tienen los indios el choco o asma, pues son pocos los empleados en el morterado.

La descripción de la despedida lúgubre que acepta Villava, y también el *Mercurio Peruano,* es en la realidad, según Paula Sanz, una gran borrachera. Hace valer también el caso de los indios que voluntariamente quedan en Potosí y Porco como yanaconas.

En cuanto al cuarto punto, piensa Paula Sanz que la supresión de la mita y de la saca de metal en Potosí sería efectivamente la ruina del Perú. Aquilata la naturaleza metálica de la riqueza de este país; las minas fomentan la industria, la población y la agricultura. Porco, Oruro, Berengela, Pacajes y Caylloma, quitada la mita, se han despoblado. Oruro no da la décima parte que antes. En Porco sólo hay un azoguero con indios llamados *Pucheros,* que trabajan para sí sacando tal cual quintal de metal a la semana. El segundo anexo al papel de Paula Sanz, sobre las personas que diariamente ocupa Potosí, muestra que son 33 los individuos del Gremio de Azogueros, 89 las cabezas de ingenio: 44 de a dos cabezas y una suelta. Se emplean *5,683 personas,* incluyendo a los que bajan el metal del Cerro en bestias; computados a 4 reales diarios por lo menos, son 2,841 y medio pesos diarios, y al año, *1.039,989* (con lo que se demuestra lo que interesa Potosí a la economía del reino). Aparte estos salarios, en gasto de arrendamientos, consumo de azogues, sal, carbón, cal, cueros, maderas, etc., son 511,011 pesos, más 890 almadenetas (para las cabezas de ingenio) que montan 56,070 pesos. O sea, en la explotación gastan los 33 azogueros al año, en total, *1.607,070 pesos.* ¿Cuánto ganan? El año pasado produjo la Ribera *220,000* marcos equivalentes a 1.650,000 pesos. Rebajado 1.607,070 pesos de gastos, restan *42,930 pesos* en favor del Gremio como beneficio. Sacan, además, al año 13,728 pesos por arriendo de las *caguachas* (que es el permiso para que puedan algunos *caguachiris* ir a recoger en los días de las labas la plata y el azogue que se lleva el agua después de haber recogido el dueño en las cochas del labadero la mayor porción). Y también sacan de arrendar las pulperías o tiendas que tienen en los ingenios donde venden, conforme a Ordenanza, molletes, coca, maíz, charque y leña; que a 10 pesos semanales, son en 44 al año, 22,880 pesos. En total, el lucro es de *79,538 pesos,* que entre los 33 azogueros viene a corresponder a cada uno 2,410 pesos; pero en caso de que el azoguero sea también dueño de ingenio y que no necesite arrendarlo (que cuesta a 100 pesos semanales por uno de dos cabezas), sube su ganancia a *5,200 pesos.* Es negocio riesgoso. Al Intendente le parece, pues, que es un Gremio de gran utilidad para el público.

Paula Sanz incluye un tercero y cuarto anexos para demostrar la superior producción minera de Potosí con respecto a los demás minerales. En los cinco años de su mando, resulta que han producido en Potosí, los azogueros, 7.598,482 pesos; los trapicheros, 283,865 pesos; los capchas, 280,000 pesos. O sea, la producción de la plata de Potosí en el quinquenio ha sido en total de *8.132,347 pesos.* Ahora vienen de mita, *2,879 indios.*

Los minerales de afuera producen sólo 180,000 marcos anuales. El Banco los paga a 7 pesos generalmente. O sea, en el quinquenio, montan *5.739,592 pesos.*

Esto es lo que dice Paula Sanz en su papel; pero leyendo los Anexos 3 y 4, se encuentra, que en los años 1784-88 (a que se refiere el Anexo 3), los azogueros de Potosí producen 839,557.1 marcos, con valor de 6.296,677.3 pesos; los trapicheros, 67,551.5 marcos, con valor de 481,305.1 pesos; y los minerales de afuera, 973,119.1 marcos, con valor de 7.003,041.7 1/2 pesos. En cambio, el Anexo 4 sobre los años

1789-1793, que ya corresponden al período de gobierno de Paula Sanz, muestra que los azogueros de Potosí producen 1.013,131.1 marcos, con valor de 7.598,482.2 pesos; los trapicheros, 39,840.7 marcos, con valor de 283,865.7 pesos. Los minerales de fuera, 793,620.7 marcos, con valor de 5.739,592.7 pesos. De uno y otro grupo de fuera hay que quitar unos 40,000 marcos de capchas de Potosí a 7 pesos.

Nótese que, según estos Anexos, la producción de los minerales de fuera sí era considerable, y en ello tenía razón Villava. La producción de Potosí sube en el segundo quinquenio en comparación con la cifra del primero.

Paula Sanz incluye un quinto anexo sobre el comercio de la Villa de Potosí, que asciende a *2.806,700 pesos por año,* sin contar las harinas de Moco. De las de maíz entran anualmente 40,703 cargas que, a 20 reales, montan 101,757 pesos, y con esto los *chicheras* (se refiere a los negociantes de la bebida llamada *chicha*) ganan 203,515 pesos. De las de trigo se consumen en Potosí por año 80,557 fanegas, a 4 pesos por lo regular, y los panaderos las venden por 2 pesos 6 reales más de ganancia, con lo que se llega a 221,531 pesos sólo para el giro de los panaderos.

' Con esto se propone Paula Sanz demostrar que no basta la producción de los minerales de afuera para la circulación de la Villa de Potosí y menos para la del Virreinato. Los 180,000 marcos de la producción anual de esos minerales de afuera no bastan tampoco con sus derechos para sostener los gastos públicos del Virreinato. La explotación minera sí tiene importancia real para el reino, y Potosí es manantial que difunde riqueza y no la retiene; con el permiso de internación por Buenos Aires, el tráfico con Potosí ha beneficiado mucho.

En relación con los ejemplos de gallegos y asturianos que citaba Villava, estima el Intendente que sería insensato obligarlos a los trabajos que repugnan, porque hay otros útiles para ellos y el Estado en que ocuparlos; pero si fuera para holgar, cabría obligarlos al trabajo. El indio, sin la obligación de acudir al trabajo, holgaría y volvería a la barbarie, rehusando todo modo indirecto de atracción. La mita no es fuerza sino convención que se pactó por los caciques con el virrey Toledo a cambio de otras exenciones. La plata permite adquirir mercancías para ambas Américas, que no basta la producción de España a surtir.

Por la lectura directa de los Anexos, sin limitarse a las citas que de ellos hace Paula Sanz en su papel, se encuentra en el primero, datado en Potosí el 6 de noviembre de 1794 y certificado de los Contadores Mayores del Tribunal de Buenos Aires, que, según los Libros, la masa de los *tributos* que se recogieron hasta 1780 de las Provincias de Porco, Chayanta, Chichas y Tarija, Lipes y Atacama y Cercado de esta Villa (de Potosí), montó *123,880 pesos 1 3/4 reales.* La distribución por provincias fue la siguiente:

Provincias	Cómputo hasta o del año 1780	Aumento en 1794
Porco	34,689.7 ps.	59,253.3 ps.
Chayanta	50,445.4 „	69,648.6 „
Chichas y Tarija	17,983.6 3/4 ps.	26,954.5 „
Lipes	3,532. ps.	6,918 „
Atacama	6,429. „	4,933. „
Indios criollos de Potosí por remate	2,800. „	
Yanaconas del Rey en esas 5 provincias y las 7 que reconocen hoy las Cajas Principales de Chuquisaca y Cochabamba desde el año pasado de 1772 que se erigieron	8,000. „	
	123,880.1 3/4	13,412. „
El cómputo para 1794 (es decir 14 años después) marca:		*181,119.6 ps.*

Es el aumento que pone de relieve Paula Sanz.

En el Anexo 2 figuran los operarios por semana en Potosí, de la manera siguiente:

Minas:

Mineros	Barreteros	Apiris	Brosiris	Pongos	Palliris y Capitanes	Cancha Mineros	Comercio	Total
89	911	1,600	178	267	445	89	600	4,179

Ingenios:

Mayordomos	Administradores	Repasiris	Capitanes de repaso	Tenientes de repaso	Serviris	Mortiris	Labadores	Herreros y carpinteros	Total
33	33	801	33	33	33	356	132	50	1,504

Unos y otros: *5,683.*

Los 1,600 *apiris* suponen otros dos tantos de descanso de mita, que aunque no son obligados a ello se conchaban voluntarios: 4,800 operarios de esta sola clase. De los mortiris son 13 por cabeza de ingenio y, habiendo 89 cabezas, se emplean 1,157; de éstos, 356 son obligados y los restantes se conchaban voluntarios con mayor jornal. Este Anexo va rubricado por el Intendente, en Potosí, el 19 de noviembre de 1794.

El Anexo 5 sobre comercio detalla precios y muestra el sentido de las corrientes de tráfico en torno de Potosí.

El Anexo 8 compara lo remitido en dinero y pastas a la Tesorería General por los mineros de Potosí y los de las Cajas de afuera:

Años	Potosí	Cajas de afuera
1789	585,871.3 1/4	915,080.2 3/4
1790	1.015,256.6	410,635.5
1791	828,353.6	778,751.3
1792	725,589.3 1/2	190,817.
1793	445,001.7	904,776.5 1/2
	3.600,073.1 3/4	3.200,061. 1/4

A la vista de estas cifras, puede concluirse que ni Potosí había dejado de tener importancia por sí solo, ni la producción de las minas de afuera era desdeñable, ya que se venía acercando en su conjunto a la producción potosina.

En suma, si Villava traía al debate "las luces del siglo", nuevas ideas económicas, jurídicas y sociales, Paula Sanz, con el apoyo de los años que llevaba de gobernar Potosí, de recorrer las provincias y de consultar los archivos oficiales, podía oponer una defensa del mineral y de sus prácticas tradicionales que no carecía de fuerza ni de realismo, a veces excesivo, ofreciendo datos concretos sobre las operaciones en esta época tardía. Es esta última contribución, más bien que su esquema ideológico conservador, la que concede a su informe un valor histórico aún perceptible.

La Contrarréplica de Villava, datada en La Plata el 3 de enero de 1795, comienza por declarar que no espera convencer a ninguno de los prosélitos del papel escrito (por el Intendente) en Potosí.[129] Los patrocinados suyos, es decir, los indios, "ni pueden ayudarme con sus luces ni pueden lisonjearme con sus elogios, ni aun pueden darme gracias de mi patrocinio que ni siquiera puede llegar a su noticia"; sólo confía en tener algunos secuaces entre los pocos filósofos amantes de la humanidad que lean sus escritos.

Villava explica que su escrito anterior se debió a que supo que el Gobierno de Potosí, con el apoyo del Superior de Buenos Aires, había hecho repetidas instancias para los progresos y aumento de la mita; ahora ha tenido noticia de que en las Nuevas Ordenanzas se tiene el perjudicial y extravagante pensamiento de establecer 4 o 5,000 indios más de mita de los actuales; se siente obligado a hacer los mayores esfuerzos para oponerse.

En tiempos anteriores han "levantado el grito" contra la mita de Potosí las personalidades siguientes (p. 391): D. Matías Lagunes, fiscal de Lima, que "tanto escribió para que se extinguiera este abuso". D. Agustín de los Ríos, fiscal del Consejo, que pidió se quitara la mita. El Obispo de Santa Marta, nombrado visitador de Potosí por el virrey Conde de Alva de Liste, que informó contra ella. Los virreyes Conde de Lemus y Conde de la Monclova, que escribieron al Rey que cesara, y el primero decía "que las piedras de Potosí y sus minerales están bañados con sangre de indios, y que si se exprimiera el dinero que de ellos se saca había de brotar más sangre que plata" (como se ve, no se había olvidado en esta época tardía la famosa sentencia del virrey Lemos, que ha llegado a ser recordada también por los historiadores de nuestros días, según sabemos). Fray Francisco Layola, Obispo de la Concepción de Chile y visitador del Perú, que informó lo mismo. D. Martín de Mirabal, fiscal del Consejo, que con rigor pidió la extinción de la mita. El sabio Padre Acosta que, al hablar de este servicio, hace triste y elocuente pintura. D. Pedro Vásquez, Presidente de la Audiencia de Charcas, quien pidió al Rey que se quitase la mita y quedasen en libertad los indios. El confesor de Felipe III, que consultó a 34 maestros, "los más hábiles de su Religión dominicana, y todos unánimemente le respondieron que pecaba mortalmente el Rey permitiendo la mita de Potosí".

En cuanto a lo que dijo en el primer Discurso acerca de no ser pública la explotación de las minas (p. 392), aclara que es menester no confundir los derechos no enajenables de la Corona (como hacer leyes, poner impuestos), con los derechos de Regalía (sobre minas, salinas, venta de empleos, etc.) que pueden enajenarse. En las Ordenanzas Modernas de Mégico, el Rey dice que transfiere las minas en posesión y propiedad concediendo la facultad de que el dueño pueda darlas, venderlas, legarlas.

En relación con los repartos de mercancías por los corregidores (p. 395), el Código de Intendencias (con la sola variación de los nombres) no ha mejorado la situación del indio.

Hace un nuevo examen de la psicología del indio (pp. 395-397), en relación con la afirmación de que no anhela bienes ni es industrioso, y comenta que un salvaje llevado a la ciudad culta, no anhela sino volver a su país, pues sólo las comodidades que no le causan fatiga pueden convenirle. "Para animar al hombre por sus propios deseos, es preciso que al paso que se le avivan se le proporcionen medios de satisfacerlos"; presentarle objetos que irriten sus pasiones dejándolo en la misma imposibilidad en que se estaba, le sume en melancolía; es natural al hombre el amor a lo poco que se posee y también la desconfianza del oprimido; el que desea tener, trabaja estando seguro de sus ganancias, y si el indio no lo hace, es porque trabaja para otro y la paga no es proporcionada a su fatiga. Resume (p. 396), "el indio para mí, pues, no es tan incomprensible, porque todo lo que observo en él son consecuencias precisas de su miseria, su opresión y su desconfianza, y en iguales circunstancias se puede a golpe seguro asentar que lo mismo sería cualquiera otro hombre".

En cuanto a la haraganería y robos de los indios, no tiene que decir más sino que todo hombre es lo mismo en general, si no lo contuvieran las leyes, pues la aversión al trabajo es universal y los deseos de mantenerse a expensas ajenas lo son igualmente.

Esta parte de la exposición de Villava descansa, por lo tanto, en dos observaciones: una, sobre la opresión en que vive el indio y que le produce naturalmente las reacciones advertidas; otra, sobre la condición humana general partidaria del menor esfuerzo para vivir.

Villava no cree remediables los abusos de la mita (p. 397), pues los hubo en tiempo de D. Ventura Santelices, gobernador de Potosí muy austero. En 1750 se le despachó Real Cédula en que el Rey se quejaba del mal uso de los indios de mita; y en ella se le decía también que, ante la petición de dotar con indios de mita a nuevos ingenios, no accedió el Rey sino que mandó que de los 40 indios que gozaban los ingenios se les tomasen 20 para los nuevos, sin aumentar el cupo total de la mita.

Volviendo a la cuestión de la naturaleza del indio (p. 397), examina Villava los distintos tratados de Palafox (en defensa) y del Obispo San Alberto (para corregirlos). El autor atribuye las discrepancias al objeto propuesto por uno y otro, ya que hay poquísima diferencia entre los indios del Norte y los del Sur. La opinión que atribuye la estupidez del indio al uso de la *coca*, puede tener su origen en un expediente que se siguió en Buenos Aires contra esa hierba después de la pacificación del Perú en 1782. En pro de esta hierba cita las opiniones de Raynal y de D. José Hipólito Unánue, catedrático de Lima, en su Disertación sobre la coca, impresa en Lima en 1794. Villava hace notar que, según el autor del papel de Potosí, los indios de las misiones de Paraná son flojos, y no mascan coca.

Cree que es difícil destinar al indio a oficios, porque pocos viven en las ciudades (p. 398);

esos oficios están desempeñados por cholos y mulatos, con cuyas castas se hallan los indios en perpetua oposición; pero si no son sastres ni sombrereros, son labradores, albañiles, arrieros y sirvientes universales; ellos siembran, labran, siegan, trajinan, proporcionan trigo, cebada, conducen leña, acarrean géneros y comestibles, hacen las casas; "el indio es el criado del Subdelegado, del cura, del español, del criollo y aun del negro en casi todas las haciendas y casas de campo"; lo reconoce así "el instruidísimo americano D. Javier Clavigero". (De los autores europeos, Villava cita a Montesquieu, a Raynal; y ahora al mexicano Clavigero).

Villava está de acuerdo, como previenen las leyes, en la formación para el indio de lugares o aldeas y no dejarlos en su soledad (p. 399); pero no conviene con el autor de Potosí en lo de llevarlos a las poblaciones grandes, pues se corrompen y él prefiere un hombre salvaje a uno vicioso.

Reitera (pp. 399-400), que le parecen fértiles las tierras del país y que debe fomentarse y mejorarse el cultivo y la ganadería para que crezcan la población y las artes, y a medida de éstas se aumenten las riquezas secundarias, que son el dinero. Si no tenemos primeras materias, pudiéramos tenerlas, y si las tuviéramos, no saldría tanto dinero, y, por consiguiente, con menos habría más circulación interior.

A pesar de la predilección que confiesa Villava por la agricultura (p. 400), no quiere que se abandone la explotación de las minas de oro y plata del Perú, pero éstas no son sólo las de Potosí; tampoco es lo mismo explotarlas con trabajadores voluntarios que con forzados. Comenta que:

> Las casas de Moneda de Santa Fe, Chile y Lima acuñan más millones que la de Potosí y sus minas no conocen la mita: en Mégico se trabajan anualmente 24 millones de pesos con pocos indios Mitayos, y sin más ordenanzas que las que caben en un tomito chiquito; y Potosí, para 3 o 4 millones que puede al sumo trabajar, necesita millares de indios y millares de Ordenanzas.

El trabajo en la época del Inca, citado por el autor de Potosí con datos que a Villava le merecen reservas [130] (p. 401), daba para el rey, para el culto y para los indios. Cree que hoy trabajarían éstos con gusto en caso de dejarles la tercera parte; pero el trabajo en tal época no tenía semejanza con el actual: 1, porque hoy, además del trabajo, el indio paga tributo y diezmo (que antes se refundían en el trabajo). 2, entonces la tercera parte del producto era para sí y ahora todo es para el dueño. 3, las minas se trabajaban entonces superficialmente y ahora en las entrañas. 4, antes trabajaban para su rey y hoy para particulares "que sin ser sus reyes se hacen sus déspotas".

Villava puntualiza las diferencias entre los trabajadores remitidos por Salomón al Monte Líbano para cortar maderas destinadas a la construcción del templo, según la Escritura, y los de la mita del virrey Toledo para Potosí (pp. 401-402).

Se dice (p. 403) que en virtud del contrato que celebró el virrey Toledo con los caciques desde Canas hasta la provincia de Charcas, se transformó el servicio de forzoso en voluntario; pero no lo acepta Villava porque no dieron su asenso los indios mismos; además, por parte de los mineros no se han cumplido las cláusulas favorables y no puede obligar por ello el pacto a los indios sólo en los puntos que les son gravosos.

El Cerro va en disminución (p. 403). No hay ya pallacos ni desmontes y las minas están muy hondas: ¿no parece que la misma naturaleza ha dispuesto que se acabe la mita?" El adicionador del Sr. Solórzano (es decir, Valenzuela, *supra*, p. 33) dice que se puede creer que el mismo tiempo tomará esta resolución y que, al irse cerrando las minas, la mita de suyo decrecerá. Pero Villava observa que al disminuir el rendimiento del Cerro, pedirá más mitayos el azoguero. Lo comprueba el proyecto de Ordenanzas de Potosí, en que entiende que se pide aumentar a 6 u 8,000 el número actual de 3,000. Se opone a que se pretenda ya imponer las Ordenanzas sin aprobación de la autoridad legítima, en virtud de las demandas de indios por los azogueros (p. 404).

Villava estima que no es propiamente falta de trabajadores la que hay en Potosí, pues también los cholos y negros podrían trabajar (p. 404); pero el indio lo hace todo por poco dinero, "y ésta es la utilidad del azoguero, y no la falta de brazos".

A él lo nombró el Rey protector de los indios, "de cuyo título me glorío" (p. 405). También denuncia abusos fuera de la mita, pero lo de curas e iglesias es menor.

El papel de Potosí argumenta que esta provincia va en aumento de población, pues han crecido los tributarios según la última cuenta (p. 405). Villava responde que más hubieran crecido sin la mita; además, el aumento en el recuento de tributarios es debido a veces al interés o artimañas del recaudador o a que se incluyen los no contados. En las provincias mitayas de Cochabamba y Reno van en gran decadencia.

El espectáculo triste de la salida de los mitayos no lo toma sólo de la lectura del *Mercurio de Lima*, ya que es de pensarse en que ha de ser triste (p. 406).

Los mismos azogueros se han opuesto al nuevo plan de las Ordenanzas y el Subdelegado de Tinta se opuso a la mita de Potosí (pp. 406-407).

Villava hace reflexiones sobre la circulación de la riqueza y la producción metálica y los consumos de la Villa de Potosí (pp. 407-412), teniendo presente que, según el *Mercurio Peruano*, los habitantes de Potosí son *18,181* (p. 410). Se pregunta (p. 408): "¿Qué se han hecho aquellos minerales de Porco-Oruro-Berenguela, Pacases y Caylloma, cuando tenían mita? ¿En qué han venido a parar? Respondo... no han quedado ni aun casi señales de lo que fueron"; sin embargo, cree que no por eso ha faltado comercio y giro en el Perú. En su ataque a Potosí, no le parece que la caída de este asiento traiga la del virreinato, y confía en que se desarrollarían otras minas más ricas.

Villava dice que redactó su primer papel en cumplimiento de la ley 23, tít. 12, libro VI de la *Recopilación de Indias* (p. 412): "No se les reparta a los Yndios más número de Mita que les tocare ni deben dar; y nuestros Ministros, mirando mucho por el bien de los Yndios, y que no sean gravados, no admitan en esta parte pretensiones ni diligencias de quien los pidiere por sus comodidades y fines particulares, pues lo contrario es exceso en perjuicio de partes, y contra todo buen Govierno, a que deben estar mui atentos los Fiscales de nuestras Reales Audiencias, y pedir su cumplimiento como se lo mandamos." Él sabía que, a pesar de esta ley, se habían hecho pretensiones por el Gobierno de Potosí para que S. M. concediese más mita a varios particulares.

A fines del siglo XVII se hizo la última asignación de mita, que fue poco más o menos la que se conserva, y a nadie (hasta los actuales proyectos) se le había ocurrido innovarla (p. 413). No admite el principio de que al aumentar la población, debe crecer proporcionalmente la mita. Tan contraria fue la intención de los Soberanos que encargaron que, a proporción que se encontraran indios voluntarios, se disminuyeran los de la mita. Y supuesto que, según el Sr. Gobernador (de Potosí) dice, todas las operaciones que exigen alguna habilidad ya se ejecutan por trabajadores voluntarios, los cuales componen muchos miles, ya se está en el caso de *la minoración* y no del aumento o complemento con que nos quieren deslumbrar.

Entre este escrito de Villava y el que a continuación mencionaremos no estuvieron ociosos los defensores de la mita de Potosí ni los oponentes de ella, como lo demuestran los numerosos papeles que se han conservado.[131]

Conforme a nuestro plan, nos toca dar cuenta ahora de otro escrito de Victorián de Villava, que ya hemos citado, y que si bien se presenta bajo un título más general que los anteriores, *Apuntes para una reforma de España* (1797), no deja de ofrecer un capítulo sobre América y en él nuevas alusiones, esta vez sintéticas, a la cuestión de la mita[132]

Dice que (pp. 53-61):

Aquel famoso Virrey Toledo tan aplaudido porque redujo a método la opresión, dando una buena cara a la injusticia, fabricó con fuertísimos eslabones de oro las cadenas del indio; y a pesar de la filosofía de este siglo y de sus escritos luminosos contra esta violencia, nadie se atreve a quebrarlos por lo sagrado del metal" (p. 57).

Extinguidas las encomiendas de indios han quedado los que llaman Pongos, Yanaconas y Mitayos; los primeros destinados para los servicios familiares; los segundos, para ser siervos adicticios de las tierras; y los terceros, para el trabajo de las minas de plata y azogues. Si toda servidumbre es inicua en sí y perjudicial en sus efectos, la última de estas tres es en la América la más inhumana y destructora; porque se transportan los indios de doscientas leguas con toda su familia, arrancándolos de sus países y sus hogares, caminan sin pagarles, se llevan a un clima duro, como es todo mineral; se dedican a un trabajo penosísimo, nocturno y mal sano; comen y visten mal; son castigados con crueldad por los mineros, gente insaciable y dura; y acaban los más su vida, o quedan enfermizos toda ella. Destiérrese, pues, de una vez la esclavitud de los indios bajo cualquier nombre que tenga; y nadie pueda servirse de ellos, sino por su voluntad y bien pagados, como los criados y jornaleros de España" (pp. 57-58).

En cuanto a los negros, razona que:

El espíritu del cristianismo, que reduce los hombres y las cosas a una especie de igualdad y confraternidad, extinguió en la Europa la esclavitud de los Griegos y Romanos, y, no obstante, los mismos cristianos la han vuelto a plantificar en la América a pesar de las máximas del Evangelio... (p. 58).

Termina este párrafo citando a Montesquieu (quien habla de este asunto), sobre examinar los deseos de todos para saber si los de cada uno son legítimos.

La interesante figura de Villava ha recibido en la historiografía del Río de la Plata la atención merecida, no sólo por sus ideas generales y su polémica resonante acerca de la mita de Potosí, sino también por el influjo que ejerció sobre la gran figura criolla de Mariano Moreno, según veremos adelante.

Si pasamos a los escritos menores (no por ello todos cortos) o auxiliares de Villava, podemos mencionar en resumen los siguientes, entre 1795 y 1797.

Vista del fiscal Victorián de Villava, de 12 de marzo de 1795, sobre la servidumbre de los indios.[133] Se refleja en este papel la tensión que había entre Villava y las autoridades de Potosí, en este caso los Ministros de Hacienda de la Villa. Se toca el punto de los servicios de los indios en las iglesias. Villava aclara que lo estima necesario pero con justa paga y demás garantías. Que él persigue todo abuso y no procede como los de Potosí, en cuyos escritos se nota que: "cuando se habla por la mita a favor de los azogueros, el indio es embrutecido, borracho, ladrón, holgazán, ocioso y debe trabajar por fuerza, y cuando se habla contra el servicio de los curas, el indio es miserable, neófito, digno de compasión y no debe servir sino voluntario".

La Vista del fiscal Villava, de 4 de mayo de 1795, sobre los abusos de la mita, tiene valor explicativo de su oposición al nuevo código y a las nuevas mitas.[134] Los de Potosí, en escritos presentados a la Audiencia de Charcas, censuraron a Villava por la unión que se dice ha hecho con los curas (en relación con el expediente que seguían éstos sobre los indios de su servicio y el de sus iglesias). El fiscal rechaza este cargo (sin embargo, es de tener presente que Villava en su Contrarréplica, p. 412, hace mención del "Ilmo. Prelado (de Charcas), mi apasionado y paisano", de suerte que algún vínculo había entre él y el sector eclesiástico de la ciudad de La Plata).

En el escrito que presentaron los azogueros se extrañaban de la petición del fiscal contra la mita en la que decían que estaban en pacífica posesión hacía más de cien años y obtenida sentencia definitiva en juicio contradictorio. Lo rebate Villava, pues los mismos azogueros refieren el pleito ruidoso que duró cuarenta años, lo que interrumpe la posesión; tampoco hubo sentencia: en el pleito se imprimió el Memorial ajustado en 1718 por el Relator del Consejo, D. Manuel de Arredondo, y se quedó en ese estado sin decisión alguna (la posición de litigante que adopta Villava le lleva a rescatar los antecedentes de ese pleito, que ya expusimos en los años correspondientes, *supra*, p. 12. Pero no se hace cargo de la Real Cédula fechada en Sevilla, el 22 de octubre de 1732, en la que se avisa que el Rey ha resuelto se continúen por ahora las mitas de Potosí y demás minerales que la tienen asignada, bajo las condiciones que puntualiza, *supra*, p. 32. Es la decisión que los azogueros podían invocar como sentencia).

Agrega Villava que el 8 de marzo de 1733, el Gremio de Azogueros resolvió representar al Virrey, por medio de sus Diputados (que fueron D. Pedro Bernardino de Orellana, D. Juan de Santelices, D. José Ventura Ramírez de Sagües y D. Miguel de Ondarza), la necesidad de que S. M. les concediese: 1. Rebaja de los quintos. 2. Entrega de azogues a costa y costas. 3. La asignación de la mita que les había hecho el Conde de la Monclova y que los Corregidores no remitían íntegramente. De estas gracias habla la cédula que obtuvo el Gremio en 1735 y no de la sentencia del pleito, "como falazmente han alegado" (pero Villava no menciona la cédula de 1732).

Aun en 1794 ha habido mineros que han recibido dinero por indios, aunque el fiscal sabe que hay muchos que piensan y obran lo contrario. Lo recibirán mejor cuanto más decaídas estén las minas (p. 419).

En relación con el papel del Gobierno de Potosí sobre los curas, en el que se califican de "Amotinadores" los escritos contra la mita, el fiscal defiende la resolución de la Audiencia que aprueba los aranceles eclesiásticos y la conducta del Arzobispo (p. 420). El gobierno de Potosí atribuía a los escritos del fiscal y a su unión con los curas la alteración que había ocurrido entre los indios de Chayanta.

Villava argumenta en conexión con la nueva mita concedida a D. Luis Orueta y a D. Juan Bautista Jáuregui, que si el aumento de poco más de 100 indios ha alborotado algunos pueblos de la Provincia de Chayanta, el aumento de millares (para el servicio personal de las minas que el Intendente de Potosí añadía en el Nuevo Código) probablemente hubiera alborotado todo el reino. Ese código trastornaba también varios puntos de la Jurisprudencia y enmendaba los Aranceles Eclesiásticos.

Los indios que se conmovieron fueron los de Pocoata y Aymaya, cuyos curas —D. Francisco Xavier Troncoso y D. José Ignacio Sierra— han coadyuvado a las providencias del Gobierno de Potosí y se han separado de sus compañeros en el pleito del *despojo* (de los servicios a iglesias y curas). En cambio, los de parroquias de curas litigantes de Antezana Barrón, Mina y otros curas que se creen unidos con él, no se conmovieron; y sí lo hicieron los de la feligresía de Troncoso y Sierra, que lo están con el Gobierno de Potosí. A la nueva mita es de atribuir únicamente el descontento de los indios, como novedad a la que no estaban acostumbrados.

En larga digresión dice el fiscal Villava que en Potosí "son muchos los que hablan y sólo uno el que hace todos los papeles"; y, como antes precisa que "el autor de los papeles... ha nacido entre ellos", refiriéndose a los indios, se advierte que piensa en Cañete, originario de Asunción del Paraguay.

El encono de los de Potosí contra Villava se debe a su oposición a las Nuevas Ordenanzas que disponen el aumento en general de los indios de mita, y a las nuevas concesiones (de ellos) hechas particularmente a Urueta, Jáuregui y Urzainqui. Explica que, informado el Conde de Lerena (Ministro de Hacienda de S. M.) de las ventajas del nuevo método de beneficiar metales por la Máquina de Barriles inventada por el Barón de Nordenflicht y por sus compañeros mineralogistas, despachó orden en 3 de junio de 1791 aprobando las providencias del Intendente (de Potosí), que concedían varias gracias a los que habían contribuido a estas ventajas, y quedando enterado de que se estaba formando una nueva Ordenanza de Minería variando disposiciones de la antigua según lo exigían las actuales circunstancias, para lo que S. M. le autorizaba (al mismo Intendente). Pero, según Villava, las variaciones no debían hacerse si las máquinas no funcionaban, y aun siendo precisa la Nueva Ordenanza, no podía ser la mente de S. M. que se formara (como se había hecho) un código de tres tomos en folio, con grandes trastornos y aumento de millares de indios para el servicio forzoso de Potosí.[135]

Villava representó a S. M. a fin de que *se suspendiese la ejecución de este código* hasta que se examinara y aprobara por el Consejo de Indias; y, al mismo tiempo, acudió al Virrey (del Río de la Plata) para que oyese a su Ministerio (es decir, al del Fiscal de Charcas) o al de la Protección de Buenos Aires antes de conceder su aprobación. También hubo oposición por parte de varios interesados, y el Virrey tomó el prudente camino de *remitir el expediente al Rey*. Esto disgustó a los partidarios del código, que esperaban casi a vuelta de correo la aprobación virreinal.

En cuanto a las nuevas mitas en favor de Orueta, Jáuregui y Urzainqui, explica Villava que la mita de Jáuregui y Orueta tuvo principio en una representación del Gobernador (de Potosí) al Virrey, de 25 de octubre de 1792, en la que decía que para que estos vasallos se desahogaran de empeños que habían contraído para la formación de la (nueva) máquina, que S. M. les concediese desde luego señalamiento de mita para ella, con el aumento posible en el de la *séptima* de las provincias revistadas. En virtud de esa petición, mandó el Rey por el Ministerio de Hacienda, con fecha de 5 de mayo de 1793, que el Virrey proporcionara a Orueta y Jáuregui los auxilios que pedían en los términos que proponía el Intendente. Éste, en 26 de noviembre de 1793, volvió a informar al Virreynato sobre señalar indios para el ingenio y máquina que (esos dueños) tenían corrientes, y aun para otros ingenios que pensaban hacer o comprar; y que para la primera (máquina) ya construida y en actual trabajo, se asignaran (los indios de mita) en los pueblos de Pocoata, Moscari y San Pedro del Partido de Chayanta, en que había el sobrante de la séptima suficiente para ello. El Virrey, por decreto de 6 de julio de 1794, mandó que a Jáuregui y a Orueta se les diesen *174 indios de mita* de los que correspondían a la séptima de los pueblos dichos; serían 146 para el Cerro y 28 para el ingenio nombrado de la Máquina ya construida y en actual trabajo; y 10 indios más de los pueblos de San Pedro y Aymaya para la Máquina. Pero Villava objetaba que ni la máquina estaba corriente ni los indios cabían en el sobrante de la séptima, por lo cual no se cumplían las condiciones de la concesión virreinal. El Subdelegado de Chayanta informa que en la mita antigua apenas logran los indios el descanso de dos o tres años, siendo así que si sólo fuera la séptima parte a Potosí, deberían descansar seis años; de suerte que hay un fallo en los cuatro años que faltan de descanso de cuatro séptimas; dícese a esto que este fallo se debe a los muchos indios que emplean los curas, a lo que Villava responde que debió verse antes de informar que había sobrante en la séptima; aunque éstos (los indios del servicio de los curas) no faltáran, no habría bastantes para el descanso de los seis años. El cacique D. Marcelino Lupa dice que tiene en su pueblo 132 indios y van a Potosí 28, y siendo la séptima de apenas 19, luego van cerca de 10 más. ¿Podía ignorar el Sr. Gobernador ni nadie de Potosí que en Chayanta no descansaban los indios de mita más que dos o tres años? Además, los indios originarios están obligados por ley a dar servicio a las iglesias y curas, y estando éstos exentos de mita, debieron rebajarse en la cuenta. Por todo esto y estar parada la máquina, ha de cesar la concesión de la nueva mita como obrepticia y subrepticia. No se pensó en cargar la nueva mita en Cochabamba, Puno y La Paz, sino en Chayanta, y la de Urzainqui en Porco, para que el propio Intendente de Potosí las ejecutara.

Villava pasa a tratar de la mita que en el Partido de Porco se señaló en favor de D. Nicolás Urzainqui (p. 429). Éste pidió a S. M. 70 indios de punta de trabajo semanal para labores de sus trapiches. El Rey, en orden comunicada por el Exmo. Sr. D. Antonio Valdez con fecha de 20 de agosto de 1789, mandó que el Gobernador de Potosí examinase si los indios pedidos tenían ingenio y dueño conocido; si no siendo de los destinados al trabajo de la mita cabían o no en la séptima parte; si verdaderamente eran de los sobrantes como se solicitaba; y a qué provincias de las 17 contribuyentes correspondían. Substanciados estos puntos, el Virrey de Buenos Aires, de acuerdo con el del Perú, informarían las providencias. Villava señala que el Gobierno de Potosí no ha remitido el expediente (a la Audiencia de Charcas), y no puede decir si se han cumplido las condiciones; mas le parece que en el caso valen las mismas reflexiones sobre el sobrante de la séptima. Teme que la ejecución en Porco pueda tener las mismas consecuencias (de alteración de los indios) que ha tenido en Chayanta.

Las peticiones de Villava ya habían movido a la Audiencia de Charcas a ordenar que no se hiciera novedad en la mita antigua de Chayanta. (Observemos que no deja de ser paradójico que la innovación tecnológica que introdujo en Potosí la misión del Barón Nordenflicht, lejos de contribuir a liberar a los antiguos mitayos, hubiera dado lugar a la pretensión de ampliar el número de ellos.)

La Vista del fiscal Villava, de 10 de enero de 1796, sobre la jurisdicción de los caciques, muestra desconfianza hacia el Subdelegado de Chayanta, Dr. Pedro Francisco de Arizmendi.[186]

La jurisdicción de los caciques es limadísima, y la de los gobernadores o cobradores de tributos, más; los caciques son hereditarios y perpetuos. Su Majestad no quiere que haya más caciques que los de sangre, y así lo ha mandado; el Gobierno de Potosí y el Subdelegado (de Chayanta) pueden nombrar Gobernadores de Tributos, pero sin extender su jurisdicción a más que a la cobranza de los mismos. En este documento hace Villava comparaciones con los Mandarines de China, a los que en nada se parecen los caciques.

En otro escrito sobre atribuciones de los gobernadores, de 17 de febrero de 1796, reitera Villava que se pueden nombrar Gobernadores de Tributos por los Subdelegados, pero no deben tener otra incumbencia que la precisa para el recaudo de la Real Hacienda.[187]

Viene también una larga queja del fiscal Villava por las injurias que ha irrogado a su ministerio y persona el Gobernador Intendente de Potosí, Francisco de Paula Sanz, en una representación que dirigió a la Audiencia de La Plata en 26 de enero de 1796. Los documentos de Villava llevan fechas de 20 de febrero de 1796 y 2 de diciembre de 1798.[138] Sin entrar en las acusaciones que se hacen mutuamente el Intendente y el Fiscal, sólo retenemos que en otra representación que remite Villava el 25 de junio de 1796 dice que, sin embargo de su oposición y de las órdenes de la Audiencia, ha hecho el Gobernador que sean efectivos los *184 indios* (p. LXX).

En la Vista del fiscal Villava, de 22 de agosto de 1797, contra los procedimientos del Gobernador Intendente de Potosí, Francisco de Paula Sanz, defiende ante la Audiencia de Charcas a los curacas perseguidos por Sanz a causa de que no cumplieron sus órdenes.[139]

Los cargos que Villava hace a Sanz en relación con la mita son:

"No contento con permitir a su vista los envejecidos abusos de la antigua mita en no pagar el leguaje a los indios desde el pueblo de donde salen, en no darles los azogueros más que una pequeña vela para toda la noche, que se les acaba a la mitad; en no señalarles tarea fija contra lo que previenen las leyes y contra lo que la misma equidad grita... en azotarlos, castigarlos y maltratarlos si no cumplen con los deseos del azoguero; en venderlos en pulperías los mismos azogueros la coca, la chicha, el aguardiente, el pan, etc., con una ganancia exorbitante con que le absorben al infeliz indio el corto salario de la semana...", no contento con esto, "lleva con el mayor tesón el cumplimiento de la nueva (mita)", y ataca a los que se le oponen.

Villava pide que la Audiencia comisione a un Oidor que pase a encargarse del mando de la Provincia de Porco (en relación con el asunto de la mita de Urzainqui) y haga cumplir en ella las órdenes del Soberano y proteja y serene la dicha provincia.

Para terminar esta larga exposición sobre los problemas que surgieron en torno a la mita en la última década del siglo XVIII, hemos de ver otros papeles complementarios que no dejan de ofrecer datos instructivos.

Del 9 de marzo de 1792 es un papel sobre la "Visita Fiscal del Sr. Protector Porlier sobre aranceles, excesos de derechos parroquiales, alivio de indios y lo que se debe hacer (para) que se reconozcan los libros parroquiales y demás documentos de los curas: que no se obligue a los indios mitayos a contribuir para fiestas ni a la del titular, ni a servirles de pongos".[140] Parece ser uno de los elementos de la contraofensiva que desataron las gentes de Potosí contra los curas por la oposición de éstos a que se implantaran las nuevas mitas.

Conocemos los ataques del fiscal Villava al nuevo código de minería que se preparaba y las razones que le movían a oponerse a su aprobación. Ahora expondremos las que invoca en defensa de ese proyecto su autor, el Dr. Pedro Vicente Cañete, en informe que dirige al Gobernador Intendente de Potosí, D. Francisco Paula Sanz, firmado en esa Villa el 19 de agosto de 1794.[141]

El establecimiento del servicio personal en el Cerro e Ingenios de Potosí deriva del año 1578 en que el virrey Toledo verificó el primer repartimiento de indios para ese mineral, después de haber capitulado el servicio con los caciques de las 16 provincias mitarias. No debió parecer violento entonces, ni ahora, porque trae su origen desde los primeros Incas del Perú, donde se observaba sin repugnancia como un derecho público de la Nación, principalmente cuando por este trabajo *se les relevó a encomienda, repartimiento de chácaras y de otras pensiones gravosas que sufren los indios de las demás provincias.* (Resume, pues, el autor los argumentos que tradicionalmente se invocaban en apoyo de la implantación de la mita por Toledo: el convenio con los caciques, el precedente incaico y el descargo de otros servicios, particularmente del personal de las encomiendas.)

Si se ha mandado repartir mita a los ingenios que no la tenían con el aumento en los 139 pueblos mitarios por las últimas revisitas, esto lo tiene ordenado S. M. en el cap. 2 de la Real Cédula fecha en Buen Retiro a 15 de julio de 1750, y aun sin ella no podía ser injusto el haberse dispuesto así, pues habiéndose de comprender en los mismos pueblos afectos a la Real Mita los indios que hubiesen de repartirse de nuevo, no tendrán que sufrir ningún gravamen extraño a las obligaciones de su domicilio natural, por haber nacido unos y otros igualmente adictos a los efectos de aquella primitiva servidumbre convencional que se capituló en la institución de la mita por las mismas comunidades en persona de sus caciques y curas. (Recuérdese que ya Villava había refutado este argumento del pacto, *supra*, p. 109.)

Algunas personas opinan que se puede ocasionar descontento en las provincias por tal acrecentamiento. Éste motivaría inquietud si ahora se hubiese de tratar en imponer servicio que antes de ahora no haya estado en costumbre, porque los indios veneran los usos de sus mayores y conciben como un trastorno odioso toda novedad, aunque sea favorable para ellos.

Mas el intento es el de igualar la suerte de todos los pueblos mitarios, es decir, que si en Macha, por ejemplo, se encuentran en el día 100 indios más sobre el número que repartió en 1692 el virrey Conde de la Monclova con arreglo a las matrículas de aquel tiempo, hayan de entrar ahora todos ellos en igual sorteo para que, a proporción del aumento de las personas, crezca también el número de años que deben descansar sin tanda. Y no que, viniendo a Potosí solamente 100 indios de 200, por ejemplo, que compone la séptima, turnara aquella primera decuria de tres en tres años, mientras los otros tres se ocupan en soportar mayordomías, alferazgos y otras cargas tanto más gravosas que la mita *en servicio particular de los curas.* Un indio no puede disgustarse porque lo releven de estar ocupado y privado de su libertad en su mismo domicilio para ir a entretenerse en los servicios patrimoniales que prestaron todos sus ascendientes. Sobre todo, el pasar fiestas, pongajes, mayordomías y otros ministerios semejantes en que emplean sus dineros y sus personas *es mucho más odioso para los indios* que no venir a la mita al Potosí, pues en 17 semanas interpoladas de trabajo, con la comodidad de tener doctrina, justicia y hospital, quedan enteramente libres por término de seis años para emplearse en los trajines que puedan acomodarles mejor; siendo así que aquellos otros entre quienes se distribuyen las fiestas, además de no gozar más indulto que el no servir en las minas, se ven empeñados con los gastos excesivos de alferazgos, y después que consumen su salud y corrompen las costumbres de sus compatriotas en borracheras y otros excesos. (Como se ve, Cañete pretende que el servicio de mita *libera* a los indios de trabajos y gastos que les imponen los curas en sus pueblos. Es un punto de vista opuesto al de Villava, quien veía en el servicio de Potosí una gravosa carga y, en cuanto a las prestaciones dadas a los curas, prometía que se opondría a cualquier exceso que rebasara lo prescrito por las leyes.)

El indio, como torpe, estúpido y perezoso, se deja llevar del cacique, con que siendo materia indiferente para los caciques el haber de mandar para la mita de Potosí 50 indios o hasta 100 una vez que por razón del Repartimiento de su cargo han de tener la pensión de ejecutar anualmente estos envíos, no hay fundamento para recelar que por su parte inspiren las contradicciones que *por de fuera se fingen,* y en faltando este influjo, los pobres indios no harán uso sino de sus pies para marchar a sus destinos. (Son, pues, el Fiscal y otras gentes de fuera (como los curas) quienes promueven la resistencia a la mita, insinúa aquí Cañete, sin llegar a dar los nombres.)

En años pasados se han librado varias provisiones por los virreyes Marqués de Castelfuerte y Conde de Superunda repartiendo indios para Potosí en comunidades que no habían hecho hasta entonces este servicio. Al presente viven los que como corregidores entendieron en su cumplimiento y es constante que no les costó más desvelo que el prevenir la ejecución a los caciques.

No es conveniente promover con el miedo la osadía y la desobediencia. Tampoco conviene se divulgue el Código de Minería, pues se pueden proponer al Soberano muchas cosas que deben ocultarse al pueblo hasta que el beneficio mismo que éste recibiere granjee la aproba-

ción de la novedad que se ejecuta, como decía el famoso Torcuato. No negará (el autor del informe) que al que tuviere mayor instrucción le parecerá tanto más repugnante a la razón el esclavizar a un hombre libre para trabajar en ocupaciones opuestas a su constitución, a su genio o sus proyectos, aunque sea con respecto al interés público. Y con este fundamento, sin duda, el Illmo. Sr. D. Fray Jerónimo de Loaysa, Arzobispo de Lima, y el R. P. Fray Miguel de Agia, docto religioso franciscano, estando cercanos a la muerte, retractaron los diversos pareceres que habían producido sobre la licitud del servicio personal en las minas (cita como fuente a Solórzano, *Polít.*, lib. 2, cap. 16, ns. 82-83, tomo I, fol. 137; y al Padre Juan de Paz en la consulta 20, parecer 178, n. 95, f. 357). Pero, a pesar de todo, se confirmó la mita de Potosí por Reales cédulas de 1697 y 1732, y así debemos aquietarnos y obedecer. Yo suelo decir al tratar de la mita lo que solía decir en Roma el sabio Varrón: "Si la República Romana estuviera por fundar compondría yo leyes para establecerla de nuevo según las ideas que me manifiesta la razón natural; pero pues la hallo ya fundada de muchos siglos no puedo menos de conformarme con sus máximas."

Es preferible el trabajo de minas en el orden económico en Perú por su constitución, y como es necesario el sacrificio de los brazos que se ocupan en sacar los metales, *es necesario continuar la mita,* rectificando su antiguo establecimiento según se ha ejecutado en el Nuevo Código bajo de las reglas consonantes de Derecho Natural, Teología y Política. (En estos dos párrafos muestra Cañete que en el fondo no desconoce la razón que asiste a los opositores de la mita, pero acepta ésta como un hecho necesario, aunque con rectificaciones que acoge el Nuevo Código.) Sigue ponderando el beneficio que reporta el trabajo de minas en un pueblo, con citas de Xenofonte. Los franceses envían jóvenes a Sajonia y Hungría a que se instruyan en Mineralogía y Metalurgia, etc.

Atacan algunos la intervención que se ha dado a la Superintendencia en las minas, pero el autor del informe la defiende porque es un freno para los dueños poderosos y una protección a los indios, que, por serlo, *nunca dejan de ser infelices.* (Esto confirma que Cañete no era del todo insensible a la condición de éstos y parecía comprender el punto de vista de las personas instruidas que tomaban su defensa. Como Villava veía en Cañete al principal o único escritor de los papeles en pro de los mineros de Potosí, no carece de interés conocer de manera más directa el pensamiento del asesor del Intendente Sanz.)

El rey tiene un interés directo en todas las minas del reino, así por los reales quintos que adeudan, cuanto por el dominio radical reservado a la Corona y no menos por la hipoteca privilegiada que le pertenece en los mismos fondos por razón de los Suplementos y Habilitaciones que suministra la Real Hacienda en plata y azogue. El Gobierno tiene que intervenir en lo de las minas. (Aquí defiende Cañete la posición tradicional del derecho hispano que acuerda al Soberano preeminencias e intereses en la minería del reino.)

El Defensor Sustituto de Indios (se trata de D. Juan José de la Rúa, Solicitador fiscal de la Villa de Potosí y Protector sustituto de los naturales) entabló una protección para que se le corriera vista de nuestras ordenanzas, pero responde el autor: "Yo concibo como sueño semejante solicitud", e invoca leyes en apoyo de su dicho. No puede considerarse agraviado el Sustituto en la exclusiva de parte cuando el mismo principal se consideró sin derecho para hacer personería por razón de su ministerio, según oficio de 20 de mayo de 1792 dirigido al Intendente. El autor del informe opina que debe mandarse todo al virrey para que resuelva.

Y, efectivamente. Sanz envía todo al virrey D. Nicolás de Arredondo, con escrito que firma en Potosí a 26 de agosto de 1794, en el que da cuenta de toda la querella del Defensor Sustituto del Fiscal de Charcas acerca del punto legal de si debía o no corrérsele vista de las Ordenanzas.

La Representación del Gremio de Azogueros de Potosí a la Audiencia de Charcas sobre la mita y servicios de curas, de 26 de diciembre de 1794, recuerda que en Potosí hay mita desde el año de 1578 que repartió la primera el virrey Toledo. En Méjico, la parte afectada no es la *séptima* sino la *cuarta* (en realidad es el cuatro por ciento); luego descansan el quatequil, en cada 25, uno; goza cada indio el intervalo de 25 años para volver a tornar sus tandas, las cuales apenas llegan a *dos* durante toda su vida, empezando a contar el servicio desde 18 hasta 50 años. En Perú el descanso es sólo de *seis años*. En toda la vida del indio le tocan *cinco tandas* desde los 18 a los 50 años. Hay aumento de indios y no disminución. Los curas de Chayanta cometen abusos y perciben los dos curas por razón de fiestas 7,000 pesos, el uno 3,200 y el otro 3,700; cada uno de ellos ocupa más de cien indios sin salario, etc. Explica el escrito lo bien que trata y paga el Gremio de Azogueros de Potosí a los indios. El sobrante de la mita, si no se aplica a las minas, lejos de ceder al alivio de los indios, será una ocasión fecunda para los cambalaches de los caciques. Los curas también se aprovechan de esto. La mita no puede recibir toda la mejora que se quiere en la Nueva Ordenanza de Minería si no se destina el sobrante a los mismos servicios, con abolición absoluta de los inventados por los curas en su beneficio. No es cierto lo que le impugnan al Gremio, que es (en realidad) como un verdadero protector de indios. Pondera lo necesaria que es la mita.[142]

El 28 de diciembre de 1794, despacha oficio el Gobernador de Potosí, Sanz, al Arzobispo de Charcas, sobre arreglar los servicios de los indios que se ven oprimidos con tantas contribuciones, fiestas, alferazgos, mayordomías, misas, servicios particulares en la casa de los curas; hace referencia a los abusos de éstos, y a los remedios, ateniéndose al Concilio Tridentino, leyes y ordenanzas, para evitar el atraso de los indios de Chayanta, y coincide con lo representado a la Audiencia.[143]

Se conocen algunos papeles referentes a providencias dictadas por el Gobierno de Potosí para implantar las nuevas mitas en 1794.[144]

Hay una "Representación Apologética" que el Cabildo, Tribunales, Oficinas y Gremios dirigieron al virrey (de Buenos Aires) sobre los hechos producidos en Chayanta con motivo de la nueva mita concedida a Jáuregui y a Orueta.

En diciembre de 1794, se presentaron ante la Audiencia de Charcas los curas doctrineros de la jurisdicción de Chayanta protestando contra la actuación del Subdelegado D. Pedro Francisco de Arizmendi, como comisionado del Gobernador de Potosí, con motivo de la remisión de *180 indios* con destino a la nueva mita concedida a Luis de Orueta y Juan B. Jáuregui. El fiscal Villava pidió que se ordenara al Subdelegado no hacer novedad, y lo mandó así la Audiencia. Por nota de Paula Sanz se sabe que la Audiencia, en 28 de marzo de 1795, dispuso suspender el envío de la mita a Orueta y Jáuregui, debiendo despacharse para el primero de agosto solamente la antigua asignación de mita. El virrey (del Río de la Plata) Melo de Portugal confirmó esta resolución el 25 de abril de 1795. Las nuevas máquinas que esos mineros habían hecho construir bajo la dirección de Juan Daniel Weber, como resultado de los dictámenes de la comisión científica dirigida por el Barón de Nordenflicht, les habían costado mucho y pensaban resarcirse con la concesión de mita que les otorgó el virrey Arredondo. Tanto el fiscal Villava como los curas de Chayanta, al oponerse a la ejecución, provocaron el enojo de los interesados e intervino en su defensa el Gobernador Paula Sanz, en 1º de marzo de 1795, asesorado por el Dr. Pedro Vicente Cañete, como a continuación veremos. Los curas reclamaban porque se les quitaban indios que empleaban en su injusto servicio. El Gremio de Azogueros amenazó a Villava con solicitar una pesquisa con motivo de su informe contra la nueva mita. El Tribunal de Cuentas informó sobre el costo de la fábrica de iglesias. Los mineros indujeron a los caciques de Chayanta que les eran adictos a que se quejaran ante el Gobernador Intendente de Potosí de ultrajes de los curas. En relación con estos antecedentes presentó Villava su vista de 12 de marzo de 1795 en contra del aumento de la mita, que ya hemos mencionado.[145]

Otro resultado del pleito fue que el Subdelegado Arizmendi depuso a varios de los caciques de Chayanta; el fiscal Villava los defendió y la Audiencia de Charcas los repuso. Paula Sanz protestó y el virrey (del Río de la Plata)

Melo de Portugal le hizo ver que era necesario cuidar la tranquilidad del Estado. El Subdelegado Arizmendi informó a la Audiencia, en 21 de marzo de 1795, que en el pueblo de Pocoata se produjo un intento de revolución, al frente del cual se hallaba el indio Victoriano Ayra. Creía que el movimiento se debía a especies difundidas de que no había Real Orden para la nueva mita y que ésta la habían fraguado él y el Gobierno de Potosí. En este caso intervinieron luego Villava y Cañete.[146]

La "Representación del Intendente (Paula Sanz) a la Audiencia (de Charcas) sobre el recurso de los curas, servicios de indios, oblaciones, fiestas, alferazgos, mayordomías, el arancel y la mita", fechada el 1º de marzo de 1795, sostiene que es de gobierno lo de las mitas y cuenta con mucho detalle todo lo relativo a los curas.[147]

El 24 de octubre de 1795, el propio Intendente Sanz da cuenta de su visita a Chayanta y de los excesivos servicios para los curas, derechos parroquiales y supersticiones. No vio la patética pintura que hacía el fiscal de Charcas de la salida de los indios de mita en más de 2,000 o 3,000 indios que lo rodeaban, sino al contrario. El patio y la cuadra donde estaba la casa de su alojamiento estaban llenos de indios, todos al servicio de los curas. El Intendente Sanz les dispensa de muchas cosas y es aclamado. Los curas ponían una imagen, el día de difuntos, de Dios muerto, y se revestían, y todos los indios les daban a porfía dinero para decir misas por su alma, y en los jueves, que llamaban de compadres y comadres, en que encompadraban los indios por medio de un pedacito de cinta, un beso de mano y una bendición, con la Virgen, con Cristo u otro santo que ellos eligieran, daban por esto 2, 3 o 4 pesos para su cura. Insiste Sanz en que los curas ocupan a los indios en fiestas y servicios de las iglesias y de ellos. Los obligan con prisión a satisfacer entierros, casamientos y guata-misas, que así llaman a las de cabo de año. Los *ricuchicos* son especies comestibles que, después de satisfacer las crecidas cantidades en las fiestas, están obligados, por lista formal que se les da para el acopio de ellas, a presentar al cura. Los Alféreces de la fiesta también hacían un gasto grande en el convite y borrachera de todo el día de la fiesta en sus ranchos y ramadas que construían de intento para ella. El Alférez tenía ese día el gasto de contribución al cura, convite y ricuchico. Sanz lo prohibió y a pocos días vino la fiesta de Guadalupe y el Alférez sólo tuvo el gasto de contribución al cura. Afirma ser falso que se temió la conmoción de los indios, como se dijo, por la nueva mita y su envío a Orueta y Jáuregui.[148]

Este informe del Intendente Sanz con motivo de su visita a Chayanta da por resultado un auto del virrey (del Río de la Plata), de 22 de diciembre de 1795, para que los curas se atengan a los aranceles y ordenanzas y se reformen las cosas según dice el informante.[149]

En ese mismo año de 1795, el 29 de mayo, Sanz y el Doctor Cañete habían presentado un informe sobre *la mita del pueblo de Tuli*, que por referirse a los años de la década del 80 parece tener solamente el valor de un precedente que consideran útil para dirimir las controversias acerca de las nuevas mitas en curso en los años del 90.[150] Faltan a un dueño de labores los indios de mita del pueblo de Tuli, y los diputados del Gremio exigen los 3 *pesos* que se han de entregar por cada mitayo para pagar al minga que tendrán que alquilar en su lugar, que cobra *4 pesos a la semana*, de suerte que a los dueños aún les cuesta *1 peso* la falta de los mitayos. La cédula de 18 de febrero de 1697, a instancias del Gremio de Azogueros, previene que se apliquen 40 indios de mita a cada cabeza de ingenio, sin que se admita que los indios mitayos puedan rescatar por dinero el ir al trabajo de la mita si no es dando otro útil que pueda servir. Los caciques de Tuli manifiestan repugnancia en entregar los indios destinados al ingenio de los Escalantes en un expediente que tienen a mano, apadrinándola con expresiones indecorosas, atrevidas y de despecho contra los azogueros, diciendo que se cometen excesos (que no es cierto). Dichos caciques no tienen más objeto que aprovecharse de los indios vendiéndoles el favor de quedarse con ellos (los indios que faltan son 28). Firman el escrito en Potosí, el 10 de octubre de 1789, Manuel de Jáuregui, Mariano Básquez, Nicolás de Urzánigui (obsérvese que el último de estos nombres es de un beneficiario de las nuevas mitas en los años del 90, y el primero lleva el mismo apellido de otro beneficiario, D. Juan B. Jáuregui). Sigue la vista Fiscal acerca de que no deben admitirse las excusas de los caciques con que tratan de eludir la satisfacción, porque por no haber remitido la mita completa son responsables de los daños que han causado con la falta al azoguero. Lo mismo dice de los 28 que hasta ahora, desde el año de 81, han venido de menos. Se les debe precisar a que no falte en adelante ninguno. Se deben mandar cumplir las leyes, etc. Firma en Potosí, el 12 de noviembre de 1789, el Doctor Arce. Sigue el auto de 19 de noviembre de ese año que se refiere al ingenio de la cuesta de Santo Domingo de D. Juan Antonio Dorado y a los rezagos que hay desde el año de 1781 al respecto de 72 pesos anuales; que se inhiba al Subdelegado del Partido de Chucuito y se nombre a otro para que vaya a Tuli y *compela a los caciques*, por rigor de derecho, a que *cumplan la mita* y *rezagos* dichos, a menos que justifiquen que por muertes necesitan todos los indios que hay, como propone el Defensor Fiscal, quien dice que lo podrán demostrar por medio de las muertes y nacimientos, etc., que en los libros de los curas constan. (Se ve, pues, que la compulsión para la mita conservaba su rigor en estos años tardíos, y que los caciques se veían obligados, salvo justificaciones por muertes, a entregar los indios que faltaban o la compensación pecuniaria por ellos.)

En los años de 1795 a 1797 se forma un expediente sobre *los mingas de Ubina*, que ofrece noticias acerca de la reglamentación del alquiler para minas fuera de Potosí y los incidentes a que da lugar.

El Dr. Cañete, en Potosí, el 20 de julio de 1795, firma unos Artículos u Ordenanza para la minga de Potosí a Ubina,[161] en los que empieza diciendo que de suspenderse en Ubina el trabajo de las minas, como sería por falta de operarios, sobre todo para los desagües que llevan muchos trabajadores, y en Ubina no los hay, se seguiría daño al Rey y a la causa pública; y en vista de que los abusos son reparables, etc., *se concede licencia* para que el apoderado de Doña Francisca del Risco pueda formalizar la *minga* que solicita con intervención del Capitán de Yanaconas y Protector de Naturales (de Potosí). Pero, para asegurar mejor el alivio de los indios y dirigir su libertad sin perjuicio de la justicia, se deberá entender este permiso *bajo las condiciones siguientes:* 1. Que todos los operarios que se emplearen en el desagüe hayan de servir precisamente en tres puntas, alternando cada una de dos en dos horas, de modo que descansen 4 horas continuas, el cual término se habrá de arreglar por reloj o conforme a él por una vela que tenga igual duración, para evitar todo daño en las remudas y para que éstas estén prontas al trabajo, se previene que la primera y segunda punta han de estar dentro de las mismas minas, y la tercera en un galpón que se fabricará en la bocamina a la parte del norte para que tenga el baño y el abrigo del sol. 2. Que por cuenta de la Hacienda se costeen pretinas y rodilleras para que no se mojen la cintura ni lastimen las rodillas en los patillajes, por haberse reconocido muchos enfermos y maltratados por defecto de esta precaución. 3. El dueño de la Hacienda tenga obligación de poner en la inmediación de los pozos aguados, dos o más barriles de agua de beber, renovándola cada 24 horas para que los trabajadores no se mueran y enfermen por beber agua de las mismas vetas. 4. Que se haga la comida de todos los operarios diariamente por un pongo costeado por la Hacienda para que coman caliente a una hora regular, a cuyo efecto se acumularán las raciones de los solteros. Pero a los casados con mujer que resida en el asiento, se les deja en libertad para que hagan la cocina como más gustaren. 5. Mensualmente se ajusten las cuentas a todos los trabajadores y los alcances se entreguen en plata, dejando en absoluta libertad de volverse a los que no debieren o quisieren pagar sus restos al contado. (Es decir, el mingado es libre de retirarse al cabo del mes, pero cuando no debe o satisfaciendo la deuda que tenga con la Hacienda al contado.) 6. Que el Alcalde Pedáneo remita cada seis meses a la Superintendencia una lista de todos los peones con relación jurada del ajustamiento y de sus resultas en favor o contra de cada uno de ellos, de modo que sirva para lista de existencia y certificación de los muertos o huidos. 7. Que se ha de dar cuenta inmediatamente del recibo de cada minga al pie de las listas de la saca de peones en Potosí, para saber quiénes llegaron, huyeron o murieron antes de llegar al asiento. 8. Que de seis en seis meses se mande certificación del cura o de su ayudante de los muertos, y otra por agosto de cada año sobre el cumplimiento de Iglesia de los operarios empadronados en lista con sus nombres y apellidos. 9. Que al peón que enfermase, lo asistan de medicinas y alimentos hasta sanar o morir, pues salen de Potosí por su causa (de las Haciendas), donde hay hospitales en que son curados graciosa y caritativamente. 10. Ningún conchabo sea *por más de un año*, ni se les fíe a los alquilados a su salida de Potosí más cantidad de lo que importare *el salario de dos meses en las minas,* siendo del cargo de los amos contribuirles, para el sustento del camino, ración competente de charque y sal hasta su llegada al mineral. 11. Que no se mingue ninguno que no tenga 18 años cumplidos ni a los que excedieren de 50, por gran quebrantamiento que reciben los hombres fuera de sazón si se esfuerzan. 12. Para aliciente de los trabajadores y en compensación de los excesos irremediables que sufren, han de tener licencia todos los operarios de cada Hacienda para que, a vista y presencia del mayordomo de ella o de otra persona que nombrare el dueño, *puedan entrar en las labores* desde el anochecer del sábado hasta alborear el lunes (como se hace en este Cerro —de Potosí— y Aullagas) a romper y sacar el metal que puedan para partirlo hermanablemente entre sí y dejando a beneficio del azoguero *una tercera parte de la saca* en reconocimiento del dominio y del uso de las herramientas que deberá franquearles con cuenta y razón para este efecto, pues solamente con este arbitrio podrá continuarse el desagüe sin perjuicio de las minas y sin agravio de la libertad de los que son compelidos a trabajar, aunque con algún mayor salario, en las fiestas de ambos preceptos, por cuenta de las mismas Haciendas. Bien entendido que el Guardavista ha de cuidar de que asistan a misa todos los que no fuesen indispensablemente necesarios para mantener el agua durante los Divinos Oficios. 13. Que la interesada ha de llevar en la presente minga y deberá mantener a su costa en el asiento un barbero instruido que llevará licencia de este Gobierno para que cuide y reconozca a los enfermos y se esté a su certificación para no entrar en la mina o a los que él considere indispuestos en su salud. Y a este fin sacará de la misma Villa aceite, vinagre y azúcar para seis meses, con visto bueno del Protector de Naturales, por ser éstos los únicos remedios domésticos para cólicos y calenturas pútridas que sufren de ordinario los trabajadores a causa de los alimentos crasos y continuas mojaduras. 14. Que se pase al Oficio (parece ser el del Escribano de Intendencia, según se menciona adelante) al cura doctrinero de Tomabe para que ponga en el asiento de Ubina sacerdote que cuide de hacer oír misa y doctrinar a toda la gente, concertándose con los dueños en cuanto al salario, con prevención que si no lo verificase dentro de un mes (de que deberá dar aviso el Alcalde Pedáneo), se dará al Ilmo. Señor Arzobispo para los fines que convengan al mejor servicio de Dios y Rey... Penas para los que no ejecuten alguno de los 14 artículos... Y para que llegue a noticia de todos el auto, se leerá a cada Partida de Minga que saliere de la Villa, y después de hacerlo saber al Protector de Naturales y Capitán de Yanaconas, se fijará una copia en las puertas del Oficio del Escribano de Intendencia, y se remitirá otra con el conductor de la minga al Alcalde Pedáneo para que la fije en el lugar más público del mineral. Declarándose que *pueden libertarse del alquiler* todos los mingados, siempre que antes de su salida devuelvan toda la cantidad que hubieren recibido, según lo dispuesto por Reales Ordenanzas.

También desde Potosí, el 26 de agosto de 1795, Pedro Vicente Cañete informa al virrey (de Buenos Aires) D. Pedro Melo de Portugal, sobre el alquiler de los mingas, el auto que lo reglamentó y la reclamación de doña Francisca del Risco, azoguera de Ubina.[152]

Los indios que trabajan en las minas fuera de los de Potosí (que le parece al informante son los únicos dichosos del Perú, como luego lo explica por los beneficios de que disfrutan, *infra*, p. 121) son muy desgraciados. La Intendencia llegó a entender los perjuicios y agravios que experimentan casi todos los peones que salen alquilados de Potosí para trabajar en Ubina. Los hacendados sacaban operarios de aquí sin licencia, pero ni aun noticia del Gobierno; salían hijos de familia sin consentimiento de sus padres; casados sin sus mujeres y solteros con sus concubinas por huir de la vigilancia de estas Justicias, sin haber cumplido con la Iglesia ni satisfecho los justos derechos que deben al Rey de tributo. De donde provenían las quiebras que sufría este ramo antes del actual arrendamiento, desorden en la educación política y cristiana de los yanaconas y criollos de esta Villa y la vagamundez irremediable de esta casta de gentes acostumbrados desde su menor edad a dejar su patria, padres, no obedecer nada y vivir sin regla ni método civil.

Conocido esto, trató de poner remedio el Gobierno de Potosí el año de 1791, y formando expediente con audiencia de los ministerios de Real Hacienda y del Defensor Fiscal-Protector de Indios, determinó varios puntos de reforma que, poniendo a cubierto la Real Hacienda, sirviesen de cimiento para ir ajustando en adelante los remedios oportunos según la urgencia de los males y la constitución presente del país.

Desde entonces no ha salido minga alguna (que son las partidas de gente alquilada) para

los minerales de gente de afuera *sin licencia del Gobierno,* y sin intervención del arrendatario del ramo de Tributos, que llaman Capitán de Yanaconas. Se remedió también en parte el abuso de no liquidar las cuentas de los trabajadores años enteros por tenerlos esclavizados perpetuamente en las minas, y aunque ni ahora se hacen los ajustamientos mes por mes según está mandado, pero tienen los operarios a su favor este artículo para querellarse de agravio siempre que intentan ser pagados para regresar a sus domicilios. Siendo lo peor que después de trabajar doce horas, metidos en el agua, sin remuda de ropa, comiendo escaso y a deshora y sin curación pronta para sus múltiples indisposiciones, vienen a recibir el corto jornal de *4 reales* por cada mita o tanda, no en plata sino en efectos, ropas, comidas y bebidas, sobrecargadas en sus precios con más o menos exceso en unas Haciendas que en otras. No oyen misa en día de fiesta por no haber cura en el asiento, y mueren sin sacramentos.

Por todas estas consideraciones, habiendo ocurrido nuevamente Doña Francisca del Risco, azoguera y dueña de minas en Ubiña, solicitando licencia para minga con representación de la urgentísima necesidad que tenía de gente para precaver el abandono total de las labores en suspendiendo por algunos días los desagües, fue preciso ya dictar otras cautelas más avanzadas que salvaren la conciencia del Rey, la de este Gobierno y la de V. E. (el virrey), por medio de *una justa conciliación de los derechos del dominio del Amo, con los fueros de la libertad del sirviente.* A este intento se proveyó auto, en 20 de julio último (de 1795), con 14 artículos que sirven de reglamento económico provisional para el arreglo de aquellos trabajos, en alivio de los indios. La viuda reclamó de agravio contra los artículos 1, 4, 9, 10, 11, 12 y 13, sobre falsos supuestos e inconvenientes. El Teniente Gobernador de Potosí en este informe recomienda *se haga cumplir el referido auto,* ya que a los indios que van a alquilarse de Potosí a otras partes se les paga (cuando lo hacen) muy mal y los tratan muy mal.

Sigue Vista Fiscal en Buenos Aires, el 23 de octubre de 1795, firmada por (Francisco Manuel) Herrera, que aprueba lo anterior y le da las gracias a Cañete. Y el decreto en la misma Buenos Aires, a 26 de octubre de 1795, por el que se aprueban sus providencias y se le dan las gracias, que las lleve a efecto y nadie le estorbe, a cuyo fin se le devolverá el expediente que remitió con copia certificada de la respuesta del Fiscal y del presente decreto, acompañándoselo todo con el oficio correspondiente. Firma Melo de Portugal, con certificación de Juan de Almagro.

(Pudiera parecer que este informe y el reglamento de los 14 artículos obedecen al propósito del Gobierno de Potosí de proteger a los indios; pero si bien ese aspecto es hábilmente presentado por el Dr. Cañete, no dejan de percibirse en las medidas que explica otros intereses, como son el de regular la salida de trabajadores alquilados de Potosí hacia otros minerales por medio de licencias del Gobierno de Potosí, el de vigilar el pago de los tributos de ellos, y el de conducir a los mingas en grupo con cierta semejanza al suministro de mitayos, si bien ahora esos alquilados salían de Potosí en vez de acudir desde sus repartimientos al asiento del Cerro. Tal intervención gubernativa podía tener resultados protectores contra los abusos que señalaba el informante, pero acercaba el contrato de alquiler voluntario y libre de los operarios (mingas) a la forma del repartimiento gubernativo (de mitayos) que tenía tanto arraigo en la región potosina.)

(Queda también por aclarar si los azogueros de Potosí toleraban o se oponían a la extracción de trabajadores yanaconas y criollos de Potosí para ir a servir en minas de fuera, como las de Ubina. Adelante se verá que la alta ley de los metales de este asiento inducía al Intendente de Potosí a satisfacer las necesidades de su explotación. En todo caso, al sustituirse el concierto libre —que no estaba exento de inconvenientes ni de presiones como luego se verá— por la formalización del alquiler ante la Justicia de Potosí, se creaba, bajo el pretexto de procurar el buen trato y el pago de las tasas de tributos por los mingas, un eventual medio de defensa de los azogueros de Potosí ante la extracción ilimitada de los trabajadores que pudieran necesitar.)

(Doña Francisca, a su vez, recurrió a la Audiencia de Charcas, donde la apoyó el Fiscal Villava.)

De estos aspectos trata la "Representación del Dr. Cañete sobre mingas a la Audiencia de Charcas en relación con los 14 artículos de su reglamento y declinando (la jurisdicción) de ella", Potosí, 18 de septiembre de 1795.[153]

Cuando recurre Doña Francisca del Risco ante la Audiencia de Charcas, la apoya el Ministerio Fiscal, y se manda, por Real Provisión de 31 de agosto de 1795, que suspendiendo el Gobierno de Potosí la ejecución del auto de 20 de julio pasado, proveído en forma de Reglamento económico sobre el temperamento que debe guardarse en el servicio y jornales de los indios, remita los autos originales con su informe. Se libra asimismo otra Real Provisión al Alcalde Pedáneo del asiento de Ubina para que, remitiendo la copia del citado auto, suspenda también su publicación. Cuando se recibe el mandato en el Gobierno de Potosí había salido el último correo por el que se dio cuenta al Virrey (de Buenos Aires) con el expediente original y el respectivo referente a los abusos exterminadores de aquel mineral (de Ubina), perjuicios a los indios, etc.; y a lo que sobre estos puntos de Policía y Gobierno expusieron los ministerios públicos de esta provincia, no sólo para las primeras providencias del año de 1791, en el que se prohibieron los mingas sin permiso expreso de esta Intendencia con intervención del Protector de Naturales, sino también para la última de julio con 14 condiciones. Aunque no puede tener efecto en esta parte la determinación de la Audiencia, ha resuelto el Gobierno de Potosí remitir al tribunal otro expediente no pequeño que comprende los muchos recursos lastimosos que han interpuesto los trabajadores de Ubina, y por ellos sus parientes, contra las injusticias que sufren en aquel mineral, y que la Audiencia se convenza de la calidad y naturaleza del negocio y mandará entonces devolverlo todo a la Superintendencia de Minas, haciendo sensibles a Doña Francisca del Risco no sólo la extrañeza de sus infundados recursos sino el desarreglo de su estilo. El apoderado de Doña Francisca leyó el auto y no reclamó y dio al conductor de la minga uno para fijarlo en Ubina y que todos estuviesen enterados, y salió la minga y se fijó y publicó el auto en el asiento. Los contratos hechos con los apoderados tienen que llevarse a cabo por los dueños. Además, es extraño que, habiendo solicitado otras nuevas mingas por Doña Francisca después de inteligenciada en la primera, haya pretendido ahora mostrarse agraviada, que fue lo mismo que esperar la salida de la primera para reclamar de su mismo consentimiento y poder imponer a los indios la ley violenta que han sufrido hasta aquí con salvoconducto. En principio el apoderado y el administrador de las minas de Ubina estuvieron conformes en el Reglamento. El Dr. Cañete escribió a Doña Francisca explicándole lo ordenado, pero le contestó arrogantemente. Luego (el mismo Dr. Cañete) le contó la verdad a S. E. (el virrey de Buenos Aires) en informe para que resolviera según su superior arbitrio. Hasta aquí la historia del hecho, pero como Doña Francisca ha querido sorprender la rectitud del Fiscal y la del Tribunal recomendando muchos supuestos falsos en hecho y derecho, se ve el Dr. Cañete en la precisión de demostrar que este recurso y cualquiera otro de su naturaleza *es privativo de S. E.* (el virrey) por Reales resoluciones de S. M. archivadas en la Secretaría de esa misma Real Audiencia y de que pudo enterarse con sólo preguntarlo a algún escribano o relator viejo del Tribunal. Que las buscas del sábado y domingo son justas y útiles, arregladas a la razón de Estado y a la equidad natural y civil. Consultando leyes —dice el Dr. Cañete— encontramos muchas contra el recurso intentado por Doña Francisca del Risco en esa Audiencia (ley 10, tít. 1, lib. II y leyes 9 y 12; ley 12, tít. 15, lib. VI: dicen ser esta materia de jurisdicción de los virreyes. La ordenanza 7, tít. 10, lib. III de las del Perú, sobre que el indio forastero o voluntario que se quisiere alquilar en Potosí con español haga concierto ante la justicia; y la ordenanza 37 del mismo título y libro dice que en asuntos de Gobierno no se metan las Audiencias; y las ordenanzas y el auto de 20 de julio son de gobierno y pertenecen a los virreyes; también cita para lo mismo la cédula de 25 de agosto de 1767 de San Ildefonso). Se lleven adelante las providencias en el ínterin se resuelve, porque los indios salieron en la creencia que habían de disfrutar las buscas del sábado y domingo, y es temible que se alcen si ven que no se cumple.

En cuanto al trato que se da a los trabajadores de Ubina, explica el informante que se enganchan en esta Villa después de embriagados, vendiendo su libertad por 15 o 20 pesos que les anticipan en el mismo día de la recluta. Encerrados todos en un cuarto con uno o dos pellejos de aguardiente a la vista o en pulpería, se lo gastan todo y más que les hubieran dado, dejando así lo que debía servir para socorro del indio y su familia; cuando ya lo han consumido todo en continua embriaguez y cometiendo otras torpezas, entonces en el día y hora que menos se piensa y siempre antes del amanecer salen todos amarrados en una cuerda, como cadena de presidiarios; aunque clamen, no son oídos, sus padres y parientes duermen, y sólo los acompañan cómplices de sus desórdenes, en lo que nunca se pone reparo, por ser estas mujeres el único lazo que los detiene en aquel destierro; caminan más de 30 leguas sin comida ni alivio, haciendo las marchas al arbitrio de sus guardavistas. Llegan al asiento sin fuerzas, sin dinero ni libertad. Su descanso es que los encierran en una cárcel asquerosa que por disimulo llaman *minga-guasi*, que sólo debía servir para albergue de facinerosos. Este atentado que se comete impunemente contra la libertad civil de los vasallos se aumenta de día en día, los hacen trabajar dentro del agua siempre, sin ropa de remuda, con escasas comidas y cubiertos de las inmundicias que sirven de cama en los mingasguasis. No los creen si enferman para que no dejen el trabajo. Viven lastimados, con llagas en manos y rodillas por las continuas caídas en los patillajes y por el uso excesivo de la bomba y bota, y llegan a morir cuando menos se piensa sin sacramentos, porque ni sacerdote hay en el mineral. No ven más dinero mientras viven que los *2 reales de ración* que les dan todos los domingos, pero este corto socorro no les dura ni un día porque lo dejan todo en la pulpería de la Hacienda en cambio del aguardiente o coca. Les reparten para las labores el cebo prieto, que tiene la mitad de ceniza para que no lo coman, como lo comerían si fuese puro en alivio de su miseria, y aunque la lumbre no diere sino la mitad de la semana, no les dan jamás lo que les falta, y venden o empeñan sus ponchos o fresadas para costear la luz con que han de trabajar. Cuanto piden se les da en géneros recargados, ganando en muchos de ellos el dueño de la Hacienda más de un ciento por ciento, como con la coca y con los demás efectos que pondera el Protector de Naturales en su representación. Así va subiendo la cuenta a unas cantidades tan crecidas, que ya es imposible poderlas pagar el jornalero con su trabajo, y están

siempre buscando un resquicio para escapar donde no los conozca nadie y no los puedan coger, pues si los cogen, los hacen sus víctimas los dueños de la mina o el mayordomo, y así el Rey los pierde para siempre. Repare V. A. en el recurso entablado por Juana Lisa, mujer de Anselmo García, y allí se ve que habiendo recibido 55 pesos 2 reales desde el 4 de junio hasta el 24 de agosto último, inclusive el socorro de la minga, no había devengado en cerca de 10 semanas sino 25 pesos, restando 35 a favor de la Hacienda, de suerte que, computando el tiempo del trabajo con la cantidad del jornal, apenas corresponde a *20 reales semanales;* y en consideración el alcance de los 35 más que se le habían anticipado, la mayor parte en trapos, seguramente se viene a colegir que al cabo del año hubiera llegado ya la cuenta de este infeliz a más de 200 pesos, quedando esclavo para toda su vida, porque allí no hay otro arbitrio que trabajar o morir. Lo más escandaloso es que trabajándose en Ubina los siete días de la semana sin exceptuar el domingo por mantener el agua para la saca del lunes, con la única diferencia de aumentar *un real* más a los trabajadores por cada mita, se reconoce en medio de estas penosísimas tareas, por la cuenta de Anselmo García, que este pobrecito no había percibido ni *3 reales diarios de jornal.* Siendo así que los avíos de que resulta su deuda producirían al dueño utilidad tan considerable que, haciendo cotejo de los salarios que paga con los provechos que saca, no vendrá tal vez a montar *un real efectivo el jornal de cada operario.* Esto es sin traer a consideración la granjería de comprar la carga de aguardiente de San Juan al precio de 80 pesos y componer cerca de cuatro barriles con sólo dos, en lo cual gana el Hacendado un duplo justo. El Capitán de Yanaconas suele cobrar uno y dos y hasta tres años de tributos, según el más o menos arraigo de los indios mingados y según el tiempo que ellos mismos indican haber de estar fuera de Potosí. Interviene también entre éstos la diferencia de que unos son Yanaconas de la Corona que pagan más tributo, y otros son Criollos de la Villa que pagan menos, y por cuya distinción vienen a satisfacer diferente tasa por igual tiempo los indios que parecen de una misma condición. Y éste es el antojo que dice doña Francisca. Guariguari es una hacienda incorporada en la rivera de esta Villa desde su fundación, por el goce de repartimiento de mita, y se considera como uno de los ingenios de Potosí en todos sus privilegios. El dueño ocurre a la Villa cuando le falta gente para el repaso y demás menesteres de su trabajo, valiéndose de ordinario del Capitán de Yanaconas para que le facilite operarios por el mayor influjo que tiene con los indios, y el Asentista suele echar mano muchas veces de aquellos que deben rezagos con intervención de sus curacas para que paguen el tributo con mayor desahogo; y como el mineral dista siete leguas de Potosí, son continuas las visitas que hacen los Alcaldes Veedores y el Capitán de Yanaconas para reconocer el modo con que allí son tratados los trabajadores, porque a los unos les interesa por conciencia y al Asentista le importa porque, de huírsele los indios, le redunda el perjuicio de perder estos tributos tal vez para siempre. En Guariguari no hay bombas, minga-guari (sic), no se meten en el agua, tienen misa diaria y sacramentos, y recibiendo agravio se ponen en Potosí en tres horas para alcanzar justicia, y no hay los excesos que en Ubina; claman sólo por apurárseles mucho con el trabajo y porque mal acostumbrados a rescatar su servicio con dinero antes, no quieren avenirse a trabajar como es de su obligación y lo exige el dueño actual de la Hacienda. Por lo que no puedo alcanzar —dice el informante— el propósito a que pone Doña Francisca por ejemplar el mineral de Guariguari.

No es inconducente cotejar la suerte de los indios de Ubina con los más desgraciados de Potosí. El *apiri*, que no se ocupa sino en acarrear metales sin la fatiga de bombas y sin la incomodidad de agua, gana aquí constantemente *6 reales efectivos cada día*, con la libertad de suspender el trabajo cuando se siente cansado, de mudas de amo, y gana para comer y vestir sin dejar su patria, ni familia y sin tener que extrañar los regalos que proporciona la abundancia de esta población a precios sobre manera cómodos por los muchos abastecedores, y tienen doctrina, justicia y hospital. En Ubina doblan los peones sus tareas, siendo que el hombre no admite más de *8 horas de trabajo*. El charqui y cecina se venden allí a real la libra, y costando el quintal de la primera a 6 pesos y la segunda a 5 cuando más, hace ella (Doña Francisca) producir 12 y 1/2 pesos, que equivale a un ciento por ciento de ganancia en el charqui y 150 en la cecina, siendo constante que por hacerse las compras a peso neto destarado, deberá bonificársele a lo sumo 4 reales en quintal por razón de desperdicio. Lo cual es un exceso espantoso, cuando en Potosí se sacan apenas 4 reales de ganancia por cada quintal vendiendo el menudeo en las pulperías, de suerte que en lugar de las 4 libras de charqui que a más no poder consume el trabajador en Ubina, puede consumir 8 o 10 libras el jornalero de Potosí, hartándose sin gastar tanto como los que en Ubina quedan con hambre. Doña Francisca saca al año de granjería de los avíos 20,000 pesos, cosa escandalosa, digna de remedio que se pondrá.

Añade Cañete que para la recaudación de sus tributos es conveniente estén en sus casas y lugares los indios y para que perseveren en la religión. Cuando quieren huir de sus padres o mujer o cura toman *el pretexto de las mingas,* luego con jornal tan corto y viéndose tan esclavos acaban por ser unos vagamundos por todo el reino, perdiéndose sus tributos. El remedio que encontró el Gobierno de Potosí *es reducir a sistema* el método de alquilar indios libres, que antes corría al antojo de los dueños de minas. Así examina el Gobierno quiénes, cuántos, cómo y por cuánto tiempo salían de la Villa para minas, y dispuso que estos conciertos se autorizasen con la licencia del Gobierno. Se ha logrado así *asegurar la cobranza del Ramo de Tributos.* La población ha crecido, las parroquias han restablecido sus feligreses. Y con esta sola cautela se han desterrado tantos males gravísimos que habían puesto a riesgo de perderse este tan útil ramo de Yanaconas y Criollos de Potosí.

Vuelven pocos a Potosí de Ubina, pues mueren o huyen, por el trabajo lo primero y la excesiva tasa lo segundo. Era necesario buscar un medio para que se establecieran en Ubina sin necesidad de cárceles como ahora y *sin la precisión de buscar peones en Potosí.* El arbitrio llano que proporcionan las leyes sería aumentar el jornal a razón de *un peso* o *dos diarios* a cada trabajador según la calidad del trabajo, ocupación, distancia y carestía de la tierra, no pareciendo de ningún modo excesiva esta tasación en jornales que debe ser en todo arbitraria a los Gobernadores conforme a la ley 1, tít. 12, lib. VI de Indias, porque si en Potosí se tiene por justo pagar al indio apiri libre *seis reales diarios* y al barretero *un peso* por la palla del lunes para facilitar gente de servicio en las minas, debe juzgarse mucho más conforme a razón y a buena política incitar a los operarios de Ubina con salarios duplicados por las circunstancias especiales que hacen tanto más odioso aquel destino. Sin embargo, no tuvo por conveniente esta providencia el Gobierno de Potosí, así por el peligro de tener que hacer nuevos aumentos de jornales si reclamasen como reclamarían los indios la desigualdad de la paga con su trabajo, como por no exponerse a tener que hacer una reforma general del punto de salarios contra el aforo cuya novedad debería ser mucho más notable habiendo de destruir un establecimiento pacífico que corre sin contradicción entre mineros y sirvientes. Para no hacer perceptible al pueblo estas consideraciones secretas del Gobierno, se meditó repartir entre los mismos indios una pequeña substancia de las minas donde ellos hacen tantos sacrificios para enriquecer al dueño, por ser justo que, siendo Doña Francisca la cabeza de su Hacienda y los trabajadores sus brazos, haya de distribuirse entre todos proporcionalmente la sangre de ese cuerpo moral a la manera que en el cuerpo físico guarda esta misma economía la naturaleza para precaver la consecuencia funesta de caer los miembros en parálisis en llamando todo el humor a la cabeza. El indio, acostumbrado a las buscas que llaman *Juqueos* en otras partes según la generalidad de esta costumbre, recibe siempre este temperamento con mucha preferencia, porque la misma incertidumbre que corre la suerte de las minas anima su esperanza para no mirar por desengaño la pérdida del tiempo y trabajo que experimentan las más veces, si no sacan hoy, esperan sacar mañana, y este interés imaginado basta para entretenerlos, de tal suerte que no tiene otra raíz la población de Potosí y la de Aullagas, ni tuvo otro origen el antiguo populoso vecindario de Lipez, donde se sabe por papeles auténticos que venían a trabajar desde Guamanga, y de tiempo en tiempo se aparecían allí los caciques a recoger los tributos de mano de los mismos Hacendados. Por este método empezaron todos los trabajos de minas de los asientos principales del Perú y jamás hubo dueño ni teólogo que lo reputase por robo. Garcilaso (lib. 8, cap. 25, tomo 1, fol. 301) refiere, tratando de las primeras fundiciones de Potosí, que como los indios eran los únicos beneficiadores y lo hacían por su cuenta concertándose acudir al señor de la mina con un tanto de plata por cada quintal de metal que recibían; que después quisieron los dueños de minas pasar por entero la utilidad de los metales fundiéndolos a jornal por medio de los indios, a cuyo efecto costearon fuelles muy grandes que soplasen los hornillos desde lejos como viento natural, pero no habiendo aprovechado este artificio, hicieron máquinas de ruedas con velas que las trajesen caballos, a semejanza de las que hacen para los molinos de viento; y concluye el mismo historiador que, desengañados, se dejaron ir con la práctica de los indios. La busca no es robo. Las buscas se han autorizado atendiendo al bien común, que es preferible al particular. Doña Francisca llama injusto a todo lo que no es su utilidad. Injusto y perjudicial es el método con que se practican las buscas en Potosí, a causa del tropel con que entran los indios *capchas* sin subordinación a nadie y sin arreglo alguno en el trabajo; pero con todo de ser tan antiguo este exceso, se ha reformado en mucha parte por el actual Gobierno, obligándolos a trabajar en presencia de un guardavista dependiente de la Hacienda costeado por ellos mismos y este es un artículo de los que acreditarán más el celo de la Superintendencia de Minas de Potosí en las Nuevas Ordenanzas de este ramo, por más que se publiquen presagios de que no se aprobará, porque aún no conozco —dice Cañete— ningún profeta en el Perú (es al parecer un dardo contra el fiscal Villava). En Aullagas no entran ni disfrutan buscas sino los mismos peones de cada Hacienda a vista de sus mandones respectivos, dividen el producto entre sí pacíficamente, los mismos partícipes de la busca son los que han de seguir el trabajo de toda la semana, y siendo todos ellos inclinados al robo que nunca pueden conseguirlo sino en frontones vírgenes, tienen buen cuidado de no romper las cajas ni llausar (sic) el metal, porque en tal caso ocuparían uno o dos días de la semana en arreglar los frontones, trabajando, como dicen, en obras muertas de donde no pueden esperar provecho alguno. Doña Francisca, en su escrito, dice ser incompatible el trabajo de minas y la misa. No hay tal, pues quitando los indispensables para

mantener el agua en el tiro de las bombas, los demás deben salir todos a misa y doctrina en la iglesia del asiento. También dice Doña Francisca que el Gobierno de Potosí le busque y facilite *cholos o mestizos* para sus minas. Lo que manda la ley 12, tít. 15, lib. VI de Indias es que las minas no se desagüen con indios ni de su voluntad sino con negros u otro género de gente. Es de admirar que no pretenda Doña Francisca más bien que el Gobierno le diera negros para tener criados y quedarse después con su importe cuando quisiera venderlos. Los negros debe comprarlos el minero, conque gaste 30,000 pesos tendrá 75 negros sin la precisión de *mendigar ya peones en Potosí*. No tendrá que darles buscas, porque serán sus esclavos y tendrá el provecho de los procreos para engrosar más sus facultades.

(Estos párrafos finales del informe de Cañete parecen confirmar que en Potosí no se veía con agrado la extracción de indios yanaconas o criollos del asiento para servir en otros minerales. El recurso a los negros parece más bien una argucia litigiosa que una realidad asequible al minero de fuera, que piensa en cholos o mestizos si no consigue los indios mingas en Potosí.)

El punto de vista de León Domingo de Retuerto, apoderado de Doña Francisca del Risco, se expresa en escrito que dirige a ésta, desde Ubina, el primero de septiembre de 1795.[154] Las minas de la viuda sostienen a Ubina. Recalca los inconvenientes que encuentra en la busca (de metales como aliciente para los trabajadores): los peones que trabajan entre semana, que son los mismos que tendrían la busca, ocultarían todo el metal que pudieren para sacarlo el día de la busca sin que nadie se los pudiera impedir. Imposibilitarían la mina dejando la caja en los frontones y caminos. La gente que estaría de busca desde el sábado hasta el lunes no podría entrar este día, y el apoderado se vería sin gente, expuesto a dejar el agua. El martes le ocuparía la gente en limpiar caminos y frontones que los de busca dejarían imposibilitados. Por la codicia derribarían puentes guaricuncas y habría derrumbamientos y, todos los días, heridos y muertos. Quitados el lunes y martes para la saca de la Hacienda, sólo quedan tres días y medio, y habiendo días festivos, menos días, y con 1,000 pesos de gasto que tiene la dueña de semana verá las partidas que habría. Se haría forzoso pagar casamientos, entierros y fiestas de los peones, como hasta ahora se hace, y mal podrían pagar estas cosas con tan pocos días de trabajo, si ahora con toda la semana no las pueden pagar. No se extiende a más. Recomienda a la viuda que deje este trabajo (de las minas) caso de deberse dar curso a los citados capítulos, advirtiéndole que, en caso de admitirlos, busque uno que corra con la Administración, pues él no sigue por paga ninguna. Se continúa discutiendo si la apelación cabe ante el virrey o la audiencia.

El Dr. Cañete, desde Potosí, se dirige al virrey (de Buenos Aires), D. Pedro de Melo de Portugal, el 26 de septiembre de 1795,[155] reiterando que los indios no pueden satisfacer las deudas de los géneros que les fían en la Hacienda de Doña Francisca y por cuenta de jornales se ven esclavizados en su servicio sin esperanza de rescate, entre innumerables miserias propias de cautivos. La Superintendencia de Minas declinó ante el virrey, ya que a él compete privativamente el conocimiento de todas las materias gubernativas de minas. Los indios extrañan el poder de Doña Francisca, que hizo arrancar el auto (de las 14 condiciones) una vez publicado. Tiene alteraciones por quitar las buscas que se les concedió a los indios como condición de su alquiler. Le parece propio —al informante— prevenir estos lances y suplicar al virrey se sirva inhibir por providencia al Tribunal de Charcas en el negocio de Ubina. Sigue el decreto virreinal sobre que ha de acatarse lo que manden las providencias gubernativas, y las apelaciones y recursos se admitirán sólo en el efecto devolutivo en los casos que sean admisibles. Pero el Fiscal Villava, en La Plata, a 29 de enero de 1796, dice lo contrario en todo. No es del Gobierno el asunto sino de la Superintendencia de Mitas. Pide que se despache oficio al virrey exhortándole a que devuelva el conocimiento a la Audiencia y revoque su auto de 26 de octubre próximo pasado (supra, p. 118). Y si no fuere así, la Audiencia no puede excusar de dar cuenta de todo a S. M. en defensa de sus derechos y facultad, para que resuelva lo que fuere de justicia.

Fue a Ubina como Juez Comisionado D. Manuel José de Vélez, quien informa al Gobernador Intendente D. Francisco de Paula Sanz, en 17 de enero de 1797, de las diligencias practicadas allá.[156] A las 9 de la mañana se le avisó por un indio pongo de la mina de Doña Francisca del Risco y Agorreta que por no haber querido trabajar los operarios que entraron a ella para la dobla de anoche, rehusando bajo el pretexto de que tenían aquí un Juez Comisionado y un Protector que venían a libertarlos de este trabajo, se había anegado toda la última bomba caldeadora inmediata a los frontones de que se estaba sacando metal y se hallaba el agua próxima a las segundas y con inminente riesgo de anegarse toda la mina. Anoche, a la hora de entrar la gente para la dobla, se excusaron algunos bajo el mismo pretexto de la llegada de este Juez Comisionado, obligándolo a presenciar la entrada, exceptuando por él mismo los que dijeron estar enfermos. Reconoce ser excesivo el trabajo de bombas y caldeadoras y que es preciso una pronta solución para evitar muertes y enfermedades. La interesada le presentó luego un escrito diciendo que se le irrogaban perjuicios con la altanería de la gente trabajadora y pidiendo una pronta providencia que atajase aquéllos. Por otra parte, el Protector de Naturales le hizo presente al Juez Comisionado lo

mismo que resultó de la diligencia practicada, y pidiendo que para conciliar el indispensable alivio de los indios con la utilidad de la interesada, por lo pronto se mandase a todos los dueños de minas cediesen todos los trabajadores que no les hiciesen mayor falta y obligase con fuerza coactiva a todos los voluntarios del mineral a asistir al trabajo. En este estado, reflexionando el Juez Comisionado lo que sería más conveniente para resolver el conflicto, atendiendo a aliviar al indio en el penoso trabajo que tiene y evitar una entera ruina de este mineral, que en su concepto debe mirarse con alguna atención, tuvo por conveniente ordenar, a semejanza de lo que en la visita que practicó por el año de 1792 el Oidor Honorario y Teniente Asesor de este Gobierno Intendencia, Doctor Don Pedro Vicente Cañete, dejó establecido y corroboró esa Superintendencia en providencia de 20 de octubre de 1795, que se obligase a los Yucos y Pucheros y demás gente voluntaria al trabajo de la mina, comisionando para su reunión al mismo Alcalde que en aquel tiempo se nombró por dicho señor Teniente. Duda el informante que este remedio subsidiario, e interino hasta que por V. S. se dieren otras oportunas providencias, pueda surtir todo el buen efecto que se ha propuesto, a pesar de haber mandado se satisfagan los jornales a razón de 5 reales por mita, con absoluta prohibición de darles efectos ningunos. Para dictar lo más conveniente en este caso, no le tenga a mal que apunte lo que se le ha ocurrido y quizá podrá ser adaptable en las actuales circunstancias. La gente que hasta ahora se ha conchavado en esa Villa con nombre de minga para este asiento ha sido la más viciosa, admitiendo los encargados de su recolección a toda clase y de todos oficios, como que entre ellos se hallan sastres, sombrereros, etc. Y como gente no acostumbrada, a los pocos días del penoso trabajo de minas se extenúan, enferman y mueren si no salen de ellas, ya escapándose o con permiso de los dueños como ha sucedido con otros. Se podría evitar proporcionándose en esa Villa (de Potosí) por el Capitán de Yanaconas y con orden de este Gobierno 200 hombres que, viniendo con sus correspondientes enteradores o mandones que cada uno trajese a su cargo 50 de ellos, se ocupasen en este trabajo dos meses, en cuyo término fuesen relevados por otros tantos, con cuya alternativa no llegarían a perder las fuerzas como hoy, por la continuación del trabajo. En este caso no dudo —dice el informante— que la interesada se avendría a satisfacer a cada uno el jornal de 6 reales por mita en dinero efectivo, compensando también a los enteradores (?) con una gratificación semanal, como ha ofrecido a este Juez Comisionado, y proporcionando viviendas en que estuviesen todos con comodidad, desahogo y sin tenerlos encerrados como se acostumbra al presente. Trabajarían los indios con los descansos correspondientes y a cargo de sus enteradores, que no sólo cuidarían de conducirlos al trabajo sino de su asistencia y buen tratamiento. Los tributos no padecerán desfalco alguno, porque como estos operarios habían de ser auxiliados en esa Villa con una cantidad corta y no con las excesivas de 20, 25, 30 y aun más pesos con que hasta ahora han sido mingados según ellos mismos han respondido, será fácil que del jornal que vayan devengando en los dos meses de su ocupación les descuenten sus propios enteradores lo que deban a este Ramo, evitándose también otros abusos por parte de los cobradores de él que hará presentes a V. S. en otro lugar. Para este arbitrio le parece que da margen la ordenanza 34, tít. 10, lib. III de las generales del Perú, en que se manda que el Corregidor de esa Villa precise a alquilarse cada mes en la plaza de ella 200 indios para minas e ingenio, concertándose en el jornal que hayan de ganar y tasándose éste por el expresado Corregidor en caso de que el que pidan los indios sea excesivo. Si acepta esto o prefiere otra cosa, es urgente el remedio y lo diga (el Intendente) cuanto antes.

El propio Juez Comisionado, en Ubina, a 17 de enero de 1797, manda hacer lo ya dicho: reúna Antonio Eduardo y otro de su confianza en seguida a Yucos y Pucheros, la interesada les dará 5 *reales de jornal* por cada mita, en plata, no ropa ni comestibles, por pronto remedio, mientras el Gobernador Intendente provee otra cosa.

Desde Potosí, el 21 de enero de ese año, contesta Sanz que le parece bien lo hecho por el Juez Comisionado como pronto remedio, pero que como a gente libre (Yucos y Pucheros, etc.) *no se les puede tener mucho tiempo obligados,* sea sólo hasta que se resuelva el caso. No los opriman en mingaguari, les paguen cada mita a razón de 6 *reales en plata,* no en efectos algunos. Cuiden los enfermos y los releven de todo trabajo y soliciten los Gobernadores, indios voluntarios que quieran ir a Ubina a trabajar en las minas, de los pueblos cercanos, en las condiciones dichas. Y lo que propone el Comisionado por medio del Capitán de Yanaconas es preciso oír a éste y reflexionar reglas o condiciones en caso que convenga. Córrasele traslado con prevención que responda a la mayor brevedad y de todo dese al Comisionado la correspondiente contestación.

El 27 de enero de 1797 se da una "Instrucción Provisional que deberá observar el Alcalde Pedáneo de este asiento mineral de Ubina para el ejercicio de las funciones de este empleo según las prevenciones que me están hechas por el Gobierno Intendencia de esta Provincia y hasta tanto que se disponga otra cosa por aquella superioridad". No lleva firma mas es de pensar que la despacha el Juez Comisionado D. Manuel José de Vélez.[157] Art. 1. Cuidará de la observancia de los 22 artículos que comprende la Instrucción metódica formada por el Gobierno Intendencia de la Provincia con fecha de 2 de julio de 1787 para gobierno de todos los Alcaldes Pedáneos, pero como aquélla sólo dicta reglas generales y ordinarias, observará (para este asiento) igualmente las prevenciones siguientes. Art. 2. En todas las minas de este Asiento se provea a los trabajadores de pretinas, rodilleras y polleos, y el agua suficiente y buena dentro de ellas, según está prevenido. Art. 3. Por los muchos robos que las *guahijoques* o *cuichautas* de los indios mingas hacen a éstos de las raciones que se les suministran para su sustento, y no habiéndose podido verificar lo mandado por el Gobierno para que de cuenta de las Haciendas se costease un pongo que cocinase a los operarios, cuidará el Alcalde Pedáneo de examinar la comida que se les dé, castigando a las cuichautas cuando esté cruda o sea muy escasa. Art. 4. Asistirá el Alcalde Pedáneo a las pagas y avíos que cada domingo se ejecutan a los trabajadores por si se les perjudica en sus jornales o en alguna otra cosa, oyendo las quejas que tengan los indios y resolviéndolas en justicia con audiencia de los interesados. Art. 5. Si en este acto solicitase algún indio que se le ajuste y liquide su cuenta para saber el estado de ella, deberá el Alcalde Pedáneo hacerlo ejecutar y mandar entregar al interesado el alcance que resulte a su favor, sin que a ello pueda excusarse ningún Hacendado, bajo ningún pretexto, pues siendo libre a los indios volverse cuando no deban o cuando quisieren pagar sus restos al contado, no se podrá negar el citado ajuste de cuentas para el uso de esta facultad. Art. 6. En el mismo acto de dar los jornales, examinará los trabajadores que se hallen enfermos y no deban entrar al trabajo de la mina y esto lo podrá repetir siempre que quiera sin oposición de los dueños, a fin de evitar que, entrando enfermos al trabajo, se agraven sus males y perezcan en él, como ha sucedido. Art. 7. Que examine si se cumple el que sean de cuenta de las Haciendas las medicinas y alimentos de los enfermos. Art. 8. Remita cada seis meses a la Superintendencia de minas la lista de todos los peones con relación de sus ajustamientos, según está mandado en el Art. 6 del Reglamento Económico de 20 de julio de 1795. Art. 9. De continuarse el envío de mingas para el trabajo de este mineral, ha de dar cuenta del recibo de cada una. Art. 10. Relación sextimensual de los muertos y cumplimiento de la Iglesia. Art. 11. Cuando la escasez de gente obligue a echar mano de otros operarios libres para mantener las aguas y labrar las minas de los Hacendados de este Asiento, debe el Alcalde Pedáneo *obligar a los Yucos y Trapicheros.* Art. 12. Con estos operarios o cualquiera otros de los que se llaman libres, se les satisfaga el jornal de *4 reales* trabajando en seco, *5 en el desagüe,* y se les pague en dinero. Art. 13. Cuide de que la busca se haga con las formalidades prevenidas para que no destruyan la mina ni perjudique a los dueños; pero como con el pretexto de beneficiar el metal que saquen pueden excusarse al trabajo, se precisará a los operarios a que lo vendan en el mismo acto de la partición o a que lo entreguen para su beneficio a cualquier otro confidente suyo, a fin de que quede desembarazado para el servicio de la Hacienda. Art. 14. Si se justifica robo, sea castigado el autor, pero esta facultad sea del Alcalde Pedáneo, no del Hacendado. Art. 15. Averigüe y eche a las mujeres que no son casadas con los trabajadores y viven juntos. Art. 16. Cuide de que los indios no empeñen la ropa quedando casi desnudos, que es lo que les ocasiona enfermedades. Art. 17. Que los domingos y días de fiesta sean todos conducidos a misa, a excepción de los indispensables para mantener el agua de las minas. Art. 18. Cuide no sea excesivo el trabajo a los indios; cuando sea necesario, oblíguense a los Yucos, Pucheros, españoles de condición servil, ociosos y demás castas, como se previene en las Ordenanzas Generales del Perú, tít. 18, lib. II. Art. 19. Cuidará que no se les impongan a los indios otros trabajos sobre los de su obligación, y en caso de que en los días que tengan descanso quieran voluntariamente ocuparse en algún servicio extraordinario, se les pague el jornal que correspondiere según la calidad del trabajo y tiempo que ocupen en él. Art. 20. No castiguen los dueños de minas, mayordomos, etc., a los trabajadores, sino el Alcalde Pedáneo, y si lo hicieren, aplicará a aquéllos la pena correspondiente al exceso. Art. 21. Caso de que se lastime o muera algún indio, averiguará la causa, para que, resultando haber sido lastimado en las propias minas, pueda tener cumplimiento lo mandado en las Ordenanzas 9 y 10, tít. 11, lib. III de las Generales del Perú, formando la sumaria con que dará cuenta al Gobierno Intendencia de la Provincia para la resolución que sea de justicia. Art. 22. Tenga presente el tít. 18, lib. II, que trata del Servicio Personal de los Indios, y el tít. 10, lib. III sobre su trabajo y paga, con todas las demás ordenanzas de buen tratamiento, etc., para hacerlas cumplir sin contemplación ni excusa. Art. 23. Cuidará de que los operarios que estén contratados y sirviendo en algunas de las Haciendas no puedan concertarse en otra, ni anticipárseles socorro alguno para atraerlos, aun cuando los dueños quieran obligarse a satisfacer por ellos (sus deudas); pero si algún indio quisiere separarse del servicio de algún Hacendado, pagando al contado lo que debiere, podrá ejecutarlo según queda advertido en el Art. 5. Art. 24. Pueda el Alcalde Pedáneo entender en todas las causas, aunque excedan de 20 pesos, bien que reservando la determinación al Juez Territorial. Art. 25. Caso de verificarse el envío de gente voluntaria de los curatos de Yara y Tomabe, cuidará se les pague en dinero; no se les asegure en mingaguasi; se les provea, si lo solicitan, por el dueño de la Hacienda, de viviendas en que se acomoden; y han de poder retirarse cuando quieran y les convenga; bajo cuyas precisas condiciones se han pedido estos trabajadores y a las que no

permitirá se les falte de modo alguno. Art. 26. Haga que haya orden en el Asiento, pronta paga, buen trato y alivio en el trabajo de los indios de estas minas; y a fin de que los dueños de estas minas y Haciendas y los demás habitantes se hallen enterados y no aleguen ignorancia, haga (falta lo demás, que se referiría al trámite de la publicación).

(Este minucioso texto, según ha podido verse, complementa el que Cañete había redactado en 14 artículos, y toma en cuenta algunas de las observaciones que se hicieron al anterior, sobre todo al exigir mayores garantías para el trabajo de los buscadores.)

Manuel Durán de Castro (que debía ser el Capitán de Yanaconas en Potosí, según los antecedentes expuestos), en escrito que dirige a Paula Sanz el 17 de febrero de 1797, le informa que les dijo a los Alcaldes, curacas de indios criollos y yanaconas de esta Villa de Potosí, congregados, lo propuesto por el Comisionado para remitir el número de peones necesarios a Ubina para aquel mineral. Les explicó las ventajas de jornal en efectivo, libertad, buen tratamiento, etc., pero los indios contestaron que por nada abandonan sus casas para morir y demás cosas. No quieren ir a Ubina por ningún jornal a causa de la experiencia del mal trato que tienen y muertes que ha ocasionado.[158]

En otro informe firmado en Potosí el 3 de marzo de 1797, Manuel José de Vélez dice al Gobernador Intendente Paula Sanz,[159] que llegó a Ubina al mediodía del sábado 14 de enero, en cuya tarde y la mañana del domingo debían hacerse los avíos y pagas a la gente; y mandó no se verificasen sino a su presencia y a la del Protector. Resultó que los operarios de Doña Francisca del Risco recibían dos almudes de harina de maíz con el peso de 4 libras, 10... cada uno, al precio de 2 reales; otros dos del mismo grano, al propio precio, y el peso de 6 libras; cuatro libras de charque a 1 real cada una; y media libra de aji por un real; coca en la cantidad que cada uno solicita, a razón de 1 peso libra; y 2 o 4 reales sólo en dinero, a excepción de los indios que allí llaman *maquipuras*, y son los que trabajan voluntariamente por jornal y sin avíos ningunos; que en la mina de D. Antonio Rico no se aviaba a los trabajadores con ningún efecto, pagándoles a dinero de contado; y que aunque en las de D. Miguel Reges y D. Manuel Gallo se daban algunos efectos, eran sólo en la cantidad que solicitaban los mismos interesados, y a precios más cómodos. Cuenta cómo Doña Francisca pone elevados precios, etcétera. Reconoce los locales llamados mingaguaris. Opina que *las mingas deben extinguirse* hasta de nombre, porque por meter gentes desacostumbradas a minas, a poco tiempo mueren de muerte violenta, que la causa de esta violencia es el beber agua de las vetas sudando o aburridos de la opresión que padecen. Les dan unos dolores fuertes de estómago en seguida y mueren. El medio que tiene propuesto a V. S. es mejor para socorrer con gente aquel mineral que el de las mingas. El mineral es sin duda digno de la mayor atención de V. S., *excede su ley de 80 marcos* a toda broza y *150 su guía.* Los excesivos costos impendidos por la interesada pasan de *160,000 pesos* en los dos últimos años, sin que haya disfrutado de ellos cosa alguna ésta; los que semanalmente se están causando para mantener el agua *exceden de 1,000.* Las demás labores de aquel mineral se mantienen sólo por el beneficio de la extracción de aguas que les proporcionan las bombas de Doña Francisca. Los Yucos y Trapicheros no benefician otros metales que los que extraen de la mina de ésta, y si se abandona su trabajo es consiguiente la ruina de todo el asiento. Por todas estas consideraciones, y otras que tuve presentes en mi comisión —añade—, no me resolví a mandar la extinción del minga-guasi, sin embargo que la creí necesaria, reservándola, aun teniéndola ya ordenada por providencia de 17 de febrero próximo, en consideración a no haberse podido proporcionar la gente libre que propuse. Nada le resta que añadir.

(Hemos presentado con sus informes minuciosos esta larga relación sobre los problemas del trabajo en la mina de Ubina y algunas comparaciones con el que se presta en Potosí, porque si bien no está por completo libre de miras polémicas, arroja bastante luz sobre las condiciones reales del laboreo con mingas. Los datos sobre el alto rendimiento de los metales del asiento de Ubina ayudan a comprender por qué se le concedían operarios, a pesar de la resistencia que había en Potosí para dejarlos salir de la Villa.)

Entre los años de 1796 a 1799 existen otros papeles relativos a las nuevas mitas. Veamos primero los que conciernen a las de Orueta y Jáuregui, y luego los correspondientes a la de Urzánigui.

Del 23 de noviembre de 1796 data un "Informe del Fiscal Francisco Manuel Herrera (en Buenos Aires) sobre la mita de Orueta y Jáuregui, en el cual toca lo relativo al servicio de curas y lo informado por el Intendente Sanz, y lo expuesto por la Audiencia de Charcas".[160]

Al tiempo de poner en ejecución la gracia concedida (de la nueva mita) no se halló el sobrante de indios mitayos que se creyó había en los pueblos en que se hizo el señalamiento de mita a dichos mineros y fue preciso echar mano para el entero de indios empleados en el servicio de los curas y sus iglesias. Ocurrieron dichos curas a la Real Audiencia (de Charcas) querellándose de *despojo.* Estuvo a punto de haber revolución. Debieron fundarse en datos falsos para conceder la mita, porque si hubieran averiguado que no había sobrante, no hubiera pasado. La *séptima* de toda la provincia apenas asciende a *959 indios;* la mita antigua del anual despacho se compone de 533, la nueva pide 184. Los servicios de las Iglesias y curas montan

1,254. *Todo suma 1,971.* Conque siendo 959 los indios sujetos a mita, no (se) puede sin un gran milagro completar aquellas asignaciones. En resumen, el fiscal de Buenos Aires es contrario a que se hagan nuevos repartimientos. Trae citas de que los Reyes recomiendan mucho el cuidado de los naturales, que es lo más importante. Que para sacar de apuros a Orueta y a Jáuregui, el Intendente, que tiene tanto interés, les facilite por ahora *operarios jornaleros voluntarios* que abundan, indios, mestizos, negros y mulatos, compeliendo a los vagos y ociosos. Pide este fiscal que *se suspenda la concesión* hasta averiguar si sobra o no, y entretanto se faciliten voluntarios. Dice que todos prefieren los de *mita* porque no les pagan, ni les dan de comer y los maltratan además.

(En este informe se observa que el criterio del fiscal Herrera en Buenos Aires se había acercado mucho al que sostenía el fiscal Villava en La Plata. Esto tenía importancia porque Herrera asesoraba de cerca al virrey del Río de la Plata y podían perder los azogueros de Potosí el apoyo de esta autoridad que les permitía hacer frente a los mandatos de la Audiencia de Charcas.)

En 6 de enero se produce dictamen fiscal, y en 7 de febrero auto de la Audiencia de Charcas, mandando al Intendente de Potosí, D. Francisco de Paula Sanz, que *suspenda la mita* de Orueta y Jáuregui ínterin resuelve S. M.[161] La provisión al Intendente, según el fiscal Villava, sería para que en el venidero año suspenda la nueva mita de Orueta y Jáuregui hasta la resolución de S. M.

El 26 de febrero de 1797 rinde informe el Intendente Sanz en contestación al dado por el fiscal Herrera sobre la mita de Orueta y Jáuregui, servicio de iglesias y curas.[162] Dice que hay sobrante y que si el fiscal está seguro que no lo hay, que entonces debió pedir la anulación de la mita y no la suspensión provisional hasta averiguarlo. Va refutando todo lo que el fiscal dijo y cuenta las profanaciones de los templos el día de difuntos, que van a emborracharse al templo los indios e indias, etc. Acompaña las revisitas de los años 86 y 92. En ellas, los Contadores Mayores honorarios del Tribunal de Cuentas de Buenos Aires y Ministros principales de Real Hacienda de esta Real Caja de Potosí, en virtud de orden de D. Francisco de Paula Sanz, su fecha 10 del corriente mes, pasan a manifestar así el número de indios tributarios y valores de sus tasas que en la actualidad tiene el Partido de Chayanta, deducidos de las revisitas hechas allí los años de 1786 y 1792, como el que antes tenía según la anterior a ellas. De cuyo cotejo resultan los aumentos efectivos que aquí se hacen visibles, a saber: entero antiguo que hacía al año el Juez Subdelegado D. Francisco Arias con el motivo de la mutación de algunos caciques y fallecimiento de otros cuyas cuotas las encontró así establecidas desde el tiempo de su antecesor D. Diego de Velasco.

Los cuadros son los siguientes:

Indios de efectivo tributo	Curatos	Enteros	Valores de las tasas al año
5,714	Moscari	4,630	
	Buenavista	1,800	
	Sacaca y Acacio	8,140	
	Panacachi	2,000	
	Chayanta	13,026	... 6)
	Aymaya	20,466	... 4)
	Pocoata	7,026	
	Macha	5,830	
	Pitautora	2,221	
	Moromoro	3,251	... 1)
		50,404	1,,50.404.1 *

* El 1,, parece indicar solamente el signo de millares, siendo el valor anual de las tasas de 50,404 pesos y 1 real.

REVISITA HECHA EN EL AÑO 1786

Indios de efectivo tributo	Curatos	Origs. a 9 pesos 6 reales	Forast. con tierras a 7 pesos	Sin tierras a 5 pesos	Totales importes
8,419	Chayanta	636	864	000	12,249 ..2
	Aymaya	133	197	000	2,675 ..6
	Panacachi	113	146	000	2,123 ..6
	Sacaca	113	1,432	232	12,285 ..6
	San Pedro	126	159	000	2,341 ..4
	Moscari	136	572	000	5,330
	Pitautora	179	275	000	2,628
	Moromoro	096	308	169	3,937
	Macha	121	537	692	8,129 ..2
	Pocoata	425	758	000	9,449 ..4
		2,078	5,248	1,093	61,149 ..6

REVISITA HECHA EL AÑO DE 1792

Indios de efectivo tributo	Repartimientos	Originarios	Agregados con tierras	Forasteros sin tierras	Totales importes	Valores de las tasas al año
8,419	Chayanta	729	943	000	13,708 ..6	
	Aymaya	195	148	000	2,449 ..6	
	Panacachi	113	138	000	2,067 ..6	
	Pocoata	568	669	000	10,221	
	Macha	038	798	906	10,486 ..4	
	Moscari	132	564	000	5,235	
	S. Pedro	163	189	000	2,912 ..2	
	Sacaca y Acacio	116	1,696	264	14,323	
	Moromoro	093	389	289	5,074 ..6	
	Pitautora	000	165	403	3,170	
Aumento: 1,239		2,097	5,699	1,862	69,648 ..6	69,648 ..6
						Aumento: 8,499 ..6

Resumen de los aumentos encontrados en las 2 últimas revisitas generales hechas, la 1ª en 1786 y la 2ª que es la que rige en 1792.

Años	Hubo el aumento de	
	Indios	Valores
1786	2,705	10,745 . . 5
1792	1,239	8,499
	3,944	19,244 . . 5

La "Representación de D. Francisco de Paula Sanz contra la Audiencia de Charcas, por haber suspendido la mita de Orueta y Jáuregui y causas de esto", de 15 de marzo de 1797,[168] impugna lo que dice el fiscal Villava en su vista. El autor de la representación sostiene que los indios prefieren ir a la mita que estar con los curas que los explotan; quienes no quieren, por su conveniencia, que se den los indios a las mitas son los curas, y el fiscal los apoya. Las minas de Potosí no son hondas, como tanto se ha dicho y para que tanto horror se le tenga al trabajo.

En La Plata, el 31 de julio de 1797, rinde un informe el fiscal Villava en el que dice que, mediante no ser obedecidas las Reales Provisiones de la Audiencia por el Gobierno de Potosí prohibiendo la nueva mita, ocurran los indios al tribunal de Dios o donde les pareciere.[164] Sigue una Real Provisión al Intendente de aquel punto, para que suspenda la nueva mita de Chayanta, fechada el 9 de agosto de 1797. También viene una comunicación del fiscal Villava contra Sanz sobre la insistencia de éste en el nuevo aumento de mita y probando que los indios no iban gustosos a ella, como pretendía.

El Gremio de Azogueros de Potosí gira oficio al Gobernador Intendente, el 26 de marzo de 1799, sobre que se suspenda la Real Orden de 3 de agosto de 1796 y demás libradas para suspender la mita de Orueta y Jáuregui, por estar impetradas con obrepción y subrepción, ser en perjuicio de. tercero y estar en posesión de ella.[165] Piden que no se suspendan las nuevas mitas, que será la ruina de todos y además se entenderá ya que en definitiva se suspende el servicio de mitayos. Los indios, sólo por haber oído que un ministro decía ser injusta (la mita), estaban insoportables y creían que ahora no los harían trabajar nunca más. A Urzánigui aun los indios no se los llegaron a despachar, pero a Orueta sí. Hay 23 cabezas de ingenio paradas, etc.

Otro informe de Sanz, de 26 de marzo de 1799, contesta la orden de 26 de enero de este año en que se mandó suspender el envío de la mita de Orueta.[166] Manifiesta el recurso que le ha hecho presente el Gremio de Azogueros de Potosí, la Real Orden de 3 de agosto de 1796 se consiguió con falsos supuestos. Pide una resolución terminante que evite los riesgos y graves perjuicios que pueden resultar de llevar adelante el cumplimiento de la citada determinación.

Todavía se redactan papeles sobre la mita de D. Nicolás Urzánigui. El 11 de octubre de 1796, el apoderado de éste, D. Mariano Ibáñez, pide que se le asignen *210 indios* de sobrantes en la séptima de los que contribuyen a la mita los partidos de Chayanta y Porco.[167] Su instituyente tiene méritos. La mita que se le conceda ha de ser de 70 indios de punta de trabajo semanal y debería ser del sobrante que hay desde el establecimiento, por haber decaído algunas haciendas. Se hacen averiguaciones de los repartimientos concedidos, indios que sobran, se reconocen las minas y se dicta el auto de señalamiento por el que se repartía a Urzánigui lo siguiente: 6 indios por gruesa con trabajo a cada uno de *doce horas,* para sus tres molinos en Yura; para la mina de la Loma, 170 indios por gruesa con tres puntas, dos de a 57 personas y una de 56, en los pueblos que siguen: en Yura, 2; en Puna, 30; en Chaqui, 10; en Tiquipaya, 30; en Coroma, 12; en Tomabe, 39; todos del Partido de Porco. En Talma, 30; en Cotagaita, 5; en Colcha, 12. Estos tres pueblos del Partido de Chichas. De suerte que, unidos los 129 primeros, a estos 47 últimos, se completan los *176 de este repartimiento,* bajo la calidad de que los indios de Cerro asignados a la mina de la Loma no deberán pasar a otras labores sin licencia de la Superintendencia. Urzánigui representa los graves daños que se le siguen por el retraso en el envío de la mita. El Gobernador Intendente retuvo el expediente para dar su informe más de tres años, evacuándolo sin sujeción a lo que le pertenecía por su cargo y con reparos inconexos de su ministerio. (Tal vez esta queja se debía a que habiendo solicitado 210 indios, sólo obtenía con dilación los 176 de que habla el auto del repartimiento, pero ya sabemos que el Gobernador Intendente hallaba fuerte oposición de la Audiencia de Charcas para la ejecución de las nuevas mitas.)

El propio Intendente comunica al virrey, el 26 de marzo de 1797, no haberse cumplido el despacho de mita concedida a Urzánigui y que puede seguirse disgusto de la suspensión de todas las mitas.[168]

El 26 de junio de 1797, el mismo Intendente representa al Rey acerca de las providencias y reales provisiones de la Audiencia de Charcas contrarias a lo dispuesto por reales órdenes sobre hacer efectiva la gracia de mita concedida a D. Nicolás Urzánigui. Explica el compromiso en que se halla por opuestas órdenes que recibe y que ya los mismos indios no irán.[169]

De suerte que la larga polémica de la que hemos dado cuenta, sí llega a debilitar finalmente las pretensiones de los solicitantes de las nuevas mitas y aun pone en cuestión la existencia misma de la antigua mita de Potosí. Pero ésta cuenta aún con defensores tanto entre los funcionarios como en el Gremio de Azogueros, lo cual explica su subsistencia a pesar de los duros ataques de que fue objeto en estos años finales de la centuria décimoctava.

XVIII. Trabajos jurídicos a fines del siglo

En lo que contribuyen a la historia laboral, vamos a examinar dos obras jurídicas que se realizan a fines del siglo del que ahora nos ocupamos, que son de índole distinta. Una, el *Cedulario Índico*, prolonga los esfuerzos de los recopiladores de las disposiciones relativas a las Indias que habían logrado resultados notables, como hemos visto, en tiempos anteriores. La otra es el *Código Carolino*, que nace envuelto en las contiendas acerca de la supervivencia de la mita, según advertimos en el Capítulo precedente.

Del primero ya presentamos extractos correspondientes a los siglos XVI y XVII; pero la parte del siglo XVIII es también valiosa, porque el autor, D. Manuel José de Ayala, forma el Diccionario de Gobierno y Legislación de Indias y España, con referencias al Cedulario Índico que se conserva en el Archivo Histórico Nacional —códices 232 y 240— y en la Biblioteca de Palacio de Madrid, en la propia centuria, y publica el índice del referido Diccionario, en Madrid, en 1792. Era natural, por lo tanto, que incorporase material legislativo dieciochesco.[170]

El Código Carolino, del que fue autor D. Pedro Vicente Cañete, quedó redactado en 1794; nos toca ahora exponer sus líneas orgánicas en medio de las circunstancias polémicas en que nació y de las que no podía desligarse enteramente.[171]

Un rasgo interesante es que ambas obras son de autores nacidos en el Nuevo Mundo, Ayala en Panamá y Cañete en la Asunción de Paraguay. De suerte que por los autores y los contenidos pueden calificarse ya como pertenecientes a la historia del derecho hispanoamericano, si bien las redactaron todavía esos americanos como funcionarios del régimen español y para el servicio de éste.

El *Cedulario Índico*

Bajo la voz *Indios* se recogen en el Diccionario de Ayala las siguientes disposiciones de interés para nuestro estudio: N. 279, Cédula de 23 de septiembre de 1700. Cedulario Índico, t. 36, fol. 298, n. 283: explica que los llamados alferazgos consistían en que el indio designado en cada parroquia como alférez llevaba el estandarte Real la víspera y el día del Apóstol Santiago, y luego estilaban convidar a un banquete a su costa a españoles e indios que los acompañaban; se suprima esto por la ruina que les causa. N. 303, Cédula de 11 de diciembre de 1718, Cedulario Índico, t. 21, fol. 148, n. 120: el Obispo de Santa Marta, entre otras medidas, prohibió con pena de excomunión mayor el servicio personal, a menos que se pagasen justos jornales. N. 309, Cédula de 28 de abril de 1723, Cedulario Índico, t. 7, f. 54, n. 84: el Procurador de los Jesuitas del Perú pidió licencia para que en las Misiones de Mojos se erigiera un obraje de diez o más telares para bayetas, cordellates, paños burdos y mantas, con materiales de la tierra, para vestir a los indios que se redujeren a la fe, pues, por ser lugar distante, era cara la conducción. El Rey estima que no es un caso conforme con las leyes 1 y 2, tít. 26, lib. IV de la *Recopilación*, pero accede una vez ejecutadas las informaciones de necesidad, utilidad, etcétera, y que estos géneros sólo sean para el consumo de los indios y no para el comercio. N. 334, Cédula de 25 de diciembre de 1772, Cedulario Índico, t. 33, f. 250b, n. 207: el Obispo de La Paz propuso, cuando hubo el levantamiento en el Cuzco de los indios del Perú en el siglo XVIII, que se quitara el repartimiento (de mercancías) por los corregidores, que era la causa principal del descontento.

Voz minas: Códice 232, cuaderno 3, N. 59, Cédula de 4 de noviembre de 1711, Cedulario Índico, t. 40, fol. y n. 197: conforme a la cédula que se dio por petición de los mineros de Caylloma y que prohibió obrajes, etc., sin licencia, y que no usen indios ni voluntarios aun los que la tengan, encarga especialmente que se cele este punto. (Se repite en n. 59, Cedulario

Índico, t. 40, fol. 215, n. 217.) N. 60, Cédula de 10 de junio de 1713, Cedulario Índico, t. 20, fol. 174v, n. 110: por cédula de 11 de octubre de 1708 se mandó al Gobernador de Chile que fomentase la labor de minas de plata de San Lorenzo y San Pedro Nolasco. El Gobernador representó que por estar en el centro de la Cordillera y lo más del año cubiertas de nieve, sólo se podían trabajar cuatro meses, y los negros no aguantaban ese trabajo, y pensaba aplicar número de indios, lo mismo que a otra de oro, descubierta en el Valle de Copiapó. El Rey, por el daño que podían recibir los indios de la intemperie de las primeras, resuelve ahora que *no se remitan forzados* sino sólo voluntarios, pagándoles puntualmente su jornal; pero a las de Copiapó aplique los necesarios sin vejaciones, mayormente que no confiaba mucho en la buena producción de ella. N. 69, Cédula de 22 de enero de 1735, Cedulario Índico, t. X, f. 174, n. 261: por cédula real de 13 de febrero de 1732, se mandó que corriese por trienios, a cargo de los oidores de la Audiencia de los Reyes, la Superintendencia y Gobierno de Guancavelica; pero luego tuvo el Rey por más conveniente que fuese D. Gerónimo de Sola como Gobernador y a administrar los caudales con total inhibición del virrey, audiencia y demás tribunales. N. 71: ese cambio fue con motivo de abusos introducidos en la administración y no parecer conveniente que corriese por los oidores de Lima. N. 72: Guancavelica sólo había producido entonces 3,500 quintales, que eran insuficientes. Sola debía asesorarse del Ingeniero D. Alonso González y adoptar como modelo las reglas de la mina de Almadén. Sobre las instrucciones a Sola, véase Cedulario Índico, t. 10, f. 177b, n. 265. Continuando la voz minas, hállase, N. 65, Cédula de 12 de enero de 1735, Cedulario Índico, t. II, f. 165, n. 82: para el fomento de la minería redúcese el quinto de la plata y el oro al décimo. N. 84, Cédula de 7 de septiembre de 1768: en las minas de Uspallata y Cerro de Kempui, en la provincia de Cuyo, reino de Chile, hay negros señalados para el trabajo "y otras personas para su laboreo" (no indica cuáles, aunque probablemente había indios); comete al Corregidor de Mendoza el privativo conocimiento del repartimiento de ellas.

Voz mitas, Códice 232, cuaderno 7. N. 7, Cédula de 4 de noviembre de 1711, Cedulario Índico, t. 40, f. 215, n. 217 (es la relativa a la petición de los mineros de Caylloma que aquí se recoge con mayor extensión): El Procurador General del Gremio de mineros y azogueros del Cerro de San Francisco de Caylloma, provincia de Callaguas, en el Perú, expuso: que descubierto en 1625, se fundaron 38 ingenios de moler plata. Felipe IV, por cédula de 16 de abril de 1639, concedió a este mineral mita de 1,000 indios, con orden al virrey Marqués de Mancera de *asignar 800*. La Caja Real llegó a percibir 300,000 pesos de quintos. Pero, por descuido de los virreyes, había disminuido el número de

los indios, y ahora (en 1703) sólo rendía 68,000 pesos. El Conde de la Monclova, a pesar de las gestiones del Gremio, toleró que el Corregidor de Condesuyo de Arequipa redujese esa mita a la decimocuarta parte, cuando debía ser a la *séptima parte*. Se ejecutó lo mismo en otras provincias sujetas al mineral, reduciéndose su mita a *80 indios*. También libertó de mita a los *forasteros* contra Ordenanzas, y bajo este título los indios se redimían del trabajo, como sucedía en el Cuzco, donde se numeraban más de 80,000 (parece ser como forasteros), los más por huir de labores y tasas. Atribuían también la baja a malicia de los Corregidores de provincias mitarias, pues se beneficiaban con tener indios en las provincias y enteraban la mita disminuida o en plata, contra las Ordenanzas, y destinando a los indios al cultivo de haciendas a persuasión de los dueños que pagaban por ello, satisfaciendo también lo que por razón de repartimientos debían los indios, y los llevaban a los valles donde corrían riesgo de perecer por la destemplanza. En Caylloma debía fundarse Casa de Moneda. Pedían que se confirmase la cédula de 1639 y se les enterasen en su consecuencia los 1,000 indios. El Rey ordenó al virrey del Perú (en 1711) que procurase, conforme aquella cédula, agregar los más indios que fuese posible a la mina de Caylloma, sin perjuicio de las de Potosí, Guancavelica e inmediatas. Y fio a su celo la aplicación de las provisiones dadas. Que considerando que la falta de indios para minas nacía de la despoblación de los pueblos obligados a mitas, de que se seguía tiranía de corregidores y caciques en doblarles el trabajo a los indios, que se consumían en el inmenso número de trapiches, batanes, chorrillos y obrajes, donde los vejaban y no pagaban y que los ocupaban los Corregidores en trajines de sus granjerías, en confabulación con muchos curas que ocultaban los libros, y se aumentaba el pecaminoso uso de faltriquera, y anualmente bajaban para vendimias, con variación de temple, y morían muchos con el mosto. Y que no constando en el Consejo lo obrado en la numeración general del Duque de Palata ni de lo ejecutado sobre ella por el Conde de la Monclova, que el virrey del Perú hiciese juntar todos los papeles y con relación de los oidores informasen de lo actuado después de la numeración general en aumento de las mitas y si estaba corriente la comprensión de *indios forasteros* en mitas y tributos. Que hiciese cerrar y demoler los batanes, trapiches y chorrillos que estuviesen sin Real licencia o compuestos, y aun a los que la tuviesen, prohibiese el trabajo con indios. Que se observasen las Leyes de la *Recopilación* que trataban de materias de ganados y chácaras en que se interesa el bien común, y las que mandan que los corregidores y los curas sólo tengan los indios que necesiten para el servicio doméstico y no para tratos, comercios y trajines, sin hacer repartimiento para ello. Que proveyesen que a los indios no se les permitiese trabajar en obrajes de paño, lana, seda, algodón, ingenios y trapiches de azúcar, aunque fuesen voluntarios, "por estar conocido el abuso de. ellos en tales ministerios y no ser razón ni conciencia se enriqueciesen los dueños a costa de estos miserables, cuya libertad era tan recomendada por leyes"; que compren negros para ello. Así no faltarán tantos indios para las mitas. Que no se repartiesen a los que no tuviesen labor ni minas para evitar traspasos, ni a los que tenían minas pobres, sino emplearlos en las que fuesen útiles. Que los indios de minas y otros ministerios fuesen puntualmente. pagados y bien tratados; no variarles los temples; que los capitanes de mita no fuesen precisados a entregar más de los que constasen en las listas firmadas de los Corregidores y hubiese prohibición de los de plata o faltriquera. N. 8, Cédula de 22 de octubre de 1732, Cedulario Índico, t. 32, f. 132, n. 110 (ya se verá adelante que en el Código Carolino se hacía valer mucho esta cédula real): vistos los votos dados en virtud de Real Orden por los Ministros de las Audiencias de Lima y Charcas y el informe del Virrey, sobre si se debían prohibir o mantener las mitas forzadas de indios para beneficio de las minas de Potosí, resolvió S. M. que *no se hiciese novedad por entonces en la continuación de las mitas* y encargó al Virrey no sólo la observancia de las Ordenanzas dispuestas por D. Francisco de Toledo para el beneficio y labor de ella sino para mayor alivio de los indios que asistiesen: que la mita corriese *solamente en las 16 provincias afectas* y no en las demás que después se agregaron, por su gran distancia de Potosí. Que en el repartimiento de indios se observase la cuota sin novedad, o sea, la *séptima parte*, corriendo esta misma regla con los *indios forasteros* que se hallasen en las 16 provincias. Que gozasen en las minas de *dos semanas de descanso*, como dispuso Toledo. Que el *viaje de ida y vuelta* se regulase a *4 leguas cada día*, a medio jornal, y dándoseles antes de salir de sus casas para socorro de sus familias. Que no se innovase en la paga del jornal a *4 reales de plata* por cada día de trabajo en las minas y que se pagase también el día lunes si lo trabajasen, haciendo la paga en mano propia a presencia del Gobernador, Escribano y un Oficial Real que remitiese relación al Consejo. Que no se les hiciese trabajar más horas que las dispuestas por Ordenanzas y, de faltarse a esto, poner al indio en libertad, pagándole el regreso, y con castigo al contraventor. Que cumplido el tiempo de la mita, no se les detuviese por anticipos ni otra causa sino que precisamente volviesen a su tierra. Que sólo en caso de necesidad se despachasen provisiones de revistas a los pueblos, esto no sólo en las provincias de mita sino en todas, pidiéndolas el fiscal de la Audiencia, los indios u otros, comprehendiendo a los *forasteros*. Que no se pudiesen rescatar los indios por dinero sino sólo dar otros indios en su lugar útiles para el trabajo. Que a cada legítimo minero se le pagase de las Reales Cajas de Potosí u otras inmediatas lo necesario para jornales y viático de su contingente, llevando cuenta los Oficiales Reales y cobrando lo suplido cuando llevasen a quintar sus platas, como se hacía con los azogues, pues así se aliviarían y los indios recibirían sin fraude su íntegro jornal. Que el virrey diese órdenes para el estricto cumplimiento de lo mandado y pudiese nombrar un Ministro de la Audiencia de Lima o de Charcas u otro que por dos años lo vigilase, sustituyéndose por turno, con obligación de informar al virrey de lo practicado, y que se castigase con pena corporal, y aun capital, cualquier disimulo, y se le acudiese con 4,000 pesos de ayuda de costa cada año y conservase el sueldo de su plaza.

Voz obrajes. N. 7, Cédula de 21 de septiembre de 1726, Cedulario Índico, t. 3, f. 303, n. 298: a virreyes del Perú y Nueva España se les prohíbe penar a españoles legítimos y a sus descendientes en obrajes; se conmute en otras penas. N. 8, Cédula de 22 de agosto de 1750, Cedulario Índico, t. 9, f. 206 b, n. 351: el Presidente de Quito representó que reconocidos de orden de S. M. los obrajes de paños, chorrillos y bayetas de la provincia, halló algunos sin Real licencia, y respecto de no haber en ella minerales ni otras industrias, convenía indultarlos, como se había acostumbrado en tiempo de sus antecesores. El Rey mandó al virrey que en su Real nombre y por la cantidad que le pareciese *indultase* los que se hallasen sin competente licencia y concediese permiso de fundar otros de nuevo, arreglando el precio con equidad y sin perjuicio de la Real Hacienda.

Voz repartimientos, Cédula de 28 de mayo de 1751, Cedulario Índico, t. 1, f. 253, n. 431: que en México, Santa Fe y Lima se constituyese junta que fijase los géneros que podían repartir los Corregidores a los indios y formase arancel. Los corregidores habían hecho valer que los indios eran ociosos y que si no se les obligaba en cada provincia a tomar los ganados y aperos de labor, dejarían de cultivar los campos y minas, y andarían desnudos si no se les precisase a tomar las ropas necesarias, todo lo cual se les daba al fiado a pagar en frutos.

Voz salinas, Códice 240, se hallan varias disposiciones que fluctúan entre el régimen de libre aprovechamiento por particulares (inclusive indios) y el estanco oficial del ramo, en diferentes partes de América: Perú, Nuevo Reino, Nueva España, Yucatán, etc. N. 172, Cédula de 31 de diciembre de 1609, Cedulario Índico, t. 36, f. 192, n. 170: desestanco de la sal en Perú. (En 1591 se había dado orden general para las Indias de incorporación y estanco, y se insistió en 5 de mayo de 1603.) En Nueva España se concede libertad el 28 de agosto de 1610. Pero se vuelve al estanco por cédula de 28 de marzo de 1632. En Yucatán y Campeche se dispone la libertad en 29 de julio de 1760. Lo mismo se había mandado para Santa Fe de Bogotá, por cédula de 13 de febrero de 1760. En Nueva España se va hacia el estanco por disposición de José de Gálvez de 20 de febrero de 1769. En Guatemala se ordena la libertad el 10 de mayo de 1780.

La *voz indios* recoge para Chile: N. 173, Cédula de 8 de diciembre de 1610 (aunque es del siglo anterior, la citamos aquí porque no venimos incluyendo extractos sobre este Reino y sólo excepcionalmente mencionamos lo que aparece en esta fuente), Cedulario Índico, t. 18, f. 110, n. 150: S. M. cree que la causa principal de la fiereza y rebelión de los indios de Chile es el mal tratamiento y el servicio personal en tiempo de paz; ofrece a los indios protección y comisiona al jesuita P. Luis de Valdivia para que ajuste con ellos su pacificación. N. 296, Cédula de 9 de noviembre de 1713, Cedulario Índico, t. 20, f. 183b, n. 120: sublevación de indios de Chiloé contra sus encomenderos; el Rey manda que si fuese por estar agraviados los indios, los desagravie el Gobernador de Chile. N. 329, Cédula de 31 de marzo de 1759, Cedulario Índico, t. 6, f. 168b, n. 266: en la Audiencia de Chile se formaron autos por instancia de los indios de Chiloé que pedían se reformase el abuso de obligarles a trabajar *seis meses del año*, los tres para satisfacción del tributo y los restantes a beneficio de los encomenderos. Por otra instancia posterior pedía el Protector fiscal que se declarasen libres de servirlos, respecto a haberse prohibido por cédula de 4 de diciembre de 1720 todo servicio personal involuntario. El Rey resolvió, con arreglo a las leyes del tít. 16, lib. VI de la *Recopilación* y las Ordenanzas del Marqués de Casaconcha, que *no se les precisase a trabajar más de tres meses*, regulados en 69 días, los 52 para paga de tributos al encomendero y los 17 restantes satisfaciendo éste el jornal de *un real y cuartillo al día*, dejándoles libre lo restante del año para trabajar donde quisieren.

El Código Carolino

A causa de no haber sido aprobado por la Corona ni gozado de vigencia local, a más de haber nacido, como sabemos, en un ambiente polémico y dado origen a ulteriores controversias, podría considerarse que el estudio de este amplio proyecto es superfluo. Pero conviene tener presente que no es de índole especulativa sino que se encuentra conectado íntimamente con las realidades de la explotación del mineral potosino. Por ello su lectura tiene, en todo caso, utilidad informativa, incluso en lo que respecta a la terminología.[172] Muestra asimismo cómo el Intendente Sanz y su Asesor Cañete pretendían mantener o introducir reformas en esos usos; y dado que el ejemplar de la Academia de la Historia se halla anotado, contamos con algunas reacciones o muestras de la oposición que suscitaban esas proposiciones.

Las anotaciones francamente adversas al proyecto parecen quedar explicadas así por D. Benito Mata Linares, al comienzo del tomo 31 de su Colección y primero de los dos tomos del manuscrito que consultamos del Código Carolino:

le he puesto notas al tít. 1 hasta el 12, lib. 2º de Mita para que no se engañe el que los lea y crea es un dogma lo que ellos contienen, aunque hay mucho más que decir.

Ahora bien, al margen, en la misma letra de la copia del manuscrito, se lee: "Crítica de la Junta" (véase *infra*, pp. 153-154). Y en los varios títulos van, siempre al margen, las objeciones. En el tomo segundo de la copia del Código conservada en la Academia se encuentran algunos papeles sueltos. Dice el primero: "Objeciones en la Ordenanza de Minería trabajada en Potosí". D. Joaquín de la Quintana, en 26 de mayo de 1794, que se han leído de prisa, contrarias al Derecho Natural y de Gentes, destruyen a los *mineros antiguos*. D. Tomás Vázquez de Velasco, en la misma fecha, como Revisor, que no se leyó el Código de penas, no hubo tiempo para meditar y que su firma no valga. Siguen opiniones *contrarias al Código* de D. Gregorio Barragán, D. Agustín Salinas, el Conde de Carma, D. Rafael Arregui y Ortega, D. José García Ibáñez, D. Juan José de la Rúa. El fiscal protector de Buenos Aires pide que se oiga al de Charcas y Potosí.[173]

El título del manuscrito de la Academia es el siguiente:

"Código Carolino de Ordenanzas Reales de las minas (en la ed. de E. Martiré, II, 5, se añade: "de Potosí y demás provincias del Río de la Plata (1794)"). Acompaña a éste las nóminas del Gobernador Intendente de Potosí de los sujetos que deberán servir los empleos del Tribunal de Minería de la capital y su provincia y sueldos que deben disfrutar". 2 tomos sin paginar y no tienen índice. (En la ed. de E. Martiré, el índice general del Código figura en el t. I, 259-352).

Nosotros sólo daremos cuenta de las proyectadas disposiciones que guardan relación con la historia del trabajo.

Las ideas que ya conocemos de Sanz y Cañete acerca del carácter público de la explotación minera en el derecho español reaparecen en la forma que a continuación se explica: Libro I, tít. 1 (ed. Martiré, II, 9). Ordenanza 1. Que señala y determina los minerales que deben quedar incorporados a la Corona. 2. Que adjudica y cede a los vasallos de América, bajo de ciertas condiciones, los minerales incorporados a la Corona con reserva del dominio radical en ella. 3. Que declara por comunes las salinas con las excepciones que se expresan. 4. Que la concesión hecha de los minerales incorporados a la Corona por la ordenanza 2 de este título y libro se entienda igualmente con las minas de azogue en la forma que aquí se previene. 5. Que en los minerales de Platina se guarde lo que dispone esta ordenanza.

La ordenanza 1 del título 3, libro I (ed. Martiré, II, 12), concede facultad a todo género de personas para que puedan catear y descubrir minas y tesoros. La ordenanza 10 de los mismos título y libro (ed. Martiré, II, 16), dispone que para nuevos descubrimientos de minas se repartan *6 indios* de los pueblos más cercanos en la forma que se declara (al margen una anotación: "Se debe derogar esta mita"):

"El impedimento mayor para descubrir y trabajar las muchas minas ricas que hay en América, principalmente en lugares separados de las grandes poblaciones, *es la falta de gente*. En cuyo remedio, en constando a los intendentes que los que intentan tales descubrimientos (sean ellos Indios o Españoles) no han podido concertar los trabajadores necesarios, *les repartirán 6 indios* de las Doctrinas que estuvieren comprendidas dentro de las 20 leguas del paraje que fueren a descubrir, haciendo obligación a contento de los caciques principales que les pagarán puntualmente todos los sábados de cada semana el salario que señalaren los expresados Intendentes, que les harán buen tratamiento en la forma que previenen las leyes, que les suministrarán todo lo que hubieren menester para sus alimentos por el tiempo que sirvieren, a precios muy moderados, y los restituirán a sus domicilios cumplido que sea el término de las licencias, adelantándoles la paga de una semana antes de sacarlos de sus casas, para que dejen algún socorro a sus familias; y si volvieren del camino o del destino algunos de los indios repartidos, será del cargo de los caciques dar pronto aviso al Juez del Territorio para que éste los haga restituir por mano de aquéllos por cuenta y costa del Interesado: con formal advertencia que en faltando a lo capitulado por su parte, ha de sufrir la pena que arbitraren los respectivos Intendentes, fuera del daño e interés de los Indios, y los caciques de éstos o jueces que resultaren culpables en el envío de los fugitivos han de pagar al Descubridor todos los daños y costas, además de volver el salario que se anticipó a los indios." Una nota 15 agrega: "Orden. 3ª tít. 1º lib. 3º del Perú. Art. 4, tít. 13 de la Ordenanza de México". Sigue el texto: "Pero inmediatamente que los Intendentes provean al referido repartimiento, informarán de ello al Gobierno Superior, reservándose a la privativa jurisdicción de éste el determinar si han de continuar o no en las mitas los susodichos 6 indios, según las resultas que se le participaren de las diligencias del caso".

Título 9 (ed. Martiré, II, 63), ordenanza 1: prohíbe trabajar minas *a tajo abierto*, por el peligro de los derrumbamientos con riesgo de la vida de los indios y el daño de inundar en tiempo de lluvias las minas vecinas, a más de impedir los caminos y quitar la firmeza de las labores. Se labrarán todas las minas por socavones y pozos, de ninguna manera a tajo abierto, bajo penas.

Ordenanza 8: las minas tengan *escaleras seguras* de criznejas o cueros de vaca o patillajes (cuya materia son las mismas peñas, por lo que resulta más económico), pero que reconozcan los peritos los patillajes de todas las minas para que sean seguros, cómodos y menos expuestos a caídas, ni impiden la ventilación y desahogo del aire ni la rectitud de los pozos, y que se hayan de aderezar indispensablemente por enero y julio de cada año o antes si fuere menester, a vista de veedores y juicio de los peritos; se empatillen también los chiflones que hubieren en los caminos interiores de las labores, de modo que los *apiris* puedan acarrear los metales sin incomodidad ni fatiga, bajo la pena que se acaba de establecer.

El libro I, tít. 13 (ed. Martiré, II, 109), trata de *los ingenios*. Ordenanza 2: en Potosí no haya más ingenios que hasta donde alcanzare el número de la mita. Ordenanza 3: calidades para permitir ingenios sin mita, se remite a informes sobre la proporción entre la saca y la molienda y mientras no se rectifiquen los cálculos sobre el número de todos los pobladores indios, mestizos y cholos del casco de la Villa y su jurisdicción que pueden destinarse al trabajo industrioso de la minería. Ordenanza 8: ocasiona graves molestias a sirvientes de ingenios la corta respiración de los morterados; para evitarlo, se manden desahogar, y en cada cabeza se emplee el número competente de operarios para que alternen con comodidad los oficios.

El Libro II (ed. Martiré, II, 115 y I, 213: "todos los casos que exigían providencia de parte de los dueños de hacienda", decían los autores del Código), contiene más datos que el anterior sobre las *condiciones del trabajo*. El tít. 1 trata "De los dueños de minas e ingenios y de sus oficios, cargos y obligaciones". Ordenanza 3: los indios que trabajaren por mita o por conciertos voluntarios en minas e ingenios, sean bien tratados, so pena de privar a los dueños de los repartimientos e inhabilitar de que puedan servirse de indios a los que no tuvieren mita.[174] Ordenanza 4: los azogueros de Potosí juren que tratarán bien a los indios repartidos para el servicio de minas e ingenios. Ordenanza 5: los dueños de minas e ingenios hagan casas o galpones seguros donde vivan cómodamente los indios. Ordenanza 6: los caciques y curacas puedan entrar libremente en los ingenios y minas. Ordenanza 7: no se impida la entrada en las rancherías de los ingenios y minas a los curacas de los minerales. Ordenanza 8: se prohíbe a dueños y mayordomos de ingenios que tienen pulperías el vender aguardiente y vino a los indios y sí únicamente pan, coca, maíz, cecina o chalona, con algunos otros efectos que señalare en Potosí el Gobernador Superintendente, y en los demás reales los respectivos Intendentes. Ordenanza 9: a los indios de mita en Potosí y a los demás trabajadores en los asientos de afuera se les acuda por los dueños de haciendas con *bastimentos y demás cosas necesarias a precios moderados;* la autoridad fije los precios. Ordenanza 10: prohíbe que nadie salga a los caminos a comprar, atajar o interceptar los mantenimientos ni géneros destinados a las minas, aunque aleguen que no lo hacen para revender. Ordenanza 11: los dueños de ingenios no tengan cepos ni otro género de prisiones para indios, ni los azoten ni trasquilen. Ordenanza 12: las mujeres e hijas de los indios que trabajaren en minas o ingenios, bien sean esos indios de mita o alquilados, han de vivir con sus maridos y padres, y no estén en casas de dueños de haciendas, aunque digan que las tienen con su voluntad y paga. Pero si fueren indias libres, sin dependencia de mita, puedan alquilarse por sus justos jornales, salvo las preñadas o recién paridas; si por retenerlas, les adelantan salarios, no obste para que sigan a sus maridos después del tiempo concertado por éstos. Ordenanza 13: los dueños de minas e ingenios no consientan en sus haciendas mujeres que no fueren casadas con los mitayos o alquilados; para comprobarlo, den fe los caciques. Ordenanza 14: la corta población en el Perú exige que no se guarden los límites de distancia a que se pueden alquilar indios para minas, según las leyes 3 y 38, tít. 12, lib. VI de la *Recopilación;* pero no se permita alquilar indios de repartimientos o poblaciones que *disten más de 40 leguas* de los minerales donde hayan de trabajar, so penas (nótese que este límite es para mingas, no para mitayos). Ordenanza 15: calidades con que los dueños de haciendas han de alquilar indios para *los minerales de afuera.* (Aquí vuelven a encontrarse las preocupaciones que el Dr. Cañete había externado con motivo de la minga de Ubina, que ya estudiamos.) Entre las causas que más influyen a la minoración de las rancherías de indios libres de Potosí es la más principal el sacarlos a los minerales de afuera *sin licencia del Gobierno,* sin concierto judicial de los salarios, sin determinación de tiempo y con anticipaciones indiscretas de cantidades excesivas con que los enganchan al mingarlos; por ropas y comidas fiadas los perpetúan en servidumbre y regularmente *no vuelven a sus casas* por temor de ser aprisionados por los dueños de minas o sus agentes; es en *perjuicio de labores del Cerro de Potosí* y contra el ramo de tributos; quede perpetuamente prohibido el método abusivo con que se han hecho estos alquileres. Así, cuando mineros de otras partes necesiten indios, no puedan sacarlos, aunque sea de su voluntad, *sin preceder licencia* por escrito del Gobernador Superintendente de Potosí, el cual podrá concederlos *sin perjuicio de los trabajos del Cerro de Potosí,* oyendo antes a los diputados del Gremio de Azogueros. El tiempo *no exceda de un año,* aunque con facultad de prorrogarlo con voluntad de los indios. No se les pueda anticipar a título de socorros al tiempo de las mingas cantidad que *exceda el salario de 3 meses.* Los

mineros hagan obligación formal y den fianza de pagarles en sus propias manos y de satisfacer los tributos durante la ocupación en sus haciendas y que, concluido el término de sus conciertos, darán cuenta a las justicias para que los hagan restituir a sus doctrinas. Ordenanza 16: en estos conciertos para minerales de afuera se forme *lista de los mingados,* cantidades anticipadas a título de minga, y se liquide el cargo de sus tributos; al Protector de Naturales que asista le paguen los dueños de minas *un real* por cada indio de la lista, sin que se les pueda recargar este costo. Si el minero no ha concertado la minga con indios en particular, se publique para que acudan los voluntarios que quisieren alquilarse. Ordenanza 17: no se puedan alquilar para afuera *indios que debieren a los mineros de Potosí* días de trabajo ya pagado, a lo que se llama *alanoca.* Ordenanza 18: todos los dueños de minas lleven *libro de asientos de sirvientes* y en él haya cuenta a cada indio. Ordenanza 19: los indios mingados para afuera salgan a sus destinos *de día claro* y a cargo de persona autorizada por el Gobierno (repite que hasta aquí todo esto se ha hecho sin orden). Ordenanza 20: indio mingado para afuera que se arrepiente y devuelve el dinero en el día de la revista de que habla la ordenanza siguiente, *no sea forzado a salir.* Ordenanza 21: por mojaduras, no se permitan sacar alquilados *sin ropa de remuda* (esta disposición rige en los meses de lluvia, que son diciembre, enero, febrero y marzo, y se pase revista un día antes de la salida de los mingas). Ordenanza 22: la prescripción de la ordenanza que antecede valga también en dichos meses al ser enviados los indios de las *provincias mitarias* a Potosí; se observe también con los trabajadores en los lavaderos de Tipuani: si no traen la ropa de remuda, se la den los dueños de haciendas a cuenta de sus salarios, aunque ellos lo contradigan. (De suerte que la ropa de remuda es obligatoria en los meses dichos, pero a costa del trabajador, no del dueño que los alquila o recibe en mita.) Ordenanza 23: para los mingados de minerales de afuera se guarde también la costumbre que se ha observado hasta ahora, de *no pagarles el leguaje* de ida y vuelta, pese a las leyes 3, tít. 12; 3, tít. 16; 6, tít. 17, libro VI de la *Recopilación,* pero sí les suministren los dueños las *comidas necesarias* para el camino, a razón de media libra de carne diariamente o chalona (es la carne de oveja, salada; se mata la vieja o estéril; se considera como alimento grosero. Cfr. *Lazarillo de ciegos caminantes* (ed. París, 1961, p. 182), con la sal y agi correspondientes o, en defecto, *un real de plata;* cada *cinco leguas* se cuentan por un día. Ordenanza 24: para la saca de oro en Tipuani, que es tierra caliente, no se permita alquilar indios de la Sierra, sino de valles y otros climas semejantes; y se restituyan a sus reducciones en habiendo cumplido el tiempo ordinario de una mita, que es de *seis u ocho meses;* también para estos conciertos haya lista con intervención de la autoridad, especialmente en los indios de Puna, en que debe intervenir el Intendente. Ordenanza 25: los indios han de ser libres para concertar con los dueños de minas *el precio del alquiler*, sin tasa; pero si no supieren pedir o si quieren excesivos jornales, entonces los Intendentes y Jueces Territoriales los regulen. Ordenanza 26: los mineros que alquilan indios deben procurar que tengan doctrina. Ordenanza 27: a los indios, negros y mulatos tocan como *fiestas a guardar* los domingos, cuatro pascuas en los primeros días, circuncisión del Señor, Ascensión y Corpus Christi, Natividad de Nuestra Señora, Anunciación, Purificación y Asunción, y días de San Pedro y San Pablo; en otros días festivos para españoles, los indios *tienen libertad* para no trabajar o para alquilarse. Ahora *se les obligue* a trabajar en estos días optativos, porque se dedican a beber, y ganen ese día *jornal como mingas* (conforme a la ordenanza 5, tít. 10, lib. III de las Ordenanzas del Perú). (Ya veremos que este jornal sigue siendo mayor que el de los mitayos.) Ordenanza 28: los dueños de minas e ingenios tengan asalariados barberos para curar a los indios, pues sólo hay hospitales en las capitales de provincia, a muy largas distancias. Los dueños den aceite, vinagre y azúcar con buenas lanzetas para sangrar. Ordenanza 29: antiguamente se establecieron *16 alcaldes cañaris*, uno por cada provincia mitaria, para que sirvieran de alguaciles del Capitán Mayor de la Mita de Potosí, y fuesen ejecutores de las órdenes para las convocatorias semanales de los indios y enteradores de la cancha de Guayna; ellos hacían comparecer a los curacas, etc. Pero, por el costo, se suprimieron; luego se renovaron por auto de 6 de octubre de 1757, pero sólo *en número de 4*, con jornales de a *8 pesos mensuales*; para el pago de ellos se gravó a cada cabeza de ingenio con *2 reales semanales*; se conserve lo así dispuesto. Ordenanza 30: los dueños de minas e ingenios no puedan *ceder ni realquilar* a otro los indios que hubieren concertado o les estuvieren repartidos; pero el Gobernador de Potosí, en casos de accidente que obligue a parar labores de minas e ingenios, pueda permitir que se den en servicio al azoguero más necesitado que los quiera alquilar, sin consentir que suba el jornal de la tasa ordinaria ni el dueño reciba el menor interés. (Esta prohibición de traspaso incluía, como se ha visto, a los alquilados y a los mitarios; la excepción que se consiente, con licencia del Gobernador de Potosí, es en caso excepcional de accidente que deje a los indios repartidos sin aplicación.) Ordenanza 31: se prohíbe a los azogueros de Potosí que reciban de caciques o indios *plata en cambio del trabajo*. Ordenanza 32: en relación con la antecedente, declara que *la absoluta prohibición de indios de plata* por Velasco y el Marqués de Montesclaros y luego por cédulas de 18 de febrero de 1697 y 22 de octubre de 1732, ha servido solamente para aumentar el gravamen a

los indios y el daño a los azogueros, sin producir los efectos de su intención; porque, no queriendo mingarse los indios de alquiler sin que primero les adelanten los curacas *dos o tres pesos fuera del jornal* que han de recibir del amo, sufren los enteradores este desembolso, con riesgo de pagar también los rezagos si no cumplen en subir al Cerro los mingados; además, su trabajo es lento y apenas enteran la tercera parte, o menos, de las pallas comunes que sacan los demás peones, o se huyen antes de haber enterado dos o tres pallas; así son gravados los curacas, no se logra el trabajo, ni los dueños de minas sacan el aprovechamiento que tendrían *mingando ellos mismos por su mano con los 3 pesos* que se le trampearon al curaca. Por eso se debe permitir que, en lugar de los indios faltos de mita, *puedan dar plata* los caciques y curacas, y los dueños de minas recibirla libremente, al respecto de *3 pesos semanales*, como reguló el Conde de la Monclova (en 27 de abril de 1692); bajo la precisa condición de que se haya de entregar el dinero al interesado por mano del Capitán Mayor de la Mita, con precedente aviso del Gobernador Superintendente de Potosí, y que los indios mingados con su importe se han de presentar indispensablemente a *recibir la paga* con los demás mitarios en Guayna, apuntándose con ésos, con la diferencia de añadir que son de *cédula minga*, con penas al dueño que no lo haga en esta forma. No obstante esta nueva providencia, si quisieren los curacas *dar otros indios* por los que faltaren, no se les impida; en este caso se satisfaga al *cédula minga* el mismo jornal de los voluntarios de alquiler, y sea a cargo del curaca reponer otros indios si faltan o no enteran *tres y media pallas cumplidas*; y no verificándolo pagarán los rezagos por entero para evitar conciertos fraudulentos entre curacas y mingas. (Nótese que en este punto lo que se perseguía desde tiempos atrás era que el minero no se embolsara la plata y que efectivamente mingara al indio que suplía al que faltaba y se llevara a efecto el laboreo minero para el que se concedía la mita. Como Sanz y Cañete conocían bien la práctica potosina, tomaban en la ordenanza 32 las precauciones que les parecían necesarias para poder, no tanto declarar, como derogar la anterior ordenanza 31. En otros términos, restablecen el uso del *indio de plata*, pero con regulaciones suplementarias que tendían a evitar los abusos conocidos. Junto a los mitarios propiamente dichos aparecerían esos *cédula minga* con jornal que se equiparaba al de los mingados o alquilados voluntarios. Téngase presente también *infra*, p. 142.) Ordenanza 33: determina lo que se ha de dar a los indios por los dueños de minas *en los días que dejaren de trabajar* por disposición de éstos. Después de entregada la mita suelen no ocuparla luego los azogueros, por motivos de su propia conveniencia, y regularmente acostumbran dar suelta y huelga a los indios de su asignación en la semana santa, porque, escaseando entonces los barreteros que han de quebrar el metal, les conviene más acopiarlo para mejor tiempo que no emplear en su acarreo toda la gente repartida, ya que no alcanza la saca para costear los salarios. No es justo que los indios pierdan enteramente el jornal; en esas ocasiones se les dé *la mitad*, y si los tienen sin trabajar más de quince días, se les dé *el jornal entero* por los demás días en adelante, como si hubieran trabajado; si en un día trabajan más del medio día, se cuente *por entero*; pero si sólo trabajan medio día o menos, se les pague *medio jornal*. (Adelante veremos el comentario desfavorable que semejantes medidas arrancan al anotador del Código.) Ordenanza 34: los dueños de minas e ingenios han de ser responsables por los daños y delitos de los administradores, mayordomos, etc., con los indios, y por los que causen sus hijos, deudos, huéspedes, criados o esclavos; es *responsabilidad in solidum*, y les quede a los dueños su derecho a salvo contra el agraviador. Ordenanza 35: los dueños de minas no pongan mineros concertados *en parte de los frutos* sino con salario señalado. Ordenanza 36: no concierten a mineros y administradores por menos de un año. Ordenanza 37: en el plazo convenido no expelan al minero o administrador sin haber ellos dado mérito para ello. Ordenanza 38: a pesar de las estrechas prohibiciones del Gobierno del Perú (Cañete en la ordenanza 7, tít. 11, lib. III del Perú. Montesclaros en 15 de junio de 1608) para que los azogueros *no empleen indios de mita en el servicio de sus casas ni en guardar las minas e ingenios en domingos y fiestas*, se tiene entendido que continúa el abuso de destinar en sus casas uno o dos de los que están de descanso, con título de *pongos o semaneros*, para que sirvan de porteros y lavar vajillas de sus amos, sin otra recompensa que la comida y *4 reales por toda una semana*. También emplean los llamados *apiri-pongo* y capitán de herramienta: el primero, para despertar toda la gente de tanda y reducirla al trabajo, y el otro, para custodiar las herramientas y pagar las perdidas. Se prohíben de nuevo esas ocupaciones, pero si los indios quieren emplearse en ello, pueden hacerlo por el salario que se convenga y que *no pueda ser menor que el de la tasa de los demás mitarios*, y el capitán de herramienta no tenga responsabilidad por las piezas que se perdieren, a menos que se le pague salario por el riesgo. Ordenanza 39: los indios mitarios que *cayeren enfermos* trabajando para dueños de minas e ingenios, queden relevados de servicio si la enfermedad no les permite prestarlo y su falta en esa mita *corra por el azoguero*, sin obligar al capitán enterador a poner otro indio ni a pagar rezagos. Si el médico del hospital los da de alta, vuelvan al trabajo; pero si ya pasó el tiempo de la tanda, no se les obligue a servir, aunque no hubiesen trabajado sino una semana o menos. Ordenanza 40: al indio de mita que se descalabrare o lastimare trabajando en las minas e

ingenios de Potosí, le acuda el azoguero con *dos reales diarios* por el tiempo que estuviere enfermo, más las costas de la curación si no lo enviaron al hospital; si quedan lisiados, les acudan por tres meses con los *dos reales diarios*, y al fin de ellos, con *50 pesos de contado*; si muere, se dé a su mujer e hijos lo que el Gobernador Superintendente de Potosí arbitrare en concepto de *los 4 reales diarios* que monta el jornal común de un indio de mita. Ordenanza 41: los dueños pongan *agua* en bocas de las minas para que beban los indios; éstos suelen mezclarle harina blanca de maíz, lo que no es beneficioso; se persuada a los interesados (es decir, a los indios) que con el agua mezclen aguardiente con corta cantidad de miel para fortalecerlos e incitarlos a repetir los charqueos (llenar las canastas llamadas charcos anota E. Martiré, II, 139; adelante se verá la mención de costales de chasqueo) y evitar enfermedades por el aire frío cuando, después del continuo trabajo de una noche, salen sudados a la cancha de la mina. Ordenanza 42: tocante a la *jornada de trabajo*. Es dañoso a los indios y perjudicial al interés de los mismos azogueros el que trabajen dos o tres días seguidos con sus noches para enterar las *5 pallas de la semana* y evitar el pozgueo de los rezagos del chasqueo (*sic* en el Ms. de la Colección Mata Linares; en la ed. de E. Martiré: evitar el poqueo de los rezagos del charqueo), por haberse experimentado que subiendo al trabajo el miércoles o el jueves después que por indulgencia culpable de los mineros han pasado en borrachera los días anteriores en las rancherías de la Ribera, luego que empiezan a trabajar aflojan de fuerzas; y o no enteran las pallas, o se enferman del esfuerzo. Se prohíbe este método abusivo de trabajo, salvo que sea indispensable en caso extraordinario que autorice el Gobernador Superintendente. Ordenanza 43: no se puede por lo regular tener bien servida una mina sin minero, cancha-minero, arreador, administrador del Cerro, *apiri-pongo* y capitán de herramienta. Y para los ingenios: administrador, mayordomo, serviri, capitán teniente, carpintero y beneficiador. Quedan obligados los dueños a *tener a soldada esos empleos*, salvo excusa autorizada por el Gobernador. Ordenanza 44: se prohíbe que los dueños *vendan metales* para que el comprador los quiebre y saque del interior de las labores (pues por la codicia se destruyen los reparos). Pero si el comprador tiene pertenencia propia en la misma veta y actualmente la labrare, el Gobernador lo permita, con la condición de que el comprador ponga minero que dirija la labor.

Libro II, título 2, "De los mineros, administradores y demás empleados subalternos que tienen el manejo directivo de las minas" (ed. Martiré, II, 140). Ordenanza 1: determina las calidades de los mineros, en tanto se funda el seminario o academia para su enseñanza. Práctica de diez años, no haber sido convencidos de delito, ser españoles, mestizos de éstos o indios nobles sin raza de negros ni mulatos. Tratan de lo mismo las ordenanzas 2, 3, 4 y 5. Ordenanza 6: el minero no tenga más que dos labores gruesas o tres moderadas. Complementa esto la ordenanza 7. Ordenanza 8: los mineros puedan concertar los *pongos* que fueren necesarios para el aderezo y seguridad de las minas, con el número de sirvientes (llamados *perdidos* en el país) que cada pongo necesite, y los dueños los costeen. Ordenanza 9: prohíbe a los mineros trabajar por su cuenta labores ni pallacos. Ordenanza 10: tampoco puedan tratar en metales. Ordenanza 11: el lunes por la tarde o en día siguiente a fiesta de guardar suban al Cerro todos los mineros y sus subalternos a la hora en que suban los indios mitarios y demás trabajadores, de modo que se hallen juntos todos los operarios de cada labor al cerrar la noche para que puedan comenzar el trabajo a vista de los mineros. Ordenanza 12: los mineros no bajen del Cerro con ningún pretexto hasta el sábado o víspera de fiesta de guardar, conforme a la ordenanza 12, tít. 11, lib. III del Perú, dada por Velasco, porque después apuran el trabajo de los operarios con tareas excesivas para que en dos o tres noches enteren las pallas que dejaron de sacar por el descuido de arrearlos con oportunidad. Ordenanza 13: los mineros cuiden que estén limpios y seguros los caminos interiores y exteriores de las minas y que se labren éstas sin riesgo y se dé buen tratamiento a los indios; repartan a éstos las *velas necesarias* y procuren que trabajen con actividad, sin indulgencias que excedan al *acollico* ordinario, ni apurarlos en agravio de la humanidad. Ordenanza 14: las *botas de metal* que los indios hubieren sacado a la cancha de la mina durante la noche, las han de medir y contar los mineros en *los costales que llaman de chasqueo* (sic en Mata Linares y también en E. Martiré, II, 145), a la hora que se suspendiere la labor de aquella mita, abonando a cada operario en las rayas acostumbradas la palla entera, media palla, o número de botas que hubiere enterado, y *diariamente* quede liquidado el cargo que ha de pagar el amo y se evite toda diferencia al tiempo de cerrar las memorias semanales por donde se han de satisfacer los salarios en el día establecido por ordenanza. (Esto da a entender, como se confirma luego, que el Nuevo Código acepta la imposición de tareas, a pesar de que en ocasiones anteriores —a partir del propio virrey Toledo, según hemos visto— se intentó suprimirlas.) Ordenanza 15: los *indios libres* que se conchavan para barreteros, brociris, lacuris, pongos, apiris y para otros oficios semejantes, reciben siempre de los mineros *un peso de socorro* con el nombre de *alanoca* para que se puedan aviar de coca y otros menesteres; pero suelen, por fraude, recibir alanocas de distintos mineros, escondiéndose el lunes o con intención de cumplir con el que mejor les parece; así, minorada la quiebra del metal dentro de las minas, los mitarios sacan muchas basofias in-

útiles, ganando igual salario que cuando extraen metal de provecho; en esto de las alanocas también defraudan los mineros a los dueños; por eso se manda que el lunes por la mañana, al reunirse en la plaza pública los curacas, acudan los mineros con el dinero de las alanocas y en presencia del diputado en turno entreguen a cada curaca tantos pesos cuantos indios quisieren alanocar, para que esos mandones los lleven el mismo lunes a las dos de la tarde a Guayna; allí los mineros concierten los jornales acostumbrados y se entregue la alanoca y se asienten los conchavos en libro con anotación del nombre de los curacas y su parroquia y de los indios mingados y su destino, ya sea de barreteros, brociris u otros semejantes, y los salarios concertados por los trabajadores y no por los curacas; inmediatamente suban al Cerro al trabajo, y si huyeren con la *alanoca*, respondan de ésta los curacas y presenten al Gobernador Superintendente de Potosí los operarios de sus parroquias que desamparen el trabajo antes de cumplir *las 5 pallas o mitas de la semana*, para que los corrija. (Esta ordenanza reitera que se impone la entrega de una tarea semanal a los mingados.) Ordenanza 16: si los operarios fuesen cholos, mestizos, mulatos, sambaygos o españoles, que no tienen curacas, podrán recibir de mano de los mineros las alanocas y concertar sus jornales en el lugar y modo que les pareciere, y queden obligados a subir al Cerro, salvo si devuelven la alanoca en el mismo día que la recibieron, antes de las dos de la tarde si fuere lunes, si no, sean obligados a cumplir. Los mineros asienten en su libro de concierto si el alquiler fue a jornal o destajo y el día y hora en que el conchabado recibiere la alanoca en plata, para resolver la preferencia del que hubiese alanocado primero. Ordenanza 17: los administradores de minas son como apoderados de los amos para inspeccionar labores y han de saber aritmética común, ser mayores de 25 años, etcétera. Ordenanza 18: el lunes por la noche suban al Cerro a *pasar lista de toda la gente así de mita como de alquiler;* cotejen con el libro de los mineros; suban los jueves por la mañana a tomar balance de las pallas que hubiesen enterado los mingas, y en hallando 5 *pallas* (en los minerales donde se acostumbra trabajar de noche, o seis en los que se trabajare de día), dejen ir libremente a los indios, y si continuaren el servicio voluntariamente, se les paguen las pallas o mitas que hagan de más. El sábado se haga la misma diligencia para *reconocer las pallas* de indios cédulas o mitarios. (Este precepto muestra que la tarea semanal se aplica no sólo a los mingados sino también a los indios de mita.) Ordenanza 19: los *arreadores* deben subir al Cerro con los mineros y los trabajadores; su oficio es el de celar a los apiris y brociris para que éstos rompan y quiebren el metal dentro de la mina y aquéllos lo saquen a la cancha. Ordenanza 20: sean escogidos los arreadores a satisfacción de los mineros. Ordenanza 21:

los cancha-mineros o *cancheros* son interventores para el más calificado manejo de las minas: piden la pólvora y las velas necesarias, llevan cuenta de estos gastos y de los jornales en memorias de cada semana. Los que estén en Aullagas y en otros minerales donde se acostumbra socorrer a los operarios con *efectos y comestibles*, también los asienten. Entren una noche a las labores y celen a los capitanes *Palliris*, que son los jefes de los quebradores del metal. Los capitanes de las recuas de acarreo se llaman *Cumuris*. Los cancheros también vigilan a éstos, dan los vales, etc.

En el libro II, tít. 3, se trata "De las personas encargadas del gobierno de los ingenios y haciendas de beneficio" (ed. Martiré, II, 149). (Obsérvese que si el tít. 2 era el relativo al trabajo en las minas, éste va a regular lo concerniente a la molienda de los metales.) Ordenanza 1: los administradores de ingenios cuidan los caudales en dinero o en pastas, los azogues y demás efectos; cada uno reparte al beneficiador, al carpintero y al herrero lo que piden; lleva cuenta de las compras de maderas, sal, estaño, carbón, leña y demás materiales y utensilios, de las bajas de metal con distinción de los dueños de recuas, y de las cajas y topos de harina que rindiere cada cabeza, ya sea seca o humedecida que dicen *pirinchada;* liquida al fin de la semana el producto de la piña y paga a la gente. Ordenanza 2: los mayordomos son los agentes diligencieros del administrador; deben buscar los operarios encargados de *repasar en los Buitrones las harinas preparadas del metal*, ya sean peones de cuenta, que llaman *repasiris*, o muchachos de 12 años para arriba, que llaman *chibatos;* según el número de los que entraren en la hacienda, anotará el administrador el importe de los jornales. Ordenanza 3: Los mayordomos intervienen en los ensayes de pallacos o desmontes. Ordenanza 4: cuando los indios *mortiris* (en servicio del Morterado) no tienen a la vista quien cele su trabajo, lo abandonan y mezclan granza a las harinas para aumentar los enteros de sus topos; cada ingenio tenga *serviris* para celar en eso, de día y de noche, y también corten cueros para aforrar las lavas en la forma que dispusiere el carpintero. Ordenanza 5: otros oficios inferiores en los ingenios son los de los *repasiris*, o sea, los indios que trituran con los pies las masas de harinas en los buitrones; los vigile un sobrestante o capitán; haya también un teniente subordinado al beneficiador. Ordenanza 6: tengan los ingenios peritos para el beneficio de los metales (la ordenanza 7 dispone que se dé aviso al juez de minas de las haciendas donde entraren a servir los beneficiadores; la ordenanza 8 trata de su idoneidad y examen, en tanto se establece el seminario de minería, etc., a que se refiere la ordenanza 9). Ordenanza 16: en los ingenios haya un carpintero de ribera bien instruido. Ordenanza 18: también haya quemadores o maestros examinadores de las calcinaciones.

El título 4 (ed. Martiré, II, 157), se ocupa de las formalidades que deben guardar los mineros y administradores en su manejo, los libros que han de llevar, etc.

El título 5, "De los *dueños de recuas* que se emplean en las bajas de metales y en el acarreo de materiales y provisiones..." (ed. Martiré, II, 160). Ordenanza 1: se matriculen todos los dueños de recuas con sus respectivos ayllos (para evitar suplantaciones y fraudes, con declaración del número de sus bestias, haciendo la distinción entre burros y llamas o carneros de la tierra. Ordenanza 2: aunque las recuas de burros facilitan las bajas con mayor prontitud a causa de cargar cada burro hasta 5 *arrobas* (los cuales se usan desde hace veinte años en Potosí), como han disminuido los carneros que entraban a Potosí y se vendían para el abasto de la Villa y el trajín del Cerro, y escasearía la carne de llama en perjuicio de los indios, se exija que no se admitan los burros sino en las dos terceras partes de las recuas y la tercera restante sea con carneros de la tierra. Ordenanza 3: para que no se altere el precio, los acarreos de sal de las salinas de Yocalla se hagan precisamente con llamas. Ordenanza 4: no se permita llevar llamas hembras en las recuas de acarreo. Ordenanza 5: no confundan los dueños de recua los metales de diferentes labores; para evitar fraudes, los mayordomos del Cerro den vales a los acarreadores que llaman *cumuris*. Ordenanza 6: no haya bajas desde que entra (o sea, se pone) el sol en sábados ni en vísperas de fiesta. Ordenanza 7: para excusar que se carguen los indios donde no haya recuas, las habiliten los dueños de minas. Ordenanza 8: los pastores de recuas no paguen el ganado muerto o perdido sin culpa suya si no tuvieren señalado precio equivalente al peligro a que se exponen. Ordenanza 11: los dueños de recuas reparen el camino de los cerros minerales en mancomún con los dueños de minas. Ordenanza 12: los caminos que van a los asientos de minas se reparen entre todos los interesados, sin excluir a españoles, indios y demás personas comarcanas a los caminos. Ordenanza 13: no se intercepten los víveres y materiales que se conducen a los asientos de minas.

El título 6 se ocupa "De las Lagunas de Potosí y de otros surtideros de agua para los ingenios y haciendas de beneficio" (ed. Martiré, II, 169). Ordenanza 1: se conserven con cuidado las 19 lagunas de Potosí. Ordenanza 2: se reparen los tajamares y las acequias de las lagunas. Ordenanza 3: los gastos para el reparo de las lagunas se consignen en el ramo municipal de sisa. Siguen otras disposiciones que no recogemos.

En el mismo libro II, el título 7 es el "De la *Real Mita de Potosí*" (ed. Martiré, II, 175) (esta materia de mita sigue hasta el título 12 en que termina el libro II y también el primer tomo del manuscrito de la Colección Mata Linares. El libro III, que va en el tomo segundo del manuscrito, también se ocupa de la materia del trabajo). Al margen de la ordenanza 1 va esta nota: "Ver los discursos de Villava y Sanz y todo lo ocurrido con la Audiencia, Presidente, Arzobispo de Charcas en tiempo del Sr. Melo virrey de Buenos Aires y el extracto hecho a S. M.". Ordenanza 1: "Que *no se haga novedad* en la mita de Potosí bajo las condiciones capituladas por el virrey D. Francisco de Toledo". Ofrece el fundamento así: "Atento que el servicio de la mita se estableció entre los indios del Perú desde el tiempo de sus primeros curacas, para arreglar y mantener el orden general y el interés del Estado en estos países, y por consecuencia de esta institución, se miró desde entonces la *ocupación forzada* de estos naturales, como parte del Derecho Público del Perú en medio de ser ciudadanos libres, por conveniencia de ellos mismos en remedio de su repugnancia nativa al trabajo, para bien común de la sociedad: cuyos reglamentos posteriormente mejorados por las leyes y ordenanzas del Reino no pueden tocar en injusticia, habiendo dispuesto esta escrupulosa materia con tal temperamento que en el modo del servicio no haya exceso ni violencia" (en relación con lo cual se cita en apoyo de no hacer novedad en la mita la cédula de Sevilla del 22 de octubre de 1732); se dispone que se respeten las reglas del virrey Toledo y la capitulación que celebró con los caciques congregados de Canes y Canches (al margen: "si esta capitulación es justa y obligatoria *in eternum*", y donde se dice que no haya exceso ni violencia, se anota también al margen: "en la ejecución está la dificultad"), o sea, un tercio de mitayos trabajen y los dos tercios restantes de gruesa huelguen en sus tratos y granjerías (se cita aquí a Martín Enríquez, 23 de noviembre de 1582; Velasco, en 29 de mayo de 1598; Príncipe de Esquilache en 15 —se lee 7 en Martiré, II, 176— de junio de 1607; Marqués de Montesclaros en 28 de febrero de 1612), con tal que estas Puntas de descanso no salgan de las inmediaciones del Cerro (ley 15, tít. 15, lib. VI de la *Recopilación)*. "Y declaro (al margen se lee: "Esta prohibición de alquilarse libremente está mal explicada") que no podrán (en ed. Martiré, II, 176: "que podrán", lo que parece mejor lectura) alquilarse libremente, sin que los puedan emplear mientras estuvieren de descanso en ninguna ocupación de plaza, trajines, ni salinas; y asimismo que los indios de los pueblos afectos a la Real Mita han de quedar libres de otros cualesquiera cargos, pensiones y repartimientos que en los dichos pueblos se hayan hecho y acostumbrado hacer (al margen: "Estos servicios están abultados y ya no los hay") y desde luego quedarán desobligados (ed. Martiré, II, 176: "obligados", lo que parece erróneo) de acudir a otros servicios de minas, chácaras, estancias, obrajes y de otra cualquier calidad que sean fuera de dicha mita de Potosí" (cita el art. 16 del repartimiento general del Conde de la Monclova en 8 de

mayo de 1692). Ordenanza 2: las provincias obligadas al servicio personal de las minas e ingenios de Potosí, con arreglo a la Real Cédula de Sevilla de 22 de octubre de 1732, corra *sólo en las 16 provincias* que señaló Toledo: Tarija o Chichas, Porco, Cochabamba, Paria, Carangas, Paucarcolla, Lampa, Asangaro, Sicasica, Pacaxes, Omasuyos, Chucuito, Quispicanchi, Canas y Canches o Tinta, Chayanta; reduciéndose el repartimiento en *los 139 pueblos* fijados desde el principio en estas 16 provincias. Se declaran *libres de la mita de Potosí* las provincias de Larecaja, Tomina, Pilaya, Misque, Yamparaes y parroquias de San Pedro y Santiago de la ciudad de La Paz, y nuevos curatos de las Provincias de Cochabamba y Porco, que había agregado Palata. (Aquí el Código recoge el resultado de largos debates que conocemos y que anteriormente se habían fallado). Ordenanza 3: la mita se reduzca de *la séptima de cada pueblo* de los afectos a este servicio (conforme a la ley 21, tít. 12, lib. VI de la *Recopilación), según el número de indios tributarios que montaren las últimas revisitas y retasas.* (Ésta es una de las finalidades principales que perseguían Sanz y Cañete en su proyecto, o sea, actualizar el número de los mitarios según los resultados del aumento registrado en los tributarios de los pueblos afectos a la mita. Era también, como sabemos, uno de los principales motivos del rechazo del proyecto por el fiscal Villava.) Ordenanza 4: se excluyan de la computación de la *séptima:* los enfermos habituales, impedidos y viejos de 50 años para arriba, los menores de 18 años aunque estén casados, los caciques de sangre y sus hijos primogénitos, los gobernadores (indios) que no sean caciques, cobradores de tributos y alcaldes de la República en el año que lo sean, los cantores, sacristanes, fiscales y maestros de escuela y de capilla, en el tiempo en que se ocuparen en esos ministerios; los curas empleen en ello a los viejos y reservados. (Siguen las anotaciones al margen en crítica constante al Código.) También se excluyan de la séptima los artesanos necesarios para el servicio de los pueblos, como son los sastres, zapateros, herreros, tintoreros de lana y silleros mientras trabajen en tiendas públicas. En los pueblos de menos de 200 indios, sólo se reserve de mita un oficial de los referidos artesanos, y si son de 200 para arriba, dos de cada uno de dichos oficios, según dispuso el virrey Velasco en provisión de 5 de diciembre de 1603, y de este modo se entienda la ley 11, tít. 5, lib. VI de la *Recopilación*. Ordenanza 5: si bien para las tasas (de tributos) no se exceptúan los hijos segundos de caciques, *sí se eximan de mita* conforme a la concesión que hizo el Visitador D. Andrés Garavito de León y la provisión de la Audiencia de Charcas de 30 de septiembre de 1677. Ordenanza 6: el virrey Toledo estableció parroquias en Potosí en 1572 y les repartió las provincias mitarias para que cada una reconociese su iglesia propia; después se redujeron esos beneficios en el orden siguiente: de los tres repartimientos afectos a la mita en la provincia de Chichas, se aplicaron a la parroquia de San Pedro, los pueblos de Santiago y Calcha..., etc. (esta relación tiene el interés de dar los nombres de los repartimientos afectos. Puede consultarse en la edición del Código por Martiré en el t. II, 178). Ordenanza 7: el virrey Toledo, el fin de que los mitayos tuvieran solares para las rancherías donde habían de vivir y tierras donde apacentar sus ganados durante sus tandas y sacar la leña necesaria para cada comunidad o ayllo, les repartió *sitios y estancias* dentro de la Villa e inmediaciones sin que las pudiesen vender; después, con la disminución de la mita, se confundieron por baldías y las ocuparon españoles y mestizos sin títulos justos; se manda fijar edictos para que cada pueblo de las provincias mitarias exhiba los títulos o justifique sus pertenencias, a fin de que *se le restituyan* (así no faltará leña ni tendrán que devolver sus ganados a sus provincias por falta de lugar donde tenerlos).

Título 8, "Del repartimiento y distribución de la mita de Potosí" (ed. Martiré, II, 180). Ordenanza 1: se practique el repartimiento general de la mita en tiempos convenientes en la forma que aquí se dispone; desde que el Conde de la Monclova, en 1692, formalizó el último repartimiento que rige hasta ahora, no se ha practicado otro, y se tiene entendido que las provisiones particulares de merced despachadas posteriormente por el Superior Gobierno a favor de algunos azogueros han producido obscuridad; también ha creado confusión el descuido que ha habido en sacar la ordinaria de sucesiones cada heredero de ingenios de Potosí y hay quien tiene indios sin más título que la tolerancia de los Superintendentes de Mita; además, los dueños de minas aguadas han destinado a otras minas los indios por su arbitrio; para evitarlo, sea obligación de los virreyes, al entrar a gobernar, *hacer nuevo repartimiento general de la mita,* con previos informes. Ordenanza 2: (Al margen se lee: "Este pensamiento (es) capcioso, porque parece va con la ley; es de mucha consecuencia; está puesto para llevar adelante *el aumento de mita;* era perder el Perú y no era menester más castigo al que lo propone que fuese de su cuenta la ejecución, si pudiese subsanar los perjuicios.) Que el repartimiento general de la mita se efectúe con arreglo a las últimas retasas de cada provincia; que a tiempo de hacer el repartimiento de que habla la ordenanza anterior forme la Contaduría de Retasas cuenta de lo que montare la gruesa de toda la *séptima de tributarios efectivos en 139 pueblos de las 16 provincias,* y conforme al acrecentamiento o disminución de contribuyentes que resultare de esta operación, se extienda o minore el número de agraciados en cada repartimiento general. Ordenanza 3: cuando el virrey de Buenos Aires determine nuevo repartimiento general de mita (es

de tener presente que el partido de Tinta correspondía al distrito del virrey del Perú), pida a este virrey (del Perú) que envíe con plazo de cuatro meses las últimas retasas del referido partido. Ordenanza 4: se cite a los azogueros de Potosí para las diligencias de revisitas extraordinarias (no para las ordinarias). Ordenanza 5: que la gruesa sacada por séptima *se divida en tres partes* que trabajen con intervalo de *dos semanas de descanso,* según lo dispuesto por el virrey Toledo y la cédula dada en Sevilla el 22 de octubre de 1732; así, cada indio sólo trabaje 17 semanas y 2 días interpolada y alternativamente para completar entre las tres puntas 52 semanas de continuo trabajo; cumplido esto, no vuelvan en seis años. A veces hay sobrantes al aplicar la mita, por ejemplo, si se encuentran en un repartimiento 17 donde sólo corresponden 15 de mita gruesa con cinco por punta; se excluyan todos los quebrados de la cuenta para reemplazar muertos y ausentes; se procuren aplicar a un azoguero los de unos mismos pueblos para favorecer a los indios que viven así entre paisanos. Ordenanza 6: para cada cabeza de ingenio bastan 4 hombres: 1 *carador* para el cuidado de la solera, 1 *gransiri* para el acarreo de metales desde el pampeo al morterado, 1 *cedacero* para cernir harinas, y 1 *golpeador;* por eso es excesiva la asignación que hizo el Conde de la Monclova de 40 indios por punta para cada cabeza de ingenio y mina que corresponden a 120 de gruesa, pues aunque repartidos entre mina e ingenio quedan a éste 60 de gruesa, vienen a ser semanalmente 20 indios por punta, y aun repartidos 10 de día y 10 de noche, no pueden tener ocupación fructuosa, de que ha resultado que descuidan el servicio unos en otros, y debiendo corresponder el molido de un topo de harina o medio cajón por cada almadeneta al cabo de 24 horas, pocos alcanzan esta tarea; por eso cada trabajador de los 20 que componen una punta apenas gana *12 reales en toda la semana,* aunque enteren 5 topos diarios, que hacen 30 semanales con valor de otros tantos pesos partibles entre los 20 indios. Que se reduzca a sólo *13 indios la mita gruesa de cada cabeza de ingenio,* partida en tres puntas de 4 personas, para que alternen de día y otros de noche diariamente, con intervalo de 24 horas de su descanso; el indio sobrante de los 13 sea para reponer falta que pueda ocurrir por enfermedad, muerte o fuga de alguno de los otros sirvientes ordinarios. En cambio, para el trabajo en el Cerro se repartan 75 por gruesa, o sea, *25 de continuo trabajo por una cabeza.* (Esto es lo que vendría a corresponder al dueño de una cabeza de ingenio que tuviera labor en el Cerro, además de los 13 del morterado.) Si el dueño tuviere dos cabezas, le tocaría el doble de esas cifras de indios, etc. Para la custodia y el reparo de las acequias de las lagunas, se asignarían en el sobrante de los quebrados, *6 indios de continuo trabajo* con igual alivio que los demás operarios. Ordenanza 7: para dar la mita a esas minas acrediten que abastecen la saca de *15 cajones* de metal pallado, si son para un ingenio de dos cabezas, o la mitad si es de una cabeza; en el estado del Cerro esto importa, y no la ley del metal ni que las vetas tengan o no frontones en virgen. Ordenanza 8: las leyes 4, 5 y 8 del tít. 15, lib. VI de la *Recopilación* disponen las reglas para dar los indios, pero ahora en Potosí es difícil cumplirlas porque son pocos los dueños que trabajan sus propias minas e ingenios, y sería menester alterar de continuo los repartimientos verificados en los arrendatarios; se atienda por ello no a la persona sino a la *calidad y actual trabajo de las haciendas,* "supuesto que no se concede la mita en paga y gratificación de servicios sino para el preciso efecto de la labor de los ingenios y minas". Así los arrendatarios que sucedan continúen disfrutando los indios del anterior si tienen la calidad de inteligencia personal para este ejercicio. Ordenanza 9: se quiten y apliquen a otros los indios repartidos a los ingenios arruinados que no se reedificaren en el intermedio de un repartimiento general a otro. Ordenanza 10: en los repartimientos generales sean preferidos los ingenios más antiguos (se razona que gastaron más de 6 millones de pesos ensayados en la fábrica de lagunas e ingenios y en premiar a los inventores del beneficio del azogue, fierro y cobre), según el rendimiento de sus rescates desde la erección del Banco de San Carlos. Ordenanza 11: en las sucesiones de ingenios y minas *se han de incluir también los indios repartidos para esas fincas,* conforme a la provisión del Marqués de Montesclaros dada en Los Reyes a 23 de agosto de 1609 (que se inserta, ed. Martiré, II, 185: "que de aquí en adelante todas las veces que muriere alguna persona de los en quien están repartidos indios de mita, *suceda en ellos* el hijo o herederos que dejare de la misma forma y manera que en las minas e ingenios, con tal que los sucesores tengan obligación de llevar confirmación del Gobierno dentro de cuatro meses siguientes, a cuyo efecto acreditarán el título de la herencia con el testamento del último poseedor, o en caso de muerte intestada, la calidad de parientes dentro del cuarto grado de consanguinidad, con audiencia formal de la parte del Fisco, del Protector de Naturales y de los que se reputaren interesados a los derechos del difunto", bien entendido que estas calificaciones se han de hacer primeramente ante el Gobernador de Potosí como Superintendente de la Real Mita. En caso de pleito u otro motivo jurídico, el Gobernador pondrá en el ínterin las referidas haciendas en administración o arrendamiento, depositando los indios en la misma persona hasta las resultas del juicio). Ordenanza 12: si los azogueros dueños de minas e ingenios los venden o traspasan, el

Gobernador vea si el comprador tiene las cualidades de inteligencia del antecesor a quien se hizo merced de los indios y si es así, *se le concederá la misma mita por nuevo repartimiento.* Ordenanza 13: conforme a las ordenanzas 6 y 7 de este título, el repartimiento general se haga con igualdad y justificación. Ordenanza 14: dentro de cuatro meses de la publicación del repartimiento general en la capital del virreinato los interesados saquen despachos de la merced de indios, y sin este recaudo no se les cumplan los enteros. Ordenanza 15: se dé cuenta al Rey de los repartimientos generales y los agraviados puedan recurrir ante S. M. en el Consejo de Indias. (El Nuevo Código es, pues, permisivo en cuanto a la sucesión y el traspaso de minas e ingenios con indios de repartimiento.)

Título 9, "Del envío de la Real Mita al servicio de los ingenios y minas de Potosí" (ed. Martiré, II, 188). Ordenanza 1: trata de los sorteos para la *séptima;* ésta no se reclute como hasta aquí, por designación de los caciques o segundos, sino por sorteo: por ejemplo, en un pueblo de 700 indios, para la primera tanda se pongan en rueda y comenzando a contar por la persona que señale el Juez, se vayan sorteando de 7 en 7 hasta completar los 100; en la segunda tanda, entre los 600 que estén aún sin servir, de 6 en 6; en la tercera tanda, al quinto; en la cuarta, a cuatro; en la quinta, a tres; en la sexta, de dos en dos. Los de la séptima salgan sin sorteo. Al llegar los indios a los 18 años entren a los sorteos. Ordenanza 2: los sorteos se practiquen ahora según el estado de las tandas de cada pueblo. Ordenanza 3: se tiene entendido que en el Perú repiten sus tandas cada 3 o 4 años los indios de mita sin guardarse la séptima de la ley 21, tít. 12, lib. VI de la *Recopilación,* porque *los curas emplean excesivo número* para alféreces, mayordomos y priostes de fiestas y cofradías y para su propio servicio, quedando relevados de mita todos ellos en dos o tres años subsiguientes, en recompensa de sus gastos; llega el abuso a indultar indios de la tanda a trueque de dinero so color de aplicar el precio de estos rescates para músicos y cantores de las iglesias. Se declara, moderando la orden sobre alferazgos dada por el Duque de la Palata en 20 de febrero de 1648 (fol. 311 de las Ordenanzas del Perú, caps. 8 y ss.), que cada iglesia matriz no tenga arriba de 3 alféreces y en cada anexo 2 para las fiestas, y 1 para cofradía fundada con licencia del gobierno, con libertad de mita por tres años consecutivos, inclusive el de la fiesta; pero quedan prohibidas las mayordomías y los priostazgos; se prohíben los rescates para músicos; y repartir indios para el servicio particular de los curas en perjuicio de la mita, guardándose la ley 43, tít. 12, lib. VI de Indias. Ordenanza 4: al acercarse el tiempo de la mita, los jueces territoriales irán a los pueblos al sorteo de la séptima y asienten en libro los sorteados. Los jueces no lleven derechos a los indios ni a los caciques. Ordenanza 5: a propuesta de los caciques de cada repartimiento han de elegir los jueces territoriales, antes del sorteo, a los *capitanes enteradores* que han de llevar la mita a Potosí y se les cuenta como tanda. Si se distribuye un mismo pueblo entre distintos interesados, se elija para cada asignación un capitán enterador. Ordenanza 6: el virrey Velasco, en provisión de 1º de noviembre de 1596, inserta en otra de 10 de abril de 1597, y en 30 de junio de 1601, ordenó que en partes cómodas se congregasen los indios para partir a Potosí; que el capitán mayor de la mita y el protector de los naturales, en 25 de septiembre de 1771, formaron un margesi completo de las provincias mitarias y pueblo de reunión; se aprobó por la Audiencia de Charcas en 18 de agosto de 1775; se continúe. Así los mitarios de la provincia de Chucuito se junten en el pueblo del Desaguadero, a 130 leguas de Potosí; los de Paria, en San José de Poopó, a 48 leguas; los de Chaianta, en San Pedro de Macha, a 30 leguas; los de Cochabamba, en San Pablo de Capinota, a 60 leguas; los de Porco, en Santiago de Chaqui, a 7 leguas; los de Carangas, en San Juan de Colguemarca, a 90 leguas; los de Pacajes, en San Diego de Topocó, a 130 leguas; los de Quispicanchi, en Pomacanche, a 180 leguas; los de Asangaro, en el pueblo de ese nombre, a 170 leguas; los de Lampa, en el pueblo de ese nombre, a 170 leguas; los de Canas y Canches y parte de Tinta, en el pueblo de Tinta, a 180 leguas; los de Sicasica, en el pueblo de este nombre, a 80 leguas; los de Omasuyos, en Laja, a 84 leguas; los de Paucarcolla, en el pueblo de este nombre, a 130 leguas; los de Chichas, en Santiago de Cotagayta, a 30 leguas. Ordenanza 7: la mita de cada provincia salga para Potosí bajo lista y padrón con mención de las familias y carneros que lleven. Ordenanza 8: en esas listas se declaren las *personas que compusieren en su lugar a los sorteados;* esto lo puedan hacer libremente conforme a los capítulos 3 y 4 de la Real Cédula de Madrid de 18 de febrero de 1697, y el capítulo 11 de la de Sevilla de 22 de octubre de 1732; los *sustitutos* sean personas del mismo repartimiento, de igual robustez, salud y fuerzas; si huyen, cumplan aquéllos (a quienes sustituyen) sin excusa. No se toleren *rescates por dinero sino por personas;* el permiso a que se refiere la ordenanza 31, del título 1 de este Libro, para que los caciques puedan dar los rezagos en plata, se entienda sólo de *indios faltos* después de pasadas las listas, y no de otra manera. Ordenanza 9: los indios de mita no salgan a sus destinos sin confesar y comulgar. Ordenanza 10: para precaver el desamparo de las familias mitarias, *las lleven a Potosí* y se anoten; y se declaren también los vestidos que fija la Ordenanza 22, tít. 1 de este

Libro, y las carguillas de comidas y los avíos que condujere cada mitario en maíz, papas, chuño, etc. Ordenanza 11: a los mitayos que no tuvieren carneros propios para conducir sus avíos, se les den los necesarios *de la comunidad,* anotándolo, y ésos devuelvan salvo los muertos que no se les cargarán. Ordenanza 12: las mitas no salgan hasta que estén recogidas las primeras cosechas de cada provincia para que lleven lo necesario (según lo dispuesto por el virrey Velasco, en 30 de junio de 1601). Conforme a la costumbre, se guarde esta orden: la provincia de Porco despache a Potosí su gente de modo que llegue en junio; la de Cochabamba, a principios de septiembre; la de Paria, entre agosto y septiembre; la de Chayanta, a principios de septiembre; la de Lampa, de principios de enero hasta el fin de febrero; la de Asangaro, en octubre, noviembre y diciembre; la de Pacaxes, en todo enero; la de Paucarcolla, en diciembre; la de Omasuyos, en enero; la de Chucuito, en agosto; la de Sicasica, en diciembre; la de Canas y Canches y Tinta, a fines de julio; la de Carangas, en diciembre; la de Chichas, en diciembre; la de Quispicanchi, en julio. Ordenanza 13: los gobernadores intendentes, justicias ordinarias y jueces territoriales de las provincias por donde pasen las mitas las favorezcan y no se detengan más tiempo del conveniente para descansar sin ocuparse en servicios. Ordenanza 14: el virrey Velasco dispuso en 30 de junio de 1601 que el capitán enterador fuese *por una mita,* y no se les reelija. Ordenanza 15: de los indios que entregados a los capitanes enteradores huyeren en el camino, se avise a los jueces para buscarlos; si no se recobraren en tres días, se siga la marcha y desde Potosí se soliciten al juez de la provincia, y como castigo al capitán, si tiene culpa, sirva por los fugitivos. De la culpa de caciques y gobernadores se dé cuenta al Superior Gobierno. Ordenanza 16: conforme al cap. 4 de la Real Cédula de 22 de octubre de 1732, se ha de *pagar el leguaje* de venida a razón de *medio real de plata* por cada legua, que corresponden a 2 *reales diarios,* que es la mitad del jornal entero de *4 reales* que ganan en las minas; *se entregue el importe al llegar a Potosí,* y no conforme anteriores disposiciones, antes de salir de sus casas, para evitar la disipación de caciques y enteradores y perjuicio a los azogueros, que pagarían leguaje hasta por los faltos. (Al margen viene una larga nota que tacha esta disposición de falta de verdad y justicia y agravia a los indios y favorece a los azogueros, etc.).

Título 10, "De los avíos para la mita de Potosí y resguardo de las tierras de los indios que van al servicio de ella" (ed. Martiré, II, 196). Ordenanza 1: conforme a las capitulaciones del virrey Toledo y lo dispuesto por la ley 15, tít. 15, libro VI de Indias, se pensó que los mitayos en huelga durante dos semanas podrían entretenerse en sus tratos y granjerías sin desamparar la comarca del Cerro; pero todos los trajines del mineral corren por cuenta de los indios criollos y yanaconas, sin que los mitarios puedan emplearse ni aun en bajar metales por falta de carneros, con peligro de la falta de subsistencias a sus mujeres e hijos. Por esto se ordena que los Intendentes de las provincias vean que los jueces territoriales compelan a los caciques gobernadores a que avíen de comidas suficientes a los indios de mita, costeándolos de sementeras y bienes de comunidad, principalmente a los indios pobres que por defecto o escasez de tierras carecen de cosechas propias. (Vienen notas de rechazo al margen.) Ordenanza 2: para evitar que los caciques aprovechen para sí lo mejor de las tierras de cada parcialidad, se reconozcan las comunes en cada revisita; se forme una instrucción económica para los manejos de estos bienes de comunidad (tierras, molinos, carneros, etc.), aplicando la principal consignación para los avíos de indios de mita. Ordenanza 3: esos efectos se internen en Potosí libres de alcabala y sisa. Ordenanza 4: en virtud del dominio útil que gozan los indios en las tierras que les están repartidas, puedan disponer de su cultivo y labranza durante su demora en Potosí; las podrán *dejar en arrendamiento o administración* a extraños o parientes; pero se vigile que realmente se cultiven. Ordenanza 5: si alguno no provee en esto, los caciques procuren que se labren con indios cercanos y los dueños sean obligados a pagar el trabajo de la siembra (se cita lo dispuesto por el Superior Gobierno del Perú en 1º de noviembre de 1596); las tierras de los indios que no volvieren, se repartan y las gocen los que las hubiesen sembrado (idem y 10 de abril de 1597). Ordenanza 6: al regreso de los mitarios *se les restituyan sus tierras* sin embargo de toda contradicción.

Título 11, "De la entrega, recibo y distribución de los indios de mita según las asignaciones de sus repartimientos en Potosí" (ed. Martiré, II, 199). Ordenanza 1: los jueces territoriales han de remitir cerradas y selladas al Gobierno de Potosí por mano de los capitanes enteradores, las listas y padrones que determinan las ordenanzas 7 y 9, tít. 9 de este Libro; en la plaza pública, ante el escribano de minas, se pase lista con asistencia de los interesados o sus apoderados; concluida esta diligencia se entregarán a cada uno sus respectivas asignaciones, de que dará fe el dicho Gobierno al pie de los padrones, sirviendo este registro para que desde aquel acto comience a correr de parte de los indios la obligación de servir y en los amos la de ocuparlos. Ordenanza 2: en el ínterin que no se entregaren los indios a las personas a quienes estuvieren repartidos *anden de huelga*, como los otros indios que están de descanso (se cita la ordenanza 7 al fin, del tít. 12, lib. III

de las Ordenanzas del Perú). (Al margen se anota que no se deben permitir esos días de huelga en que los indios ni trabajan ni se les paga; si vienen a servir, debe pagárseles.) Ordenanza 3: el capitán mayor de la Real Mita dé noticia de los indios faltos a los jueces territoriales; si no se envían en el término señalado, sacará el capitán los despachos convenientes a costa de los jueces culpables de omisión; si aún no cumplieren, se enviará por el Superintendente de Potosí persona con días y salarios que verifique los enteros (cita la ordenanza 2, tít. 2, lib. IV de este Código). Ordenanza 4: *el lunes de cada semana por la tarde* han de congregar los capitanes enteradores los indios de su cargo a quienes tocare el turno de servicio, y se entregarán las asignaciones de cada repartimiento con averiguación de los faltos; luego comenzarán a subir a las labores con la pólvora, las velas y herramientas necesarias, y cuiden los alcaldes veedores por ministerio de los cañaris que suban todos con buen orden. Ordenanza 5: si faltaren algunos indios a Guayna, averigüe la causa el Superintendente; si es por enfermedad, se trasladen al Hospital de Betlem y se dé boleta para exhibirla el martes; durante la enfermedad, quede relevado el capitán enterador de poner otro indio y de pagar rezagos; si enferman ya en servicio, guárdese la ordenanza 39, título 1 de este Libro. Ordenanza 6: los *indios de ingenios* entran a servir a la madrugada del lunes y deben trabajar *12 horas continuas* conforme a la ordenanza 6, tít. 8 de este Libro, sin desamparar la molienda por los daños que resultarían de la suspensión; el capitán enterador cumpla con entregar la punta o tercio de operarios en turno sin necesidad de concurrir a Guayna; los dueños de los ingenios cumplan lo dispuesto acerca de los enfermos por la ordenanza 39, tít. 1 de este Libro. Ordenanza 7: después de entregados los indios mitarios cesa la responsabilidad del capitán enterador y no le pueden cargar faltas los mandones de minas e ingenios. En cuanto a los indios que dieren mingados, los enteradores corran el riesgo de sus faltas con arreglo a la ordenanza 32, tít. 1 de este Libro. Ordenanza 8: como puede suceder que vengan algunas mitas con sólo *dos puntas* por hallarse disminuidos los repartimientos o por otras causas de descuido de caciques gobernadores y jueces territoriales, siempre se divide *en 3 puntas*, de modo que, sin tener consideración a los faltos, no trabaje cada indio sino 17 semanas 2 días durante su tanda, gozando la alternativa de 2 semanas de descanso; pero como esto perjudica a las azogueros por las mingas que tienen que hacer a precios más subidos, quede a salvo su derecho para demandar los rezagos de los culpables en las faltas. Ordenanza 9: si la disminución es tal que viniendo la mita en *dos puntas* no alcance a 10 trabajadores efectivos cada turno si se hace su distribución con dos descansos, entonces el Superintendente podrá no dividirlos y que trabajen *con un solo descanso*, pero en tal caso se reduzca el servicio de cada punta a 26 semanas interpoladas y se les paguen los *4 reales* señalados por jornal entero de un día. Ordenanza 10: el Príncipe de Esquilache (por provisión de 7 de abril de 1618; en ed. Martiré, II, 203, se anota que es de 1º de diciembre de 1617) declaró, a instancia de varios capitanes enteradores, que, aunque faltase la mita, no corriese por cuenta de ellos este cargo sino de los caciques y gobernadores y jueces territoriales de los partidos (cita la ley 11, tít. 7, lib. VI de la *Recopilación*; en ed. Martiré, II, 203, se mencionan la ordenanza 35, tít. 10, lib. III del Perú, y el auto acordado del Superior Gobierno del Perú de 13 de septiembre de 1742), por ser aquéllos unos meros comisionados y sustitutos de éstos para el entero; así se guarde salvo si resultaren culpados. Pero para evitar dilaciones a los azogueros en el cobro de los rezagos, puedan exigirlos en Potosí a los capitanes enteradores y éstos repetir contra los caciques y gobernadores a quienes sustituyen.[175] Ordenanza 11: los enteros se cumplan conforme a las *últimas retasas*, pero si es tan visible la disminución que deba ser oída la parte de los caciques, el virrey determine judicialmente la averiguación a consulta del Gobierno de Potosí, con nueva revisita, citando a los azogueros interesados (en la ed. de Martiré, II, 203, se citan aquí la Provisión del Príncipe de Esquilache de 7 de abril de 1618; la ley 11, tít. 7, lib. VI de Indias; y la Ordenanza 3, tít. 8 de este libro; Art. 124 de la Ordenanza de Intendentes; leyes 54 a 59, tít. 5, lib. VI de Indias (sobre retasas)). Ordenanza 12: en huyendo algunos indios de los repartimientos, el Gobierno de Potosí señale a los capitanes enteradores término para que los traigan; si pasado el término no los trajeren, sean compelidos a servir por ellos para evitar cambalaches; si han muerto o enfermado, el dueño lo justifique para que se le repartan otros que cupieren en la séptima. Ordenanza 13: se guarde la ordenanza del virrey Toledo y lo proveído por el Marqués de Guadalcázar (en 9 de febrero y 13 de noviembre de 1626) para que en las mitas que vinieren *en tres puntas* suplan por los huidos y enfermos los indios que anduvieren de huelga, con tal de que el servicio no exceda la tercera parte más del tiempo ordinario que les corresponde trabajar en sus respectivas tandas. Se declara que la prohibición de la ley 6, tít. 15, lib. VI de la *Recopilación* para que los indios repartidos a minas no suplan por los ausentes, huidos ni muertos, sólo se entiende en las mitas que no vinieren en tres puntas, con los descansos que dispuso Toledo. Ordenanza 14: se pase lista la mañana del martes de cada semana en la plaza pública de los indios faltos en las labores después de repartidos; será del cargo de los mandones de las labores pagar los rezagos. Ordenanza 15: los faltos por enfermos se lleven al hospital. Ordenanza 16: el enfermero mayor pase razón semanalmente de los indios mitarios enfermos al Superintendente. Ordenanza 17: los alguaciles de mita, que son los alcaldes cañaris, recorran semanalmente las rancherías de la ribera y averigüen los indios que estando de descanso hayan enfermado y se pasen al hospital los que lo necesiten. Ordenanza 18: en vacando algún repartimiento de mita por sentencia de privación perpetua o temporal del servicio, se deposite en el azoguero más inmediato a la finca de su asignación, pero si los tuviere completos éste, se den a otro con mayor necesidad; lo mismo se haga en casos en que por ruina de la hacienda o por otra paralización temporal no puedan servir. Pero en el entretanto que se trabajare el socavón Real del Cerro Rico, se le apliquen los depósitos. Se declara que en la prohibición de la ley 22, tít. 9, lib. VI de Indias, para que los depositarios de indios no los apliquen al trabajo de minas, no se comprenden los casos de esta ordenanza, sino únicamente los depósitos de encomiendas o yanaconas.[176] Ordenanza 19: los depósitos de indios de mita se hagan por el virrey, anotándose en el repartimiento general. El Superintendente de Potosí puede hacer depósito provisional en casos en que por la suspensión del trabajo se recele que se ausenten los indios. Ordenanza 20: aunque el Duque de la Palata *relevó de tributo* a los indios mitarios de Potosí en el año siguiente a su tanda (por orden de 2 de diciembre de 1688), después el Conde de la Monclova revocó este privilegio (en 8 de mayo de 1692, conforme a la ley 12, tít. 5, lib. VI de Indias, que no los exime de tasa), y ha habido alteraciones entre el Gobierno de Potosí y los jueces territoriales sobre este cobro mientras están sirviendo en las minas e ingenios. Se guarde la resolución del virrey del Perú de 29 de julio de 1773 para que el año de su residencia en ella *paguen el tributo en la villa de Potosí*; para ese cobro venga en las listas expresado si son originarios o agregados, y la tasa que les corresponde; esa cuenta se compense o cobre del monto del leguaje de venida que deben pagar los azogueros (éstos ganan hasta 4 meses de demora en hacer el pago a las Reales Cajas de Potosí). En las provincias en que el leguaje no baste para saldar los tributos, se les descuente de las pagas semanales a los indios *un real diario* con obligación de los azogueros de enterar las sumas mensualmente en Potosí. Quede libre de toda otra pensión el leguaje de vuelta.

Título 12, "De los indios de mita ausentes fuera de sus provincias" (ed. Martiré, II, 209). Ordenanza 1: *dondequiera estén* han de tener obligación los indios nacidos en alguno de los 139 pueblos de las 16 provincias del servicio personal en las minas e ingenios de Potosí, igual que los que no han desamparado sus domicilios, "por ser *una pensión patrimonial* inseparable del nacimiento", de la que no debe relevarlos la culpa de ser errantes. Los caciques los busquen y destinen en sus respectivos turnos a la mita y luego se reincorporen a sus pueblos de origen conforme a la ley 7, tít. 7 y ley 28, tít. 8, del libro VI de la *Recopilación.* Jueces y curas los entreguen con sus familias y bienes y se impongan penas a los dueños de haciendas que los oculten. Ordenanza 2: todo indio de mita que se haya quedado en Potosí después de la última revisita general hecha antes de la publicación de estas Ordenanzas, en queriendo habitar allí, quede sujeto a sus caciques si lo reclaman *dentro de 4 meses* de dicha publicación y deberá pagar sus tasas y mitas en el turno que le tocare por cuenta de sus repartimientos y se empadrone en la parroquia de Potosí adonde van sus paisanos (esto le permite habitar en Potosí, pero vinculado y anotado en el repartimiento de su origen, para que no haya confusión con los otros yanaconas); si no quiere habitar en Potosí, vuelva a su reducción. Ordenanza 3: los mitarios ausentes de sus provincias antes de las últimas revisitas generales del virreinato de Buenos Aires, que residieren desde este tiempo en Potosí, han de tener libertad de avecindarse aquí y queden exentos de las cargas que sufrían en sus pueblos, con prohibición de volver a ellos o a otros lugares sin ningún pretexto, y se traslade a Potosí toda su familia en observancia de la ley 7, tít. 1, lib. VI de Indias. Ordenanza 4: se puedan avecindar en Potosí los indios que no reclamaren sus caciques en el término señalado de 4 meses. Ordenanza 5: se repartan sitios y tierras a los mitarios avecindados en Potosí. Ordenanza 6: se matriculen los mitarios ausentes de sus provincias que estén en Potosí, sin destino en el Cerro Rico o ingenios de su Ribera, ya por vía de simple habitación (Ord. 2), ya por derecho de nueva vecindad (Ord. 3); los que gozaren del derecho de nueva vecindad, queden exentos de mita hasta 6 años y, en consideración a carecer de tierras fértiles, gocen la franqueza de no pagar más tributo que el señalado a los yanaconas de D. Francisco de Toledo, que se conocen en Potosí con el nombre de *criollos.* Ordenanza 7: en los minerales de azogue (que se han reconocido en Paria y otras provincias del Virreinato de Buenos Aires) se precise a que se avecinden los indios ausentes y vagos que residieren en el territorio de aquella jurisdicción. Ordenanza 8: los ausentes avecindados en Potosí tengan como parroquia la de San Roque. Ordenanza 9: éstos queden destinados para el trabajo del socavón Real, llamado de San Juan Nepomuceno, y del que se proyecta en Sipiorco (ed. Martiré, II, 212: Lipis-Orco); también sirvan para suplir mitas demoradas; terminados los socavones, el virrey de Buenos Aires provea al tiempo del repartimiento general sobre los servicios de estos

avecindados. Ordenanza 10: al pie del repartimiento general de mita se extienda la asignación de servicio a los socavones y más adelante otras asignaciones que se hagan de indios ausentes avecindados. Aquí termina el Libro II y el tomo I del Código Carolino.

Tomo II del Código Carolino. Libro III. Título 1, "Del servicio de los indios de mita y de los alquilados en las minas de Potosí y en otros minerales" (ed. Martiré, II, 213). Ordenanza 1: los indios de mita trabajen siempre *en tres puntas,* alternando su servicio por semanas. Cuando por el escaso número de repartimiento no cupiere esa distribución, se siga la Ordenanza 8, tít. 11, del lib. II de este Código. Ordenanza 2: la punta en turno trabajaba antes en *dos divisiones,* una de día y otra de noche; pero se redujo después este método a que sirvieran *todos de noche* porque se reconoció que en bajando del Cerro a dormir en sus rancherías, no volvían a subir por lo regular en toda aquella semana, y los que dormían en el Cerro, dentro o fuera de las labores, enfermaban. Se guarde la costumbre presente de que los mitarios trabajen *desde la entrada (puesta) del sol hasta el amanecer,* dejándolos dormir y descansar de día en la inmediación a las labores para que gocen del calor del sol. Ordenanza 3: se guarde la ordenanza antecedente con los operarios alquilados (barreteros, brociris, lacuris, apiris, etc.). Ordenanza 4: pero *los reos condenados* al presidio del Real socavón servirán de día para evitar sus fugas; se observe con ellos el reglamento que el Gobierno de Potosí formó para ellos en 25 de mayo de 1791. Pero los demás sirvientes de mita o voluntarios puedan trabajar distribuidos en el día y la noche en la obra, en atención a que pueden dormir en galpones fabricados los que sirvan de día. Ordenanza 5: para que en la estación de lluvias y nevadas no duerman los trabajadores en las broceanas y cruceros de las minas, se fabriquen en contorno de cada cancha número de Potos para que se alberguen, *separando las habitaciones de los indios de mita de las de los voluntarios.* Ordenanza 6: esas reglas no rijan en otros minerales del virreinato de Buenos Aires, en los que por ser más pequeños pueden recogerse sin dificultad los operarios que hayan trabajado el día antes. Pueden concertar el servicio en la forma y tiempo que más les acomodare. Ordenanza 7: en casos de hundimiento de labores en el Cerro o nuevos descubrimientos o inundación, se pueda trabajar *de día y de noche,* remudando los operarios precisos, pero con licencia del Superintendente de Minas. Ordenanza 8: se observen los días de descanso que fija la ordenanza 27, tít. 1, libro II de este Código. Y lo que dispone en los demás días que no fueren fiestas de precepto para los indios. Ordenanza 9: cuando por ser día de fiesta de precepto para los indios se interrumpe el trabajo de la semana (que dicen quebrada), se usa en Potosí, para compensar, que suban los trabajadores al Cerro en la tarde del domingo para compensar con la tarea de esa noche la quiebra; no se permita empezar el trabajo de mita o de voluntarios, hasta pasada la media noche, pero suban al Cerro desde la tarde del domingo. Ordenanza 10: *la jornada* sea, para los de día, de sol a sol; y para los de noche, del anochecer hasta la mañana; y no más, sea cual fuere la estación del año, dejándoles libre todo el día para reposar y dormir. Y para que los trabajadores no pierdan las fuerzas en el ejercicio continuado de quebrar y sacar el metal, se les conceden *dos horas* en el espacio de cada tanda o posta, así del día como de la noche, para su *acollico*, comida, cena y descanso, partiéndose siempre la vacación señalada, de modo que hayan de descansar *a cada tres horas de faena*. Ordenanza 11: los trabajadores del Cerro suban a las minas el lunes por la tarde y no bajen hasta el sábado u otro día que sea víspera de fiesta de precepto. Ordenanza 12: los mitarios acudan a Guayna con sus curacas el lunes por la tarde para subir. Ordenanza 13: sobre misa en parroquia de San Pablo para mineros y otros españoles empleados en el Cerro. Ordenanza 14: Que en Potosí no se altere la costumbre de trabajar los indios *por tarea* con la moderación que dispone esta ordenanza. La experiencia que se tiene de que el indio jamás trabaja de su voluntad, introdujo la costumbre de *señalar por tarea* cierto número de botas de metal que deben sacar de las labores, con el nombre de *pallas*, para tener derecho al jornal, y descontárseles éste a proporción de las fallas, que de otro modo no es posible, dado el estado del Cerro, mantener su labor como lo mandaban las Ordenanzas del Perú, 4, 10, 11, tít. 10, lib. III. Como hoy son impracticables, se guarde dicha costumbre (de la tarea); pero para regular tales tareas se midan los huecos, caminos, etc., que ha de andar el *apiri* desde las broceanas hasta las canchas, y según sus varas y situación se calcule el tiempo para salir el apiri cargado con una bota; también se estime el peso del metal. Así el Superintendente *determine la tarea o palla* y valga un año salvo reclamación y el resultado de visitas subsecuentes. (Como se ve, en este caso el Nuevo Código se aparta de la prohibición de las tareas establecida por las ordenanzas antiguas y que la costumbre ya había dejado sin efecto.) Ordenanza 15: conforme a la costumbre, por *tres semanas* trabajen sin tarea los indios recién venidos a servir su primera mita, sin descontarles las fallas, que llaman *pogqueo*; ese indulto se llama *yaxanada*, al estilo del país (ed. Martiré, II, 218). Ordenanza 16: las botas de cuero para sacar el mineral sean de *dos arrobas de peso*. Ordenanza 17: queda prohibida la tarea que llaman dobla en Potosí, o sea, dos o tres tandas o postas consecutivas de día y de noche por el daño que reciben los

trabajadores, aunque éstos quieran hacerlo para no subir al Cerro hasta el martes o miércoles. Ordenanza 18: en Potosí se llaman *Pogquiris* los indios que por no haber enterado sus pallas vuelven a pagar el rezago con su trabajo en la semana de descanso, rebajándoles del salario devengado otro tanto de lo que dejaren de enterar en las pallas. Pero esto que parece suave para el indio, puesto que lo libra de la pena señalada en la ordenanza 4, tít. 10, lib. III de las Ordenanzas del Perú, es dañoso por la pobreza a que lo reduce. Por eso, siempre que enteren *tres pallas y media* al fin de la semana, no se les forme cargo por rezago de trabajo ni se les retenga cosa alguna del salario; pero si no llega a ese cómputo el indio, entonces, además de cargársele la falta de las pallas por vía de rezago, se guarde la costumbre de retener del importe del salario devengado la mitad del rezago, a cuya retención se llama *micuna*, con calidad de descargarlo en cualquiera de las dos semanas inmediatas siguientes (hasta que enteren la falla y se cumplan las 5 pallas). Ordenanza 19: se prohíbe el abuso introducido en algunas labores, de tomar de los indios, con título de *visita*, alguna pequeña porción de lana o algodón para el retobo de velas y tiros. Ordenanza 20: conforme a la adición 19 de Lupidana, tít. 14, lib. III del Perú, se den *dos velas* por noche o día a cada uno de los barreteros, pongos, perdidos, brosiris, ychiris y apiris que trabajaren con *yanapacos* (o compañeros ayudantes, *supra*, p. 75); a los que sirven sin ellos, a los lacuris y demás operarios que suelen trabajar en cuadrillas de tres y cuatro, a *vela y media*, conforme la Ordenanza 24, tít. 10, lib. III del Perú; se disponga un molde para medir el tamaño de esas velas. Ordenanza 21: se refaccionen las sogas que sirven para braceros de los costales en que se acarrea el metal, para no lastimar las manos de los trabajadores, y se les surtan de pretinas y rodilleras de cuero. Ordenanza 22: no sirvan en oficio de arreadores en las minas los negros, mulatos y mestizos de español con estas castas; pero sí los mestizos y sambaigos hijos de indias. Ordenanza 23: si en la semana santa u otra temporada del año dejaren de trabajar los mitarios por disposición de los amos de haciendas, queden libres de rezagos. Ordenanza 24: se prohíbe ocupar forzados a los mitarios que están de descanso (se prohíbe el abuso de emplear los dueños de haciendas en sus casas o en las minas a los indios de mita que están de descanso con el nombre de pongos o semaneros, apiri-pongos y capitán de herramienta sin pagarles salario equivalente). Ordenanza 25: el mitario entre los 18 y los 50 años trabaja cinco tandas de 17 semanas y 2 días cada una en el trabajo de las minas. Ordenanza 26: para *computar los rezagos*, si es de mita de tres puntas, el falto por las 17 semanas y 2 días valga su rezago *52 pesos por año*, por ser la suma que importan las dichas 17 semanas y 2 días a razón de *3 pesos semanales* que señaló el virrey Conde de la Monclova en su provisión de Gobierno dada en Lima a 27 de abril de 1692; esto sólo exija el cacique al indio y los dueños de hacienda a los enteradores. Si la mita es de dos puntas, son 26 semanas por cada punta, o sea, el rezago importa *78 pesos por año,* pero se ajuste a *72 pesos,* porque es costumbre hacer esta rebaja de 6 pesos. Ordenanza 27: con los indios que enfermen o lastimen después de repartidos a las minas de Potosí, se guarden las ordenanzas 39 y 40, tít. 1 y ordenanza 5, tít. 11, del libro II de este Código, contándoles por servido todo el tiempo de su enfermedad, sin obligación de pagar rezago. Ordenanza 28: *con licencia* del Superintendente de Potosí, los indios señalados al trabajo de las minas pueden mudarse de unas en otras por los que gozaren repartimiento de mita. Ordenanza 29: lo anterior sólo se permite en minas que fueren verdaderamente propias del azoguero dueño de mita. Ordenanza 30: en tiempo que no corra la rivera puedan, con permiso del Superintendente, ir a minas los indios repartidos a los ingenios. Ordenanza 31: los indios de mita, así de ingenios como de minas puedan trabajar libremente a su voluntad en trajines, granjerías o trabajos que escogieren durante el tiempo de su descanso. Ordenanza 32: se prohíbe que el azoguero dueño de mita *ceda sus indios* gratuita ni onerosamente (recibiendo *12 reales* por cabeza sin perjuicio del salario, como se ha entendido que lo .practican muchos secretamente, que es precio robado al fuero de la libertad del indio). El Superintendente de Potosí pueda destinar al trabajo de otras labores los indios que no pudieren hacerlo por impedimento temporal en las que estén asignados. Ordenanza 33: dentro de la mina es ocupación de brosiris, ya sean indios libres o mitarios, apartar el metal útil para el beneficio, y no del *apiri* que lo saca; tampoco éste lo haga (o sea apartar el metal) fuera de la mina, pues toca a los indios palliris. Ordenanza 34: fuera del tiempo de su tanda se destinen *15 días de trabajo al año sin paga de jornales* por indio mitario (repartidos a una hora diaria después de terminada la labor) para ciertas ocupaciones, como limpieza de caminos o chasqueo o medida de sus pallas (cita en apoyo de esto la ley 26, tít. 16, lib. VI de la *Recopilación,* relativa a Chile, que se adaptará a la mita de Potosí), pues no podrían costear estas faenas los azogueros por el poco provecho de las minas. Ordenanza 35: además del *chasqueo diario,* o sea, medir los enteros de cada apiri con la bota de ordenanza que dispone la 16 de este título *(supra,* p. 146), se haga otro chasqueo general de las pallas de cada apiri el jueves de cada semana. Si las fallas hacen presumir que quedarán sujetos al pogqueo, se les den 6 u 8 azotes y se les exhor-

te al trabajo. Los alcaldes veedores reconozcan ese mismo día los chasqueos de todas las labores del Cerro para disponer lo conveniente acerca de los operarios alquilados y hacer cumplir con los mitarios y sus curacas lo proveído por esta ordenanza. Ordenanza 36: los operarios voluntarios, barreteros, etc., puedan alquilarse *a jornal o a destajo,* como mejor les parezca, sin compelerlos a que sea ante Justicia, salvo el caso de la ordenanza 25, tít. 1, lib. II de este Código. Las desavenencias se compongan por convenio de los mismos interesados; si hay recurso, se oiga sumariamente sin admitir alegaciones por escrito. Ordenanza 37: para estimular la saca de metales se use, como en otras partes, pagar *un tanto por cada bota que saquen de más* después de enterada la tarea, ya sea con parte del metal o en reales de plata, aunque sea aumentando el precio por progresión en los casos que los provechos puedan tener justa correspondencia con esta clase de gastos. Lo que parece tanto más conveniente para atraer operarios y mantenerlos adictos a los minerales de afuera, por las graves dificultades que se experimentan de ordinario para encontrar sirvientes aplicados al trabajo. (Estas disposiciones confirman que el Nuevo Código se aleja de la prohibición de las tareas y añade a éstas el incentivo de lo que se saque en exceso.) Ordenanza 38: la ley 12, tít. 15, lib. VI de la *Recopilación* prohíbe *desaguar minas con indios;* se cumpla con *los de mita,* salvo que trabajen en seco con máquinas bien arregladas; y se permita hacerlo a *los voluntarios,* que son los únicos sirvientes del Perú, en tanto se introducen *negros suficientes;* sea con moderación y paga buena. Se emplean tornos o carrillos o bombas o botas u odres de cuero, que es lo más ordinario en el país. (Esta disposición no parece ajena a la experiencia recogida en las minas de Ubina, que ya estudiamos.) Ordenanza 39: a indios y voluntarios de Potosí y demás castas que no tienen ocupación conocida *se les compela a alquilarse* por justos jornales a las minas por el tiempo y con las personas que mejor les pareciere (sin consentir que se mantengan baldíos), con excepción de los artesanos, labradores, trajineros de ucha (estiércol seco de llamas y ovejas, usado como combustible) y sal, enfermos, lisiados, viejos de más de 50 años y mozos de menos de 18 años. Ordenanza 40: para ejecutar eso, los curacas de las parroquias donde tienen su doctrina los *indios yanaconas y criollos de Potosí,* convoquen a éstos en día domingo de cada semana para que se junten en la plaza pública de la Villa en la mañana del lunes desde el alba hasta las 8, haciendo comparecer a los que no concurrieren de su voluntad para que se alquilen por jornales acomodados *con quien quisieren* y para el destino a que fueren más a propósito. (Es, pues, una minga, pero no se deja a la libre voluntad del indio de la Villa el acudir o no a alquilarse; la comparecencia es obligatoria, y lo que se deja libre es la elección del amo y, en cierta medida, el género del trabajo en las minas.) Si los alquilados fueren mestizos, cholos u otras castas, se guarde la ordenanza 16, tít. 2, lib. 2 de este Código. Ordenanza 41: para exceptuar al indio de acudir a ese alquiler, forme el Capitán de yanaconas el padrón de los indios yanaconas y criollos que tuvieren oficios útiles. Ordenanza 42: cumplido el tiempo del alquiler, los indios concertados no sean detenidos. Ordenanza 43: se suelen detener los indios libres alquilados por anticipos dados; no se les anticipe al tiempo del concierto más del *salario de tres meses*, con cargo de irlo descontando con la rebaja de una cuarta parte de la paga semanal, sin que en el entretanto no se les pueda dar más, y cubierto ese socorro, no se les pueda dar durante el servicio más de *5 pesos*, que es el jornal de dos semanas a los apiris, y así en proporción a los demás sirvientes. Sin embargo, se exceptúan con intervención del Juez de minería los casos de casamiento, entierro o satisfacción de tributos. Ordenanza 44: los sirvientes de un minero no puedan ser alquilados por otro, aunque aleguen que quieren mudarse; pero si sirve por deuda y el segundo amo se obligue a redimir de consentimiento del primero toda la dependencia con una sola paga, pueda servirle el indio. (Se citan los arts. 17 y 18, tít. 12 de la Ordenanza de México.) Ordenanza 45: se prohíbe que los indios libres de las parroquias o los de mita que anduvieren de descanso se apliquen a obras públicas o particulares a título de faena *sin salario*, no obstante detenerlos tres o cuatro horas cada día, contentándolos únicamente con repartirles una corta porción de chicha y molletes. Si son necesarios, se den con licencia del Superintendente y paga de *un real y medio por día*, aunque sólo trabajen 3 o 4 horas. Ordenanza 46: los azogueros puedan ocupar a los indios que tengan carneros propios en bajar metal en vez de dedicarlos al trabajo de sacarlo del interior de las minas; se guardará el estilo de computar por ayllo cada 40 cargas de carnero y, en cumpliendo *20 reales correspondientes a las 5 pallas* del Cerro, pueda el indio alquilarse con sus carneros en otros trajines. Ordenanza 47: se guarden las reglas dadas en Ordenanzas 15 a 21, tít. 1, lib. II de este Código, en los alquileres de indios libres para el trabajo en los minerales de afuera. Ordenanza 48: a cada sirviente se le ajuste cuenta diaria y raye él mismo su trabajo con líneas o números claros, como se acostumbra. Ordenanza 49: en los minerales de afuera la cuenta se ajuste mes por mes a cada sirviente, entregándole un boletín con referencia al libro de la hacienda (se cita el art. 7, tít. 12 de México). Ordenanza 50: por los hurtos se autoriza registrar a los operarios al entrar y salir de las minas. Ordenanza 51: los presos por deudas civiles, sin oficio conocido, se empleen en minas. La cuarta parte del salario se entrega a los acreedores y las tres restantes al deudor para alivio de sus indigencias. Ordenanza 52: en el trabajo de las salinas para el beneficio del metal, se vio en el Perú que los dueños no surtían lo necesario por falta de operarios que quisieran alquilarse; se autorizó entonces a los indios la *libre quiebra* por su cuenta y daban a los ingenios de Potosí y Guariguari 2,000 y más quintales necesarios cada semana; esto no se les impida, y si los dueños quieren volver a explotar las salinas, den fianza de que cumplirán la producción (esas salinas eran principalmente las de las minas de Yocalla; para mayor atractivo, se suministraba a los indios la herramienta y luz, sin exigirles más que *medio real* por cada costal que un indio salinero podía cargar a toda su fuerza hasta la boca de la mina, y acudían muchos; ellos trajinaban el acarreo y venta al mineral de Potosí. E. Martiré, *El Código Carolino...*, *cit.*, I, 164 y ss., ofrece útiles datos sobre el régimen de las salinas). Ordenanza 53: se matriculen los indios salineros.

Título 2, "De los palliris o quebradores de metal fuera de las minas" (ed. Martiré, II, 235). Son los que apartan el buen metal del inútil y por eso la ordenanza 1 exige que tengan inteligencia de metales o (que la tenga) el que sea capitán palliri que los dirige. Ordenanza 6: trabajen *de día*, pues la quiebra del metal se hace a cielo descubierto sobre la superficie del Cerro.

Título 3, "Del trabajo de la mita y demás indios voluntarios en los *ingenios* de beneficio" (ed. Martiré, II, 236). Ordenanza 1: el trabajo de los indios repartidos para el morterado de los ingenios ha de ser en *tres puntas*, con duración de *12 horas* y 24 de descanso, con atención a distribuir las jornadas de día y de noche entre ellos con igualdad al cabo de la semana. Ordenanza 2: la primera punta entre el lunes por todo el día, al amanecer; la segunda, el lunes de noche; la tercera, el martes por todo el día, etcétera. Cada indio ha de enterar 4 mitas de a 12 horas en servicio de la hacienda, quedándole 2 días sobrantes para que los ocupe en otras granjerías. Antes trabajaba 24 horas consecutivas con día y noche cada punta, aunque no enteraban sino dos turnos en la semana, y quedaban postrados. El sábado, a las 12 de la noche, debe suspenderse el trabajo. Ordenanza 3: se restablezca el antiguo entero de medio cajón (que llaman topo) de harina, bien molida, por cada almadeneta de las cinco que componen una cabeza de ingenio, al cabo de 24 horas del día natural. Ordenanza 4: al dejar el trabajo, cada punta mida sus enteros. Ordenanza 5: antes, por cuatro mitas de a 12 horas, que eran los dos días enteros con sus noches, que trabajaban los indios en los dos turnos de la semana, debían devengar *14 reales* a razón de los

3 1/2 reales por tanda que señala la ordenanza 18, tít. 10, lib. III del Perú; pero este sistema fue sustituido por el que se toleró de los enteros, avaluando cada topo de harina seca a *10 reales* y a *un peso fuerte* el topo de harina *pirinchada*, o sea, la humedecida por los operarios para henchir la medida con menos cantidad de peso; se guarde esta costumbre y se deroga en la parte que se le opone la antigua ordenanza. (Nueva confirmación muy clara de que el Código Carolino se inclinaba por adoptar y legalizar el sistema de la tarea.) Ordenanza 6: los curacas y los capitanes enteradores celen el trabajo y corrijan moderadamente a los indios desaplicados (según la ordenanza 35, tít. 1 de este libro). Ordenanza 7: si el ingenio para por caso fortuito, y no pasa de medio día la suspensión, corran los salarios de los indios del morterado según el cómputo del entero de las harinas, sin obligación de abonarles más; pero si la suspensión dura un día o más, en que forzosamente se ocupan los indios mitarios en las obras que disponen los albañiles, carpinteros u otros oficiales, se les pague diariamente *real y medio* para que puedan sustentarse. (Comenta el anotador al margen: "Habrá valor para esto; sólo el Gobierno de Potosí es capaz de tal injusticia; parece en estas y otras disposiciones *el azote del indio*.") Ordenanza 8: en tiempo de seca, cuando cesa la molienda, los indios repartidos al morterado se ocupen en el servicio de las minas o en trajines, con tal que no salgan a más de 4 leguas. Ordenanza 9: las faenas indispensables en domingo no pasen de una hora en tiempo que no embarace la doctrina y misa de los indios (son faenas para poner a los ingenios en disposición de correr en la madrugada del lunes). Ordenanza 10: como no es suficiente esto para la limpieza y el servicio de las haciendas de beneficio, se guarde la costumbre que hay en el Cerro de ocupar una parte de la mañana del lunes de cada semana a todos los sirvientes que en la anterior hubiesen trabajado en el Cerro, para que *por vía de faena* ejecuten lo que dispusieren los respectivos dueños de ingenios donde correspondan las minas en que sirvieron, por ser justo por vía de recompensa del mayor jornal que disfrutan con respecto a los indios de mita; para que efectivamente se presenten a esa faena, se les retienen (era estilo en Potosí) *dos reales* de su salario al tiempo de la paga al fin de la semana. No se han de comprender los indios de mita porque entran ya en la semana de descanso que han de gozar libremente, salvo el caso de la ordenanza 45, tít. 1 de este libro (es decir, de las faenas necesarias para obras públicas o particulares con pago de *real y medio por día*). Ordenanza 11: para proteger la salud de los indios en el morterado, entren con *caretas o boqueras* de punto de abuja, que usan generalmente los empleados en el cedazo para tapar la boca y embarazar la respiración de partículas minerales. No duerman dentro del morterado. Ordenanza 12: para suavizar el trabajo de 12 horas, principalmente por la noche, se remuden los indios del morterado trocando oficios de *dos en dos horas*. Ordenanza 13: se den velas: una y media al carador, otra tanta al cedacero, y golpeador común a los dos. En temporada de muchos vientos proveerá el Superintendente que se aumente el número necesario. Ordenanza 14: se reconozcan los aperos de los ingenios cada vez que lo pidan los indios (pues el mal estado de ellos disminuye la molienda con perjuicio de los indios que no pueden cumplir su entero). Ordenanza 15: los indios *pisadores o repasiris* se ocupaban en ablandar el lodo endurecido y las masas puestas al beneficio, sufriendo daños a causa del frío, y siendo difícil encontrar sirvientes sin adelantarles el jornal de todo el día a que llaman *maquipura*, y se ha experimentado helarse algunos lavadores; para quitar todo inconveniente, en los cuatro meses de invierno (mayo, junio, julio y agosto) los administradores de ingenios hagan principiar el trabajo hora y media después de salido el sol, con prevención que primero los operarios hayan de revolver con los azadones la masa hasta ablandarla en su estado natural de lodo, y cuando el sol haya bañado los buitrones comenzarán a pisar y repasar los cuerpos hasta las cuatro de la tarde, concediéndoles en ese tiempo dos horas para su *acollico*, comida y descanso, y el resto de la jornada, antes y después del repaso, se pueden ocupar en otras obras; en los demás meses se ocupen de sol a sol en su trabajo. Ordenanza 16: lo mismo rija en las labas por el perjuicio con la demasiada detención dentro del agua y lodo de las cochas. Ordenanza 17: a los mitarios de descanso no se les den, como se usa, faenas como piñeros (que son una noche o un día sin jornal); si se ocupan de su voluntad en esto, se les pague el salario de *3 reales y 1/2* por cada tarea. Ordenanza 18: los hornillos para la quema de relaves y negrillos se fabriquen a distancia de los ingenios, de modo que el humo no cause daño a los indios, y tengan buenas chimeneas. Ordenanza 19: no se innove en los hornillos de desazogar que se usan ahora. Ordenanza 20: sobre hornos de beneficiar azogue si se descubriere en provincias del virreinato de Buenos Aires. Ordenanza 21: no se impida que los dueños de ingenios ocupen a indios cédulas que estén en descanso en mudar las mazas de metal desde los buitrones a los labaderos; pero ya lo ejecuten en sus mantas y gupiñas o en angarillas de la hacienda, se les pague *un cuartillo* por cada cuerpo de masa, o sea, *medio real por cajón*, y lo mismo en los negrillos, separadamente del jornal devengado en los ingenios. Ordenanza 22: no se permite cargar con materiales a los indios cédulas de los ingenios a distancia de más de media legua, pero sí se consiente dentro de esa distancia con el jornal que se tase.

Título 4, "Del *salario y paga* de los operarios de minas e ingenios" (ed. Martiré, II, 245). Ordenanza 1: conforme al capítulo 5 de la Real Cédula dada en Sevilla el 22 de octubre de 1732, se pague a los indios mitarios sacadores de metal *(apiris) 4 reales por cada día* o posta que trabajaren en las minas; y *3 y 1/2 reales* a los repartidos para el servicio de los ingenios conforme a la ordenanza 18, tít. 10, lib. III de las del Perú; esto sin perjuicio de lo que ordena la ordenanza 5, tít. 3, de este libro, aplicable en los casos de las ordenanzas 7 y 8 del mismo título y libro. No se haga novedad en satisfacer a los indios voluntarios que se alquilen para barreteros los *8 reales de plata corriente* que gozan generalmente en Potosí por salario del lunes, y a *6 reales* los días siguientes de la semana. En los demás asientos de minas se guarde lo que sea costumbre. Se cita el art. 1, tít. 12 de México. (Como se ve, queda vigente según el Código Carolino la diferencia en el monto de los salarios que se pagan a mitarios y a voluntarios, no habiéndose llegado en la práctica a la igualación a que tendieron disposiciones anteriores que hemos examinado.) Ordenanza 2: los jornales se paguen con puntualidad y en *dinero efectivo* (se cita el art. 3, tít. 12 de México), salvo que los operarios hubieren convenido recibir parte en metal; pero se prohíbe precisarlos a recibir mercaderías, ropas, frutos ni comidas; esto se cele especialmente en los minerales de afuera. Ordenanza 3: no retenga nada del salario sin mandamiento judicial, excepto las *deudas* que se hubiesen contraído con el dueño de la hacienda a pagar con trabajo, pero en este caso no se rebaje más de la cuarta parte del importe total de los jornales (en esto el Nuevo Código sigue el artículo 4, tít. 12 de las Ordenanzas de Minería de México); no se les quite nada para limosnas ni fines píos. Ordenanza 4: sólo se permite el descuento mencionado en la ordenanza anterior si no se excede de las tarifas de cada Real de minas. Ordenanza 5: conforme a la ley 9, tít. 15, lib. VI de la *Recopilación* se pague a los trabajadores voluntarios de minas e ingenios los *sábados en la tarde* sin esperar el domingo, como algunos lo ejecutan abusivamente. Ordenanza 6: conforme a la Real Cédula de Sevilla de 22 de octubre de 1732 y al art. 7 de la anterior de Madrid, de 18 de febrero de 1697, se pague a los mitayos en la cancha de Guayna el *lunes por la mañana* de cada semana, en presencia del Gobernador y con asistencia del Escribano de Minas y uno de los Oficiales Reales por turno. Ordenanza 7: el Oficial Real forme relaciones de las pagas según la reseña de los indios mitarios que las recibieren. El escribano de minas forme por separado semanalmente otra igual relación, dando fe de haberse verificado las pagas. Ordenanza 8: para poder hacer esta paga hay en la cancha de Guayna unos cuartitos, cada uno con su mostrador, que llaman *Tyanas,* tantas como el número de las provincias afectas al servicio de la mita; allí se les paga por su orden. Ordenanza 9: con la limosna destinada para la misa del lunes en Guayna, se diga el domingo en la madrugada para que la oigan los *capchas* en una de las dos capillas fabricadas sobre el Cerro, que se aderecen a costa de los mismos interesados. Si hubiere que acrecentar el estipendio del capellán, corra por cuenta de los mismos que recibieren el beneficio. Ordenanza 10: para evitar el miedo de los indios, se prohíbe que los jueces ordinarios de Potosí vayan a hacer embargos y prenda en los indios de mita en Guayna. Pero pueda, a requerimiento, prenderlos el Gobernador y remitirlos a disposición de los juzgados. Ordenanza 11: concluida la paga, se averigüe allí mismo si los operarios subieron el lunes por la tarde y permanecieron hasta el sábado; si les dieron las velas determinadas; si enteraron las pallas y cuántas noches trabajaron; si han aumentado las tareas y faenas; si les han hecho los chasqueos de sus enteros apuntándoles sus rayas con fidelidad; los daños o malos tratamientos que recibieron; si les han dado cosas en cuenta del jornal. Subsiste aquí la vieja pena de mandar castigar con los alcaldes cañaris sobre un carnero de la tierra al indio que fuere convencido de no haber cumplido con sus obligaciones (la culpa se justifica sumariamente allí mismo ante el Superintendente). Ordenanza 12: también se averigüe en Guayna los indios que no enteraron las pallas de ordenanza y los que como *pogquiris* u otros mingados por ellos en la tarde del lunes deben subir con los demás mitarios. Si no lo cumplieren los enteradores en las dos semanas consecutivas, han de ser responsables a pagar el rezago. Ordenanza 13: a los indios del morterado de ingenios se les pague los *domingos en la mañana;* se entienda también con los mortiris voluntarios por vía de excepción a la ordenanza 5 de este título.

Título 5, "De la reducción de los indios de mita a las provincias de su vecindad" (ed. Martiré, II, 249). Ordenanza 1: todos los indios repartidos a minas e ingenios regresen después de la mita, conforme a la ley 24, tít. 12, lib. VI de la *Recopilación de Indias.* Ordenanza 2: lo anterior se guarde excepto si tarda la nueva mita y se ve (por ocupaciones de los voluntarios) que pararán las labores en la espera; pero (a los retenidos) pagándoles el lapso *como a voluntarios.* (Esto confirma que no es todavía igual el jornal del minga que el del indio de cédula, y en el caso de que trata la ordenanza 2, la misma persona pasa temporalmente de una categoría a otra.) Ordenanza 3: al irse los indios de mita, se les pague todo el *leguaje de vuelta* sin descontarles cosa alguna, aunque se alegue habérseles anticipado socorros a esta cuenta. Ordenanza 4: si los indios de mita fueren relevados por otros mingados en su lugar, o hubiesen pagado los rezagos, no se paguen por los faltos los leguajes; pero si no se hizo la sustitución conforme a ordenanza, se paguen. Ordenanza 5: regresen bajo lista. Ordenanza 6: si desertaren de los curacas por quedarse en Potosí, el capitán mayor de mita, los capitanes enteradores y alcaldes cañaris busquen a los que no se comprendieren en las ordenanzas 2, 3 y 4, tít. 12, libro II de este código.

Título 6, "De la venta, arrendamiento, etc., de minas e ingenios, con mita o sin ella" (ed. Martiré, II, 252. Este autor hace notar, I, 218, que el presente título fue el que más protestas levantó entre los azogueros, porque cortaba todas sus acciones al minero e ingeniero y los llenaba de trabas y complicaciones). Ordenanza 1: porque las minas son una regalía que se concede a los vasallos con la pensión de contribuir el Real Derecho de Quintos y los ingenios son unos edificios públicos destinados para el aprovechamiento de estos frutos en el beneficio de las platas de donde le resulta al Real Patrimonio y al Estado un interés directo según el arreglo y la pericia con que se ejecuta su manejo, se necesite licencia del Intendente para hacer el contrato de esas fincas y confirme el virrey de Buenos Aires la venta y el derecho a los indios de mita si los tuviere la finca. Ordenanza 6: los arrendamientos se hagan del mismo modo que las ventas. Ordenanza 8: juren que no es contrato simulado. Ordenanza 9: no se acuda con mita al que no pruebe su aptitud para el trabajo de minas e ingenios. Ordenanza 22: por razón de venta o arrendamiento de minas e ingenios no se traspasen ni enajenen los indios repartidos para su servicio. Para mantener a los indios en la libertad que gozan por su naturaleza y excluir toda nota y figura de servidumbre en el servicio a que están obligados por estas ordenanzas, se prohíbe absolutamente el que los puedan *alquilar, prestar, ceder por testamento o cualquiera otro contrato entre vivos, vender, realquilar, trocar, donar o disponer de ellos de ninguna manera las personas a quien estuvieren repartidos ni solos ni juntos con las minas y haciendas donde tengan su asignación,* "porque las mitas se conceden principalmente para aprovechamiento de los mismos indios, y por el bien general del Estado y no para gratificación de servicios ni para granjería de personas particulares"; ni se haga *mención de ellos ni de la estimación de su trabajo en las escrituras.* El Código invoca la condición de hombres libres, de los indios, etc., pero las ordenanzas siguientes ablandan el rigor de esa prohibición. Ordenanza 23: constando la aptitud del arrendatario o comprador para trabajar minas e ingenios, se le acuda con todos los indios repartidos para el servicio de dichas fin-

cas en calidad de depósito hasta contar con la aprobación del Superior Gobierno de Buenos Aires. "Y aunque el contrato particular de las partes no confiere título ni derecho en los indios; pero atento a continuar en los compradores, arrendatarios y cualesquiera otros que sucedieren en las minas e ingenios la misma causa de necesidad y utilidad pública que motivó la merced de mita, se ha de guardar la ordenanza 12, tít. 8, lib. II de este Código y conforme a ella *mandará librar nueva provisión de merced* el virrey del Río de la Plata a favor de los compradores que comparecieren a pedirla con títulos legítimos, y a los arrendatarios el mandamiento ordinario de entero de mita, haciendo cumplir el repartimiento del arrendador. Y en ninguno de estos dos casos se denegará la expedición de los despachos referidos, no habiendo razón especial para ello, la cual se deberá expresar en el auto." (Nótese que no se trata ya de la compra de una esperanza de continuación del repartimiento, tan ordinario y seguro de conseguirse, como decía Solórzano a mediados del siglo XVII *(Pol.,* lib. II, cap. 18, párr. 25), sino de la adquisición de una casi certeza consignada en el Código. Esto lo corrobora la ordenanza siguiente). Ordenanza 24: las minas e ingenios con mita se puedan arrendar y vender en más precio que los otros que carecieren de ella. No obstante la ordenanza 22, "no se ha de entender injusto ni reprobado el pedir y llevar algún más precio por las fincas que gozaren de esta clase de mercedes, con respecto a su mayor aprovechamiento y utilidades, supuesto que la mayor estimación del contrato no recae sobre los indios ni sobre su servicio, sino sobre la esperanza del mayor lucro de las haciendas". (Vuelve, pues, a hablarse de esperanza, pero no es la de obtener el repartimiento de los indios, lo que se da por supuesto, sino la de lograr con el trabajo de ellos el mayor rendimiento de la explotación de las haciendas traspasadas. El Dr. Cañete extrema aquí la distinción que ya había apuntado Solórzano.) Ordenanza 25: pendiente la aprobación del contrato por el virrey, no se entregue la mina o ingenio ni su precio hasta que se otorgue la concesión de la mita, por si ocurre alguna razón especial de no concederla. Si se aprueba la operación (del traspaso de la hacienda) pero no la concesión de la mita, los contrayentes puedan separarse del contrato como si no se hubiera celebrado; si se trata de arrendamiento, se estime que entre tanto el arrendatario administró como colono del dueño. Ordenanza 26: si habiéndose aprobado el contrato y la mita, después se rebaja o quita ésta, no cabe evicción ni argüir lesión (lo mismo opinaba Solórzano, *Pol.,* lib. II, cap. 18, párrafo 29). Ordenanza 29: en las fallas de los indios de mita se rebajan *12 reales a la semana* por cada uno en el precio del arrendamiento de ingenios. Cuando falta toda la mita o más de la mitad, no se satisfaga sino la mitad del arrendamiento. Se cita el compromiso judicial que celebraron en junta general los azogueros y dueños de ingenios de Potosí a 17 de octubre de 1781.

Título 7, "Trapicheros y *cacchas* de Potosí" (ed. Martiré, II, 264 y I, 225: "se trataba de institucionalizar el sistema de robo"). Gran número de personas no de mucho caudal habían abierto pequeñas moliendas en la rivera y allá se molían los hurtos; esto se hallaba sin regulación, y el Nuevo Código pretende organizarlo exigiendo padrón de trapiches o quimbaletes, licencias, que no compren metal que pase de 12 marcos sin aviso al Gobierno, etc. Los *cacchas* (son los que en otros documentos hemos visto llamar *capchas)* que en domingos y fiestas sacaban el metal de las minas, estaban divididos en tres cuadrillas: Cacchas, Guarinas y Ancoamañas, correspondientes a indios ausentes o forasteros, criollos de Potosí y mestizos de toda casta. Ordenanza 12: no prohíbe sus operaciones porque los mineros a veces aprovechan de ellos los descubrimientos de metal rico; pero manda que los cacchas partan por mitad con el dueño, el domingo y el lunes por la mañana, todo el metal que sacaren y puedan venderse recíprocamente sus porciones. Ordenanza 14: los daños que causen en las minas los repare la cuadrilla.

Título 8:, "De aviadores particulares de minas y rescatadores de plata" (ed. Martiré, II, 269). El Nuevo Código los tolera bajo las reglas que establece.

Título 9, "Del Real Banco de San Carlos de Potosí y de las factorías del virreinato de Buenos Aires" (ed. Martiré, II, 282). Ordenanza 1: desde su establecimiento e incorporación a la Real Corona (por Real cédula dada en San Ildefonso el 19 de septiembre de 1795), los auxilios que presta a los mineros han sido ventajosos, pues se han restablecido en los últimos años cerca de la cuarta parte de los ingenios arruinados; ofrece un modo más suave y seguro de efectuar la cobranza de los avíos. El capital se forma con los descuentos que se hacen a los propios mineros en el momento de entregar su plata en la Caja de Potosí. Es una institución de crédito. Ordenanza 6: permite auxilios limitados a trapicheros y cacchas de Potosí. Ordenanza 38: el Banco no ejerce un monopolio, pues se permite la subsistencia de aviadores particulares.

Título 10, "De escuelas de enseñanza para los que se destinan al trabajo de las minas y beneficio de metales" (ed. Martiré, II, 297). (Estaban por fundar.)

Título 11, "Privilegios de los azogueros y sirvientes de minas e ingenios en sus personas, bienes y causas" (ed. Martiré, II, 304). Ordenanza 3. Los mayordomos, administradores, arreadores, serviris, canchamineros y todos los demás operarios y dependientes de minas han de gozar el fuero metálico antiguo para no ser presos fuera del real o asiento donde sirvieren (cita la ley 2, tít. 20, lib. IV de la *Recopilación de Indias).* Siempre que hubieren de ser encarcelados por deudas tendrán por prisión la misma mina o hacienda en que trabajaren, quedando los dueños obligados a satisfacerlas con la tercera parte de los jornales y salarios que fueren devengando. Ordenanza 4. Lo anterior rige para pagar a los acreedores extraños, pero cuando las deudas fueren contraídas a favor de las haciendas donde estuvieren sirviendo con cargo de pagarlas con su trabajo, entonces no se deberá descontar más que la cuarta parte (cita en nota la ordenanza 3, tít. 4 de este libro) para que a proporción de lo que minorase el gravamen de los deudores dure otro tanto más el tiempo de su servicio para el pueble y beneficio de las labores. Ordenanza 6. Que los carneros de la tierra destinados para las bajas de metales gocen el privilegio de no ser ejecutados por deudas.

Libro IV, Título 1 (ed. Martiré, II, 317), "De la Superintendencia General de Minas y Mita". Título 2, "La particular de minas y mita de Potosí". Título 4, "Visitadores y jueces de minas". Título 14, "Penas". (Trata en general de la burocracia que existe en torno de las minas.)

E. Martiré concluye en su estudio general sobre el Código Carolino (I, 254) que pocas novedades traía el proyecto. Se trataba en realidad de un ordenamiento de normas extraídas de las antiguas ordenanzas dictadas para el Perú por el virrey Toledo y demás autoridades que le sucedieron, recopiladas en 1680 por Tomás de Ballesteros, de las contenidas en la *Recopilación de Leyes de Indias* y de las leyes dadas para Nueva España en 1783, cuya adecuación a esos territorios había dispuesto la Corona, además de algunas modificaciones destinadas a recoger costumbres del lugar o disposiciones de gobernantes locales. En verdad las novedades de importancia fueron el trato preferente brindado en el código a los arrendatarios, la insólita reglamentación de las actividades de los "capchas" y la complicada estructura de la autoridad minera, pero aun en estos casos no se trataba de una real creación, de un pensamiento original del autor, sino más bien de adaptar o reacondicionar ideas y proyectos esbozados de antemano por otros.

También señala el excesivo reglamentarismo y el inocultable deseo de dirigir desde el Gobierno la actividad minera. El Código procura conciliar el principio de intervención estatal con el de libertad y autogobierno de la minería por los mineros, con el triunfo en todos los casos del primero sobre el segundo. Procura asimismo apartarse de las disposiciones dictadas para territorios diversos, de costumbres diferentes y gentes muy distintas.

Por nuestra parte, si nos hemos visto en el caso de recordar las prolijas disposiciones del Código en materia del trabajo, es porque, como ya anticipamos, nos parece que tienen un valor descriptivo de las prácticas en uso en Potosí, y porque también señalan algunas soluciones que el gobierno local deseaba implantar en los conocidos problemas que arrastraba la mita desde tiempos anteriores.

Cabe asimismo preguntarse si, como lo hacen pensar las notas marginales, los autores del Código (Sanz y Cañete) se inclinaron por favorecer a los amos en detrimento de los operarios. Es indudable que el fin principal que perseguían era que las minas se explotaran y que contasen con la mano de obra (compulsiva o voluntaria) que lo permitiera; pero algunas de sus disposiciones no fueron vistas con agrado por los azogueros, que criticaron a su vez el proyecto. Los autores no eran indiferentes al adelanto científico, ni a la conservación de los vasallos útiles, imponiendo moderaciones y cambios que sirvieran para obtener mejores resultados en el trabajo, y para corregir excesos nocivos a la salud de los operarios. Todo esto distaba mucho de los ideales humanitarios de supresión del trabajo forzoso y de protección de la plena libertad de los alquilados voluntarios a los que aspiraba el fiscal Villava, aun a costa de disminuir el rendimiento de la minería. Mas si se comparan las soluciones que ofrece el Nuevo Código con los usos potosinos y de otros minerales, no se las encontrará tan distantes de lo que se venía entendiendo como un régimen que procurara moderar los abusos conocidos, si bien manteniendo la compulsión fundamental de la institución de la mita. Son en este sentido ilustrativas las citas frecuentes que hace el Código de las Reales Cédulas de 1697 y 1732, que habían intentado recorrer ese camino con los escasos resultados señalados.

Vamos a concluir este ya largo y nutrido capítulo dando cuenta del "Extracto de la consulta hecha a S. M. por la Junta de Ministros del Consejo de Indias, nombrados para examinar las Ordenanzas de Minería de Potosí, el asunto de mita y demás incidencias", que se halla fechada en Madrid, el 8 de marzo de 1797.[177] Como se verá, es desfavorable para el proyectado código. Ya sabemos que el fiscal Villava lo atacaba duramente, entre otras razones, porque lo veía relacionado con el proyecto de conservar y ampliar la mita.

Entrando a considerar *el punto de mita* de que tratan los títulos 7 a 12 del proyecto y otros muchos, se dilata la Junta sobre el apuntado, del que con tanto acierto han escrito, en estos tiempos, sujetos inteligentes; y reduce lo arriesgado de tratar de esta materia para hacer novedad en ella, la inconducencia y prolijidad con que unas veces se hace en esta ordenanza,

y la equivocación con que, en otras, se citan los dictámenes de los que han escrito sobre ella, lo difícil y expuesto de mucho de lo que se previene, y la inutilidad y temores con que por esta razón han caminado en este punto muchos jefes anteriores.

Reconocen el celo y buenos deseos de Sanz y de su asesor Cañete, pero les parecen oportunas *tres advertencias:* Primera. El título 4 del libro III señala los salarios de los trabajadores de minas e ingenios siguiendo para con los indios de mita lo dispuesto en la cédula de 22 de octubre de 1732, y debiendo la paga corresponder a las tareas y demás circunstancias del tiempo, no sería extraño se examinase lo que todas pueden haber variado en los 65 años corridos de aquella fecha, pues la calidad de forzados con que van al trabajo estos miserables no debe hacerlos de peor condición que a los libres, cuyos jornales y ocupaciones merecieron tanta consideración en la ordenanza 15 y otras del tít. 1º del mismo código. Segunda. Sobre el establecimiento de escuela y colegio. Tercera. El artículo 2, del tít. 19 de la Ordenanza de Nueva España, y siguiendo su espíritu la ordenanza 1ª, tít. 11, lib. III del Código, conceden privilegios de nobleza a todos los mineros; son muchas las calidades que la 20 y 21 piden para que sean admitidos al Gremio; que sólo se debe pedir la aptitud personal, buena conducta y algunos bienes.

Sigue lo relativo al Tribunal de Minería.

Haciendo numeración de todo, son *dos los asuntos de la discordia:* el primero, la mita de Orueta y Jáuregui y aumento que a toda ella pretende dar el Nuevo Código, sobre el cual es excusado detenerse por haber dicho bastante y propuesto *se suspenda* y *no haga novedad alguna.* El segundo y principal motivo, los abusos que se suponen en los curas por razón de alferazgos, etc.

Los autores de la consulta estiman que ha sido muy prudente *la suspensión de la mita* concedida a Orueta y Jáuregui y debe revocarse aquella gracia, pues S. M. tiene otras muchas con que poder recompensarles el mérito y gastos que la dictaron. *Supuesto que la mita debe continuar,* porque en el día nada nuevo se presenta para quitarla, y sería éste un punto digno de toda atención y examen del Consejo, donde tantas veces se ha tratado y los azogueros expuesto latamente su derecho, y lo que importa es precaver alteraciones y abusos, y que *nada se innove,* y a este fin advirtiendo al Virrey, Audiencias, Fiscales y Gobierno de Potosí eviten en lo sucesivo iguales contiendas, podrá contestarse a todos lo mismo que en la Real Cédula de 12 de diciembre de 1665 se les previno, de que, pues allá tienen leyes y órdenes que dan disposiciones, debe cuidarse aún de *su cumplimiento,* determinando con maduro acuerdo lo que más convenga.

Sobre lo del mineral de Ubina, nada hay que decir, puesto que debe ser uno de los concurrentes a la formación de la Ordenanza General y por consiguiente quedar incluso en la orden que *nada innova*, lo que se prevendrá al Virrey e Intendente. La Ordenanza de Minería de Nueva España se podrá adaptar en los grandes rasgos al Perú, con lo que se adelanta mucho, pero no estaría de más *un nuevo reglamento*, porque en Potosí hay particularidades.

(Esta consulta, que recomendaba el inmobilismo, podía contribuir a calmar la acalorada querella que había estallado en Potosí y La Plata; pero difícilmente lograría satisfacer a las diversas personalidades y a los intereses en pugna.)[178]

XIX. Supresión de la mita

Tocó al historiador argentino Ricardo Levene mostrar que si en el siglo XVIII había librado Victorián de Villava una gran lucha contra la institución de la mita a la luz de las ideas ilustradas, esa corriente adquiriría nueva fuerza en los inicios de la centuria siguiente a causa del pensamiento y la acción de un discípulo espiritual del fiscal enciclopedista, el criollo del Río de la Plata, Mariano Moreno, en quien se advierte una crítica cada vez más vigorosa contra el régimen español a medida que se acercan los años decisivos de la iniciación del movimiento emancipador del Nuevo Mundo.

Moreno había concluido sus estudios universitarios en el Alto Perú y por ello llegó a familiarizarse con las cuestiones de la mita y los demás servicios de los indios que tenían tanta importancia en esa región.

Más tarde, algunos actos suyos en el gobierno bonaerense trataron de poner en práctica sus ideas en favor de la liberación del indio.[179]

Desde el punto de vista ideológico, una de las mayores contribuciones de Moreno al tema que estudiamos, si no la principal, es el trabajo que, según Levene, "trasunta un puro perfume de juventud y altivez" (I, 75), que lleva por título:

> Disertación jurídica, sobre el servicio personal de los indios en general, y sobre el particular de Yanacona y Mitarios. Que se ha de leer en la Real Academia de práctica de Jurisprudencia de esta ciudad (de Buenos Aires), por el Académico que la suscribe, el día... de agosto de 1802.[180]

En el Prólogo hace Moreno afirmaciones intencionadas como las que se encuentran en la generalidad de los críticos "liberales" de temas españoles, pero moderadas por el hecho de discurrir todavía bajo la vigencia de la monarquía peninsular en América. Dice que, pese a la grandeza de su policía y cultura natural (de los indios), en Roma se dudó de la racionalidad de ellos y hubo de intervenir el Vaticano en su favor. También se trató de despojarlos de su libertad por gentes "impelidas por bárbaros ejemplos de la antigüedad, o, más bien, seducidos por los ciegos impulsos de su propia pasión"; así lo hizo el Obispo de Darién en su disputa con Las Casas, "fundado sin duda en una extravagante doctrina de Aristóteles (sobre la servidumbre natural), que, a entenderse bajo el literal sentido que presenta, no da la mejor idea de las decantadas luces de su autor" (siéntese aquí el antiperipatetismo que había invadido a las universidades españolas y de ultramar por estos años). Sin embargo, la piedad y equidad de los Reyes de España frenó esos deseos y se proclamó en las leyes la libertad de los indios: "Casi no se halla en el sabio Código de nuestras Leyes expresión alguna tocante a ellos que no demuestre con evidencia, ser las intenciones del Monarca, que los indios no carezcan de aquellos caracteres, propios de una libertad legítima y perfecta". Sin embargo, los efectos no han correspondido a tan amorosas providencias." (Es decir, según Moreno, en el debate ideológico del siglo XVI triunfó al fin la idea de libertad y se reflejó en las leyes de la monarquía española, pero la aplicación de éstas no había correspondido al propósito amoroso que las inspiró, y la condición de los indios era lamentable. Esta tesis de las buenas leyes que no habían sido cumplidas debidamente, evolucionó en el pensamiento de Moreno. Su interpretación se hizo más dura con los años y los sucesos en contra del dominio de España en los que participó: el 6 de noviembre de 1810, en la *Gaceta Extraordinaria*, escribía: "Sobre las miras del Congreso que acaba de convocarse y constitución del Estado". y objetaba el Código Indiano por su "espíritu afectado de protección y piedad hacia los indios"; se mandó que "los indios no sean compelidos a servicios personales, que no sean castigados al capricho de sus encomenderos, que no sean cargados... y he aquí los decantados privilegios de los indios... cuyo despojo no pudo ser reparado sino por actos que necesitaron vestir los soberanos respetos de la ley, para atacar de palabra la esclavitud que dejaban subsistente en la realidad" (I, 87). De suerte que ahora insinúa que la legislación protectora no fue sincera y que si de palabra instauraba la libertad del indio, dejaba subsistir (la ley misma) en la realidad los hechos de la servidumbre. No era, pues, un sabio y providente código mal aplicado, sino un falso manto de palabras de libertad que encubría a sabiendas una esclavitud efectiva.)

En 1802, después de asentar la idea de la libertad del indio, Moreno examina algunos géneros de servicios a su juicio esclavistas y dice que se practican aún algunos "que en sentir de muchos sabios no son compatibles con su privilegiada libertad". Divide su examen en dos partes: Primera, del servicio personal de los indios en general. Segunda, de los servicios de los indios en particular. Declara que no sólo va a examinarlos en relación con la intención de los Reyes (manifiesta en la legislación) sino también en relación con "una desapasionada razón" (en lo cual, como Levene lo vio claramente, contaba con el precedente de Villava).

En la Parte primera, "Del servicio de los indios en general" (I, 437), Moreno insiste en la premisa de que los indios son libres. Recuerda el Breve de Paulo III dado en 1537; sin embargo de esta libertad, se sujetaron los indios a servicios, y por eso los Soberanos han tenido que legislar contra los abusos. Relata brevemente el proceso de la creación de las encomiendas y las condiciones con las que al fin se permitieron. Prohibieron los servicios personales las cédulas enviadas en 1549 a la Audiencia de Guatemala; en 1555, a la Audiencia de México; en 1595, en la instrucción para el virrey del Perú, D. Luis de Velasco; en la cédula de 24 de noviembre de 1601, al propio virrey; también se encargó a Solórzano Pereira, como él lo refiere. No son las únicas prohibiciones; hay más en la ley 41, tít. 12, lib. VI de la *Recopilación* contra el repartimiento semanal y la pesca en Filipinas; en la ley 43, allá mismo, contra los repartimientos de indios domésticos para los curas del Perú; en la ley 42, allá mismo, contra los servicios en favor de virreyes, oidores, oficiales reales, gobernadores, corregidores, alcaldes, etc. También en la ley 1, tít. 12, lib. VI de la *Recopilación*. Moreno concluye en el latín de su enseñanza escolástica: "Utriusque Americae habitantes suae libertatis ratione, et regalium ordinationum virtute ad personalia servitia cogi nequeunt." Y no deja de ser también sintomático que nuestro autor, poco

inclinado a Aristóteles, acoja (I, 438) la definición de libertad que da el "Filósofo", si bien le añade la cita sobre los fueros del vasallo del "gran Senechal de Fourcalquier".

En la Parte segunda, "De los servicios de los indios en particular" (I, 443), comienza con una mención, a través de Plutarco, de la doctrina política del cuerpo de la República, y de la ley 4, tít. 2, Partida Segunda sobre que se labren las tierras. Y reflexiona que: "Sobre estos generales principios de Política se introdujeron sin duda en las Indias algunos servicios personales de sus habitantes que aprobaron nuestros Monarcas." También los defendieron: Matienzo, José de Acosta, Agia "en los Consejos que escribió para el Sr. virrey de Lima D. Luis de Velasco, suscritos y aprobados por casi todos los Doctores que en la actualidad se hallaban en aquella Universidad", y D. Miguel de Luna y Arellano, Oidor de la Audiencia de Sevilla, en su tratado *De juris ratione*, lib. 3, cap. 12, n. final. Pero, según Moreno, las circunstancias variaron y es en consideración de ellas como ahora se pronunciará.

Pasa, pues, a examinar, Art. 1, el capítulo "De los yanaconas" (I, 444-450). Las extorsiones de los Corregidores motivaron las primeras deserciones de indios que, "dejando sus pueblos, tenían por menos mal vivir errantes que sujetarse a las opresiones y servicios de sus amos, jueces y curas". El virrey Toledo mandó reunir a los indios en reducciones y no se mantuvieron, pues hubo nuevas deserciones; estos indios fugitivos se refugiaron, unos en haciendas y chacras de españoles para la labor del campo (son los yanaconas de chacras), otros quedaron vagos de un pueblo a otro sin aplicación ni destino fijo (son una de las especies de yanaconas de la Real Corona), otros fueron a ciudades principales como Potosí, Tarija y otras para vivir en sus vicios sin sujeción a doctrina ni caciques (son otra especie de los yanaconas de la Real Corona). Enterado el Rey, mandó que se visitasen, numerasen y empadronasen, y que se les fijara tasa de tributo (cita aquí a Escalona, *Gazophilacium)* y, en cumplimiento de ello, el virrey Toledo, en su visita, los mandó empadronar en Potosí y otras partes, tasando el tributo que debían satisfacer unos y otros; lo cual se aprobó por capítulo de carta Real de 1571. Toledo había escrito que se hallaban en el Reino más de 50,000 yanaconas capaces de tributar, que los iba reduciendo a pueblos y ciudades, y que mandó que desde luego contribuyeran a la doctrina y después vería lo demás: "así lo haréis", le mandó la respuesta Real, y la orden se repitió a los Presidentes de Quito y de la Nueva Galicia. Después de los primeros empadronados, siguieron llegando indios a Potosí: los primeros "desde entonces acá pasan la reputación de criollos" y viven en parroquias de la Villa, y los vagos en la de San Roque con un cura separado para su doctrina. De suerte (I, 445), que Moreno distingue expresamente: los antiguos yanaconas y sus descendientes (criollos) domiciliados en la Villa; los vagos y forasteros sin domicilio, que son los llamados yanaconas de la Real Corona; y los arrimados y matriculados en haciendas o yanaconas de chacras, que deben pagar 3 *pesos y 1 real* de tributo, según la retasa del Duque de la Palata mandada guardar por el Conde de la Monclova. Los hacendados han defendido el concepto de que estos indios son adscripticios (que yanacona significa en lengua del Perú indios de servicio, así como en Nueva España se dice naborios); que los consideraron parte de sus haciendas desde la matrícula de Toledo y así se traspasaban contra la ley de Indias; que el Oidor de Charcas, D. Juan Ruiz de Bezarano, escribió en aprobación de ese uso, y también Matienzo. No obstante, Moreno sostiene que debe acabarse: "Nada debe estar más distante de un buen ciudadano que la criminal holgazanería; pero nada debe estar también más lejos de un hombre libre que la coacción y fuerza a unos servicios involuntarios y privados." Que en un principio la necesidad del cultivo y la escasez de operarios lo impulsó; pero no porque los abuelos del actual sirvieron a tal han de servirlo los descendientes actuales que pueden desear servir a otros. Que tampoco son suficientes para resolver este problema las utilidades que, según los defensores de la institución, obtienen los yanaconas (citando a Solórzano, razona que si es un beneficio, cabe en Derecho que los interesados lo renuncien) e insiste en la importancia que tiene la privación de libertad. Que Europa suministra ejemplos de servicios semejantes (colonos romanos y también parabolanos, metalarios, curiales, cohortales, fabricenses, murilegulos, mansarios en Milán, los de remensa en Cataluña, y otros en Alemania y Palatinado, enumeración que toma de Solórzano, *Política*, lib. II, cap. IV, párrafos 11, 13, 15); pero en el caso de los indios se ha proclamado su libertad. Que el virrey Velasco (según cita de Escalona) recibió orden de terminar lo de los yanaconas restituyéndolos a su libertad, y ese virrey despachó a la provincia sus provisiones para el cumplimiento, pero se opuso la Real Audiencia de Charcas porque se suscitarían novedades. Moreno espera que ahora la Audiencia terminará con los yanaconas, pues en pleito que se seguía entre los dueños de las Haciendas de Siporo con los yanaconas que vivían adscriptos a ellas, que pidieron su libertad, el Fiscal opinó que debía accederse y que en época anterior Solórzano había sostenido lo mismo en un caso visto en la Audiencia de Lima, que él refiere. Concluye Moreno esta parte de su Disertación, en la que muestra un buen conocimiento de los autores precedentes, con otra sentencia latina (I, 45): "Servitus Indorum vulgo Yanaconas, licet legitimam habuerit introductionem,

nihilominus attentis circunstanciis nunc temporis militantibus abditione digna videtur."

El artículo 2 trata "De la Mita" (I, 450 y ss.). La mineralogía siempre interesó a los hombres y ese interés creció desde el descubrimiento de América, pues se vio a un solo cerro (tal fue el de Potosí) producir en menos de 45 años más de 200 millones, y una sola Provincia ofreció al Rey 21 millones de oro por la derogación de una sola ley. Se favoreció a la minería, y por la ley 19, tít. 12, lib. VI de la *Recopilación*, fue uno de los ramos a los que se asignó mita. "La pública y común utilidad, que pondera la citada ley en el beneficio de las minas, y la natural y notoria resistencia de los indios a todo trabajo de que se queja la ley primera del título siguiente, precisaron a nuestros Monarcas, a determinar un servicio, que a primera vista parece enteramente repugnante con la privilegiada libertad de los habitantes de estas Provincias" (I, 451). La mita se dio con carácter subsidiario, en tanto hubiese voluntarios (ley 19, tít. 12, lib. VI de la *Recopilación;* cédula de 24 de noviembre de 1601, inserta en las Ordenanzas del Perú, f. 203; cédula de 26 de mayo de 1609, allá mismo, f. 211; y tít. 15, lib. VI de la *Recopilación)*. Actualmente (I, 454), con motivo de la nueva mita a favor de D. Luis de Orueta, se ha replanteado el tema: *"Encendidos los ánimos con el fuego de la disputa,* jamás se ha ventilado con mayor ardor la cuestión de la legitimidad de la mita". Tiene presente y cita a Villava, "autor de docto tratado", y a D. Vicente Cañete, que se opuso a aquél "con otros doctos escritos, que conservan con aprecio los literatos de buen gusto" (así reconoce también los méritos del contradictor); que Moreno, aunque se le acuse de arrogancia al terciar en problema tan difícil y discutido, sostiene: "Idem judicius de Mitariis ac de Yanaconis ferendum esse censeo." Se inscribe así entre los escritores partidarios de la abolición de la mita. Cree que basta considerar el duro trabajo que sufren los indios mitarios para que se vea su repugnancia con el derecho de las gentes, de la libertad y aun de la misma naturaleza. Pasa en revista los daños (I, 455): sacarlos de sus hogares, la diferencia de temples, la dificultad de la labor, cargarlos, darles mal trato. Ante la nueva mita hubo sublevación de los de Chayanta. No es compatible ese penoso servicio con la libertad. Las minas son interesantes, pero más lo son los vasallos (ley 14, tít. 5, Partida Segunda). Las leyes mandan la mita para las minas y también para chacras, viñas, olivares, obrajes, ingenios, perlas, tambos, recuas, carreterías, casas, ganados, bogas, coca y añir, y, a pesar de su interés, estas mitas, *donde no se hallan revocadas por cédulas posteriores, están derogadas por uso contrario legitimamente introducido;* sólo los mineros de Potosí se mantienen tenaces en usarla. Si el Cerro no rinde para pagar los jornales de operarios voluntarios, no hay por qué trabajar esas minas, cuando hay otras más ricas que los costearían (se recordará que fue uno de los argumentos empleados por el Fiscal Villava). "Lo cierto es que *si se han suprimido las Encomiendas*, por considerarse poco conformes a la libertad y privilegio de los indios, se puede *esperar lo mismo con el servicio de la mita*; a lo menos varias veces se ha pensado ya en la Corte su supresión; y aun el Sr. Solórzano asegura haber hallado en el Archivo de la Real Audiencia de Lima algunas en que había comunicado el Gabinete estos pensamientos" (I, 457). Moreno remite a la Memoria del Fiscal del Consejo, Sr. Lagúnez, contra la mita, que se hallaba cuando la consultó entre las vistas "entomadas" que quedaron del Sr. Villava (I, 458, lo cual corrobora el acierto de Levene al señalar el vínculo intelectual entre Villava y Moreno).

El autor concluye su Disertación reflexionando acerca de sus puntos que "si se hubieran de tratar con la debida dignidad, ocuparían volúmenes enteros". Y su última cita es de San Agustín. Firma en agosto de 1802.

Es de tener presente que la Ordenanza general de Intendentes, de 1802, en su art. 146, menciona entre las obligaciones de esos magistrados la de proporcionar la mano de obra a los dueños de minas y cuidar el buen tratamiento de los indios de mita.[181]

De otro carácter y conclusión opuesta es el "Discurso (anónimo) sobre la minería, comercio y agricultura del Perú; estado actual de estos ramos; remedios que podrán aplicarse al atraso en que se hallan; año 1803".[182] El autor habla de generalidades y de que las minas están atrasadas porque los mineros no saben beneficiarlas ni hay gente para el trabajo. Sólo en Potosí andan mejor por la mita y no aún bien del todo. No tienen dinero los indios sino para emborracharse y para los curas cuando los nombran alférez o mayordomo, que tienen que pagar muchos pesos y convidar dos o tres días a todo el pueblo a chicha y comida el día de algún santo. Y no una vez en la vida sino cuatro veces al año. Discurre largamente sobre el comercio.

La adscripción del Alto Perú al virreinato del Río de la Plata nos ha apartado momentáneamente de los papeles administrativos del virreinato del Perú; mas en 1806 se cuenta con la "Relación del gobierno del Exmo. Sr. Marqués de Avilés a su sucesor el Exmo. Sr. D. José Fernando de Abascal".[183]

Avilés hizo su entrada en Lima el 5 de noviembre de 1801 y al día siguiente tomó posesión del mando. La extinción de los corregidores se había decidido en 1781 y los subdelegados que los sustituyeron no disfrutaban de otra renta que el 3% que deducían de la masa que cobraban de tributos. La minería daba a la Real Hacienda unos 600,000 pesos de plata y 3,000 de oro, con los derechos Reales reducidos, como sabemos, al 10%. Avilés decía en su *Memoria* que la labor de las minas se resentía de la falta de brazos y de azogue. Los comerciantes no prestaban ayuda a los mineros. Había rutina y falta de conocimientos de los que se dedicaban a estas labores y agotamiento de algunos asientos. El Tribunal de Minería (para el Bajo Perú) se había creado hacía dos años y los mineros habían contribuido más de 1.300,000 pesos como producto del real por cada marco de plata que extraían, mas no se habían observado progresos correspondientes. Huancavelica estaba en plena decadencia; en 1796 sólo se extrajeron 30 quintales y 63 libras de azogue; por el pallaqueo se habían extraído en los últimos diez años, 36,499 quintales, que fueron vendidos a los mineros de plata sin ganancia para el erario, a 73 pesos el quintal. También se traía el azogue de Europa. La situación del comercio era desfavorable y el mal había alcanzado a la clase trabajadora, pues la disminución de los jornales pasaba de 300,000 pesos. Avilés puso el mando en manos de su sucesor D. José Fernando de Abascal, el 26 de julio de 1806.[184]

El nuevo virrey había sido Presidente de la Real Audiencia de Guadalajara en la Nueva Galicia, Virreinato de México, de 1799 a 1804 [185] y llegó al Perú en el año dicho de 1806.

El 7 de octubre de 1806 ya circula el texto de las "Ordenanzas de Minería de Nueva España con las adiciones del Sr. Escobedo por lo respectivo a la del Perú".[186]

El 9 de enero de 1807 se presenta en Madrid un "Informe sobre la disputa de enviar la Mita de Puno sin pagar al indio leguaje, y otros incidentes".[187] Toda la disputa se formó de resultas de un oficio del Intendente de Puno, de 14 de julio de 1802, en que avisó al de Potosí que tenía detenida la mita hasta que enviasen el leguaje. Les debían pagar la ida y vuelta a *medio real por legua*, calculando cada día de viaje a *4 leguas*, o sea, venían a ganar cada día *2 reales*, que era la mitad del jornal que percibían cuando trabajaban en el mineral. Se les debía pagar el leguaje al tiempo que salían de sus casas, pues empezaban ya a servir en realidad. Luego se discute si hizo bien, o no, el Intendente de Puno en detener a los mitarios: el que responde dice ser justo. Se sigue discutiendo en el expediente lo que la minería debió hacer, etc.

Se recordará (*supra*, p. 83) que desde 1796 se había ordenado la devolución al virreinato del Perú del territorio de Puno, y la mita continuaba acudiendo a Potosí, que estaba bajo la dependencia del virreinato del Río de la Plata. De suerte que la controversia sobre el leguaje se hallaba mezclada con los problemas siempre delicados de la diversidad de jurisdicciones.

Gracias a la investigación de Arthur P. Whitaker se conoce el estado de la mita de Huancavelica en los últimos años de su existencia.[188] Según el Informe presentado al Gobernador Lázaro de Ribera por el Contador Nicolás del Castillo y Negrete, fechado en Huancavelica el 9 de septiembre de 1811 (que se inserta en la obra citada como Apéndice, pp. 97-100), el ramo de *mitas en plata* que cobra el Rey anualmente —al que contribuyen varios Partidos en dinero para el fomento de este Mineral, hallándose agregado a la Real Hacienda este ramo— asciende a 29,704 pesos 5 reales, a saber: 6,605 pesos 3 reales el de Aymaraes en la provincia del Cuzco; en la de Guamanga, 5,100 pesos Vilcas-huaman; 2,023 pesos 7 reales Parinacochas; 6,900 pesos Lucanas; 934 Andahuaylas; y 4,096 pesos 7 reales el de Guanta. Y en esta Intendencia de Huancavelica, 3,044 pesos 4 reales el partido Taya-Caxa, y 1,000 pesos el de Castro-Virreyna. Del total de estas ocho partidas deben deducirse 1,188 pesos 1 y 1/4 reales que se pagan a los Subdelegados por el 4% de premio que les está señalado, igualmente que en el ramo de tributos. Resultan quedar líquidos, 28,516 pesos 3 y 3/4 reales. El cobro, a causa de la distancia de los partidos y los descuidos, estaba atrasado en 422,109 pesos, 4 y 3/4 reales, sin la menor esperanza de cobrarse un real en su mayor parte. Este ramo se agregó a la Real Hacienda sin otro motivo que el haberlo disfrutado el antiguo Gremio de Mineros, extinguido en 1779 (p. 127, nota 179).

Aclara el informante (p. 99) que los mineros no han disfrutado más mita que la de los *100 indios* personales que por semestre envía el partido de Chumbi-Vilcas de la provincia del Cuzco, que ya han faltado en el de Navidad pasado, quedando este Mineral aun sin ese corto auxilio.

En cuanto a si el jornal del indio es gravado con algún descuento (p. 100), dice que los indios mitayos Cotabambas sufren el descuento de *medio real semanal,* el mismo que da cada individuo por vía de limosna al Convento de San Francisco de la villa, con calidad de que cuando fallezca le han de dar los Padres una mortaja en recompensa.

Los horneros y oyaricos que se emplean en la fundición de metales dan para igual fin, *medio real* los primeros, y *un real* los segundos, semanalmente, que se descuenta a los mineros según el número de hornos de fundición que manejan en corrientes, y éstos, al tiempo de pagarles sus jornales devengados, se lo reintegran pagándoles eso menos.

En cuanto a la producción, explica el Informe que unos 120 a 130 individuos que trabajan indistintamente, pues puede hacerlo todo el que quiere, son los que semanalmente internan azogue en los reales almacenes y se les paga a 73 pesos el quintal. En 1806 produjeron 2,672 quintales 29 libras; en 1807, 2,438 q. 37 1/2 l.; en 1808, 2,452 q. 94 l.; en 1809, 2,281 q. 42 1/2 l.; en 1810, 2,548 q. 37 l. Whitaker señala una producción corta en 1813, de sólo 187 q. (p. 82). La mina y su mita dejaron de existir y ya se ha visto que sólo había quedado a la Corona una renta escasa y difícil de cobrar cuando se sustituyó al Gremio de los mineros.

Otro informe de 1804 (*op. cit.*, p. 127, nota 179) da cifras semejantes de dinero y habla de que la mina todavía tenía derecho al servicio personal de *165 indios.* Whitaker toma este dato de Mariano Eduardo Rivero y Ustáriz, "Memoria sobre la mina de azogue de Huancavelica y la de Chontla", en su *Colección de memorias científicas, agrícolas e industriales,* Bruselas, 1857, 2 vols., II, 113-114.

El golpe final a la debilitada mita que subsistía en los minerales peruanos fue asestado por las Cortes de Cádiz.

El 24 de septiembre de 1810, en presencia de un centenar de diputados, se instalaron dichas Cortes. Los diputados de América y Asia llegaron a ser 28, entre ellos 5 del Perú (D. Vicente Morales Duarez, D. Ramón Olaguer Feliú, D. Dionisio Inca Yupanqui, D. Antonio Suazo y el clérigo trujillano D. Blas Ostolaza).

El 5 de enero de 1811 se aprobó el decreto prohibiendo toda clase de vejaciones a los indios; el 26 del mismo mes se declaró libre el comercio del azogue. El virrey Abascal, en mayo de 1812, había representado a la Secretaría de Estado que la medida decretada el 15 de marzo de 1811 para la abolición del tributo traería graves consecuencias al erario y proponía el aumento del precio del tabaco y el reparto de tierras realengas a los indios. El 9 de noviembre de 1812 se abolió la mita.[189]

Examinando con mayor detalle el capítulo de la mita en las Cortes de Cádiz, es de señalar el "Discurso sobre las mitas de América" del diputado guayaquileño José Joaquín de Olmedo, pronunciado en la sesión del 12 de agosto de 1812.[190] Pidió la abolición de la contribución mital y de toda clase de servidumbre personal de los indios americanos.

Después del discurso del 12 de agosto se aplazó la discusión sobre las mitas hasta el 21 de octubre, y, como ya lo hemos indicado, el decreto de abolición se dio el 9 de noviembre de 1812.[191]

El cambio de atmósfera y de estilo en el tratamiento de la mita es notorio en el Prólogo de Rocafuerte, en el cual exclama: "¡Cuántos millares de millares de víctimas sacrificadas por la servidumbre mital! ¡Oh Filosofía! ¡Oh Leyes! ¡Oh política de aquellos siglos bárbaros! ¡Oh Razón! ¡Oh Humanidad! ¡Oh Naturaleza!...". "¿La avaricia no quedó saciada con la sangre de la conquista? ¿Era preciso sepultar en las entrañas de la tierra la mitad de los hombres que perdonó el primer ímpetu de su furor?" (p. 12).

En el discurso de Olmedo se aclara que Castillo (lo llama diputado de Nicaragua) pidió la abolición de la mita y de toda servidumbre personal de los indios. La Comisión Ultramarina apoyó esa solicitud. Y Olmedo la encuentra equitativa, humanísima, justa y justificada. El Discurso es la expresión de ese pensamiento. Tiene por objeto mostrar los grandes males que encierra esa idea de mita y demostrar la necesidad de abolirla. Olmedo dice de las encomiendas, mitas y repartimientos, que fueron "bárbaras reliquias de la conquista y gobierno feudal; fomento de la pereza y del orgullo de los nobles y de los ennoblecidos, y esclavitud de los naturales, paliada con el nombre de protección" (p. 16).

Habla de la ardua cuestión de si los indios eran o no eran hombres, decidida afirmativamente "por una de aquellas personas que han tenido pretensiones o presunciones de infalibilidad" (p. 18). Alusión al Papa Paulo III.

Explica los males que trae consigo la mita e insiste en su abolición y la de toda servidumbre personal de los indios y la derogación de las leyes mitales. No cree que la aplicación de las buenas leyes del Código Indiano sobre la mita sea el remedio, porque lo que es en sí malo, injusto y contra equidad, no se convierte, aun por las mejores leyes del mundo, en bueno, justo y equitativo. (Argumento éste sí fundamental y que podía apoyarse largamente en la historia de la mita y de los frustrados esfuerzos legislativos para hacerla soportable, que hemos venido estudiando.)

Reconoce el espíritu de amor y beneficio que dictó las leyes mitales en gracia de los mitayos; pero no cortaron el mal de raíz y lo han perpetuado y no se observaron (posición que coincide con la primera interpretación del argentino Mariano Moreno en 1802, que señalamos en su lugar).

No faltarán jornaleros a los dueños de minas si les pagan y los tratan bien.

La mita se opone directamente a la libertad de los indios, "que nacieron tan libres como los reyes de Europa"; el autor del Discurso se admira de que haya habido reyes que manden, leyes que protejan y pueblos que sufran esta servidumbre. (En este párrafo Olmedo retoma el argumento de los antiguos opositores de la mita que se fundaba en la condición legal libre de los indios, que la compulsión de la mita violaba. Pero, como se ha visto, le une la idea de la universalidad de esa libertad en los continentes antiguo y nuevo.)

La mita es causa de despoblación.

Concluye: "deróguense las leyes mitales, que, a pesar de toda la beneficiencia que respiran, manchan las hermosas páginas de nuestro código" (p. 31); "o abolir la mita de los indios, o quitarles ahora mismo la ciudadanía que gozan justamente" (p. 32); no estima que sean sabias las leyes de Indias sobre mitas por no haber llenado el fin que se propusieron, de hacer industriosos a los indígenas, de instruirlos, civilizarlos, hacerlos felices (p. 32).

(Estos últimos párrafos se acercan a la segunda posición de Mariano Moreno, aunque no ponen en duda la sinceridad del legislador, como lo hacía el argentino, sino la aptitud de lo legislado para alcanzar el fin propuesto, que nuestro autor moderniza al introducir los términos de ciudadanía, civilización y felicidad que ya eran comunes en el lenguaje constitucional de su época, en vez de los de cristiandad, policía, y hacerlos primero hombres, que anteriormente emplearon los autores de los siglos coloniales.)

(Si, por otra parte, recordamos las exclamaciones de Rocafuerte, comprenderemos que con estos escritores americanos, no sólo se hacían presentes las ideas ilustradas del siglo XVIII y las liberales de comienzos del XIX, sino también, en algunos casos, la oratoria jacobina y las declamaciones que habían puesto de moda los revolucionarios franceses, para dar curso a los sentimientos de independencia y nacionalismo de los criollos y a la censura del régimen absolutista español contra el cual luchaban.)

Todos estos diversos factores contribuyeron a lograr el fin perseguido, que proclama el Decreto 207 de 9 de noviembre de 1812, sobre: "Abolición de las mitas. Otras medidas a favor de los indios".[192]

El texto es el siguiente:

Las Cortes generales y extraordinarias, deseando remover todos los obstáculos que impidan el uso y ejercicio de la libertad civil de los españoles de Ultramar; y queriendo asimismo promover todos los medios de fomentar la agricultura, la industria y la población de aquellas vastas provincias, han venido en decretar y decretan:

1. Quedan abolidas las mitas, o mandamientos, o repartimientos de indios, y todo servicio personal que bajo de aquellos u otros nombres presten a los particulares, sin que por motivo o pretexto alguno puedan los jueces o gobernadores destinar o compeler a aquellos naturales al expresado servicio.

2. Se declara comprehendida en el anterior artículo la mita, que con el nombre de faltriquera se conoce en el Perú, y por consiguiente la contribución real anexa a esa práctica.

3. Quedan también eximidos los indios de todo servicio personal a cualesquiera corporaciones o funcionarios públicos, o curas párrocos, a quienes satisfarán los derechos parroquiales, como las demás clases.

4. Las cargas públicas, como reedificación de casas municipales, composición de caminos, puentes y demás semejantes se distribuirán entre todos los vecinos de los pueblos, de cualquier clase que sean.

5. Se repartirán tierras a los indios que sean casados, o mayores de 25 años, fuera de la patria potestad, de las inmediatas a los pueblos, que no sean de dominio particular o de comu-

nidades; mas si las tierras de comunidades fuesen muy cuantiosas con respecto a la población del pueblo a que pertenecen, se repartirá, cuando más, hasta la mitad de dichas tierras, debiendo entender en todos estos repartimientos las diputaciones provinciales, las que designarán la porción de terreno que corresponda a cada individuo, según las circunstancias particulares de éste y de cada pueblo.

6. En todos los Colegios de Ultramar donde haya becas de merced, se proveerán algunas en los indios.

7. Las Cortes encargan a los virreyes, gobernadores, intendentes y demás jefes, a quienes respectivamente corresponda la ejecución de este decreto, su puntual cumplimiento, declarando que merecerá todo su desagrado y un severo castigo cualquiera infracción de esta solemne determinación de la voluntad nacional.

8. Ordenan finalmente las Cortes que, comunicado este decreto a las autoridades respectivas, se mande también circular a todos los Ayuntamientos constitucionales y a todos los curas párrocos, para que, leído por tres veces en la misa parroquial, conste a aquellos dignos súbditos el amor y solicitud paternal con que las Cortes procuran sostener sus derechos y promover su felicidad.

Lo tendrá entendido la Regencia del Reino para disponer el más exacto cumplimiento en todas sus partes, y lo hará imprimir, publicar y circular. Dado en Cádiz, a 9 de noviembre de 1812. Francisco Morrós, Presidente. Juan Quintano, Diputado Secretario. José Joaquín de Olmedo, Diputado Secretario. A la Regencia del Reino. Reg. lib. 2, fol. 95.

La lectura de este texto muestra que las Cortes liberales habían sabido dar un término apropiado y sobrio a la institución de la mita, en un lenguaje digno y concreto, que tomaba en cuenta las diversas prácticas que trataba de suprimir. La compulsión quedaba excluida, que era el rasgo fundamental de la mita. La práctica de la faltriquera era nombrada particularmente en uno de los artículos. Se excluía la prestación de servicios a funcionarios y curas, regulando también las cargas parroquiales. Las cargas públicas alcanzaban a todos los vecinos y no solamente a los indios. Un comienzo de reparto agrario era ordenado que podía afectar en parte las tierras de comunidades de los pueblos, pero sin ir más allá de la mitad de ellas. Se atendía a la instrucción de los indios en los Colegios por medio de algunas becas de merced. Del lenguaje de moda en la época sólo se tomaban expresiones medulares, como las de libertad civil, determinación de la voluntad nacional, sostener los derechos de los súbditos con amor y solicitud paternal y promover su felicidad.

Justo reconocimiento a la contribución de los americanos que habían combatido la mita era que figurara en el decreto de abolición la firma del Diputado Secretario José Joaquín de Olmedo.

Por último, cabe señalar que donde funcionarios acuciosos de la Monarquía Española y autores de la época colonial acumularon expedientes enormes sin lograr que las mitas fueran finalmente abolidas, los diputados de las Cortes liberales, con menos fárrago, alcanzaron ese objetivo en un nuevo cuadro constitucional más propicio y en un ambiente de ideas más favorable a la defensa de los derechos del hombre. La abolición fue obra común de peninsulares y americanos unidos por principios comunes, que votaron la nueva ley todavía en el marco del imperio español que se acercaba a su ocaso. Esa ley puso fin a las mitas, como otras, a partir del 1700, lo habían hecho con las encomiendas; pero ahora influyó el pensamiento y la acción de prominentes hispanoamericanos.[193]

Sobre el efecto que tuvo el decreto de las Cortes en la realidad ultramarina hallamos algunos datos.

D. Juan del Pino Manrique, que había pasado a ser Alcalde de Corte en Lima, escribe en comunicación de 22 de marzo de 1814, que la mita en Potosí "ya hoy no existe" y recuerda sus Ordenanzas que quedaron sin aplicación al ser sustituidas por el proyecto del Dr. Cañete, que sabemos no fue aprobado tampoco.[194]

Otro manuscrito, firmado en Madrid el 28 de diciembre de 1814, por Martín Josef de Múgica, trata de "Abusos de varias clases de mitas y carácter perezoso de los indios. Representados para su remedio al Rey Nuestro Señor por el ex diputado de Guamanga".[195]

El autor, diputado por la provincia de Guamanga en el virreinato del Perú a las abolidas Cortes Ordinarias, expone al Rey que hacia 1804, siendo Segundo Protector Partidario de Naturales de aquella ciudad, los de la doctrina de Guanca-sancos, sita en el Partido de Vilcas-Guamán, de la misma Intendencia, pretendieron en el virreinato ser exonerados de *405 pesos* que pagaban cada año por la mita de Guancavelica. (Recuérdese lo visto *supra*, p. 159.) Estando sin dirimirse este expediente, se publicó en Guamanga el decreto de las Cortes Extraordinarias de 15 de marzo de 1811, que eximía del tributo a los indios.

En 31 de octubre del mismo año, unos indios Guancayu, del Partido de Vilcas-guamán, se quejaron a la Protectoría de que dos comisionados del Subdelegado territorial los encarcelaron por las mitas de agosto último, soltándolos con plazo de ocho días para proporcionar el pago y exigiéndoles 4 y 1/2 pesos de derechos.

El Protector, en 4 de noviembre, expuso a la Intendencia que la exención de tributos no podía dejar de ampliarse con mayor razón a la de mitas y pidió que, sin perjuicio de consultarse a la Superioridad, se previniese a los Subdelegados del Departamento que por entonces suspendiesen en su actual estado la cobranza de las mitas posteriores al 24 de junio. La Intendencia lo decretó así el 6 de noviembre y lo tuvo a bien la Junta Superior de Real Hacienda de Lima por deliberación de 22 de abril de 1812.

El 9 de noviembre de este año las Cortes Extraordinarias *abolieron las mitas* o mandamientos o repartimientos y todo servicio personal de indios, y por el artículo 2 comprehendieron en la abolición la *mita de faldriquera* y la contribución real anexa a ella.

Este decreto debe considerarse *sin valor* de acuerdo al decreto de S. M. de 4 de mayo del presente año (de 1814).

El exponente da su parecer acerca de las varias mitas y servicios personales de los indios que se conocen en su provincia.

Clase 1. *Mita de Guancavelica.* Explica que Gonzalo Nahuincopa, indio de la encomienda de Amador de Cabrera, descubrió en 1564 la mina de azogue, y el virrey Toledo celebró asiento con 29 mineros en 9 de mayo de 1577, repartiéndoles *3,000 indios de labor,* a quienes (fuera de las dietas de ida y vuelta computadas en 5 leguas) se les señalaron entonces de jornal *un real y medio diario, dos libras y media de carne semanal, y media fanega mensual de maíz.*

La mita significaba "una contribución o servicio personal". En 1779 no había en Guancavelica más que *175 indios mitayos,* y aun éstos parece que, en los últimos tiempos, sólo quedaron reducidos a *100 o menos* que sufragaba el Partido de Chumbivilcas, de la Presidencia del Cuzco.

La repugnancia que los indios concibieron al trabajo de minas les dictó el arbitrio de *redimirlo con dinero.* Son los *indios en plata,* cuando el minero sustituía de hecho con el valor de la redención otros trabajadores; y *de faldriquera,* cuando, embolsándose el precio del rescate, no cuidaba de llenar con otros el vacío de los libertados. De aquí derivó el nombre de *mita de faldriquera* o contribución real o pecuniaria que daba el mitayo por escaparse de la personal.

A mediados del siglo XVII, ya las provincias de Tarma, Jauja y Guanta (hoy partido de la Intendencia de Guamanga) habían subrogado indios en plata o de faldriquera a los mitayos personales. El autor del informe supone que la contribución sería alrededor de *7 pesos semanales,* que por esa época valía el rescate de un mitayo en Potosí y otros minerales.

En 1779, la mita de faldriquera para Guancavelica subía a cerca de *40,000 pesos anuales,* inclusa la de Jauja, que después logró eximirse. Estos productos parece que eran para el Gremio de Mineros de Azogue, el cual fue suprimido en 1779 por el Visitador General del Perú Joseph Antonio de Areche. En nuevo pacto que hizo con D. Nicolás de Saravia le fueron cedidos esos productos junto con los mitayos personales. Cree el informante que la mita de faldriquera comenzó a recaudarse por cuenta de S. M. des-

de 1782, año en que acordó Areche elaborar el azogue por Administración Real, hasta 1793 en que, probado lo ruinoso de este arbitrio, se permitió extraer y beneficiar libremente el cinabrio, pero sin volver a los mineros el goce de dicha mita.

Por instrucción moderna de la Contaduría de Azogues de Guancavelica, se ve que el ramo de mitas sólo había rentado hasta San Juan de 1811, 551,576 pesos 5 reales 1 cuartillo, sin contar algunos rezagos. El autor cree que de haberse incorporado este ramo antes de 1782, habría dado mucho más. El cobro y la administración los hacía la Contaduría de Azogues.

El suplicante ha podido traslucir que entre los partidos de Guanta, Vilcas-guamán, Andaguailas, Lucanas y Parinacochas, todos de la Intendencia de Guamanga, satisfacían *20,000 pesos anuales de mitas* poco más o menos; el cupo de los pueblos era fijo e inalterable y no dependiente, como en los tributos, del aumento o disminución de los indios; no se cobraba por semestres, como los tributos, sino en cuatro o más bimestres, de los cuales no se acuerda con certeza; los enteros se hacían por los Subdelegados cada año; muchos pueblos, si no todos, nombraban unos pocos indios que debían aprontar el total, alternándolos anualmente o por tiempos; los mismos pueblos auxiliaban a estos pagadores en su turno con el usufructo de algunas tierras destinadas al intento; en otros pueblos había *ciertas tierras nombradas de mita,* cuyo producto en arrendamiento a indios, españoles u otras castas, se dice que se aplica en parte de pago a las mitas de Guancavelica; habiendo sucedido así de hecho con los pueblos de Andaguailas y sus confinantes de Talavera y San Gerónimo, cuyo correspondido de 262 pesos 2 reales le consta al suplicante que salía del canon de las tierras denominadas allí de censos, que recaudaban los Subdelegados territoriales, sin que nada lastasen (es decir, contribuyesen) los indios.

Deja de lado *la mita personal* porque hace mucho tiempo que la Intendencia de Guamanga se ha libertado de ella. El suplicante sostiene que *la mita real o pecuniaria* repugna a la razón y a la ley. Cita a Don Victorián de Villava, Fiscal que fue de Charcas, en cuya valiente e ingenua pluma, escribiendo en 9 de marzo de 1793 un discurso sobre la de Potosí, sostiene que se hace un tráfico vergonzoso de las personas de los indios.

En Guancavelica, desde 1793, los mineros apenas se han servido más que de *operarios libres,* contentándose con sus *100 mitayos.*

Menciona que se acordó en Lima, en Junta General Extraordinaria de Tribunales —luego aclara que fue el 14 de noviembre de 1812— *la contribución provisional voluntaria de los indios* en lugar del tributo abolido. Entonces se mandó también activar el expediente sobre *ex-*

tinción de mitas, y, al circular el 20 de noviembre el acta, se mandó dar a entender a los indios quedar libres desde ahora de estos vejámenes. En Guancavelica se publicó el bando en 15 de diciembre (de 1812).

El autor del informe recuerda que la ley 7, tít. 15, lib. VI de la *Recopilación* prohíbe la mita de faldriquera y cree que, para eludirla, se inventó la distinción entre indios en plata y los de faldriquera. (Esta parte del informe complementa útilmente los datos proporcionados por Whitaker, *supra,* p. 159.)

Clase 2. *Mita de las casas de postas o tambos.* Por el artículo 8 de la instrucción que el Administrador General de Correos, D. Joseph Antonio Pando, dictó a los maestros de postas y postillones del Perú en 24 de julio de 1777, en las cuatro carreras generales de aquel reino hasta Potosí están asignados a cada parada o casa de posta *4 indios mitayos,* y *3 desde Potosí hasta Jujui,* los cuales deben salir de las poblaciones circunvecinas por turno en los tiempos establecidos. De acuerdo con el artículo 9, esos mitayos sólo están destinados para acompañar a los correos de S. M. y extraordinarios en sus viajes, por el estipendio señalado; y los maestros de postas sólo los ocupen en llevar y traer las caballerías y cuidarlas en los pastos, dándoles la ración regular para su diaria manutención y procurar que tengan provisión de leña para vender a los pasajeros al precio corriente.

El autor se queja de que nada se manda abonar a los indios por la ida y vuelta a sus casas. Refiere abusos, entre ellos el pago en dinero por redimirse del servicio.

En 5 de diciembre de 1811, el virrey del Perú resolvió (no obstante "la españolización de los indios decretada por las Cortes Extraordinarias en 13 de marzo de 1811") que por entonces *permanecieran los indios mitayos del correo en este servicio* a causa de no haber en sus pueblos otra especie de castas que pudiera hacerlo, mientras se resolvía un aumento de jornal proporcionado a este trabajo.

Se recibieron ejemplares del decreto de las Cortes de 9 de noviembre de 1812 *derogatorio de las mitas.* Hasta agosto de 1813 no hubo innovación de importancia sino en *doblar en algunas postas el estipendio* de los postillones o guías. El autor no sabe lo que haya ocurrido después *al anularse el decreto* de 9 de noviembre.

Dice que hay postas a cargo de tenientes o maestros que tienen obligación de mantener las caballerías y que regularmente son españoles o de castas mezcladas; otras están al cuidado de la parcialidad o comunidad de indios. Lo segundo es ventajoso a los indios, pues ceden a su favor los fletes y las utilidades; no así en las otras.

Pide que se estudie *la supresión de esta mita y el aumento del estipendio.*

Clase 3. *Mita del altar, de sus ministros y de los Reales.* La ley 42, tít. 12, lib. VI de la *Recopilación* prohibió repartir indios de mita a los ministros de justicia. El Marqués de. Montesclaros y los oidores de Lima empezaron a despojarse de sus indios luego que recibieron esta ley. En 1660 insistió S. M. en lo mandado. Sin embargo, el suplicante se halla cierto de que *subsiste la misma mita* en toda o la mayor parte de la Sierra del Perú o, por lo menos, en la Provincia de Guamanga. Los jueces de la ciudad, algunos regidores y los subdelegados contravienen la orden; salvo escaso alimento, no pagan a los mitayos. El modo de reclutar semanalmente a los mitayos consistía en salir los ministros ejecutores a las plazas o calles a quitar a los indios sus mantas o sombreros y llevarlos entre gritos y alteraciones a la casa del servicio.

Felipe III, por la ley 43, tít. 12, lib. VI recopilada, prohibió el repartimiento a los curas, y por la ley 19, tít. 13; y Felipe IV, por la ley 11, tít. 13, lib. I (el autor observa que sólo a los doctrineros y conventos de. Paraguay, Tucumán y Río de la Plata se consiente por las leyes 44 y 45, tít. 12, del libro VI).

El suplicante tiene nota de que en 10 de noviembre de 1730 se dirigió Real Cédula al Obispo de Guamanga para el remedio de las vejaciones que los indios de la jurisdicción de Lucanas recibían de sus curas.

Desde que se promulgó en Guamanga, a mediados de diciembre de 1812, el acta de los Tribunales y la orden del virrey de Lima, los funcionarios eclesiásticos y seglares de aquella capital no volvieron a servirse de los indios acostumbrados. Pero un subdelegado, por mayo de 1813, pidió que se le amparase en posesión de dos indios cañaris que se le daban para la custodia de las casas capitulares. Y hay queja sobre cierto cura que persistía en que cada cinco días se le suministrasen 8 mitayos.

El suplicante sostiene que: "Todos los funcionarios gozan y deben gozar de una renta competente, mayor o menor, para pasarla con *criados libres y asalariados".* Pero admite que si los empleados necesitan bagajes y gentes en sus visitas, expediciones de justicia u otras autorizadas por la ley, parece que deben suministránseles *por fuerza,* bien que *pagando lo que fuere debido,* y esto con especialidad en los viajes de interés puramente personal. "Semejantes sacrificios han sido conocidos en todas las sociedades: los exige indispensablemente la misma economía de ellas: no degradan la libertad del indio, ni de ningún otro vasallo; y debiendo ser muy raros por su calidad, y al mismo tiempo remunerados con discreción, no harán la menor mella en su ánimo".

En cuanto a los curas, dice que: "si muchos párrocos han respetado la libertad y los derechos del indio feligrés atareado en los demás objetos, otros muchísimos *los han violado* escandalosamente". Hay curatos pingües y otros pobres. "Según esto, las circunstancias particulares de los curatos americanos, sus travesías, despoblación, inmensas extensiones, desparramamiento de familias, privación de auxilios, costumbres y demás que los distinguen del resto de la iglesia; parecen exigir hoy de un legislador sabio, que satisfecho con declarar por punto general que *no pueda ser apremiado el indio feligrés* a servir al cura aun en las ocupaciones de puro oficio, sino a falta absoluta de personas voluntarias, y entonces *remunerándole* competentemente su trabajo: se deje a la conciencia del mismo cura el juzgamiento de aquellos casos subsidiarios, y el avalúo de esta remuneración; y al prudente arbitrio de sus prelados, así la calificación de sus excesos en esta parte, como la imposición de los castigos."

Recuerda, por último, la ley 6, tít. 3, lib. VI, sobre cantores, sacristán y fiscal. Éstos no sirven al cura sino al templo y a su república, y le parece conveniente que lo hagan.

"Antiguamente había en la América *otras mitas*, como las de agricultura, fábricas u obrages, pastorage, etc.; pero hoy *no son usadas* en la provincia de Guamanga", y cree que tampoco en las demás del Perú.

El autor del informe se mantiene, por lo tanto, en la posición de un opositor de las mitas en general, pero admite ciertas excepciones de compulsión con paga en favor de magistrados y párrocos, por las condiciones de vida que existen en el Perú.)

Clase 4. *Mita de las obras y cargas públicas.* "En este particular experimentan los indios lo mismo que casi en todos: un favor tal vez exorbitante en los códigos, y el mayor peso del vasallage *en los hechos*". Las leyes 7, tít. 15 y 1, tít. 16, del libro IV de la *Recopilación,* recomendada en cuanto a la construcción de las ventas o mesones por el art. 62 de la Ordenanza de Intendentes que rige en el Perú, no quieren que los indios sean gravados más que en *la sexta parte* de la fábrica y recomposición de los caminos, puentes y cualesquiera obras públicas que deban hacerse por repartimiento, aun cuando éstas fueren necesarias e inexcusables para el trajín y comercio de los mismos indios. Sin embargo, de hecho, el puente en el río de la Guatata, a media legua de Guamanga, se avaluó en más de 10,000 pesos; las donaciones de españoles no pasaron de un millar y el encargado D. Bartolomé Picardo alegó que desembolsó 2,000; luego, razona el autor, lo demás salió del sudor de los indios. Otro ejemplo: el puente en el río de la Pongora fue avaluado en 18,400 pesos, y el río destruyó los estribos. También trabajaron los indios en el camino de Santo Domingo. Los indios de Guamanga concurren un día cada año en la entrada de las lluvias a hacer en el río refuerzos de piedras. Cita otros servicios de puentes en otros lugares y aclara cómo

se hace la construcción de los de maromas. En la subdelegación de Guanta, el bando convoca a indios, españoles y mestizos, pero sólo acuden los primeros, excepto uno u otro blanco que dirige las obras.

No se paga a los indios por el trabajo de los puentes; se emborrachan desde que se declaran estiradas las maromas, hay cohetes y es día de regocijo.

Los indios son gravados para los bagajes, conducción de reos, etc.

En principios de 1813, cuando parecía haber llegado *la época de una libertad quizá excesiva del indio*, el alcalde constitucional de Andaguailas se quejó a la Intendencia de que, habiendo repartido a los indios la composición de los caminos, verificable con el trabajo de cinco días y tres horas en cada uno, el Subdelegado territorial se lo había prohibido, y fue menester enseñarle la oposición de aquel repartimiento a las leyes 7, tít. 15 y 1, tít. 16, lib. IV. (En este caso se unen las antiguas leyes recopiladas a las nuevas disposiciones liberales para tratar de impedir el uso de los repartimientos para obras públicas, que "el alcalde constitucional" quiere continuar por la necesidad de reparar los caminos.)

El autor explica que los más de los lugares del Perú son de indios, donde habitan 2, 6 u 8 españoles.

El art. 65 de la Ordenanza de Intendentes deja solamente a cargo de los indios la conservación de las casas Reales, de comunidad y demás edificios públicos de sus pueblos. El art. 60 encarga a los jueces y subdelegados que tengan reparados los puentes y compuestos los caminos públicos. Esa ordenanza supone que españoles, indios y demás castas deben concurrir por igual.

La ciudad de Guamanga tiene gracia Real de que sean destinados sus indios originarios a servicios de república, eximiéndolos del tributo en pago o correspondencia. El autor describe algunos detalles de la administración edilicia de esa ciudad. Se llama *faena* a ese servicio; suele destinarse un día a él cada semana; concurren los que quieren desde las 9, 10 o más de la mañana y trabajan hasta las 12, al son de un tamboril. Dice haber 20,000 indios en esa ciudad y 4,000 españoles, mestizos, pardos libres y esclavos.

Concluye solicitando que en los repartimientos de dinero en poblaciones numerosas de españoles e indios para obras públicas, se guarden las leyes 7, tít. 15 y 1, tít. 16, del libro IV; pero donde los indios puedan *trabajar personalmente,* contribuyan en la misma proporción que los españoles y castas; y sea para los indios *precisión personal,* aunque la de los españoles y castas sea *pecuniaria o mixta.* Se formen reglamentos para la distribución igual de obras y cargas públicas entre todos los obligados y precaver que no recaigan únicamente o en la mayor parte sobre los indios. (Se percibe el esfuerzo del solicitante para lograr alguna equidad en el reparto de estas cargas públicas, pero sin dejar de tomar en consideración la composición real heterogénea de la población de los lugares, y la mayor posibilidad que tienen los indios de contribuir con su trabajo que con alguna carga pecuniaria.)

Sigue un Apéndice sobre la necesidad de impedir que el indio se abandone enteramente *al ocio*. El autor cita expresiones de D. Francisco de Paula Pruna, Gobernador interino de Guamanga, que censuraba *ciertas medidas de las Cortes y de la Regencia* concenientes a los indios; decía que éstos son "desidiosos, puercos, abandonados... En nuestra escasez de población sólo el indio servía a la labor del campo, al peonaje de la arriería, y a la explotación de los metales. Ya todo se ha acabado o acabará muy brevemente, por que el indio no tiene motivo de alquilar a otro el lánguido socorro de sus brazos" (lo piensa así por la extinción decretada del tributo).

D. Cosme de Echeverría, subdelegado de Vilcasguamán, opinó que los indios, teniendo tierras de sobra, se contentaban con sembrar 3 o 4 almudes o *collos* de maíz para embriagarse con chicha.

También el Ayuntamiento de Guamanga, con mucha parte de su vecindario, y el subdelegado de Lucanas, D. Francisco Ramón de Villar, gritan contra *la ociosidad del indio*.

El autor razona que el rigor y la opresión no han triunfado de la pereza del indio. Va a limitarse a los *remedios directos* o grados de impulso extraño que progresivamente es menester dar al indio para moverle de su estado de inercia. Cita cerca de esto la ley 21, tít. 1, lib. VI de la *Recopilación* y el art. 56 de la Ordenanza de Intendentes. La máxima de los legisladores de Indias fue "alejar y defender de la opresión a los indios con tal moderación y templanza, que tampoco se diera lugar a que se hiciesen ociosos y holgazanes", "máxima propia del carácter español, amasado con la leche inmaculada de una religión de dulzura, prudencia y edificación". (Es posible que el ex diputado de Guamanga lo pensara así realmente, pues conocía la sociedad peruana y la legislación de Indias; pero no se olvide que escribía en España después de la reacción absolutista fernandina.)

Los medios que el autor apoya son: que las autoridades y curas procuren desarraigar la ociosidad de los indios y excitarlos al trabajo. Cree en la posibilidad de cambio por amor a la religión y al Estado, el juicio y el deseo de gloria, y la esperanza de premio condigno. Debe evitarse la vagancia de los indios que vienen de otro origen. Los subdelegados apronten al hacendado, minero, fabricante u obr(aj)ero, por el leguaje y el jornal legítimamente establecidos, *la gente voluntaria* que no tuviere ocupaciones visibles a que atender con preferencia, incluso

con facultad de compeler por los medios más propios y el uso discreto de la cortadura del pelo a los indios ociosos. Prevé inmensas dificultades con que chocarán estos medios en la práctica; pero confía en el imperio de la razón, auxiliado por la ley. (Esta parte final del informe muestra hasta qué punto era difícil desarraigar en la práctica el molde de compulsión que había existido en el virreinato anteriormente.)

Como ya sabemos, el autor firma su escrito en Madrid, a 28 de diciembre de 1814; entre los testimonios y autoridades cita a D. Diego de León Pinelo en su impreso relativo a los indios.

Después de gestiones largas y nada fructíferas, el autor salió de Madrid el 4 de octubre de 1816.

Es el documento más concreto e instructivo que conocemos sobre los efectos de esta legislación de Cádiz en una región de América. Es de esperar que investigaciones bien conducidas hagan aparecer documentos semejantes en otras regiones. El autor del informe examinado no es un opositor ideológico de las medidas liberales que se habían adoptado; pero tiene presente asimismo la realidad ultramarina. Plantea cuestiones de aplicación de las nuevas medidas que iban a tener importancia a lo largo del siglo XIX en los países hispanoamericanos.

Sabemos que desde el 26 de julio de 1806 gobernaba el Perú el virrey D. José Fernando de Abascal. En su Memoria de gobierno, que data de 1816, sin indicación de lugar, mes ni día, muestra interés por las cuestiones de enseñanza, inclusive la de los indios.[196]

Abascal estima que los *párrocos* son los que por la inmediación y frecuente trato con los naturales, por su carácter e imperio religioso, están más aptos a dar ideas relativas a sus necesidades, propensión y genio, para que por este medio pueda el Gobierno dirigir las providencias más obvias a su acrecentamiento e ilustración. Hasta ahora no se ha hecho valer como debía la confianza y respeto del ministerio de párrocos a miras políticas y económicas, siendo lo que más conviene que, a las instrucciones cristianas, acompañen también las lecciones útiles de lo que les conviene a sus intereses, y a lo que son obligados como vasallos. Pero los jueces vigilarían que se mantuviera dentro de los límites que prescriben las leyes y los cánones el ejercicio de ambas jurisdicciones (I, 25-27). Las órdenes religiosas son las que más necesitan de reforma (I, 28).

Los *hospitales* son en número considerable y la dotación de sus camas más que suficiente al de la población. Por varias causas, entre las que menciona la falta del Tributo en cuyo ramo eran agraciados muchos de ellos, han decaído sus rentas; estima que convendría quizá variarlos a lugares más distantes y ventilados (I, 32).

El establecimiento de *escuelas de primeras le-*

tras, tan encargado por S. M. en las leyes y particulares cédulas, tropieza siempre en el escollo de que no hay fondos de donde costearlas (I, 128). Antes, al tratar del Seminario Conciliar en Lima, reflexiona que los sacerdotes, además de contribuir al progreso de los naturales en el conocimiento de la luz evangélica, pudieran haber añadido el cuidado de inspirarles amor al trabajo y otras instrucciones y virtudes sociales de que carecen (I, 35).

Cerrados los puertos de Chile, tomaron los trigos incremento y con las providencias adoptadas no se ha sentido la falta; reconoce que ha aumentado el precio consiguiente al mayor valor de los jornales de este reino, pero al dejar de salir los caudales para otro reino, han refluido en utilidad de los propietarios, de los artesanos y menestrales de éste; en substancia, la salud del público no ha padecido la menor alteración con las escaceses de un grano tan necesario y de tanto consumo, principalmente en esta capital (I, 130).

En materia de *correos,* explica que no ha parecido conveniente hacer novedad por ahora en el arreglo que tanto necesitaban las Postas, porque, resistiéndose los indios a servir en clase de postillones, aunque se les pague con puntualidad su trabajo, parece más conveniente se reserve este punto para cuando la quietud y el sosiego de las provincias se hallen restablecidos enteramente. Podrá tener también lugar la mejora de los puentes y caminos (I, 149).

Explica el estado —que no le parece perfecto de la *Caja general de Censos de Lima* en que son interesadas las comunidades de varios pueblos de la comprehensión del virreinato (I, 151).

La *Casa de Moneda de Lima* ha decaído porque cuando hay escasez o excesiva abundancia de aguas y se pierden las cosechas de maíz, se inundan los caminos, aniegan los campos o inutilizan los pastos, la extracción minera disminuye o cesa, excepto en aquellas haciendas cuyos dueños con fondos bastantes han hecho acopios para prevenir tales desgracias; estos accidentes y otros alejan a los operarios del servicio de minas; ha influido asimismo el estado de insurrección de las provincias confinantes y la que apareció dentro del mismo virreinato del Perú en el Partido de Huanuco, vecino y muy inmediato al único floreciente mineral de Pasco, situado en el de Tarma, que rebajó sus productos. Pero las providencias expedidas para la continuación de los beneficios alcanzaron a remediar el inminente peligro que amenazaba por momentos de cerrarse las oficinas de la Casa por falta de metales para la labranza (I, 160).

En cuanto al *azogue,* indispensable para mantener el corriente de las minas, los quintales que de él se sacan en la actualidad de Huancavelica, aunque de muy superior calidad a cuantos se conocen, no alcanzan ni a una tercera parte del que se consume. No pudiéndose esperar de

Europa en tiempo de guerra, es menester que el azogue se reparta con la más grande economía entre los mineros (I, 161). Luego vuelve a ocuparse de esta materia.

La *extinción del Tributo* es entre los inconvenientes el que directamente ha chocado más contra la minería y de consiguiente perjudicado las utilidades de la Casa de Moneda, pues quedando por esta providencia los naturales sin obligación ni carga alguna que contribuir al Estado, por no haberles sustituido en oportunidad otra equivalente, han desertado de las haciendas y dejádolas con los muy pocos que se dedican voluntariamente al trabajo. La arriería para conducir los útiles y comestibles con que se sostienen los Asientos de Minas han padecido por la misma razón, y porque estando incomunicadas las provincias del Tucumán, ha faltado la introducción de mulas en cuyo lomo se transporta todo en defecto de caminos de rueda (I, 161-162).

Lo acuñado en la Casa de Moneda de Lima en los cinco años últimos del gobierno de este virrey asciende a 16,668 marcos de oro y 2.487,813 de plata, cuyo valor es de 23.416,082 pesos, en que se advierte la diferencia de 333,557 pesos (de aumento) que ha tenido la última época, que comprende los años de 1809 a 1813, comparada con la de 1801 a 1805 del tiempo de su antecesor.[197] Computadas las utilidades que ha rendido al Estado en los últimos cinco años, asciende el todo a la suma de 1.377,410 pesos, a razón de 4 reales en el marco de plata y 8 pesos en el de oro en la mayor aproximación. Tiene también el Estado a su favor la ventaja del feble de las monedas que, no ajustándose al permiso de la ley, se aplica su producto a beneficio público (I, 162-163).

En las visitas de la Casa se han remediado, por orden del virrey, pequeños abusos en el trato de los jornaleros (I, 163).

No se practica el apartado del oro a cuya operación hizo pasar el Soberano personas inteligentes de Nueva España, porque los gastos eran mayores que el lucro. Pero el virrey cree que el cobre de Oruro, usado para las ligaciones, contiene partes considerables de oro (I, 164).

Venturoso será el día en que, simplificándose las máquinas, se extinga el trabajo de los esclavos (negros) en las labores de la Casa: encerrados en prisiones incómodas de poca luz, mal sanos y sujetos a una constante requisa semanal o diaria de los Guarda Vistas, en que se degrada la humanidad hasta lo infinito con el reconocimiento de todas las partes de su cuerpo hasta las más secretas e interiores, a todo esto da lugar la necesidad de hacer confianza de hombres que no la merecen; pero en tanto que esta necesidad no sea reparable por otros medios, no podrá nunca graduarse de justo el modo de servirse y de tratar a estos miserables (I, 165-166).

La fábrica material del edificio no tiene nada

de suntuoso ni guarda en sus oficinas el espacio y la capacidad que necesitan con el número de artífices y dependientes que han de ocuparse en la amonedación de pastas correspondientes a *5 o 6 millones de pesos de su rendición anual*, de la cual no ha pasado jamás excepto en el año de 1794, en que produjo 6.076,120 pesos. Es de necesidad ampliar las instalaciones de fundición y fielatura para el beneficio de sus tierras, cuyas oficinas, siendo estrechas, no pueden expedirse sin atraso en el tiempo, y esta dilación demora la rendición de las cuentas del Fundidor y Fiel por sus respectivos cargos. Debe ser también muy nocivo a la salud de los trabajadores el tufo del carbón y otras incomodidades que nacen de la estrechez en que se hallan fabricadas y la inmediación a sus habitaciones. Conviene hacer venir personas hábiles y de inteligencia para dirigir y entablar el método más simple de hacer la moneda con menos costo y en menos tiempo del que actualmente se emplea (I, 166).

Sola la máquina que hoy queda establecida para tirar rieles ahorra un espacio considerable que ocupaban las mulas que hacían antes esta labor. El impulso de ella, sostenido por el curso perenne del agua, perfecciona la moneda, quitándole la desigualdad consiguiente al paso pausado de las mulas, con otras ventajas que se advierten a la vista de ella (I, 166-167).

Los fondos conocidos por el nombre de *bienes de comunidad*, que ha debido tener cada pueblo, están destinados, entre otros fines de pública utilidad, al de conservar los caminos, reparar los puentes y mantener escuelas de primeras letras en cada cabecera de repartimiento, a que ha debido concurrir también la Caja general de Censos de Indios; pero, por una irreparable desgracia, se han empleado en otros muy diversos, menos importantes a la causa común (I, 171). El actual estado del reino, a juicio del autor de la Memoria, es deplorable y digno de que la consideración del Gobierno recaiga sobre esta importante materia (I, 172).

Hace mención de las medidas que tomó para reparar los *caminos* en el poco tiempo que pudo permitir la tranquilidad de la América aplicar el influjo del Gobierno a este punto (I, 172). Hacen falta Casas Consistoriales y Cárceles. Otros artículos hay que promover en beneficio de la agricultura, de las artes y el comercio. La visita general del reino es necesarísima y muy provechosa si lleva por objeto dar de qué vivir a los mestizos que, careciendo del beneficio de tierras que gozan los originarios, aunque precariamente, se entregan a los vicios y viven en la holgazanería a costa del que trabaja (I, 175). El contrabando, haciendo más baratos en el mercado los efectos de algodón que los tejidos que llaman Tocuyos y a cuya única ocupación estaban dedicados, ha quitado a los mestizos este modo de adquirir lo más preciso para sus necesidades.

El tiempo de los grandes delitos ha sido siempre el de la mayor pobreza. Es preciso remover esta haraganería de los mestizos, que es la que ha contribuido tanto a mantener el fuego de la insurrección de las provincias del Alto Perú. Ocupados ellos y allanados los caminos para el transporte de sus frutos y efectos, sustituirá la abundancia a la escasez y la honradez a los crímenes (I, 176).

En las costas de clima ardiente los *terrenos productivos* se hallan repartidos en manos de grandes propietarios que para su cultivo los trabajan con negros africanos, quedando muy pocos a los naturales, que por esta razón han disfrutado como exclusiva, aunque no sin pensión alguna, la ocupación de la pesca, de la cual tratará adelante (I, 176). Consumiéndose los esclavos con el excesivo trabajo y malos alimentos, de ricos y poderosos, los hacendados vienen a quedar en la clase de indigentes. El informante reputa por muy delicada la solución del problema de si será o no útil la continuación del *permiso de introducir africanos en América,* por los gravísimos reparos que de una y otra parte se ofrecen, ya en contra, ya en favor de los intereses del Estado y de los particulares (adelante, I, 228-229, encarece los perjuicios de su introducción). Los terrenos, aunque quebrados en la Sierra y cortados por arenales en la Costa, son vastísimos en comparación del pequeño número de hombres que los pueblan: *un millón y doscientas mil almas* poco más o menos en que hoy se computa el todo de su población (I, 178). Ni las tierras repartidas a los originarios del país han sido tan productivas como pudieran serlo, pues dificultándose el transporte de las cosechas, se han limitado en lo general al preciso consumo de sus familias (I, 179). En las tierras que corresponden por reversión al Estado y en sus sobrantes se pueden colocar infinitas familias de mestizos, redimiéndolos de la miseria en que han vivido y de la mala reputación que se han granjeado por los vicios (I, 180).

La exploración y beneficio de los *minerales* es otra fuente inagotable de recursos para la ocupación de los hombres. El virrey ha dado al Tribunal privativo del Cuerpo de los Mineros toda la protección que han permitido las circunstancias. La pobreza de los que ordinariamente abrazan la carrera de las minas, su falta de luces y conocimientos para dirigir las labores y su beneficio, son otros tantos obstáculos que han impedido su adelantamiento. El Gobierno vigilante de España estableció el Tribunal y confirió la Comisión al Barón de Nordenflicht para enseñar por principios la ciencia de conocer los metales y el arte de beneficiarlos; pero reducido todo a disputas sobre lo menos importante, esto es, sobre beneficios, se han formado tan gruesos volúmenes que ya es imposible divisar la verdad entre tantas sombras que la ofuscan, viniendo a triunfar por este medio la costumbre sobre lo más sabiamente dispuesto y la ignorancia sobre los conocimientos científicos de la profesión. Medio millón de pesos importarán, cuando menos, las impensas en sueldos y gastos de la Comisión, fuera de otros tantos o más que ha consumido el Tribunal en los propios destinos, y nada se ha adelantado hasta hoy en ningún ramo de los que abraza la carrera (I, 182). Los repetidos derrumbes de las minas han atraído la ruina de los intereses de los mineros, dejando bajo de ellos las labores y sus endeudados operarios. No hacen caso de los auxilios de la maquinaria para el desagüe de sus minas y otras operaciones de sus ingenios y buitrones, a fin de ahorrar el coste de los jornales *(sic,* por ¿jornaleros?) cuya falta lamentan con clamor incesante. La contribución de un real en marco se aplica a la subsistencia del Tribunal (I, 183). Al cesar el presente estado de las cosas de América, el Gobierno deberá hacer cumplir cuanto próvidamente está prescrito en la Ordenanza de Minería de Nueva España, adaptada de orden del Rey en el Perú. Ha de establecerse el Colegio de Mineralogía. Habilitarse a los mineros de los fondos del mismo Tribunal. Formarse un nuevo reglamento de policía que arregle las tareas de los operarios y *su pronta satisfacción en plata y mano propia.* Éste es un punto de los más recomendados por las leyes, pero, por desgracia, en el tiempo de la servilidad de los indios, el menos obedecido por la pobreza de los dueños de minas. Supuesto lo cual, no es de admirar que falten trabajadores y jornaleros en las minas, pues todos quieren ver el fruto de sus fatigas, y esto mismo da la preferencia a este punto para su arreglo (I, 185). (Nótese que en este examen no trata concretamente Abascal de la cuestión de la mita, lo cual parece corroborar que ya en este tiempo no era de importancia en los minerales del Bajo Perú. Luego se ocupa de la de Huancavelica, pero como contribución hacendaria y no como suministro compulsivo de trabajadores.)

El *azogue* es necesario por ignorarse hasta ahora la práctica del beneficio de oro y plata por fundición, de que trata la obra del doctor Gamboa, publicada en el Reino de México (donde hay noticias de haberse conseguido con el auxilio de la Sal-Natron, conocida allí con el nombre de Tequesquite). La falta del azogue de Almadén, con motivo de la guerra, fue un cuidado durante ella y aun después; distribuido con la mayor economía, ha sido suficiente para el consumo de los minerales del reino (I, 186). Se han comprado los pocos quintales que puede producir Guancavelica en el estado de derrumbe en que se halla; mas ha tenido que cesar esta negociación (por falta de numerario) con harto sentimiento, por el atraso que padece el gremio de sus beneficiadores. Entre tanto que el beneficio de los metales no consiga hacerse por fundición, ningún objeto de este Gobierno puede ser mayor que el de reparar la única mina de azogues del reino, poniendo en corriente sus ricas y abundantes labores para salvar de la última ruina que amaga a la minería cualquiera infeliz contingencia que impida hacer pasar de Europa el que se necesita anualmente, pues la más corta suspensión de su giro ocasionaría la más irreparable desgracia en la distracción de sus operarios y otros consiguientes males de igual magnitud (I, 187). Según el cálculo del Barón de Nordenflicht, la rehabilitación de Huancavelica costaría dos millones de pesos, cuya suma es hoy espantosa por nuestras indigencias, pero parecerá exigua cuando los adelantamientos de este ramo y el del comercio hagan llegar este reino a su mayor opulencia (I, 188). El autor de la Memoria considera que el oro y la plata constituyen la única de las producciones con que puede nivelarse el comercio; el del Perú, ceñido a unos limitados artículos y en corta cantidad por carecer de fábricas, de terreno y de brazos para adelantar su agricultura e industria, necesita mayor cantidad de estos metales para equilibrar con ellos el valor de lo que recibe, o una libertad proporcionada para llevar sus frutos al mercado en que su reputación sea más grande y menor la de los géneros que ha de retornar para su consumo (I, 194).

El establecimiento de *fábricas* y su adelantamiento hasta el grado de perfección que requieren para su expendio, es una obra difícil (I, 194).

En tanto que la agricultura, la industria y las artes no lleguen a ocupar en el Perú el lugar que se requiere para formar la balanza de contraposición en el comercio, son absolutamente indispensables el oro y la plata, o, lo que es lo mismo, que su principal ocupación sea la explotación de las minas de uno y otro metal, en mayor o menor cantidad según el aumento o decadencia que tengan sus frutos y el valor que ellos merezcan (I, 196).

Vuelve a mencionar la extinción del *Tributo,* ramo el más pingüe de los que formaban antes el fondo común de Real Hacienda (I, 198).

Explicando una breve mención anterior, dice que los pueblos situados en la costa que no tienen ordinariamente tierras, se ocupan del ejercicio exclusivo para ellos, hasta ahora, de la *pesca,* aunque con la gravosa condición de asistir con su trabajo personal a las obras públicas siempre que se les llame para ellas (I, 206).

La *minería* sostiene un número considerable de operarios, fomenta la agricultura, favorece las artes, aumenta la población; además, el beneficio y la preparación de los metales dan al comercio materias para extenderse, con crecidas y multiplicadas ventajas a la renta del Estado (I, 210-211). No se han emprendido obras nuevas en las minas, pero se han consumado las que ya estaban comenzadas, como la del Socavón de Pasco, para el desagüe de ellas, y se han dado las providencias de auxilio que el Tribunal ha reclamado para mantener en corriente el laborío de todas las que se hallaban en actual trabajo (I, 214). En el Cerro de Yauricocha se han instalado al fin máquinas de vapor para el desagüe, que un inteligente fue a buscar a Inglaterra (I, 214-215). Esto se ha hecho sin gravamen de la Real Hacienda ni del fondo de la Minería.

Volviendo a la consideración de la *industria*, observa Abascal que el jornal de un artista o mecánico le basta para vivir en el ocio y en los vicios dos o tres días de los seis útiles de cada semana (I, 217). Las artes se han abandonado últimamente en manos de la gente de color, desaplicadas por lo común y viciosas, aunque a veces se ven obras bien acabadas (I, 218). Se han mantenido los oficios mecánicos a costa de los vecinos y debe ponerse cuidado en la formación de ordenanzas para cada uno de los gremios, y principalmente en la educación de la juventud (I, 218). Las manufacturas del reino tuvieron una época más floreciente antes de expedirse el Real Decreto de Octubre de 1778, o de libre Comercio. Los toscos tejidos de algodón y lana surtían para el común vestuario de los pueblos y se exportaba el sobrante en considerable porción al reino de Chile. Después de aquella fecha, empezaron a decaer los de lana por la mejor calidad y baratura de los paños ordinarios españoles, y últimamente los de algodón, por el contrabando. No teniendo salida, han venido a arruinarse a un tiempo las estancias y obrajes que cosechaban las primeras materias y disponían los tejidos. Cree que la mejora de los caminos permitiría poner los productos en estado de embarque (I, 219). Podrían también exportarse quina, cacao de Guayaquil, resinas, gomas, bálsamos y drogas medicinales.

Entre los ramos de la Real Hacienda vuelve a tratar del *azogue* (I, 246) y considera que con la alteración que hicieron las nuevas Leyes Constitucionales, y consiguiente abolición del Tributo y servicio personal a que han estado sujetos los originarios del país *"con el nombre de Mitas"*, ha variado enteramente el aspecto de los negocios, y no pueden dejar de ser aventuradas las disposiciones que se tomen si carecen de aquellos requisitos. Después de este gran paso que hoy es insuperable, y no puede dejar de graduarlo para después de difícil, aún queda otro inconveniente que resolver: no puede haber asientos con los mineros extinguida la mita. Tampoco el trabajo de la mita por cuenta del Estado ha sido ventajoso. Entre los dos medios que quedan expeditos para hacer la labor de la mina de Huancavelica, a saber, el trabajo libre, al cual se le da el nombre de *Pallaqueo*, y la administración de ella por cuenta del Estado,

cualquiera de los dos asegurará una rendición de azogue, sino tan abundante como en lo primitivo para surtir a este Reino y el de México, a lo menos bastante para las necesidades de éste o para liberarlo de la penuria a que quedaría reducido con las contingencias de una guerra (I, 250). Desde 85 pesos, que es el mayor precio que ha tenido el azogue en estos últimos tiempos, hasta 50, en que hoy se vende por disposición de las Cortes, han sido distintos los que se le han señalado por consideración a su costo o por los que se causan en las conducciones. Ahora, por novísima disposición de las Cortes, debe manejarse el negociado de azogue por el Tribunal privativo de Minería (I, 251).

En este mismo capítulo de la Real Hacienda pasa Abascal a tratar de las *mitas*, siendo un ramo que aumentaba en su tiempo los ingresos del erario (I, 252). Dice que: "Bajo de este nombre se conoce el servicio personal a que estuvieron obligados estos Naturales desde su gentilidad, según el sistema del Gobierno Patriarcal que establecieron los Yncas, y según nuestras Leyes se les conservó después, repartiéndolos en encomienda a los primeros descubridores de este país para que los ocuparan en la cría de ganados, cultivo de los campos, o el servicio doméstico, con cargo de enseñarlos, doctrinarlos y de atender en calidad de padres a todas las necesidades que en lo físico y lo moral pudiera ofrecérseles. Éste es el origen de la Mita en general que se extiende a todo servicio, sea de la clase que fuere, hasta comprender el que los muchachos y mujeres prestan para la asistencia de sus párrocos o de los particulares." (Como se ve, Abascal no distingue aquí con claridad entre el servicio de la encomienda y el que se presta por medio de la mita; pero después explica la índole de ésta y el paso de la mita de trabajo a la que se reduce al pago de una contribución que llegó a formar parte de los ramos de la Real Hacienda.) Añade: "Pero aquélla de que ahora se trata, y a la cual se dio el título de *Mita de faltriquera*, tuvo principio en el descubrimiento de los minerales y consiguiente necesidad de su fomento, particularmente en el de la Mina de Huancavelica por la preferente atención de su beneficio sobre las de los demás metales." Explica que el Gobierno tomó a su cargo el establecimiento de tan importante materia, dictando las ordenanzas, reglamentos y órdenes, que todas vinieron a terminar en que liquidándose el número de naturales de cada provincia de las no encomendadas, con exclusión de los jóvenes menores de 18 años, de los que pasaban de la edad de 50, rebajando uno de cada oficio, los casados con mestizas, los empleados en servicio de iglesias, y alcaldes o privilegiados por su nobleza, se dedujese la *séptima parte* para que, divididos en cuatro cuadrillas, se ocupase la una en continuo trabajo, hasta vencer el período en que debían ser relevados y volver a los pueblos o lugares en que estaban reducidos. La compensación de este servicio era de *4 reales diarios* o *3 pesos semanales* por cada individuo, abonándoseles, además, los gastos del viaje según las distancias por comisionados encargados de conducirlos y de cuidar de la comodidad y del orden (I, 254). Por estas equitativas reglas se condujo el negocio de la mita mientras que el trabajo de la mina (de Huancavelica) se hizo por cuenta del Estado, sin que por parte de la Ley interviniese queja de agravio o vejación de los trabajadores o sirvientes; mas pasando después la mina al Gremio de Azogueros con igual derecho a la mita, cuya alta o baja era el barómetro para determinar el precio de los azogues según contrata, empezaron los clamores para completar su número; entonces se desatendieron la séptima y cuarta parte, con otros abusos de que dimana el horror con que hasta hoy se oye el nombre de la mita, *prefiriendo la exhibición de una cierta cantidad* a la obligación de asistir personalmente a cumplirla. La suma de estas partidas las percibía el Gremio de Mineros hasta que, reasumida por el Rey la mina, entró en posesión de estas contribuciones, cobrándola aun de aquellos que estaban dispuestos a satisfacerla en persona, cuando el escaso número de labores pedía que se minorase en la misma proporción el de los operarios. Y agrega Abascal: "La historia de la Mita es tal cual se acaba de describir. Ella ha sido materia fecundísima para escribir volúmenes enteros, deteniéndose los unos en probar la necesidad de su subsistencia, cuya rendición en metales de oro y plata se supone ser como la sangre que circula en el Cuerpo del Estado; y otros en destruirla como contraria a la población que es la vida del propio Cuerpo. Al frente de un papel elocuentísimo y sabio sobre esta materia, ha salido otro escrito con el mayor ingenio y sutileza: de manera que a vista de unos y otros no hay cuestión difícil de resolver, según la fuerza de los argumentos y del raciocinio con que cada cual ha procurado por su parte esforzarla" (I, 255). Así se mantuvo este negocio sin resolución por mucho tiempo, y el Erario en posesión de cobrar las cuotas en que habían convenido los contribuyentes, hasta que se expidió por las Cortes Generales Extraordinarias su Decreto *extinguiendo este servicio* y la contribución que por redimirse de él habían hecho hasta entonces los naturales (I, 255). Con este motivo han dejado de entrar en Tesorería *30,000 pesos*, en que se regula el valor de este ramo en cada año; pero estima Abascal que ha sido la más justa (determinación), porque cesando la causa, era preciso que cesasen los efectos: era un abuso que no debía autorizar el Gobierno, y los que se seguían de él en la falta de pago de jornales, el maltrato de los conductores y del minero habían subido a tan alto punto y echado tan profundas raíces, que hubiera sido imposi-

ble desimpresionar a los infelices que los padecen del horror que habían concebido a este servicio por el modo con que eran compelidos y ejecutados a cumplirlo (I, 256). (De suerte que Abascal, después del Decreto abolicionista de las Cortes, no sólo no lo censura sino que aprecia su justicia: En realidad, para él se trataba ya de la supresión de una contribución no muy grande para el Erario, pues el estado de la mina de Huancavelica excluía la prestación de la mita en trabajo personal.)

Preocupaba mucho a Abascal la cuestión de los *Tributos* y vuelve a tratarla, como era de esperarse, entre los ramos de la Real Hacienda. Dice que la misma buena fe y llaneza con la que ha discurrido sobre las mitas le induciría a confesar también el acierto de la extinción del Tributo "si hubiese el menor pretexto que la pudiese justificar" (I, 256). Estima que esta única y legítima contribución impuesta a los originarios de la América es la misma que en reconocimiento de Señorío y señal de Vasallaje pagaban en el Perú a sus antiguos Soberanos, con la ventaja y muy sensible diferencia en ésta de que cuando aquélla se extendía a la tercera parte de todo el producto de su industria, labranza y crianza, ésta se limita a la moderada cuota que las suaves leyes que hasta hoy rigen, designaron para mantenerlos en paz y justicia, instruirlos civilmente, darles maestros idóneos que les enseñasen la verdadera religión, y finalmente lleva en sí la recomendable cualidad de ser única y directa, quedando por ella libres de los demás gravámenes a que están obligados todos para sostener las cargas del Estado. Señala como origen de esta contribución la Real Cédula de 26 de junio de 1523 de Carlos I, de la cual procede la ley 1, tít. 5, de las recopiladas para estas provincias. En 1568 se comisionó al virrey Toledo para fijar las tasas: hizo la numeración general de los naturales y les asignó, aunque con dominio precario, las tierras suficientes para sustento de sus familias y cómoda paga de tributo, cuya cuota desde *2 y medio pesos anuales* asciende a *10 pesos*, que es la mayor que se conoce en el virreinato (I, 257). Alaba la obra de Toledo. Y explica las etapas de la historia del tributo, hasta que, en 1783, D. Jorge Escobedo, como Superintendente de Real Hacienda, arregló el ramo, habiendo llegado a montar sus productos líquidos, después de rebajadas sus naturales cargas y obligaciones, a *763,197 pesos*. La extinción del ramo se verificó en el tiempo de mayores necesidades en ambos continentes y fue preciso que le sustituyera otro con el nombre de *contribución provisional*, de lo que tratará en lugar más oportuno (I, 269).

Al hablar de la *venta y composición de tierras*, recuerda que no deben perjudicar a los indios ni en particular ni en común, cuidando de reintegrarles la parte o el todo que de ellas se les hubieren usurpado o concediéndoles mayor extensión según la exigencia de la población de cada uno (I, 288). Para suplir el abolido Tributo, había el arbitrio de una contribución voluntaria provisional de los mismos indios, y el censo de población o de tierras, que requería más tiempo (I, 290). Abascal se inclinó por la *contribución voluntaria*, y así se resolvió al fin, pero las contestaciones que se hicieron públicas sobre esta materia retrajeron a muchos de abrazar dócilmente esta medida (I, 292). Habrá producido en las provincias de este virreinato *medio millón de pesos* en todo, que con los demás ramos y donativos y suplementos, han mantenido, aunque con trabajos, al reino. Sin embargo, no debe considerarse un ramo de Real Hacienda en tanto que no se establece por Real disposición.

El *Tabaco* en polvo y la rama produce muy cortos ingresos a la Renta, sin duda porque no se ha hecho común entre los indios, de que se compone la mayor parte de la población (I, 298). En tiempo de la visita general del reino, se entabló la fábrica de cigarros por cuenta de la renta y su expendio en las propias Administraciones. Pero al virrey D. Francisco Gil le pareció que debía volver a manos del pueblo la manufactura del tabaco, rebajando su precio al de rama y regulándolo por pesos para su venta, como se había practicado hasta entonces con el de polvo. Se formaron voluminosos expedientes y se decretó la providencia de abandonar la fábrica a las antiguas manos en que antes había estado, pero con gravamen del público, pues al precio de los tabacos labrados por el Rey, excede hoy una tercera parte puesto en manos de los particulares, únicos beneficiados por este sistema. Abascal opina en favor del restablecimiento de la Fábrica, y pone como ejemplo el rendimiento que produce a la Hacienda Real en el reino de México, y en sólo la Presidencia de Guadalaxara ascendió en el tiempo que fue su Presidente a *un millón de pesos al año*, expendiéndose labrado de su cuenta. En una ciudad (como Lima) que abunda de gentes desocupadas, y las mujeres no tienen en qué emplearse, el trabajo de los cigarros les dejaría un jornal cierto y seguro (I, 300). Los de contrarias ideas dan por fundamento de su opinión la mala calidad del tabaco que antiguamente se expendió labrado al público, pero Abascal cree que labrados o no labrados podrían ser de buena calidad y al gusto de los consumidores. La experiencia de lo que se practica en Nueva España le ha convencido de las ventajas de la Renta, aunque sabe que el público lo detesta por defectos que lo han hecho parecer odioso a sus ojos. Él la hubiera establecido, pero la Junta de Tribunales adoptó entre los arbitrios el de aumentar el precio del tabaco en hoja, como corre hasta el día, sin advertir disgusto en los compradores (I, 301).

En el capítulo de *azogue de Europa*, explica que las remesas de Almadén para el beneficio de los metales de plata y oro de este reino principiaron en 1766, y en el de 1788 las de Alemania, fijándose el precio tanto del reino como de fuera a *73 pesos quintal* por Real Orden de 17 de noviembre de 1787, pues el método de su expendio y su valor han sido siempre iguales en ambos. Después, para animar la extracción del de Huancavelica, cuya mina se hallaba en los mayores atrasos, mandó la Junta Superior, por auto de 31 de de julio de 1799, que se vendiese a *85 pesos el quintal*, señalando por término de esta diferencia el 1º del siguiente (año) de 1800, la cual comprendió también el corto residuo que había en almacenes del de Europa. El virrey opina que sin el azogue de Almadén serán nulas las riquezas que la América produce en esta línea (I, 306).

Para *hospitales* los indios daban un tomín ensayado, que, no ascendiendo a dos reales y pasando de real y medio, se limitó a esta última cantidad en la Visita general, y el cobro corría unido al del ramo de Tributos. La contribución provisionalmente establecida en algunas provincias exceptuaba del pago de Hospitales y Sínodos de Curas, pero atendiendo al fin piadoso de ambos objetos, se han satisfecho a unos y otros por orden de este Gobierno, en los lugares donde ha logrado entablarse el cobro, cesando sólo las Encomiendas que gravaban el Ramo de Tributos extinguido con título de pensiones, encomiendas, situaciones y vínculos, en que eran interesados algunos de los mismos hospitales situados en esta capital y algunos de las provincias para curación de los naturales en sus dolencias y habituales enfermedades, de cuyos auxilios ha de ser defraudada la naturaleza por la mal entendida humanidad de los que los han reformado (I, 310).

En 1812, el valor de los ramos de Real Hacienda ascendió a *3.610,713 pesos* y sus gastos a *1.215,029 pesos*, exclusos *413,000 pesos* correspondientes a réditos de principales, reintegros y devoluciones, en que se advierte impendida más de la tercera parte en gastos de pura administración. Los gastos del Estado Político y Eclesiástico no bajaron de. *medio millón de pesos* y los de guerra se han aumentado por precisión hasta *dos millones*, cuyo total excede *4 millones*. Es imposible que el reino sufra sus gastos a más de los que tiene para las fijas atenciones, como son los situados para Panamá, Valdivia y Juan Fernández en tiempo común, fuera de los extraordinarios que el estado detalla en *1.275,000 pesos* (I, 313).

El *tabaco* y el *papel sellado* se pusieron a doble precio, pero esto hizo rebajar el consumo de uno y otro, y abrió las puertas al contrabando de tabacos en perjuicio del repuesto de los Almacenes del Rey (I, 315).

Todavía recoge Abascal, en su largo capítulo sobre la Real Hacienda, la novedad de que fue restablecido el ramo de *Tributos* y el de contribución a *Hospitales*. La Real Cédula de

1º de marzo de 1815 restableció la obligación de los naturales con el nombre de *contribución*, y se mandó cumplir en 5 de octubre del mismo año, disponiendo para excusar dilaciones que, por medio de un padrón formado en cada partido, se arreglase el cobro, dando a los jueces una instrucción provisional para su manejo. Rápidamente empezaron a hacerse los enteros de este ramo en Tesorería, sin reclamo ni queja de los contribuyentes (I, 328).

(No parece que la anulación de las disposiciones de las Cortes por el gobierno fernandino hubiera causado asimismo el restablecimiento del cobro de la contribución económica de la mita de Huancavelica. Mas el restablecimiento del tributo de los naturales legó a los gobiernos independientes de Perú y Bolivia difíciles problemas que, en el segundo caso, son objeto ahora de estudio por Nicolás Sánchez Albornoz, según documentada conferencia que le escuché en el Instituto de Altos Estudios de la América Latina de la Universidad de París).[198]

Si el primer tomo de la Memoria de Abascal muestra todavía a un gobernante de visión ilustrada que se esfuerza por continuar la implantación de las reformas iniciadas en la época de Carlos III, como ya las había puesto en práctica antes desde la Presidencia de la Audiencia de Guadalajara en el virreinato mexicano, aunque ahora con el entorpecimiento en el Perú debido a la crisis política y económica que envuelve a la América española en las dos primeras décadas del siglo XIX, el segundo tomo ya trata particularmente de las insurrecciones en Chuquisaca el 25 de mayo de 1809, en la ciudad de La Paz el 16 de julio, en la ciudad de La Plata, en Quito el 10 de agosto, en el Reino de Chile, en el Cuzco, en Buenos Aires y Montevideo. Es cierto que no faltan en el tomo primero algunas reflexiones sobre tales acontecimientos, por ejemplo, cuando Abascal estima que: "La Nación Española no puede dexar de ser Marítima sin renunciar ante la integridad de las Provincias que la componen" (I, 201); o bien cuando emite el siguiente juicio político sobre la insurgencia americana y el comercio de Inglaterra:

La comunicación y frecuente trato con Extranjeros desde el año de 1789, época desgraciada en que se les concedió la entrada en estos mares para la pesca de Ballenas, y otras particulares licencias para la introducción y venta de algunas especulaciones mercantiles, hizo desaparecer también desde entonces la felicidad con que el Gobierno ordenaba y disponía sus providencias al bien común. Se han generalizado desde entonces las ideas de rivalidad cuya semilla, si es cierto que está en el Corazón de los Americanos, no es menos evidente que necesitaba avivarse con el soplo de los Extranjeros, por que es claro que dado caso que en algún tiempo pudiesen conseguir el designio de la independencia de España, ese mismo momento sería el de su esclavitud para con los Yngleses, pues al estado inmaturo de emancipación en que está la América, coincide el despotismo de aquella Nación en los mares por donde han de traficarse los frutos de las Colonias a los lugares de su consumo. Entre los dos extremos de corresponder a una Nación en una clase a que impropiamente se le ha dado el título de Colonos, y la vergonzosa dependencia de otra que no conoce límites en su ambición, no hay medio, y nadie dudaría decidirse por el primero como el más justo y benéfico, si no se hubiese trabajado sobre la ceguedad de los Americanos para abrazar el segundo" (I, 113).

Mas es claro que el tratamiento en particular de los alzamientos lo reserva el virrey al segundo tomo, con las noticias militares correspondientes.

En 1810 terminaron las reparaciones del edificio en que estaban el Colegio del Príncipe y el de Caciques, y Abascal decía en su proclama de 26 de octubre de ese año: "con la reedificación del ruinoso colegio de vuestros nobles, os abro a la par el camino de la instrucción, de los honores y empleos".

En este período llegaron los últimos esclavos de África, que no habían sido numerosos los introducidos en los últimos años del siglo.

Por la decadencia de los asientos mineros y por la falta de indios se redujo notablemente la mita y se vio que, con obreros asalariados, se podían obtener iguales o mejores resultados. Otros servicios personales, como los de obrajes y tambos, gradualmente fueron desapareciendo, tanto por disposiciones Reales como por el abandono de las granjerías. Los primeros, como se ha visto, sufrieron la competencia de las telas extranjeras, y los segundos interesaron a la iniciativa individual por el aumento del tráfico interno y tomó a su cargo el servicio que difícilmente se mantenía con personal forzado.[199]

El sucesor de Abascal fue D. Joaquín de la Pezuela, quien gobernó hasta el 29 de enero de 1821 en condiciones militares críticas. Recibió el mando interinamente el 7 de julio de 1816, hizo su entrada pública el 17 de agosto siguiente, y anotaba en su Diario el 7 de julio dicho que su antecesor no le había dado documento alguno político ni militar, ni de palabra le advirtió cosa alguna de las muchas que ocurrieron en su tiempo y estaban vigentes en la ocasión de entregarle el mando, con motivo de una guerra de tantos años y una insurrección y desafecto al Rey, que debía haberle dado ocasión de conocer y saber muchas circunstancias para instruirlo de ellas a fin de lograr el mejor acierto.[200] Le fue ratificado el mando el 20 de marzo de 1817 y recibió la noticia el 22 de agosto de ese año.[201]

Las anotaciones de carácter militar predominan en el *Diario* tanto por la carrera de quien lo escribía como por la situación imperante en el virreinato. Sólo hallamos que, estando de paso en las inmediaciones de la Villa de Potosí, los mineros de aquella Villa le hicieron la oferta de proporcionar mensualmente acaso la cantidad de 30 mil pesos para el Ejército del Alto Perú; en consecuencia, el virrey resolvió en Junta a la que convocó en Lima el 19 de julio de 1816, embarcar para Potosí con dirección a Arica, 1,500 quintales de azogue en la fragata "Palafox" y que tuviesen igual aplicación 300 que desembarcó en aquel puerto la fragata de guerra "Venganza"; se había advertido en dicha Junta el atraso que por falta del mineral de azogue sufrían en todas partes y el que la Real Hacienda padecía por la escasa saca de metales, y finalmente que si no se fomentaba esta clase de industrias más interesantes que ninguna otra en estos países para alivio en general de sus habitantes y del Erario agraviado con tanta carga (continuaría tal atraso).[202]

En suma, el virrey Pezuela no podía ser indiferente al "nervio de la guerra" y por ello atendía las necesidades de los minerales. Mas no encuentro en su *Diario* mayor información sobre el estado de ellos en la situación de guerra que prevalecía entonces.

Más tarde, lograda la independencia de los países hispanoamericanos, se encuentran algunas huellas de las cuestiones que hemos venido estudiando.

En lo que respecta a la minería, comenta un autor competente de nuestros días: que ella se desarrolló en los tres siglos coloniales en el Perú, pero más tarde, las guerras civiles e internacionales, el agotamiento de algunas minas, la abolición del servicio de trabajo llamado "mita", la baja del precio de la plata, entre otras causas, paralizaron esa explotación.[203] Este juicio podría extenderse, por lo que ve a la producción de plata, al Alto Perú, que pasó a formar parte de la República de Bolivia.

En lo que respecta a la agricultura, el mismo autor comenta que cuando escribe está muy extendido el empleo de braceros mestizos o indios, bajo el régimen del "yanaconaje". En la zona andina es frecuente la existencia de grandes propiedades que comprenden, a veces, terrenos pertenecients a las comunidades de indígenas y terrenos arrendados a "yanaconas", a cambio de servicios.[204]

La situación ha cambiado mucho en la segunda mitad del siglo xx, mas no deja de ser significativo que algunas de las prácticas con orígenes coloniales hayan persistido hasta cerca de nuestro tiempo.

Es lo que también observa, si bien en términos muy generales, otro escritor que encuentra en la América Latina muchas supervivencias de las instituciones serviles y esclavistas que estima caracterizaron el uso de la mano de obra nativa durante su etapa colonial.[205]

Otros estudios permiten ver que entonces había situaciones comparables en los demás continentes que han venido a formar parte del ahora llamado Tercer Mundo.[206]

Como en el caso de la América Latina, hubo continuidades, pero también cambios substanciales al desarrollarse el proceso de la descolonización.

Apéndices

APÉNDICE A

Cuadro que por orden del virrey Conde de Superunda formó el Contador de Retasas D. José de Orellana, su fecha el 22 de junio de 1754. (Va entre los folios 106 y 107 de la "Relación" que dejó ese virrey a su sucesor. Biblioteca Nacional. Madrid. Ms. 3108.)

ARZOBISPADO DE LIMA

Provincias	Caciques y principales	Originarios	Forasteros	Reservados	Muchachos	Mujeres	Personas	Curas	Sínodos	ps.
Canta	9	1,303	141	1,193	1,484	4,032	8,162	9	4,464 ps.	6
Guanuco	6	636	324	186	1,106	2,169	4,427	4	2,561 „	6
Jauxa	102	3,747	172	905	5,526	10,610	21,062	16	8,251 „	4 1/2
Caxatambo	6	961	269	263	1,539	2,874	5,912	13	8,093 „	4
Guarochiri	16	1,492	42	286	1,761	4,114	7,711	11	7,638 „	7 1/2
Yauyos	10	1,337	000	275	1,535	3,678	6,835	7	3,185	
Guaylas	44	3,104	753	436	2,531	5,673	12,541	15	8,584 „	2
Guamalies	12	511	292	206	802	1,317	3,140	8	4,240 „	2 1/4
Conchucos	12	2,270	1,461	644	2,249	5,143	10,739	15	8,628 „	4
Tarma	23	1,479	306	490	2,031	4,125	8,454	13	7,755 „	5
Santa	3	050	087	002	091	162	395	6	1,010 „	2
Chancay	9	1,035	190	203	1,115	2,582	5,134	9	3,421 „	4
Cañete	2	377	000	066	631	1,285	2,361	7	3,629 „	7 1/2
Pisco e Ica	3	128	694	107	754	1,476	3,162	11	1,989 „	2 1/2
Cercado y Lims	6	290	340	119	253	1,070	2,078	17	0000	
Totales:	263	17,720	5,071	5 381	23,408	50,310	102,153	161	73,455 ps.	1 3/4

Particularidades a notar: que se computan como tributarios tanto los originarios como los forasteros, por lo que el autor del cuadro cuenta que son 22.791 —o sea 17,720 originarios y 5,071 forasteros— los reservados son los de más de 50 años y los muchachos de menos de 18. De los 161 doctrinantes, 102 son clérigos, 30 son dominicos, 13 franciscanos, 15 de la Merced, y 1 jesuita. Para paga de sus sínodos se sacan anualmente de la gruesa de tributos 73,455 pesos 1 real y 3 cuartillos. Aparte esto se pagaban hasta completar 78,672 ps. 7 rs. 3 qs. a otros curas, en partidas sobre cajas de censo de indios, arrendamientos de tambos, y para 20 curas que. atienden doctrina de españoles 2,729 ps. 2 rs. al año de la gruesa de diezmos. Nótese, pues, que la inmensa mayoría del ramo eclesiástico que. imparte la doctrina, carga y aprovecha a indios (pues es doctrina para ellos) —y mínima parte es para y la pagan españoles. (Las mujeres son de todo estado, condición y edad.)

ARZOBISPADO DE CHUQUISACA

Provincias	Caciques y principales	Originarios	Forasteros	Reservados	Muchachos	Mujeres	Personas	Curas	Sínodos
Ciudad de La Plata	2	23	173	31	79	213	521	4	2,187.4
Chayanta	18	2,307	957	718	3,362	7,869	15,231	15	12,750.6 1/2
Yamparaes	14	207	1,007	199	862	1,836	4,125	14	6,185.3
Porco	38	2,347	1,320	1,013	4,675	10,209	19,589	18	13,321.6 1/2
Villa de Potosí	000	000	1,540	358	1,382	3,431	6,711	22	18,282.1
Carangas	97	1,362	231	240	1,578	3,676	7,184	8	9,047.1 1/2
Tarixa	40	653	1,499	428	2,489	4,485	9,594	7	6,963.1
Cochabamba	28	958	4,820	1,889	6,839	11,997	26,531	17	13,568.5
Lipes	9	350	366	152	311	892	2,080	3	2,038.6
Oruro	17	000	1,399	213	1,022	1,775	4,426	5	2,037.4
Paria	68	1,504	376	395	2,200	4,644	9,187	7	4,658.2 1/2
Tomina	11	418	608	276	1,005	2,175	4,493	9	2,265.3
Pilaya y Paspaya	8	370	1,070	445	613	2,572	5,078	5	3,675.2
Atacamas	2	490	000	083	676	381	1,632	2	1,600
Totales:	352	10,985	15,366	6,440	27,093	56,155	116,361	136	98,581.6

También cuenta como tributarios a los originarios y forasteros; dice que de estas 14 provincias mitan a Potosí las de Chayanta, Tarija, Carangas, Porco, Cochabamba y Paria.

OBISPADO DE MYSQUE

Provincias	Caciques	Originarios	Forasteros	Reservados	Muchachos	Mujeres	Personas	Curas	Sínodos
Misque	9	192	483	136	705	1,343	2,862	7	1,781 1/2
Sta. Cruz de la Sierra	2	76	23	18	67	74	260	1	148.3
7 pueblos de la Nación Chiquitos	7	2,914	000	867	3,766	7,454	14,708	8	1,600
Totales:	18	3,182	506	1,021	4,538	8,571	17,836	16	3,529.3 1/2

Obispado del Cuzco

Provincias	Principales	Originarios	Forasteros	Reservados	Muchachos	Mujeres	Personas	Curas	Sínodos
Cuzco	29	000	4,283	362	1,768	2,573	9,015	11	4,085.4 1/2
Urubamba	6	1,182	000	290	556	963	2,997	4	2,244.4
Lampa	44	1,146	1,128	843	1,475	4,436	9,072	12	7,572.6 1/2
Calcactares y Vilcabamba	25	771	353	228	857	1,672	3,906	7	2,140.1 1/2
Chumbivilcas	43	1,544	160	467	1,753	4,178	8,145	11	7,839
Cotabambas	46	1,452	86	540	1,723	3,576	7,423	13	8,775.2 1/4
Paucartambo	44	302	1,001	588	1,710	3,496	7,141	4	1,914.6
Aymaraes	86	1,912	594	728	2,407	6,049	11,776	16	13,072.4
Asangaro	46	1,553	1,296	773	3,602	4,273	11,543	9	7,625.7 1/2
Carabaya	47	983	376	365	1,759	3,010	6,540	6	4,296.4
Chilques y Masques	43	2,199	000	341	1,421	3,385	7,839	9	6,879
Canas y Canches	95	2,516	993	882	2,437	5,862	12,785	10	7,689
Quispicanche	14	2,766	1,069	674	4,460	8,577	17,560	10	7,476.3 1/2
Abancae	71	2,385	744	617	2,524	5,936	12,277	9	5,695
Totales:	639	20,711	12,083	7,698	28,452	57,986	127,569	131	87,306.3 3/4

De estas 14 provincias mitan a *Potosí (sic)* las de Lampa, Asangaro, Quispicanche, Canas y Canches y Tinta.

Obispado de La Paz

Provincias	Caciques	Originarios	Forasteros	Reservados	Muchachos	Mujeres	Personas	Curas	Sínodos
Ciudad de La Paz	28	87	717	108	869	1,452	3,261	5	2,479
Omasuyos	34	1,174	4,534	958	4,981	8,430	20,111	10	8,704.5
Sicasica	33	2,159	4,223	1,517	7,855	13,180	28,967	18	11,463.1 1/4
Pacages	23	2,822	392	668	3,267	6,736	13,908	12	12,115.5
Chucuyto	34	2,033	1,526	1,531	6,201	11,011	22,336	17	16,832.3
Paucarcolla	14	849	1,305	490	2,009	3,892	8,559	7	8,594.2
Larecaxa	30	1,426	1,547	729	3,220	4,243	11,195	13	7,720.1
Totales:	196	10,550	14,244	6,001	28,402	48,944	108,337	82	67,909.1 1/4

Mitan a Potosí: Omasuyos, Sicasica, Pacages, Chucuyto y Paucarcolla.

Obispado de Arequipa

Provincias	Caciques	Originarios	Forasteros	Reservados	Muchachos	Mujeres	Personas	Curas	Sínodos
Arequipa	24	306	133	68	371	767	1,669	11	3,030.1
Camana	14	27	137	28	147	304	667	7	2,391.3
Moquegua	15	790	155	145	434	803	2,342	6	3,196
Collaguas	36	1,285	113	413	1,101	1,548	4,496	16	9,249.2 1/2
Condesuyos de Arequipa	24	930	229	119	1,016	2,482	4,800	8	7,245.3 1/2
Arica	16	135	000	32	106	220	509	10	5,850.3
Totales:	129	3,483	767	805	3,175	6,124	14,483	58	30,962.5

Obispado de Guamanga

Provincias	Caciques	Originarios	Forasteros	Reservados	Muchachos	Mujeres	Personas	Curas	Sínodos
Guamanga	6	125	72	141	223	495	1,062	2	950
Angaraes y Villa de Guancavelica	20	1,822	54	525	2,387	6,145	9,953	9	3,125
Guanta	53	811	877	810	1,257	3,127	6,935	12	6,656.2
Vilcas Guaman	60	1,811	117	559	967	2,517	6,031	10	6,334.3 3/4
Castrovirreina	18	772	388	269	1,107	3,077	5,631	9	5,338.4
Andaguaylas	26	1,822	000	1,015	1,060	4,374	8,297	10	6,839.1
Parinacochas	34	649	268	364	984	2,430	4,729	14	9,503.1
Lucanas	27	775	157	229	704	2,367	4,259	14	7,938.2
Totales:	244	8,587	1,933	3,912	8,689	23,532	46,897	80	46,684.5 3/4

Obispado de Trujillo

Provincias	Caciques	Originarios	Forasteros	Reservados	Muchachos	Mujeres	Personas	Curas	Sínodos
Trujillo	19	144	43	30	179	324	739	10	1,346.6
Saña	40	2,068	654	471	2,601	5,538	11,372	22	12,956. 1/2
Piura	47	3,400	461	522	3,267	7,409	15,106	11	6,210.2 1/4
Caxamarquilla	13	521	354	160	1,083	1,855	3,986	4	1,857.5
Caxamarca	82	5,743	3,537	1,663	10,862	20,250	42,137	24	9,049.7 1/2
Luya y Chillaos	22	318	83	119	413	1,059	2,014	8	2,119.6
Chachapoyas	14	594	255	166	1,017	1,714	3,760	12	4,735.4 1/2
Totales:	237	12,788	5,387	3,131	19,422	38,149	79,114	91	38,275.7 3/4

Resumen de los 8 obispados

Número de Provincias	Caciques	Tributarios	Reservados	Muchachos	Mujeres	Personas	Curas	Sínodos
Lima	15	263	22,791	5,381	23,408	50,310	102,153	161	73,455. 1 3/4
Chuquisaca	14	352	26,351	6,440	27,093	56,155	116,391	136	98,581. 6
Misque	3	18	3,688	1,021	4,538	8,571	17,836	16	3,529. 3 1/2
Cuzco	14	639	32,749	7,698	28,452	57,986	127,569	131	87,306. 3 3/4
La Paz	7	195	24,794	6,001	28,402	48,944	108,337	82	67,909. 1 1/4
Arequipa	6	129	4,250	805	3,175	6,124	14,483	58	30,962. 5
Guamanga	8	244	10,520	912	8,689	23,532	46,897	80	46,684. 5 3/4
Truxillo	7	237	18,175	3,131	19,422	38,149	79,114	91	38,275. 5 3/4
Totales:	74	2,078	143,363	34,389	143,179	289,771	612,780	755	446,705 p.0.3/4

De los 755 curas son: 565 clérigos, 70 dominicos, 36 franciscanos, 28 agustinos, 43 mercedarios, 13 jesuitas.

22 de junio de 1754.

APÉNDICE B

EL SERVICIO PERSONAL EN VENEZUELA

Nuestro estudio no ha incluido esta parte de América, que ya cuenta con un competente examen del lento y difícil proceso por el que el servicio personal de los indios fue apartado de la encomienda. Me refiero a la obra de Eduardo Arcila Farías, *El régimen de la encomienda en Venezuela*, Sevilla, 1957. (Publicaciones de la Escuela de Estudios Hispano-Americanos, CVI.) Mas, habiendo reunido algunos extractos relativos a esta materia, los ofrezco porque no carecen de valor informativo complementario.

Explica Arcila (p. 236), que todavía en 30 de mayo de 1675 se ratificaron las ordenanzas de Alquiza y Alcega, manteniéndose la tributación en servicios (cita la Real cédula de 12 de noviembre de 1676. AGI, copia de la Academia Nacional de la Historia, C., II, 48, f. 172). Finalmente, en 1687 se ordena nuevamente la supresión de los servicios personales y se fija la tasa de lo que han de pagar los indios en tributo. Era una más en la ya larga serie de órdenes similares, pero esta vez se cumplieron los deseos de la Corona. Arcila dice que no conoce la cédula, pero tiene el testimonio del teniente de gobernador de San Carlos de Austria de que fue leído el mandato del Gobernador y "real cédula de S. M. sobre que se quite el servicio personal de los indios desta provincia y ansi mismo la tasa de lo que han de tributar", y la orden de hacer matrícula y padrón de todos los indios de la jurisdicción (cita el documento de San Carlos de Austria, con fecha de 9 de diciembre de 1687, *Indígenas*, t. 13, f. 3 v. Archivo General de la Nación. C.). Comenta Arcila que a partir de ese momento, se inicia una nueva etapa en la historia de la institución de la encomienda. Con un atraso de casi un siglo y medio, se inicia en Venezuela la encomienda de tributo.

Ahora bien, el primer documento de mis apuntes se refiere a esta etapa fundamental en la historia de la encomienda venezolana. Es un 'Memorial y discurso informativo que presenta al Rey Nuestro Señor en su Real y Supremo Consejo de las Indias por la Provincia de Venezuela y Encomenderos de Indios de todas las ciudades de ella, el Sargento Mayor D. Joseph Ramírez de Arellano, su procurador general en esta Corte, sobre la pronta ejecución dada a la Real Cédula de S. M. de 20 de junio de 1636 en que se prohíbe el servicio personal de los indios: la forma y gravámenes con que le han gozado hasta aquí sus encomenderos: el tributo que se les señaló, y pérdidas en su percepción, y la general que se ha seguido a la dicha Provincia, y a los mismos indios; y el miserable estado en que se halla, y el que al presente tienen las Encomiendas; y modo de su administra-

ción, satisfaciendo a las imposturas que contra los encomenderos se han informado, con manifestación de la verdad, y de los instrumentos que la comprueban. Piden sobre el remedio de estos daños, la recompensación, y en premio de sus servicios, hechos a S. M. en la conquista, y población de la dicha Provincia y su defensa continua a costa de dichos encomenderos".[207]

Arcila ya informa que los encomenderos se levantaron contra la supresión de los servicios y promovieron un nuevo expediente para demostrar los graves males que podían sobrevenirle a la provincia por causa de la libertad de los indígenas. Pero lo que recoge es la mención de un poder que 18 encomenderos dieron a los dos primeros de la lista, Juan de Arrechederra y Antonio José Rengifo Pimentel, para que representaran contra la cédula (de 1687 dice este autor). Los apoderados solicitaron una información de testigos que Arcila da a conocer (Caracas, 1687, *Encomiendas*, t. I, f. 9, AGN. C.). Añade que este alegato no fue escuchado y los servicios personales quedaron abolidos, iniciándose en esta forma en Venezuela, muy tardíamente, el período de la encomienda de tributo (p. 239).

El Memorial que presenta el Procurador Ramírez de Arellano vendría a ser, por lo tanto, la continuación ante la Corte de dichas diligencias.

De este papel resulta que las encomiendas de Venezuela habían sido de servicio hasta 1686 (como ya lo había mostrado Arcila en su competente obra). Se daban tres días de trabajo a la semana, desde la conquista. Ahora se ha ejecutado la prohibición y el Procurador representa la confusión que ha causado. Los cambios se debieron a informes del Provincial y Definitorio de San Francisco en dicha Provincia y otros eclesiásticos, expidiéndose Orden Real de 28 de mayo de 1672 para quitar el servicio personal, que insertaba otras de 26 de mayo de 1609, 3 de julio de 1627 y 27 de junio de 1662. Se entregaron al Obispo electo de aquella Provincia, Fr. Antonio González de Acuña, que estaba en la Corte para pasar a su Obispado, al que llegó a fines de agosto de 1673. Entonces no se ejecutó sino se acordó que continuase el servicio personal y que los encomenderos diesen a los indios *medio real* para su sustento en cada uno de los tres días que en la semana les habían de trabajar, y que las indias quedasen en todo libres, sin ninguna contribución ni servicio. En esta conformidad se despachó Cédula Real de 12 de diciembre de 1676. El Gobernador D. Francisco de Alberro ejecutó lo ordenado con respecto a la libertad de las indias, el medio real a los indios y a los demás indios sacados de los llanos, que llamaban del servicio personal, los dejó libres de él sin pagar tributo. Por nuevos informes acerca de que no se daba a los indios el medio real y que se les hacía trabajar toda la semana, que el Procurador afirma que es contra la verdad, se despachó la cédula de 20 de junio de 1686 que manda quitar de todo punto el servicio personal.[208] Recibida en junio de 1687, se publicó y puso en ejecución en toda la provincia de Venezuela.

Explica el Procurador que en las encomiendas se había acostumbrado llevar a todos los indios varones de 14 años hasta los 60, tres días cada semana de servicio personal en la labor de las haciendas y casa de los encomenderos, a corta distancia para que todas las noches volviesen a dormir a sus pueblos; a las indias mayores de 12 años hasta los 50, daba el encomendero cada año a cada una 10 libras de algodón para que lo hilase, la mitad para el encomendero y la mitad para ella, siendo obligado aquél a hacérselo tejer a su costa para su vestuario sin que pudiese llevar otro tributo ni contribución ni otra cosa alguna.

Menciona las cargas del encomendero: la media annata y la casa de aposento, que es por cada indio útil 33 pesos 6 reales (algunos años no se ha cobrado). El sucesor en segunda vida, al entrar en el goce de la encomienda, paga por dicho derecho 11 pesos y 2 reales. Todos los años paga el encomendero al Rey, por cada indio de la encomienda, 3 reales de pensión; también paga al cura y fabrica el templo; por el entierro de cada indio o india da el encomendero un peso por la misa; la fiesta del Santo del pueblo es a cargo del encomendero; cura a sus indios y les compra bulas; sigue sus causas civiles y criminales a costa del propio encomendero; busca a los que huyen para traerlos al pueblo; mantiene armas y caballo para hacer frente a piratas y rebeliones de indios, particularmente los de Barquisimeto; toca a los encomenderos abrir y limpiar los caminos reales por mandamiento de justicia por la cortedad de los propios de las ciudades; y para las obras públicas se les reparten peones que daban sustentados; en fiestas de toros cercan las plazas; hospedan a Gobernadores que visitan la provincia y a Obispos.

El trabajo de un indio es en cuatro días lo que el jornalero de España hace en uno; generalmente se ocupaban en el cultivo del campo y cuidado de los ganados; la tierra es fértil y hay cacao.

Los indios de encomienda se dividían en dos cuadrillas: una trabajaba una semana y otra descansaba; lo cual equivalía a tres días de trabajo a la semana. Esto vio el que informó (sobre el trabajo de toda la semana) sin saber lo cierto de cómo era. No hay minas, ni obrajes de lana, ni viñas, ni olivares. Se siembra trigo y caña dulce y cacao, que es poco trabajo. Los indios son pocos y flojos. Si no fuera por los muchos negros esclavos que hay, no habría para el consumo con sólo este trabajo de indios.

Con la libertad, los indios se han dispersado. Su tributo se reguló en *12 pesos y medio al año*, en frutos Se consideró la equidad en la rebaja de los *22 y medio* que daban en servicio personal, según lo tenía regulado la Real Audiencia del Distrito. No los pagan porque no quieren trabajar por jornal, salvo en alguna parte de la provincia. En las costas los holandeses les venden vino y a los negros esclavos y gente perdida, y éstos les enseñan hasta los caminos ocultos. Los curas achacan a ese tributo de 12 y medio pesos la dispersión. El Procurador sostiene que con *dos meses* al año de servicio el indio lo pagaría y sería menos que trabajar 6 (meses), como antes.

Habla de los defectos de los indios: no hay quien cultive los campos ni sirva en las casas. No es dable, como en España, hallar peones por dinero: "aquél es otro país muy diferente de éste".

Aunque en otras partes de Indias ha parecido conveniente quitar el servicio personal, en la provincia de Caracas, por la naturaleza de los indios y la disposición del país, debiera continuar.

Dice que en Nueva España, en las jurisdicciones de Zelaya, Salvatierra, Querétaro y villas de San Miguel, Santiago, León y otras, hay haciendas de españoles beneficiadas con indios de servicio personal, tres días a la semana, a las que han ido los indios a avecindarse de su voluntad, obligándose a servir todo el año a los dueños en el beneficio de las haciendas y en cuanto les mandan en esos tres días de cada semana, por sólo que en los otros tres les den tierras en qué sembrar ellos para sí y les presten bueyes y rejas, sin recibir otra paga ni comida. Cuando se muere un buey o rompe una reja, lo pagan, y lo mismo de todo lo que les entregan. Cree que están mejor en la provincia de Caracas. (No dice de dónde toma la noticia relativa a Nueva España.) Cree que la novedad ha dañado a los encomenderos y a los indios.

Expone lo que deben llevar y lo que llevan de los indios los curas (fol. 11v). Cada mes da el encomendero al cura 20 pesos, 2 fanegas de maíz y, por cada indio o india que muere, 1 peso de entierro, 2 cuartillos de vino al mes, 2 libras de cera y hostias, por la misa y procesión del Santo del pueblo, 3 pesos de plata; la tasa antigua fijó 2 indias de más de 40 años que le hagan la comida, y 1 paje, y 1 fiscal o 2, más 1 pescador para los viernes, y quien le cuide la mula al cura. Hay curatos que tienen más servicio. Indebidamente llevan 7 u 8 fiestas, gallinas, cera, comidas, servicio para hierba, etc., y más servidumbres de las que están permitidas.

Al quitarse el servicio personal se formó nueva tasa y se dispuso nombrar corregidores para cobrar el tributo y distribuirlo a los interesados; tendrían jurisdicción limitada, sin poder conocer de las causas de los indios ni administrarles justicia en lo civil ni criminal para mayor alivio de los indios; cada indio pagaría al año 12 pesos y medio de tributo en los frutos de sus cosechas y (los) que adquiriesen con su trabajo.

Los pueblos son de pocos tributarios. Nuestra Señora de la Candelaria de Turmero llega a 250. Santa Catalina de Guara llega a 210. En su mayoría son de menos de 100 tributarios. Las encomiendas son cortas. En cada pueblo o curato lo ordinario es haber muchos encomenderos.

Cobrados los tributos de cada pueblo, se saca para la doctrina (un total de 30 pesos por cada mes y un peso por entierro) y para adorno de las iglesias (a 10 pesos al mes lo menos). Para las Cajas Reales, por pensión general, 3 reales por cada indio al año y 4 reales para el salario del corregidor; lo restante es para el Encomendero (les queda poco o nada). Y S. M., por cédula general para las Indias, mandó embargar la mitad de la renta de los encomenderos para sufragar el costo de llevar pertrechos al Mar del Sur, por cuatro años.

El Procurador defiende la justicia del tributo de 12 pesos y medio por año (fol. 17v), pues antes, en tres días a la semana, según tenía regulado la Audiencia de Santo Domingo, importaba por año 22 pesos y medio, y al tiempo que se publicó la demora ganaban los indios, 2, 3 y 4 reales por día de su jornal, o sea, 117 pesos de a 8 al año, al precio de 3 reales.

En la cédula de 1672 se mandó que el indio pagase al encomendero en dinero lo que antes le daba en servicio personal, procurando que quedase beneficiado. Una fanega de trigo en grano vale 8 pesos de plata; la de maíz, 3 por lo menos; la arroba de cazabe, 2. En menos de un mes ganan los indios los 12 pesos y medio o más en tejer lienzo, y como arrieros en quince días, en 50 o 60 leguas de viaje. De suerte que no es mucho el tributo, como otros han informado.

En 30 de diciembre de 1688 mandó el Rey que cesase el uso de corregidores y que el tributo se bajase a 6 pesos en diez leguas en contorno de la ciudad de Caracas, y en los restantes lugares de la provincia, a 4 pesos. El Procurador representa la ruina que traerá esto, acabándose de perder las haciendas de los encomenderos y cuantos censos y sus corridos están fundados sobre ellas, especialmente donde no se da el cacao. Razona que en el contorno de Caracas hay 8 pueblos (dentro de las 10 leguas); en ellos hay asignadas 38 encomiendas; los indios tributarios son 537, según la matrícula de 1687 (detalla esos pueblos, indios, encomiendas y tributos, fol. 20, según los cuadros anexos).

Pueblo o curato	Número de los Encomenderos	Indios tributarios	Su renta
De la Vega y Antimano	6	99	594 pesos
Baruta y Patere	4	96	576 „
Valle de Pasqua	5	147	882 „
Mariquita	4	28	168 „
Carballeda	7	56	336 „
Caruiaca	3	38	228 „
Guayra de los Paracotos	5	32	192 „
Santa Lucía de Pariaguan	4	38	228 „

3.204 Total
Suponiendo que todos paguen y no haya ausentes por enfermedad, muerte ni nada.

Rebajas

En cada uno de los 19 pueblos de que se componen los 8 curatos el tributo de otros tantos indios fiscales que no lo pagan. Considerando a cada pueblo un Fiscal, que en algunos hay 2 y más, quedan sólo de renta fija .... 3.090 pesos

---

Renta de los Tributos .... 3.090 pesos
Partidas principales que hay que satisfacer ... 3.241 pesos 3 reales
Faltan .... 0.151 pesos 3   „
Si esto sucede en la comarca de Caracas, donde los indios han de pagar a 6 pesos, ¿qué sucederá en todo el resto de la Provincia donde han de pagar a 4 pesos y no más?

                                                        3.090: De aquí se ha de pagar:
Estipendios que los encomenderos pagaban a los curas por su renta anual y tocando a cada uno (según la synodo) 270 ps. y algunos a más, son al año .... 2.160 pesos

---

1 peso por el entierro de cada indio o india sus feligreses a 10 entierros al año en cada curato

                                                        0.080 pesos

---

Demás gastos adornos Iglesia a 100 pesos cada curato anuales

                                                        0.800 pesos

---

Pensión general que corresponde a los 537 indios de Tributo de los 8 Curatos a razón de 3 reales por cada uno

                                                        0.201 pesos 3 reales

---

                                                        3.241 pesos 3 reales

De suerte que los tributos de los 8 curatos ascienden a 3,204 pesos (a 6 pesos indio). Los gastos de curas, iglesias y pensión Real, todo ello sin encomenderos, suman 3,241 pesos 3 reales; así prueba que no queda nada al encomendero.

Para explicar por qué en otras partes de las Indias los tributos son de 7 pesos y medio o de 8 pesos, argumenta que los frutos valen menos que en la provincia de Caracas (por ejemplo, 1 peso la fanega de trigo) y también son menores los jornales. En la Nueva España, de 1 real o medio real al día; en el Nuevo Reino de Santa Fe, de 1 real y menos; en Chile, Tucumán y otras partes del Perú, a 1 real y cuartillo cuando más. En Caracas son de 3 y 4 reales. Cree que aquí los encomenderos tienen más cargas y no una renta en plata o cantidad de frutos, mantas o cosa tal. El valor de su renta es incierta y sanea primero al cura, la iglesia y la pensión.

El Procurador pide (fol. 23v), la suspensión de la ejecución de la Real Cédula de 30 de diciembre de 1688, que, en conformidad con la de 28 de mayo de 1672, manda quitar el servicio personal y que paguen los indios al encomendero en dinero; se confirme la tasa de 12 pesos y medio por cada indio o se haga nueva tasa conforme a la ley 25, tít. 5, lib. VI de la *Recopilación*, habiendo de ser el tributo en dinero o frutos lo que importaba el servicio personal que daban al encomendero. Que el tributo sea efectivo y seguro, pues la cobranza es por mano de los mismos indios que no son de fiar, o sea, como dispone la ley 64, tít. 5, lib. VI de la *Recopilación*. Que se suspenda el embargo de la mitad del tributo por 4 años que ordenó S. M. Que se hagan ordenanzas para que los indios vivan en poblados y cada semana se saquen a las plazas de sus pueblos la parte de los indios que parezca razonable y de ésta se repartan (según la ley 1, tít. 13, lib. VI de la *Recopilación*) a encomenderos los peones que necesiten o los que se pueda a prorrata, para que por jornal vayan a sus haciendas para que se cultiven los campos y mantenga el común. Y como siempre los indios excusan trabajar, se les compela (de acuerdo con la ley 19, tít. 12, lib. VI de la *Recopilación*) y en esta repartición se prefiera a los encomenderos, ora sea con peones de sus encomiendas o de otras (ley 20, tít. 16, lib. VI de la *Recopilación*, y ley 31 del mismo título: se les conceda a los encomenderos el tercio de los indios para el beneficio de sus haciendas y guarda de sus ganados. El Procurador no

dice que son leyes especiales para el Reino de Chile). Se tase un jornal razonable y equivalente al escaso trabajo del indio. Que se repartan a los encomenderos por año o meses, para el servicio de sus casas y familias, 2 indios para el acarreo de agua y leña, 1 para cuidar el caballo, 3 o 4 indias para guisar y servicios mujeriles. Y unos y otros sea por concierto ante justicia o corregidor, obligándose el encomendero a dar buen tratamiento, comida, vestido y paga de sueldo, y los indios a que cumplan el pacto con su voluntad, o se les obligue, sobre todo a indios e indias vagamundos (cita las leyes 12, 13, 14 del tít. 14, lib. VI de la *Recopilación*, y ley 57, tít. 16, lib. VI de la misma).

Pide una vida más en la sucesión de las encomiendas y que las nuevas se concedan por tres vidas (leyes 15, 16, 17, tít. 11, lib. VI de la *Recopilación*. Que se rebaje la media anata y casas de aposento que han pagado hasta aquí los encomenderos a razón de 33 pesos y 6 reales por cada indio de su encomienda. Que el Rey conceda diez años de espera a los encomenderos por deudas que tengan con la Real Hacienda. Razona que los indios eran peones que beneficiaban las haciendas de los encomenderos con el servicio personal. Se opone a una compensación acordada en la cédula de 30 de diciembre, de 1688 para que a los indios menores de 15 años y mayores de 50 que hayan pagado el tributo de 12 pesos y medio desde que se quitó el servicio personal hasta el recibo de dicho despacho, se les restituya la demasía sobre los 6 pesos y los 4 pesos que se ordena paguen; el pagar tributo desde los 14 a 60 años siempre ha sido así, pues a esta edad (de 14 años) contribuían con el servicio personal; también se opone a la restitución mandada en dicha cédula para que los corregidores de los partidos devuelvan los 4 reales que llevaron por el año de su salario, y no cree posible que, como lo dispone ésa cédula, pueda un corregidor sustentarse con 2 o 3 pueblos, porque siendo de tan pocos indios y llevando sólo de salario 4 reales de cada uno no se podrán mantener. En relación con las nuevas poblaciones a que se refiere la cédula, explica que no sabe cuáles son, pues en la provincia no hay sino las antiguas de cuando se conquistó y fundó, excepto las que se han formado de 30 años acá, en San Francisco de Tirgua, San José de los Llanos y San Antonio de Araure, de los indios de que se componen las misiones que los Capuchinos tienen en los Llanos, cuyos indios no pagan tributo ni contribución a persona alguna ni a la Corona, ni le pagan otros indios que los que se encomendaron luego que se feneció la conquista de aquella provincia, que no se tiene por conveniente en los que no lo están y pasan de diez años de su reducción; y que éstos y los demás de dichas Misiones estén sin sujeción alguna del brazo secular, no es medio (a juicio del Procurador) para

que las dichas Misiones se mantengan ni aumenten, ni adelanten, ni se logra el bien espiritual ni temporal de los naturales, y para las entradas a los Llanos necesitaban que los acompañasen soldados para sacar los indios a las reducciones, y sin esta asistencia no lo conseguirán de ninguno, antes se duda si los que con tantos trabajos de los dichos Padres se han sacado hasta hoy se conservarán, cuyo punto es de harta gravedad. Pero el suplicante dice que no es de su cuidado y sólo trata de los demás indios encomendados que están reducidos a encomiendas, las condiciones de éstas y gravámenes con que las gozan sus encomenderos y su miserable estado.

Después de la demostración y de demostrar también que están peor en Caracas que en las demás provincias, pasa a las peticiones en recompensa del servicio personal que gozaban en cuya concesión consiste que la dicha Provincia se pueda conservar. Expone que todo allí se debe a los encomenderos y en pago de todo se ven míseros y sin zapatos, etc. Trae citas de Solórzano y Zapata en esta última parte y acaba pidiendo estas mercedes y las que se digne el Rey conceder además.

El documento que acabamos de extractar se encuentra asimismo en Madrid, Biblioteca de Palacio, Ms. 2851, t. 33 de la Miscelánea de Ayala, fols. 210-265, con la lista de los "Autos e instrumentos que se presentan con este Memorial", f. 262. Éstos consisten en lo siguiente: Los poderes de los encomenderos de la ciudad de Caracas, y de la provincia, dados al Procurador General de ella en esta Corte. La matrícula general de los indios e indias y sus hijos que hay en la Provincia de Caracas, excepto los de la Jurisdicción de la ciudad de Santa Ana de Coro, en 602 fojas. La tasa general de la dicha Provincia, hecha por el Gobernador de ella D. Diego de Melo Maldonado en 29 de julio de 1687 al tiempo de ejecutarse la Real Cédula sobre la demora y libertad de los indios de la dicha Provincia. Una información amplísima original, hecha por parte de los Encomenderos de la ciudad de Caracas con mucho número de testigos y Prelados de las Religiones, y otros eclesiásticos, sobre el cumplimiento de su obligación de Encomenderos, y buen tratamiento que han hecho a sus encomendados y otros puntos en esta razón. Otra información hecha por parte de dichos Encomenderos sobre los daños que se experimentan en Caracas y su comarca con la demora y libertad de los indios de sus encomiendas, y pérdida de sus haciendas, y demás graves daños que han resultado y otros que se temen. Informe al Rey, de la ciudad de Caracas sobre esta materia. Otro de los Encomenderos de la ciudad para S. M. Información hecha en la ciudad de la Nueva Segovia de Barquisimeto por parte de los encomenderos de ella sobre el buen tratamiento que han tenido sus encomendados y el cumplimiento de las demás obligaciones, daños que se experimentan con la demora, y carta de informe para S. M. Información amplísima hecha por la ciudad de Truxillo de Nuestra Señora de la Paz, sobre la pobreza y calamidades que padece, daños... con la prohibición del servicio personal de los indios y el buen tratamiento que éstos han tenido de sus encomenderos, con certificaciones del Juez eclesiástico y Prelados de Santo Domingo y San Francisco... y carta de informe del Cabildo de la dicha ciudad para S. M., sobre todo. Otra información sobre lo mismo, hecha en la ciudad de la Purísima Concepción del Tocuyo y a pedimento de su Procurador General, con certificación de los curas doctrineros, con un informe del Cabildo de la Ciudad para S. M. en esta razón. Asimismo tiene presentado el dicho Procurador General en el Real y Supremo Consejo de las Indias una información hecha en la ciudad de Caracas a pedimento de D. Pedro de Ponte Andrade, Procurador General de ella, sobre el trato de Holandeses en la dicha Provincia, en la cual también se contiene lo que se refiere en este Memorial. Madrid, año de 1688.

Con posterioridad solamente he recogido la mención de un repartimiento de servicio personal por cinco años, que se hace en la ciudad de Caracas en 1738, sin poder aclarar si es para fines domésticos o agrícolas.[209]

Una cédula real dada en Buen Retiro, a 10 de julio de 1740, dice que la ciudad de Barinas de la provincia de Maracaybo representó que había muchas gentes dispersas por los montes y que en el Valle de Obispos un visitador había erigido una parroquia, de que resultaba faltasen operarios para el cultivo de las producciones de dicha ciudad y sus inmediaciones. Se manda que las poblaciones nuevas no se hagan sino como lo disponen las leyes y se recojan a poblado los dispersos.[210] Seguía habiendo, pues, escasez de operarios para el cultivo de las tierras.

Aunque no tiene por objeto directamente la materia de nuestro estudio, citemos por último un manuscrito, en 291 páginas, que se conserva en la Biblioteca Nacional de Madrid, núm. 3334, sobre: "Cultivo y comercio de las provincias de Caracas conforme están descritos en la Historia Política, civil, rural y comercial de la parte oriental de la Tierra Firme y de la Guayana española... Madrid, septiembre de 1804."

APÉNDICE C

BIBLIOGRAFÍA SOBRE ENCOMIENDAS Y SERVICIO PERSONAL EN EL REINO DE CHILE

No hemos incluido en nuestro trabajo los documentos relativos a Chile en los siglos coloniales, sino excepcionalmente, porque es región que cuenta con su propia y nutrida bibliografía. Sin embargo, nos parece útil, a guisa de complemento, citar en este Apéndice algunas de las obras que tratan de encomiendas y servicio personal en esta región.

Justo es comenzar por el estudio bien documentado de Domingo Amunátegui Solar, *Las encomiendas de indígenas en Chile*, Santiago de Chile, Imprenta Cervantes, 1909-1910, 2 vols. La Tasa del licenciado Hernando de Santillán, dada en 1558, fue la primera en esta provincia. Las encomiendas incluían entonces prestaciones de servicios en minas; Santillán permitía enviar a lavar oro hasta la quinta parte de los indígenas de trabajo en las encomiendas de Santiago y la Serena, y la sexta parte en las ciudades del sur; del producto quedaban cinco partes de seis para el encomendero y la otra sexta parte era para los indios que lo sacaren (origen de los llamados sesmos); de esta suerte la encomienda se identificó con la mita, término empleado por Santillán: "se han de mudar por sus mitas" (I, 177). Explica Amunátegui (I, 175), que, salvo el oro que sacaban de las minas, los indios chilenos no podían pagar otros tributos, pues sus siembras y rebaños eran reducidísimos y las industrias de alfarería, cestería y tejidos apenas bastaban para ellos mismos; por esto se emplearon sus personas en todos los ramos. (Una exposición de la Tasa de Santillán figura en los *Documentos Inéditos* de José Toribio Medina, t. 28, págs. 284-312). En relación con la Tasa de Martín Ruiz de Gamboa, de 1580, advierte Amunátegui que intentó convertir en tributos corrientes en dinero o especies, el servicio personal de las encomiendas de Chile; pero permitió que en algunas encomiendas los mismos naturales optaran por esa paga o por servir (I, 247). El Gobernador Alonso de Sotomayor, que había llegado a Santiago en septiembre de 1583, derogó la tasa de Gamboa (I, 261). El gobernador Alonso de Ribera estableció una nueva tasa a principios del siglo XVII, por la cual se daba a los encomenderos el tercio de los indios para la labor de las minas; trabajaba este tercio los 8 meses del año que duraba la demora y luego volvía al pueblo; el año siguiente salía otro tercio, y los indios descansaban dos años y cuatro meses; para el beneficio de las haciendas, sementeras y crías de ganados, se daban 15 indios por ciento, en servicio personal de dos años, y luego volvían a su pueblo y descansaban 7 u 8 años, hasta que volviese el turno (I, 314-315). Otro intento de supresión del servicio personal data de la época en que era virrey del Perú D. Gaspar de Zúñiga y Acevedo, Conde de Monterrey; lo alentó el jesuita Luis de Valdivia; era entonces Gobernador de Chile D. Alonso García Ramón, quien llegó en 1605; pero no ejecutó nada del acuerdo contra el servicio personal (I, 317). También se procura ese cambio al restablecerse la Audiencia de Chile, pero al fin los Oidores decidieron no cumplir la cédula de 1601 contra los servicios; tomaron ese acuerdo en 28 de septiembre de 1609 (I, 349). En 1612, cuando se pone en ejecución el plan de guerra defensiva, se manda preparar asimismo la conmutación de las encomiendas de servicio en tributos pecuniarios, siendo virrey del Perú el Marqués de Montesclaros (I, 376). La Tasa del virrey Esquilache, de 28 de marzo de 1620, constituyó otro intento de reglamentación del servicio personal en las encomiendas de Chile (I, 411). El capítulo I dispone que se quita el servicio personal y se declara la libertad de los indios de Chile. El capítulo IV prohíbe el trabajo de los indígenas en los lavaderos y manda que paguen su tributo en los jornales que les fijan las ordenanzas por sus servicios en las labores agrícolas, que varían de 1 real y medio con la comida a 1 real y cuartillo con o sin comida (I, 415). Deducido el tributo, lo restante debe pagarse a los indígenas en un vestido de la tierra, si alcanza, y en frutos de las haciendas (trigo, cebada, maíz, ganado menor, potros, yeguas, novillos, vacas, sebo, cordobanes, lana), tasados por la justicia. Según el capítulo V, en cada año sólo podía obligarse a trabajar a la *tercera parte* de los indígenas de una encomienda; entretanto, los otros (dos) tercios tendrían derecho al descanso, y podrían alquilar voluntariamente sus servicios a quien quisieran, o bien ocuparse con libertad en lo que les conviniera (I, 416). El tercio correspondiente debía servir en la *mita* que le tocara 207 días, o sea, *nueve meses* de a 23 días de trabajo cada mes, pues se dejaban libres los domingos y fiestas. Les quedaban tres meses para su descanso y para sembrar y coger sus comidas. El tercio de *mita* debía pagar en jornales el tributo entero suyo y el de los otros dos tercios. Además, cada indígena debía *servir sin paga 15 días* durante la *mita* para indemnizar al encomendero de la obligación que tenía de curar a los naturales en sus enfermedades. Cuando los indígenas residieran muy cerca de las haciendas de los encomenderos, el gobernador podría obligarlos a todos a servir la *mita* en el mismo año, en tal forma que cada tercio trabajara anualmente 69 días, esto es, tres meses (I, 417). De cada cinco indígenas de *mita*, el encomendero podría destinar uno al oficio de pastor, el cual trabajaría todo el año; deducido el pago del tributo, estos pastores recibirían por los días restantes un jornal diario de *medio real*, y así correspondería a cada uno de ellos la cantidad de *11 pesos y 3 reales al año* (I, 418). Los indígenas de *mita* no deberían ser empleados en ocupaciones distintas de las de labranza y crianza, como en

obrajes, edificios y otras, sin expresa licencia del gobernador.

La tasa de Esquilache se ocupaba también de las reducciones de los indios de repartimientos, de los indios oficiales, de los *inquilinos* residentes en las haciendas de campo que debían trabajar anualmente *160 días* en las faenas del fundo, y de los que servían en las ciudades y familias y en la milicia.

Amunátegui comenta que, en 1620, sólo se explotaban los lavaderos de Quillota y Andacollo. La prohibición de emplear indios en los lavaderos no perjudicaba sino a unos pocos dueños de encomiendas. La tasa destinaba el mayor número de indígenas encomendados a las faenas agrícolas, que entonces constituían la actividad más próspera (I, 426).

Los encomenderos se resistieron al cumplimiento de la tasa que confirmaba la prohibición de hacer esclavos; suprimía el trabajo forzoso en los lavaderos; limitaba el número de días que en cada año los indígenas debían consagrar al cultivo del campo; obligaba a los dueños de repartimientos a permitir que los naturales vivieran en sus reducciones; y, por último, establecía visitas domiciliarias de los corregidores, con facultad para libertar a los indígenas que fueran maltratados por sus amos (I, 427).

La tasa de Esquilache fue mandada ejecutar por Felipe IV por cédula de 17 de julio de 1622, si bien disminuyendo la cuota de los tributos. Mas un auto del gobernador D. Pedro Osores de Ulloa, de 8 de diciembre de 1622, introdujo modificaciones importantes en la aplicación de la tasa de Esquilache (I, 434). Entre ellas, suspendió la prohibición para hacer trabajar a los naturales en los lavaderos (I, 437). Esta declaración fue a su vez suspendida por el mismo gobernador el 20 de diciembre (I, 441). Y todavía cita el autor otras vicisitudes en la aplicación de la tasa (I, 449, 451).

En Madrid, a 14 de abril de 1633, se despachó cédula real al Presidente D. Francisco Laso de la Vega, para que tratara de quitar precisa e inviolablemente el servicio personal, en cualquiera parte y forma que estuviere entablado, persuadido y dando a entender a indios y encomenderos que esto les estaría bien. Conferiría con el obispo, oficiales reales, prelados de las religiones y otras personas entendidas de esa provincia, en qué frutos, cosas y especies se podrían tasar los tributos de los indios, que correspondieran y equivalieran al interés que legítimamente les pudiera importar el dicho servicio personal, si no excedieren del uso, exacción y cobranza de él. Y hecha esta conmutación, haría que se repartiera a cada indio lo que así habría de pagar en los dichos frutos, dinero y otras especies, haciendo nuevo padrón de ellos y de la dicha tasa; y tendrían entendido los encomenderos que lo que esto montare, y no más, podrían llevar de los indios, como se hace en el Perú y en la Nueva España. La tasa se haría dentro de seis meses de recibida esta cédula y el Presidente la pondría en ejecución, salvo si hallare tan graves inconvenientes que conviniera dar noticia al Rey primero que la comenzara a ejecutar; sólo en este caso la podría suspender, avisando de las causas; si vacare alguna encomienda de las tasadas en servicio personal, suspendería el proveerla hasta que estuviera hecha la tasa. Enviaría el padrón y la relación de los indios y nuevas tasas (II, 6-8).

El Cabildo de Santiago, en 24 de marzo de 1635, pedía que los indígenas pagaran su tributo, no en frutos y especies, sino en jornales, y que se les permitiera continuar al lado de los encomenderos, sin obligarles a vivir en sus reducciones (II, 15).

El Presidente Laso de la Vega, el 16 de abril de ese año, dictó la ordenanza que lleva su nombre, en diecisiete artículos. El tributo anual consistiría en dinero y especies y debería pagarse en marzo de cada año; pero los indígenas podrían pagar su tributo en jornales cuando así lo prefirieran. También se les permitiría elegir su domicilio entre sus reducciones y las casas, chacras o haciendas de los españoles. Los naturales podrían alquilar sus servicios, pero dando preferencia a sus propios encomenderos, durante el tiempo necesario para pagar el tributo y las cantidades que estaban obligados a dar anualmente al doctrinero, corregidor y protector. Cumplidas estas obligaciones, podrían alquilarse a cualquiera cuya propiedad no distara más de 4 leguas del pueblo o hacienda de su vecindad. El jornal por cada día de trabajo sería de *dos reales* y se pagaría las dos terceras partes en ropa y el resto en plata. Subsistían ciertas faenas para servicios públicos. Los indígenas podrían emplearse en las minas y fundiciones de oro y cobre de la jurisdicción de la Serena, siempre que ellos quisieran hacerlo libremente (II, 17-20).

Los sucesores de Laso de la Vega trataron de llevar a la práctica las disposiciones de la cédula de 17 de julio de 1622, aprobatoria de la tasa de Esquilache, y las de la ordenanza de 1635, pero Amunátegui estima que los resultados no fueron satisfactorios, según informaciones de 1647 (II, 34): los más indios están en las mismas estancias de sus encomenderos y allí tienen tierras y doctrinas; los que hoy hay no bastan a cultivar los campos y a la guarda del ganado y cría de caballos, labor de jarcia y sacada de cobre. Este reino sustenta al Perú de sebo, cordobanes, jarcia, legumbres y mulas; se envían 20,000 quintales de sebo cada año.

Amunátegui trata de los *obrajes* en el reino de Chile, en relación con la cédula de 22 de febrero de 1680 (II, 39 y ss.).

La Audiencia de Chile, en nota de 18 de noviembre de 1668, había informado al Rey sobre la imposibilidad que habría en reducir los indios a pueblos, respecto de ser naturales y haber nacido en las estancias donde al presente se hallaban "acimentados" (II, 201). Estimaba que no debía modificarse el sistema de las encomiendas, tal como se hallaba establecido por la real tasa de 1622 y por la ordenanza de don Francisco Laso de la Vega.

La *Recopilación de Leyes de Indias*, en 1680, reprodujo con pocas diferencias las disposiciones de la tasa de 1622, entre ellas la que ordenaba reducir a sus pueblos a los indígenas encomendados (II, 203). Pero Amunátegui estima que inútilmente. El obispo de Santiago, don Francisco de la Puebla González, en carta de 9 de enero de 1700, daba cuenta al Rey de la falta de pueblos y de la disminución de los indios por los malos tratamientos que les hacían sus encomenderos con el servicio personal (II, 204).

También en el siglo XVIII encuentra Amunátegui informes y disposiciones sobre las reducciones y el servicio personal. La real cédula de Felipe V, de 5 de abril de 1744, ordenaba fundar pueblos tanto de españoles como de indígenas, eximiendo a los naturales del servicio personal (II, 212).[211]

En otra parte de su obra el propio autor comenta que en Chile, a pesar de la firme voluntad de los soberanos de España, el servicio personal de los indígenas se conservó por espacio de dos siglos y medio, de 1541 a 1791 (I, 167).

En el capítulo XX, relativo a la abolición de las encomiendas (II, 227 y ss.), se vuelve a advertir la especialidad de las disposiciones sobre las que eran de servicio personal (II, 232).

No incluimos en este extracto toda la riqueza de las noticias que Amunátegui reunió sobre las encomiendas en general y sobre el servicio personal en particular; pero lo dicho basta para mostrar el interés que el tema ofrece en el Reino de Chile, y cómo desde comienzos del presente siglo la historiografía del país contó con una obra que presentaba documentadamente el cuadro de conjunto.

El estudio de las tasas continuó después de la aparición de la obra de Amunátegui. Cabe citar al respecto el artículo de Julio Heise González, "Las tasas y ordenanzas sobre el trabajo de los indios en Chile", *Anales de la Universidad de Chile*, Segunda Serie, Tercer trimestre de 1929, año VII (Santiago de Chile), p. 994. Y la obra de Guillermo Feliú Cruz, *Las encomiendas según tasas y ordenanzas*, Buenos Aires, Peuser, 1941 (Facultad de Filosofía y Letras. Publicaciones del Instituto de Investigaciones Históricas, LXXVII). La parte relativa a Chile (p. 90 y ss.), expone la particularidad de las encomiendas chilenas de haber conservado el servicio personal a pesar de los varios intentos de reforma y de asimilación a las encomiendas de tributo. También trata de la esclavitud que resulta de la guerra y explica cómo esta fuente de mano de obra refuerza las encomiendas. Señala la oposición que existe en Chile entre encomiendas y pueblos de indios, y que prácticamente desaparecen estos últimos. La fuente principal que sigue Feliú Cruz es la Colección de documentos manuscritos y originales de José Toribio Medina, depositada en la Biblioteca Nacional de Santiago de Chile. Alude brevemente a la extinción de las encomiendas de Chile en la época de O'Higgins, aprobada por cédula de la Corona de 3 de abril de 1791 y la de 10 de junio siguiente. Cfr. Ricardo Donoso, *El Marqués de Osorno don Ambrosio Higgins, 1720-1801*, Publicaciones de la Universidad de Chile, 1941, pp. 181-182. Existe también el estudio especial de Ágata Gligo Viel, *La tasa de Gamboa*, Santiago de Chile, Editorial de la Universidad Católica, 1962. Comenta que: "la tasa dictada en 1580 por el gobernador don Martín Ruiz de Gamboa merece especial atención, por cuanto ella marca el primer intento, de muy breve duración, por lo demás, de llevar a la práctica el reemplazo de la encomienda de servicio personal, tal como en Chile se conocía, por la encomienda de tributo" (p. 7).

En el aspecto territorial, se cuenta con la obra de alto valor documental de Ernesto Greve, Introducción a las *Mensuras de Ginés de Lillo*, I, t. XLVIII de la *Colección de historiadores de Chile y de documentos relativos a la historia nacional*, Santiago de Chile, Imprenta Universitaria, 1941, pp. 99, 288, 293, 295, 307, sobre encomiendas y tierras en Chile. El tomo II de las *Mensuras*, correspondiente al t. XLIX de la citada *Colección*, lleva introducción de Aniceto Almeyda. Se halla bien documentado el estudio de Fernando Silva Vargas, *Tierras y pueblos de indios en el reino de Chile. Esquema histórico-jurídico*, Santiago, Editorial de la Universidad Católica, 1962. (Estudios de Historia del Derecho Chileno, 7.) Jean Borde y Mario Góngora, *Evolución de la propiedad rural en el Valle del Puangue*. Universidad de Chile. Instituto de Sociología, Santiago de Chile, 1956, 2 tomos. Prefiriendo una investigación en lo posible exhaustiva, aunque limitada a una zona relativamente restringida, los autores se proponen mostrar en toda su trayectoria la formación de la propiedad rural y la lenta elaboración de un paisaje agrario, para luego definir las estructuras territoriales actuales (p. 10). El segundo tomo trae los mapas.

Contribuciones substanciales son las siguientes de Mario Góngora, "Documentos inéditos sobre la encomienda", *Revista Chilena de Historia y Geografía*, 123 (años 1954-1955), 201-224. "Notas sobre la encomienda chilena tardía", *Boletín de la Academia Chilena de la Historia*, XXVI-61 (Segundo Semestre de 1959), 27-51. Se suele poner el fin de la encomienda en Chile en 1635 con la tasa de Laso de la Vega, mas la abolición es llevada a efecto por Ambrosio O'Higgins mucho más tarde. El autor cree que la encomienda conserva una positiva significación para la provisión de mano de obra rural hasta comienzos del siglo XVIII. En los años siguientes al de 1720, los cabildos se afanan por impedir la supresión en Chile, que había sido decretada para todas las Indias, y lo consiguen. La Real Tasa (aprobación de la de Esquilache) data de 1622. Laso de la Vega presenta sus ordenanzas de 1635 como una declaración y ampliación de la Real Tasa, y ésta rige en los puntos no regulados por la declaración de 1635. Comenta el autor que: "Las Ordenanzas de Laso de la Vega sancionaban las grandes tendencias del régimen chileno, procedentes ya del siglo XVI: arrancar al indio de sus comunidades y fijarlo a las estancias de españoles; pago en trabajo en lugar de un tributo líquido" (p. 29). Señala la tenacidad de la legislación provincial aun ya promulgada la *Recopilación* de 1680 (p. 33). El 20 de julio de 1737, la Audiencia eliminó el tributo de la Tasa de Laso de la Vega e impuso el determinado por la *Recopilación* para cada ciudad (p. 37). El 2 de abril de 1743, el gobernador Manso de Velasco, en Junta de Hacienda, dio un dictamen definitivo, sometiendo al tributo de la *Recopilación*, igualmente, a los encomendados y a los yanaconas (indios concertados por jornal en casas y estancias de los españoles y no afectados a encomienda alguna). Ya las encomiendas eran una institución insignificante y el tributo sólo tenía algún valor para la Real Hacienda, pues casi todos los indios eran de la Corona. Una tendencia prospera a lo largo de todo el siglo XVIII, la de concentrar a los peones de las haciendas cerca de las casas del propietario, para dirigir mejor las faenas y exigir el cumplimiento del servicio (p. 51). Los nuevos "pueblos" están siempre cerca de las casas y haciendas de los encomenderos. (Esta interpretación de la encomienda tardía pone de relieve las particularidades de la región chilena, si bien algunas de las tendencias señaladas se asemejan a las que se observan en otras partes de Indias.) Del mismo autor, *Origen de los "Inquilinos" de Chile Central*, Santiago de Chile, Universidad de Chile, Seminario de Historia Colonial de la Facultad de Filosofía y Educación, 1960, 168 pp. Concluye que el inquilinaje resulta de la incorporación de mestizos en la tarea agrícola y no es una consecuencia directa del sistema de la encomienda. (Sobre este punto conviene tener en cuenta los datos que ofrece Amunátegui.) Del mismo autor, *Encomenderos y estancieros. Estudios acerca de la constitución social aristocrática de Chile después de la conquista, 1580-1660*, Santiago de Chile, Universidad de Chile. Sede de Valparaíso. Área de Humanidades. Departamento de Historia, 1970. Muestra que en algunas tempranas concesiones de encomiendas de indios se incluye la posesión de valles en los que el encomendero introduce ganados que acaban por destruir las tenencias de los pueblos de indios, pasando los vecinos indios restantes a instalarse en la estancia. Asimismo indica que más tarde esa penetración ganadera absorbe otros pueblos de indios, de suerte que la estancia prevalece sobre la encomienda, (También en la obra de Amunátegui hay antecedentes sobre esta tendencia.)

María Isabel González Pomes, "La encomienda indígena en Chile durante el siglo XVIII", *Historia*, 5 (Instituto de Historia. Universidad Católica de Chile, 1966), pp. 7-103. Este documentado estudio ofrece un conciso resumen de los esfuerzos intentados en los siglos XVI y XVII para reformar las encomiendas de servicio personal en Chile. Encuentra que: "En el siglo XVIII, dada la decadencia de la población indígena y su pobreza, la manera más común de pagarlo (el tributo) es en servicio personal, mediante el pago de un salario" (p. 49). También explica que: "Como la regla general en la encomienda chilena fue la encomienda de servicio personal, aquél (el encomendero) descontaba el tributo del salario concertado con el natural encomendado" (p. 51). El capítulo III, relativo a "La abolición de las encomiendas", muestra el curso que siguió la aplicación de las leyes generales de abolición en Chile. Por concesión del monarca al reino de Chile —cédula de 4 de julio de 1724— la encomienda continúa hasta su completa abolición en 1791, bajo el gobierno de Ambrosio Higgins, cuando ya había avanzado su declinación (pp. 88-90).

Otro grupo importante de estudios son los debidos a Álvaro Jara, "Importación de trabajadores indígenas en Chile en el siglo XVII", *Miscellanea Paul Rivet Octogenario Dicata*, México, Universidad Nacional Autónoma de México, 1958, 2 vols., II, 733-763. Ha sido publicado también en *Revista Chilena de Historia y Geografía*, Núm. 124 (Santiago de Chile, 1958), 177-212. Se refiere a los indios huarpes que eran llevados de la provincia de Cuyo a trabajar en la Serena y Santiago, en minas de oro, agricultura y ganadería, artesanías, servicio doméstico, obras públicas. Del mismo autor, "Fuentes para la historia del trabajo en el Reino de Chile, III. Alquileres y ventas de indios, 1599-1620", *Boletín de la Academia Chilena de la Historia*, 58 (1958), 102-135. Las *Fuentes* han sido reimpresas en 1965 por el Centro de Investigaciones de Historia Americana de la Universidad de Chile, t. I, "Legislación", que reúne tasas y ordenanzas de encomiendas y cedulario. Del mismo autor, "Una investigación sobre los problemas del trabajo en Chile durante el período colonial", *The Hispanic American Historical Review*, XXXIX-2 (1959), 239-244. Y *Los asientos de trabajo y la provisión de mano de obra para los no-encomenderos en la ciudad de Santiago, 1586-1600*, Santiago, Universidad de Chile, Estudios de Historia Económica Americana. Trabajo y salario en el período colonial, 1959. Del mismo autor, *El salario de los indios y los sesmos del oro en la Tasa de Santillán*, Santiago, Centro de Investigaciones de Historia Americana de la Universidad de Chile, 1961. Sigue las vicisitudes de esos fondos que debían ser destinados a los indios y de hecho conocen otras aplicaciones. Del mismo autor, *Guerre et société au Chili. Essai de sociologie coloniale. La Transformation de la guerre d'Araucanie et l'esclavage des Indiens du début de la conquête espagnole aux débuts de l'esclavage légal (1612)*, Paris, Institut des Hautes Études de l'Amérique Latine, 1961. La influencia de la frontera de guerra en las instituciones sociales chilenas.

Néstor Meza Villalobos, *Política indígena en los orígenes de la sociedad chilena*, Santiago, 1951. Obra de conjunto basada en las numerosas y documentadas monografías de este autor.

Manuel Salvat Monguillot, "El régimen de la encomienda en los primeros tiempos de la Conquista", *Revista Chilena de Historia y Geografía*, 132 (1964). Del mismo autor, "El tributo indígena en Chile a fines del siglo XVII", *Revista Chilena de Historia del Derecho*, I (1959).

Marcello Carmagnani, *El salariado minero en Chile colonial, su desarrollo en una sociedad provincial: El Norte Chico 1690-1800*, Santiago de Chile, Universidad de Chile, Centro de Historia Colonial, 1963, 114 pp. Señala: "la importancia de la disminución de la población indígena encomendada y del aumento de la población mestizo-blanca a lo largo del siglo XVIII" (p. 13).

Carlos J. Larraín, "La encomienda de Pullally", *Boletín de la Academia Chilena de Historia*, 47, Segundo semestre de 1952 (Santiago de Chile, 1953), 97-135. El estudio va del siglo XVI hasta el XVIII.

Carlos Olguín Bahamonde, "Condición jurídica del indígena de Chiloé en el Derecho Indiano", *Revista Chilena de Historia del Derecho*, Núm. 7 (Publicaciones del Centro de Investigaciones de Historia del Derecho del Departamento de Ciencia del Derecho, Facultad de Derecho de la Universidad de Chile, Editorial Jurídica de Chile, 1978), 157-163.

Breve estudio, bien documentado. En Chiloé hubo cuatro estatutos jurídicos diferentes para otros tantos grupos aborígenes que allí residieron. El tributo se paga en servicio personal hasta el siglo XVIII, pero a raíz de un levantamiento indígena a comienzos de esa centuria, se redujo la duración de nueve a seis meses de servicio. Por real cédula de 1º de octubre de 1780, se ordenó al virrey del Perú, Jáuregui, que a la mayor brevedad se extinguieran las encomiendas de Chiloé. El bando de extinción se publicó en las plazas de la provincia de Chiloé, el 26 de marzo de 1782.

Mis excusas si he olvidado o desconocido otras contribuciones valiosas en este campo tan bien estudiado.

APÉNDICE D

El concertaje en el Ecuador, 1860 y 1899

Fuera ya de los límites cronológicos de nuestro trabajo, nos resolvemos a incluir como apéndice algunas noticias sobre el concertaje en Ecuador, en 1860 y 1899, porque no dejan de tener relación con los antecedentes examinados. Al mismo tiempo son un buen ejemplo de cómo antiguos problemas coloniales repercutieron en la vida de las naciones hispanoamericanas después de su independencia política de España.

El *Código Civil* ecuatoriano promulgado en 1860, en el libro IV, tít. 26, párrafo 7, trata "Del arrendamiento de criados y trabajadores asalariados", en sus artículos 1978 a 1987.

El artículo 1980 ordena que *si no se hubiere determinado tiempo*, podrá cesar el servicio a voluntad de cualquiera de las partes; pero el criado o jornalero que no pudiere retirarse inopinadamente sin perjuicio del amo, permanezca en el servicio el tiempo necesario para ser reemplazado, o caso contrario, pagará al amo una cantidad equivalente al salario de *dos semanas*, salvo que contraviniere por causa grave.

Artículo 1982: si el trabajador *concertado por cierto tiempo* se retira sin causa grave, indemnizará los perjuicios al amo y estará obligado a continuar en el servicio. El amo que despida en caso análogo al trabajador, pague igual indemnización a más de la que corresponda al trabajo prestado, y una cantidad equivalente al servicio de *un mes* (en este caso la protección no es sólo para el amo sino también para el sirviente; mas en uno y otro de los supuestos, el concierto por cierto tiempo es obligatorio para ambas partes, salvo la causa grave).

Artículo 1984: será *causa grave* respecto del amo la ineptitud del criado o trabajador asalariado, la falta de honradez, la insubordinación y todo hábito vicioso que perjudique al servicio o turbe el orden doméstico; y respecto del criado o trabajador, el mal tratamiento del amo, el fraude o inexactitud en el pago del salario, la conducta inmoral del amo, de sus familiares o huéspedes, y cualquier conato de éstos para inducirle a un acto torpe o criminal. Toda enfermedad contagiosa del uno dará derecho al otro para poner fin al contrato. Tendrá igual derecho el amo si el criado o trabajador asalariado, por su propia culpa y por causa independiente del servicio, se inhabilitare para el trabajo por más de una semana. Pero si el trabajador adquiriese la enfermedad en el servicio, sin culpa de él o por causa del mismo trabajo, el amo estará obligado a asistirle y prestarle los auxilios necesarios para la curación. (El inciso 4 de este artículo aparecerá después en el documento de 1899.)

Artículo 1985: falleciendo el amo, subsiste el contrato con los herederos.

Artículo 1986: la persona a quien se presta el servicio será creída, afirmándolo con juramento, salvo prueba en contrario, primero, sobre el tanto del salario; segundo, sobre el pago de salarios devengados en el año corriente; tercero, sobre lo que haya dado a cuenta de trabajo en el último año; pero por los años precedentes, se creerá únicamente lo que fuere conforme con la liquidación anual, o, a falta de ésta, lo que afirme con juramento el criado o trabajador asalariado, salvo prueba en contrario.

Artículo 1987: también se observará lo que determinen los reglamentos especiales que expidiere el Gobierno.

En el Palacio Nacional, en Quito, a 12 de abril de 1899, El Presidente Constitucional de la República, Eloy Alfaro, con la firma del Ministro de lo Interior, Lino Cárdenas, dice en el Considerando, que la Constitución impone a los poderes públicos la obligación de proteger a la raza india, en orden a su mejoramiento en la vida social; que la misma Constitución prohíbe la esclavitud; que por abuso de algunos propietarios, el contrato de arrendamiento de servicios o concertaje se ha convertido en verdadera esclavitud. Y decreta, Artículo 1: que los documentos de concierto se otorgarán en la forma establecida en el artículo 1979 del Código Civil (se refiere al del año 1860, que manda poder contratarse el servicio por tiempo determinado, pero no podrá estipularse que dure más de un año, a menos que conste la estipulación por escrito autorizado por el juez de la parroquia. El arrendamiento hecho por toda la vida es nulo). Lo suscriban dos testigos y lo vise el jefe político del Cantón, ante quien el peón asalariado expresará su consentimiento sin apremio alguno. Artículo 2: la liquidación de cuentas sea anual, sin que el peón pueda renunciar este privilegio; el amo que falte a esta obligación no será creído en cuanto al cargo, sino que se estará a lo que afirme el concierto (es decir, el peón concertado) con juramento. Artículo 3: la liquidación de las cuentas se haga ante el juez y dos testigos. Los gastos corran de cuenta del amo. Artículo 4: al formar el cargo contra el concierto, se tomará en cuenta el valor de los socorros en especies a precio de plaza, correspondiente al tiempo en que fueron recibidos por el deudor; en ningún caso se le cargarán las especies dañadas, como carne de mortecinas, granos deteriorados, telas inservibles, etc. Artículo 5: la estipulación del salario es libre, pero debe ser proporcionado al trabajo y suficiente para la sustentación diaria del trabajador; en ningún caso bajará de *10 centavos por día*. Artículo 6: el amo sólo tendrá derecho a exigir los servicios del peón concierto; y nunca los de la esposa, hijos y parientes de éste, a no ser previa estipulación y pago de salario, por contrato separado, bien sea que se trate de faenas o de otros servicios transitorios, como los de *huasicama* (criada doméstica), lechera, etc. Artículo 7: se fija la edad de 60 años para los efectos del inciso 4 del artículo 1984 del Código Civil (se refiere a que si el trabajador quedare imposibilitado por largo servicio o en razón del mismo trabajo, el amo no podrá despedirlo y lo conservará dándole los recursos necesarios para su subsistencia). Artículo 8: si el concierto fuese actor en demanda sobre liquidación de cuentas, se sustanciará ante juez del domicilio del amo. Artículo 9: en todo fundo en que hubiere más de 20 indios adscritos a él, el amo estará obligado a hacer que concurran diariamente a la escuela más inmediata los indios niños hasta que cumplan 14 años. Si no hubiera escuela inmediata, el amo la establecerá gratuitamente en el mismo fundo. Artículo 10: siendo forzosa la enseñanza primaria, según la Ley de Instrucción Pública hasta 14 años, no podrá ningún menor otorgar documento de concierto antes de esa edad, ni aun con intervención de guardador legítimo. Artículo 11: prohíbese, de acuerdo con el artículo 23 de la Constitución, obligar a los indios a servir de pongos, alcaldes de doctrinas y fiscales, etc., a no ser que la autoridad eclesiástica que haya menester tales sirvientes estipule y pague previamente el salario. Artículo 12: reimprímase el parágrafo 7 del tít. 26, Libro IV del Código Civil (se refiere al arrendamiento de criados y trabajadores asalariados) y distribúyase entre los individuos de la raza india, juntamente con este decreto. Artículo 13: los gobernadores y jefes políticos quedan encargados del cumplimiento de este Reglamento; y el Ministro de lo Interior y Policía, de su promulgación.[212]

Notas

[1] Biblioteca Nacional. Madrid. Ms. 3116. Cit. por R. Vargas Ugarte, S. J., *Historia General del Perú. Virreinato (1689-1776)*. Lima, 1966, IV, 46.

[2] Cfr. Manuel Moreyra y Paz-Soldán y Guillermo Céspedes del Castillo, *Virreinato Peruano. Documentos para su Historia. Colección de Cartas de Virreyes. Conde de la Monclova. Tomo III. 1699-1705*. Lima, 1955. Doc. 313, pp. 235-236. AGI, Lima 408.

[3] *Ibid.*, Doc. 339, pp. 293-295. AGI, Lima 408. El editor M. M. P-S. explica que en una de las actas del Cuaderno de Juntas del Consulado de Lima, se dice que desde 1697 empezó a viciarse la contratación con el reino de México, introduciéndose en el del Perú, sin limitación, considerables cargamentos de ropa así de Castilla como de la China, pudiendo decirse sin ponderación que los intereses del comercio de México llegaron a representar las nueve décimas partes del movimiento comercial de Lima. Esta introducción ha continuado (no viene la fecha del acta) sin trabas y en tal forma que aún se venden intactos algunos géneros adquiridos en aquella Feria, sin que haya quien ofrezca por ellos la tercera parte de su valor, debido a que la abundante falsedad de los de la China ha destruido la duración y nobleza de los de Castilla.

En el mismo volumen se recogen documentos sobre la introducción del comercio francés en el Pacífico a comienzos del siglo XVIII, procedente en particular de Saint Malo.

[4] Ha sido publicada en la *Revista del Archivo de la Biblioteca Nacional*. Quito, Ecuador. Año I, Núm. 1 (1937), 86-100.

[5] *Ibid.*, pp. 91-93.

[6] *Loc. cit.*

[7] *Loc. cit.*

[8] *Ibid.*, p. 86 .

[9] *Ibid.*, pp. 87-88.

[10] *Ibid.*, p. 89.

[11] *Ibid.*, pp. 94-98.

[12] *Ibid.*, p. 99.

[13] Se conserva el texto en la Biblioteca Nacional. Madrid. Ms. 3122, fol. 91. R. Vargas Ugarte, *Historia General...* (1966), IV, 73-74, señala la fecha de entrada del nuevo virrey y dice que la Audiencia Gobernadora le entrega el 1º de junio de 1707 la Relación del estado del virreinato. No concuerda esta última fecha con la del documento citado.

[14] R. Vargas Ugarte, *op. cit.*, IV, 76.

[15] *Ibid.*, IV, 83.

[16] *Ibid.*, IV, 88.

[17] Biblioteca Nacional. Madrid. Ms. 20269/40. El documento carece de fecha expresa; se conserva en 5 hojas en copia de letra del siglo XVIII. Es de advertir que en el fol. 5 se mencionan los años de 1704 a 1712. Si, como lo señala Vargas Ugarte, el virrey falleció en 1710, no le llegaría a ser presentado este memorial preparado para él.

[18] R. Vargas Ugarte, *Historia General...* (1966), V, 329.

[19] *Ibid.*, IV, 98.

[20] *Ibid.*, IV, 99.

[21] *Ibid.*, IV, 108-110. Se cuenta con la obra de Pedro Peralta Barnuevo, *Imagen política del Gobierno de... D. Diego Ladrón de Guevara... virrey... del Perú*, etc., desde que entró a gobernar hasta el presente. Lima, 1714.

[22] Lima. Archivo Histórico de Hacienda, legajo 8, cuaderno 1.

[23] R. Vargas Ugarte, *Historia General...* (1966), IV, 114-118.

[24] Se conserva en copia en Academia de la Historia. Madrid. Colección Mata Linares, tomo 38.

[25] Biblioteca Nacional. Madrid. Ms. 19512, fol. 74. Catálogo de J. Paz, n. 99. No está fechado, pero habla de 144 años transcurridos desde la implantación de la mita por el virrey Toledo (1573-75), lo que permite situarlo hacia 1717-19.

[26] R. Vargas Ugarte, *Historia General...* (1966), IV, 121, 136.

[27] Biblioteca Nacional. Madrid. Ms. 19251, fol. 116.

[28] El documento se conserva en AGI, Charcas

275, signatura antigua 76-3-1. Ha sido publicado por R. Vargas Ugarte, S. J., *Pareceres jurídicos en asuntos de Indias*, Lima, 1951, pp. 168-183.

[29] Biblioteca Nacional. Madrid. Ms. 3107. También en Clements Library. Ann Arbor, Michigan. Ms. 3029. Phillipps Ms. Aquí sin foliar, consta de 250 números.

[30] AGN, Buenos Aires. Mita. Ordenanzas de Virreyes. Potosí. 1683-1774. 15-9-1 (a). Fols. 45-46v. El documento va rubricado: Múxica. No expresa quién lo da, pero en el índice del tomo aparece ser del virrey Marqués de Castelfuerte.

[31] John Carter Brown Library, Providence, Rhode Island. S 12 b. Caja I. Núm. 37.

[32] *Ibid.*, S 12 b. Caja I. Núm. 38.

[33] Lima. Archivo Histórico de Hacienda. Leg. 55, cuaderno 6, 26 págs. También en Biblioteca Nacional. Madrid. Ms. 6225, fols. 153-203. Papel 8 de "Materiales que yo iba..." (del Marqués de la Regalía). El documento parece ser de 1729. En enero de 1733 dicho oidor ya había sido promovido a la Audiencia de Lima y recibió pagos en 26 de enero y 11 de mayo de ese año, según constancias del Archivo de Hacienda. Lima. Salarios, lib. 570, fols. 104 y 105. Datos que debo, y agradezco, a Luis F. Muro Arias.

[34] Biblioteca Nacional. Madrid. Ms. 6225, fols. 74-81. Papel 5 de "Materiales que yo iba..." (del Marqués de la Regalía). No expresa fecha mas ha de ser entre 1728 y 30, como los otros pareceres dados en esa ocasión.

[35] Biblioteca Nacional. Madrid. Ms. 6225, fols. 82-105. Papel 6 de "Materiales que yo iba..." (Marqués de la Regalía).

[36] Biblioteca Nacional. Madrid. Ms. 6225, fols. 108-152. Papel 7 de "Materiales que yo iba..." (Marqués de la Regalía).

[37] Biblioteca Nacional. Madrid. Ms. 6225, fols. 204-233. Papel 9 de "Materiales que yo iba..." (Marqués de la Regalía).

[38] Biblioteca Nacional. Madrid. Ms. 6225, fols. 234-245. Papel 10 de "Materiales que yo iba..." (Marqués de la Regalía).

[39] R. Vargas Ugarte, *Historia General...* (1966), IV, 172.

[40] Cfr. R. Vargas Ugarte, *Historia General...* (1966), IV, 173, nota 7. Se apoya en documentos conservados en AGI, Charcas 735.

[41] Me proporcionó el texto de la cédula real enviada al virrey del Perú, el investigador D. Luis Felipe Muro Arias, a quien agradezco su atención. Procede del libro que lleva por título, *El Moralista Filaléthico Americano, o el Confesor Imparcial...*, Lima, 1819, del padre Joseph Matraya y Ricci, en el cual hay un Catálogo Cronológico de las pragmáticas, cédulas, decretos, órdenes y resoluciones reales generales, emanadas después de la publicación de la *Recopilación de Indias* de 1680. En esta parte se encuentra el resumen de la cédula de 1732, en la foja 305. Fue extractada del Archivo de la Secretaría del Virreinato de Lima, tomo 3, n. 19.

R. Vargas Ugarte, *Historia General...*, Lima, 1966, IV, 173, ofrece un breve resumen de esta cédula tomándola de la misma publicación de Matraya.

El texto de la cédula enviada a los Oficiales Reales de Potosí se halla en AGN, Buenos Aires. Mita. Ordenanzas de Virreyes. Potosí. 1683-1774. 15-9-1 (a). Fols. 177-180v. Es copia de su original que se halla en otro igual libro de esta Contaduría General de Tributos, según lo certifica en Lima, el 28 de febrero de 1785, Juan Joseph de Leuro. En este texto se indica, al fin del mismo, que se expide por mandato del rey, y viene la firma de D. Miguel Villanueva, y tres rúbricas. Al principio de la cédula se explica que en el Consejo de las Indias se han visto los votos originales que de real orden han dado los ministros de las Audiencias de Lima y Charcas sobre si se debían prohibir o mantener las mitas forzadas de indios para el beneficio de las minas de Potosí, con el informe que en este asunto ha hecho el virrey del Perú; y en inteligencia de ellos y de lo que ha consultado al rey el referido Consejo, teniendo presentes todos los antecedentes de esta dependencia, ha resuelto S. M., con reflexión a todo, el que *por ahora no se haga novedad en la continuación de las mitas*, encargando al virrey del Perú, no sólo la observación de las ordenanzas dispuestas por Toledo, así por el beneficio y labor de las minas de Potosí y demás que la tienen asignada, como para el mayor alivio de los indios que asistieren a ellas, para que le consignan, las trece disposiciones citadas en el texto. En la 1ª se explica que se relevan de la mita las provincias que se agregaron a las 16 que antes estaban afectas, por la grande distancia del cerro de Potosí. En la 2ª se incluyen los forasteros, pues no deben gozar éstos de mayor privilegio que los naturales, sólo por haber desamparado sus tierras. En la 5ª se estima que el jornal que se da a los mitayos de *4 reales de plata por cada día* que trabajan en las minas, es competente. En la 11ª, que no se admita dispensación en este punto (de la prohibición del rescate del mitayo por dinero) por los graves inconvenientes que se han experimentado de lo contrario. En la 12ª se explica que, a fin de que los indios en la paga de lo que (les) adeudaren por sus jornales y demás que devengaren no experimenten el más leve perjuicio por no poder ser pagados por los mineros como hasta aquí por la imposibilidad de poder cumplir éstos por no tener caudal efectivo para ello, es voluntad del rey que, en adelante, se supla y pague del caudal de esas cajas reales de Potosí y de otras inmediatas, a cada legítimo y verdadero minero, lo que sea necesario para los jornales y el viático de sus contingentes, llevando cuenta particular los oficiales reales con cada uno, y cobrando lo suplido cuando lleven a quintar sus platas, como se hace con los azogues que se les reparten, por cuyo medio conseguirán alivio los mineros y el indio tomará sin fraude su íntegro jornal y comprará libremente a precios moderados los géneros que necesitare. En la 13ª se faculta al virrey para que nombre un ministro de la Audiencia de Lima o de la de Charcas "u otro de más acreditado celo que por tiempo de dos años invigile sobre la exacta observancia de lo expresado, substituyéndose por turno cada dos de los referidos años los ministros de dichas audiencias o los que se nombraren..." Obedeciendo las órdenes que sobre punto de tal gravedad dieren a los oficiales reales de Potosí el virrey del Perú y la Audiencia de Charcas, dichos oficiales darán cuenta a S. M. en las primeras ocasiones que se ofrezcan.

La cédula a los Oficiales de la Real Hacienda de la Villa de Potosí, de 22 de octubre de 1732, dada en Sevilla, ha sido recogida también en la Colección Mata Linares, t. 69, fol. 19.

[42] AGN, Buenos Aires. Mita de Potosí. Ordenanzas de Virreyes, 1683-1774. 15-9-1 (a), fols. 47-49.

[43] La primera edición data de 1872. Otra edición en Biblioteca Boliviana. Núm. 3. Publicaciones del Ministerio de Educación, Bellas Artes y Asuntos Indígenas. La Paz, Bolivia, 1939. El esfuerzo editorial más completo es el de Lewis Hanke y Gunnar Mendoza, *Historia de la Villa Imperial de Potosí*, por Bartolomé Arzáns de Orsúa y Vela. Providence, Rhode Island, Brown University Press, 1965. En el Prólogo de Hanke, pp. LXXIII-LXXVII, viene un análisis de la "Actitud hacia los Indios", que es favorable hacia ellos en el autor de la crónica. También trata de los males que se les siguen de la mita y la tiranía de españoles y peruanos para con ellos. Mas el autor de la crónica se plantea el dilema entre la calamidad de los indios y la pérdida de las minas. Tiene presentes tantas cédulas reales dadas en favor de estos pobres naturales, pero todo es al contrario por la fuerza del interés. Ver también, en esa edición de la *Historia*, la nota sobre la mita en t. II, pp. 253-254.

[44] Biblioteca Nacional. Madrid. Ms. 3107. Fechada en Lima el 14 de enero de 1736, hay copia de la Relación, en 192 hojas, en Spanish Mss. 105. Rich 70. Public Library. New York. Se encuentra publicada en *Memorias de los Virreyes que han gobernado el Perú*... Lima, Librería Central de Felipe Bailly, 1859, t. III, p. 169 y ss., en lo que toca a la mita de Potosí. Y resumen en R. Vargas Ugarte, *Historia General*... (1966), IV, 171, 174.

[45] R. Vargas Ugarte, *Historia General*... (1966), IV, 192, 214.

[46] Se encuentra este texto en la John Carter Brown Library. Providence, Rhode Island, S 12 b. Caja II. Núm. 51. 4 hojas, tres de ellas impresas.

[47] AGNBA, Potosí. Ordenanzas de virreyes y mita, 1683-1774. Signatura: 15-9-1 (a). División Colonial. Sección Gobierno. Fol. 5. "Auto de Real Acuerdo de 13 de septiembre de 1742 para que no se ajusten las cuentas de los corregidores que mitan a Potosí sin que hágase constando primero haber cumplido con la remisión de dicha mita."

[48] Sobre el hallazgo de la veta, cfr. J. Basadre, *El Conde de Lemos*... (Lima, 1948), p. 161.

[49] Los datos apuntados proceden de la Biblioteca Nacional. Madrid. Ms. 6225. (Catálogo de Julián Paz, núm. 1290, que menciona los pareceres reunidos por Regalía).

[50] Biblioteca Nacional. Madrid. Ms. 3107. La copia en Spanish Mss. 106. Rich 86. Public Library, New York, consta de 350 hojas.

[51] R. Vargas Ugarte, *Historia General del Perú*... (Lima, 1966), IV, 263.

[52] *Ibid.*, IV, 214. Sobre el juicio de residencia, menciona el expediente conservado en AGI, Lima 818.

[53] Biblioteca Nacional. México. Ms. 371. Fol. 57.

[54] R. Vargas Ugarte, *Historia General del Perú*... (Lima, 1966), IV, 269, 270.

[55] Se conserva un ejemplar en la Biblioteca Nacional de Madrid, B. U. 3935-8. Hay, además, en ese establecimiento, Ms. 3072, un "Discurso" por los mismos autores, datado del año de 1749, en 343 hojas, del que hace mención J. Paz, *Catálogo*, n. 1295. Arthur P. Whitaker hace notar que la expedición de los autores en el Perú duró de 1736 a 1744. A pesar de que la "Relación" lleva el nombre de ambos, estima que fue escrita por Ulloa y que Juan sólo redactó la parte técnica del trabajo científico de la misión. El "Discurso" de 1749, escrito en colaboración con Jorge Juan, tenía un carácter confidencial y fue publicado mucho después con algunas alteraciones bajo el título de *Noticias secretas de América*, en Londres, en 1826, por David Barry. Cfr. *The Huancavelica Mercury Mine. A Contribution to the History of the Bourbon Renaissance in the Spanish Empire*, Cambridge, Mss., Harvard University Press, 1941, p. 33 y notas correspondientes. A. P. Whitaker dedicó al tema otros estudios substanciosos: "Jorge Juan and Antonio de Ulloa's Prologue to their Secret Report of 1749 on Peru, with Introduction", *The Hispanic American Historical Review*, vol. XVIII, Nº 4 (November, 1938), 507-513. Los autores de las Noticias Secretas habían recibido orden del Marqués de la Ensenada, para que "atendiendo su obra en la parte que se hubiese de publicar, todas aquellas cosas útiles al común de las gentes en lo tocante a Historia Natural, Moral y Política en general, quedasen reservados los particulares asuntos que contendrá este tratado para secreta instrucción de los Ministros, y de aquellos que habían de saberlas, no para que fuese objeto de la detracción lo que debe serlo de cuidado y de la conmiseración, sino antes bien para cuidar incesantemente de los medios con que se llegue al tan deseado fin de reformar y mejorar del todo aquellos países... Estas *materias reservadas* son las que contiene la presente obra, dividida en 12 Capítulos con la prevención de haber de quedar su noticia para el solo fin que va expresado, debiéndose temer de lo contrario, sucediesen con su divulgación los daños que con las representaciones del Obispo de Chiapa, que tanto descrédito han causado para con los extranjeros al común de toda la Nación Española, cuando los excesos inevitables de los súbditos y más cuando están distantes de sus Príncipes, los hacen y creen generales y característicos a todos los demás..." Otro estudio de Whitaker lleva por título: "Some Remarks on the Noticias Secretas de América", Reprinted from *Proceedings of the First Convention of the Inter-American Bibliographical and Library Association*, Washington, D. C., February 18-19, 1938, pp. 219-230: "the evils of the colonial regime in Peru", "the report is presumably reliable", "the secret report is authentic... Barry... did not make any change which would increase the severity of the original indictment". Whitaker cita otro artículo suyo "Antonio de Ulloa", HAHR, XV (1935),

173, n. 42. Con posterioridad, Ricardo Donoso, *Fuentes Documentales para la Historia de la Independencia de América*, I, *Misión de Investigación en los Archivos Europeos*, México, D. F., Comisión de Historia del Instituto Panamericano de Geografía e Historia, 1960, p. 108, dio cuenta de haber hallado en el Museo Naval de Madrid, un manuscrito del "Discurso y reflexiones políticas sobre el estado presente de los Reinos del Perú. Su gobierno, régimen particular de aquellos habitantes y abusos que se han introducido en uno y otro. Dase individual noticia de las causales de su origen y se proponen algunos medios para evitarlos. Escritas de orden del Rey nuestro señor, por don Jorge Juan y don Antonio de Ulloa. Año 1749. Documento 28. Ms. 468. Es copia de las *Noticias Secretas de América*, publicadas en Londres en 1826 por don David Barry. Otra copia con el título de *Memorias sobre el Perú y Chile*, por don Antonio de Ulloa, en el volumen 483". Por último, el propio R. Donoso, en su documentado artículo, "Autenticidad de las Noticias Secretas de América", publicado en *Revista de Historia de América*, 44 (México, D. F., diciembre de 1957), 279-303, dio cuenta de la controversia suscitada por la aparición de las *Noticias*, con la pertinente bibliografía, y publicó documentos procedentes del Archivo de Simancas, Estado, legajos 8190 y 8191, que arrojaron luz meridiana sobre el origen del manuscrito que sirvió de base para la publicación londinense.

El cotejo entre el "Discurso" original y la edición de Londres ha sido recomendado varias veces, pero no tengo conocimiento de que se haya realizado completamente.

No cuento con anotaciones del "Discurso' original.

[56] R. Vargas Ugarte, *Historia General del Perú...* (Lima, 1966), IV, 235, comenta acertadamente que respecto a la mita, las reflexiones de Juan y Ulloa se limitan a la de las haciendas, estancias, guardas de rebaños y obrajes, y la paga reducida de 18 pesos al año, de donde hay que descontar 8 pesos del tributo. De la mita de minas apenas hacen mención. Vargas Ugarte estima que este último servicio se redujo considerablemente en el siglo XVIII, "así por la disminución de los indios como por el empobrecimiento de las vetas en algunos centros mineros. En otros se trabajaba con indios alquilados y, por tanto, se prescindía de la mita, y aun allí donde estaba entablada, muchas veces preferían los mineros, por la cuenta que les traía, que los indios se rescatasen con dinero. Finalmente, las condiciones de trabajo en algunos asientos, como en Huancavelica, habían mejorado notablemente y, por lo mismo, no se hacía tan pesado, aun cuando las vejaciones que se les inferían a menudo, el retenerles la paga convenida y el no abonarles el viaje de ida y vuelta no llegaron a mudar del todo su fisonomía".

[57] AGNBA, Mita. Ordenanzas de Virreyes. Potosí, 1683-1774. 15-9-1 (a). Son 246 folios. La cédula arriba citada va en los fols. 181-183v. No conservo anotaciones relativas a su cumplimiento.

[58] José Torre Revello me había indicado que los Originales, 68 y 2 fojas, se conservan en AGI, Audiencia de Lima 1623. El extracto que ofrezco en el texto sigue el Ms. 2819 de la Biblioteca de Palacio. Madrid. Fols. 270-305. T. 4, que se intitula: "Medios que propone para el restablecimiento y subsistencia de Yndios del Perú con particularidad los que hacen el servicio de las minas... D. Pedro de León y Escandón... Madrid, 1750". El autor del Dictamen ofrece datos generales sobre los abusos y una narración muy detallada de la numeración que efectuó el Duque de la Palata. Pide que se cumplan las leyes y ordenanzas para el aumento de la mita y el florecimiento de los minerales.

[59] Harvard University. Mss. (c) Spanish. SA 330.01 F. Son 4 volúmenes de papeles eclesiásticos, del Perú principalmente. En el vol. II, p. 41, "Recíbese el breve sobre el trabajo en días festivos"; solamente figura el aviso de recepción sin el breve.

[60] Biblioteca de Palacio. Madrid. Tomo VI. Miscelánea. Ms. 2821, fol. 287. Está fechado en Madrid, el año dicho de 1752.

[61] Hacia 1757 o 1761 había dado fin al primer tomo de sus *Memorias Histórico-Físicas-Apologéticas de la América Meridional*. Lo presentó al Consejo de Indias para obtener el permiso de impresión, que no le fue concedido. Ese tomo se refería a la minería en la América del Sur, el segundo a la botánica. El tercero y el cuarto, los que al parecer no llegó a redactar, se ocuparían del reino animal y de la descripción de los grandes ríos. El tomo I fue publicado, por diligencias de Ricardo Palma, en Lima, en 1904. El Preliminar y las Cartas que precedían al tomo I de las *Memorias* se imprimieron en Cádiz en 1758, y reimprimieron en la misma ciudad, en 1759.

Llano Zapata hacía en ese tomo la defensa del indio, en quien veía la misma disposición que la de cualquier otro hombre para aprender y practicar las ciencias y artes. "Las ignorancias, escribía, que por lo común se advierten en los indios, no son defectos de su capacidad, sino falta de cultura". Recordaba los nombres de indios literatos conocidos en el Perú y de clérigos indígenas peruanos, "que son teólogos, moralistas y jurisconsultos". Según Llano Zapata, la defensa que hacía del indígena americano desmentía a escritores y viajeros extranjeros, que acusaban a los españoles de mantener en la ignorancia a los naturales de América.

Sin embargo, es de tener presente que cuando la Real Academia de la Historia de Madrid, por encargo del Consejo de Indias, opinó sobre si era o no conveniente la publicación de la obra, emitió parecer favorable con la salvedad de que el autor debía variar algunas expresiones al referirse a fray Bartolomé de las Casas. No obstante este parecer, el Fiscal del Consejo indiano, en informe de 28 de julio de 1763, así como el marino Jorge Juan en carta de 29 de septiembre de 1762, opinaron que no convenía hacer la impresión, y fue el dictamen que a su vez adoptó el Consejo en 19 de agosto de 1763.

Cfr. José Torres Revello, "Noticia sobre José Eusebio de Llano Zapata", *Revista de Historia de América*, 13 (México, diciembre de 1941), pp. 13-18, 37-39. Asimismo (Ricardo Donoso, *Un letrado del siglo XVIII, el doctor José Perfecto de Salas,* Universidad de Buenos Aires, Facultad de Filosofía y Letras, Instituto de Investigaciones Históricas, 1963, 2 vols., I, 250-251. El dictamen de la Academia figura en José Toribio Medina, *Biblioteca Hispano Americana,* IV, 540, y los dos autores acabados de citar transcriben el párrafo fundamental.

Llano Zapata, en carta que escribe en Cádiz, el 25 de junio de 1758, al Marqués de Villa Orellana, Gobernador de Armas del Reino de Quito, le dice que: "Todas mis ideas las encamino a un solo fin: éste es que se funde en Lima un Seminario de sacerdotes indios misioneros y un Colegio de mineros españoles americanos. Sobran por allá fondos para uno y otro." Cit. por J. Torre Revello, en el mismo artículo, p. 21, nota 28.

[62] Sigo el texto conservado en Biblioteca Nacional. Madrid. Ms. 3108. En el folio 331 y ss. va la adición que el mismo Conde hizo a su Relación. El tomo consta en total de 388 folios. Entre los folios 106 y 107 se encuentran cuadros estadísticos de indios de gran valor para saber el número de caciques, forasteros, originarios, reservados, muchachos, mujeres, de lo cual trataremos adelante. La Relación del Conde de Superunda, desde el 9 de julio de 1745 hasta el fin del mismo mes en 1756, se conserva también en 178 hojas, en Spanish Mss. 108. Rich 84. Public Library. New York. Y allá mismo, Mss. 107. Rich 85. Asimismo en Clements Library. Ann Arbor. Phillipps Ms. 14121, se halla en copia del siglo XVIII, 274 más 56 folios, con índice, la "Relación que escribe el Conde de Superunda, virrey de el Perú, de los principales sucesos de su Govierno. Primera parte: 9 de julio de 1745 a fin de julio de 1756. Segunda parte: 1 de agosto de 1756 a 12 de octubre de 1761".

[63] R. Vargas Ugarte, *Historia General del Perú...* (Lima, 1966), IV, 269, anota que el 1º de octubre de 1753 zarpó del Callao el barco La Rosa con 5,000 quintales de azogue para México y 500 para Guatemala; y se hicieron envíos por cantidad igual en 1755.

[64] De esto trata con detalle R. Vargas Ugarte, *op. cit.,* IV, 242-248.

[65] *C. D. I. para la Historia de Hispano-América,* V. 182. n. 762. AY, Libro 42, fol. 5v. 139-1-16. No conservo anotación del contenido.

[66] R. Vargas Ugarte, *op. cit.,* IV, 297. Utiliza documento conservado en su Colección de Manuscritos, 32.

[67] AGNBA, Mita. Ordenanzas de Virreyes. Potosí, 1683-1774. 15-9-1 (a. Son 246 folios. El Decreto de Amat va en los folios 184-185v.

[68] *Ibid.,* fols. 197-203.

[69] *Ibid.,* fols. 245-246v. Cabe comparar esa "Instrucción metódica...", propia de la administración borbónica reformista, con "Las ordenanzas de tributos en Nueva España en 1770", que publicó el suscrito en la *Memoria de El Colegio Nacional,* Tomo VII, Núm. 2 (México, D. F., año de 1971), pp. 27-37.

[70] Library of Congress. Washington, D. C. Manuscripts. America-Spanish Colonies. Reales Cédulas, 1508-1807. 2 vols. La cédula a que nos referimos va en el tomo primero, fol. 395.

[71] AGI, Charcas 76-3-1. Cit. por R. Vargas Ugarte, *Historia General del Perú...* (Lima, 1966), IV, 173, nota 7.

[72] Ms. en la Biblioteca Nacional de Lima, 287 folios. Cfr. R. Vargas Ugarte, *Manuscritos peruanos de la Biblioteca Nacional de Lima,* Lima, 1940, p. 71, n. 827-0043. Otro ejemplar en Biblioteca de Palacio. Madrid. Ms. 2543. Colección Ayala.

[73] Se conserva en Biblioteca Nacional. Madrid. Ms. 19568. Ulloa embarca en el Callao con dirección a La Habana en octubre o noviembre de 1764. Cfr. *Memoria* impresa del virrey Amat, p. CV del Estudio preliminar.

[74] Vicente Rodríguez Casado, "Huancavelica en el siglo XVIII", *Revista de Indias,* Año II, Núm. 5 (Madrid, 1941), pp. 83-92.

[75] Sobre el trabajo en la mina de Huancavelica en estos años, véase también Arthur P. Whitaker, "Antonio de Ulloa", *The Hispanic American Historical Review,* vol. 15, n. 2, p. 180 y ss. El mismo autor trata de la mejoría en la salubridad y condición de los mitayos después de las obras de los socavones, en su libro *The Huancavelica Mercury Mine. A Contribution to the History of the Bourbon Renaissance in the Spanish Empire,* Cambridge, Mass., Harvard University Press, 1941, pp. 27-28 y 49: se basa en informes redactados en el período dieciochesco que estudia.

[76] Se conserva ejemplar en la Biblioteca Nacional. Madrid. B. U. 6108.

[77] El documento se hallaba en la Biblioteca Nacional de Lima, antes del gran incendio que sufrió en la primera mitad del siglo XX. Fue afortunadamente publicado en la *Colección de Libros y Documentos referentes a la Historia del Perú,* por Horacio H. Urteaga y Carlos A. Romero. Lima, 1917. Tomo IV, pp. 161-204. En el papel citado, n. 95, p. 177, dice Del Hoyo que ha 24 años que es cura.

[78] Biblioteca Nacional. Madrid. Mss. 3110 y 3111, y también en Mss. 3112 y 3113. J. Paz, *Catálogo,* n. 1302. Ha sido objeto de una amplia publicación bajo el título, *Memoria de Gobierno del Virrey Amat (1761-1776),* por Vicente Rodríguez Casado y Florentino Pérez Embid, Sevilla, 1947. (Publicaciones de la Escuela de Estudios Hispano-Americanos de Sevilla, Nº XXI.) Siguen el texto conservado en Biblioteca de Palacio. Madrid. Dos tomos con 139 y 206 fs. Cfr. Jesús Domínguez Bordona, *Catálogo de la Biblioteca de Palacio. Tomo IX. Manuscritos de América.* Madrid, 1925, núms. 483-4. Super libris moderno de la Biblioteca, 195-196. Hay copia también de la "Relación" en la Biblioteca Nacional. México. Ms. XV-2-49.

En la obra de Ricardo Donoso, *Un letrado del siglo XVIII, el doctor José Perfecto de Salas,* Universidad de Buenos Aires, Facultad de Filosofía y Letras, Instituto de Investigaciones Históricas, 1963, 2 vols., I, 243-246, se encuentran útiles precisiones sobre la *Memoria* de Amat. Estima que Salas inició la redacción de ese documento, pero que el autor de la Memoria y de su prólogo lo fue el Dr. D. Miguel Feijóo de Sosa, contador jubilado del Tribunal Mayor de Cuentas del Perú, quien habría redactado dicho prólogo para instrucción del Visitador Areche. No figura en la edición de Sevilla, 1947, pero se publicó en la *Revista Chilena de Historia y Geografía*, núm. 117, primer semestre de 1951. Donoso menciona también el estudio de Guillermo Lohmann Villena, "La Memoria de Gobierno de don Manuel de Amat y Junyent", publicado en la *Revista Chilena de Historia y Geografía*, núm. 127 (1959).

Destaca Donoso el párrafo que figura en el Prólogo de la *Memoria* sobre las vejaciones que sufren los indios en los obrajes, en los que se hace ropa ordinaria y son unas cárceles que tienen particulares vecinos y también corregidores, donde se ve oprimida la inocencia y la libertad de esos indios, con tal rigor de esclavitud que toda la vida pasan estos miserables en una imponderable servidumbre. No se ha dado cumplimiento a la real cédula de 24 de noviembre de 1605, párrafo 2, para que los indios no trabajen en obrajes de españoles (I, 230).

[79] Recoge estas noticias Ricardo Levene, *Ensayo histórico sobre la Revolución de Mayo y Mariano Moreno*. Buenos Aires, Facultad de Derecho y Ciencias Sociales, 1ª edic., 1920-1921, 2 vols. (2ª edic., 1925, 3 vols.). Vol. I, p. 81 y nota 1. La memoria de Haedo se conserva en AGNBA, Gobierno Colonial, Potosí, 1762 a 1777.

Levene explica así las distintas denominaciones de indios: los más antiguos yanaconas de Potosí, empadronados, casados y domiciliados en la Villa y sus descendientes se llamaron *criollos*. Los vagos y forasteros sin domicilio, *yanaconas de la Corona*. Y los que se agregaron a las haciendas de españoles, *yanaconas de chacras*.

[80] Cfr. Luis Antonio Eguiguren, *Guerra separatista del Perú (1777-1780). Los precursores de Tupa Amaro*. Lima, 1942, p. 83. Cit. en *The Hispanic American Historical Review*, Vol. XXIV, Nº 3 (agosto, 1944), p. 510. *Infra*, p. 200, nota 92.

[81] "Silver production and the economic crisis of the viceroyalty of Perú, 1776-1821", *Atti del XL Congresso Internazionale degli Americanisti* (Estratto). Roma-Genova, 3-10 Settembre 1972. Tilgher, Genova, pp. 337-345. Veo mención de otras dos contribuciones de John R. Fisher, *Government and Society in Colonial Peru*, London, 1970. Y "Silver Production in the Viceroyalty of Peru, 1776-1824", *The Hispanic American Historical Review*, 55, n. 1 (Febr., 1975), 25-43, que coincide substancialmente en la cronología con la primera presentación citada. En el apéndice de este último estudio ofrece un valioso cuadro de la producción de plata registrada en el virreinato del Perú de 1771 a 1824 por cada caja, con cifras en marcos y onzas, incluyendo Lima, Trujillo, Pasco, Jauja, Arica, Huamanga, Arequipa, Caylloma y Puno, con un total de 19.902,421.2. El autor concluye que la separación del Alto Perú en 1776 fue seguida, no por una declinación en la industria minera del antiguo virreinato, sino por un alza en la producción de plata registrada que va de apenas 246,000 marcos en 1777 a más de 500,000 en 1792. Llega a 637,000 marcos hacia 1799. En el período de 1792-1805, el registro anual fue de más del doble de la cifra de 1777, y después de una recesión temporal en 1806-

1807, vuelve a alcanzar un alto nivel en 1808-1809. El año siguiente de 1810 fue relativamente pobre y desde 1812 baja la producción con la excepción de los resultados favorables de 1820 (p. 27).

En lo que respecta a la mano de obra, observa que en 1799 era de casi 9,000 operarios o sea 1 de 126 de la población total, frente a 1 de 200 estimada por Humboldt en Nueva España (AGI, Lima 1357) y *Ensayo Político*, México, 1966, p. 48.

Las comunidades indias en algunas áreas daban servicio de mita en Potosí y Huancavelica, o conmutación en plata, pero la minería de plata en el Bajo Perú dependía básicamente de trabajadores voluntarios, excepto en casos especiales como la apertura del socavón Yanacancha en el Cerro de Pasco (p. 41).

[82] "La saca de mulas de Salta al Perú, 1778-1808", sobretiro del *Anuario del Instituto de Investigaciones Históricas*, 8 (Rosario, Rep. Argentina, Universidad Nacional del Litoral), pp. 261-312. Existe otro estudio de Nicolás Sánchez Albornoz, sobre "La extracción de mulas de Jujuy al Perú. Fuentes, volumen y negociantes", en *Estudios de Historia Social*, I (Buenos Aires, 1965), 107-120: van 6,000 cabezas de 1768 a 1779 y 5,000 de 1780 a 1789. Recordemos también el minucioso tratamiento de este comercio en el *Lazarillo de ciegos caminantes (1776)*, de D. Alonso Carrió de la Bandera (que apareció bajo el nombre de Concolorcorvo). Edic. de la Biblioteca de Autores Españoles, Madrid, 1959, con prólogo de J. J. Real Díaz. Y en francés, *Itinéraire de Buenos Aires à Lima*, con prólogo de Marcel Bataillon, París, 1961 (Travaux et Mémoires de l'Institut des Hautes Études de l'Amérique Latine, VIII), capítulos VI y VII, pp. 88-119. Sobre épocas anteriores, véase Estela B. Toledo, "El comercio de mulas en Salta, 1657-1698", en *Demografía retrospectiva e historia económica. Anuario del Instituto de Investigaciones Históricas*, 6 (Rosario, Argentina, 1962-63), 165-190. Carlos Sempat Assadourian, "Potosí y el crecimiento económico de Córdoba en los siglos XVI y XVII", *Cuadernos de Historia Social y Económica*. Serie Estudios Monográficos Nº 8 (1971), edición en mimeógrafo. Universidad Católica de Chile. Instituto de Historia. Departamento de Historia Económica y Social de América Latina: en la última década del siglo XVI, Córdoba envía ganado en pie hacia Potosí y sebo al Brasil. En el quinquenio 1596-1600, se venden 7,050 cabezas de vacunos y bueyes con destino a Potosí. En el quinquenio 1641-45, salen 42,626 vacunos. Y en el quinquenio 1681-85, 69,027 vacunos. Sin indicación del año, se encuentra también que el portugués Diego López de Lisboa saca 19,000 ovejas para llevar a Potosí. También se envían mulas que pueden llegar a 3 o 4,000 cabezas. De 1610 a 1645 se registra la salida de mulas de Córdoba a Potosí, que oscila de 5,000 a 35,000 por quinquenio (p. 12). Más de 53,000 salen en el quinquenio 1681-85, y 65,000 en el quinquenio 1691-1695. El autor calcula, después de 1630, una salida anual aproximada de 12,000 mulas. Entre 1650-60, la salida anual es de 20,000. Decae en la primera

mitad del siglo xviii. Encuentra (p. 14) que el precio de las mulas que salen de Córdoba baja entre 1620 y 1700. Otras regiones exportadoras de mulas al mercado altoperuano son las de Buenos Aires, Santa Fe y Chile.

[83] Biblioteca Nacional. Madrid. Ms. 3114. Existe también en 200 hojas, en Spanish Mss. 109. Rich 72. Public Library. New York. El juicio de residencia del virrey Manuel de Guirior se conserva en Archivo Histórico Nacional, Madrid. Estado, legajo 20344, Quaderno I, 414 ff., y ss. Véanse los extractos que ofrece C. D. Valcárcel, *Fuentes...*, Caracas, 1974, pp. 213-226. Las relaciones del virrey Guirior con el visitador José Antonio de Areche fueron difíciles como puede verse en los extractos de Valcárcel, *op. cit.*, pp. 375, 409. Areche es obligado al pago de indemnización por daños y perjuicios que infirió al ex virrey Guirior, según documento fechado en Madrid, el 27 de mayo de 1789. AGI, Audiencia de Lima, leg. 780.

[84] Rubén Vargas Ugarte, *Historia General del Perú. Postrimerías del Poder Español (1776-1815)*. Lima, 1966, V. 13 y ss., ofrece noticias sobre la administración de D. Manuel Guirior, que conviene tener presentes como complemento de las resumidas en nuestro texto. La Universidad lo recibió el 13 de julio de 1778, y el Rector D. Joaquín Bouso Varela, aludiendo al gobierno del virrey Amat, comentó: "La serenidad de la frente no está reñida con el vigor del alma... ¿los nublados del rostro no suelen ser pronósticos del encogimiento del espíritu?...". Se ordenó extender la tributación a mestizos, cholos y otras castas de gente libre, a razón de *20 reales* al año (p. 22). En 14 de junio de 1777 llega a Lima el Visitador D. José Antonio de Areche, para mejorar el estado de la hacienda pública e incrementar las rentas reales. En carta que escribe a D. Fernando Mangino, Superintendente General de Real Hacienda en México, desde Lima, el 17 de diciembre de 1777 (Academia de la Historia. Madrid, 11-2-8), le dice del Perú (p. 29): "Esta tierra no tiene comparación con la de Nueva España en cosa alguna. Ahí hay en lo general justicia; aquí hay tiranías comunes. Ahí toman los indios lo que les conviene; aquí lo que el Corregidor les reparte. Ahí es en compra libre lo que se toma; aquí es en *venta forzada* de parte del que recibe lo que se le da; y esto tiene a las provincias cerca de dar un estallido... La falta de jueces de rectitud, *las mitas de indios* y el comercio provincial tienen cadáver a esta América. Los Corregidores no tratan de otra cosa que de sus intereses...". Las numeraciones de indios tributarios no se hacían de 5 en 5 años, como en Nueva España, y las había de 20 a 114 años. De los contribuyentes había indios originarios con tierras y sin tierras, forasteros sin ellas y con ellas, y mostrencos, y todos pagaban diferente tributo. Areche condenó la mita y los repartimientos de los Corregidores y el desorden en la cobranza de los tributos por falta de padrones y de datos exactos (p. 30). Esta visita concluye en 1783 y la continúa —como adelante veremos— D. Jorge de Escobedo (p. 32). Se cuenta con el estudio de V. Palacio Atard, *Areche y Guirior. Observaciones sobre el fracaso de una Visita al Perú*, Sevilla, 1946.

Areche pasó a Huancavelica en 1778 y dejó en el Gobierno a uno de sus subordinados, D. Antonio Boeto (p. 33). En 1779 se sustituyó el Gremio de Mineros por un solo Asentista, el minero Nicolás de Saravia y Molinedo, quien ofreció entregar 6,000 quintales cada año a 45 pesos el quintal y dejar construidos 100 hornos de fundir. El asiento sería por diez años. El precio del quintal de azogue era antes de 72 pesos y al pie de la mina de Potosí, de 79; ahora sería aquí de 55. Saravia no pudo cumplir, falleció en 1780 y dejó socavados los estribos de la mina, dando ocasión al desplome de los socavones.

Vargas Ugarte comenta (p. 33): "La prosperidad del mineral tocaba a su fin, una ligera mejoría advertiremos en él, pero sólo como prenuncio de su ruina definitiva."

En el *Lazarillo de ciegos caminantes (1776)*, que hemos citado *supra*, p. 68, nota 82, hay descripciones de, entre otros lugares, Potosí y Huancavelica, que visitó el autor D. Alonso Carrió de la Bandera entre 1771 y 1773, caps. XI y XXIII, pp. 146 y 251, de la edición prologada por M. Bataillon. Las minas potosinas trabajadas por *3,500 indios* han decaído y se explotan las descubiertas en la provincia de Chichas, Porco y otras. En el cap. XV, p. 176, menciona a los mitayos que se reúnen en Pacages para ir a Potosí, con sus familias, gastando en la feria su leguaje: en su trayecto causan daños semejantes a los de las langostas. En el cap. XVII, p. 199, y en el XVIII, p. 208, defiende a los españoles de las acusaciones por los repartimientos de los corregidores (él lo había sido por cinco años entre 1750 y 1757 en la provincia de Chilques y Masques), servicios de indios sin paga o reducido salario, y en los obrajes (del Cuzco). Dada la índole de su empleo, el autor hace observaciones sobre los caminos y postas. Conocía el virreinato de México, por lo cual establece comparaciones frecuentes con el del Perú. Es partidario del reemplazo de las lenguas indígenas por la española, pp. 215-219.

Valioso apunte bibliográfico sobre el *Lazarillo* se encuentra en la obra de Ricardo Donoso, *Un letrado del siglo XVIII, el doctor José Perfecto de Salas*, Universidad de Buenos Aires, Facultad de Filosofía y Letras, Instituto de Investigaciones Históricas, 1963, 2 vols., I, 231-234.

Se cuenta en 1780 con la obra de Gregorio de Cangas, Coronel de Artillería y Tesorero Oficial Real de la Caja de la Ciudad de Trujillo, que lleva por título: Compendio Histórico Geográfico Genealógico y Político de el Reyno del Perú. Dibición por mayor de la América Meridional. Descripción en diálogo de la Ciudad de Lima, su comercio, fuerzas, aves, flores, ríos, temperamento, enfermedades y plagas que padece. Las provincias de todo el Reyno, con las Ciudades, Villas, Pueblos y Haziendas que las comprehenden, las distancias hasta la Capital de Lima, con los frutos, tratos y comercios de cada jurisdicción, el cuerpo general de los Yndios, Tributarios, reservados Jóvenes, Mujeres y Caziques. Las Audiencias, Tribunales y Caxas

Reales del Reyno. Con el monto de la Alcavala de Tarifa de los Correxidores y lo que se satisfaze por sueldos y gastos en todo el Reyno. Los Arzobispados y Obispados, con las jurisdicciones de cada uno, los Curas y Sínodos que gozan. Los Conventos de Religiosos, Monasterios de Monjas, Beaterios y Colexios. La Serie de los Virreyes y Monarchia de los Yncas, con otras noticias particulares y dignas de memoria por su mérito. British Museum, Londres, Egerton, 1810, 178 ff. Cit. por C. D. Valcárcel, *Fuentes...*, Caracas, 1974, p. 145.

[85] Cfr. Jorge Basadre, *El Conde de Lemos y su tiempo*, Lima, 1948, p. 131.

[86] Publicado en *Revista Chilena*, VIII (1877), 204-234, mas no he logrado consultarlo.

[87] Cit. por Lewis Hanke, *The Imperial City of Potosí...*, La Haya, M. Nijhoff, 1956, p. 23. Juan del Pino Manrique fue autor también de una "Descripción de la Villa de Potosí" (1787), que figura en la *Colección de obras y documentos relativos a la Historia antigua y moderna de las provincias del Río de la Plata*, de Pedro de Angelis, edic. Buenos Aires, 1910, II, p. 13 y ss. Fue publicada bajo el título: *Descripción de la Villa de Potosí, y de los partidos sugetos a su intendencia*, Buenos Aires, 1836, mas no he tenido la oportunidad de consultarla. Sin embargo, adelante, p. 71 n. 100, tendremos ocasión de conocer mejor las opiniones de Pino Manrique comunicadas al Superintendente Subdelegado D. Francisco de Paula Sanz, en 1786. Veo asimismo mención de un escrito que José (parece una errata por Juan) del Pino Manrique dirige al virrey de Buenos Aires, Marqués de Loreto, sobre la situación del indio y las providencias aconsejables para mejorar su situación, firmado en Potosí el 16 de octubre de 1784. Museo Británico, Londres. Egerton 1815, ff. 161-168. Cit. por C. D. Valcárcel, *Fuentes...*, Caracas, 1974, p. 165. En la misma obra, p. 347, se cita otro escrito de Juan del Pino Manrique al Ministro de Indias, José de Gálvez, despachado en Potosí el 16 de agosto de 1785, en 8 ff., AGI, Audiencia de Lima, leg. 601, en el que dice que atendiendo a mandato expreso de la Real Ordenanza de Intendentes, por la que se recomienda que los magistrados deben estar dispuestos al aumento de la agricultura, comercio, minería e industria, "objetos todos en que consiste la felicidad de los Pueblos", él ha visitado el Partido de Chichas y la villa de Tarija. Expone su opinión acerca de la "naturaleza de los Yndios que ocuparon aquel País, su conquista, la calidad de su feraz terreno, las causas de su actual pobreza, la del desorden, y mal éxito de las expediciones que se han hecho para ahuyentar los Yndios fronterizos, y los medios que considera oportunos para que sin sangre, ni gravamen de la Real Hacienda, se conquisten, ocupen y pueblen los Países colindantes, y se restrinja el de Tarija a la abundancia que le señala la naturaleza, y le ha defraudado un método de govierno nada consonante a el que él necesita". Figura en la *Colección* de Pedro de Angelis, *cit.*, III, 267.

[88] Ese visitador también escribió al Ministro de Indias, José de Gálvez, desde Lima, el 16 de enero de 1784, acerca de las propuestas del cabildo de la ciudad de Trujillo para levantár su decadente comercio de azúcar y petición de mayor número de esclavos en sus haciendas. La pobreza empezó al extinguirse el comercio con Panamá y por la competencia del azúcar de Brasil, traído por Buenos Aires. La ciudad de Trujillo, circundada por tres valles, los de Chimo, Chicama y Viru, tiene 38 haciendas en el primero, 44 en el segundo y 9 en el tercero. Producían trigos y azúcares y se asegura que sólo el trigo del valle de Chicama montaba 160,000 fanegas que le producían igual número de pesos, y para su exportación a Panamá y Guayaquil no faltaban 5 o 6 bajeles en sus puertos de Malabrigo y Guanchaco. El visitador Escobedo sugiere la concesión de franquicias especiales para Trujillo. AGI, Audiencia de Lima, leg. 918, 10 ff. C. D. Valcárcel, *Fuentes...*, Caracas, 1974, p. 378.

[89] Biblioteca Nacional. Madrid. Ms. 3121, fol. 9. Cabe aquí recordar el Discurso Académico que lee en la Universidad de San Marcos, en 1781, don José Baquíjano y Carrillo, en *Elogio* del virrey Jáuregui, pero condenando la crueldad usada contra Tupac Amaru II. El visitador Areche reaccionó vivamente en contra del orador. C. D. Valcárcel, *Fuentes...*, Caracas. 1974, p. 375.

Baquíjano había nacido en Lima el 13 de marzo de 1751. En 1780 aparece como Protector interino de los indios, Fiscal interino del Crimen, regente de las cátedras de Instituta en la Universidad de San Marcos. Formó parte de la Sociedad Económica llamada de Amantes del Perú, que publicó el *Mercurio Peruano*, periódico que se repartía dos veces a la semana a partir de enero de 1791. En él publicó su *Disertación histórica y política sobre el comercio del Perú* y su *Historia del Mineral de Potosí*. En 1812 fue nombrado Consejero de Estado y con esta investidura se dirigió por tercera vez a España, habiendo muerto en Sevilla en 1817. Se le considera como la más destacada figura del movimiento ilustrado en el Perú.

Tomo estos datos del estudio de Eduardo Arcila Farías, *El pensamiento económico hispanoamericano en Baquíjano y Carrillo*, Caracas, 1976. (Colección Repertorio Americano. Consejo Nacional de la Cultura. Centro de Estudios Latinoamericanos "Rómulo Gallegos"), pp. 17-30. Reproduce, a partir de la p. 65, la Disertación relativa al Comercio del Perú, tomada del *Mercurio Peruano*, Nº 23, de 20 de marzo de 1791. En lo que toca a la población indígena recuerda Baquíjano que en la numeración hecha por Real Orden en 1551, contaron los comisionados 8.255,000 indios de toda edad y sexo; pero entrando en este número las provincias que forman los virreinatos de Santa Fe y Buenos Aires. Entre las causas de despoblación menciona las viruelas desconocidas en el Perú antes de 1588, que fueron el rayo devastador de esta nación. El trabajo violento de las minas, la inmoderada introducción de los licores fuertes y el opresivo servicio de la Mita en que separado el indio de su corta heredad y de la compañía de su mujer e hijos, se le obliga a expatriarse a una distancia de 200 o 300 leguas, sufriendo las incomodidades del viaje y diversidad de climas, para ser sepultado en las entrañas de la tierra, donde no ha de respirar sino vapores pestilentes y homicidas, apresuraron su destrucción, hasta numerarse en el día en toda la jurisdicción de este virreinato en las diversas clases, sexos y edades menos de 700,000 (pp. 109-110). También explica que el virreinato del Perú, después de diversas desmembraciones y última erección del de Buenos Aires, se halla dividido en siete Intendencias, que comprehenden 1,360 pueblos y 49 partidos, como se nombran en el día, y a que han quedado reducidos los 77 corregimientos que antes formaban su gobierno. No sube de un millón el número de los habitantes, siendo en esta suma el de 400,000 de indios, y el resto de blancos y demás diversas castas (pp. 73-74). El autor estima en 40 millones la población en todo el Nuevo Mundo al tiempo de su descubrimiento (p. 75).

Estima que las provincias del Perú han de buscar las riquezas en el seno y no en la superficie de sus tierras. Todas las que puede producir el reino mineral se hallan en abundancia en su distrito (p. 87). A principios del pasado siglo había registradas en el Perú 18,000 vetas con 120,000 minas, pero ha descaecido mucho este trabajo como expondrá después; se regulan en más de 4 millones y medio lo que anualmente producen sus labores. En 1788 se acuñaron en la Real Casa de Lima 3 millones seiscientos veinte y un mil pesos en plata y quinientos ochenta y ocho mil en oro. En 1789, tres millones quinientos setenta mil pesos en plata y setecientos setenta y seis mil setecientos sesenta y ocho en oro (p. 87).

Cita datos de Escalona y del Príncipe de Esquilache sobre la producción metálica anterior en Potosí y en otros minerales. Y espera que la expedición enviada por el rey. a cargo del Barón de Northenflicht *(sic)*, producirá los mayores adelantamientos. Y no sólo podrá mejorar de condición el Minero, sino que prosperará a un mismo tiempo el Comercio y la Agricultura (p. 119).

No he consultado la *Historia del Mineral de Potosí* que acaso desarrolle el pensamiento de Baquíjano adverso, según se ha visto, a la Mita.

[90] El bando de Jáuregui dado en Lima el 7 de diciembre de 1780 declara abolidos los repartimientos mercantiles. AGI, Lima 1039 e Indiferente General 1713. Cfr. C. Valcárcel, *Fuentes...*, Caracas, 1974, pp. 387, 435-436.

[91] Es de tenerse presente que en comunicación del virrey Jáuregui al Ministro de Indias José de Gálvez, fechada en Lima el 20 de junio de 1781, 8 ff. AGI, Audiencia de Lima, leg. 1041, en la que hace referencia a una carta de Areche escrita el día de la ejecución de Tupac Amaru (18-V-1781), dice que el dictamen sobre la nobleza de Tupac Amaru pasaría directamente al Rey y sugiere que se extingan los cacicazgos y que los pueblos se gobiernen por alcaldes electivos anuales, prefiriéndose a los que sepan la lengua castellana y sean probadamente fieles, únicos que serían caciques o gobernadores de sus ayllos o pueblos sin trascender a sus hijos o resto

de la generación tal cargo. Que se prohíba a los indios usar los trajes de su gentilidad, especialmente los de la nobleza de ella, y cualesquiera otros de esta especie o significación. Por bando ha pedido la entrega de prendas antiguas como igualmente todas las pinturas o retratos de sus Yngas, recomendando que los corregidores no representen en pueblo alguno de sus respectivas provincias comedias u otras funciones públicas de las que suelen usar los indios para memoria de sus dichos antiguos Yngas, prohibiéndose las trompetas y clarines de que usan los indios en sus funciones, y son unos caracoles marinos de un sonido extraño y lúgubre con que anuncian el duelo y lamentable memoria que hacen de su antigüedad; que usen vestido negro en señal de luto que arrastran en algunas provincias como recuerdo de sus difuntos monarcas; y absolutamente que los indios se firmen Yngas, como que es un dictado que le toma cualquiera pero que hace infinita impresión en los de su clase, debiendo probar su nobleza todo el que blasona de tenerla. Recomienda asimismo que se introduzca con más vigor que hasta aquí el uso de escuelas de la lengua castellana, bajo las penas más rigurosas y justas, prefiriéndose en las doctrinas a los eclesiásticos que difundan con más empeño la lengua castellana. La fabricación de armas y municiones quedó rigurosamente prohibida. Cit. por C. D. Valcárcel, *Fuentes...*, Caracas, 1974, pp. 410-411.

A su vez el visitador Areche había escrito al Ministro de Indias, Gálvez, desde Lima, el 22 de diciembre de 1780: que los caciques tienen demasiado ascendiente en el Perú. Hay dos clases, primeros y segundos, y todos conservan sobre sus pueblos una especie de mando que tiene todo el aspecto de señorío por cualidad nata, con sólo la diferencia de que los de segunda clase están subordinados a los de primera; estos últimos gozan un general respeto en la provincia y viven casi en el pie de su antiguo sistema, procediendo de aquí que son los recaudadores de tributos por juro de heredad, sin que entre este ejercicio en las Repúblicas, según se practica en Nueva España; y como sobre las facultades de un gobierno más que económico con que están revestidos, se hallan también con el arbitrio de manejar los tributos, nada les falta para ir conservando una especie de autoridad y mando sobre los pueblos, que es demasiado perjudicial a la subordinación, y mucho más cuando los caciques segundos la tienen a los primeros. Ni se limita esta autoridad para con los de su nación; ellos por un abuso la han extendido hasta con los españoles, actuando con sus escribanos indios en todo género de causas, y lo que es más admirable, haciendo declarar ante sí en los procesos o autos, a curas y otros sacerdotes, como consta de hecho y de un expediente que el visitador tiene a la vista. Por este motivo efectuó la Revisita y limitó la autoridad de los caciques. Habla también de los gastos de la guerra contra Inglaterra, el aumento de la escuadra y los gastos para la defensa del Callao y refuerzo de otros puertos. Anotación marginal: "Enterado el Rey, aprueba lo que se resolvió." AGI, Audiencia de Lima, leg. 1040, 13 ff. C. D. Valcárcel, *op. cit.,* pp. 406-407.

[92] R. Vargas Ugarte, *op. cit.,* V, 50 y ss., ofrece valiosos datos sobre la sublevación de José Gabriel Tupac Amaru, cacique de Pampamarca, ocurrida bajo el gobierno del virrey D. Agustín de Jáuregui. Éste, de acuerdo con el visitador Areche, suprimió en diciembre de 1780 los repartimientos (de mercancías) por los corregidores y encargó a una Sala de la Audiencia el cumplimiento (p. 59). El virrey publicó en Lima, el 12 de septiembre de 1781, un bando perdonando a los secuaces de Tupac Amaru y concediendo *la exención de tributos por un año* (para atraer a los indios dispersos y lograr que volvieran a dedicarse al cultivo de sus tierras) (p. 59). Se prohibió (como hemos visto en nuestro texto) el reenganche de los operarios de minas (p. 64). En adelante, las autoridades velarían con mayor cuidado para que no se repitieran las extorsiones en los obrajes y en el cultivo del campo (p. 65).

Existe amplia bibliografía sobre el levantamiento de Tupac Amaru, de la que entresacamos las referencias siguientes: Angel Rosenblat, *La población indígena y el mestizaje en América,* Buenos Aires, Editorial Nova, 1954, 2 vols., II, 181, advierte que esa sublevación en el Perú en 1780, ya es presentada como un movimiento "para el amparo, protección y conservación de los españoles criollos, de los mestizos, zambos e indios, y su tranquilidad, por ser todos paisanos y compatriotas, como nacidos en nuestras tierras, y de un mismo origen de los naturales, y de haber padecido todos igualmente dichas opresiones y tiranías de los europeos". Véase asimismo Boleslao Lewin, *Tupac Amaru, el rebelde, su época, sus luchas y su influencia en el continente,* Buenos Aires, Claridad, 1943. Del mismo autor. *La rebelión de Tupac Amaru y los orígenes de la emancipación americana,* Buenos Aires, Librería Hachette, 1957. Daniel Valcárcel, *La rebelión de Tupac Amaru,* México, Fondo de Cultura Económica, 1947. Del mismo, "Tupac Amaru, precursor de la emancipación social", *Revista de Historia de América,* 42 (México, D. F., 1956), 423-432. Este autor recoge también importantes datos sobre la rebelión de Tupac Amaru en su obra *Fuentes Documentales para la Historia de la Independencia de América,* III, *Misión de Investigación en los Archivos Europeos,* Caracas, 1974. Instituto Panamericano de Geografía e Historia. Comisión de Historia. Comité Orígenes de la Emancipación. Publicación Nº 19, pp. 184, 253, 383, etc. Tupac Amaru declara libres a los esclavos negros que abracen su causa (p. 384), proclama que quedan suprimidos los impuestos reales y el trabajo en minas y obrajes (p. 385), declara abolidos los repartimientos mercantiles (p. 387) y los trabajos para los corregidores que tienen a los indios como esclavos (p. 391), denuncia los abusos que sufren los indios (p. 399). Al extenderse la rebelión a la jurisdicción de Charcas, Tupac Amaru proclama que no iba a perjudicar a los vecinos sino a quitar abusos, repartos, aduanas y mita de Potosí, quitando la vida a los corregidores y chapetones (p. 421). Su secuaz Tomás Catari,

que se subleva en la provincia de Chayanta, publica que se quitan repartos y mita de Potosí (p. 421). Edberto Óscar Acevedo, "Repercusión de la sublevación de Tupac Amaru en Tucumán", *Revista de Historia de América,* 49 (México, D. F., 1960), 85-119.

Valiosas indicaciones sobre la rebelión de Tupac Amaru y en general sobre la cultura y la lengua de los indígenas peruanos figuran en varios lugares de la obra de Raúl Porras Barrenechea, *Fuentes Históricas Peruanas,* Lima, 1963.

Ténganse presentes asimismo las contribuciones de los estadounidenses: Lillian Estelle Fisher, *The Last Inca Revolt, 1780-1783,* Norman, 1966, y Leon G. Campbell, "The Army of Peru and the Tupac Amaru Revolt, 1780-1783", *The Hispanic American Review,* v. 56, n. 1 (febrero, 1976), 31-57: se refiere a la preparación militar después de 1761 y a la represión del alzamiento. L. G. Campbell ha publicado después la obra que intituló: *The Military and Society in Colonial Peru, 1750-1810,* Philadelphia, Pa., Memoirs of the American Philosophical Society, volumen 123, 1978, en la que vuelve a tratar de la rebelión de Tupac Amaru en 1780. *Infra,* p. 203, nota 104.

En 1782 se ordena a D. Jorge de Escobedo que pase al Perú como Visitador en lugar de Areche (había sido en 1776 Oidor de Charcas y luego Gobernador de Potosí y Superintendente General de la Casa de Moneda). A mediados del 82 se encontraba en Lima. Le tocó establecer el régimen de Intendencias (R. Vargas Ugarte, *op. cit.,* p. 65). Areche dejó pendientes las nuevas Ordenanzas de Minería (p. 66). Escobedo prosiguió la visita hasta 1785 y embarcó hacia España en 1787 (p. 72).

[93] *Historia General del Perú...,* Lima, 1966, V, 72. La instrucción de Gobierno que el Rey manda observar al nombrado virrey Teodoro de Croix está fechada en Aranjuez a 19 de junio de 1783. AGI, Audiencia de Lima, leg. 638, 20 ff. Cit. por C. D. Valcárcel, *Fuentes...,* Caracas, 1974, pp. 351-354. Los capítulos que guardan relación con nuestro estudio son los siguientes: 1. tener en cuenta lo mandado por otros Reyes en iguales condiciones y particularmente en lo referente a los indios. 2. atender a la conversión de los indios y a las necesidades del clero. 3. cuidar que los religiosos vayan al lugar de su destino y no se queden en las principales poblaciones. 11. cuidar que los clérigos y frailes de las doctrinas sean suficientes en número y calidad y conozcan la lengua indígena por lo mucho que esto importa, pues de poco les servirán los curas que no los pudieran entender y confesar, y mientras aprendieran suficientemente la lengua no gocen enteramente del estipendio que hubieren de haber, y para que no falten eclesiásticos tenga muy particular cuidado de conservar las cátedras de las lenguas de los indios y procurar que sean bien regidas. 15. incorporar las encomiendas temporales que vacaren a la corona. 16. repartir oficios, salarios y otros aprovechamientos de la tierra, preferentemente entre descendientes de conquistadores y pobladores beneméritos, de manera que todos tengan satisfacción y no haya desconten-

tos. 19. impedir que otras castas vivan en pueblos de indios, y porque el rey está informado que van multiplicándose los mestizos más de lo que convendría para la quietud y conservación de esas provincias conforme a sus inclinaciones, tenga gran cuidado de su reforma, trato y manera de vivir. 20. contener el exceso de pasajeros ilícitos que llenan la tierra de vagamundos y mujeres perdidas. 29. utilizar en los nuevos descubrimientos a la gente holgazana. 30. impedir el aumento de los obrajes, plantaciones de vid y olivos. 31. revisar el gobierno y funcionamiento de las comunidades indígenas. 32. cuidar del buen estado de los caminos, hospitales y otras obras públicas. 36. con conocimiento de la Audiencia y del visitador, defender a los indios, oprimidos de españoles, frailes y clérigos y otros empleados. 37. utilizar lo menos posible a los indios en caminos y obras públicas. 38. impedir que los indios trabajen en servicios auxiliares, quitar progresivamente los actuales y observar la real cédula de 6-III-1609. 39. combatir el ocio de los indios haciendo que se ocupen en cosas que les beneficien, labren la tierra y reciban ayuda de los eclesiásticos. 40. impedir todo traspaso de indios "por vía de venta ni compra, donación ni por otro título", informando sobre las transgresiones. 41. mejorar la vida en las reducciones, acatando la real cédula de 12-VII-1635. 42. impedir cualquier abuso de los eclesiásticos contra los indios. 43. ver que los eclesiásticos no reciban nada de los indios, además de su salario. 44. cuidar que se enseñe a los indios el castellano desde su niñez, según el despacho real de 2-III-1634. 47. vigilar las minas e incrementar nuevos hallazgos. 52. dar especial importancia al gobierno político y espiritual de los indios, su educación y enseñanza. 53. cuidar el estado e incremento de la agricultura, con la cooperación del visitador. 54. cuidar a los indios, negros y presidiarios que trabajan en las minas. 56. informar sobre el funcionamiento de los Colegios de Caciques. 57. de acuerdo con el visitador concurra a la sustitución de los corregidores por intendentes escogidos y bien dotados (se suprimen los corregidores por el odio general que se han adquirido los que hasta ahora los ejercitaron). 61. consultar con el visitador si convendría establecer en la ciudad del Cuzco una reducida Audiencia con su comandancia militar en el Presidente de ella como en Nueva España se ha erigido la Audiencia de Guadalaxara y establecido la Comandancia de las Provincias Internas. 62. ver si a la manera de México se podría establecer el Juzgado de la Acordada, contra ladrones y malhechores.

Otro despacho del rey al virrey Teodoro de Croix, firmado en Madrid el 28-III-1783, AGI, Audiencia de Lima, leg. 640, 14 ff., dice que según el Consejo de Indias, en el Perú sólo se miraba a sacar del infeliz indio toda la utilidad temporal posible, sin ponerle religión, costumbres, civilidad ni conocimientos, ni obediencia y amor al rey. No han visto cerca de sí sino tiranos corregidores, iguales curas, y por este método han sido todos los que han tratado con ellos; los que los han gobernado se han desviado de la rec-

titud y amor que les encarga el rey y de las sanas y sabias leyes. Cit. por Valcárcel, *Fuentes...*, pp. 357-358.

[94] *Ibid.*, V, 97, 119. En la p. 89 menciona R. Vargas Ugarte los importantes trabajos del Obispo de Trujillo, D. Baltasar Jaime Martínez de Compañón, quien envió al rey de España 9 tomos de láminas y el itinerario de la visita de su diócesis. Se interesó en la educación del indígena y concibió la idea de crear internados para varones y mujeres. Redactó el método de enseñanza y, en 1783, en Piura, dio a conocer su propuesta a caciques e indios alcaldes. Recuerdo que estudiaba esta materia Manuel Ballesteros Gaibrois, pero no conservo noticia de las publicaciones que le haya dedicado, ni he visto los documentos del Obispo para extraer los datos que toquen a nuestro estudio. C. D. Valcárcel, *Fuentes...*, Caracas, 1974, pp. 439-441, da cuenta de los manuscritos de ese Obispo que se conservan en la Biblioteca de Palacio, Madrid.

Sobre las ilustraciones de los principales trabajos de indios en el Perú que se hallan en tales papeles véase *Trujillo del Perú a fines del siglo XVIII*. Dibujos y acuarelas que mandó hacer el Obispo D. Baltasar Jaime Martínez Compañón. Ed. por Jesús Domínguez Bordona. Madrid Patrimonio de la República, Biblioteca de Palacio, 1936.

[95] Academia de la Historia. Madrid. Colección de Documentos Mata Linares. Tomo 78, Primer papel. Como se verá, el expediente continúa en años que van hasta el de 1792.

[96] *Ibid.*, Tomo 78, Tercer papel.

[97] *Ibid.*, Tomo 78 Segundo papel.

[98] *Ibid.*, Tomo 78, fol. 55.

[99] Academia de la Historia. Madrid. Colección Mata Linares, Tomo 10, fol. 40.

100] Eduardo Martiré, *El Código Carolino de Pedro Vicente Cañete*, Buenos Aires, 1973, I, 45 y ss., presta atención al informe de Pino Manrique fechado en Potosí el 16 de junio de 1786, en el cual advierte que la vigorosa pluma de Cañete se deja ver a cada paso en el estilo ampuloso y barroco, el afán de mostrar erudición, las afirmaciones rotundas y en ocasiones apresuradas, el ajustado sentido jurídico y su acerado espíritu crítico. Párrafos enteros pasarán a la *Historia de Potosí*, y soluciones jurídicas se hallarán consagradas en el *Código Carolino*. Sigue el texto de la Colección Mata Linares, leg. 69, fols. 734-763v. El Gobernador Intendente conoce "las provincias de Nueva España no menos que las del Perú" y el desarrollo de la minería en ambos reinos. Advierte la "notable diferencia entre Méjico y Potosí, entre una capital de primer orden que cuenta con quinientos mil habitantes y una villa de segundo que apenas numerará cuarenta o cincuenta mil. Entre un reino que tiene su capital en el centro, poblados, conocidos y permanentes todos los registros de minas y una sola casa de moneda, con otro de extraordinaria constitución geográfica, en que están dispersas las haciendas y labores, que por la mayor parte se compone de poblaciones casuales que sólo duran hasta que se acaban las vetas y (que) tiene dos diferentes casas (de moneda). Entre los principales mineros de uno y otro reino, sus caudales, ánimos, fundamentos y modo de pensar, hacen precisas otras reglas como emanadas de la misma diversidad de principios" (pp. 47-48). Los mineros famosos de Méjico pueden promover lo que se previene acerca del Tribunal y no los de Potosí por la corta idoneidad de las personas. Sin la *mita* no puede absolutamente subsistir la minería altoperuana, y las Ordenanzas de Nueva España le dan intervención en esta materia al Tribunal, en tanto que las Generales del Perú la declaran materia de puro gobierno manejada por el Gobernador Intendente (p. 50).

[101] Puede verse el dibujo de tal castigo en F. Guamán Poma de Ayala, *Nueva Corónica...*, ed. París, 1936, p. 525: "le asota sobre encima de un carnero".

[102] M. Helmer, en el artículo sobre Potosí que adelante citamos, en su p. 38, menciona que por orden real de 8 de abril de 1787 se mandó preparar la nueva ley minera y que Juan del Pino Manrique, desde Potosí, el 29 de octubre de 1789, envió a Madrid su proyecto, apoyado por los propietarios de minas, que mantenía, reorganizaba y reforzaba la mita. A su vez E. Martiré, *El Código Carolino...*, cit., I, 68, 71, dice que Pino Manrique elevó a Sanz la nueva ordenanza el 16 de noviembre de 1787 *(sic)*, en tres ejemplares, con el título "Ordenanzas para la dirección, régimen y gobierno del Importante Cuerpo de la Minería del Perú y de su Real Tribunal General, formadas de orden de S. M. por el Señor Don Juan del Pino Manrique, Gobernador Intendente de la Provincia de Potosí", que abarca 24 títulos y 422 ordenanzas. Tiene presentes las Ordenanzas de Nueva España que escribió su grande amigo D. José *(sic)* Velázquez y los sabios Comentarios de Gamboa, entre otras fuentes (p. 72). Incluía la organización y gobierno de la *mita* en manos del Gobernador Intendente de Potosí (p. 73). Según Martiré se trataba de una moderada adaptación de las leyes mejicanas a Potosí. (Sigue el ejemplar de las Ordenanzas conservado en AGI, Lima 1351). Veremos que la redacción de ese nuevo código quedó finalmente a cargo de Vicente Cañete y Domínguez.

[103] Por razón de un documento importante que cita y al que en esta nota haremos referencia, recordamos aquí la contribución del autor boliviano Casto Rojas, a quien se debe asimismo una Historia financiera de Bolivia, que lleva por título "El Cerro Rico de Potosí", en *Segundo congreso internacional de Historia de América*, III (Buenos Aires, 1938), 145-158, redactado en junio de 1937. Siguiendo a Antonio de Herrera, atribuye el descubrimiento del Cerro, en enero de 1545, a Diego Gualca (o Huallpa), indio yanacona, originario de Chumbivilca, cerca del Cuzco; era sirviente del capitán español D. Juan de Villarroel, minero en Colque-Porco. Otro indígena llamado Guanca reveló el secreto a Villarroel, quien registró la veta "Descubridora" o "Centeno" el 21 de abril de 1545. Algunos días después se descubren y registran tres vetas ricas denominadas "Estaño", "Veta Rica" y "Mendieta". Otras llegaron a formar un laberinto de más de cinco mil bocaminas que horadaron el Cerro. El

autor recoge juicios de época laudatorios de la riqueza de Potosí. Su producción activó la agricultura y el comercio. Entre los instrumentos de que se sirvió España para valorizar las riquezas de Potosí, cita "esa especie de monopolio ignominioso e inhumano de los trabajadores indígenas bajo la institución de la *mita*" (p. 153). Dedica atención a la Casa de Moneda (pp. 153-155) y a la estimación de la producción de plata del Cerro (pp. 155-156). De cada marco se acuñaban 68 reales, o sean 8 pesos 4 reales. Cada pieza de 8 reales, o peso corriente, pesaba una onza incluyendo la aleación. En 9 de junio de 1728 se ordenó la reducción de la ley a 11 dineros justos, y el valor del marco de plata de 11 dineros bajó a 8 pesos y 2 maravedís, cuando antes era de 8 pesos y 4 reales. La primitiva Casa de Moneda, construida por Gerónimo Leto, se mandó sustituir por otra nueva en 1753, concluyéndose la obra el 31 de julio de 1773. Según una cuenta oficial certificada por el Tesorero Real de Potosí, don Lamberto Sierra (éste es el documento al que hacemos referencia al comienzo de la presente nota), desde el 1º de enero de 1556 hasta el 31 de diciembre de 1786, se quintaron en las Cajas Reales 831.070,361 pesos 7 reales. Varios autores calculan en por lo menos 25 millones lo producido de 1545 a 1556, o sea, un total de 856 millones (de pesos de ocho reales), sin incluir lo que no se quintaba. Correspondieron al rey, según la cuenta de Sierra, por concepto de quintos hasta 1736 y por el de diezmos de entonces a la fecha del balance, 152.778,292 pesos. El autor recuerda también que en la Memoria del virrey del Perú, D. José de Almendaris, Marqués de Castelfuerte, del año de 1724, se menciona una producción desde el descubrimiento del Cerro en 1545 hasta 1585, o sea, en cuarenta años, de 111 millones de pesos ensayados, que hacen 183.639,705 pesos corrientes.

[104] Sobre la base de los censos de tributos en 1786 que distinguen entre los originarios con tierras en el ayllu, los agregados o forasteros, y los yanaconas en las haciendas de españoles o cholos (en sistema de colonato), recapitula los datos Herbert S. Klein, "Hacienda and Free Community in Eighteenth Century Alto Peru. A demographic Study of the Aymara Population of the Districts of Cholumani and Pacajes in 1786", *J. Lat. Amer. Stud.*, 7-2 (Printed in Great Britain), 193-220. Aunque se refiere más bien a tiempos posteriores, es de tener presente también el estudio de Mario C. Vásquez, *Hacienda, peonaje y servidumbre en los Andes peruanos*, Lima, ed. Estudios Andinos, 1961, 63 p. Ofrece observaciones sobre las haciendas de los departamentos de Ancash, Cuzco, Puno y Junín. Hacienda runa (en quechua) y hacienda jaqe (en aymará) son los términos que designan a los peones de las haciendas. En lo que toca a la historia territorial, el autor explica que: "desde el punto de vista de la propiedad, los antecedentes históricos de la mayoría de las haciendas actuales no tienen conexión con el régimen de encomiendas, sino que tuvieron un origen diferente, como se demostrará más adelante" (p. 11).

Por lo que toca a la agricultura en la costa, de Huaura a Pisco principalmente, se cuenta ahora con la obra de Robert G. Keith, *Conquest and Agrarian Change: The Emergence of the Hacienda System on the Peruvian Coast*, Cambridge, Harvard University Press, 1976.

En 1767, los jesuitas del Perú eran propietarios de 5,224 esclavos (negros) que valían más de un millón de pesos. Cit. por Pablo Macera, *Instrucciones para el manejo de las haciendas jesuitas del Perú*, Lima, 1966, p. 38.

La presentación sintética de Jean Piel, basada en trabajos de José Matos Mar, Heraclio Bonilla y Julio Cotler, que lleva por título: "Les mouvements paysans au Pérou de la fin du xviiie siècle à nos jours", en la obra colectiva: *Les Mouvements Paysans dans le Monde Contemporain*, patrocinada por la Comisión Internacional de Historia de los Movimientos Sociales y de las Estructuras Sociales, Nápoles, I. S. M. O. S., 1976, III, 282-310, tiene la ventaja de abarcar tanto la situación en las haciendas de la costa como en las tierras andinas, y de incluir las postrimerías de la época colonial, la etapa republicana y el presente. Dedica algunas páginas a la rebelión de Gabriel Condorcanqui (que se hace llamar Tupac Amaru II), cacique de Tungasuca en la provincia de Canas, a un centenar de kilómetros al sur del Cuzco. Le parece que es, en primer término, "une révolte de caractère fiscal..." (p. 286). Notemos de paso un error de detalle al calificar la *mita* de "travail forcé gratuit dans les mines"; que el jornal no fuera suficientemente remunerador es algo distinto de suponer que no existía. Hace presente (p. 293), que don Ramón Castilla suprime por decreto dado en Ayacucho el 5 de julio de 1854, la "contribución de los indígenas", que era supervivencia del tributo, pero resucita bajo el nombre de contribución personal. Y, el 5 de diciembre de 1854, abole la esclavitud de los negros.

[105] Estos papeles se conservan en Biblioteca Nacional. México. Ms. 366, sin foliar.

[106] Se conserva copia en Spanish Mss. 118. Rich 69. The Public Library. New York. El ms. no tiene numeración regular, pero la trae a lápiz de 10 en 10 hojas. La obra ha sido publicada en edición fragmentaria del ms. original que se halla en el Municipio de Potosí, en La Paz, Bolivia, 1939. Biblioteca Boliviana, núm. 5. Ministerio de Educación. Cfr. la nota de Humberto Vázquez Machicado, en *Revista de Historia de América*, n. 8 (México, D. F., abril 1940), 89-90. Existe otra edición hecha en Potosí, 1952, por Armando Alba.

Por otra parte, se ha publicado de Cañete la *Historia física y política de Potosí*. Introducción y notas de Gunnar Mendoza. La Paz, 1952. Y el estudio del propio Gunnar Mendoza L., *El doctor don Pedro Vicente Cañete y su Historia física y política de Potosí*. Sucre, Universidad de San Francisco Xavier, 1954, 140 pp. Entiendo que Lewis Hanke se proponía publicar la *Historia* con base en una copia de la Biblioteca de Palacio de Madrid. Véase también Marie Helmer, "Potosi à la fin du xviiime siècle (1776-1797), His-

toire d'un manuscrit", *Journal de la Société des Américanistes*. Nouvelle Série. XL (Paris, 1951), 21-50, página 35 en particular.

[107] AGI, Lima 271 (?). Jorge Basadre, "El régimen de la mita", *Letras*, 8 (Lima, 1937), p. 345 y ss., extrae algunos datos. Excelente estudio del ms. de Cañete realiza Marie Helmer en el artículo ya citado, "Potosi à la fin du xviiime siècle (1776-1797), Histoire d'un manuscrit", *Journal de la Société des Américanistes*. Nouvelle Série. XL (Paris, 1951), 21-50. Sigue el ms. conservado en AGI, Charcas 694 y 697. El título que recoge presenta alguna ligera variante con el que. cito: *Descripción geográfica, histórica, física y política de la Villa Imperial y cerro rico de Potosí, y de los Partidos de Porco, Chayanta, Chichas, o Tarija, Lipes, y Atacama... Año de 1789* (p. 23 del artículo de M. Helmer). El ms. tiene 297 páginas. La primera parte de la obra está consagrada a Potosí, la segunda a su provincia. Como en la *Guía*, el capítulo VI trata de "La mita, desarrollo, cambios, estado actual, reparticiones hechas de 1578 a 1690". De los anexos de la *Descripción*, el tercero trata de la mita. El expediente que acompaña al ms. se conserva en AGI, Charcas 560, n. 3. Cañete había nacido en la Asunción, Paraguay, en 1754. Se graduó de doctor en Santiago de Chile. En el artículo de M. Helmer, las pp. 36 y ss. están dedicadas a la "Mita y el nuevo código de minas". En 1789, *3,000 mitayos* venían todavía a trabajar a Potosí. El mitayo ganaba *4 reales al día* y el minga *un peso*. Para eximirse el mitayo pagaba un peso por día, o sea *7 pesos a la semana*, mientras que la semana de trabajo en Potosí era de cinco días. Se alquilaban, vendían e hipotecaban los indios (p. 37).

E. Martiré, *El Código Carolino de Pedro Vicente Cañete*, Buenos Aires, 1973, I, 134-135, señala que en la *Historia de Potosí* se denunciaban los abusos que cometían los azogueros con los indios de mita y que ello causó luego dificultades al autor con los azogueros, que suspendieron los trámites destinados a lograr la publicación de la obra. El fiscal Villava aprovechó esas críticas en su polémica con las autoridades y los azogueros de Potosí, a la que luego haremos larga referencia.

En la obra de C. D. Valcárcel, *Fuentes...*, Caracas, 1974, p. 155, cita como del año de 1790, la Descripción de Potosí de Pedro Vicente Cañete, que trata del descubrimiento del célebre mineral y sus consecuencias. Trae 14 capítulos y una Guía de los Gobernantes de Potosí, con noticias curiosas y complementarias. Añade una ilustración inicial: "Prospecto del Cerro de Potosí visto por la parte del Norte", con indicaciones aclaratorias... El manuscrito se conserva en el Museo Británico, Londres, Add. 32602, ff. 1-163.

[108] Academia de la Historia. Madrid. Colección Mata Linares, t. X.

[109] Dicha ley 9 dispone, en efecto, "Que a los Indios, y trabajadores de las minas se les pague con puntualidad los Sábados en la tarde. D. Felipe III, Ordenanza 15 del servicio personal de 1601. En Aranjuez a 20 de abril de 1608. Mandamos que a todos los Indios de mita, y voluntarios, y otras personas, que con-

forme a lo dispuesto trabajaren en las minas, se paguen muy competentes jornales, conforme a el trabajo, y ocupación, los Sábados en la tarde, en mano propia, para que huelguen, y descansen el Domingo, o cada día, como ellos quisieren: y que tengan los Ministros muy particular cuidado de su salud, y buen tratamiento en lo espiritual, y temporal, y los enfermos sean muy bien curados".

[110] AGI, Lima 610. Cit. por Emilio Ravignani, "El virreinato del Río de la Plata (1776-1810)", en *Historia de la Nación Argentina*, Buenos Aires, 1940, IV, 120-121. *Infra*, p. 77 n. 112, se menciona otro documento de Croix sobre la Real fábrica de puros y cigarros, fechado a comienzos de 1790.

[111] Biblioteca de Palacio. Madrid. Ms. 2828. Miscelánea, t. XIV, fols. 192-255. Véase el estudio de Miguel Artola, "Campillo y las reformas de Carlos III", *Revista de Indias*, XII, núm. 50 (Madrid, octubre-diciembre, 1952). Y el de José Martínez Cardos, "Don José del Campillo y Cossío", *Revista de Indias*, XXX, núms. 119-122 (Madrid, enero-diciembre, 1970), 503-542: se propone hacer de los indios vasallos útiles y crear un gran mercado en América, del que disfrutará exclusivamente España (p. 542).

[112] John Carter Brown Library. Providence, Rhode Island. S 12 b. Caja II. Nº 70. Son once páginas impresas más la portada. Es de tener presente que el Fiscal de la Audiencia de Charcas, Victorián de Villava, de quien mucho se dirá adelante, criticaba en 1797 el estanco del tabaco en estos términos: "Cuando despoblamos a la España sacando de ella gente que podría ser útil en la agricultura y las artes, y la traemos a la América para que infaliblemente sea aragana y bribona, hacemos dos males: y esto es lo que ejecutó el ministro Gálvez estableciendo la renta del tabaco. Cuando los mejores empleados en rentas reales, como contra una turba de entes venales y corrompidos, que sin impedir el contrabando embarazan el comercio y sacrifican la nación, entonces mismo, en esta feliz época fue cuando el ministro manifestó su ilustración y su política, plantando en la América lo que debía arrancarse en la Europa. Supongamos a favor de este proyecto toda la extensión que quiera dársele en utilidad de la Real Hacienda, y a pesar de ella será preciso convenir, que las malas consecuencias políticas de él sobrepujan en mucho a las ventajas del Erario. No son cuatro o seis millones de pesos los que constituyen la felicidad de la monarquía, sino el fomento de la industria y las buenas costumbres, y estos dos fundamentos de la felicidad pública han sufrido el mayor quebranto en el establecimiento de aduanistas, administradores y guardas en este continente". *Apuntes para una reforma de España*, ed. Córdoba, República Argentina, 1943, p. 59.

[113] *Ibid.*, S 12 b. Caja II. Nº 74. Viene copia del nombramiento de Croix para el virreinato del Perú, dado en El Pardo, a 15 de febrero de 1783, en S 12 b. Caja II. Nº 68. En él se menciona que había sido Comandante General de las Provincias Internas de Nueva España.

[114] Sigo el texto publicado por Manuel Atanasio Fuentes, *Memorias de los Virreyes que han gobernado el Perú durante el tiempo del Coloniaje Español. Impresas de Orden Suprema*. Tomo Quinto. *Don Teodoro de Croix*. Lima, Librería Central de Felipe Bailly, 1859, 393 pp., más 17 de Estados o Documentos, más 1 de Índice, que contiene: Real Patronato, p. 3. Indiferentes de Gobierno, p. 68. Policía o Política, p. 129. Guerra y Marina, p. 177. Real Hacienda, Tribunales y Oficinas Reales que incluyen: Monedas, Consulado, Temporalidades, Aduana y Minería, p. 267. Estados o Documentos pertenecientes a este tomo V, al fin.

[115] Según R. Vargas Ugarte, *Historia General del Perú* (1966), V. 77, la entrada del Real Sello tuvo lugar el 8 de noviembre de 1788. Esta Audiencia se extinguió en 1824.

[116] R. Vargas Ugarte, *Historia General del Perú...*, Lima, 1966, V, 100-130. E. Martiré, *El Código Carolino...*, cit., I, 49, nota 25, puntualiza que los azogueros de Potosí aprobaron en 1779 el traspaso del Banco a la Corona y ésta dispuso la incorporación por Real Cédula dada en San Ildefonso el 19 de septiembre de 1795. Marie Helmer, "Mineurs allemands à Potosí: l'expédition Nordenflycht (1788-1798)", en *VI Congreso Internacional de Minería. La minería hispana e iberoamericana. Contribución a su investigación histórica*, Cátedra de San Isidoro, León (España), 1970, vol. I, 515. En el mismo volumen I, pp. 483-511, figura el estudio de R. Ezquerra Abadía, "Problemas de la mita de Potosí en el siglo XVIII", que no he tenido la ocasión de consultar.

Por lo que toca al banco y a la casa de moneda, ofrece información con cifras el artículo de Jaciro Campante Patricio, "As instituicões monetária e bancária de Potosi no decurso do século XVIII", *Revista de História*, vol. LVI, n. 111, año XXVIII (São Paulo, Brasil, julio-septiembre 1977), 51-72. Las sumas anuales para el fisco real entre 1791 y 1805 no acusan ningún descenso crítico, fluctuando de 359,800 pesos a 295,774. El autor presenta al fin de su estudio dos tablas: la de marcos y onzas de plata que los mineros de Potosí vendieron al banco de los azogueros entre 1752 y 1779 por años y quinquenios, y la de los marcos y onzas de plata que el Real Banco de San Carlos compró de los mineros de Potosí y de otras regiones, también por años y quinquenios, de 1779 a 1805. Se advierte en la primera tabla que los totales por quinquenio oscilan entre 600,000 y más de 700,000 marcos y en la segunda entre 1.868,782 y 1.397,222.

[117] R. Vargas Ugarte, *op. cit.*, V, 130-150. Cfr. la amplia obra de Ricardo Donoso, *El Marqués de Osorno Don Ambrosio Higgins, 1720-1801*, Publicaciones de la Universidad de Chile, Santiago, 1941.

[118] Estos datos provienen del estudio de Herbert S. Klein, "Las finanzas del virreinato del Río de la Plata en 1790", *Desarrollo Económico. Revista de Ciencias Sociales*, vol. 13, n. 50 (Buenos Aires, julio-septiembre de 1973), 369-400. Examina las fuentes de recursos por ramos y regiones, incluyendo el Alto Perú. La traducción es de Mario R. dos Santos.

[119] R. Vargas Ugarte, *Historia General del Perú...*, *cit.*, V, 73. Como es sabido, la Colección de Mata Linares se conserva en la Academia de la Historia. Madrid. Mencionaremos los tomos correspondientes al examinar cada expediente. Después de haber hecho nuestra investigación, se ha facilitado la consulta gracias a la contribución de Remedios Contreras y Carmen Cortés, *Catálogo de la Colección Mata Linares*, Madrid, Real Academia de la Historia, 1970-1971, 3 vols.

[120] Colección Mata Linares, t. 37. M. Helmer, *art. cit.*, sobre Potosí, pp. 41-43.

[121] Cfr. A. P. Whitaker, *The Huancavelica Mercury Mine*, Cambridge, Mass., Harvard University Press, 1941, p. 73.

[122] *Ibid.*, pp. 67-69, 138. La edición en alemán de la obra de Helm lleva por título, *Tagebuch einer Reise durch Peru...*, Dresden, 1798. La traducción al inglés apareció como, *Travels from Buenos Ayres by Potosi to Lima*, London, 1806. No he visto si esta obra trae información útil sobre la historia del trabajo en Potosí y Huancavelica.

[123] Biblioteca Nacional. Madrid. BU-596.

[124] Cifras similares menciona como extraídas del censo de 1792 la obra de Frederick P. Bowser, *El esclavo africano en el Perú colonial, 1524-1650*, traducción de Stella Mastrangelo, México, D. F., Siglo XXI Editores, 1977, p. 402, nota 1, conservadas en AGI, Estado 75. La población total era de 1 076 122 personas, de las cuales 40 337 eran esclavos (de ascendencia africana) y 41 404 eran "gente de color libre". El autor tiene presente que, según el estudio de Fernando Romero, "The Slave Trade and the Negro in South America", *Hispanic American Historical Review*, 24 (1944), 368-386, las cifras basadas en los datos preliminares del censo de 1791 publicados en Mariano Felipe Paz Soldán, *Diccionario geográfico-estadístico del Perú*, Lima, 1877, pp. 377-378, eran respectivamente: 1 232 122, 40 336 y 41 256. El número de indios aparece en 1791 como de 764 894, y en 1792 como de 608 912. Bowser estima que los resultados del censo de 1792 son más exactos porque fueron enviados a España.

Por otra parte, el Oficial interino de la Contaduría de Retasas del virreinato del Río de la Plata, Matías Bernal, informa el 14 de agosto de 1792, sobre las clases de tributarios (originarios, forasteros, yanaconas y uros) y estima que de los 123,174 tributarios que había en el Alto Perú, solamente 31,064 eran a la sazón originarios, o sea, una cuarta parte (AGNBA, 9, 33.3.5. Exp. 862, fols. 28v-31. Cit. por Nicolás Sánchez-Albornoz, *Indios y tributos en el Alto Perú*, Lima, Instituto de Estudios Peruanos, 1978, pp. 39-41 y 65-67).

[125] Cfr. C. D. Valcárcel, *Fuentes...*, Caracas, 1974, pp. 443-457.

[126] Además de los documentos de la Colección Mata Linares que iremos mencionando, son de recordar los siguientes sobre este resonante episodio: Buenos Aires, 31 de marzo de 1790, Carta 17 de Arredondo a Antonio Porlier, en que le avisa la llegada de la fragata Santa Magdalena a Montevideo el día 18, viniendo a su bordo Victoriano de Villava y Ayvar, fiscal de la Audiencia de Charcas, y Francisco Tomás Ansotegui, Oidor en la de Buenos Aires. Duplicado, 1 foja. AGI, Buenos Aires 78 (ficha comunicada por José Torre Revello). Discurso sobre la Mita de Potosí, por Victoriano de Villava, La Plata, 9 de marzo de 1793. Copia certificada, 16 fojas. Contestación al Discurso sobre la Mita de Potosí, firmada por Francisco de Paula Sanz. Potosí, 19 de noviembre de 1794. Copia certificada, 55 fojas, más 10 fojas con cuadros y estadísticas. Enviada a Arredondo con carta de Paula Sanz. Potosí, 26 de noviembre de 1794. Original, 4 fojas y reexpedida por el virrey Arredondo con carta n. 404 a Diego Gardoqui, Buenos Aires, 19 de febrero de 1795. Original, 1 foja. AGI, Charcas 297 (ficha también comunicada por J. Torre Revello). 1802, diciembre 11, Buenos Aires. Carta n. 41 de Joaquín del Pino a José Antonio Cavallero, comunicándole haber fallecido en el mes de marzo, en la ciudad de La Plata, el fiscal jubilado de la Audiencia, Victorián de Villava, y por lo tanto que había quedado sin curso la R. C. de 1 de julio, en la que se le comunicaba que el Rey le había concedido licencia para regresar a España. Duplicado, 1 foja. AGI., Buenos Aires 88 (ficha comunicada por J. Torre Revello).

Entre las publicaciones son de recordar:

Vicente G. Quesada, da a conocer en *La Revista de Buenos Aires*, año VIII, t. XXIV, nº 93 (enero de 1871), p. 3 y ss., el "Discurso sobre la mita de Potosí", de Victorián de Villava, escrito a principios de 1793.

Gabriel René Moreno, "La Mita de Potosí en 1795", *Revista Chilena* (Santiago, 1877), VIII, 391 y ss. Hay reedición con adición de siete documentos inéditos compilados por Guillermo Ovando-Sanz. Potosí, Universidad Tomás Frías, 1959.

Ricardo Levene, *La Revolución de Mayo y Mariano Moreno*, Buenos Aires, 1920, I, 52, resume el Discurso de Villava según el texto de AGNBA, Hacienda, leg. 78, expediente 1991, S. 9, C. 37, A 3, Nº 8, que ofrece variantes con respecto al publicado por Quesada. En I, 55, Levene se ocupa de la Contestación de Paula Sanz de 19 de noviembre de 1794. Dice no haber hallado el original del Discurso de Villava. La contrarréplica de éste a Sanz es de 3 de enero de 1795, I, 389.

Raúl A. Orgaz, *Páginas de crítica y de historia*, Buenos Aires, 1927, hace referencia a Villava como precursor del liberalismo americano.

Dr. D. Victorián de Villava, *Apuntes para una reforma de España, (1797)*, primera edic. por D. Pedro Ignacio de Castro Barros, Buenos Aires, Imp. de Álvarez, 1822. Reedición, Córdoba, Rep. Argentina, Imp. de la Universidad. 1943 (Dirección de Publicidad. Sección Documentos), 87 págs. Con prólogo de Raúl A. Orgaz. (De esta obra trataremos adelante.)

Ricardo Levene, *Vida y escritos de Victorián de Villava*, con apéndice documental e ilustraciones, Buenos Aires, Peuser, 1946 (Facultad de Filosofía y Letras. Publicaciones del Instituto de Investigaciones Históricas, núm. XCV). Analiza con nuevas precisiones documentales la polémica Villava-Sanz. En el Apéndice reproduce como Nº 12, p. XXX, el

Discurso que se dice ser de Villava sobre la Mita de Potosí, de 9 de marzo de 1793. AGNBA, Antiguo Expediente 1991 del Legajo 75 de Hacienda. Pero Villava, p. XXXIX, no reconoce como suyo ese texto, "pues la representación que dirigió el Fiscal [es decir, el propio Villava] a S. M. ni tiene texto alguno al principio, ni notas, como V. A. puede ver en la copia que el mismo Soberano ha remitido a V. A. mandándole que le informe sobre su contenido; y aunque en la substancia contra los abusos de la mita sean parecidos ambos papeles, no lo son en el tono ni en muchas expresiones". Plata. y enero 8 de 1795. Villava. Nº 13, p. XXXIX, Contrarréplica de Villava a la "Contestación" de Paula Sanz, 3 de enero de 1795. Misma procedencia. Este texto ya lo había publicado Levene en Apéndice a *La Revolución de Mayo y Mariano Moreno*, Buenos Aires, 1920, Nº 14, p. LV, Vista del fiscal Villava sobre la servidumbre de los indios. 12 de marzo de 1795. Misma procedencia y anterior publicación. Nº 15, p. LVI, Vista del fiscal Villava sobre los abusos de la Mita. 4 de mayo de 1795. Misma procedencia y anterior publicación. Nº 25, p. LXXIX. Apuntes para una reforma de España, 1797. Según el impreso de Pedro Ignacio de Castro Barros (Buenos Aires, 1822). Otros documentos de este Apéndice ofrecen valiosas noticias complementarias.

Ramón Ezquerra, en *Revista de Indias*, n. 27, p. 183.

Marie Helmer, *art. cit.* sobre Potosí, pp. 42-45.

[127] Sigo el texto conservado en Academia de la Historia. Madrid. Colección Mata Linares, t. 37. No he tenido a la vista el texto del AGI, Charcas 297 (señalado por J. Torre Revello). La comparación entre el de la Colección Mata Linares y el publicado por Levene permite aseverar que coinciden substancialmente, como lo reconocía Villava.

[128] Sigo el texto conservado en la Academia de la Historia. Madrid. Colección Mata Linares, t. 37. R. Levene resume brevemente el escrito de Paula Sanz, tanto en su obra sobre *La Revolución de Mayo...* (1920), I, 55, como en *Vida y escritos de Villava* (1946), pp. 21-22. En el artículo de María del Carmen Cortés Salinas, "Una polémica en torno a la mita de Potosí a fines del siglo XVIII, el discurso de Francisco de Paula Sanz a favor de ella", *Revista de Indias*, Año XXX, Núms. 119-122 (Madrid, enero-diciembre 1970), 131-215, se publica el texto con sus anexos. No sobra recordar que en el mismo año de 1794 hubo correspondencia sobre la mita, que se conserva en la Colección Mata Linares, t. 37, bajo los registros siguientes: "Carta del Fiscal Villava al Gobernador de Potosí, Sanz, sobre mita. Agosto 25 de 1794". "Carta del Gobernador de Potosí, Sanz, al Fiscal Villava sobre la mita. Agosto 30 de 1794". "Carta del Doctor Cañete, Asesor de Potosí, al Intendente Sanz, respondiendo a los argumentos del Fiscal Villava sobre mita. Septiembre 2 de 1794". "Carta del Fiscal Villava al Gobernador e Intendente Sanz sobre mita. Septiembre 4 de 1794". "Carta del Teniente-asesor de Potosí de resultas de una del Fiscal a Sanz sobre mita. Septiembre 11 de 1794". "Carta del Gobernador de Potosí Sanz al Fiscal Villava sobre mita e incidentes. Septiembre 16 de 1794". Cabe agregar, en el mismo t. 37, un papel del Gremio de Azogueros de Potosí a la Audiencia de Charcas, de 26 de diciembre de 1794, en el que se extrañan de que se abra nueva disputa sobre ella (la mita) y atacan la cuestión de los servicios de los curas. No conservo anotaciones ni veo citada esta correspondencia por Levene. Es de señalar la participación que se advierte del Doctor Cañete para ayudar a Sanz a contestar a Villava.

[129] Sigo el texto publicado por R. Levene, *La Revolución de Mayo...* (1920), I, 389-414. Documento Nº 1 del Apéndice. Procede del AGNBA, Exp. 1991, Leg. 75, Hacienda. Levene volvió a publicarlo como Apéndice Nº 13, pp. XXXIX-LIV, de su *Vida y escritos de... Villava* (1946). En la Academia de la Historia. Madrid. Colección Mata Linares, t. 38, figura un "Papel del Sr. Villava, Fiscal de Charcas, defendiendo su papel contra la mita e impugnando un escrito en contrario. Año 1795", pero no conservo la fecha completa ni anotaciones; parece tratarse de la misma "Contrarréplica".

[130] "Prescindiendo de que puede muy bien ser un sueño de los Historiadores cuanto dicen del buen Gobierno de los Incas y que hay infinitos fundamentos para creer que no tuvieron los conocimientos que se les atribuyen...".

[131] Algunos han sido publicados por R. Levene en los Apéndices de sus obras *La Revolución de Mayo...* (1920), y *Vida y escritos de Victorián de Villava* (1946), como adelante veremos. Otros se conservan en la Academia de la Historia. Madrid. Colección Mata Linares, t. 38, entre los cuales cabe citar: "Papel de D. Francisco de Paula Sanz sobre la mita. Año 1795". "Papel original del Intendente Gobernador de Potosí D. Francisco de Paula Sanz en defensa del servicio de la mita e impugnando otro de 1793. Año 1795". Otro del mismo sobre lo mismo (defensa del servicio de la mita). Abril 26 de 1795". En el tomo 80 de la misma Colección: "Papel en defensa de la mita de Potosí: año 1795". "Dos papeles iguales de D. Manuel José Veles en defensa del mismo asunto de la mita". En el tomo 40 de la misma Colección: "Varios oficios y contestaciones del Fiscal Villava y alguna del Arzobispo de Charcas combatiendo la mita y otros de D. Francisco de Paula Sanz, Intendente de Potosí, defendiéndola y exponiendo que de no seguirse con la mita se perdería la minería de Potosí". "Papel de D. Pedro Vicente Cañete, autor de una historia de Potosí, sobre mita, servicio de indios, etc., año 1797". También se registran en el tomo 38 de la misma Colección: "Dos informes del fiscal Villava sobre el mismo asunto (mita de Potosí). Mayo 4 de 1795", de suerte que hubo actividad de ambos lados. En el AGNBA, 1795-1797, se encuentran los siguientes documentos: "Mita. Potosí. Representación de los azogueros. 1795. 15-8-13". "Mita. Potosí. Representación de los azogueros. 1795-1797. 15-8-15". "Mita. Potosí. Libro

4. 1795-1797. 15-9-1". "Mita. Audiencia de Charcas. Potosí. 1795-1797. 15-8-14". "Mita de Potosí. 1797. 12-11-7". No conservo anotaciones de ellos.

[132] Ya hemos dado las referencias bibliográficas de esta obra, *supra*, p. 100, nota 126. En el texto seguimos la edición de 1943. R. Levene, *La Revolución de Mayo*... (1920), I, 65-70, hace notar que Paula Sanz consideró este papel sedicioso (p. 69). En la órbita cultural, Villava pedía que se enseñara geografía, historia, aritmética, matemática, física, y no sólo "filosofía aristotélica, con leyes romanas, cánones, teología escolástica y medicina peripatética" (p. 68).

[133] R. Levene, *La Revolución de Mayo*... (1920), I, 415-417. Doc. 2 del Apéndice. Id., *Vida y escritos*... (1946), Doc. Nº 14 del Apéndice, pp. LV-LVI.

[134] R. Levene, *La Revolución de Mayo*... (1920), I, 417-430. Apéndice, doc. 3. Procede del AGNBA, Hacienda, exp. 1991, leg. 75. Y en *Vida y escritos*... (1946), doc. Nº 15 del Apéndice, pp. LVI-LVIX.

[135] Las críticas a las disposiciones del nuevo código las concretaba Villava así: "trastornar la jurisprudencia de los contratos, variar las de las últimas voluntades, reformar el orden judicial y el método de los recursos, quitar facultades a los Tribunales; abolir fiestas de iglesias, refundir el arancel eclesiástico, y lo que es peor, aumentar millares de indios para el servicio forzado de las minas de Potosí".

[136] R. Levene, *La Revolución de Mayo*... (1920), I, 431-432. AGNBA, Hacienda, exp. 2045, leg. 78. *Vida y escritos*... (1946), Doc. Nº 16 del Apéndice, pp. LXIV-LXV AGNBA, División Colonia. Sección Gobierno. Hacienda. 1796. Leg. n. 78, exp. 2045. S. 9. C. 37. A. 3. Nº 8. "En el expediente de la nueva mita de Potosí le han sido al Fiscal muy sospechosas las gestiones del Subdelegado", "como Juez Territorial no hizo la oposición que exigía la justicia" (a la nueva mita).

[137] R. Levene, *Vida y escritos*... (1946), pp. LXV-LXVI, doc. Nº 17 del Apéndice, misma procedencia indicada en la nota anterior.

[138] *Ibid.*, pp. LXVI-LXXIV. AGI, Charcas 426.

[139] Procede de AGNBA, Interior, leg. 38, exp. 916. Dice que esos curacas son perseguidos "únicamente porque han defendido los derechos de su libertad fundados en una orden del Soberano que ha desobedecido el Sr. Gobernador de Potosí, como desobedece todas las que no se dirigen a aprobar sus ideas".

[140] Academia de la Historia. Madrid. Colección Mata Linares, t. 38.

[141] Academia de la Historia. Madrid. Colección Mata Linares, t. 10, fols. 215-237. En el mismo t. 10 se halla otro papel, del que no conservo anotaciones, sobre la Nueva Ordenanza de Minería formada por Sanz y Cañete bajo el título de Código Carolino y si ha de intervenir y cómo el Protector de Naturales y el Fiscal. Mayo 19 y 26, 1794.

[142] Academia de la Historia. Madrid. Colección Mata Linares, t. 37, penúltimo papel del tomo.

[143] *Ibid.*, t. 37, último papel del tomo.

[144] Los cita R. Levene, *La Revolución de Mayo*... (1920), I, 64, nota 1, y los publicó Gabriel René Moreno, "La Mita de Potosí en 1795", *Revista Chilena*, VIII, 391 y ss.

[145] Cfr. R. Levene, *La Revolución de Mayo*... (1920), I, 59, 60, y Apéndice 2, p. 415. Las fuentes proceden del AGNBA, Hacienda, leg. 78, exp. 1991. Y Hacienda, leg. 83, exp. 2147. *Vida y escritos*... (1946), p. 25 y ss. Véase *supra*, p. 110 n. 133.

[146] R. Levene, *La Revolución de Mayo*... (1920), I, 62-63. AGNBA, Hacienda, exp. 1991, leg. 78. *Vida y escritos*... (1946), p. 28 y ss.

[147] Academia de la Historia. Madrid. Colección Mata Linares, t. 37. Acerca de esta Representación, dice R. Levene, *Vida y escritos*... (1946), pp. 26-27: "El 1º de marzo (1795) Paula Sanz —asesorado de Pedro Cañete— formuló una prolija réplica que, como se sospecha, más derechamente iba dirigida al Fiscal que a los curas doctrineros. En este nuevo escrito —no exento de ilustración jurídica— plantéanse importantes cuestiones de orden judicial y político en punto a la competencia y jurisdicción de las magistraturas. Protesta Paula Sanz de las extralimitaciones de la Audiencia, que pretendía conocer en asuntos de mero gobierno, inherentes a las funciones de Gobernadores y Virreyes. Con respecto a la querella de los curas doctrineros, dice que la remisión de los indios a la Mita los libertaba "del injusto servicio que han sufrido hasta ahora", quitándose "a los curas aquel número que tenían de más de lo convenido en la permisión de las leyes". Invoca la autoridad de Solórzano para sostener que los encomenderos, como los curas o pastores, no pueden fundar la posesión de los servicios personales contra los principios de derecho natural o positivo que prohíban expresamente los hechos que quiera defender el poseedor. Declara extensamente contra la esclavitud disimulada del indio en los curatos, donde se quebranta, dice, "el derecho divino que da acción aun a los bueyes para ser alimentados por el Labrador que los ocupa". En la nota refiere Levene que algunos caciques principales de Chayanta se presentaron al Gobernador Intendente de Potosí, quejándose de las venganzas de que eran objeto los indios por parte de los curas doctrineros. En algunos puntos, los curas reunían parcialidades de indios, incitándolos a conjurarse contra sus caciques. AGNBA, División Colonia. Sección Gobierno, Hacienda 1797, leg. 83, exp. 2,147, S. 9, C. 37, A. 4, Nº 5.

[148] AHM. Colección Mata Linares, t. 38, penúltimo papel del tomo.

[149] *Ibid.*, t. 38, último papel del tomo. En el t. 39 se hallan documentos que acompañaban al Informe de Paula Sanz de 26 de abril de 1795, y que son los siguientes: Sobre que se cumpla la asignación de mita hecha a Orueta y Jáuregui. Prohibición de azotar a los indios los curas. Curas de Chayanta. Mita Orueta-Jáuregui. Exceso de derechos en Chayanta por el entierro de un indio contra el cura de Pomacalle. Primera Real Provisión de la Audiencia amparando a los curas de Chayanta en los indios destinados a su iglesia. Segunda Real Provisión mandando no hacer novedad en la antigua mita. No hay alborotos en Chayanta. Recursos de la Azoguería de Potosí

acerca de la Providencia de la Real Audiencia y posesión en que solicitan se les mantenga de la mita. Potosí, 26 de abril 1795. En el t. 40, Oficio del Intendente Sanz remitiendo al Rey varios documentos concernientes a la visita de Chayanta sobre los cargos deducidos a favor de la fábrica de las iglesias contra los curas. Pliego suelto. En el t. 41 vienen Oficios y comunicaciones de D. Matías Terrazas, Comisionado por el Arzobispo de Charcas para la visita del Partido de Chayanta, y de D. Manuel José Vélez, que lo era por el virrey de Buenos Aires y Protector de indios, de varias cosas, mitas, etc. Año 1797. Tienen relación los papeles de este tomo con el asunto de los curas y jurisdicciones.

[150] *Ibid.*, t. 38, antepenúltimo papel del tomo.
[151] AHM, Colección Mata Linares, t. 10, fol. 237.
[152] AHM, Colección Mata Linares, t. 10, papel 1, fol. 241.
[153] AHM, Colección Mata Linares, t. 10, papel 2, fols. 247-270.
[154] *Ibid.*, t. 10, fols. 295-305.
[155] *Ibid.*, t. 10, fols. 270-295.
[156] *Ibid.*, t. 10, fol. 305.
[157] *Ibid.*, t. 10, fol. 314.
[158] *Ibid.*, t. 10, fol. 321.
[159] *Ibid.*, t. 10, fol. 323.
[160] AHM, Colección Mata Linares, t. 40.
[161] *Ibid.*, t. 40.
[162] *Ibid.*, t. 40.
[163] *Ibid.*, t. 40.
[164] *Ibid.*, t. 40.
[165] *Ibid.*, t. 41, fol. 425.
[166] *Ibid.*, t. 41, fol. 416. En el mismo tomo, fol. 504, figura en el expediente de mita de Jáuregui y Orueta un papel sobre servicios de iglesias y curas.
[167] *Ibid.*, t. 40.
[168] *Ibid.*, t. 40, papel suelto.
[169] *Ibid.*, t. 40, papel suelto. R. Levene, *La Revolución de Mayo...* (1920), I, 63, hace referencia a la orden de 1797 que mandó suspender la nueva mita en favor de D. Nicolás Urzánigui. Paula Sanz la atribuye al fiscal de Charcas, quien había jurado extinguir la mita, lo que destruiría a Potosí, al Gremio de Azogueros y a los dueños de ingenios. Dice esto en comunicación al virrey y que no se determina a cumplir la orden virreinal hasta que la Superioridad se la ratifique expresamente. AGNBA, Hacienda, leg. 84, exp. 2184. Después de muchas comunicaciones de Paula Sanz y de Villava, se reiteró el mandato de suspensión de dicha mita, con exasperación de Sanz. Éste dirigió escrito al virrey diciendo que él no era azoguero y que defendía los intereses del Estado. AGNBA, Hacienda, leg. 97, exp. 2527.
E. Martiré, *El Código Carolino...*, cit., I, 149, confirma que el 22 de noviembre de 1797 se expide Real Orden fechada en San Lorenzo reiterando que se cumpla la suspensión de las mitas nuevas, según se había decretado por la R. O. de 3 de agosto del año anterior.
[170] Cfr. José María Ots Capdequí, *Manual de Historia del Derecho Español en las Indias y del Derecho propiamente Indiano*, Buenos Aires, Facultad de Derecho y Ciencias Sociales. Instituto de Historia del Derecho Argentino, 1943, 2 vols., II, 122-128. *Supra*, II, 214.

[171] Esta obra permanecía manuscrita en varias copias, de las que consulté la conservada en la Academia de la Historia. Madrid. Colección Mata Linares, tomos 31-32. Sobre otros ejemplares, véase Marie Helmer, "Potosí à la fin du xviiime siècle...", *Journal de la Société des Américanistes*. Nouvelle Série. XL (Paris, 1951), 21-50, en particular la p. 39. El proyecto de Cañete se componía de un cuerpo de leyes en cuatro libros, 56 títulos *(sic)*, y 1,111 artículos; eran tres tomos en folio. AGI, Charcas 694. Ahora ya se cuenta con el estudio y publicación del códice por Eduardo Martiré, *El Código Carolino de Ordenanzas Reales de las Minas de Potosí y demás Provincias del Río de la Plata (1794), de Pedro Vicente Cañete*, Buenos Aires, Talleres Gráficos Mundial, 1973-74, 2 vols. Cañete llegó a Potosí en 1785 (I, 255), y tuvo el cargo de Teniente Letrado Asesor de la Intendencia de Potosí (I, 9). El editor sigue el Ms. conservado en AGI, Charcas 697 y 694 y la copia trunca (sólo se conservan los libros III y IV y el Índice) en AGNBA, Sala IX, 27-2-3. Aunque tenía conocimiento de la copia completa de la Colección Mata Linares en la Academia de la Historia de Madrid, Legs. 31 y 32, no pudo fotocopiarla. En la edición de Martiré, el vol. I contiene el estudio histórico-jurídico y el Índice General del Código; el vol. II incluye el texto dividido en cuatro libros, 49 títulos y 1,111 ordenanzas. El estudio preliminar de Martiré abarca: I. La adaptación al Río de la Plata de la Real Ordenanza de Minas de Nueva España (proyectos de Pino Manrique y de Cañete, con noticias y bibliografía acerca del estado de la minería altoperuana en el siglo xviii). II. El contenido del Código Carolino. III. Conclusiones.
[172] E. Martiré, *El Código Carolino de Pedro Vicente Cañete*, Buenos Aires, 1973, I, 54, nota 26, ofrece las siguientes referencias sobre la terminología minera: Carlos F. Stubbe, *Vocabulario minero antiguo. Compilación de términos antiguos usados por los mineros y metalurgistas en América Ibérica*, Buenos Aires, 1945. Y el *Glosario de voces relativas al trabajo minero* compuesto por Gunnar Mendoza y publicado en Luis Capoche, *Relación general de la Villa Imperial de Potosí. Un capítulo inédito de la Historia del Nuevo Mundo*. Madrid, Atlas, 1959 (Biblioteca de Autores Españoles, vol. CXXII), pp. 198-208.
[173] E. Martiré, *El Código Carolino...*, cit., I, 103-132, tiene presente la oposición al Nuevo Código, entre otros, de Juan José de la Rúa, Solicitador Fiscal y Protector Sustituto en Potosí (p. 106), del Fiscal en Buenos Aires, Francisco Manuel Herrera (p. 120), de D. Joaquín de la Quintana (p. 125), y del Arzobispo de Charcas, fray José Antonio de San Alberto (p. 132).
[174] Esta ordenanza 3 comienza así (ed. E. Martiré, II, 116): "Presupuesta la repugnancia que los indios muestran al trabajo y que no se puede excusar el compelerlos porque así les conviene a ellos mismos, a su propia conservación y al bien general del Estado, se introdujo y fue permitido el servicio personal con la calidad inseparable de ser bien tratados y defendidos de todo agravio, exceso y vio-

lencia, para que viviendo sin opresión y con todo el alivio compatible con su trabajo, fuese más justificada y tolerable esta obligación sin nota ni ocupación de esclavos."

[175] La citada ley 11, tít. 7, lib. VI de la *Recopilación* dispone, con base en lo mandado por D. Felipe III en Aranjuez a 26 de mayo de 1609, "Que sobre enterar los caciques el repartimiento no se les haga agravio." Y en el cuerpo de la ley se dice que: "Por estar despobladas algunas provincias, no pueden los caciques enterar el repartimiento que les toca, y las Justicias y dueños de minas los fuerzan a que a su costa alquilen y cumplan el número de indios que les faltan, en que reciben grande perjuicio y daño digno de remedio: Ordenamos y mandamos a los Virreyes y Presidentes Gobernadores, que si en esto hubiere algún exceso, lo remedien, y no permitan que a los caciques se les haga agravio."

[176] La ley 22, tít. 9, libro VI de la *Recopilación*, citada, con base en lo ordenado por D. Carlos y los Reyes de Bohemia, Gobernadores, en Valladolid a 7 de febrero de 1549, dispone: "Que los encomenderos, secuestros *(sic)*, o depositarios de indios no los echen a minas." Se lee en el texto: "Ninguna persona que tuviere indios en encomienda, o administración, secuestro, o depósito, ni en otra forma, directa, ni indirectamente, sea osada de echarlos a minas para sacar oro, ni plata, pena de perdimiento de la encomienda, y más cien mil maravedís, que aplicamos a nuestra Real Cámara, Juez y Denunciador."

[177] AHM, Colección Mata Linares, t. 40, sin foliación pero le correspondería el folio 60. En la misma Colección, t. 41, viene también "Extracto de la Consulta hecha a S. M. por la Junta de los tres ministros del Consejo de Indias nombrados para examinar las Ordenanzas de Minería del Perú, asuntos de mita y demás incidencias". Marzo 8 de 1797. E. Martiré, *El Código Carolino...*, *cit.*, I, 133-148, trata de la formación de la Junta de Miembros del Consejo de Indias por el Ministro Gardoqui. El 8 de junio de 1796 comunica a los Ministros del Consejo Jorge Escobedo, Juan Gutiérrez de Piñeres, Tomás Álvarez de Arenales y Jorge Salcedo, que el Rey había dispuesto designarlos para que examinaran el Código Carolino, los varios asuntos remitidos al Consejo y a S. M. contra esa obra y demás cuestiones de Potosí. El 27 de junio ya recomendaba la Junta que se suspendiesen todas las nuevas providencias y, sin alterar ni innovar las antiguas ordenanzas, se esperase la final resolución. El 8 de marzo de 1797 presentó circunstanciado informe de los asuntos sometidos a su consideración. (Cita en la p. 133), nota 60, y en la p. 135, AGI, Charcas 694, ms. orig., la Junta había formado un volumen de alrededor de nueve mil folios, dividido en ocho legajos indicados con las letras A a H. AGI, Charcas 426 [copia]. Extracto del informe en AGNBA, Manuscritos de la Biblioteca Nacional, Leg. 289. Doc. 4386). El dictamen contiene críticas en general y en particular del proyecto de Cañete. En cuanto a la mita, estima que ni el Fiscal de Charcas ni el Gobernador de Potosí o su Asesor Cañete han adelantado una línea en

el asunto, todo está como cuando en 1732 se libró real cédula mandando continuar la mita y que se observen las providencias que estaban dadas para su gobierno (pp. 141-142). Después del dictamen de la Junta estudió el expediente el designado Oidor de la Audiencia de México, don Rafael Antonio Viderique, vero Martiré no conoce su dictamen (pp. 149-150).

[178] Una impresión más favorable se forma de ella E. Martiré, *El Código Carolino...*, *cit.*, I, 149: "Los ministros demuestran a través de su informe un hábil manejo de la función de gobierno y un serio conocimiento de los asuntos sometidos a su dictamen. Con maduro criterio adoptan la posición equidistante, que no contradice las luces del siglo y que mejor se acomoda a los acontecimientos."

[179] Cfr. R. Levene, *Ensayo histórico sobre la Revolución de Mayo y Mariano Moreno*, Buenos Aires, 1920, 2 vols., I, cap. 4, pp. 72-88.

[180] R. Levene, *op. cit.*, I, 435-458, reproduce ese escrito como antes había prestado atención a los de Villava, según hemos visto.

[181] Así lo observa M. Helmer, "Potosí à la fin du xviiime. siècle...", *cit.*, p. 45, como muestra del fracaso de la reforma intentada por Villava.

[182] Academia de la Historia. Colección Mata Linares, t. 68.

[183] New York Public Library, Spanish Mss. 110. Rich. 87. Folio. 85 hojas.

[184] Cfr. R. Vargas Ugarte, *Historia General del Perú...* (Lima, 1966), V, 154-175.

[185] Cfr. Ramón Serrera Contreras, "Estado económico de la intendencia de Guadalajara a principios del siglo xix: la 'Relación' de José Fernando de Abascal y Sousa de 1803", *Jahrbuch für Geschichte von Staat, Wirtschaft und Gesellschaft Lateinamerikas*, 11 (1974), 121-148.

[186] Academia de la Historia. Colección Mata Linares, t. 69. No conservo anotación suficiente de este texto. Sobre la adaptación que hizo Escovedo para el Bajo Perú de las Ordenanzas de México, la cual obtuvo la aprobación Real el 7 de octubre de 1786, véase *supra*, p. 69, y E. Martiré, *El Código Carolino...*, *cit.*, I, 146-147, nota 69: el virrey Gil y Lemus introdujo algunas modificaciones a las 56 declaraciones de Escovedo y recibió el encargo de redactar nuevas ordenanzas por Real orden de 1791. Cita también la Colección Mata Linares, Leg. 69, fols. 92-122v.

[187] *Ibid.*, t. 77, n. 34.

[188] *The Huancavelica Mercury Mine. A Contribution to the History of the Bourbon Renaissance in the Spanish Empire*. Cambridge, Mass., Harvard University Press, 1941. El Informe del que tratamos en el texto lo toma Whitaker de un expediente formado por el Gobernador Ribera, que se conserva en New York Public Library, Ms. Division, "Huancavelica Mercury Mine". Volumen empastado.

[189] Cfr. R. Vargas Ugarte, *Historia General del Perú...* (Lima, 1966), VI, 16-36. Sobre la abolición del tributo, véase *infra*, p. 161. Las Cortes de Cádiz eximieron del tributo a todos los indios de América e inclusive a las castas. *Diario de las Cortes*, IV, 193, y *Colección de Decretos*, I, 89. Recuérdese, *supra*, p. 98, que en 1812 se dictó una "Instrucción

provisional del método con que deben repartirse a los indios del virreinato del Perú, las tierras... a consecuencia de la declaración... relativa a la extinción del tributo...". Cfr. asimismo Demetrio Ramos. *Las Cortes de Cádiz y América*, Madrid, 1963. C. Armellada, *La causa indígena americana en las Cortes de Cádiz*, Madrid, 1959.

[190] La primera edición del *Discurso* se hizo en Londres, en 1812, con prólogo de Don Vicente Rocafuerte. Se ha reimpreso bajo el mismo título de *Discurso sobre las mitas de América*, con notas y glosas por el Dr. Abel Romeo Castillo, en Guayaquil, Imprenta de la Universidad, 1947, 39 p. (Biblioteca Mínima de Ecuatorianidad. Divulgaciones de la Universidad de Guayaquil y del Comité "Olmedo", Nº 4). El anotador estima que el decreto de las Cortes de Cádiz que abolió las mitas fue una consecuencia del discurso de Olmedo. Sobre la participación del diputado centroamericano del que luego se habla, téngase presente la obra de Ricardo Gallardo, *Las constituciones de la República Federal de Centroamérica*, Madrid, 1958 (Instituto de Estudios Políticos), 2 vols. I, 125-126, donde, al estudiar en el cap. IV las intervenciones y proposiciones de los diputados centroamericanos ante las Cortes, en 1810-1814, señala que el delegado costarricense (fray Florencio del) Castillo, en sesión de 4 de abril de 1812, propuso la abolición del servicio de mitas en América, y se adhirió el diputado de Guatemala Antonio Larrazábal y Arrivillaga. Cita la sesión del 12 de octubre de 1812. *Diario de Sesiones*, pág. 3,867. Sobre la sesión del 8 de noviembre de 1812, pág. 3,080. Véase también Eliseo Pérez Cadalso. "Precursores indigenistas: José Cecilio del Valle", *América Indígena*, XXXVIII-3 (México, D. F., julio-septiembre, 1975), 739-749.

[191] Edic. de Guayaquil, 1947, p. 33.

[192] Biblioteca Nacional. Madrid. 1/33783-86. *Colección de los decretos y órdenes que han expedido las Cortes Generales y extraordinarias desde su instalación*. Cádiz, Imprenta Real, 1811-1813, 4 vols., III, 148-150. El *Diario de las Cortes* se encuentra en la misma Biblioteca Nacional, 4/280 y ss.

[193] Ricardo Donoso, *Un letrado del siglo XVIII, el doctor José Perfecto de Salas*, Buenos Aires, 1963, I, 311, observa que la mayor parte de las anotaciones que aparecen en la edición de la *Recopilación de las Leyes de Indias* hecha en Madrid en 1841 por el editor Ignacio Boix, coinciden con las conservadas en Libro Anónimo que lleva el número 345 en la Sala Medina de la Biblioteca Nacional de Santiago de Chile, y que atribuye al Dr. Ramón de Rozas. En el Título doce, *Del servicio personal*, la parte final de la glosa de la ley 21 de este título de la *Recopilación*, no está en el libro anónimo, y dice así: "Por fin llegó el momento de que las mitas fuesen en el todo abolidas por decreto de las Cortes generales y estraordinarias, expedido en 9 de noviembre de 1812, y es en consecuencia de ello que ya no hay mita de repartimiento, faltriquera, etc." (I, 330). Donoso señala que después de la muerte del virrey del Perú, Marqués de Osorno, ocurrida en marzo de

1801, Rozas permaneció algún tiempo en Lima, pero en 1803 emprendió viaje a España. En junio de 1810 hizo una relación de sus méritos y servicios, fechada en Cádiz, presentada al Consejo, seguramente en apoyo de alguna petición. Muchas glosas aluden a los decretos y resoluciones de las Cortes generales y extraordinarias de Cádiz, por ejemplo, las que derogaron la prohibición de plantar viñas, las que trataron de cortar de raíz los abusos y vejaciones que sufrían los indios, y la que abolió la mita, que revelan que Rozas siguió con interés los debates de aquéllas (I, 312-313).

Donoso difiere de algunas de las conclusiones a que llegó Aniceto Almeyda en su artículo "La glosa de Salas", publicado en la *Revista Chilena de Historia y Geografía*, Santiago de Chile, 1940; Almeyda estima que el comentario de las leyes de Indias comenzado por Salas fue continuado por el que habría de ser su yerno —por haber casado hacia 1785 con una de sus hijas, doña Francisca—, don Ramón Martínez de Rozas, o Ramón de Rozas, como él firmaba (I, 310). Para Donoso la glosa de Salas quedó abandonada apenas iniciada (I, 298). Almeyda concluye que los trabajos de Salas contribuyeron al Catálogo de Matraya y Ricci, y forman la Glosa Magna de la *Recopilación*, y que esos trabajos fueron continuados por otros dos juristas (Rozas y un jurista de Guatemala), p. 27. Posteriormente identificó a este jurista como el guayaquileño Dr. Miguel Juan Moreno y Morán (*Revista Chilena de Historia y Geografía*, núm. 123). Como Salas falleció en diciembre de 1778, es indudable que la glosa sobre la mita a la que arriba hacemos referencia fue de un continuador de los comentarios.

[194] E. Martiré, *El Código Carolino...*, cit., I, 72-73, 75, 100-102. El escrito de Del Pino se conserva en AGI, Lima 1351.

[195] Ms., Año de 1814. Museo del Virreinato. Lima. Sección I. Inquisición.

[196] El texto ha sido publicado por Vicente Rodríguez Casado y José Antonio Calderón Quijano, *José Fernando de Abascal y Sousa, Virrey del Perú, 1806-1816, Memoria de Gobierno*, Sevilla, 1944 (Escuela de Estudios Hispano-Americanos, I), 2 vols. En la Introducción de su Memoria (p. 3), considera Abascal que las tristísimas circunstancias de la América del Sur, atacada unas veces por enemigos exteriores y conmovida otras en varios puntos interiormente, deben reputarse como la más desgraciada ocasión para estos países, por lo que han tenido que sufrir, y aun para el mismo Gobernador, que pudiendo emplear sus miras, su poder y sus talentos en realizar ideas beneficiosas, ha tenido que convertir sus esfuerzos en los de severidad y castigo. No deja de reconocer (p. 6), que la rivalidad entre los españoles de este país (es decir, los criollos) y los peninsulares es tan cierta como inveterada. Ha sido la piedra de escándalo sobre la cual se han echado los cimientos a la cruel revolución que devora los Pueblos de la América. Estima que es urgente dar ocupación, entre otros que no la tienen, a la clase más menesterosa, cual es la de los mes-

tizos, que excluida de los empleos por la ley, sin el beneficio de tierras que han disfrutado los originarios, y sin arbitrios, de que los ha privado el abatimiento del precio de sus tejidos por el contrabando, cuando no sea la insurrección el delito a que han de acogerse para vivir, serán otros sus crímenes, perjudiciales a la sociedad y al orden que en ella se requiere. Recomienda facilitar los medios de que el patrimonio de los pobres, que son sus brazos, se empleen con utilidad común. Éstas han sido las miras y principal atención de su Gobierno, allanándoles la senda de su felicidad y protegiendo los demás ramos de necesaria aplicación al trabajo de los naturales.

[197] En la Tabla que adjunta se aclara que hubo un aumento en el importe del oro, de 502,460 pesos, y una disminución en el de la plata, de 168,903 pesos.

[198] El restablecimiento del tributo dio lugar a un informe de José Baquíjano y Carrillo, Conde de Vista Florida, fechado en Madrid, el 10 de enero de 1815, sobre el modo más conducente de imponer contribuciones a los indios del Perú. AGI, Audiencia de Lima, leg. 1017. C. D. Valcárcel, *Fuentes...*, Caracas, 1974, pp. 381-383. Opina Baquíjano que el punto de mayor gravedad e importancia que puede ocurrir en las actuales circunstancias de la América es el restablecimiento del tributo, mandado extinguir por decreto de las nombradas Cortes extraordinarias de 13 (o 15) de marzo de 1811, pues del modo con que esto se execute resulta o la tranquilidad general de aquellas Provincias o su universal alteración. Que debe haber Tributo o una pensión que con otro nombre llene el vacío que siente la Real Hacienda, y cubra las necesarias pensiones que gravan sobre este Ramo, es de una inevitable necesidad: mas del modo con que esto deba hacerse, sin que el indio se resienta de esa degradación a que ha de creer se le condena, desigualándolo del español, al que no se cobra pensión cierta y fixa, es obra de la prudencia y discreción. El total de indios que abrazan las 8 Intendencias del Virreinato del Perú con los tres Gobiernos de Guayaquil, Chiloé y Quixos que les son agregados es el de 992.028 personas, de las que rebajándose las mujeres, los que no han cumplido 18 años y los que han pasado de 50, y los que por otras particulares causas son exceptuados de ellas, quedan sólo efectivos tributarios 204.909 contribuyentes. Éstos satisfacen 1.235.781 pesos, de los que rebajados por sínodo de curas, 4% señalado de cobranza, asignación a Hospital y escuelas, encomiendas al Escorial, Convictorio de San Carlos y algunas familias beneméritas, cuyas cargas componen la cantidad de 472.584 pesos, quedaba líquido sobrante anual a la Real Hacienda 767.197 pesos, partidas ambas de consideración y sin cuyo reemplazo se desorganiza enteramente aquel Reino. Para evitar este inconveniente y las resultas que pueden sobrevenir de un absoluto restablecimiento, parece conveniente que éste se haga con la expresión de que continúe por ahora e interin que se procede al Reparto de Tierras entre los mismos indios, sobre los que debe recargar la pensión que se señalase, según la ma-

yor o menor fertilidad de ellas, escasez o abundancia de aguas y demás circunstancias que hacen a unas más apreciables que otras. Esta sola cláusula, añadiéndose que este repartimiento deberá hacerse con intervención de sus caciques y principales y personas de su entera confianza, haciéndose la recaudación y cobro para el entero de Reales Caxas por sus alcaldes y mandones, destierra todo motivo de descontento, y entra el indio con el mayor gusto y placer en esa medida: lo primero, porque se invierte esa humillante voz de Tributo en una pensión real que no afecta a la persona sino al fundo, y lo segundo, porque el indio ve cumplido su más ardiente deseo y que prefiere a todos los demás, que es tener un pedazo de tierra y llamarse propietario de ella. Aumenta también al Real Erario en una progresión triplicada pues ya ha dicho que las mujeres no pagan, ni los nobles, ni los empleados en cargos de justicia y servicio de la iglesia, ni los menores de 18 años ni los mayores de 50, mas siendo la pensión sobre las tierras, no hay exceptuado alguno: mujeres, niños, ancianos, todos entran, pues el privilegio es concedido al individuo, no a los bienes o fundos de éste. La Real Hacienda ahorra anualmente 30.000 pesos a que se calcula ascienden los gastos de revista: cada cinco años deben matricularse los indios tributarios para numerarse los que llaman entrantes, esto es que han cumplido 18 años, y los salientes que han pasado de los 50: esta operación es un semillero de fraudes, corrupción y mala fe, pues se alteran los años en ventaja de unos y perjuicio de otros. La asignación y mensura de tierras es laboriosa, exige mucho tiempo y tino, debe irse practicando no a un mismo tiempo sino paulatinamente por provincias, y establecidas en una se demuestra por la experiencia la utilidad o desventaja de este pensamiento, que de contado en nada perjudica, pues ya se ha dicho que como de necesidad urgente el Tributo debe continuar pagándose, como se practicaba antes del "intempestivo decreto de las Cortes".

Por lo que toca a la supresión del tributo en el Perú mediante decreto de Don Ramón Castilla expedido en 1854, cfr. E. Torres Saldamando, *Libro primero de Cabildos de Lima*, París, 1900, 3 vols., II, 127. Y lo dicho *supra*, p. 74, nota 104 *in fine*.

Las investigaciones de Nicolás Sánchez-Albornoz pueden ahora consultarse en su obra que lleva por título: *Indios y tributos en el Alto Perú*, Lima, Instituto de Estudios Peruanos, 1978. Historia Andina, 6, en particular en el capítulo denominado: "Tributo abolido, tributo repuesto. Invariantes socioeconómicas en la época republicana", p. 187 y ss.

[199] Estos tres párrafos provienen del resumen de la situación que ofrece R. Vargas Ugarte, *Historia General del Perú* (Lima, 1966), V, 179, 182; 195, 206-207.

Corresponde a este período un concienzudo Informe sobre la pesca de la Ballena, del que es autor Hipólito Unánue, Protomédico del Perú y Director del Colegio de Medicina de San Fernando del Rey. La firma en Madrid, el 15 de octubre de 1814. AGI, Audiencia de Lima, leg. 748, 41 ff. C. D.

Valcárcel, *Fuentes...*, Caracas, 1974, p. 367. Dice que en 1790 se otorgó la concesión a los ingleses, que obtuvieron una gran fortuna: una entrada anual de nueve millones por concepto de pesca entre ingleses europeos y americanos, que constituye el duplo de lo que producen las minas de oro y plata del Perú. Estima necesario evitar que Gobernadores arbitrarios arruinen intentos positivos y cita el perjuicio que sufrió José Helm, el primero que quiso abrir a la Nación este tesoro del Océano. Esto ha creado desconfianza y perjudicado al Estado. Menciona los intentos del virrey Fernando de Abascal por establecer la pesca. El contrabando nacido con el pretexto de la pesca está aniquilando las fábricas del país, ha originado la pobreza y movido a la insurrección a familias sin recursos para subsistir, y que con ellos habrían seguido en la quietud en que vivían. Recomienda que progresivamente la pesca de la ballena sea hecha por gente del país y se venda a precio menor el aceite y la esperma, adoptándose los procedimientos utilizados por Francia, Dinamarca y otras potencias marítimas, lo que traerá muchas ventajas al Perú.

[200] Cfr. *Joaquín de la Pezuela, Virrey del Perú, 1816-1821. Memoria de Gobierno.* Edición y prólogo de Vicente Rodríguez Casado y Guillermo Lohmann Villena. Sevilla, 1947. (Escuela de Estudios Hispano-Americanos, XXVI), pp. 15, 17-18, 86. Es de observar que la extensa Memoria de Abascal citada *supra*, p. 165, nota 196, está en su portada dirigida a Pezuela.

[201] *Ibid.*, p. XXV del prólogo y 161 del Diario. Sin embargo, desde el 15 de enero de 1817 anota Pezuela en su Diario que empezó la primera corrida de toros en la Plaza Mayor de Lima, según la costumbre antigua de hacer la ciudad tal obsequio a un virrey nuevo; se corrieron cinco por la mañana y quince por la tarde. La noche antes, de ocho a nueve, hubo fuegos artificiales en la plaza, etc., p. 104.

[202] *Ibid.*, p. 75.

[203] Jorge Basadre, "El Perú actual", *Tierra Firme*, núm. 3 (Madrid, 1935), p. 51.

[204] *Ibid.*, p. 50.

[205] Miguel Mejía Fernández. "El problema del trabajo forzado en América Latina", *Revista Mexicana de Sociología*, Año XIV, Vol. XIV, Nº 3 (México, D. F., 1952), pp. 341-375.

[206] Citados por Lewis Hanke, *Las teorías políticas de Bartolomé de las Casas*, Buenos Aires, 1935, p. 43, nota 3: el Sr. Grimshaw de la Oficina Internacional del Trabajo informó en 1928 que en una parte de África había muerto el 94% de los nativos reclutados para los trabajos forzosos. En el mismo lugar se citan otras noticias y la bibliografía siguiente: W. Paton, *Christianity and Growth of Industrialism in Asia, Africa and South America*, Oxford, 1928, p. 5. Baron Lugard, "Native Policy in East Africa", *Foreign Affairs* (New York, oct. 1930). Robert Gesner, *Massacre*, New York, 1931. Lady Simon, *Slavery*, Londres, 1929 (que dice haber 4 millones de esclavos en los días en que escribe).

La bibliografía sobre el tema ha seguido siendo nutrida, mas no la hemos apuntado hasta el presente.

[207] John Carter Brown Library. S. 17 f. Providence, Rhode Island. La portada ocupa un folio recto. Siguen 28 folios, todos con sus vueltas, menos el 28 que sólo tiene recto. Y un folio más con recto y vuelta de "Autos e instrumentos que se presentan con este Memorial". (Los documentos no vienen, es sólo la lista de ellos.) Es un papel impreso. Con la portada son en total 58 hojas escritas.

[208] En relación con la serie de cédulas citadas en el texto, es de tener presente que en la obra de Richard Konetzke, *Colección de documentos para la historia de la formación social de Hispanoamérica, 1493-1810*, Madrid, Consejo Superior de Investigaciones Científicas, 1958, vol. II, segundo tomo (1660-1690), núm. 528, p. 776, se recoge una Real cédula al Gobernador de Venezuela, ordenándole haga que se quite el servicio personal de los indios, fechada en Buen Retiro el 20 de mayo *(sic)* de 1686. Procede de AGI, Audiencia de Santo Domingo 875, libro 22, fol. 258v. Está dirigida a D. Diego de Melo Maldonado. En ella se le dice que en 28 de mayo de 1672 y 12 de diciembre de 1676 se expidieron las cédulas del tenor siguiente (el mismo Konetzke reproduce, bajo el núm. 398, p. 579, la dada en Madrid, el 28 de mayo de 1672, en la que se citan las anteriores de 26 de mayo de 1609, 3 de julio de 1627 y 27 de junio de 1662, que corresponden a los núms. 103 y 104, y 196, de la Colección del mismo Konetzke, relativas al servicio personal en el Perú y Nueva España). Ahora bien, la dirigida a Venezuela desde Madrid, el 28 de mayo de 1672, que se manda a D. Fernando de Villegas, Gobernador y Capitán General de esa provincia, dice que Don fray Antonio González, de la Orden de Predicadores, electo Obispo de la ciudad de León de Caracas, ha representado que en los confines de su diócesis permanece mucho número de indios gentiles fuera del gremio de la iglesia y se ha hecho imposible la reducción por los agravios y esclavitud que padecen; pide que se guarden las cédulas que miran a prohibir el servicio personal de los indios, y dice que en contravención de esto no sólo los sujetan al servicio personal sino que los venden por esclavos y los dan a diferentes personas para su servicio. El Rey manda que se guarden las cédulas en que se prohíbe el servicio personal de los indios, sin permitir que haya en ello la disimulación y tolerancia que hasta ahora se ha tenido, siendo vasallos libres como todos los demás de las Indias, sin nota de esclavitud ni de otra sujeción más de la que tienen por naturales vasallos, y que sólo se les pueda obligar a que trabajen y para esto salgan a alquilarse a los lugares y plazas públicas para que las personas que los hubieren menester los alquilen y concierten por días o por semanas, pagándoles sus jornales, y que ellos vayan con quien quisieren y por el tiempo que les pareciere, sin que nadie pueda llevarlos por fuerza, ni sin voluntad, tasándoles los jornales; y que a las mujeres no las puedan obligar a que sirvan a nadie, ni las den en servicio personal ni en encomienda ni de otra cualquier suerte. Este texto procede de AGI, Audiencia de Santo Do-

mingo 873, libro 19, fol. 172. El de 20 de mayo de 1686 añade que ahora ha representado persona celosa del servicio Real que sin embargo de la providencia dada en las cédulas insertas han quedado en pie los mismos inconvenientes que antes, por la opresión en que ponen los encomenderos a los indios, violentándolos a trabajar con más continuación y esfuerzo que antes, ofreciéndose grandes dificultades aun en la paga del corto estipendio de medio real que está mandado se les dé, haciéndoles trabajar por este corto jornal los seis días de la semana y dejándoles sólo uno de libertad, tratándolos con más crueldad que si fuesen esclavos, no discurriéndose otro remedio como quitar en el todo el servicio personal de los indios. Vistos los inconvenientes que resultan de mantenerse en esa provincia el servicio personal de los indios aunque sea con la limitación de tres días de trabajo en la semana, a vista de haberse quitado en todas las provincias de la América, ordena el Rey que sin ninguna dilación se quite el servicio personal de los indios de esa provincia sin embargo de lo dispuesto en la cédula de 12 de diciembre de 1676 que deroga en cuanto a esto, guardándose todo lo demás en ella dispuesto, por considerarse que de cualquier género que a los indios se les obligue a trabajar, es ponerlos en ocasión de que los encomenderos usen de ellos como si fueran esclavos, y los indios huyen a los montes. Para que se consiga lo que se dispone en la cédula de 1676 se ocurre con la providencia dada en la de 1672, aquí inserta, y tiene por bien se guarde lo dispuesto en ella, sacándose los indios agregados a los pueblos a las plazas públicas, para que allí se alquilen a su voluntad y por el tiempo y en el precio que quisieren y con quien más gustaren, sin que nadie les pueda obligar a ir más con éste que con aquél, y que paguen al encomendero el tributo con lo que adquirieren de su jornal y trabajo. No se consienta ni corra más en adelante este servicio personal, informando juntamente qué diversidad de indios son los que se dice hay en esa provincia, unos, reducidos a pueblos debajo de encomenderos y doctrineros; y otros, sueltos que sirven a militares como de criados por haberlos entrado a conquistar. Todos gocen de libertad y trabajen libremente con quien se quisieren concertar. Si los encomenderos u otras personas tuvieren algo que pedir, acudan al Consejo de las Indias. La obra de Konetzke no incluye el texto de 1676, pero la de Arcila explica, pp. 235-236, que la cédula de 28 de mayo de 1672 ordenó al Gobernador que se pusiera en libertad a los indios y se quitase el servicio personal. Posteriormente una cédula de 31 de mayo de 1673 urgió el cumplimiento de la anterior; pero el Gobernador y el Obispo representaron que convendría suspender su ejecución hasta que el Obispo saliese a la visita de la diócesis. Habiéndola hecho, reconoció los inconvenientes que podrían resultar de la ejecución de aquella cédula y formó junta de los Cabildos eclesiástico y secular, con algunas personas y prelados, y compuso una ordenanza, con fecha de 30 de mayo de 1675,

en que se ratificaron las de Alquiza y Alcega (de 30 de noviembre de 1609, p. 217), manteniéndose la tributación en servicios. Aquí Arcila cita la Real cédula de 12 de noviembre *(sic)* de 1676. AGI, Copia en la Academia Nacional de la Historia, C., II, 48, f. 172.

Aunque no he tenido a la vista todos los textos completos de las cédulas reales que se citan, son suficientes las indicaciones recogidas para mostrar el esfuerzo de la Corona a fin de convertir las encomiendas de servicio personal en Venezuela en encomiendas de tributo, y dejar el régimen del trabajo reducido a alquileres voluntarios con paga de jornal, si bien los indios son obligados a comparecer en las plazas para concertarse con quien les parece mejor.

Es un proceso semejante al que se desarrolló en otras provincias de las Indias, particularmente en Nueva España y el Perú, a mediados del siglo XVI, en tanto que el episodio venezolano tiene lugar más allá de la mitad del siglo XVII.

[209] Cfr. Baltasar de Lodares, O. M. Cap., *Los franciscanos capuchinos en Venezuela*, Caracas, 1929, I, 212.

[210] Library of Congress. Washington, D. C. Manuscripts. America-Spanish Colonies. Reales Cédulas, 1508-1807, 2 vols. La cédula citada en el texto se encuentra en el vol. I, fol. 193.

[211] La protección de los indios y su reducción a poblaciones interesaron al Fiscal de la Audiencia de Chile, Dr. José Perfecto de Salas, quien decía en informe de 23 de noviembre de 1749: "La protección de los indios en este Reino, se reduce a defenderlos en tres clases de sus bienes: el caudal o censos de sus comunidades, las tierras de sus pueblos y su libertad, reduciendo a lo justo el servicio personal". Cit. por Ricardo Donoso, *Un letrado del siglo XVIII, el doctor José Perfecto de Salas*, Universidad de Buenos Aires. Facultad de Filosofía y Letras, 1963, 2 vols. (I, 63). También, en informe de 5 de marzo de 1750, después de haber visitado la región del sur, estimaba que a los indios sería fácil inducirles a que viviesen en pueblos gobernados por ellos mismos, con el título de Gobernadores, Alcaldes u otros equivalentes, en que no reconociesen alguna sombra de servidumbre, que abominan, y para evitarla sacrificarán hasta la última gota de sangre (I, 122).

En la obra de Donoso (I, 57-58) se hace mención de las dos *Representaciones* que dio a los moldes en Madrid, en 1744, el jesuita Joaquín Villarreal, en las que abogaba por la necesidad de reducir la población a pueblos, a fin de que llevaran una vida cristiana. Calculaba Villarreal en 300,000 el número de indios que vivían entre las islas de Chiloé y las fronteras de Bio Bio, y en 300,000 almas la población española, incluyendo en ella los mestizos y los mulatos. Amunátegui precisa (II, 212) que una de dichas *Representaciones* era en favor de nuevos pueblos de españoles y otra de nuevos pueblos de naturales.

[212] *Leyes y Decretos de 1899*. Quito, Imprenta Nacional, 1900, pp. 191-193. El decreto del 12 de abril se publicó en el *Registro Oficial*, Año V, Quito, 15 de abril de 1899, núm. 837, pp. 6758-6759.

Abreviaturas

A. G. I. Archivo General de Indias, Sevilla.

A. G. N. Archivo General de la Nación, Buenos Aires.

Archivo Histórico de Hacienda. Lima.

Archivo Histórico Nacional. Madrid.

A. H. M. Academia de la Historia. Madrid.

Biblioteca Nacional, Madrid, Mss., Departamento de Manuscritos. R., Sección de Libros Raros. Consúltese: Paz, Julián.

Biblioteca de Palacio. Madrid. Mss. Departamento de Manuscritos. Consúltese: Domínguez Bordona, Jesús.

Cedulario Índico. Véase Ayala, Manuel José de.

Código Carolino. Véase Cañete y Domínguez, Pedro Vicente.

C. D. I. *Colección de Documentos Inéditos para la Historia de España*. Por don Martín Fernández de Navarrete, don Miguel Salvá y don Pedro Sáinz de Baranda. Madrid, 1842-1895, 112 vols.

C. D. I. *Colección de Documentos Inéditos para la Historia de Hispano-América*, Madrid, Compañía Ibero-Americana de Publicaciones, S. A.

Colección Mata Linares. Mss. en la Academia de la Historia, Madrid. Consúltese: Remedios Contreras y Carmen Cortés, Catálogo de la *Colección Mata Linares*, Madrid, Real Academia de la Historia, 1970-1971, 3 vols.

Bibliografía

Acevedo, Edberto Óscar, "Repercusión de la sublevación de Túpac Amaru en Tucumán", *Revista de Historia de América*, 49 (México, D. F., 1960), 85-119.

Acosta, José de, S. J. *De Procuranda Indorum Salute*, Lyon, 1670; hay edic. de la *Biblioteca de Autores Españoles*, t. 73. Madrid, 1954. Tr. de Francisco Mateos, S. J.

Almeyda, Aniceto. "La glosa de Salas", *Revista Chilena de Historia y Geografía*, Santiago de Chile, 1940.
— Véase Donoso, Ricardo, sobre Salas.
— Véase Greve, Ernesto, sobre Lillo.
— Véase Moreno y Morán, Miguel Juan, sobre Salas.
— Véase Rozas, Ramón Martínez de, sobre Salas.

Amunátegui Solar, Domingo. *Las encomiendas de indígenas en Chile*, Santiago de Chile, Imprenta Cervantes, 1909-1910, 2 vols.

Angelis, Pedro de. *Colección de obras y documentos relativos a la Historia antigua y moderna de las provincias del Río de la Plata*. Buenos Aires, 1836-37, 6 vols.
— Véase *Colección de obras, ...,* 1853.

Arcila Farías, Eduardo. *El pensamiento económico hispanoamericano en Baquíjano y Carrillo*, Caracas, 1976. (Colección Repertorio Americano. Consejo Nacinoal de la Cultura. Centro de Estudios Ltinoamericanos "Rómulo Gallegos"). En la p. 65 y ss. reproduce la "Disertación relativa al Comercio del Perú", tomada del *Mercurio Peruano*, N⁹ 23, de 20 de marzo de 1791.
——— *El régimen de la encomienda en Venezuela*, Sevilla, 1957 (Publicaciones de la Escuela de Estudios Hispano-Americanos, CVI).

Armellada, C. *La causa indígena americana en las Cortes de Cádiz*, Madrid, 1959.

Artola, Miguel. "Campillo y las reformas de Carlos III", *Revista de Indias*, XII, núm. 50 (Madrid, octubre-diciembre, 1952).
— Véase Martínez Cardos, José.

Arzáns de Orsúa y Vela, Bartolomé. *Historia de la Villa Imperial de Potosí*. Edición de Lewis Hanke y Gunnar Mendoza. Separata de la Introducción, Prólogo, Tabla de los Capítulos y varios Apéndices. Providence, Rhode Island, Brown University Press, 1965.
— Véase Martínez y Vela, Bartolomé.

Avendaño, Diego de., S. J. *Thesaurus indicus, seu Generalis Instructor pro regimine conscientiae, in iis quae ad Indias, spectant.* Amberes, 1668-1675, 6 tomos.

Ayala, Manuel José de. *Cedulario Índico*, documentación reunida por don ..., conservada en el Archivo Histórico Nacional y en la Biblioteca de Palacio en Madrid. El recopilador formó el *Diccionario de Gobierno y Legislación de Indias,* con referencias al Cedulario Índico, y publicó el Indice del *Diccionario*, en Madrid, en 1792.

Baquíjano y Carrillo, José. "Disertación histórica y política sobre el comercio del Perú", en *Mercurio Peruano,* publicado a partir de 1791.
——— "Historia del Mineral de Potosí", en el *Mercurio Peruano,* publicado a partir de 1791.
— Véase Arcila Farías, Eduardo.

Barriga, Víctor M. Véase *Memorias para la Historia de Arequipa.*

Barry, David, editor de las *Noticias secretas de América,* de Jorge Juan y Antonio de Ulloa, en Londres, 1826.

Basadre, Jorge. *El Conde de Lemos y su tiempo,* Lima, Empresas Eléctricas Asociadas, 1945. Segunda edición, Lima, Ed. Huascarán, 1948.
——— "El Perú actual", *Tierra Firme,* núm. 3 (Madrid, 1935).
——— "El régimen de la mita", *Letras,* Universidad Mayor de San Marcos. Órgano de la Facultad de Filosofía, Historia y Letras (Lima, Tercer Cuatrimestre de 1937), 325-364.

Borde, Jean y Mario Góngora. *Evolución de la propiedad rural en el Valle del Puangue.* Universidad de Chile. Instituto de Sociología, Santiago de Chile, 1956, 2 tomos.

Bowser, Frederick P. *El esclavo africano en el Perú colonial, 1524-1650,* traducción de Stella Mastrangelo, México, D. F., Siglo XXI Editores, 1977.

Brading, David A. y Harry E. Cross. "Colonial Silver Mining: Mexico and Peru", *The Hispanic American Historical Review*, LII-4 (noviembre 1972), 545-579.

Calderón Quijano, José Antonio.
— Véase Rodríguez Casado, Vicente.

Campante Patricio, Jaciro. "As instituicões monetária e bancária de Potosí no decurso do século XVIII", *Revista de História*, vol. LVI, n. 111, año XXVIII (São Paulo, Brasil, julio-septiembre 1977), 51-72.

Campbell, Leon G. "The Army of Peru and the Tupac Amaru Revolt, 1780-1783", *The Hispanic American Review*, v. 56, n. 1 (febrero 1976), 31-57.

————— *The Military and Society in Colonial Peru, 1750-1810*, Philadelphia, Pa., Memoirs of the American Philosophical Society, volumen 123, 1978.

Campillo y Cosío, José de. *Nuevo sistema económico para la América*, Madrid, 1789. (La obra es anterior a 1743.)
— Véase Artola, Miguel, y Martínez Cardos, José.

Cañete y Domínguez, Pedro Vicente. *Código Carolino (1794)*. Ms. de Ordenanzas Reales de las minas (proyecto), en la Colección Mata Linares de la Academia de la Historia de Madrid, tomo 31. Véase edición en Buenos Aires, por Eduardo Martiré (1973-74), 2 vols.

————— *Descripción Geográfica, Histórica, Física y Natural de la Villa Imperial y Cerro Rico de Potosí... (1789)*. Introducción y notas de Gunnar Mendoza. La Paz, 1952.

————— *Guía histórico, geográfico, físico, político, civil y legal del Govierno e Intendencia de la Provincia de Potosí (1787)*. Edición fragmentaria del ms. original que se halla en el Municipio de Potosí, en La Paz, Bolivia, 1939. Biblioteca Boliviana, núm. 5. Ministerio de Educación. Cfr. la nota de Humberto Vázquez Machicado, en *Revista de Historia de América*, n. 8 (México, D. F., abril 1940), 89-90. Existe otra edición hecha en Potosí, 1952, por Armando Alba.

Capoche, Luis. *Relación general de la Villa Imperial de Potosí. Un capítulo inédito de la Historia del Nuevo Mundo*, Madrid, Atlas, 1959 (Biblioteca de Autores Españoles, volumen CXXII). Prólogo y notas de Lewis Hanke.

Carmagnani, Marcello. *El salariado minero en Chile colonial, su desarrollo en una sociedad provincial: El Norte Chico 1690-1800*, Santiago de Chile, Universidad de Chile, Centro de Historia Colonial, 1963.

Carrió de la Bandera, Alonso. *Lazarillo de ciegos caminantes (1776)* (que apareció bajo el nombre de Concolorcorvo), Edic. de la Biblioteca de Autores Españoles, Madrid, 1959, con prólogo de J. J. Real Díaz.

————— *Itinéraire de Buenos Aires à Lima*, con prólogo de Marcel Bataillon, París, 1961

(Travaux et Mémoires de l'Institut des Hautes Études de l'Amérique Latine, VIII).

Castro, Ignacio. *Relación del Cuzco*, Madrid, Imprenta de la Viuda de Ibarra, 1795.

Castro Barros, Pedro Ignacio de. Imprime en Buenos Aires, en 1822, los *Apuntes...* de Victorián de Villava.
— Véase Villava, Victorián de.

Colección de los decretos y órdenes que han expedido las Cortes Generales y extraordinarias desde su instalación, Cádiz, Imprenta Real, 1811-1813, 4 vols.

Colección de Documentos Inéditos para la Historia de Hispano-América, Madrid, Compañía Ibero-Americana de Publicaciones, S. A., 1929-1930.

Colección de Libros y Documentos referentes a la Historia del Perú, por Horacio H. Urteaga y Carlos A. Romero, Lima, 1917.

Colección de obras impresas y manuscritas que tratan principalmente del Río de la Plata, formada por Pedro de Angelis. Buenos Aires, 1853.
— Véase Angelis, Pedro de.

Contreras, Remedios y Carmen Cortés. *Catálogo de la Colección Mata Linares*, Madrid, Real Academia de la Historia, 1970-1971, 3 vols.

Cortés Salinas, María del Carmen. "Una polémica en torno a la mita de Potosí a fines del siglo XVIII, el discurso de Francisco de Paula Sanz a favor de ella", *Revista de Indias*, año XXX, núms. 119-122 (Madrid, enero-diciembre 1970), 131-215.

Diario de sesiones de las Cortes de Cádiz, en Biblioteca Nacional de Madrid, 4/280 y ss.

"Documentos sobre supresión de las mitas de obrajes en el reino de Quito, 1704 a 1735", en *Revista del Archivo de la Biblioteca Nacional*. Quito, Ecuador. Año I, núm. 1 (1937), 86-100.

Domínguez Bordona, Jesús. *Catálogo de la Biblioteca de Palacio. Tomo IX. Manuscritos de América*, Madrid, 1925.
— Véase Martínez Compañón, Baltasar Jaime.

Donoso, Ricardo. "Autenticidad de las Noticias Secretas de América", *Revista de Historia de América*, 44 (México, D. F., diciembre de 1957), 279-303.

————— *El Marqués de Osorno don Ambrosio Higgins, 1720-1801*, Publicaciones de la Universidad de Chile, Santiago, 1941.

————— *Fuentes Documentales para la Historia de la Independencia de América, I, Misión de Investigación en los Archivos Europeos*, México, D. F., Comisión de Historia del Instituto Panamericano de Geografía e Historia, 1960.

————— *Un letrado del siglo XVIII, el doctor José Perfecto de Salas*, Universidad de Buenos Aires, Fac. de Filosofía y Letras, Instituto de Investigaciones Históricas, 1963, 2 vols.

Eguiguren, Luis Antonio. *Guerra separatista del Perú (1777-1780). Los precursores de Tupac Amaru*, Lima, 1942.

Escalona y Agüero, Gaspar. *Arcae limensis Gazophilatium regium perubicum*. Madrid, 1647, 2 vols. Otra edición en Madrid, 1775.

Escobedo y Alarcón, Jorge de. *El trabajo de minas, beneficio de metales y medios de fomentarlo*, Lima, 1784.

Ezquerra Abadía, R. "Problemas de la mita de Potosí en el siglo XVIII", en *VI Congreso Internacional de Minería. La minería hispana e iberoamericana. Contribución a su investigación histórica. Cátedra de San Isidoro*, León (España), 1970, vol. I, pp. 483-511.

Feijóo de Sosa, Miguel. Su contribución al texto y al prólogo de la *Memoria* del virrey Amat.
— Véase Lohmann Villena, Guillermo.
— Véase Rodríguez Casado, Vicente.

Feliú Cruz, Guillermo. *Las encomiendas según tasas y ordenanzas*, Buenos Aires, Peuser, 1941 (Facultad de Filosofía y Letras. Publicaciones del Instituto de Investigaciones Históricas, LXXVII).

Fisher, John R. *Government and Society in Colonial Peru*, London, 1970.
—————— *Silver Mines and Silver Miners in Colonial Peru, 1776-1824*, Liverpool, 1977 (University of Liverpool, Center for Latin-American Studies. Monograph Series, 7).
—————— "Silver production and the economic crisis of the viceroyalty of Peru, 1776-1821", *Atti del XL Congresso Internazionale degli Americanisti* (Estratto). Roma-Genova, 3-10 settembre 1972. Tilgher, Genova, pp. 337-345.
—————— "Silver Production in the Viceroyalty of Peru, 1776-1824", *The Hispanic American Historical Review*, 55, n. 1 (febrero 1975), 25-43.

Fisher, Lillian Estelle. *The Last Inca Revolt, 1780-1783*, Norman, 1966.

Fuentes, Manuel Atanasio.
— Véase *Memorias de los virreyes...* (1859-1860).

Gallardo, Ricardo. *Las constituciones de la República Federal de Centroamérica*, Madrid, 1958 (Instituto de Estudios Políticos), 2 vols.

Gesner, Robert. *Massacre*, New York, 1931.

Gligo Viel, Agata. *La tasa de Gamboa*, Santiago de Chile, Editorial de la Universidad Católica, 1962.

Góngora, Mario. "Documentos inéditos sobre la encomienda", *Revista Chilena de Historia y Geografía*, n. 123 (años 1954-1955), 201-224.
—————— *Encomenderos y estancieros. Estudios acerca de la constitución social aristocrática de Chile después de la conquista, 1580-1660*, Santiago de Chile, Universidad de Chile. Sede de Valparaíso. Área de Humanidades. Departamento de Historia, 1970.
—————— "Notas sobre la encomienda chilena tardía", *Boletín de la Academia Chilena de la Historia*, XXVI-61 (Segundo Semestre de 1959), 27-51.
—————— *Origen de las "Inquilinos" de Chile Central*, Santiago de Chile, Universidad de Chile, Seminario de Historia Colonial de la Facultad de Filosofía y Educación, 1960.

González Pomes, María Isabel. "La encomienda indígena en Chile durante el siglo XVIII", *Historia*, 5 (Instituto de Historia. Universidad Católica de Chile, 1966), 7-103.

Greve, Ernesto. Introducción a las *Mensuras de Ginés de Lillo*, I, t. XLVIII de la *Colección de historiadores de Chile y de documentos relativos a la historia nacional*, Santiago de Chile, Imprenta Universitaria, 1941. El tomo II de las *Mensuras*, correspondiente al t. XLIX de la citada *Colección*, lleva introducción de Aniceto Almeyda.

Hanke, Lewis. *Las teorías políticas de Bartolomé de las Casas*, Buenos Aires, 1935.
—————— *The Imperial City of Potosí. An unwritten chapter in the history of Spanish America*. La Haya, Martinus Nijhoff, 1956.
— Véase Arzáns de Orsúa y Vela, Bartolomé.
— Véase Capoche, Luis.

Heise González, Julio. "Las tasas y ordenanzas sobre el trabajo de los indios en Chile", *Anales de la Universidad de Chile*, Segunda Serie, Tercer trimestre de 1929, año VII (Santiago de Chile).

Helmer, Marie. "Mineurs allemands à Potosí: l'expédition Nordenflycht (1788-1798)", en *VI Congreso Internacional de Minería. La minería hispana e iberoamericana. Contribución a su investigación histórica. Cátedra de San Isidoro*, León (España), 1970, vol. I, 515.
—————— "Potosí à la fin du XVIIIme siècle (1776-1797), Histoire d'un manuscrit", *Journal de la Société des Américanistes*. Nouvelle Série XL (Paris, 1951), 21-50.

Helms, Anton Zacharias. *Tagebuch einer Reise durch Peru...*, Dresden, 1798. La traducción al inglés apareció como *Travels from Buenos Ayres by Potosi to Lima*, London, 1806.

Humboldt, Alejandro de. *Ensayo político sobre el reino de la Nueva España*, México, 1966. Otra edición, México, Editorial Porrúa, 1973, al cuidado de Juan A. Ortega y Medina.

Jara, Álvaro. *Guerre et société au Chili. Essai de sociologie coloniale. La Transformation de la guerre d'Araucanie et l'esclavage des Indiens du début de la conquête espagnole aux débuts de l'esclavage légal (1612)*, Paris, Institut des Hautes Études de l'Amérique Latine, 1961.
—————— *El salario de los indios y los sesmos del oro en la Tasa de Santillán*, Santiago, Centro de Investigaciones de Historia Americana de la Universidad de Chile, 1961.
—————— "Importación de trabajadores indígenas en Chile en el siglo XVII", *Miscellanea Paul Rivet Octogenario Dicata*, México, Universidad Nacional Autónoma de México, 1958, 2 vols., II, 733-763. Ha sido publicado también en *Revista Chilena de Historia y Geografía*, núm. 124 (Santiago de Chile, 1958), 177-212.

———— "Fuentes para la historia del trabajo en el Reino de Chile, III. Alquileres y ventas de indios, 1599-1620", *Boletín de la Academia Chilena de la Historia*, 58 (1958), 102-135. Las *Fuentes* han sido reimpresas en 1965 por el Centro de Investigaciones de Historia Americana de la Universidad de Chile, t. I, "Legislación", que reúne tasas y ordenanzas de encomiendas y cedulario.

———— *Los asientos de trabajo y la provisión de mano de obra para los no-encomenderos en la ciudad de Santiago, 1586-1600*, Santiago, Universidad de Chile, Estudios de Historia Económica Americana. Trabajo y salario en el período colonial, 1959.

———— "Una investigación sobre los problemas del trabajo en Chile durante el período colonial", *The Hispanic American Historical Review*, XXXIX-2 (1959), 239-244.

Keith, Robert G. *Conquest and Agrarian Change: The Emergence of the Hacienda System on the Peruvian Coast*, Cambridge, Mass., Harvard University Press, 1976.

Klein, Herbert S. "Hacienda and Free Community in Eighteenth Century Alto Peru. A demographic Study of the Aymara Population of the Districts of Cholumani and Pacajes in 1786", *Journal of Latin American Studies*, 7-2 (Printed in Great Britain), 193-220.

———— "Las finanzas del virreinato del Río de la Plata en 1790", *Desarrollo Económico. Revista de Ciencias Sociales*, vol. 13, núm. 50 (Buenos Aires, julio-septiembre de 1973), 369-400.

Konetzke, Richard. *Colección de Documentos para la Historia de la Formación Social de Hispanoamérica, 1493-1810*, Madrid, Consejo Superior de Investigaciones Científicas, Instituto Jaime Balmes, 1953-1962, 5 vols.

Larraín, Carlos J ."La encomienda de Pullally", *Boletín de la Academia Chilena de Historia*, 47, Segundo semestre de 1952 (Santiago de Chile, 1953), 97-135.

León Pinelo, Antonio de. *Epítome de la Biblioteca Oriental i Occidental, Náutica i Geográfica...*, por el licenciado ... Relator del Supremo i Real Consejo de las Indias. Madrid, por Juan González, 1629. Reedición, con Estudio preliminar de Agustín Millares Carlo, *El Epítome de Pinelo, Primera Bibliografía del Nuevo Mundo*. Washington, D. C., Unión Panamericana, 1958.

———— *Tratado de confirmaciones reales*, Madrid, 1630.

Levene, Ricardo. *Ensayo histórico sobre la Revolución de Mayo y Mariano Moreno*, Buenos Aires, Facultad de Derecho y Ciencias Sociales, 1ª edic., 1920-1921, 2 vols. (2ª edic., 1925, 3 vols). En el vol. I, pp. 435-458, reproduce la *Disertación jurídica ...*, de Mariano Moreno, de 1802.

———— *Vida y escritos de Victorián de Villava*, con apéndice documental e ilustraciones, Buenos Aires, Peuser, 1946 (Facultad de Filosofía y Letras. Publicaciones del Instituto de Investigaciones Históricas, núm. XCV).

— Véase Moreno, Mariano.

— Véase Villava, Victorián de.

Lewin, Boleslao. *La rebelión de Tupac Amaru y los orígenes de la emancipación americana;* Buenos Aires, 1957.

———— *Tupac Amaru, el rebelde, su época, sus luchas y su influencia en el continente*, Buenos Aires, 1943.

Leyes y Decretos de 1899. Quito, Imprenta Nacional, 1900, pp. 191-193: sobre el concertaje.

Lillo, Ginés de. *Mensuras.*

— Véase Greve, Ernesto y Almeyda, Aniceto.

Lodares, Baltasar de, O. M. Cap., *Los franciscanos capuchinos en Venezuela*, Caracas, 1929.

Lohmann Villena, Guillermo. "La Memoria de Gobierno de don Manuel de Amat y Junyent", *Revista Chilena de Historia y Geografía*, núm. 127 (1959).

— Véase Feijóo de Sosa, Miguel.

— Véase Rodríguez Casado, Vicente.

Lugard, Baron. "Native Policy in East Africa", *Foreign Affairs* (New York, oct. 1930).

Luna y Arellano, Miguel de. Oidor de la Audiencia de Sevilla. *De juris ratione*, también citado como Tratado de *Iur. Nat.*, t. I, lib. III, cap. XII, *Opera Tripartita*. Amberes, 1651. El autor formó parte, en 1660, de la Comisión revisora del proyecto de la Recopilación de Indias.

Llano Zapata, José Eusebio de. *Memorias Histórico-Físicas-Apologéticas de la América Meridional (c. 1757-61)*, tomo I. Publicado por diligencias de Ricardo Palma, en Lima, 1904. El Preliminar y las Cartas que precedían al tomo I de las *Memorias* se imprimieron en la misma ciudad, en 1759.

— Véase Torre Revello, José.

Macera, Pablo. *Instrucciones para el manejo de las haciendas jesuitas del Perú*, Lima, 1966.

Martínez Cardos, José. "Don José del Campillo y Cossío", *Revista de Indias*, XXX, números 119-122 (Madrid, enero-diciembre, 1970), 503-542.

— Véase Artola, Miguel.

— Véase Campillo y Cosío, José de.

Martínez Compañón, Baltasar Jaime. *Trujillo del Perú a fines del siglo XVIII.* Dibujos y acuarelas que mandó hacer el Obispo D. ... Ed. por Jesús Domínguez Bordona, Madrid, Patrimonio de la República, Biblioteca de Palacio, 1936.

Martínez y Vela, Bartolomé. *Anales de la Villa Imperial de Potosí.* Primera edición de 1872. Otra edición en Biblioteca Boliviana, núm. 3. Publicaciones del Ministerio de Educación, Bellas Artes y Asuntos Indígenas. La Paz, 1939.

— Véase Arzáns de Orsúa y Vela, Bartolomé.

Martiré, Eduardo. *El Código Carolino de Ordenanzas Reales de las Minas de Potosí y demás Provincias del Río de la Plata (1794), de Pedro Vicente Cañete*, Buenos Aires, Talleres Gráficos Mundial, 1973-74, 2 vols.

Matraya y Ricci, Joseph. *El Moralista Filaléthico Americano, o el Confesor Imparcial...*, Lima, 1819.

Medina, José Toribio. *Biblioteca Hispano Americana (1493-1810)*, 7 vols. Santiago de Chile, 1898-1907.

———— *Colección de Documentos Inéditos para la Historia de Chile desde el viaje de Magallanes hasta la batalla de Maipó, 1518-1818*, Santiago de Chile, 1888-1902, 30 vols.

Mejía Fernández, Miguel. "El problema del trabajo forzado en América Latina". *Revista Mexicana de Sociología*, Año XIV, vol. XIV, núm. 3 (México, D. F., 1952), 341-375.

Memoria del virrey Amat. Prólogo por el Dr. Miguel Feijóo de Sosa, *Revista Chilena de Historia y Geografía*, núm. 117 (primer semestre de 1951).

— Véase Lohmann Villena, Guillermo.

— Véase Rodríguez Casado, Vicente.

Memorias de los virreyes que han gobernado el Perú durante el tiempo del coloniaje español. Impresas de Orden Suprema. Lima, Librería Central de Felipe Bailly, 1859-1860, 6 vols. En el tomo quinto se publica la de don Teodoro de Croix, al cuidado de Manuel Atanasio Fuentes.

Memorias para la Historia de Arequipa. Relaciones de la Visita al Partido de Arequipa por el Gobernador-Intendente don Antonio Álvarez y Jiménez, 1786-1791. Tomo I. Arequipa, Editorial La Colmena, 1941, publicación por Víctor M. Barriga.

Mendoza, Gunnar. *El doctor don Pedro Vicente Cañete y su Historia física y política de Potosí*, Sucre, Universidad de San Francisco Xavier, 1954.

———— *Glosario de voces relativas al trabajo minero*, compuesto por ... y publicado en Luis Capoche, *Relación general...* (1959), 198-208.

— Véase Capoche, Luis.

— Véase Arzáns de Orsúa y Vela, Bartolomé.

— Véase Cañete y Domínguez, Pedro Vicente.

— Véase Stubbe, Carlos F.

Mercurio Histórico y Político. Lima, noviembre de 1775.

Mercurio Peruano, periódico limeño que se repartía dos veces a la semana a partir de enero de 1791.

Meza Villalobos, Néstor. *Política indígena en los orígenes de la sociedad chilena*, Santiago, 1951.

Montenegro. Véase Peña Montenegro, Alonso de la. Autor del *Itinerario para párrocos de indios (1668)*.

Moreno, Gabriel René. "La Mita de Potosí en 1795", *Revista Chilena* (Santiago, 1877), VIII, 391 y ss. Hay reedición con adición de siete documentos inéditos compilados por Guillermo Ovando-Sanz. Potosí, Universidad Tomás Frías, 1959.

Moreno, Mariano. *Disertación jurídica sobre el servicio personal de los indios en general, y sobre el particular de Yanaconas y Mitarios*. Buenos Aires, 1802.

— Véase Levene, Ricardo.

Moreno y Morán, Miguel Juan. Jurista guayaquileño que continuó la glosa de Salas a la *Recopilación de Leyes de Indias*. Identificado por Aniceto Almeyda, en *Revista Chilena de Historia y Geografía*, Santiago de Chile, núm. 123.

— Véase Rozas, Ramón Martínez de.

Moreyra y Paz-Soldán, Manuel y Guillermo Céspedes del Castillo. *Virreinato Peruano. Documentos para su Historia. Colección de Cartas de Virreyes. Conde de la Monclova. Tomo III. 1699-1705*. Lima, 1955.

Olguín Bahamonde, Carlos. "Condición jurídica del indígena de Chiloé en el Derecho Indiano", *Revista Chilena de Historia del Derecho*, 7 (Publicaciones del Centro de Investigaciones de Historia del Derecho del Departamento de Ciencia del Derecho, Facultad de Derecho de la Universidad de Chile. Editorial Jurídica de Chile, 1978), 157-163.

Olmedo, José Joaquín. *Discurso sobre las mitas de América*, primera edición con prólogo de don Vicente Rocafuerte, Londres, 1812. Se ha reimpreso con notas y glosas por el Dr. Abel Romeo Castillo, Guayaquil, Imprenta de la Universidad, 1947, 39 p. (Biblioteca Mínima de Ecuatorianidad. Divulgaciones de la Universidad de Guayaquil y del Comité "Olmedo", núm. 4).

Orgaz, Raúl A. *Páginas de crítica y de historia*, Buenos Aires, 1927.

———— Prólogo a los *Apuntes...*, de Victorián de Villava.

— Véase Villava, Victorián.

Ots Capdequí, José María. *Manual de Historia del Derecho Español en las Indias y del Derecho propiamente indiano*, Buenos Aires, Facultad de Derecho y Ciencias Sociales. Instituto de Historia del Derecho Argentino, 1943, 2 vols.

Ovando-Sanz, Guillermo. Véase Moreno, Gabriel René.

Palacio Atard, Vicente. *Areche y Guirior. Observaciones sobre el fracaso de una Visita al Perú*, Sevilla, 1946.

Palma, Ricardo. Véase Llano Zapata, José Eusebio de.

Paton, W. *Christianity and Growth of Industrialism in Asia, Africa and South America*, Oxford, 1928.

Paz, Julián. *Catálogo de manuscritos de América existentes en la Biblioteca Nacional*, Madrid, Tip. de Archivos, 1933.

Paz Soldán, Mariano Felipe. *Diccionario geográfico-estadístico del Perú*, Lima, 1877.

Peña Montenegro, Alonso de la. Obispo de

Quito. *Itinerario para párrocos de indios*, Madrid, 1668. Otra edición en la Oficina de Pedro Marín, Madrid, 1771.

Peñalosa y Mondragón, fray Benito de. *Libro de las cinco excelencias del español que despueblan a España para su mayor potencia y dilatación*. Pamplona, 1629.

Peralta Barnuevo, Pedro. *Imagen política del Gobierno de ... D. Diego Ladrón de Guevara... virrey... del Perú, etc., desde que entró a gobernar hasta el presente*. Lima, 1714.

Pérez Cadalso, Eliseo. "Precursores indigenistas: José Cecilio del Valle", *América Indígena*, XXXVIII-3 (México, D. F., julio-septiembre, 1978), 739-749.

Pérez Embid, Florentino. Véase Rodríguez Casado, Vicente.

Piel, Jean *et al.* "Les mouvements paysans au Pérou de la fin du XVIIIᵉ siècle à nos jours", en la obra colectiva: *Les Mouvements Paysans dans le Monde Contemporain*, patrocinada por la Comisión Internacional de Historia de los Movimientos Sociales y de las Estructuras Sociales, Nápoles, I. S. M. O. S., 1976, III, 282-310.

Pino Manrique, Juan del. *Descripción de la Villa de Potosí, y de los partidos sugetos a su intendencia*, Buenos Aires, 1836.

——— "Descripción de la Villa de Potosí" (1787), que figura en la *Colección de obras y documentos relativos a la Historia antigua y moderna de las provincias del Río de la Plata*, de Pedro de Angelis, cit., t .II, p. 13 y ss.

Porras Barrenechea, Raúl. *Fuentes Históricas Peruanas*, Lima, 1963.

Quesada, Vicente G. Véase Villava, Victorián de. "Discurso...".

Ramos, Demetrio. *Las Cortes de Cádiz y América*, Madrid, 1963.

Ravignani, Emilio. "El virreinato del Río de la Plata (1776-1810)", en *Historia de la Nación Argentina*, Buenos Aires, 1940, IV, 120-121.

Registro Oficial, Año V, núm. 837 (Quito, 15 de abril de 1899), 6758-6759. Decreto de 12 de abril de 1899, sobre concertaje

Rivero y Ustáriz, Mariano Eduardo. "Memoria sobre la mina de azogue de Huancavelica y la de Chontla", en su *Colección de memorias científicas, agrícolas e industriales*, Bruselas, 1857, 2 vols., II, 113-114.

Rocafuerte, Vicente. Véase Olmedo, José Joaquín.

Rodríguez Casado, Vicente. "Huancavelica en el siglo XVIII", *Revista de Indias*, Año II, número 5 (Madrid, 1941), 83-92.

——— y José Antonio Calderón Quijano. *José Fernando de Abascal y Sousa, Virrey del Perú, 1806-1816, Memoria de Gobierno*, Sevilla, 1944 (Escuela de Estudios Hispano-Americanos, I), 2 vols.

——— y Guillermo Lohmann Villena. *Joaquín de la Pezuela, Virrey del Perú, 1816-1821. Memoria de Gobierno*. Edición y prólogo de... Sevilla, 1947 (Escuela de Estudios Hispano-Americanos, XXVI).

——— y Florentino Pérez Embid. *Memoria de Gobierno del Virrey Amat (1761-1776)*, Sevilla, 1947. (Publicaciones de la Escuela de Estudios Hispano-Americanos de Sevilla, número XXI).

— Véase Feijóo de Sosa, Miguel.

— Véase Lohmann Villena, Guillermo.

Rojas, Casto. "El Cerro Rico de Potosí", en *Segundo Congreso Internacional de Historia de América*, III (Buenos Aires, 1938), 145-158.

——— *Historia financiera de Bolivia*, La Paz, 1975.

Romeo Castillo, Abel. Véase Olmedo, José Joaquín.

Romero, Fernando. "The Slave Trade and the Negro in South America", *Hispanic American Historical Review*, 24 (1944), 368-386.

Rosenblat, Ángel. *La población indígena y el mestizaje en América*, Buenos Aires, Editorial Nova, 1954, 2 vols.

Rozas, Ramón Martínez de. Continuador de la glosa de Salas a la *Recopilación de Leyes de Indias*. Identificado por Aniceto Almeyda, en *Revista Chilena de Historia y Geografía*, 1940.

— Véase Moreno y Morán, Miguel Juan.

Salvat Monguillot, Manuel. "El régimen de la encomienda en los primeros tiempos de la Conquista", *Revista Chilena de Historia y Geografía*, 132 (1964).

——— "El tributo indígena en Chile a fines del siglo XVII", *Revista Chilena de Historia del Derecho*, I (1959).

Sánchez-Albornoz, Nicolás. *Indios y tributos en el Alto Perú*, Lima, Instituto de Estudios Peruanos, 1978.

——— "La extracción de mulas de Jujuy al Perú. Fuentes, volumen y negociantes", en *Estudios de Historia Social*, I (Buenos Aires, 1965), 107-120.

——— *et al.*, "La saca de mulas de Salta al Perú, 1778-1808", *Anuario del Instituto de Investigaciones Históricas*, 8 (Rosario, Rep. Argentina, Universidad Nacional del Litoral), 261-312.

Sempat Assadourian, Carlos. "Potosí y el crecimiento económico de Córdoba en los siglos XVI y XVII", *Cuadernos de Historia Social y Económica*. Serie Estudios Monográficos, núm. 8 (1971), edición en mimeógrafo. Universidad Católica de Chile. Instituto de Historia. Departamento de Historia Económica y Social de América Latina.

Serrera Contreras, Ramón. "Estado económico de la intendencia de Guadalajara a principios del siglo XIX: la 'Relación' de José Fernando de Abascal y Sousa de 1803", *Jahrbuch für Geschichte von Staat, Wirtschaft und Ge-*

sellschaft Lateinamerikas, 11 (1974), 121-148.

Silva, fray Juan de, O. F. M. *Primer Memorial sobre la predicación del evangelio y Segundo Memorial sobre el servicio personal, principalmente en Nueva España*. Madrid, Imprenta Real, 1613.

——— *Tercer Memorial: Advertencias importantes acerca del buen gobierno y administración de las Indias*. Madrid, 1621.

Silva Vargas, Fernando. *Tierras y pueblos de indios en el reino de Chile. Esquema histórico-jurídico*, Santiago, Editorial de la Universidad Católica, 1962. (Estudios de Historia del Derecho Chileno, 7).

Simon, Lady. *Slavery*, Londres, 1929.

Solórzano Pereira, Juan de. *De Indiarum Iure*, Madrid, 1629 y 1639, 2 vols.

——— *Política Indiana* (1648), corregida e ilustrada con notas por el Lic. don Francisco Ramiro de Valenzuela (1735), edic. Madrid, Compañía Ibero-Americana de Publicaciones, 1930, 5 vols.

Stubbe, Carlos F. *Vocabulario minero antiguo. Compilación de términos antiguos usados por los mineros y metalurgistas en América Ibérica*, Buenos Aires, 1945.

— Véase Mendoza, Gunnar.

Toledo, Estela B. "El comercio de mulas en Salta, 1657-1698", en *Demografía retrospectiva e historia económica. Anuario del Instituto de Investigaciones Históricas*, 6 (Rosario, Argentina, 1962-63), 165-190.

Torre Revello, José. "Noticia sobre José Eusebio de Llano Zapata", *Revista de Historia de América*, 13 (México, diciembre de 1941), 5-39.

— Véase Llano Zapata, José Eusebio de.

Torres Saldamando, Enrique. *Libro primero de Cabildos de Lima*, París, 1900, 3 vols.

Ulloa, Antonio de. *Noticias Americanas. Entretenimientos Phisicos históricos, sobre la América Meridional y la Septentrional Oriental. Comparación general de los territorios, climas y producciones en las tres especies vegetales, animales y minerales: con relación particular de las petrificaciones de cuerpos marinos: de los Indios naturales de aquellos países, sus costumbres y usos: de las antigüedades: discurso sobre la lengua y sobre el modo con que pasaron los primeros pobladores*. Madrid, 1772.

——— y Jorge Juan. *Relación histórica del viaje a la América Meridional*, Madrid, 1748, 4 tomos.

——— y Jorge Juan. *Noticias secretas de América*, Londres, 1826. Edición por David Barry, del Discurso confidencial de 1749.

— Véase Donoso, Ricardo.

— Véase Whitaker, Arthur P.

Unánue, José Hipólito. *Disertación sobre la coca*. Lima, 1794.

——— *Guía política, eclesiástica y militar del virreinato del Perú*. Lima, 1793.

——— "Historia de la mina de Huancavelica", en el *Mercurio Peruano*, del 30 de enero de 1791 (folios 65-68). (Atribución probable.)

——— "Informe sobre la pesca de la ballena", Madrid, 15 de octubre de 1814. AGI., Audiencia de Lima, leg. 748, 41 ff.

Valcárcel, Daniel. *Fuentes Documentales para la Historia de la Independencia de América, III. Misión de Investigación en los Archivos Europeos*, Caracas, 1974. Instituto Panamericano de Geografía e Historia. Comisión de Historia. Comité Orígenes de la Emancipación. Publicación núm. 19.

——— *La rebelión de Tupac Amaru*, México, Fondo de Cultura Económica, 1947.

——— "Tupac Amaru, precursor de la emancipación social", *Revista de Historia de América*, 42 (México, D. F., 1956), 423-432.

Valenzuela, Francisco Ramiro de. Véase Solórzano Pereira, Juan de, *Política*...

Vargas Ugarte, Rubén, S. J. *Historia General del Perú. Virreinato (1689-1776)*. Lima, 1966.

——— *Historia General del Perú. Postrimerías del Poder Español (1776-1815)*, Lima, 1966.

——— *Manuscritos peruanos de la Biblioteca Nacional de Lima*, Lima, 1940.

Vásquez, Mario C. *Hacienda, peonaje y servidumbre en los Andes peruanos*, Lima, ed. Estudios Andinos, 1961.

Vázquez Machicado. Humberto. Véase Cañete y Domínguez, Pedro Vicente, *Guía*...

Villava, Victorián de. *Apuntes para una reforma de España (1797)*, primera edic. por D. Pedro Ignacio de Castro Barros, Buenos Aires, Imp. de Álvarez, 1822. Reedición, Córdoba, Rep. Argentina, Imp. de la Universidad, 1943. (Dirección de Publicidad. Sección Documentos), 87 págs. Con prólogo de Raúl A. Orgaz.

——— "Discurso sobre la mita de Potosí, 1793", publicado por Vicente G. Quesada en la *Revista de Buenos Aires*, año VIII, t. XXIV, núm. 93 (enero de 1871), p. 3 y ss.

— Véase Castro Barros, Pedro Ignacio.

— Véase Levene, Ricardo.

— Véase Orgaz, Raúl A.

— Véase Quesada, Vicente G.

Whitaker, Arthur P. "Antonio de Ulloa", *The Hispanic American Historical Review*, vol. XV-2 (1935), 173, 180.

——— "Jorge Juan and Antonio de Ulloa's Prologue to their Secret Report of 1749 on Peru, with Introduction", *The Hispanic American Historical Review*, vol. XVIII, núm. 4 (November, 1938), 507-513.

——— "Some Remarks on the Noticias Secretas de América", Reprinted from *Proceedings of the First Convention of the Inter-American Bibliographical and Library Association*, Washington, D. C., February 18-19, 1938, pp. 219-230.

——— *The Huancavelica Mercury Mine. A Contribution to the History of the Bourbon*

Renaissance in the Spanish Empire, Cambridge, Mass., Harvard University Press, 1941.
Zavala, Silvio. "Las ordenanzas de tributos en Nueva España en 1770", *Memoria de El Colegio Nacional*, tomo VII, núm. 2 (México, D. F., año de 1971), 27-37.

ADICIONES

Adorno, Rolena. "Felipe Guamán Poma de Ayala: An Andean View of the Peruvian Viceroyalty, 1565-1615", *Journal de la Société des Américanistes*, LXV (París, 1978), 121-143.

Archivo Histórico de Guayas. *Libro segundo de cabildos de Cuenca, 1563-1594*, Guayaquil, 1977, 240 p. (el *Libro primero* se publicó en Quito en 1938).

Astuto, Philip L. "Eugenio Espejo: A Man of the Enlightenment in Ecuador", *Revista de Historia de América*, 44 (México, D. F., diciembre de 1957), 369-391.

Bakewell, P. "Technological change in Potosí: the silver boom of the 1570's", *Johrbuch für Geschichte von Staat, Wirtschaft und Gesellschaft Lateinamerikas*, XIV (Colonia, 1977), 55-77.

Berthelot, Jean. "L'exploitation des métaux précieux au temps des Incas", *Annales. Economies. Sociétés. Civilisations*, 33ᵉ Année, Nos. 5-6 (Paris, septembre-décembre 1978), 948-966.

Buechler, Rose Marie. "Technical aid to Upper Peru: the Nordenflicht expedition", *Journal of Latin American Studies*, t. 5, n. 1 (mayo, 1973), 37-77.

Bueno, Cosme. *Geografía del Perú virreinal (siglo XVIII)*, publicada por Daniel Valcárcel, Lima, 1951.

Burga, M. *De la encomienda a la hacienda capitalista. El valle del Jequetepeque del siglo XVI al XX*, Lima, 1976.

Carrió de la Vandera, Alonso. *Reforma del Perú*, Transcripción y prólogo de Pablo Macera, Lima, 1966.

"Compilación de reales cédulas, provisiones, leyes, ordenanzas, instrucciones y procedimientos sobre repartimientos y composiciones de tierras en favor de los indios, desde el año 1591 hasta 1754 . . .", *Revista del Archivo Nacional del Perú*, XIX-XXII (Lima, 1955-58).

Díaz Rementería, Carlos J. "El régimen jurídico del ramo de tributos en Nueva España y las reformas peruanas de Carlos III", *Historia Mexicana*, vol. XXVIII, núm. 3 (El Colegio de México, enero-marzo 1979), 401-438. Explica el intento de adaptar el sistema mexicano a la regulación del mismo ramo de la hacienda peruana (p. 422). Hacia 1780, había en N. E. 450,000 tributarios y en el Perú 186,115 (p. 423). Durante el cuatrienio 1773-1776 el valor de lo recaudado en el Perú por concepto de tributos llegó a 913 327 pesos y 1 real. Y en el cuatrienio 1777-1780, a 1.609,576 ps. y 7 rs. (Informe del Tribunal Real de Cuentas dirigido al visitador general Jorge Escobedo, 11 oct. 1782. AGI., Audiencia de Lima, leg. 1131), pp. 428-429.

Fisher, J. R. (ed.), *Matrícula de los mineros del Perú, 1790*, Lima, 1975.

Flores Galindo, A., ed., *Tupac Amaru, 1780*, Lima, 1976.

García-Gallo, Alfonso, "El proyecto de 'Código peruano' de Gaspar de Escalona y Agüero", en *Estudios de Historia del Derecho Indiano*, Madrid, Instituto Nacional de Estudios Jurídicos, 1972, pp. 367-399. En la p. 369, nota 3, cita el *Primer [segundo] tomo de las Ordenanças e Instrucciones que el Excmo. Sr. D. Francisco de Toledo, Virrey lugarteniente y Capitán general de los Reinos del Pirú dio y hizo para su buen gouierno el tiempo que lo estaba a su cargo. Mandadas recoger por el Excmo. Señor Marqués de Montesclaros, que al presente gouierna los dichos Reinos. Año de 1610*, 2 vols. mss. en folio (Biblioteca del Palacio Nacional de Madrid, mss. 49 y 50). *Supra*, t. II, p. 51. Ese proyecto de 'Código Peruano', de Gaspar de Escalona y Agüero, tendía a recopilar las decisiones reales y las provisiones y ordenanzas del gobierno que han promulgado los virreyes y gobernadores sobre el instituto particular de los indios (pp. 390-391). El Ms. se conserva en la Biblioteca del Palacio Nacional de Madrid, Núm. 3118. La dedicatoria está fechada en Lima, a primero de junio de 1635. Escalona advierte que todo lo que se ordena en bien de los indios se convierte en su daño y lo que se previene en su alivio se tuerce en su ruina (p. 382). Encuentra que las mitas no se enteran y por no haber para remudarlas indios suficientes se repiten con unos mismos, y éstos, con el continuo e incesante trabajo de la carga ajena, se hallan imposibilitados para la propia cuando se les sigue (p. 383). También lamenta la falta de ejecución de las leyes (p. 383). Piensa en la composición del Código más por "la obligación que tenemos a estos miserables los que nacimos y crecemos en sus tierras, que curioso de afectar estudios no vulgares con su pretexto" (p. 391). El Libro 3 del proyecto trataría de lo temporal, con encomiendas y tributos, libertad, servicios personales, etc. (pp. 396-398). El Libro 4, de lo patrimonial: tierras, bienes de comunidad, censos, etc. (p. 399).

Escalona inserta en su Introducción proemial un capítulo de carta del Consejo de Indias de 25 de enero de 1608, en el que decía que si se hubiesen guardado cédulas y ordenanzas, estuviera el reino en mejor estado del que tiene y que de no haberse hecho han padecido mucha opresión los indios, principalmente de las personas a cuyo cargo está la observancia de ellas (p. 385). Asimismo figuran los textos de dos cédulas reales: la dada en Talavera a 26 de julio de 1541, para que el Gobernador del Perú cada año presente en el Cabildo del pueblo donde residiere la Capitulación con el Rey sobre la conquista y población de esa provincia y las provisiones, cédulas e instrucciones que se le han dado. Y la fechada en El Escorial, a 13 de noviembre de 1564, que manda cumplir las Nuevas Leyes y las cédulas y provisiones reales para que los indios no se carguen, ni echen a las minas, ni haya servicios personales, y las otras que en su beneficio estuvieren dadas (pp. 386-388). García-Gallo indica que ignora la suerte que corrió este proyecto (p. 377). *Supra*, t. II, p. 117 y ss., p. 202 y ss.

Larson, B. "Economic decline and social change in an agrarian hinterland: Cochabamba (Bolivia) in the late colonial period" (Columbia University, New York, N. Y., 1978).

López-Baralt, Mercedes. "Guamán Poma de Ayala y el arte de la memoria en una crónica ilustrada del siglo XVII", *Cuadernos Americanos*, Año XXXVIII, Vol. CCXXIV, Nº 3 (México, D. F., mayo-junio 1979), 119-151.

Macera, P. y R. Boccolini. *Precios en Arequipa, 1627-1767*, Lima, 1975.

Macera, P. y R. Jimenes. *Precios en Lima, 1667-1738*, Lima, 1975.

— Véase, en estas Adiciones, Carrió de la Vandera, Alonso.

Monguió, Luis. "El 'Mercurio Peruano' (1791-95) y el indio", en *Les Cultures Ibériques en Devenir. Essais publiés en hommage à la mémoire de Marcel Bataillon (1895-1977)*, par la Fondation Singer-Polignac. Paris, 1979, pp. 594-600. (El A. es profesor de la Universidad de California, en Berkeley. El *Mercurio Peruano* fue publicado por la Sociedad de Amantes del País, de Lima, en 1791-95. Hay edición facsimilar de la Biblioteca Nacional del Perú, Lima, 1964-66, 12 vols. En números de abril de 1794, el periódico trata de: si conviene que subsista la separación que hoy reina entre los indios y las demás clases de habitantes de la América, o si sería más útil a unos y otros formar un solo e indistinto cuerpo de nación (p. 598). La Sociedad considera que es difícil la reunión total de ambas clases humanas, y que sería inconveniente que se quitasen las exenciones y protecciones que tiene el indio respecto del español, que reconocen su origen en ser personas miserables, débiles, desvalidas. En el periódico se aplaude la idea de enseñarles el castellano a los indios. El autor del artículo concluye que en el *Mercurio Peruano* se pueden distinguir tres series de colaboraciones indianistas: 1) Un indianismo retrospectivo e historicista, que eleva casi a nivel de mito al imperio inca, en el que sin embargo se perciben matices debidos a los intereses de los herederos de la Conquista. 2) Un concepto del indio bárbaro y pagano de las fronteras de la Montaña peruana como un hombre en la infancia de la humanidad, natural, primitivo, a quien el no agotado impulso misional de la Colonia quería atraer a la fe cristiana y a la vida hispánica. 3) Una percepción del indio de la Costa y de la Sierra peruana de aquellos días "como una raza inferior, constitutiva de una nación antagónica a la de los americanos españoles, necesitada de especial protección legislativa y que sólo al desindianizarse si ingresaba en la economía liberal, sólo al dejar de ser india, podría igualarse a los demás habitantes de las Américas" (p. 599). Por nuestra parte estimamos que la actitud criolla fue más compleja, varió a lo largo de los años, y requiere una visión que capte todos sus matices. *Supra*, t. III, pp. 86, 105, 109.

Moreno Cebrián, Alfredo. *El corregidor de indios y la economía del siglo XVIII. Los repartos forzosos de mercancías*, Madrid, 1977.

Moreno Yanez, Segundo. "Sublevaciones indígenas en la Audiencia de Quito. Desde comienzos del siglo XVIII hasta finales de la colonia", *Bonner Amerikanistische Studien*, 5 (Bonn, 1976), 453 p. (Reedic. por Casa de la Cultura de Quito, julio 1978).

Mörner, Magnus, *Aspectos sociorraciales* del proceso de poblamiento en la Audiencia de Quito, Madrid, 1969.

——— *Perfil de la sociedad rural del Cuzco a fines de la colonia*, Lima, Universidad del Pacífico, Departamento Académico de Ciencias sociales y políticas, 1978. El A. analiza los informes enviados al Obispo del Cuzco, D. Manuel Mollinedo y Angulo, en 1689-90, por los párrocos de la diócesis (AGI., Audiencia de Lima 306 y 471). Y los dirigidos al Intendente del Cuzco, D. Benito de Mata Linares, en 1786, por los Subdelegados, con datos geo-económicos y estadísticos (AGI., Audiencia del Cuzco 35). Encuentra que la población de las diez provincias del Cuzco, en 1689-90, es de 112,650 personas y el porcentaje de indígenas de 94.3. La población, en 1786, es de 174,623 personas y el porcentaje de indígenas de 82.6 (p. 19). El Cercado del Cuzco pasa de 13,600 habitantes en 1689 a 31,982 en 1792 (pp. 21, 95). El número de las haciendas, en 1689, es de 705 y, en 1786, de 647, con población indígena en promedio por hacienda respectivamente de 151 y 223 (p. 32). Los cañaverales y las haciendas-obrajes fueron grandes en términos de mano de obra. Las haciendas y estancias, por lo general, tenían pocos operarios residentes (p. 48). En 1689, el cañaveral de Larata cuenta con 500 almas. El obraje de Quispicanchis con 400 personas (p. 47). El autor ofrece datos sobre obrajes y chorrillos del campo, en la p. 82 y ss. El obraje de Pichuichuro empleaba 500 personas en 1794 (p. 83). La mano de obra incluye *maquipuras* y *alquiles*, asalariados por temporadas breves los unos y largas los otros; *yanaconas*, adscritos de manera permanente; *mitayos*, que van al trabajo obligatorio por turno y son remunerados; y los *condenados* a trabajo forzoso (p. 83). En relación con la rebelión de Túpac Amaru, en 1780, examina el reparto de mercancías por los corregidores (p. 110) y la mita minera (p. 113). Ofrece un cuadro de los indios mitayos enviados anualmente a Potosí y Huancavelica desde las provincias del Cuzco, alrededor de 1780 (p. 116).

Moscoso, Maximiliano. "Apuntes para la historia de la industria textil en el Cuzco colonial", *Revista Universitaria*, LI-LII, núms. 122-125 (Cuzco, 1962-1963, 1965), 67-94.

Ortiz de la Tabla Ducasse, Javier. "Las ordenanzas de obrajes de Matías de Peralta para la Audiencia de Quito, 1621. Régimen laboral de los centros textiles coloniales ecuatorianos". Separata del tomo XXXIII del *Anuario de Estudios Americanos* (Sevilla, 1976), pp. 875-931. En las pp. 899-931 inserta el texto, en 125 capítulos, que se conserva en el Archivo General de Indias de Sevilla, Audiencia de Quito, Legajo 69. Está fechado en Riobamba, a 15 de agosto de 1621, para los partidos de Riobamba y Chimbo.

———— "El obraje colonial ecuatoriano. Aproximación a su estudio". Separata de *Revista de Indias*, núms. 149-150 (Madrid, julio-diciembre 1977), pp. 471-541.

———— "Panorama económico y social del corregimiento de Quito, 1768-1775", *Revista de Indias*, núms. 145-146 (Madrid, 1976), 83-98.

Pereira Salas, Eugenio. "Buques norteamericanos en Chile a fines de la era colonial (1788-1810)". Prensas de la Universidad de Chile, 1936, 44 págs. Tirada aparte de los *Anales de la Universidad de Chile*.

———— *Los primeros contactos entre Chile y los Estados Unidos, 1778-1809*, Santiago, Editorial Andrés Bello, 1971, 353 pp. (Historia de las Relaciones Internacionales de Chile).

Pohl, Hans. "Algunas consideraciones sobre el desarrollo de la industria hispanoamericana —especialmente la textil— durante el siglo XVII", *Anuario de Estudios Americanos*, *XXVIII* (Sevilla, 1971), 472.

Ramírez de Águila, Pedro. *Noticias políticas de Indias y relación descriptiva de la ciudad de La Plata, metrópoli de las provincias de Los Charcas, La Plata, 1639*, Sucre, 1978.

(El autor fue cura de la parroquia de Tacobamba por 25 años; interviene ante el corregidor de Potosí con motivo de la mita de sus feligreses).

Rodríguez, Mario. *The Cadiz Experiment in Central America, 1808-1826*. London, University of California Press, 1978.

Romero de Valle, Emilia. " 'El Mercurio Peruano' y los ilustrados limeños", México, 1964 (*Memorias del Primer Coloquio Mexicano de Historia de la Ciencia*, pp. 335-378).

Spalding, Karen. "Tratos mercantiles del Corregidor de Indios y la formación de la Hacienda serrana en el Perú", *América Indígena*, XXX-3 (México, 1970), 595-608.

Tandeter, Enrique. "Note critique. L'Historiographie coloniale des Andes: Les orientations de la recherche", *Annales. Economies. Sociétés. Civilisations*, 33e Année, Nos. 5-6 (Paris, septembre-décembre 1978), pp. 1197-1202 (con bibliografía reciente).

Tepaske, John J., Editor. *Discourse and Political Reflections on the Kingdoms of Peru, Written by Don Jorge Juan and Don Antonio de Ulloa*. (American Exploration and Travel Series). Translated by ... and Besse A. Clement. Norman, University of Oklahoma Press, 1978.

Urquijo, J. M. Mariluz. "La situación del mitayo en las glosas de Benito de La Mata Linares al Código Carolino", *Jahrbuch für Geschichte von Staat, Wirtschaft und Gesellschaft Lateinamerikas*, XIV (Colonia, 1977), 161-198.

Valcárcel, Carlos Daniel. *Túpac Amaru, precursor de la Independencia*, Lima, Universidad Nacional Mayor de San Marcos, 1977. XX-201 p. Bibliografía. Notas. Apéndice. Índice.

— Véase, en estas Adiciones, Bueno, Cosme.

Vargas Lugo, Elisa. "Una bandera del criollismo". *Actas del XLI Congreso Internacional de Americanistas*, México, 1976. Vol. II, pp. 554-559. Se refiere a la devoción por Santa Rosa de Lima en la Nueva España: aspecto criollo del culto a Santa Rosa en el virreinato mexicano. Figura también en *Del Arte. Homenaje a Justino Fernández*, México, U. N. A. M., Instituto de Investigaciones Estéticas, 1977, pp. 191-198, una ilustración. *Supra*, t. II, p. 241 n. 140.

Vega, Juan José. "Los trabajadores de las minas andinas en la época de Túpac Amaru", *Atti del XL Congresso Internazionale degli Americanisti, Roma-Génova, 3-10 Sett. 1972*, III (Génova), 347-350.

———— *José Gabriel Túpac Amaru*, Lima, 1969.

Watchel, Nathan "Hommes d'eau: Le problème Uru (XVI-XVIIe siècle)", *Annales. Economies. Sociétés. Civilisations*, 33e Année, Nos. 5-6 (Paris, septembre-décembre 1978), 1127-1159. En las pp. 1154-1155 compara la población, en tributarios, del Altiplano en 1574 (visita de Toledo) y en 1684 (visita de La

Plata). Son 8 corregimientos. Pasan de un total de 69,664 a 31,669. Incluye Aymaras y Urus.

Warren, J. Benedict. *Hans P. Kraus Collection of Hispanic American Manuscripts.* A Guide by ... Library of Congress, Washington, D. C., 1974, p. 136, n. 150. El rey Felipe IV de España. Instrucción que se da a los Virreyes del Perú. Madrid, 16 de agosto de 1660. 24 hojas. Va dirigida a Diego de Benavides y de la Cueba, Conde de Santisteban, Marqués de Solera, que llegó a Lima el 31 de julio de 1660. Permaneció en el Perú hasta su muerte ocurrida en Lima el 17 de marzo de 1666. Esta copia de las instrucciones está fechada en Lima, el 16 de septiembre de 1661, firmada por Alonso de Herrera, sacada del original en posesión del virrey. La instrucción contiene 75 párrafos numerados. Los párrafos 3-13 se refieren a cuestiones religiosas, incluyendo la instrucción de los indios. Los párrafos 14, 15 y 63, al archivo y registro de cédulas. Los párrafos 17-22, 35, a encomiendas y repartimientos. El 38 a exploraciones. El 39 a la prohibición de obrajes y de viñas, el 41 a seguridad de los caminos, el 42 a la navegación por la costa del Pacífico, el 43 a la guerra contra los indios en Chile, del 45 al 58 y el 74 al gobierno y protección de los indios, los párrafos 59-62, 65-70, a cuestiones hacendarias. *Supra,* II, p. 140.

Supra, I, 33, n. 114. Tener presente que la cédula dada en Madrid, el 16 de agosto de 1563, sobre apertura de caminos y puentes, se envió no sólo a la Audiencia de Charcas sino también a la de Los Reyes. Cfr. Encinas, *Cedulario,* I, 79.

Supra, I, 34. Desde Monzón de Aragón, el 29 de noviembre de 1563, se envía real cédula a las Audiencias de Los Reyes, La Plata y Quito, a fin de que provean que los indios de los tambos, por los caminos, no den a los españoles cosa de comer para ellos ni sus criados sino fuere pagándoselo. Hace referencia a los malos tratos que sufren los indios que van por su tanda a servir en los tambos. Cfr. Encinas, *Cedulario,* I, 81.

Supra, III, 128. Es de recordar que en la obra redactada por Alejandro de Humboldt, *Voyage aux Régions Équinoxiales du Nouveau Continent, fait en 1799, 1800, 1801, 1802, 1803 et 1804,* par Al. de Humboldt et A. Bonpland. Paris, Libraire Grecque-Latine-Allemande, 1816-1826, 11 vols., figuran en el vol. 11, pp. 86-88, los siguientes datos sobre la población:

	Indios	Población total
Intendencia de Charcas.		
Charcas, La Plata o Chuquisaca	—	16,000
Zinti	35,000	60,000
Yamparaes	28,000	40,000
Tomina	Idem.	Idem.
Paria	37,000	50,000
Oruro	9,000	15,000
Carangas	17,000	23,000
	154,000	244,000
Intendencia de Potosí		
Potosí	21,000	35,000
Atacama	22,000	30,000
Lipes	12,000	20,000
Porco	115,000	130,000
Chayanta	60,000	100,000
	230,000	315,000
Intendencia de La Paz		
La Paz	26,000	40,000
Pacajes	30,000	90,000
Sicasica	40,000	60,000
Chulumani	35,000	50,000
Omasuyos	30,000	60,000
Larecaja	40,000	65,000
Apolobamba	30,000	35,000
	231,000	400,000
Intendencia de Cochabamba		
Cochabamba	70,000	100,000
Sacaba	45,000	60,000
Tapacari	70,000	100,000
Arque	25,000	35,000
Palca	14,000	20,000
Clissa	65,000	100,000
Mizque	12,000	20,000
Valle Grande (Jesús de Montes Claros)	70,000	100,000
	371,000	535,000
Santa Cruz de la Sierra, Moxos y Chiquitos		220,000
Totales *	986,000	1.714,000

* No vienen en la tabla impresa. Como en ella el primer subtotal de población es de 246,000 y no de 244,000 como corregimos, daría para la población total la cifra de 1.716,000.

En el *Ensayo político sobre el Reino de la Nueva España,* París, 1822, reedición en México, 1973, p. 48, comenta Alejandro de Humboldt que: "En el Perú, al menos en su parte más meridional, se despueblan los campos por el trabajo de las minas, porque aún subsiste hoy *la mita,* ley bárbara que fuerza al indio a dejar sus hogares y trasplantarse a provincias lejanas en donde faltan brazos para beneficiar las riquezas subterráneas. Pero no es tanto el trabajo, como la mudanza repentina de clima el que hace la *mita* tan perniciosa para la conservación de los indios. Esta casta de hombres no tiene la flexibilidad de organización que distingue tan eminentemente a los europeos. La salud del hombre de color bronceado padece infinito cuando se le trasplanta de un clima caliente a uno frío, especialmente cuando se le fuerza a trabajar desde el alto de la cordillera a aquellos valles estrechos y húmedos en que parece que se depositan todos los miasmas de las regiones vecinas". El comentario es anterior, como se ve, a la medida de supresión dictada por las Cortes de Cádiz.

En la edición de París, 1822, se halla en el tomo III, pp. 275-278 (p. 410 edic. de México, 1973), un cuadro de los Derechos Reales que ha pagado la plata sacada del Cerro de Potosí desde 1556 a 1753. Estima que en 233 años, desde 1556 hasta 1789, se extrajo en plata declarada en las Cajas Reales un valor de más de 788 millones de pesos, producto de 92.736,294 marcos, pero cree que en realidad fue mayor. Hace algunos cálculos sobre el rendimiento anterior a 1556. De 1548 a 1551, el quinto dio al rey más de 3 millones de ducados. Otros datos potosinos en pp. 292, 294.

En el mismo tomo III, p. 296, señala el primitivo sistema de fundición por guayras, de 1545 a 1571. Sobre otras minas peruanas, III, pp. 255, 257. Total de colonias españolas, III, 310 (p. 422 ed. de México, 1973).

En el tomo III, desde la p. 220, examina la cuestión de la producción de azogue en América, y naturalmente trata de Huancavelica. Ofrece en la p. 231 un cuadro de la producción de este mineral de 1570 a 1789, según las *Noticias* del ms. del Sr. Mothes. Suma 1.040,452 quintales (p. 395 de la edic. de México, 1973). Anota de 1570 a 1666, una producción de 523,472 quintales. Y añade otros datos hasta 1748, por 254,617 quintales. Tiene presente (p. 233) que al ocurrir el hundimiento de la mina de Santa Bárbara, se dejó desde 1795 sacar a los indios libremente las vetas de cinabrio que atraviesan la piedra caliza entre Huancavelica y Sillacasa, y este único beneficio sólo daba anualmente 3,200 a 3,500 quintales. Dice (p. 245) que esa mina se encuentra abandonada hace mucho tiempo.

En las pp. 337-340, se halla un estado general de la producción de oro y plata de las varias minas de América, desde 1492 hasta 1803 (p. 431 de la edic. de México, 1973). En la p. 341, trata de la extracción no registrada.

Supra, III, 219. Mendoza, Gunnar. *Glosario*. Véase asimismo, Dwight Arthur S. "A glossary of Spanish-American mining and metallurgical terms". *Transactions of the American Institute of Mining Engineers*, XXXII (New York, 1902), 575-603. Ofrece alrededor de 1650 palabras.

Indice de nombres de lugares

Abancay, provincia de: 16, 33, 100, 177
Acacio, curato de: 86, 127
Acapulco, puerto de Nueva España: 54
Acarí, valle de: 90
Acequia Alta, pago de la: 98
Achambo, pueblo de: 4
África: 172, 212 n. 206
Alausí, asiento de: 4
Alemania: 81, 157
Almadén, minas de (España): 28, 35, 40, 42, 44, 53, 54, 63, 65, 67, 68, 69, 81, 130, 168, 171
América: 53, 56, 58, 65, 77, 80, 81, 101, 102, 104, 106, 110, 131, 132, 155, 157, 159, 165, 167, 168, 171, 172, 173, 179, 194 n. 61, 197 n. 84, 204 n. 111, n. 112, 209 n. 189, 210 n. 196, 211 n. 198
Amparaes, provincia de: 29, 38
Anansaya, parcialidad de (Provincia de Chucuito): 98
Ancash, departamento de: 202 n. 104
Andagua, pueblo de: 89
Andaguaylas, provincia de: 15, 21, 44, 159, 162, 164, 178
Andes, provincia de los: 23, 44
Angaraes, provincia de: 14, 15, 55, 178
Antezana, parroquia de: 111
Apo, pampa de: 90, 95
Apolobamba, misión de: 103
Aporoma, mineral de oro de: 44
Arauco, en Reino de Chile: 45
Arcata, trapiches de minas en: 92
Arces, Calle de los, en pueblo de Cayma: 99
Arecapa, provincia de: 26
Arequipa: 52, 64, 69, 86, 87, 88, 90, 91, 92, 93, 95, 177, 178, 196 n. 81
Arica, provincia de: 23, 45, 88, 89, 90, 91, 173, 177, 196 n. 81
Asanaques, provincia de: 105
Asangaro, provincia de: 11, 21, 24, 35, 39, 44, 65, 139, 142, 177
Asapa, valle de: 90
Asia: 77
Asillo, provincia de: 24, 39, 44
Asunción de Paraguay: 111, 129, 203 n. 107
Atacama, provincia de: 75, 105, 106, 107, 176, 203 n. 107

Atacames, Gobierno de (Provincia de Quito): 43
Atico, valle de: 90
Aullagas, asiento de: 103, 122
Auqui-Marcas, parcialidad perteneciente a doctrina de San Pedro: 105
Avancay, produce caña de azúcar: 44
Aymaya, curato de: 105, 111, 127
Aymaraes, provincia de: 16, 33, 44, 159, 177
Barrón, parroquia de: 111
Berenguela o Berengela, provincia de: 39, 105, 110
Bio Bio, fronteras en el Reino de Chile: 213 n. 211
Bolivia: 172, 173
Botija Punco, mina de: 81
Brazil: 88
Buenavista, curato de:
— véase San Pedro de Buenavista.
Buenos Aires: 7, 21, 23, 39, 42, 45, 52, 53, 67, 69, 70, 77, 83, 84, 85, 90, 102, 103, 104, 106, 108, 112, 115, 118, 119, 126, 132, 139, 155, 172, 197 n. 82, 198 n. 89, 205 n. 126
Cádiz (España): 29, 52, 83, 86
Caiza, posta, pueblo, de: 85
Calcactares, provincia de: 177
Calcaylares, hubo haciendas de azúcar en el sitio llamado Los Lares: 44
Calcha, pueblo de: 140
Calpi, pueblo de: 4
Callada, parcialidad de la doctrina de Chimba y pueblo de Yanahuara: 98
Callaguas, provincia de: 130
Callao, puerto del: 63, 69, 195 n. 63, n. 73, 199 n. 91
Callapa, pago de: 99
Calloma, minas de: 26
Camaná, provincia, partido, valle de: 45, 88, 89, 90, 91, 92, 93, 177
Campeche (Nueva España): 131
Canadá: 56
Canas y Canchas y Tinta, provincia de: 35, 39, 44, 64, 65, 109, 139, 142, 177, 203 n. 104
— Véase también Canches.
Canches o Tinta:
— véase: Tinta.
Canes y Canches, caciques congregados: 139

Cangas, provincia de: 24
Canta, provincia de: 175
Cañagua, lugar, mesón, parcialidad, de: 90, 97, 98
— Véase también Pascana.
Cañete, provincia de: 175
Capistaca, pago de: 98
Carabaya, plantíos de coca: 103
— Véase también Caravaya.
Caracollo, provincia de: 39
Carangas, provincia de: 11, 24, 35, 39, 45, 63, 64, 65, 83, 84, 139, 142, 176
Caravaya, provincia de: 39, 44, 103, 104, 177
— Véase también Carabaya.
Caraveli, minas de: 93
Cartagena de Indias: 42
Castilla: 3, 23, 30, 92
Castrovirreina, provincia de: 16, 44, 159, 178
Cataluña (España): 157
Cauca, provincia de: 11
Caxamarca o Cajamarca, villa de: 7, 8, 44, 54, 65, 178
Caxamarquilla, provincia de: 178
Caxatambo o Cajatambo, minas de: 7, 9, 44, 175
Caylloma, provincia de: 31, 35, 45, 63, 64, 88, 89, 90, 91, 92, 93, 105, 110, 129, 130, 196 n. 81
Cayma, pueblo de: 98, 99
Cercado, pueblos del, dentro de Lima y Juli: 3, 47
Cerro Rico, de Potosí: 72
Cicacica, da coca: 45
Cinti, produce vino: 45
Cochabamba, provincia de: 11, 21, 23, 24, 38, 45, 54, 65, 69, 70, 83, 84, 103, 104, 107, 109, 112, 139, 142, 176
Colcha, pueblo de: 128
Colque-Porco, minas de: 202 n. 103
Collado, provincia de: 21, 23, 90
Collaguas, provincia de: 92, 177
Collao, provincias del: 44, 88, 104
Conchucos, provincia de: 44, 175
Condesuyos, partido de: 89, 90, 91, 93
Condesuyos de Arequipa, partido de: 45, 88, 92, 130, 177
Condesuyos del Cuzco, partido de: 88
Condonoma, mina de: 44
Copa, pueblo de: 8, 9
Copiapó, Valle de: 130
Copillas, Valle de: 58
Córdoba (Virreinato del Río de la Plata): 83, 196 n. 82, 197 n. 82
Coroma, pueblo de: 128
Cotabambas, provincia de: 14, 15, 16, 44, 55, 159, 177
Cotagaita, pueblo de: 128
Cruces, sitio llamado: 42
Cuba, isla de: 58
Cubijies, pueblo de: 4
Cuenca, Corregimiento de (Provincia de Quito): 43
Curiaca, provincia de: 35

Cuzco:
— Ciudad del: 46, 54, 78, 87, 201 n. 93
— Provincia del: 16, 21, 23, 34, 44, 45, 49, 52, 63, 69, 77, 84, 86, 89, 90, 93, 100, 104, 129, 159, 162, 172, 177, 178, 197 n. 84, 202 n. 104, 203 n. 104
Chaca, valle de: 90
Chacarilla de la Virgen, tierras de la iglesia de San Miguel de Cayma: 98
Chacatlaclana, pueblo de: 81
Chacras, parcialidad de la doctrina de Chimba y pueblo de Yanahuara: 98
Chachapoyas, provincia de: 44, 178
Chala, valle de: 90
Chamas, pueblo de: 8, 9
Chanabaya, veta en la costa entre Guantajaya y Loa: 92
Chancay, provincia, jurisdicción de: 33, 44, 175
Changras, provincia de: 35
Cháparra, valle, minas, de: 90, 93
Chaquamarca, hacienda de: 7, 8, 9
Chaqui, pueblo de: 128, 142
Chaquilla, posta de: 85
Characato, pueblo de: 87, 93, 94, 95
Charcas, provincia de: 5, 22, 24, 26, 28, 45, 46, 52, 54, 104, 108, 109, 111, 157, 162, 200 n. 92, 204 n. 112, 206 n. 131, 208 n. 173, 209 n. 177
Chauches, provincia de: 11
Chayanta o Chaianta, provincia, partido, de: 11, 24, 35, 39, 45, 46, 49, 65, 75, 84, 86, 104, 105, 106, 107, 111, 112, 115, 116, 126, 127, 128, 139, 142, 157, 176, 200 n. 92, 203 n. 107, 207 n. 147, n. 149, 208 n. 149
Chicama, valle de: 198 n. 88
Chichas, provincia, partido, de:
— Véase Tarija.
Chiguata, pueblo de: 87, 90, 93
Chile, reino de: 13, 21, 23, 26, 39, 44, 45, 51, 52, 68, 88, 92, 108, 109, 130, 132, 169, 172, 182, 183, 184-188, 197 n. 82, 213 n. 211
— Andacollo, lavadero de: 185
— Araucania: 188
— Concepción: 108
— Cuyo, provincia de: 130, 188
— Quillota, lavadero de: 185
— Santiago: 184, 186, 187, 188, 203 n. 107
— Serena: 184, 186, 188
— Valparaíso: 187
— Valle de Puangue: 187
Chiloé, isla de: 69, 132, 211 n. 198, 213 n. 211
Chilques, provincia de: 44, 98, 177, 197 n. 84
Chillaos, provincia de: 178
Chimbo, Corregimiento de (Provincia de Quito): 43
Chimo, valle de: 198 n. 88
China: 3, 112
Chincha, pueblo de: 89
Chiquitos, provincia de: 103, 176
Choavento, hacienda de azúcar de: 90
Chocayas, mineral de: 45
Chocubamba, provincia de: 35

Chonta, cerro de azogue en provincia de Guamalíes: 54
Chota:
— Véase Hualgayoc.
Chucuito, provincia de: 11, 24, 28, 33, 34, 35, 39, 45, 47, 63, 64, 65, 90, 116, 139, 142, 177
Chulpas, parcialidad de: 105
Chulumani, cultivo de coca: 74
Chumbivilcas, provincia, parcialidad o ayllo, de: 15, 16, 44, 98, 159, 162, 177, 202 n. 103
Chuquibamba, provincia de: 90
Chuquisaca, provincia de: 45, 107, 172, 176, 178
Darién, minas de oro de: 42
Desaguadero, río del: 45, 142
Dinamarca: 212 n. 199
Ecuador: 188-190
Escorial (España): 211 n. 198
España: 1, 10, 24, 28, 29, 31, 32, 42, 45, 53, 60, 64, 80, 104, 105, 110, 155, 167, 172, 180, 186, 189, 198 n. 89, 200 n. 92, 202 n. 103, 204 n. 111, n. 112, 205 n. 124, 210 n. 193
Europa: 42, 57, 60, 68, 86, 89, 91, 110, 157, 158, 159, 160, 166, 168, 171, 204 n. 112
Filipinas: 38, 156
Francia: 212 n. 199
Gausi, pueblo de: 4
Gorgorillo, pueblo de: 8
Guadalajara (Nueva Galicia): 158, 171, 172, 201 n. 93
Guaina o Guayna (cerro en Potosí): 72, 104, 135, 143, 150
Guamachuco, pueblo de: 54, 78
Guamalíes, provincia de: 44, 54, 175
Guamando, provincia de: 93
Guamanga, provincia de: 16, 18, 21, 36, 44, 52, 69, 79, 86, 122, 159, 161, 162, 163, 164, 165, 178, 196 n. 81
Guambos, guaranga, región en la provincia de Caxamarca: 54, 78
Guana, valle de: 58
Guanca-sancos, doctrina de: 161
Guancavelica: 1, 5, 7, 9, 10, 13, 14, 15, 16, 17, 18, 19, 22, 25, 26, 28, 29, 30, 31, 33, 35, 36, 38, 39, 40, 41, 42, 44, 46, 49, 52, 53, 54, 55, 56, 61, 63, 64, 65, 67, 68, 69, 74, 77, 79, 80, 81, 86, 92, 130, 158, 159, 161, 162, 163, 166, 168, 169, 170, 171, 172, 178, 193 n. 55, 194 n. 56, 195 n. 75, 196 n. 81, 197 n. 84, 205 n. 122
Guanchaco, puerto de la provincia de Trujillo: 198 n. 88
Guano, pueblo de: 3, 43
Guanoguano, minas de: 93
Guanta, partido, provincia productora de coca: 15, 16, 31, 33, 44, 93, 159, 162, 164, 178
Guantajaya o Huantajaya, minas de: 63, 92, 103
Guanuco, provincia de: 166, 175, 178
Guarangas de Guambo y Saña: 78
Guariguari, minas de: 120, 121, 148

Guarochiri o Huarochiri, provincia de: 63, 77, 80, 175
Guatata, río de la: 164
Guatemala, provincia de: 3, 53, 132, 195 n. 63
Guayana española: 184
Guayaquil, corregimiento de: 42, 43, 169, 211 n. 198
Guaylas, provincia de: 175
Guayna (cerro en Potosí).
— Véase Guaina.
Hambato, jurisdicción de (Provincia de Quito): 43
Hoyo Negro (en minas de Guancavelica): 15
Hualgayoc o Chota, minas de (provincia de Trujillo): 63, 65, 67
Huancuni, serranía de: 95
Huaura, agricultura en la costa: 203 n. 104
Hungría: 114
Ica, provincia de: 175
Idria, producción de mercurio que se exporta al Perú: 65, 69, 86
Indias: 3, 14, 51, 60, 72, 131, 156, 182, 187, 212 n. 208, 213 n. 208
Iquique, puerto de: 90, 92
Islas Guaneras: 91
Jagüey, tambo en: 90
Jamaica: 58
Jara, palo de tinte de: 88
Jauja, provincia de: 16, 31, 63, 64, 162, 175, 196 n. 81
Juan Fernández, isla de: 171
Jujui, parada de posta en: 163
Juli, pueblo y templo de: 13, 47
Junín, departamento de: 202 n. 104
Kempui, minas de: 130
La Habana: 195 n. 73
La Frontera, provincia, labranzas, de: 21, 23
La Paz: 12, 23, 37, 45, 52, 63, 64, 83, 84, 89, 90, 103, 129, 139, 172, 177, 178
La Plata, ciudad de: 2, 13, 24, 38, 45, 52, 53, 83, 85, 104, 172, 176
Laja, pueblo de: 142
Lampa o Laempa, provincia de: 11, 21, 24, 35, 39, 44, 65, 89, 90, 139, 142, 177
Larecaja, provincia, plantíos de coca: 17, 29, 103, 139, 177
Lares, sitio llamado Los: 44
Latacunga, corregimiento de (Provincia de Quito): 43
Lauricocha, cerro de: 59, 68
Laycacota, mina de: 45, 46
León, villa de (Nueva España): 180
Licto, pueblo de: 4
Lima: 7, 13, 21, 22, 23, 25, 26, 30, 36, 41, 42, 44, 45, 46, 47, 52, 54, 63, 64, 68, 69, 74, 75, 77, 78, 80, 83, 84, 85, 86, 89, 90, 100, 105, 108, 109, 114, 130, 131, 156, 158, 161, 162, 163, 166, 171, 173, 175, 178, 195 n. 61, 196 n. 81, 197 n. 84, 200 n. 92, 210 n. 193
Lipes, minas de: 26, 45, 106, 107, 176, 203 n. 107
Lipis-Orco, socavón real que se proyecta: 145
— Véase también Sipiorco.

Loa, a 60 leguas de Guantajaya: 92
Locumba, valle de: 90
Loja, Corregimiento de (Provincia de Quito): 43
Loma, minas de la: 128
Londres (Inglaterra): 101
Los Reyes. La Audiencia proveía la Superintendencia y Gobierno de Guancavelica; luego lo hace el rey: 130
Lucanas, provincia de: 15, 16, 44, 63, 162, 163, 178
Lucumba, produce uva para vino: 44
Luisiana: 56
Luna, Valle de: 58
Luya, provincia de: 178
Llapa, parcialidad de la doctrina de Chimba y pueblo de Yanahuara: 98
Macora, hacienda de: 79
Macha, curato de: 113, 127
Machala, jurisdicción de: 42
Madrid: 129, 184, 202 n. 102
Magdalena de Caxatambo, pueblo de la: 7
Mages o Majes, valle de: 88, 90, 91
Malabrigo, puerto de la provincia de Trujillo: 198 n. 88
Mangas, pueblo y doctrina de: 7, 8, 9
Mar del Sur: 181
Masques, provincia de: 44, 197 n. 84
Medina del Campo (España): 38
Mendoza, corregimiento de: 130
México: 13, 19, 23, 26, 31, 54, 65, 69, 70, 71, 72, 80, 100, 109, 115, 131, 150, 156, 158, 168, 171, 195 n. 63, 197 n. 84, 201 n. 93, n. 100, 202 n. 100, 209 n. 177, n. 186
Milán: 157
Mina, parroquia de: 111
Miraflores, cacicazgo en valle de Lima: 44
Misque, provincia de: 26, 33, 139, 176, 178
Misiones de la Compañía: 45
Moho o Mojos, misión de: 55, 103, 129
Monasterio de San Ildefonso (España): 14
Monte de Ananea, lavadero de: 44
Monte Líbano, corte de maderas que destina Salomón a la construcción del templo: 109
Montevideo: 172, 205 n. 126
Moquegua, provincia de: 45, 88, 89, 90, 91, 177
Moromoro, curato, repartimiento, de: 85, 127
Moscari, curato de: 86, 105, 112, 127
Naciones de indios bravos: 77
Nanis, pueblo de: 8
Nañes, pueblo de: 9
Nasca, produce uva para vino: 44
Nicaragua: 160
Nuestra Señora de Copacabana, parroquia de (en Potosí): 38
Nuestra Señora de la Concepción, parroquia de (en Potosí): 38
Nuestra Señora del Carmen, mineral de oro de: 93
Nueva España: 1, 3, 12, 20, 26, 28, 31, 35, 36, 45, 53, 54, 70, 73, 79, 80, 104, 131, 132, 152, 166, 168, 171, 180, 182, 186, 196 n. 81, 197 n. 84, 199 n. 91, 201 n. 93, n. 100, n. 102, 204 n. 113, 208 n. 171, 212 n. 208, 213 n. 208
Nueva Galicia: 156, 158
Nueva Inglaterra: 58
Nuevo Mundo: 51, 104, 129, 155, 199 n. 89
Nuevo Reino de Granada: 55, 69, 131
Nuevo Reino de Santa Fe: 182
Ocoña, valle de: 90
Oder: 58
Omasuyo, Omazuyo u Omuzugo, provincia de: 11, 24, 35, 37, 38, 39, 65, 74, 139, 142, 177
Orcopampa, trapiches de minas en: 92
Oropezas de la provincia de Aymaraes: 14, 55
Oruro, minas y villa de: 5, 6, 13, 24, 26, 35, 45, 54, 63, 65, 84, 90, 103, 105, 110, 166, 176
Otavalo u Otabalo, asiento, corregimiento, de (provincia de Quito): 4, 43
Otusco, pueblo de: 54
Pablo Coya, lavadero de: 44
Pacajes, provincia de: 11, 24, 35, 39, 45, 65, 74, 105, 139, 142, 177, 197 n. 84
Pacllon, pueblo de: 8, 9
Pajas o Paxas, pueblo de: 8, 9
Palatinado: 157
Palca y Saucio:
— Véase Nuestra Señora del Carmen, mineral de oro de.
Pampamarca, cacicazgo de: 200 n. 92
Panacachi, curato de: 86, 127
Panamá: 42, 58, 129, 171, 198 n. 87
Paraguay: 21, 43, 45, 52, 70, 83, 112, 129, 163, 203 n. 107
Paraná, misión del: 103, 108
Paria, provincia de: 11, 24, 35, 39, 45, 65, 139, 142, 176
Parinacochas, provincia de: 15, 16, 44, 159, 162, 178
Pascana, nombrada Cañagua: 97
Pasco, minas de: 63, 64, 65, 67, 83, 166, 196 n. 81
Paspaya, provincia de: 45, 176
Patas, pueblo de: 8
Pati, pampa de: 90
Paucarcolla, provincia de: 11, 24, 25, 35, 39, 45, 55, 65, 139, 142, 177
Paucarpata, pueblo de: 95
Paucartambo: 44, 93, 177
Pilaya o Pilaia, provincia de: 26, 45, 139, 176
Pisco, provincia agrícola en la costa, produce uva para vino: 44, 175, 203 n. 104
Pitantara o Pitautora, curato, repartimiento, de: 85, 127
Piura, provincia de: 178, 201 n. 94
Pocoata, curato de: 111, 112, 127
Pomacanche, pueblo de: 142
Pongora, río de la: 164
Popayán, Gobierno de: 13, 43
Popó o Poopó, minas de: 45, 54
Poquian, pueblo de: 8
Porco, provincia, partido, de: 11, 13, 21, 28, 35,

38, 39, 45, 65, 72, 75, 84, 103, 104, 105, 106, 107, 112, 113, 128, 139, 142, 176, 197 n. 84, 203 n. 107
Portugal: 29
Posco, minas de: 93
Posta de la Leña: 85
Poto, asiento de: 44
Potosí, minas de: 1, 2, 5, 6, 10, 11, 12, 13, 17, 18, 20, 21, 22, 23, 24, 25, 26, 27, 28, 29, 30, 31, 32, 34, 35, 36, 38, 42, 45, 46, 48, 49, 51, 52, 53, 54, 55, 56, 59, 60, 63, 64, 67, 68, 70, 71, 72, 73, 74, 75, 76, 77, 80, 83, 84, 85, 86, 89, 90, 100, 101, 102, 103, 104, 105, 106, 107, 108, 109, 110, 111, 112, 113, 114, 115, 116, 117, 118, 119, 120, 121, 122, 123, 124, 125, 126, 128, 131, 132, 134, 136, 142, 143, 144, 145, 147, 148, 149, 153, 154, 156, 157, 158, 161, 163, 173, 176, 193 n. 41, n. 44, n. 47, 194 n. 57, 196 n. 79, n. 81, n. 82, 197 n. 84, 198 n. 87, n. 89, 200 n. 92, 201 n. 100, 202 n. 100, n. 102, n. 103, 203 n. 106, n. 107, 204 n. 116, 205 n. 120, n. 122, 206 n. 128, n. 131, 207 n. 147, 208 n. 149, n. 169, n. 171, 209 n. 177
Prusia: 58
Puna, pueblo de: 128
Puna (repartimiento de Las Charcas): 135
Puni, pueblo de: 4
Puno, minas, departamento, de: 25, 26, 29, 39, 45, 46, 63, 68, 69, 83, 89, 90, 103, 158, 196 n. 81, 202 n. 104
Quebrada de Alca y Cotaguasi: 92
Quechoalla, pueblo de: 89
Querétaro, jurisdicción de (Nueva España): 180
Quero, pueblo de: 43
Quilca, valle de: 90
Quimia, pueblo de: 4
Quipicanches, provincia de: 24, 44, 65
— Véase también Quispicanche.
Quispicanche, provincia de: 11, 35, 39, 84, 139, 142, 177
Quito, provincia de: 3, 27, 39, 42, 43, 44, 55, 86, 131, 156, 172, 195 n. 61
Quixos, Gobierno de: 211 n. 198
Ranchería, parcialidad de la doctrina de Chimba y pueblo de Yanahuara: 98
Reno, provincia, mitaya: 109
Rey, isla del: 42
Reyes, curato en provincia de Tarma: 60
Ribera, la (en Potosí): 106
Río de la Plata: 67, 80, 83, 84, 110, 111, 115, 132, 158, 163, 208 n. 171
Riobamba, corregimiento, jurisdicción, villa, de (Provincia de Quito): 3, 4, 43
Roma: 101, 105, 114, 155
Sabandia, pueblo de: 94
Sacaca, curato de: 86, 127
Sachaca, pago de: 98
Sajonia: 68, 114
Salamanca, pueblo y doctrina de: 89
Salta: 67, 83
Salvatierra, jurisdicción de (Nueva España): 180

Sama, valle de: 90
San Andrés, pueblo de: 3, 4
San Antonio de Callalli, pueblo de: 93
San Antonio de Esquilache, provincia de: 31
San Antonio de Sunchuly, mineral de: 17
San Benito, parroquia de (en Potosí): 38
San Bernardo, parroquia de (en Potosí): 39
San Carlos de Austria (Venezuela): 179
San Christóbal, parroquia de (en Potosí): 38
San Cristóbal de Acochala: 45
San Diego de Topocó: 142
San Francisco de Caylloma, cerro de: 130
San Francisco de Mangas, doctrina de: 7
San Francisco de Quito: 3
San Francisco el Chico, parroquia de (en Potosí): 38
San Gerónimo, pueblo de: 162
San José de Poopó, pueblo de: 142
San Juan, produce aguardiente para Ubina: 120
San Juan, parroquia de (en Potosí): 38
San Juan Bautista de la Chimba, doctrina de: 97
San Juan Bautista de Porongo, reducción de: 69, 70
San Juan de Colguemarca, pueblo de: 142
San Juan del Oro, lavadero de: 44
San Juan Nepomuceno, socavón real (en Potosí): 145
San Lázaro, encomienda de (Arequipa): 96
San Lorenzo, minas de plata (en Chile): 130, 208 n. 169
San Lorenzo, parroquia de (en Potosí): 39
San Martín, parroquia de (en Potosí): 38
San Miguel, villa de (Nueva España): 180
San Miguel de Cayma, doctrina y pueblo de: 98
San Pablo, parroquia de (en Potosí): 38
San Pablo de Capinota, pueblo de: 142
San Pedro, parroquia de (en la ciudad de La Paz): 26, 27, 139, 140
San Pedro, parroquia de (en Potosí): 38
San Pedro de Buenavista, curato de: 86, 112, 127
San Pedro de Macha, pueblo de: 85
San Pedro de Tisco, pueblo de: 93
San Pedro Nolasco, minas de plata (en Chile): 130
San Roque, parroquia de (en Potosí): 38, 145, 156
San Sebastián, parroquia de (en Potosí): 38
Santa Bárbara, mina de azogue: 81
Santa Bárbara, parroquia de (en Potosí): 38
Santa Cruz, provincia de: 21, 27, 52, 70
Santa Cruz de la Sierra, obispado, provincia, de: 45, 70, 176
Santa Fe, virreinato de: 197 n. 82, 198 n. 89
Santa Fe (Nuevo Reino de Granada): 69, 78, 86, 109, 131
Santa Fe de Bogotá: 131
Santa Isabel de Chichas, ayllo, pago, de: 95, 96
Santa Juana, cerro de (Pacajes): 45
Santa Marta, parroquia de (Arequipa): 95, 98, 100
Santiago (Chile): 45
Santiago, villa de (Nueva España): 180

Santiago, parroquia de la ciudad de La Paz: 139, 140
Santiago, parroquia de Potosí: 38
Santiago de Cotagayta, pueblo de: 142
Santiago de Chaqui, pueblo de: 142
Santo Domingo: 58, 116, 164, 181, 212 n. 208
Saña, guaranga, provincia de: 78, 178
Sarapalca, posta de: 85
Senti, provincia de: 21
Sevilla: 26, 32, 33, 156, 198 n. 89
Sicasica, provincia de: 11, 23, 24, 65, 74, 177
Sierra, feligresía en Gobierno de Potosí: 111
Sierra, región de la: 51, 73, 86, 92, 134
Siguas, valle de: 90
Silesia: 58
Sinaloa (México): 69
Siporo, haciendas de: 157
Sintimisque, provincia de: 23
Sipiorco, socavón real que se proyecta: 145
    — Véase también Lipis-Orco.
Socabaya, pueblo de: 94
Sonora (México): 69
Sunchuli, mina, monte de: 45, 46
Surco, cacicazgo en valle de Lima: 44
Tabaco Nuño, ribera de (en Potosí): 21
Taboaga, isla de: 42
Tacna, valle de: 90, 92
Tacunga, asiento de: 4
Talavera, pueblo de: 162
Talma, pueblo de: 129
Tambo, valle de: 88
Tampaya, cerro de (Pacajes): 45
Tapara, valle de: 58
Tarama, provincia de: 15, 16
Tarapacá, partido de: 88, 89, 90, 91, 92
Tarapaia, ribera de (en Potosí): 21
Tarifa, provincia de: 11, 35, 75
    — Véase también Tarija.
Tarija o Chichas, provincia de: 21, 23, 24, 45, 65, 75, 103, 104, 106, 107, 128, 139, 140, 142, 156, 176, 197 n. 84, 198 n. 87, 203 n. 107
    — Véase también Tarifa.
Tarma, provincia de: 31, 44, 53, 54, 59, 60, 69, 79, 162, 166, 175
Tawantinsuyu, regiones del: 100
Taya-Caxa, partido: 159
Tercer Mundo: 173
Thío, pago de: 98
Tiabaya, parcialidad de: 98, 99
Tierra firme: 184
Tinguipaya, doctrina de: 85
Tinta y Canas o Canches, provincia de: 24, 44, 64, 65, 69, 84, 88, 93, 109, 139, 177
Tipuani, minas de: 134
Tiquipaya, pueblo de: 128
Tomabe, pueblo y curato de: 118, 125, 128
Tomina, provincia de: 26, 45, 139, 176
Troncoso, feligresía en Gobierno de Potosí: 111
Tropalca, pueblo de: 85
Trujillo: 1, 26, 44, 52, 54, 64, 65, 67, 69, 78, 86, 178, 196 n. 81, 197 n. 84, 198 n. 88, 201 n. 94

Tucumán, provincia de: 21, 23, 39, 44, 45, 52, 163, 182
Tuli, pueblo de: 116
Túmbez, región de: 44
Tungasuca, cacicazgo de: 203 n. 104
Turco, minas de: 45
Ubina o Uvina, minas de: 103, 117-126, 134
Urubamba, provincia de: 177
Uruguay, misión del: 103
Ucuntaya, cerro de: 5
Uchuguanico o Uchuguanuco, hacienda de: 7-9
Uspallata, minas de: 130
Valdivia (Chile): 171
Valles, región de: 44, 72, 73
Venezuela: 179-184, 212 n. 208, 213 n. 208
    — Barinas, ciudad de (provincia de Maracaybo): 184
    — Barquisimeto o Nueva Segovia de Barquisimento: 180
    — Caracas: 180-184, 212 n. 208
    — Llanos o San José de los Llanos: 183
    — Maracaybo, provincia de: 184
    — Nuestra Señora de la Candelaria de Turmero, pueblo de: 181
    — Purísima Concepción del Tocuyo, ciudad de la: 184
    — San Antonio de Araure: 183
    — San Francisco de Tirgua: 183
    — Santa Ana de Coro, ciudad de: 183
    — Santa Catalina de Guara, pueblo de: 181
    — Truxillo de Nuestra Señora de la Paz, ciudad de: 184
    — Valle de Obispos: 184
Veragua, minas de oro de (Centroamérica): 42
Verenguela, minas de (Pacajes): 24, 45
Veringa, pueblo de, anexo de doctrina de Salamanca (partido de Condesuyos): 89
Vilcabamba, minas de: 68, 177
Vilcas Guaman, provincia de: 15, 16, 44, 161, 178
Viru, valle de: 198 n. 88
Vítor, valle de: 88, 89, 91, 92
Yamparaes, provincia de: 139, 176
Yanacancha, socavón en el cerro de Pasco: 196 n. 81
Yanahuara, pueblo de: 97, 98, 99, 100
Yara, curato de: 125
Yauricocha, cerro de: 169
Yauyos, provincia de: 15, 63, 175
Yca, produce uva para vino: 44
Yllimani, cerro de: 45
Yocolla, viceparroquia de la Doctrina de Tinguipaya: 85, 138, 148
Yquique, puerto de: 104
Yucatán (Nueva España): 131
Yungas, partido de los: 103
Yura, pueblo de: 129
Yuracarú, plantíos de coca: 103
Zacatecas (Nueva España): 36
Zampara, labranzas de trigos y maíces de: 23
Zamparaes, provincia de: 26
Zaruma, minas de (provincia de Quito): 43
Zelaya, jurisdicción de (Nueva España): 180

Indice de nombres de personas

Abascal, José Fernando de. Virrey del Perú (1806-1816): 158, 159, 165, 168, 169, 170, 171, 172, 209 n. 185, 210 n. 196, 212 n. 200

Acosta, P. Joseph de, S. J. Misionero e historiador: 19, 22, 24, 26, 28, 156

Acevedo, Edberto Óscar. Autor: 200 n. 92

Agia, fray Miguel, O. F. M. Autor de tratados sobre el servicio personal: 11, 19, 24, 25, 26, 114, 156.

Aguayo, fray Miguel de, O. F. M. Conocido por el incógnito en papel que imprimió contra Agia: 19, 26

Agüero, José. Escribano Teniente del Mayor de Gobierno: 37

Alba, Armando. Autor: 203 n. 106

Alba o Alva de Aliste, Conde de. Luis Enríquez de Guzmán. Virrey del Perú (1651-1661): 11, 21, 26, 31, 108

Alcedo y Herrera, Dionisio de. Presidente de la Audiencia de Quito: 4

Almagro, Juan de. Certifica decreto del virrey de Buenos Aires, D. Pedro Melo de Portugal: 118

Alonso, Juan. Indio mitayo del pueblo de Pajas: 8

Alonso Barba, Álvaro. Licenciado. Cura que fue de Potosí y autor que escribió sobre metales: 45

Álvarez de Abreu, Antonio. Del Supremo Consejo de Indias. Propone ayuda a los mineros, de la Caja Real: 38

Álvarez de Arenales, Tomás. Miembro del Consejo de Indias designado para examinar el Código Carolino: 209 n. 177

Álvarez y Jiménez, Antonio. Gobernador-Intendente de Arequipa (1786-1791): 86, 87

Amat y Junient, Manuel de. Virrey del Perú (1761-1776): 51, 54, 55, 61, 63, 64, 65, 195 n. 67, n. 78

Ambrosio, Miguel. Principal de Copa: 9

Anaya, Manuel de. Corregidor de Characato: 93

Andrés, Juan. Indio mitayo del pueblo de Copa: 8

Ansotegui, Francisco Tomás. Oidor en la Audiencia de Buenos Aires: 205 n. 126

Antonio Eduardo. El Juez Comisionado en Ubina le manda reunir a Yucos y Pucheros (gente libre) para alquilarse en minas e ingenios: 124

Aranda, Conde de. El virrey del Perú le envía el censo de siete intendencias: 83

Arce, Doctor. Firma vista fiscal en Potosí: 116

Arcila Farías, Eduardo. Autor: 198 n. 89

Areche, Joseph Antonio de. Visitador General del Perú: 162, 195 n. 78, 197 n. 83, 198 n. 89, 199 n. 91, 200 n. 92

Arias, Francisco. Juez Subdelegado en el Partido de Chayanta: 126

Aristóteles. Citado por Mariano Moreno: 155, 156

Arizmendi, Pedro Francisco. Subdelegado de Chayanta: 112, 115, 116

Armellada, C. Autor: 210 n. 189

Armendáriz, José de. Marqués de Castelfuerte, virrey del Perú:
— Véase Castelfuerte, Marqués de.

Arredondo, Manuel. Licenciado. Relator del Consejo de Indias. Firma el Extracto del memorial sobre mita (1717) impreso: 10, 12, 111

Arredondo, Nicolás de. Virrey de Buenos Aires: 115, 205 n. 126

Arregui y Ortega, Rafael. Opinión contraria al Código Carolino: 132

Artete, Domingo. Cura de Reyes en la provincia de Tarma: 60

Artola, Miguel. Autor: 204 n. 111

Arzáns de Orsúa y Vela, Bartolomé. Autor: 193 n. 43

Asthoraica, Matías de. Contador. Oficial Real en las Cajas de Potosí: 26

Avendaño, P. Diego de, S. J. Autor del *Thesauro Yndico*: 19, 26

Avendaño, Pazchoal de. Indio mitayo del pueblo de Nanis: 8

Avilés y del Fierro, Gabriel. Marqués de. Virrey del Perú (1801-1806): 158

Ayala, Manuel José de. Forma el Diccionario de Gobierno y Legislación de Indias y España: 2, 129

Ayesta, Baltasar de. General. Corregidor de Cajatambo: 7

Azevedo, Juan Estévanes de. Autor de un papel impreso en Lima por 1650 sobre "Práctica de repartición y buen uso de indios y azogues": 20

Baena, Diego de. En 1740 emprendió desaguar la mina de Laycacota cerca de Puno: 46

Baeza, Diego de. Fiscal en Lima: 11

Baleato, Andrés. Autor de un plano del Perú: 86

Ballesteros, Tomás de. Recopila en 1680 las Ordenanzas para el Perú: 152

Ballesteros Gaibrois, Manuel. Autor: 201 n. 94

Baquíjano y Carrillo, José. Conde de Vista Florida: 1, 198-199 n. 89, 211 n. 198

Barba, Álvaro Alonso:
— Véase Alonso Barba, Álvaro.

Barnachea, Gabriel. Cuenta con indio mitayo: 9

Barragán, Gregorio. Opinión contraria al Código Carolino: 132

Barriga, Víctor M. Padre mercedario. Publica documentos sobre la historia de Arequipa: 86, 93

Barry, David. Publica en Londres las *Noticias secretas de América*, de Jorge Juan y Antonio de Ulloa: 193-194 n. 55

Basadre, Jorge. Historiador: 75, 193 n. 48, 198 n. 85, 203 n. 107, 212 n. 203

Bautista, Francisco. Indio mitayo del pueblo de Nanis: 8

Bataillon, Marcel. Su prólogo a la edición del *Lazarillo de ciegos caminantes*: 197 n. 84

Belasques, Juan. Alcalde ordinario del pueblo de Pacllon: 9

Bernal, Matías. Oficial interino de la Contaduría de Retasas del virreinato del Río de la Plata. Informa sobre clases de tributarios en el Alto Perú: 205 n. 124

Benavides y de la Cueva, Diego. Conde de Santiesteban o Santisteban. Virrey del Perú:
— Véase Santiesteban o Santisteban, Conde de.

Benedicto XIV. Papa: 51

Bernedo, Esteban. Cura. Adjudicatario de la encomienda de San Lázaro con sus tierras: 97

Berrio, Juan de. Diputado del comercio del Perú, ponderó el lastimoso estado de las minas: 36

Boeto, Antonio. Subordinado del visitador Areche, a quien éste deja en el Gobierno de Huancavelica: 197 n. 84

Boix, Ignacio. Editor de la *Recopilación de las Leyes de Indias* (1841): 210 n. 193

Bonilla, Heraclio. Autor: 203 n. 104

Borbones en el trono de España: 1

Bouso Varela, Joaquín. Rector de la Universidad de Lima: 197 n. 84

Bowser, Frederick P. Autor: 205 n. 124

Brabo de Lagunas y Castilla, Pedro. Limeño. Asesor de los virreyes del Perú: Marqués de Castelfuerte y Marqués de Villagarcía: 36

Cabero y Céspedes, Álvaro. Oidor de la Real Audiencia de Lima. Gobernador de Guancavelica y Superintendente de la Real Mina y Caja: 14, 30, 39

Cabrera, Amador. Minero de Guancavelica. Tenía la mina descubridora, con indios señalados de repartimiento: 44, 162

Calancha, fray Antonio de la. O. S. A. Autor citado: 105

Calderón Quijano, José A. Autor: 210 n. 196

Campante Patricio, Jaciro. Autor: 204 n. 116

Campbell, Leon G. Autor: 200 n. 92

Campillo y Cosío, José de. Reformista dieciochesco. Autor: 77

Campo y de la Rinaga, Nicolás Mathías del. Oidor de la Audiencia de Lima: 19, 20, 24

Cangas, Gregorio de. Coronel de Artillería y Tesorero Oficial Real de la Caja de la Ciudad de Trujillo: 197

Canillas de Torneros, Conde de. Pedro Luis Enríquez o Henríquez de Guzmán. Corregidor y justicia mayor de Potosí: 20, 27, 105

Cañete, Marqués de. García Hurtado de Mendoza. Virrey del Perú (1589-1596): 21, 22, 25, 29, 51, 63, 71, 76, 111

Cañete y Domínguez, Pedro Vicente. Jurista: 1, 2, 74, 113, 114, 115, 116, 117, 118, 119, 123, 129, 132, 134, 135, 136, 139, 151, 153, 157, 161, 201 n. 100, 202 n. 102, 203 n. 106, n. 107, 206 n. 128, n. 131, 207 n. 147, 208 n. 171, 209 n. 177

Capdequí, José Ma. Ots y. Autor: 208 n. 170

Capoche, Luis. Minero en Potosí. Autor: 208 n. 172

Carbajal y Sandi, Juan de. Presidente de la Audiencia de La Plata. Visitador en Potosí, hace el repartimiento de indios de mita que mandó el virrey Conde de Chinchón: 5, 6, 25, 26, 48

Carrión, Francisco. Indio mitayo: 8

Carlos I: 170

Carlos II: 5, 6

Carlos III: 80, 172

Carlos IV: 80

Carma, Conde de. Opinión contraria al Código Carolino: 132

Carrasco, Juan. Administrador de estancias de Chaquamarca y Uchuguanuco: 8

Carrillo, Agustín. Regente del Tribunal de Cuentas del reino: 26

Carrió de la Bandera, Alonso. Autor del *Lazarillo de ciegos caminantes*, que apareció bajo el nombre de Concolorcorvo: 196 n. 82, 197 n. 84

Casa Concha, Marqués de. José Santiago Concha, Gobernador de Guancavelica: 13, 14, 15, 17, 35, 39, 40, 41

Casa de Austria en el trono de España: 1

Casa Real, Conde de. Minero en Porco: 103

Casas o Casaus, Bartholomé de las. Defensor de los indios. Obispo de Chiapa: 61, 100, 105, 155, 193 n. 55, 194 n. 61

Castelfuerte, Marqués de. José de Armendáriz. Virrey del Perú (1724-1736): 13, 15, 17, 18, 27, 29, 30, 31, 33, 35, 36, 46, 48, 114, 192 n. 30, 202 n. 103

Castell dos Rius, Marqués de. Manuel de Oms de Santa Paula. Virrey del Perú (1707-1710): 5

Castellón, Francisco. Indio mitayo del pueblo de Poquian: 8

Castilla, Ramón. Presidente del Perú, suprime la contribución de los indígenas, supervivencia del tributo: 203 n. 104, 211 n. 198

Castillo, Abel Romeo. Autor: 210 n. 190

Castillo, fray Florencio del. Delegado costarricense en las Cortes de Cádiz: 210 n. 190

Castillo, Ignacio Antonio del. Oidor de la Audiencia de La Plata: 23, 160

Castro, Ignacio de. Presbítero tacneño: 100

Castro Barros, Pedro Ignacio. Primer editor de los *Apuntes para una reforma de España (1797)*, del Dr. D. Victorián de Villava: 205 n. 126

Catari, Tomás. Se subleva en la provincia de Chayanta: 200 n. 92

Cavallero, José Antonio. Se le comunica haber fallecido el fiscal jubilado de la Audiencia de La Plata, Victorián de Villava: 205 n. 126

Centeno, Diego. Capitán. Gobernador y Justicia Mayor de la ciudad de La Plata: 38

Céspedes del Castillo, Guillermo. Autor: 191 n. 2

Cicerón. Citado por el Gobernador Intendente de Potosí, Francisco de Paula Sanz: 102

Clavijero, Javier, S. J. Autor citado por el fiscal Villava: 109

Coello, Francisco, S. J. Apología manuscrita contra los pareceres de Agia: 19, 26

Concolorcorvo:
— Véase Carrió de la Bandera, Alonso.

Concha, José Santiago. Marqués de Casa Concha:
— Véase Casa Concha, Marqués de.

Conde de Alba o Alva de Aliste. Virrey del Perú:
— Véase Alba o Alva de Aliste, Conde de.

Conde de Aranda:
— Véase Aranda, Conde de.

Conde de Canillas de Torneros:
— Véase Canillas de Torneros, Conde de.

Conde de Carma:
— Véase Carma, Conde de.

Conde de Casa Real:
— Véase Casa Real, Conde de.

Conde de Chinchón. Virrey del Perú:
— Véase Chinchón, Conde de.

Conde de la Granja:
— Véase Granja, Conde de la.

Conde de Lemos o Lemus. Virrey del Perú:
— Véase Lemos o Lemus, Conde de.

Conde de Lerena:
— Véase Lerena, Conde de.

Conde de la Monclova. Virrey del Perú:
— Véase Monclova, Conde de la.

Conde de Monterrey. Virrey del Perú:
— Véase Monterrey, Conde de.

Conde de Niebla:
— Véase Niebla, Conde de.

Conde de Salvatierra. Virrey del Perú:
— Véase Salvatierra, Conde de.

Conde de Santiesteban o Santisteban. Virrey del Perú:
— Véase Santiesteban o Santisteban, Conde de.

Conde de Superunda. Virrey del Perú:
— Véase Superunda, Conde de.

Conde de las Torres:
— Véase Torres, Conde de las.

Conde de Vista Florida:
— Véase Baquíjano y Carrillo, José.

Conde del Villar o Villardompardo. Virrey del Perú:
— Véase Villar o Villardompardo, Conde del.

Condorcanqui, Josef Gabriel:
— Véase Tupac Amaru.

Contreras, Remedios. Autora: 205 n. 119

Coquet de Gallardo, José. Director del Tribunal de Minería en Lima: 81

Cortés Salinas, Ma. del Carmen. Autora: 205 n. 119, 206 n. 128

Cotler, Julio. Autor: 203 n. 104

Cotos, Pedro Pablo de. Indio mitayo del pueblo de Mangas: 8

Croix, Teodoro Francisco de. Virrey del Perú (1784-1790): 68, 69, 77, 78, 79, 81, 92, 200-201 n. 93, 204 n. 110

Cruz, Francisco de la. Obispo electo de Santa Marta:
— Véase Obispo de Santa Marta.

Cruz, Juan de la. Principal de Mangas: 9

Cruz, Martín de la. Indio mitayo del pueblo de Pajas: 8

Cruz, Pedro de la. Indio mitayo del pueblo de Patas: 8

Cusirramos, Lorenzo. Cacique propietario de Paucarpata. Teniente Coronel de Milicias: 95

Chanquillo:
— Véase Guanquillo.

Chinchón, Conde de. Gerónimo Fernández de Cabrera. Virrey del Perú (1629-1639): 5, 14, 16, 18, 19, 25, 26, 28, 29, 48

Darién, Obispo de: 155

Dávalos, Juan José. Comisionado contra el corregidor de la provincia de Omazuyo para la paga de rezagos de indios: 37

Del Hoyo, Juan Josef:
— Véase Hoyo, Juan Josef del.

Domínguez Bordona, Jesús. Autor: 195 n. 78, 201 n. 94

Dorado, Juan Antonio. Dueño de ingenio en la cuesta de Santo Domingo: 116

Duque de la Palata. Virrey del Perú:
— Véase Palata, Duque de la.

Duque de Uzeda. Tiene obrajes en la jurisdicción de Riobamba (Audiencia de Quito): 3, 4

Durán de Castro, Manuel. Funciones de Capitán de yanaconas en Potosí: 125

Echeverría, Cosme de. Subdelegado de Vilcasguamán: 165

Echeverría, Francisco Javier de. Arcediano del pueblo de Cayma: 99

Eguiguren, Luis Antonio. Autor: 196 n. 80

Elhuyar, Fausto de. Muestra la significación de la producción minera en Nueva España: 104

Encarnación, Melchor. Indio mitayo del pueblo de Pacllon: 8

Enríquez, Martín. Virrey del Perú: 139

Enríquez de Guzmán, Luis. Conde de Alba o Alva de Aliste. Virrey del Perú:
— Véase Alba o Alva de Aliste, Conde de.

Enríquez o Henríquez de Guzmán, Pedro Luis. Conde de Canillas de Torneros:
— Véase Canillas de Torneros, Conde de.

Ensenada, Marqués de la: 42, 46, 53, 193 n. 55

Escalantes, ingenio de los: 116

Escalona y Agüero, Gaspar de. Jurista: 14, 24, 25, 26, 28, 45, 75, 157, 199 n. 89

Escandón, Pedro León. Dictamen sobre el estado en que se hallan las comunidades de indios del Perú: 46

Escobedo y Alarcón, Jorge de. Visitador general de los Tribunales de Justicia y superintendente general de Real Hacienda del Perú: 68, 69, 79, 91, 158, 170, 197 n. 84, 198 n. 88, 200 n. 92, 209 n. 177, n. 186

Escurrechea, Miguel Antonio de. Vecino de Potosí: 53

Espinosa, Andrés de. Indio mitayo del pueblo de Pacllon: 8

Esquilache, Príncipe de. Virrey del Perú (1615-1621): 5, 21, 24, 61, 64, 71, 139, 144, 185, 186, 187, 199 n. 89

Ezquerra Abadía, Ramón. Autor: 204 n. 116, 206 n. 126

Feijóo de Sosa, Miguel. Contador jubilado del Tribunal Mayor de Cuentas del Perú: 195 n. 78

Felipe II: 6, 38, 45

Felipe III: 6, 55, 108, 163, 203 n. 109, 209 n. 175

Felipe IV: 4, 6, 130, 163, 185

Felipe V: 14, 22, 42, 44, 46, 80, 186

Fernández de Cabrera, Gerónimo. Conde de Chinchón. Virrey del Perú:
— Véase Chinchón, Conde de.

Fernández de Castro, Pedro Antonio. Conde de Lemos o Lemus. Virrey del Perú:
— Véase Lemos o Lemus, Conde de.

Fernández de Córdoba, Diego. Marqués de Guadalcázar. Virrey del Perú:
— Véase Guadalcázar, Marqués de.

Fernández de Velasco, Pedro. Llevó de México al Perú el beneficio del azogue (1571): 28

Fisher, John R. Autor. Ofrece un cuadro de la plata amonedada en el Perú de 1776 a 1839: 67, 196 n. 81, 200 n. 92

Flores de Silva, Pedro. Manifestación de causas a que atribuye el horror y tedio de los indios a los españoles: 51

Fourcalquier, Senechal de. Cita sobre los fueros del vasallo: 156

Fuentes, Manuel Atanasio. Publica *Memorias* de virreyes del Perú: 204 n. 114

Gálvez, José de. Ministro de Indias: 132, 198 n. 87, 204 n. 112

Gallardo, Ricardo. Autor: 210 n. 190

Gallo, Manuel. Dueño de mina en Ubina: 125

Gamboa, Francisco Javier. Doctor. Comentarios a las Ordenanzas de minas (1761): 168, 202 n. 102

Garavito de León, Andrés. Visitador de Charcas: 139

Garcés, Enrique. Portugués. Algunos autores le atribuyen el descubrimiento de la mina de azogue de Guancavelica en 1566: 44

García, Marcos. Hermano del clérigo Pedro García, mineros antiguos de Guancavelica: 25

García, Pedro. Licenciado. Clérigo. Minero antiguo de Guancavelica: 25

García de Castro, Lope. Licenciado: 29

García Ibáñez, José. Opinión contraria al Código Carolino: 132

Garcilaso, Inca. Historiador: 45, 122

Gardoqui, Diego. Ministro, manda formar la Junta de Miembros del Consejo de Indias para examinar las Ordenanzas de Minería del Perú, asuntos de mita y demás incidencias: 205 n. 126, 209 n. 177

Gasca, licenciado Don Pedro de la. Pacificador del Perú: 45

Gesner, Robert. Autor: 212 n. 206

Gil de Taboada y Lemos o Lemus, Frei Francisco. Gobierna en Santa Fe del Nuevo Reino de Granada. Virrey del Perú (1790-1796): 69, 83, 171, 209 n. 186

Guirior, Manuel de. Virrey del Perú (1776-1780): 61, 68, 197 n. 83

Godínez, Pedro. Uno de los fundadores de Arequipa. Encomendero de Characato. Fue denunciado porque empleaba a los indios en el trabajo de las casas de su vivienda: 93

Gómez García, Joseph Casimiro. Fiscal de la Audiencia de las Charcas: 24, 25

González, Alonso. Ingeniero asesor del Gobernador de Guancavelica: 130

González de Ávila, Gil. Autor: 26

González Pobeda, Bartolomé. Presidente de la Audiencia de La Plata. Carlos II refrenda su informe sobre la mita de Potosí: 5

Gracia Cárdenas, Alonso de. Administrador de las haciendas de Chaquamarca y Uchuguanuco: 7, 9

Granja, Conde de la. Luis Antonio Oviedo. Corregidor de Potosí: 20, 21, 26

Grimshaw, Sr. Su informe en 1928 sobre trabajos forzosos en África: 212 n. 206

Guadalcázar, Marqués de. Diego Fernández de Córdoba. Virrey del Perú (1622-1629): 5, 24, 144

Gualcca o Huallpa, Diego, y Guauca. Indios a los que se atribuye el descubrimiento del Cerro de Potosí: 45, 202 n. 103

Guauca, Indio:
— Véase Gualcca.

Guanquillo y Chanquillo. Indios a los que se atribuye el descubrimiento de la riqueza del cerro de Potosí: 38

Guayna Capac. Décimo Emperador Inca del Perú: 104

Gutiérrez Piñeres, Juan. Ministro del Consejo de Indias designado para examinar el Código Carolino: 209 n. 177

Haedo, Felipe. Memoria sobre Tributos y Synodos, que envía de Potosí al virrey Ceballos en Buenos Aires (1777): 67, 196 n. 79

Hanke, Lewis. Autor: 193 n. 43, 198 n. 87, 203 n. 106, 212 n. 206

Hastoguaman, Bartolomé. Indio originario y mayordomo que compró tierras para la iglesia de San Juan Bautista de la Chimba y pueblo de Yanahuara: 97

Helm, José. Quiso abrir la pesca de la ballena a la nación española: 212 n. 199

Helmer, Marie. Autora: 202 n. 102, 203 n. 106, 204 n. 116, 206 n. 126, 208 n. 171

Helms, Anton Zacharias. Minero de la expedición Nordenflicht. Trata de reformar los hornos en Huancavelica: 86, 205 n. 122

Herrera, Antonio de. Historiador: 104, 202 n. 103

Herrera, Francisco Manuel. Fiscal en Buenos Aires: 118, 126, 208 n. 173

Hoyo, Juan Josef del. Cura párroco de la doctrina de Tarma: 58, 195 n. 77

Huamán, Manuel. Indio de Moho. Fue a Potosí como capitán del turno de mita: 55

Humboldt, Alejandro. Su estimación de la mano de obra minera en Nueva España: 196 n. 81

Hurtado de Mendoza, García. Marqués de Cañete. Virrey del Perú:
— Véase Cañete, Marqués de.

Ibarra, Álvaro de. Oidor decano de la Audiencia de Lima y visitador: 11

Inca Yupanqui, Dionisio. Diputado a las Cortes de Cádiz: 159

Iriarte, un tal. Descubridor de mina de azogue en la provincia de Guarochiri: 80

Irigoyen y Mayora, Tomás de. Corregidor del partido en que se halla el pueblo de San Miguel de Cayma: 98

Jáuregui y Aldecoa, Agustín. Virrey del Perú (1780-1784): 68, 69

Jáuregui, Juan B. Nueva mita para el minero: 100, 111, 112, 115, 116, 126, 128, 153, 198 n. 89, 199 n. 90, n. 91, 200 n. 92, 207 n. 149, 208 n. 166

Jazinto, Luis. Indio mitayo del pueblo de Mangas: 8

Jiménez de Lobatón, Juan. Oidor de Charcas: 25

Juan, Jorge. Autor: 42, 193-194 n. 55

Keith, Robert G. Autor: 203 n. 104

Klein, Herbert S. Autor: 202 n. 104, 204 n. 118

Konetzke, Richard. Autor: 212 n. 208

Ladrón de Guevara, Diego. Obispo de Quito. Virrey del Perú (1710-1716): 4, 7

Lagúnez, Mathías. Fiscal de la Audiencia de Lima: 10, 11, 12, 13, 28, 34, 108, 158

Landaeta, Juan de. Corregidor de la provincia de Omazuyo: 37

Larrazábal y Arrivillaga, Antonio. Diputado de Guatemala a las Cortes de Cádiz: 210 n. 190

Layola, fray Francisco. Obispo de la Concepción de Chile y visitador del Perú: 108

Lemos o Lemus, Conde de. Pedro Antonio Fernández de Castro. Virrey del Perú (1667-1672): 10, 11, 18, 19, 25, 28, 31, 108

Lenzo. Certifica documento relativo a la mita de Potosí que pasó ante el Escribano Teniente del Mayor de Gobierno: 38

León, Antonio de. Autor: 19, 21, 26

León Pinelo, Diego de. Catedrático de Prima de Cánones de la Universidad de Lima. Asesor general de gobierno en el del Conde de Alva de Aliste y protector general de indios del Perú: 11, 26, 165

León y Escandón, Pedro. Medios que propone para el restablecimiento y subsistencia de indios del Perú (1750): 194 n. 58

Lerena, Conde de. Ministro de Hacienda de S. M.: 111

Leto, Gerónimo. Construyó la primitiva Casa de Moneda de Potosí: 202 n. 103

Leuro, Juan Joseph. Certifica copia de cédula original que se halla en libro de la Contaduría General de Tributos, en Lima (1785): 192 n. 41

Levene, Ricardo. Historiador argentino: 155, 156, 158, 196 n. 79, 205, 206 n. 126, n. 128, 209 n. 179

Lewin, Boleslao. Historiador: 200 n. 92

Liñán y Cisneros, Melchor. Arzobispo de Lima, sucede al Conde de Castellar como virrey del Perú (1674-1678): 11, 25, 26, 31

Lisa, Juana. Mujer de Anselmo García. Entabla recurso por deuda del marido en mina de Ubina: 120

Loaysa, fray Gerónimo de. O. P. Primer arzobispo de Lima: 11, 19, 26, 31, 114

Lohmann Villena, Guillermo. Historiador: 196 n. 78, 212 n. 200

López, Juan Luis. En su tiempo hubo 206 piqueros de día y otros tantos de noche en Guancavelica: 15

López de Ezeyza, Francisco. Visitador de provincias que mitan a Guancavelica: 15

López de Lisboa, Diego. Portugués que saca ovejas de Córdoba para llevar a Potosí: 196 n. 82

Lopidana o Díaz de Lopidana, Juan. Licenciado. Oidor de Charcas. Visitador de Potosí. Hace ordenanzas sobre minas: 22, 25, 146

Lorenzo, Francisco. Indio mitayo del pueblo de Mangas: 8

Lorenzo, Juan. Indio mitayo del pueblo de Copa: 8

Lorenzo, Pedro. Indio mitayo del pueblo de Gorgorillo: 8

Loreto, Marqués de. Virrey de Buenos Aires: 198 n. 87

Lugard, Barón. Autor: 212 n. 206

Luis Fernando. Hijo de Felipe V. Príncipe de Asturias. Monarca: 14

Luján. Dr. Fiscal protector de la Audiencia de Quito: 4

Luna y Arellano, Miguel de. Oidor de la Audiencia de Sevilla: 19, 26, 156

Lupa, Marcelino. Cacique de Chayanta: 112

Llano Zapata, José Eusebio de. Limeño, de ideas avanzadas en favor de los indios: 1, 51, 194-195 n. 61

Macera, Pablo. Autor: 203 n. 104

Mancera, Marqués de. Pedro de Toledo y Leiva. Virrey del Perú (1629-1639): 5, 14, 15, 16, 17, 61, 92, 130

Mangino, Fernando. Superintendente General de Real Hacienda en México: 197 n. 84

Manso de Velasco, Josef Antonio. Conde de Superunda. Virrey del Perú:
— Véase Superunda, Conde de.

Marcelo, Carlos. Doctor Catedrático de Vísperas y después obispo de Truxillo: 18, 26, 28

Marqués de Avilés:
— Véase Avilés, Marqués de.

Marqués de Cañete:
— Véase Cañete, Marqués de.

Marqués de Casa Concha:
— Véase Casa Concha, Marqués de.

Marqués de Castelfuerte:
— Véase Castelfuerte, Marqués de.

Marqués de Castell dos Rius:
— Véase Castell dos Rius, Marqués de.

Marqués de la Ensenada:
— Véase Ensenada, Marqués de la.

Marqués de Guadalcázar:
— Véase Guadalcázar, Marqués de.

Marqués de Loreto:
— Véase Loreto, Marqués de.

Marqués de Mancera:
— Véase Mancera, Marqués de.

Marqués de Montesclaros:
— Véase Montesclaros, Marqués de.

Marqués de Osorno:
— Véase Osorno, Marqués de.

Marqués de la Regalía:
— Véase Regalía, Marqués de la.

Marqués de Ribas:
— Véase Ribas, Marqués de.

Marqués de Sonora:
— Véase Sonora, Marqués de.

Marqués de Villagarcía:
— Véase Villagarcía, Marqués de.

Marqués de Villa Orellana: 195 n. 61

Márquez de la Plata, Fernando. Juez privativo y Superintendente subdelegado de Guancavelica: 81

Martínez, fray Antonio. Opina en contra de la mita: 26

Martínez Cardos, José. Autor: 204 n. 111

Martínez Compañón, Baltasar Jayme. Obispo de Trujillo: 1, 78, 201 n. 94

Martínez de Rozas, Ramón. Doctor. Continúa la glosa de Salas: 210 n. 193

Martínez y Vela, Bartolomé. Natural y autor de unos *Anales de la Villa Imperial de Potosí*: 35

Maruri, Mariano. Encargado de las obras para restablecer el mineral de Vilcabamba: 68

Martiré, Eduardo. Editor y comentador del *Código Carolino*: 132, 136, 152, 201 n. 100, 202 n. 102, 203 n. 107, 208 n. 171

Marzelo, Juan. Indio mitayo del pueblo de Pacllon: 8

Marzelo, Pedro. Indio mitayo del pueblo de Patas: 8

Mata Linares, Benito de la. Intendente del Cuzco. Coleccionó nutridos expedientes relativos a la mita de Potosí: 84

Mata y Aguilar, Manuel de. Del gremio de Mineros de Guancavelica: 81

Matienzo, Juan de. Licenciado. Oidor de la Audiencia de La Plata: 18, 26, 156, 157

Matos Mar, José. Autor: 203 n. 104

Matraya y Ricci, Joseph. Padre. Autor: 192 n. 41, 210 n. 193

Medina, José Toribio. Autor: 195 n. 61

Mejía Fernández, Miguel. Autor: 212 n. 205

Mendoza, Antonio de. Virrey de Nueva España y del Perú: 45

Mendoza, Gonzalo. Alcalde del pueblo de Chamas: 9

Mendoza, Gunnar. Autor: 193 n. 43, 203 n. 106, 208 n. 172

Mendoza Camaño y Sotomayor, Antonio Josef. Marqués de Villagarcía. Virrey del Perú:
— Véase Villagarcía, Marqués de.

Mendoza y Luna, Joan de. Marqués de Montesclaros. Virrey del Perú:
— Véase Montesclaros, Marqués de.

Mesía, Diego Cristóbal. Oidor de Lima: 11

Mesía y Munive, Cristóbal. Oidor de Lima, enviado a Guancavelica: 63

Mirabal, Martín de. Fiscal del Consejo de Indias: 13, 108

Monclova, Conde de la. Melchor Portocarrero Lasso de la Vega. Virrey del Perú (1689-1705). Sucesor del Duque de la Palata: 3, 5, 6, 10, 11, 12, 18, 21, 22, 25, 26, 27, 28, 29, 30, 31, 33, 34, 35, 48, 52, 71, 72, 84, 85, 105, 108, 111, 113, 130, 135, 139, 140, 144, 147, 157

Monsalve, fray Miguel, O. P. Parecer sobre la importación de 300 o 400,000 negros a costa de la Real Hacienda: 27, 29

Montenegro, Alonso de la Peña:
— Véase Peña Montenegro, Alonso de la.

Monterrey, Conde de. Gaspar de Zúñiga y Acevedo. Virrey del Perú (1604-1606): 14, 184

Montesclaros, Marqués de. Joan de Mendoza y Luna. Virrey del Perú (1606-1615): 5, 18, 21, 24, 26, 30, 45, 61, 71, 105, 135, 136, 139, 141, 163, 185

Montesquieu. Citado por el fiscal Villava: 109, 110

Mora Chimo Capac, Vicente. Escrito que representa el interés de los indígenas (1732): 32

Morales, Antonio. Indio mitayo del pueblo de Copa: 8

Morales Duarez, Vicente. Diputado del Perú a las Cortes de Cádiz: 159

Morcillo, Diego. Arzobispo de Charcas. Virrey interino del Perú (1716): 7, 13

Moreno, Gabriel René. Autor: 205 n. 126, 207 n. 144

Moreno, Mariano. Jurista criollo rioplatense: 2, 55, 110, 155, 156, 158, 160, 196 n. 79

Moreno y Morán, Miguel Juan. Jurista guayaquileño que continúa la glosa de Salas: 210 n. 193

Moreyra y Paz-Soldán, Manuel. Autor: 191 n. 2

Morrós, Francisco. Firma como Presidente el decreto de las Cortes de Cádiz que abole las mitas: 161

Múgica, Martín Josef de. Diputado por la provincia de Guamanga a las Cortes Ordinarias de Cádiz. Escribe sobre las varias clases de mitas (1814): 161

Munibe, Lope Antonio de. Presidente de la Audiencia de Quito: 4

Munive, Andrés de. Arcediano de Lima: 42

Múñiz, Pedro. Catedrático de Escritura y Deán de la Iglesia de Lima: 18, 26

Muñoz, García. Se firma ante él una escritura de convenio con los caciques del pueblo de Characato: 93

Muro Arias, Luis F. Datos suministrados por: 192 n. 33, n. 41

Nahuincopa o Navincopa. Indio. Algunos autores le atribuyen el descubrimiento de la mina de azogue de Guancavelica: 44, 162

Navarro, Azenzio. Indio mitayo del pueblo de Chamas: 8

Navarra y Rocafull, Melchor. Duque de la Palata. Virrey del Perú:
— Véase Palata, Duque de la.

Niebla, Conde de. Siendo virrey eximió a la villa de Potosí de la subordinación al Gobernador de La Plata: 38

Nordenflicht, Barón de. Dirige la expedición de los mineros alemanes al Perú: 1, 67, 80, 83, 86, 111, 115, 167, 168, 199 n. 89

Núñez de Rojas, Gregorio. Oidor de la Audiencia de Charcas: 18

Núñez Vela, Blasco. Virrey del Perú. Gobernando se fundó la villa de Potosí (1545): 38

Obispo de Santa Marta. Nombrado visitador de Potosí: 11, 21, 105, 108, 129

Ochoa. Obispo. Hace el Reglamento sobre el trabajo personal de los indios de la reducción de San Juan Bautista de Porongo (1785): 70

O'Higgins, Ambrosio. Virrey del Perú (1796-1800): 83, 204 n. 117, 210 n. 193

Olaguer Feliú, Ramón. Diputado del Perú a las Cortes de Cádiz: 159

Olazábal, Teresa. Viuda del coronel de caballería don Ramón de Origüela. Derechos de sementera o encomienda con remate de tierras en San Lázaro: 96, 97

Olmedo, José Joaquín de. Diputado guayaquileño a las Cortes de Cádiz. Firma como Diputado Secretario el decreto de las Cortes de Cádiz que abole las mitas: 159, 160, 161, 210 n. 190

Ondarza, Miguel de. Diputado del gremio de Azogueros de Potosí: 111

Orellana, José de. Contador de Retasas: 52, 175

Orellana, Pedro Bernardino de. Diputado del Gremio de Azogueros de Potosí: 111

Orgaz, Raúl A. Autor: 205 n. 126

Origüela, Ramón de. Coronel de caballería. Casó con Teresa Olazábal, con derechos de encomienda en San Lázaro: 96

Orive Salazar, Pedro de. Habilitó la mina de oro de San Antonio de Sunchuly, desaguándola por un socavón: 17

Oropeza, Marquesa de. Obtuvo la encomienda de San Lázaro, con las tierras de ella: 96

Orueta o Urueta, Luis de. Minero. Nueva mita en su favor: 100, 111, 112, 115, 116, 126, 128, 153, 157, 207 n. 149, 208 n. 166

Osorno, Marqués de. Virrey del Perú:
— Véase O'Higgins, Ambrosio.

Ostolaza, Blas. Clérigo trujillano: 159

Otermin, Miguel de. Director. Compuso ordenanzas para el manejo de la Renta del Tabaco: 79

Otondo, Joaquín de. Dueño de ingenio en Potosí: 55

Ovalle. Oidor: Asesor en la causa contra el minero Salcedo: 29

Oviedo, Luis Antonio. Conde de la Granja:
— Véase Granja, Conde de la.

Pabón, José. Profesor botánico: 1, 79

Padilla, Juan de. Alcalde del crimen más antiguo de la Audiencia de Lima. Oidor: 11, 26

Palacio Atard, Vicente. Autor: 197 n. 84

Palafox y Mendoza, Juan de. Obispo de Puebla de los Ángeles. Escribe sobre la naturaleza y virtudes del indio: 104, 108

Palata, Duque de la. Melchor Navarra y Rocafull. Virrey del Perú (1681-1689): 5, 6, 13, 15, 16, 17, 18, 21, 26, 27, 30, 33, 34, 41, 46, 48, 49 55, 71, 130, 139, 141, 144, 157, 194 n. 58

Palma, Ricardo. Autor: 194 n. 61

Pando, Joseph Antonio. Administrador General de Correos: 163

Paula Pruna, Francisco de. Gobernador interino de Guamanga: 165

Paula Sanz, Francisco de. Gobernador Intendente de Potosí: 2, 70, 75, 76, 85, 100, 102, 103, 104, 105, 106, 107, 113, 114, 115, 116, 124, 125, 126, 128, 132, 135, 139, 153, 198 n. 87, 205, 206 n. 126, n. 128, n. 131, 207 n. 132, n. 141, n. 147, n. 149, 208 n. 169

Paulo III. Papa: 156, 160

Paz, Juan de. Padre. Consultor sobre licitud del servicio personal en las minas: 114

Paz, Julián. Autor: 193 n. 55

Paz Soldán, Mariano Felipe. Autor: 205 n. 124

Pazchual, Juan. Indio mitayo del pueblo de Pacllon: 8

Peña Montenegro, Alonso de la. Autor del *Itinerario para párrocos de indios (1668)*: 20, 61

Peñalosa, fray Benito de. Orden de San Benito. Autor: 26

Peñarrubia, Juan. Azoguero en Potosí: 55

Peralta Barnuevo, Pedro. Autor: 191 n. 21

Pérez Buelta, Gaspar. Fiscal de la Audiencia de Lima, electo oidor de ella, emite su parecer sobre la mita de Potosí. Gobernador de Guancavelica: 28, 39

Pérez Bustamante, Manuel. Manifestó una mina de azogue en el cerro Chonta de la provincia de Guamalies: 54

Pérez de Urquizu, Santiago. Director del Tribunal de Minería en Lima: 81

Pérez Embid, Florentino. Autor: 195 n. 78

Pezuela, Joaquín de la. Virrey del Perú (1816-1821): 172, 173, 212 n. 200, n. 201

Picardo, Bartolomé. Encargado de la obra del puente en el río de la Guatata, a media legua de Guamanga: 164

Piel, Jean. Autor: 203 n. 104

Pino, Joaquín del. Avisa el fallecimiento del fiscal jubilado Victorián de Villava: 205 n. 126

Pino Manrique, Juan del. Gobernador Intendente de Potosí. Alcalde de Corte de Lima: 1, 68, 70, 71, 72, 161, 198 n. 87, 201 n. 100, 202 n. 102, 208 n. 171

Plutarco. Citado por Mariano Moreno: 156

Poma de Ayala, Guamán. Cronista: 202 n. 101

Porlier, Antonio. Le avisa el virrey Arredondo, desde Buenos Aires, la llegada de la fragata Santa Magdalena a Montevideo: 205 n. 126

Porlier. Protector. Visita Fiscal sobre... alivio de indios: 113

Porras Barrenechea, Raúl. Autor: 200 n. 92

Portilla, José de la. Presidente de la Audiencia del Cuzco: 100

Portocarrero Lasso de la Vega, Melchor. Conde de la Monclova. Virrey del Perú:
— Véase Monclova, Conde de la.

Portugal, Diego de. Presidente de la Audiencia de La Plata. Visita Potosí en 1624: 25

Portugal, Melo de. Virrey de Buenos Aires: 100, 115, 116, 118, 123, 139

Poveda. Presidente de la Audiencia de Charcas: 30

Prado, Marcos. Maestro de escuela en el pago de Yumina: 94

Quesada, Vicente G. Autor: 205 n. 126

Quintana, Joaquín de la. Objeciones a la Ordenanza de Minería trabajada en Potosí: 132, 208 n. 173

Quintano, Juan. Diputado Secretario. Firma el decreto de las Cortes de Cádiz que abole las mitas: 161

Ramírez, José. Minero y azoguero en Potosí: 37

Ramírez de Sagües, José Ventura. Diputado del gremio de Azogueros de Potosí: 111

Ramos, Demetrio. Autor: 210 n. 189

Ramos, Domingo. Principal del pueblo de Patas: 9

Ramos, Francisco. Fundó un obraje en el pueblo de Guano: 4

Ravignani, Emilio. Autor: 204 n. 110

Raynal. Citado por el fiscal Villava: 108, 109

Regalía, Marqués de la. Emprende la reunión de materiales relativos a la mita de Potosí: 38, 192 n. 33, 193 n. 49

Reges, Miguel. Dueño de mina en Ubina: 125

Retuerto, León Domingo. Apoderado de Doña Francisca del Risco en el mineral de Ubina: 122

Reyes de Bohemia: 208 n. 176

Ribas, Marqués de. Informe sobre minas de Potosí: 12, 13

Ribera, Lázaro de. Gobernador. Forma expediente sobre la mina de Guancavelica: 159, 209 n. 188

Rico, Antonio. Dueño de mina en Ubina: 125

Rico, Gerónimo. Licenciado, cura en inter de la doctrina de Mangas: 8

Ríos, Agustín de los. Fiscal del Consejo de Indias: 108

Risco, Francisca del. Dueña de minas en Ubina: 117, 118, 119, 121, 122, 123, 125, 126, 210 n. 193

Rivera, Salvador de. Ministro de S. M.: 35

Rivero y Ustáriz, Mariano Eduardo. Memoria sobre la mina de azogue de Huancavelica y la de Chontla: 159

Rocafuerte, Vicente. Prólogo al discurso sobre las mitas de América, de Olmedo: 159, 160, 210 n. 190

Rodríguez Egues, Estevan. Se remata en él, el obraje de comunidad del asiento de Alausí: 4

Rodrigo, Joseph. Secretario del rey. Escribe al virrey del Perú, Príncipe de Santo Buono, que recoja la opinión de los ministros de Charcas sobre las mitas de Potosí: 22, 24

Rodríguez Casado, Vicente. Autor: 195 n. 74, 195 n. 74, n. 78, 210 n. 196, 212 n. 200

Rojas, Casto. Autor boliviano: 202 n. 103

Rojas o Roxas Callanpo, Juan de. Cacique principal y segunda persona mayor del repartimiento de Caxatambo: 8, 9

Rojas, Núñez de. Oidor. Recuerda los documentos reales que han permitido la mita: 19

Romero, Carlos A. Autor: 195 n. 77

Romero, Fernando. Autor: 205 n. 124

Rosenblat, Ángel. Autor: 200 n. 92

Rotas, Francisco. Regidor del pueblo de Nañes: 9

Rozas, Ramón de:
— Véase Martínez de Rozas, Ramón.

Rúa, Juan José de la. Solicitador fiscal de la villa de Potosí y Protector sustituto de los naturales. Opinión contraria al Código Carolino: 115, 132, 208 n. 173

Ruiz, Hipólito. Profesor botánico: 1, 79

Ruiz de Bejarano, o Bezarano, Juan o Pedro. Oidor de Charcas. Escribió en aprobación del uso del servicio de los yanaconas: 20, 157

Ruiz, Hipólito. Expedición botánica al Perú: 1

Ruiz de Godoy, Pedro Laurenzio. Es comisionado para hacer el ajuste de cuentas de indios mitayos de la doctrina de San Francisco de Mangas que han servido en las estancias de Chaquamarca y Uchuguanuco: 8

Saavedra, Lope de. Inventor en Guancavelica del hornillo que emplea 3 en vez de 78 indios que se necesitaban antes, con el cual el humo no daña: 25

Sagardía y Palencia, Francisco. Doctor. Oidor de la Audiencia de Charcas. Dictamen sobre la mita de Potosí: 22, 23

Salas, José Perfecto de. Doctor. Su glosa de la *Recopilación de las Leyes de Indias*: 195 n. 78, 210 n. 193

Salazar, Francisco de. Alférez en el pueblo de Mangas: 7, 8

Salcedo, minero. Sentencia en su contra del Conde de Lemus: 29

Salcedo, Jorge. Ministro del Consejo de Indias, designado para examinar el Código Carolino: 209 n. 177

Salinas, Agustín. Opinión contraria al Código Carolino: 132

Salinas, fray Buenaventura de. Memorial de la historia del Nuevo Mundo: 18, 25, 26

Salomón. Citado por el fiscal Villava: 109

Salvatierra, Conde de. García Sarmiento de Sotomayor. Virrey del Perú (1648-1651): 17, 20

San Agustín. Citado por Mariano Moreno: 158

San Alberto, fray Josef Antonio de. Arzobispo de La Plata: 104, 108, 208 n. 173

Sánchez Albornoz, Nicolás. Autor: 67, 172, 196 n. 82, 205 n. 124, 211 n. 198

Sandoval y Guzmán, Sebastián. Memorial por la villa de Potosí: 20

Santa Marta, Obispo de:
— Véase Obispo de Santa Marta.

Santelices, Juan de. Diputado del gremio de Azogueros de Potosí: 111

Santelices o Santelizes, Ventura de. Superintendente de Potosí: 42, 46, 52, 53, 64, 108, 111

Santiesteban o Santisteban, Conde de. Diego Benavides y de la Cueva. Virrey del Perú (1661-1666): 11, 25, 28

Santisteban, Petronila: Le cedió la encomienda de San Lázaro con sus tierras el cura Esteban de Bernedo: 97

Santo Buono, Príncipe de. Virrey del Perú (1716-1720): 1, 7, 9, 10, 13, 16, 24

Santo Tomás. Citado en parecer del oidor Gregorio Núñez de Rojas, sobre la mita de Potosí: 19

Santos, Mario R. dos. Traductor: 204 n. 118

Santos de San Pedro, Manuel. Coronel. Caballero del orden de Calatraba. Legó capital a beneficio de las niñas pobres de Arequipa: 87

Saravia y Molinedo, Nicolás. Minero en Guancavelica: 162, 197 n. 84

Sarmiento de Sotomayor, García. Conde de Salvatierra. Virrey del Perú:
— Véase Salvatierra, Conde de.

Sempat Assadourian, Carlos. Autor: 196 n. 82

Serrera Contreras, Ramón. Autor: 209 n. 185

Sierra, José Ignacio. Cura de Aymaya: 111

Sierra, Lamberto. Tesorero Real de Potosí: 202 n. 103

Silva, Juan de. O. F. M. Memoriales que dio a la estampa en 1621 sobre advertencias importantes para el gobierno de las Indias: 19, 26

Simon, Lady. Autora: 212 n. 206

Sola y Fuente, Jerónimo de. Consejero de Indias. Gobernador superintendente de Guancavelica: 38, 39, 53, 130

Solís, Melchor. Indio mitayo del pueblo de Copa: 8

Solórzano Pereira, Juan de. Jurista. Oidor en Lima. Gobernador, justicia mayor y juez visitador de las minas de Guancavelica y de los funcionarios de la Caja Real. Autor: 10, 12, 14, 17, 19, 20, 24, 26, 28, 33, 35, 38, 51, 72, 74, 100, 102, 114, 151, 156, 157, 158, 207 n. 147

Sonora, Marqués de. Envía las Ordenanzas de Minería de Nueva España para adaptar su contenido al Perú: 70

Sosa, Francisco de. Doctor. Catedrático de Prima de Cánones en Lima y oidor de la Audiencia de Charcas: 18, 26, 28

Stubbe, Carlos F. Autor: 208 n. 172

Suazo, Antonio. Diputado del Perú a las Cortes de Cádiz: 159

Superunda, Conde de. José Antonio Manso de Velasco. Virrey del Perú (1745-1761): 39, 42, 51, 52, 53, 54, 63, 114, 175, 195 n. 62

Tagle, Pedro. Comisionado para la Intendencia de Guancavelica: 80

Terrazas, Matías. Comisionado por el Arzobispo de Charcas para la visita del Partido de Chayanta: 208 n. 149

Timoteo, Emperador, citado en Memorial del gremio de Azogueros de Potosí: 6

Tinta, Pedro. Cacique de tributarios denominados forasteros en Socabaya y Characato: 94

Toledo, Estela B. Autora: 196 n. 82

Toledo, Francisco de. Virrey del Perú (1568-1580): 5, 11, 16, 18, 19, 21, 22, 24, 26, 27, 28, 29, 30, 32, 33, 35, 38, 39, 45, 48, 51, 64, 71, 72, 74, 76, 101, 105, 106, 109, 110, 113, 131, 137, 139, 140, 142, 144, 152, 156, 157, 170, 191 n. 25, 192 n. 41

Toledo y Leiva, Manuel de. Rector del Colegio de la Compañía de Jesús en Guancavelica: 13

Toledo y Leiva, Pedro de. Marqués de Mancera. Virrey del Perú:
— Véase Mancera, Marqués de.

Torre, Juan de la. Alcalde ordinario de Arequipa: 93

Torre Revello, José. Autor: 194 n. 58, 195 n. 58, n. 61, 205 n. 126, 206 n. 127

Torres, Conde de las. Gobernador de Huancavelica: 39

Torres Saldamando, Enrique. Autor: 211 n. 198

Torres y Portugal, Fernando. Conde del Villar o Villardompardo. Virrey del Perú:
— Véase Villar o Villardompardo, Conde del.

Troncoso, Francisco Xavier. Cura de Pocoata: 111

Tupac Amaru, José Gabriel Condorcanqui. Su sublevación: 1, 45, 67, 68, 69, 100, 102, 196 n. 80, 198 n. 89, 199 n. 91, 200 n. 92, 203 n. 104

Ulloa, Antonio de. Gobernador de Guancavelica. Autor: 1, 42, 54, 55, 56, 58, 193-194 n. 55

Ulloa, Diego de, en el gobierno de Potosí: 25

Unánue, José Hipólito. Catedrático de Lima. Protomédico y Director del Colegio de Medicina de San Fernando del Rey. Autor: 1, 86, 108, 211 n. 199

Urteaga, Horacio H. Autor: 195 n. 77

Urzánigui o Urzainqui, Nicolás. Mita nueva a: 84, 85, 86, 100, 111, 112, 113, 116, 126, 128, 208 n. 169

Uzeda, Duque de:
— Véase Duque de Uzeda.

Valcárcel C., Daniel. Autor: 197 n. 83, 198 n. 84, n. 87, 200 n. 92, 203 n. 107

Valdez, Antonio. Comunica orden del rey para que el gobernador de Potosí examinase una petición de indios en favor de Nicolás Urzainqui: 112

Valenzuela, Francisco Ramiro de. Licenciado. Relator del Consejo de Indias: 33, 34, 35

Valdés, Baylio Fr. Dn. Aº Le dirige un informe el Gobernador Intendente de Potosí: 75

Valdivia, Luis de, S. J. Es comisionado por el rey para que ajuste con indios de Chile su pacificación: 132

Valza [¿Valera?], fray Gerónimo de. O. F. M. Es citado entre los partidarios de la licitud de compeler a los indios a la mita de minerales: 18

Valle y Quadra, Simón de la. Oficial real de Trujillo: 54

Vallejo, Miguel. General. Se remata en él un obraje de comunidad del pueblo de Licto, jurisdicción de Riobamba (Audiencia de Quito): 4

Vargas Ugarte, Rubén, S. J. Historiador: 69, 191 n. 1, n. 18, 194 n. 56, 195 n. 72, 197 n. 84, 200 n. 92, 201 n. 94, 209 n. 189

Varrón. Sabio romano citado por el Dr. Pedro Vicente Cañete: 111

Vásquez, Mario. Autor: 202 n. 104

Vázquez Machicado, Humberto. Autor: 203 n. 106

Vázquez de Velasco, Pedro. Oidor de la Audiencia de La Plata y Superintendente de la Real Mita de Potosí: 11, 36, 37, 108

Vázquez de Velasco, Tomás. Revisor del Código Carolino: 132

Vega, Feliciano de. Catedrático de Vísperas y Prima. Obispo de La Paz y Arzobispo de México: 18, 26, 28

Velasco, Diego de. Juez subdelegado en el Partido de Chayanta: 126

Velasco, Luis de. Virrey del Perú (1596-1604): 18, 21, 22, 24, 25, 26, 28, 29, 105, 135, 137, 139, 142, 156, 157

Velázquez, José (sic, por Joaquín). Su contribución a las Ordenanzas de minería de Nueva España: 202 n. 102

Vélez, Manuel José de. Fue a Ubina como juez comisionado: 123, 124, 125, 206 n. 131, 208 n. 149

Vergara, Francisco de. Escribano de S. M. y cabildo en Guancavelica: 39

Viderique, Rafael Antonio. Designado oidor de la Audiencia de México. Estudió el expediente del Código Carolino: 209 n. 177

Viedma, Francisco de. Gobernador Intendente de Cochabamba: 70

Vielza, Juan de. Ajustó el socavón de Guancavelica con el virrey Conde de Chinchón: 14

Villa Orellana, Marqués de. Gobernador de Armas del Reino de Quito: 195 n. 61

Villafuerte, Luis de. Indio mitayo del pueblo de Mangas: 8

Villagarcía, Marqués de. Antonio Josef de Mendoza Camaño y Sotomayor. Virrey del Perú (1736-1745): 35, 36, 37, 39, 46, 72

Villanueva, Miguel. Firma el texto de cédula que se envía a los Oficiales Reales de Potosí en 1732: 192 n. 41

Villar o Villardompardo, Conde del. Fernando Torres y Portugal. Virrey del Perú (1585-1589): 19, 71

Villar, Francisco Ramón de. Subdelegado de Lucanas: 165

Villarroel, H. de o Juan de. Español natural de Medina del Campo. Minero de Porco. Hace el primer registro del mineral de Potosí: 38, 45, 202 n. 103

Villava, Victorián de. Fiscal de la Audiencia de La Plata: 2, 100, 102, 103, 104, 105, 107, 108, 109, 110, 111, 112, 113, 114, 115, 116, 119, 122, 123, 126, 128, 139, 153, 155, 156, 157, 158, 162, 203 n. 107, 204 n. 112, 205, 206 n. 126, n. 128, n. 131, 207 n. 135, 208 n. 169, 209 n. 181

Villavicencio, Gerónimo de. Corregidor de Guamanga: 18

Villena, José Lucas. Tiene veta de oro en el partido de Condesuyos: 93

Vista Florida, Conde de:
— Véase Baquíjano y Carrillo, José.

Weber, Juan Daniel. Bajo su dirección se construyen nuevas máquinas de mineros: 115

Whitaker, Arthur P. Autor: 158, 159, 163, 193 n. 55, 195 n. 75, 205 n. 121, 209 n. 188

Xenofonte. Citado por el Dr. Pedro Vicente Cañete: 114

Ysequilla, Joseph de la. Ministro togado del Consejo de Indias: 38

Zamácola y Jáuregui, Juan Domingo. Bachiller. Párroco de San Miguel de Cayma: 98, 99

Zamora, Juan de, S. J. Ajusta los hechos del Apunte de Regalía sobre la mita de Potosí: 38

Zamora, Miguel de. Gobernador de los Mojos: 103

Zerda y Leyva, Gaspar. Gobernador de Guancavelica: 53

Zúñiga, Diego de. Voto particular sobre las mitas: 32

Zúñiga y Acevedo, Gaspar de. Conde de Monterrey. Virrey del Perú.
— Véase Monterrey, Conde de.

VENEZUELA

Alberro, Francisco de. Gobernador. Ejecuta lo ordenado con respecto a la libertad de los indios: 179

Alquiza y Alcega. Ordenanzas con tributación en servicios: 179

Arcila Farías, Eduardo. Autor: 179

Arrechederra, Juan de. Encomendero: 179

González de Açuña, fray Antonio. O. P. Electo Obispo de la ciudad de León de Caracas: 179, 212 n. 208

Lodares, Baltasar de. Autor: 213 n. 209

Melo Maldonado, Diego de. Gobernador: 183, 212 n. 208

Ponte Andrade, Pedro de. Procurador General: 184

Ramírez de Arellano, Joseph. Sargento Mayor: 179

Rengifo Pimentel, Antonio José. Encomendero: 179

Villegas, Fernando de. Gobernador: 212 n. 208

REINO DE CHILE

Almeyda, Aniceto. Autor: 187, 210 n. 193

Amunátegui Solar, Domingo. Autor: 184, 185, 186, 187, 188, 213 n. 211

Borde, Jean. Autor: 187

Carmagnani, Marcelo. Autor: 188

Donoso, Ricardo. Autor: 187, 194 n. 55, 195 n. 61, n. 78, 196 n. 78, 197 n. 84, 204 n. 116, 210 n. 193

Feliú Cruz, Guillermo. Autor: 186, 187

García Ramón, Alonso. Gobernador: 185

Gligo Viel, Ágata. Autora:

Góngora, Mario. Autor: 187

González Pomes, María Isabel. Autora: 188

Greve, Ernesto. Autor: 187

Heise González, Julio. Autor: 186

Higgins u O'Higgins, Ambrosio. Marqués de Osorno. Gobernador: 187, 188

Jara, Álvaro. Autor: 188

Larraín, Carlos J. Autor: 188

Laso de la Vega, Francisco. Presidente. Su tasa: 185, 186, 187

Lillo, Ginés de. Mensuras de: 187

Manso de Velasco. Gobernador: 187

Meza Villalobos, Néstor. Autor: 188

Medina, José Toribio. Autor: 184, 187

Osores de Ulloa, Pedro. Gobernador: 185

Puebla González, Francisco de la. Obispo de Santiago: 186

Ribera, Alonso de. Gobernador: 184

Ruiz de Gamboa, Martín. Gobernador. Su tasa: 184, 187

Salvat Monguillot, Manuel. Autor: 188

Santillán, Hernando de. Licenciado. Su tasa: 184

Silva Vargas, Fernando. Autor: 187

Sotomayor, Alonso de. Gobernador: 184

Valdivia, Luis de, S. J. Alienta al virrey Conde de Monterrey a la supresión del servicio personal: 185-186

ECUADOR

Alfaro, Eloy. Presidente Constitucional de la República: 189

Cárdenas, Lino. Ministro del Interior: 189

Indice de materias

Academia de las Ciencias de París:
— 36
Administración:
— Administrador General de Correos: 163
— Alcalde constitucional: 164
— Alcaldes de arrieros: 42
— Alcaldes de naturales: 94
— Alcaldes inferiores: 42
— Alcaldes mayores: 42, 54
— Alcaldes ordinarios: 37, 42, 93, 94, 95, 96, 99
— Alcaldes pedáneos: 117, 118, 119, 124, 125
— Alcaldes veedores: 72, 76, 121, 143, 147
— Alguaciles: 42
— Ayuntamientos Constitucionales: 161, 165
— Banco Real: 64, 67, 73, 80, 83, 84, 101, 106, 152, 204 n. 116
— Cabildos: 42, 99
— Consejo de Indias: 3, 4, 6, 10, 12, 13, 22, 24, 25, 28, 30, 31, 32, 33, 34, 38, 48, 52, 72, 111, 130, 141, 153, 179, 184, 192 n. 41, 194 n. 61, 201 n. 94, 210 n. 193, 213 n. 208
— Contaduría de Retasas: 33, 52, 140, 171, 205 n. 124
— Contaduría de Tributos: 68
— Contaduría General de Indias: 79
— Diputados: 85, 111, 159, 161
— Diputado del Comercio: 36
— Fiscal: 12, 52, 113, 114, 116, 119, 126, 132, 180, 194 n. 61
— gobernadores de indios: 42, 52, 86, 104, 108, 110, 115, 123, 124, 125, 128, 130, 132, 135, 150, 159, 183
— Hacienda Real: 22, 23, 27, 29, 30, 31, 37, 46, 48, 53, 64, 68, 74, 79, 83, 84, 85, 90, 91, 96, 97, 107, 112, 115, 118, 126, 131, 158, 159, 162, 168, 169, 170, 171, 173, 183, 187, 193 n. 41, 202 n. 103, 204 n. 118, 211 n. 198
— jueces y subdelegados: 70, 84, 85, 91, 100, 105, 109, 112, 115, 116, 123, 124, 125, 126, 133, 135, 143, 150, 158, 159, 161, 162, 163, 164, 165
— Junta Superior: 70, 79, 171
— Ministerio de las Cajas del Reino: 79
— Ministerio del Despacho Universal: 83
— Ministerio de Indias: 83
— Ministerio del Interior: 189, 190
— Ministerio de Justicia: 163
— Ministerio fiscal: 119
— Oficiales Reales: 18, 28, 35, 37, 38, 68, 131
— Procurador General: 184
— Protector General de Indios: 33, 55, 85, 96, 97, 98, 109, 113, 115, 117, 118, 119, 120, 123, 125, 134, 141, 142, 161
— Sala de Desagravios: 68
— Teniente Coronel de Milicias: 95
— Teniente de Alcalde de Aguas: 94
— Tenientes de Repaso: 107
— Tribunal del Consulado: 91
— Tribunal de Cuentas: 26, 79, 115, 126, 195 n. 78
— Tribunales (Junta General Extraordinaria de): 162, 171
— Virrey de Buenos Aires: 84, 100, 102, 112, 115, 118, 119, 123, 139, 140, 145, 198 n. 87
— Virrey del Perú: 83, 84, 86, 98, 100, 115, 120, 128, 130, 131, 139, 140, 144, 149, 158, 161, 165, 171, 185, 192 n. 41, 195 n. 62
— Virrey del Río de la Plata: 111, 115, 116, 126, 156, 163, 184
— véase: Audiencia, Corregidores, Intendencias, Intendentes
Agí o pimiento colorado: 45, 89, 90
Agricultura: 43, 68, 74, 77, 80, 89, 90, 94, 97, 101, 104, 109, 130, 158, 160, 164, 167, 168, 173, 180, 184, 185, 188, 198 n. 88, 199 n. 89, 200 n. 92, 201 n. 93, 202-203 n. 104
— algodón: 88, 90, 100, 104, 146, 167, 169
— arroz: 92
— cacao: 181
— chaco (sembrado común): 57
— grana: 89
— guano (fertilizante): 44, 91, 104
— hacendados: 61, 73, 74
— haciendas de labor: 57, 59, 74, 79, 146, 152, 157, 171, 184

— maíz: 89, 106, 169, 180
— negros para: 68
— trigo: 44, 68, 89, 106, 166, 180, 198 n. 88
— véase: Tierras. Viñas y olivares
Agua: 117, 124, 136
Aguardiente: 76, 89, 90, 133, 136
Apires o apiris:
— véase: Potosí, indios en
Aranceles: 111, 116, 131
Arrieros: 18, 42, 68, 91
— cumuris: 138
— véase: Indios, arrieros
Arzobispado y ciudad de Lima:
— acequias: 44
— Arcediano de: 42
— Arzobispado de: 144
— Casa de moneda: 166
— Comisionado de la Intendencia de: 78
— Consulado: 191 n. 3
— Contaduría de Retasas de: 70, 71
— Ministro togado de: 46, 49
— moneda de: 67
— padrón de: 3
— Real Acuerdo de: 36, 38
— Real fábrica de puros y cigarros en: 77
— Seminario Conciliar: 166
— Seminario de Sacerdotes indios: 195 n 61
— temblor de tierra: 39
— Universidad de: 26, 197 n. 84, 198 n. 89
— uva de (se consume para comer, no para
    vino): 44
Audiencia de: 157, 181, 191 n. 13, 197 n. 84
— Cuzco: 78, 204 n. 115
— Charcas: 22, 24, 25, 26, 28, 29, 30, 31,
    32, 36, 45, 49, 52, 83, 100, 108, 111, 112,
    113, 115, 116, 119, 126, 128, 131, 139,
    142, 157, 192-193 n. 41, 205 n. 126, 206
    n. 128, 208 n. 149
— Chile: 132, 185, 186
— Chuquisaca: 35
— La Plata: 25, 37, 52, 113
— Lima: 4, 24, 28, 30, 31, 34, 41, 46, 49,
    52, 157, 190, 192 n. 33, n. 41
— Quito: 34, 42, 43
— Santa Fe (Nuevo Reino de Granada):
    43, 55
Azogue: 5, 6, 10, 14, 17, 29, 31, 42, 53, 54,
    63, 65, 69, 74, 77, 81, 84, 86, 92, 106, 110,
    115, 133, 145, 159, 162, 168, 171, 192 n. 41,
    195 n. 63
— administradores de: 56
— ahorro de: 80
— azogueros: 5, 34, 52, 73, 76, 81, 92, 104,
    105, 106, 109, 110, 111, 115, 116, 117,
    118, 119, 126, 128, 133, 140, 144, 147,
    148, 149, 151, 152, 153, 158, 159, 162,
    166, 168, 169, 170
— beneficio de: 18, 28
— comercio de: 159
— contaduría de: 92, 162
— descubridores de nuevas minas de: 54
— desmontes o pallacos: 73, 76
— diputados del gremio de: 84, 116, 134
— pallaqueo: 158

— quintales de: 7, 14, 29, 35, 36, 39, 45,
    53, 54, 64, 67, 69, 173
— Real mina de Santa Bárbara: 69, 81
— remisión de: 54
— socavón real: 14
— vetas de: 18
— véase: Guancavelica
Barreteros: 92, 105, 107, 137, 147, 150
— véase: Potosí, indios en
Borricos, uso de (en Guancavelica): 14
Caciques o curacas: 23, 29, 31, 44, 48, 49, 52,
    57, 94, 95, 99, 112, 126, 139, 172, 175-178,
    199 n. 91, 201 n. 93, 209 n. 175
Cajas de censos: 5, 68, 83, 99, 166, 167, 175,
    213 n. 211
Cajas de comunidad: 5, 92, 93, 95, 96, 97, 98,
    99, 107, 130, 167, 213 n. 211
Cal: 56, 106
Caminos y puentes: 45, 90, 138, 147, 164, 166,
    167, 169, 197 n. 84
— oroyas y balseros: 91
Cárceles: 94, 167
— véase: Potosí
Carneros de la tierra: 90, 93, 138, 148, 152
— véase: Ganadería
Cédulas Reales: 24, 32, 53, 111, 113, 114, 120,
    129, 139, 140, 142, 150, 153, 163, 170, 171,
    179, 182, 183, 209 n. 177
Clérigos y religiosos: 23, 29, 30, 46, 47, 48,
    49, 52, 53, 54, 58, 60, 61, 69, 70, 92, 94,
    96, 97, 98, 100, 101, 105, 109, 110, 111,
    112, 113, 114, 115, 116, 118, 126, 127, 128,
    130, 132, 141, 156, 158, 159, 160, 163, 164,
    165, 171, 175, 176, 177, 178, 180, 182, 190,
    194 n. 59, n. 61, 198 n. 84, 199 n. 91, 200
    n. 93, 207 n. 147, n. 149, 213 n. 208
— abusos de: 153
— Arzobispado de Charcas: 115, 139
— Arzobispado de La Plata: 104
— Compañía de Jesús: 38, 43, 79, 101, 129,
    178
— juez eclesiástico: 184
— Orden de San Agustín: 178
— Orden de San Francisco: 114
— Orden de Santo Domingo: 98
— servicios de: 115, 126
— véase: Potosí, sínodos
Cobre, minas de: 45, 65, 166, 186
Coca: 20, 44, 45, 46, 49, 61, 74, 92, 93, 103,
    104, 106, 108, 120, 125, 133, 137
— véase: Potosí, indios en
Código Carolino:
— véase: Minas, Código de Minería
Comercio: 3, 23, 36, 43, 67, 68, 77, 80, 91,
    97, 100, 106, 107, 158, 159, 167, 168, 169,
    184, 191 n. 3, 196 n. 82, 198 n. 88, n. 89,
    204 n. 111, 211 n. 196, 212 n. 199
— véase: azogue, ganadería, Potosí
Concertaje: 188-190
Corregidores: 11, 18, 22, 29, 35, 37, 38, 39, 40,
    42, 44, 46, 47, 48, 49, 51, 52, 54, 58, 60, 61,
    65, 68, 69, 73, 77, 90, 91, 93, 98, 102, 105,
    108, 111, 114, 130, 131, 156, 158, 181, 183,
    185, 193 n. 47, 197-198 n. 84, 200 n. 92
— véase: Potosí, corregidor de

Correos: 163, 166

Cortes de Cádiz: 2, 159, 160, 161, 162, 165, 172, 209 n. 189, 210 n. 190, n. 192

Criollos: 14, 108, 109, 118, 119, 120, 122, 125, 143, 147, 148, 152, 155, 156, 157, 200 n. 92, 210 n. 196

Chicha (bebida de): 22, 71, 89, 106

Cholos: 92, 103, 104, 109, 148, 197 n. 84, 202 n. 104
— véase: mestizos

Diezmo (en minería): 35, 36, 74, 80, 81, 83, 84, 130, 202 n. 103
— véase: Minas, quintos reales

Diezmos (eclesiásticos): 69, 92, 100, 109, 175

Encomenderos: 28, 29, 132, 156, 179, 180, 181, 182, 183, 184, 185, 186, 213 n. 208
— véase: servicio personal de indios

Encomiendas: 41, 45, 48, 53, 69, 70, 74, 93, 96, 97, 110, 144, 156, 158, 160, 161, 169, 171, 179, 181, 183, 184, 185, 186, 187, 188, 202 n. 104, 213 n. 208

Enseñanza: 207 n. 132

Esclavitud: 12, 20, 51, 70, 86, 120, 172, 185, 186, 189, 196 n. 78, 203 n. 104, 205 n. 124, 212 n. 208
— véase: negros

Escuelas: 59, 60, 68, 78, 87, 94, 100, 152, 153, 165, 166, 190
— véase: indios

Españoles: 20, 42, 49, 58, 60, 61, 73, 83, 86, 94, 95, 97, 98, 99, 100, 103, 104, 109, 125, 131, 135, 136, 137, 164, 169, 180, 185, 186, 187, 188, 199 n. 91, 200 n. 92, 210 n. 196, 213, n. 211
— forzados en pena de sus delitos: 12
— voluntarios: 12
— véase: agricultura (haciendas), ganadería (estancias)

Extranjeros: 42, 44, 58, 114, 172, 180, 184

Fiestas: 51, 85, 100, 105, 113, 114, 115, 116, 117, 135, 145
— ricuchicos o especies comestibles: 116

Fragatas: 173

Franceses: 42

Ganadería: 7, 57, 93, 103, 109, 122, 130, 137, 180, 184
— alpacas: 45, 74, 89, 104
— comercio de ganados vacuno y ovejuno: 97
— estancias de ganado: 46, 47, 69, 169, 180, 185, 186, 187, 188
— ganaderos de Tucumán: 23
— llamas: 45, 74, 89, 138
— mulas: 18, 44, 45, 67, 91, 166, 167, 180, 186, 196 n. 82
— ovejas: 88
— pastores: 47, 138
— vicuñas: 44, 45, 89, 104
— véase: carneros de la tierra, mitas, pastoraje, trabajo de indios

Guancavelica: 42, 44, 55, 63, 74, 77, 80, 81, 159, 195 n. 75
— acarreadores o carguiches: 55
— Contador de la Real Mina: 69
— cuenta de: 79

— delincuentes: 15, 16, 20, 40
— Gobernador de: 31, 54
— Gremio de Mineros de: 81
— horneros y oyaricos: 159
— Juez privativo y Superintendente subdelegado de: 35, 81
— ley de los metales de: 54
— mitas en plata: 159, 161, 162
— mitayos: 63
— piqueros: 55
— producción de azogue de: 69
— purina o leguaje: 40, 54
— socavón: 25, 39, 61
— Teniente asesor de la Superintendencia: 81
— veta principal: 38, 39
— véase: azogue, mitas

Hospitales: 16, 74, 75, 87, 90, 91, 100, 104, 135, 143, 165, 171
— véase: indios, Potosí

Iglesias:
— construcción de: 109, 112, 115, 182

Indios: 30, 44, 45, 54, 56, 58, 65, 69, 83, 86, 89, 92, 100, 103, 109, 111, 115, 116, 122, 126, 128, 129, 130, 132, 133, 135, 136, 139, 143, 155, 161, 164, 194 n. 61, 195 n. 62, 198 n. 87, 199 n. 89, 200 n. 92, 201 n. 93
— agregaciones o reducciones de: 69, 213 n. 211
— angaraes: 7
— apiris: véase Potosí, indios en
— artes y oficios de: 68, 139, 188
— arrieros: 18, 68, 90, 91, 166, 181
— aumento de: 115
— auquis o barreteros: 20
— aymaraes: 74
— azotes: 134
— barberos para curar a: 117, 121, 135
— braceros: 173
— brosiris: 146, 147. Véase: Potosí, indios en
— bienes de comunidad de: 74
— caguachiris (recogedores de labas): 106
— capchas: véase Potosí, indios en
— comunicación con los españoles: 69
— comunidades de: 91, 166
— contribución provisional voluntaria en lugar del tributo abolido: 160, 162, 168, 169, 170, 171, 172
— cotabambas: 7, 14
— curacas: 113, 135, 137, 139, 147
— cuyes (que tienen en sus habitaciones): 59
— chibatos (o muchachos): 138
— chichina o junta para coger oro de ríos: 44
— chiriguanos: 45, 70
— defectos de: 180
— delitos: 59
— dependncias: 59, 60
— deudas: 34, 59, 60, 61, 68, 76, 103, 124, 125, 150
— embriaguez: 57, 59, 60, 158, 164
— escuelas: 59, 87, 96, 165, 166
— esclavitud: 70

— "faenas": 56
— fe católica: 69
— forasteros: 17, 62, 175-178
— hospital para: 100
— huarpes: 188
— Incas: 13, 19, 28, 44, 57, 59, 101, 104, 109, 113, 169
— indias: 87, 88, 94, 96, 99, 180
— juntas o camachicos de: 58, 60
— labradores: 68
— lengua de (su exterminio): 69
— levantamientos: 68, 199 n. 91
— libertad: 31, 56, 57, 73, 151, 155, 156, 157, 160, 164, 180
— longevidad: 57
— maquipuras o voluntarios: 125, 149
— meseros que atiendan las sementeras en común: 59
— mingas o mingados: véase Minas, indios en
— mortiris, 138, 150
— naborios: 157
— obras de entendimiento y manipulación: 58
— ocio: 59, 68, 91, 125
— originarios: 17, 62, 175-178
— oropesas: 14
— palliris: 138, 147, 148
— párrocos doctrineros de: 69
— "parrochias": 56
— parroquias: 14
— pereza: 68
— pisadores o repasiris: 149
— pongos o semaneros: 22, 54, 93, 94, 98, 113, 124, 136, 137, 146
— pucheros: 105, 123, 124, 125
— racionales: 61
— repasiris: 107, 138
— reservados: 175-178
— "rozas": 56
— seminarios para: 78, 201 n. 94
— serviris: 107, 138, 149
— sublevación de: 92, 102, 132
— sueltos o no mitayos: 43, 70
— tareas: 88, 113, 121, 137, 146, 147, 149, 150, 153, 168
— tratamiento de: 201 n. 93
— vejaciones: 69
— yucos: 123, 124, 125, 126
— zampacos: 92
— véase: administración, caciques, cajas de censos y de comunidad, minas, mitas, Potosí, indios en, repartimientos, servicio personal de indios, trabajo de indios, yanaconas
Industrias: 92, 101, 104, 160, 169, 210 n. 196, 212 n. 199
Ingenios o trapiches, de miel y azúcar: 44, 45, 89, 90, 131, 180
— de minas: 6, 46, 84, 85, 86, 92, 93, 100, 104, 105, 106, 107, 108, 112, 133, 136, 138, 140, 148, 151
— véase: Minas, tecnología. Potosí, minas de. Obrajes

Intendencias: 69, 78, 79, 83, 91, 108, 125, 159, 161, 162, 199 n. 89
Intendentes: 68, 70, 77, 78, 79, 84, 85, 86, 87, 93, 95, 99, 102, 103, 107, 111, 112, 113, 114, 115, 116, 124, 126, 128, 132, 133, 135, 151, 198 n. 87
Jornadas de trabajo: 25, 30, 32, 47, 53, 71, 72, 117, 121, 128, 131, 136, 143, 146, 148
Jornales: 8, 10, 11, 12, 13, 14, 15, 16, 19, 20, 25, 27, 30, 32, 33, 34, 35, 39, 40, 47, 49, 51, 53, 55, 56, 57, 58, 60, 67, 71, 72, 75, 76, 80, 87, 88, 95, 96, 98, 104, 117, 118, 119, 120, 121, 123, 124, 125, 130, 131, 132, 133, 135, 136, 144, 147, 148, 149, 150, 152, 153, 158, 162, 165, 166, 169, 182, 183, 185, 186, 189, 190, 192 n. 41, 203 n. 107, 204 n. 109
Lagunas: 46, 49, 64, 87, 138
— acequias de las: 140
— obras de las: 6
— véase: Potosí
Lavaderos de metal: 44, 134, 184, 185
Lengua: 56, 57, 58, 59, 200 n. 93
— Castellana: 43, 59, 87, 88, 93, 95, 97, 98, 100
— Quechua: 97, 100
— véase: indios
Leyes de Indias:
— Recopilación general de: 4, 6 ,9, 19, 28, 30, 36, 43, 46, 51, 55, 70, 73, 75, 80, 87, 90, 100, 110, 111, 113, 114, 129, 130, 131, 132, 134, 137, 139, 141, 144, 145, 146, 147, 149, 150, 152, 153, 155, 156, 157, 160, 163, 164, 165, 169, 182, 183, 186, 187, 192 n. 41, 210 n. 193
Lima:
— véase Arzobispado y ciudad de Lima
Mestizos: 13, 20, 29, 44, 49, 51, 54, 56, 57, 58, 60, 65, 68, 73, 95, 99, 100, 122, 126, 133, 136, 137, 140, 164, 167, 173, 197 n. 84, 200 n. 92
— véase: cholos
Minas: 31, 46, 52, 63, 65, 67, 68, 70, 71, 73, 76, 77, 80, 81, 87, 89, 90, 92, 93, 100, 101, 102, 103, 104, 105, 106, 107, 110, 114, 117, 118, 119, 124, 125, 128, 129, 130, 131, 133, 134, 136, 138, 139, 147, 148, 150, 151, 152, 153, 154, 158, 159, 166, 167, 168, 169, 170, 171, 173, 184, 185, 196 n. 81, 197 n. 84, 199 n. 89
— administradores de: 41, 137
— alanoca o anticipo: 85, 103, 134, 137
— arte metalúrgico: 80, 105
— Banco Minero: 80, 83, 84, 141, 152, 204 n. 116
— Código de Minería: 67, 70, 71, 76, 86, 102, 105, 108, 109, 111, 114, 115, 122, 132-154, 141, 146, 150, 152, 201 n. 100, 202 n. 102, 207 n. 135, n. 141, 208 n. 171, n. 173, 209 n. 177, 209 n. 186
— Colegio de Mineralogía: 80, 152, 168, 195 n. 61
— chasqueo: 72, 136, 137, 147
— de estaño: 65

—de oro: 17, 42, 43, 44, 45, 51, 63, 65, 80, 81, 83, 90, 92, 93, 109, 130, 134, 168, 188
—de plata: 31, 43, 44, 45, 51, 63, 67, 80, 81
—delincuentes en: 15, 16, 20, 23
—derechos reales: 68
—desagües: 117, 118, 122, 123, 124, 125, 147, 166, 167, 168, 169
—Diputaciones territoriales: 67, 80
—dueños de: 85, 90
—glosario: 208 n. 172
—mayordomos: 31, 55
—mineralogistas alemanes: 80, 81
—mineros: 31, 33, 35, 41, 61, 80, 83, 107, 115, 129, 130, 135, 136, 138, 150, 153, 157, 159, 170
—ordenanzas de México o Nueva España: 70, 71, 72, 73, 133, 148, 150, 152, 154, 202 n. 100, 209 n. 186
—padrones: 42
—pallacos o desmontes: 138
—pallaqueo: 169
—piqueros: 55
—pirinchada (harina de metal humedecida): 138, 149
—quintos reales: 10, 13, 21, 23, 27, 31, 34, 35, 36, 54, 77, 111, 130, 151
—sabios mineralogistas alemanes: 80
—saca de metales: 147
—socavones: 80, 195 n. 75, 197 n. 84
—superintendencia general de minas y mita: 114, 117, 119, 122, 123, 124, 128, 140, 143, 144, 145, 146, 147, 150, 152
—tajos: 80
—traspaso de: 141
—Tribunal de Minería: 67, 69, 73, 79, 80, 81, 132, 153, 158, 167, 168, 169, 202 n. 100
—uqueo o picar los cerros de los despoblados: 76
—véase: diezmo (en minería)
indios en:
—adeudados: 68, 76
—arrendamiento: 41, 76
—de plata o faltriquera: 21, 27, 29, 36, 65, 104, 105, 130, 131, 160, 161, 162, 163, 169
—en plata: 39, 73, 91, 96, 124, 130
—mingas o voluntarios: 20, 21, 22, 23, 28, 30, 34, 35, 47, 48, 68, 71, 72, 75, 76, 85, 103, 116, 117 118, 119, 120, 121, 122, 123, 124, 125, 126, 134, 135, 137, 143, 147, 151
—mitayos: 10, 11, 12, 15, 17, 21, 22, 23, 24, 26, 30, 31, 32, 35, 36, 46, 49, 51, 53, 54, 55, 56, 59, 64, 65, 68, 69, 71, 72, 75, 76, 84, 85, 101, 104, 105, 109, 110, 112, 113, 116, 119, 126, 128, 134, 135, 136, 137, 138, 140, 142, 143, 144, 145, 146, 147, 148, 149, 150, 155, 158, 159, 160, 162, 163, 192 n. 41, 195 n. 75
—operarios como esclavos: 68
tecnología:
—beneficio de negrillos: 35, 86, 149
—beneficio por fundición: 68, 80, 95

—hornillos para la quema de relaves: 86, 149
—hornos al modo de los de Idria: 86
—ingenios para moler los metales: 30, 38, 49, 59, 105, 106, 128, 140, 150
—nuevas maquinarias: 115
—nuevo método de beneficiar metales por la máquina de barriles inventada por el Barón de Nordenflicht: 111
—técnicos de Sajonia: 68
—véase: azogue, cobre, Guancavelica, mitas, Potosí, ordenanzas, trabajo de indios
Minga (concierto voluntario para el trabajo de minas):
—véase: minas, indios en
—guahijoques o cuichautas: 124
—mingaguari o mingaguasi: 124, 125, 126
Mitas: 5, 17, 37, 43, 58, 65, 69, 71, 73, 75, 84, 85, 87, 89, 91, 92, 100, 102, 104, 105, 106, 107, 108, 109, 110, 111, 112, 113, 114, 115, 116, 120, 124, 126, 128, 130, 131, 132, 134, 135, 137, 138, 139, 140, 142, 143, 144, 147, 148, 151, 153, 155, 157, 158, 159, 160, 161, 162, 163, 164, 168, 169, 170, 172, 173, 184, 185, 191 n. 25, 193 n. 43, 197 n. 84, 198 n. 89, 202 n. 100, 203 n. 107
—abusos de las: 104, 105, 108, 110, 113, 115, 119, 140, 206 n. 126
—agrícola: 52, 194 n. 56
—alguaciles de: 144
—avíos para: 142, 145
—capitanes de: 31, 33, 47, 49, 142, 143, 144
—continuación de: 14, 18, 131, 153
—de faltriquera: 169
—de Guancavelica: 26, 64, 74, 162
—de Porco: 72, 75
—de Potosí: 5, 10, 11, 12, 18, 20, 22, 23, 24, 28, 29, 30, 37, 38, 39, 40, 46, 47, 48, 52, 53, 64, 65, 71, 72, 75, 76, 84, 85, 108, 110, 114, 126, 138, 139, 192 n. 41, 193 n. 42, n. 44, n. 47, 196 n. 81, 197 n. 84, 206 n. 126
—documentos reales que han permitido las: 19
—en plata: 159, 161
—forzada, su razón: 16
—ganadera: 7, 8, 52, 194 n. 56
—historia de: 170
—micuna: 146
—minera: 1, 9, 10, 17, 29, 32, 33, 37, 39, 56, 57, 59, 60, 72, 73, 76
—nuevas: 2, 84, 100, 111, 112, 113, 116, 126, 128, 153, 157, 207 n. 136, 208 n. 169
—numeración general de: 26, 30, 36, 48, 130, 170, 194 n. 58, 197 n. 84, 198 n. 89
—opinión en favor de: 19, 26, 28
—opinión en contra de: 19, 26, 28
—para obrajes: 4
—provincias mitarias: 27, 29, 32, 46, 53, 55, 75, 76, 131, 139, 144
—revista general: 27, 30, 32, 46, 49, 73
—rezagos: 104, 105, 116, 146
—supresión general de: 10, 11, 12, 13, 16, 18, 24, 30, 31, 35, 157, 159, 160, 162, 163

indios de: 5, 15, 17, 20, 30, 31, 34, 41, 42,
    48, 49, 53, 54, 65, 72, 77, 85, 92, 101, 112,
    116, 126, 134, 136, 142, 143, 144, 145, 147,
    149, 150, 151, 153, 181
    —cesión prohibida de: 147, 151, 201 n. 93
    —séptima parte: 18, 19, 27, 30, 32, 46, 47,
        48, 52, 53, 63, 64, 68, 71, 73, 76, 84, 85,
        112, 114, 115, 126, 128, 130, 131, 139,
        140, 141, 169
    —véase: indios, minas, Potosí, indios en,
        repartimientos, servicio personal de indios,
        trabajo de indios
Moneda:
    —Casa de: 64, 79, 80, 84, 109, 130, 166,
        199 n. 89, 202 n. 103
    —Derecho de Cobos: 21, 74, 81, 83, 202
        n. 103
    —plata macuquina: 79
    —véase: Arzobispado y ciudad de Lima,
        Potosí
Mulatos: 13, 20, 29, 32, 44, 73, 83, 92, 100,
    103, 109, 126, 135, 137
Negros: 12, 13, 20, 23, 27, 29, 32, 42, 43, 44,
    51, 56, 57, 58, 68, 83, 100, 104, 109, 110,
    122, 126, 130, 131, 135, 137, 147, 166, 167,
    172, 180, 200 n. 92, 201 n. 93, 203 n. 104,
    205 n. 124
    —véase: agricultura, esclavitud, obrajes
Obrajes:
    —o chorrillos: 3, 4, 5, 23, 43, 46, 54, 57,
        58, 61, 69, 95, 100, 129 130, 131, 139,
        164, 169, 172, 185, 186, 196 n. 78, 197
        n. 84, 200 n. 92, 201 n. 93
    —véase: mitas, servicio personal de indios,
        trabajo de indios
Oficios: 167, 169
Ordenanzas: 9, 32, 39, 46, 49, 51, 63, 64, 70.
    72, 73, 76, 101, 108, 109, 111, 115, 116, 117,
    122, 125, 130, 131, 132, 133, 135, 141, 143,
    144, 146, 152, 153, 169, 179, 182, 187, 192
    n. 41, 207 n. 141
    —de Intendentes: 79, 87, 95, 144, 158, 164,
        165
    —de México: 72, 73, 79, 80, 108, 148, 150,
        202 n. 100
    —de Minería: 69, 71, 72, 80, 102, 111,
        115, 153, 154, 158, 168, 202 n. 102
    —del Perú: 136, 137, 141, 144, 146, 149,
        150
Pastoraje: 8, 9, 138
    —véase: ganadería
Perlas, pesquería de: 42
Pesca: 57, 90, 91, 167, 168, 180
    —de ballenas: 172, 211-212 n. 199
Población:
    —aumento de: 91, 105, 107, 109, 115, 127,
        188
    —cifras de: 61, 83, 86, 175-178, 181, 198-
        199 n. 89, 205 n. 124, 213 n. 211
Potosí, minas de:
    —achuras o piedras más ricas: 23
    —administrador del Cerro: 136
    —Alcaldes cañaris: 22, 71, 135, 143, 144,
        150, 163
    —Alcaldes vedores: 72, 76, 121, 143, 147

—apoderados: 72
—azogue: 21, 68
—azogueros: 72, 84, 119, 204 n. 116
—Cajas Reales: 21, 23, 26, 131, 152, 192-
    193 n. 41
—caja de granos: 75
—capitanes enteradores: 22, 25, 54, 71, 72,
    76, 138, 148
—cárcel: 38
—comercio: 21, 64, 106
—corregidor de: 11, 22, 23, 24, 25, 27, 28,
    29, 31, 52, 72, 76, 124
—cotamas o montones de 2 arrobas: 20
—curas de: 22, 23, 28, 54
—chicha: 22, 71
—delincuentes: 20, 23, 40
—derrumbes que llaman aisamientos: 20
—descripción: 75, 198 n. 87, 203 n. 107
—descubrimiento: 33, 202 n. 103
—Diputación: 73
—epidemia: 30, 73
—escribano de la villa de: 22, 72
—gobernador intendente de: 64, 65, 68, 70,
    71, 72, 75, 100, 102, 111, 112, 113, 115,
    119, 126, 132, 141
—gobierno de: 84, 106, 108, 110, 111, 112,
    113, 115, 116, 118, 119, 121, 122, 128,
    132, 137, 138, 143, 145, 146, 149, 150
—guayras: 64
—guía: 74, 75, 203 n. 107
—habitantes de: 109
—iglesia: 38, 76
—ingenios: 6, 21, 23, 26, 28, 71, 84, 105,
    106, 116, 120, 140, 148, 149
—hospitales: 39, 40, 75
—juez de: 64
—juicio de visita para oír agravios: 72, 76
—juqueos (busca de metales): 119, 120,
    121, 122
—lagunas: 64
—mineros: 46, 64, 68
—moneda (Real Casa de): 84
—oficiales reales: 29, 72
—pallar las labores, en la superficie de la
    tierra: 71, 72, 75, 104, 105, 121, 135,
    136, 137, 138, 146, 150
—parroquias: 20, 24, 27, 38, 46, 53, 104,
    139, 140, 147, 156
—pircas (arquerías y puentes para preve-
    nir derrumbes): 20
—plata de: 32
—precios: 68
—profesores competentes: 68
—quintos reales: 13, 21, 23, 26, 27, 30,
    34, 35
—Real Mita de: 138
—reducciones: 27
—rezagos: 105
—socavones: 20
—Solicitador fiscal de: 115
—Superintendente de la mita de: 37, 38,
    42, 72
—tasa del tributo: 24, 27, 29
—tecnología: 68
—Teniente: 76, 118

— trapicheros: 64
— traspasos: 65
— tributos en: 22, 33, 34, 72, 73
— tyanas o mostrador de paga: 150
— ucha o estiércol usado como combustible: 147
— vagabundos: 24, 40, 126
— velas: 71, 72, 146
— vetas: 202 n. 103
— vino: 22
— visitador de: 108

indios en:
— acullico o acollico, o acullicar (mascar coca): 20, 137, 146, 149
— aguardiente: 76, 120
— apiris (acarreadores de metales) y apiripongo: 20, 76, 92, 104, 105, 107, 121, 133, 136, 137, 146, 147, 148, 150
— auquis o barreteros: 20, 71, 73, 75, 76, 145
— brociris: 71, 75, 76, 105, 145, 146
— caguachiris: 106
— camachis: 22
— capchas (se ocupan en coger metales: también se les llama hucos o cacchas): 20, 21, 22, 64, 71, 73, 75, 106, 122, 150, 152
— cédulas: 20, 71, 72, 137, 149, 150
— compañas: 20
— desertores: 73
— dobla (trabajo de, sábado toda la noche sin que se les pague): 12, 146
— encerrados por la noche: 76
— embriaguez: 105
— forasteros: 17, 22, 24, 27, 29, 32, 33, 37, 38, 46, 47, 48, 52, 61, 70, 73, 84, 85, 91, 93, 95, 96, 97, 98, 119, 127, 130, 131, 135, 152, 157, 175, 176, 177, 178, 192 n. 41, 196 n. 79, 197 n. 84, 202 n. 104
— fugitivos: 73
— lacuris: 146
— mingas: véase Minas, indios en
— originarios: 17, 22, 27, 29, 33, 37, 38, 46, 48, 49, 52, 61, 67, 73, 74, 84, 85, 91, 93, 95, 96, 97, 99, 104, 112, 127, 144, 164, 175, 176, 177, 178, 197 n. 84, 202 n. 104
— paga de ida y vuelta o leguaje: 22, 28, 33, 34, 35, 47, 54, 55, 75, 142, 150, 158, 162, 163
— pallas: véase tareas
— palliris: 76, 104, 105, 107, 147, 148
— pogqueo o fallas: 146
— pogquiris: 146, 150
— pongos: 22, 76, 93, 94, 97, 98, 104, 107, 110, 113, 124, 136, 137, 146, 190
— tareas o pallas: 55, 71, 146, 147
— yanapaco (compañero): 75, 146
— yaxanada o indulto de fallas: 146
— véase: indios, minas, mitas, repartimientos, servicio de indios, trabajo de indios

Pretinas y rodilleras de cuero (para el trabajo minero): 117, 124, 146
Profesores botánicos: 79

Puentes:
— véase: caminos y puentes
Pulperías: 106, 113, 133
Quatequil o mita:
— véase: Repartimientos
Quina y cochinilla (en corregimiento de Loja): 43
"Raza", concepto de: 58
Recopilación:
— de Castilla: 19
— de Indias: véase Leyes de Indias
Reducciones:
— de indios a pueblos: 29, 73, 156, 185, 186
Repartimientos: 127, 131, 140
— de indios de quatequil o mita: 72, 115
— de los corregimientos (en géneros o mudas): 47, 59, 199 n. 90, 200 n. 92
— de mercancías: 83, 129
— para obras públicas: 164
Sal, minas de: 90, 106, 131, 132, 138, 148, 168
Servicio personal de indios: 24, 28, 45, 46, 47, 48, 49, 53, 69, 70, 72, 76, 100, 101, 110, 113, 125, 129, 132, 155, 156, 160, 162, 169, 172, 179, 180, 181, 183, 184, 185, 186, 187, 188, 208 n. 174, 212-213 n. 208, n. 211
— de encomenderos: 28
— de estancias: 29, 70
— de obrajes: 29
— de plazas de las ciudades: 29
— de tambos: 29
— de tratantes: 29
— supresión del: 51, 162, 169, 179, 180, 182, 183, 185
— véase: Repartimientos
Sínodos: 67, 92, 98, 171, 175, 176, 178, 198 n. 84
Tabaco:
— contrabando de: 171
— estanco del: 204 n. 112
— fábrica de: 77, 78, 171, 204 n. 110
— labor para las mujeres: 79
— ordenanzas de Nueva España: 79
— precio del: 159
— renta del: 79
— tareas: 77
Tambos: 44, 90, 95, 163, 172, 175
— véase: mitas, servicio personal de indios, trabajo de indios
Tasaciones de tributos: 24, 170, 179, 183, 184, 185, 186
— véase: Tributos
Telas: 43, 44, 88, 89, 95, 99, 167, 181
Temporalidades: 79
Tierras: 29, 33, 34, 43, 46, 49, 56, 60, 67, 69, 74, 77, 78, 87, 91, 93, 94, 95, 96, 97, 98, 99, 103, 110, 127, 140, 142, 143, 145, 159, 160, 161, 162, 164, 167, 168, 170, 180, 182, 187, 210 n. 189, n. 196
— despojo de: 78
— fértiles: 104, 109
— remates de: 96
— vacas: 52, 96
— véase: Agricultura

TRABAJO DE INDIOS

Trabajo de indios:
compulsivo: 57, 58, 91, 107, 110, 116, 118, 123, 124, 134, 135, 137, 145, 147, 148, 153, 160, 161, 165, 172, 182, 186, 212 n. 208
— para avío y curso de los chasquis o correos: 20
— para chácaras: 20
— para fábrica de edificios públicos: 20
— para fábrica de las iglesias: 20
— para guarda y crianza de los ganados mayores y menores: 20
— para obrajes: 20
— para tambos: 20
— para trajines: 20
compulsivo en minas: 28, 30, 49, 55, 56, 67, 102, 203 n. 109
— paga de ida y vuelta o leguaje: 30, 32, 54, 75
— para Guancavelica: 13
— se entere la mita en personas y no en dinero: 17, 53, 55
compulsivo en minas e ingenios de Potosí: 10, 11, 13, 20, 23, 24, 26, 27, 28, 29, 64, 75, 111, 118, 119, 126
voluntario: 4, 5, 39, 51, 94, 96, 97, 99, 104, 105, 107, 109, 110, 119, 123, 124, 125, 126, 130, 131, 133, 134, 135, 145, 147, 148, 150, 153, 157, 158, 162, 163, 164, 165, 166, 185, 203 n. 109, 213 n. 208
voluntario en minas: 10, 12, 28, 30, 31, 32, 36, 55, 56, 59, 65, 68, 76, 103, 117, 118, 123, 124, 125

— véase: Minas, indios en: mingas o voluntarios. Potosí, indios en. Repartimientos. Servicio personal de indios.
Tributos: 24, 32, 35, 36, 37, 42, 44, 48, 58, 59, 61, 67, 69, 70, 73, 74, 79, 81, 83, 85, 87, 90, 91, 92, 93, 94, 95, 96, 98, 99, 103, 105, 106, 109, 112, 118, 119, 120, 121, 122, 124, 130, 132, 134, 139, 144, 145, 156, 157, 158, 159, 161, 162, 163, 165, 166, 168, 170, 171, 172, 175, 179, 181, 182, 183, 184, 185, 186, 187, 188, 192 n. 41, 194 n. 56, 197 n. 84, 199 n. 91, 200 n. 92, 211 n. 198
— tributarios: 69, 84, 86, 93, 94, 96, 98, 109, 175, 176, 205 n. 124
— véase: azogue, Potosí, tasaciones de tributos
Vinos: 3, 20, 22, 23, 45, 89, 90, 92
Viñas y olivares: 45, 89, 90, 92, 103, 133, 180, 201 n. 93
— véase: Agricultura
Visitas: 93, 108, 139, 146, 162, 163, 167, 171, 185
— al Partido de Arequipa: 86
Yanaconas: 17, 20, 27, 29, 33, 56, 67, 70, 74, 103, 105, 107, 110, 117 118, 119, 120, 121, 122, 123, 124, 125, 143, 145, 147, 148, 155, 156, 157, 173, 187, 196 n. 79, 202 n. 103, n. 104
Zambaigos o zumbaigos: 13, 20, 92, 137, 146, 200 n. 92

ADICIÓN TARDÍA

Supra, I, 266, n. 340, y p. 268, n. 381, así como en II, 228, n. 31, se encuentran citas de la obra de Felipe Guamán Poma de Ayala, *Nueva corónica y buen gobierno*, ed. Lima, 1966. (Ed. en facsímil, París, 1936). No pude tener presente en la bibliografía de esos tomos la reciente obra de Abraham Padilla Bendezú, *Huamán Poma. El indio cronista dibujante*, México, Fondo de Cultura Económica, 1979, con Nota Preliminar de Luis E. Valcárcel. Aquí añado la referencia para completar las citas de otras obras recientes relativas al mismo cronista.

ERRATAS ADVERTIDAS

Página	Línea	Dice	Debe decir
11	última	Fray Gregorio	Fray Gerónimo
194	nota 61 cuarta antes de la última	Torres Revello	Torre Revello
205	nota 122 segunda	Helm	Helms

Este facsimilar de
El servicio personal de los indios en el Perú.
Extractos del siglo XVIII
es propiedad de El Colegio de México
y se terminó de imprimir en Librántida bajo
el modelo de distribución bajo demanda.
www.librantida.com

Made in the USA
Monee, IL
07 July 2026

56553675R00152